Ignatius von Loyola
und die Gesellschaft Jesu
1491–1556

Ignatius von Loyola

und die Gesellschaft Jesu
1491–1556

Herausgegeben von
Andreas Falkner und Paul Imhof

echter

Titelbild: J. Marneffe, Vera effigies Sancti Ignatii, seit 1980 im Besitz der südbelgischen Provinz der Gesellschaft Jesu, Brüssel.

CIP-Titelaufnahme der Deutschen Bibliothek

Ignatius von Loyola und die Gesellschaft Jesu 1491–1556 /
hrsg. von Andreas Falkner und Paul Imhof. – Würzburg :
Echter, 1990
ISBN 3-429-01326-7
NE: Falkner, Andreas [Hrsg.]

Imprimi potest. Köln, 3. Juli 1990.
Alfons Höfer S.J., Praep. Prov. Germ. Sept.

Mitglied der Verlagsgruppe »engagement«

Umschlag: Ernst Loew
Gesamtherstellung: Echter Würzburg
Fränkische Gesellschaftsdruckerei und Verlag GmbH
ISBN 3-429-01326-7

Inhaltsverzeichnis

V. DAS TESTAMENT DES IGNATIUS

Vorwort

Ignatius von Loyola »war ein Mensch geworden, mit dessen Charakter sich die Nachwelt beschäftigen wird, solange man Geschichte schreibt«. Mit diesem Satz endet ein umfangreiches und aus sehr kritischer Distanz am Ende des letzten Jahrhunderts verfaßtes Werk über Ignatius von Loyola und die Gegenreformation. Zahlreiche Festveranstaltungen, Studien, Kongresse, Publikationen, audiovisuelle Dokumentationen, die für das ignatianische Jahr angekündigt sind oder schon stattgefunden haben, scheinen dem protestantischen Historiker E. Gothein recht zu geben.

Die Nachfahren des Ignatius von Loyola und seiner ersten Gefährten werden sich Generation um Generation mit dem Ursprung ihres Ordens befassen müssen, wenn sie das Erbe ihres Stifters in Wahrheit antreten und in ihrer Zeit als belebende Tradition zur Darstellung bringen wollen. Solche Gesichtspunkte sind in den Beratungen der Gruppe für Ignatianische Spiritualität (GIS) in Frankfurt am Main maßgebend gewesen, als das Projekt des Bildbandes über Ignatius von Loyola und die Anfänge der Gesellschaft Jesu erwogen wurde.

Das vorliegende Ergebnis bietet einige Facetten des sehr breiten Spektrums von Tätigkeit und Einsatz des neuartigen Ordens der Gesellschaft Jesu, der 1540 gegründet wurde und bis zum Tode des hl. Ignatius auf etwa 1000 Mitglieder angewachsen war. Auch wenn dieser später vielfach geschätzte, aber doch auch sehr umstrittene Orden auf die Initiative der reformierten Priester, wie man Ignatius und seine Freunde im Herrn oft nannte, zurückgeht, gab ihm doch der kleine und schmächtige, nach seiner Verwundung hinkende Baske Iñigo López de Loyola, der sich später als Ignatius de Loyola in die Matrikel der Hohen Schule an der Seine eintragen ließ, aufgrund seiner geistlichen Erfahrungen das Gepräge.

Nicht bloß Information über rein Historisches wird angezielt, sondern es geht um die Heutigkeit der Geschichte. Viele damalige Probleme, Fragestellungen und Methoden wirken bis in die Gegenwart fort. Wurden damals Lösungsansätze gefunden, die auch heute und morgen Beachtung verdienen? Wie ist in all diesen historischen Bedingungen der Glaube an den Unbedingten, Gott genannt, wachzuhalten? Vor dem Hintergrund des ausgehenden Mittelalters und der beginnenden Neuzeit erscheint Ignatius von Loyola als typische Gestalt: Unentwegt sucht er in allen Dingen Gott und wird von dieser Suche selber geprägt.

Die Auswahl aus der reichen Fülle des Geschehens orientiert sich weithin an Ignatius' Sorge um die katholische Reform in den deutschen Landen, in denen die Reformation nachdrücklicher als anderswo vorangetrieben wurde. Zwar hatte Ignatius nie die Zentralalpen überquert, doch sein Leitungsstil ermöglichte es ihm, inmitten der Gefährten, die über die Alpen gesandt wurden, geradezu gegenwärtig zu sein: Schriftliche Informationen und Weisungen stifteten diese Verbindung über die Alpen und auch Kontinente hinweg, wo er die Seinen zum Wohl des Nächsten am Werk wußte, wo sie letztlich selber in Eigenverantwortung – das war sein Wille und Wunsch – zu entscheiden hatten, was »den Seelen helfen« würde. Ignatius' »Liebe für Deutschland« (H. Rahner) erfordert es geradezu, auf den Werdegang des Heiligen und des Ordens zu schauen.

Von dieser Erörterung des Lebens des hl. Ignatius und seiner Gründung aus der Sicht der deutschen Lande abgesehen, ist Ignatius in die Reihe der großen Heiligen im Reiche Gottes einzuordnen, denen eine Sendung zukommt, die nie mehr ganz untergeht, wenn sie erst einmal im Licht der Weltgeschichte aufgetaucht ist. Diesen Gedanken K. Rahners in wörtlicher Rede fortführend, erhält dessen Aussage aus dem Jahre 1956 das Gewicht eines prophetischen Wortes: »Er lebt. Sein Geist ist noch lebendig und hat eine Mission für die Zukunft der Kirche. Es könnte sein, daß erst die späteren Zeiten der Kirche erkennen, daß sie in ihm so etwas wie ein archaisch urtümliches und gerade so höchst aktuelles Vorbild für den Christen dieser kommenden Zeiten haben. Wenn wir das Empfinden haben, an einem Anfang einer noch dunklen und verhangenen Zukunft zu stehen und uns ahnend zu fragen, wie wohl der Mensch und Christ dieser kommenden Zeiten aussehen müsse, um Zeugnis abzulegen für Gott, seine Gnade und sein Reich, dann werden wohl unsere Ahnungen einen Menschen ersehnen, dem nicht wenige Züge zu eigen sind, in denen wir uns mit diesem Heiligen verwandt fühlen.« Das tastende Suchen, wie wohl der Mensch und Christ unserer kommenden Zeit aussehen müsse, ist nach wie vor eine bewegende Frage. Ist die Vermutung, daß sie das Interesse am hl. Ignatius von Loyola und seinem Erbe in den letzten Jahren wachsen ließ, fehl am Platz?

Ein altes und als authentisch überliefertes Bild des hl. Ignatius, nach dem die Umschlagseite dieses Bandes gestaltet wurde, gelangte 1980 zum Provinzial der Südbelgischen Provinz der Gesellschaft Jesu. Ursprünglich hing es im Oratorium des zweiten Generaloberen der Gesellschaft Jesu und seiner Nachfolger, bis es Claudius Aquaviva dem Jesuiten-Kardinal Robert Bellarmin gab. Vielfach wurde als Privatbesitz von Hand zu Hand gereicht. Ist es nicht bezeichnend, daß das Auftauchen dieses Bildes mit dem wachsenden Interesse an Ignatius von Loyola zeitlich zusammenfällt? Es wird hier zum erstenmal veröffentlicht.*

Die Herausgeber danken ihren Oberen und jenen Mitbrüdern, die ihre Arbeit unmittelbar mitgetragen haben, ebenso den Verfassern der einzelnen Beiträge; Andreas Batlogg S.J. für seine redaktionelle Mithilfe, Richard Müller S.J. für die Bildredaktion; Sr. Elija Boßler OCD für ihr Mitwirken beim Layout; Maria Ottl für ihre Sorgfalt beim Lesen der Korrekturfahnen und das Erstellen des Orts- und Namensregister, zusammen mit Ruthilde Behringer, Thomas Bundschuh, Karin Frammelsberger und Iris Stumpf; Edith Jürgens und Adelheid Schmitt für die Schreibarbeiten.

Frankfurt am Main, den 27. September 1990, vierhundertfünfzig Jahre nach der Bestätigung der Gesellschaft Jesu.

Die Herausgeber
Andreas Falkner S.J. und Paul Imhof S.J.

* Verzeichnis der Besitzer des Bildes bis 1722, eingetragen auf der Außenseite der Bildabdeckung. 1980 wurde das Porträt von l'Abbé Fréderic Van Battel dem Provinzial der Südbelgischen Provinz der Gesellschaft Jesu übergeben: »Authentisches Bild des hl. Ignatius, das im Oratorium des Generaloberen Diego Laínez und seiner Nachfolger war. P. Claudius Aquaviva schenkte es dem Kardinal Bellarmin. Bei dessen Tod erhielt es Br. Foullon, der dem Kardinal in seiner letzten Stunde beistand. Als Br. Foullon als Sozius des Provinzprokurators P. Lentalieur nach Rom kam, gab er dort das Bild an Br. Desmiroires. Nach dem Tod dieses Bruders erhielt es P. Jakob Haccart, der Prokurator der Provinz in Brüssel, dessen Sozius Desmiroires gewesen war. Als P. Haccart Rektor des Kollegs in Liège wurde, brachte er das Bild dahin. Nach ihm nahm es P. Castelain, der Minister des Kollegs, an sich und brachte es nach Armentières. Dort starb er, und der Rektor P. Nikolaus Grenu, dem der Wert des Bildes bekannt war, übernahm es in Verwahrung und gab es P. Balduin Desruelles. Danach bekam es P. Michael de Lannoy, der es P. Robert Philippe schenkte. Von ihm ging es an P. Alphons Huylenbroucq.« (Übers. nach der Transskription der lateinischen Inschrift von E. André.)

Ignatius feiern

Brief des Generaloberen Peter-Hans Kolvenbach an die Gesellschaft Jesu

Liebe Mitbrüder!

Es ist mir eine große Freude, alle Mitglieder der Gesellschaft einladen zu können, den 500. Geburtstag des Ignatius von Loyola und den 450. Jahrestag der Gründung der Gesellschaft Jesu festlich zu begehen. Das Jubiläumsjahr beginnt am 27. September 1990 in Erinnerung an den 27. September 1540, an dem Papst Paul III. die Gesellschaft Jesu anerkannt hat. Es endet am 31. Juli 1991, dem Tag im Jahr 1556, an dem Ignatius schließlich »seinen Herrn und Schöpfer« von Angesicht zu Angesicht sah (EB 5).

Wir werden der gesamten apostolischen Wirksamkeit der Gesellschaft in diesen Jahrhunderten festlich gedenken und uns an ihren Quell und ihr Geheimnis erinnern: unser »Leben im Geiste.« (DCG [33] 9). Dankbarkeit für dieses »Geschenk Gottes an die Kirche« drängt uns, uns die spirituelle Erfahrung des Ignatius immer mehr zu eigen zu machen und den apostolischen Dienst der Gesellschaft für die Kirche im Sinne der Satzungen und der Generalkongregationen immer mutiger und rückhaltloser auf uns zu nehmen.

So hat das Ignatianische Jahr kein anderes Ziel, als die geistliche Erneuerung des apostolischen Lebens jedes einzelnen von uns und der Kommunitäten. Dies ist die Ausrichtung, die alles leiten sollte. Denn die Jubiläumsfeiern werden in dem Maße nützlich und fruchtbar sein, in dem wir dadurch die Treue der Gesellschaft zu ihrer Mission vertiefen, wie sie in den letzten Generalkongregationen verdeutlicht worden ist.

Aber Ignatius gehört auch zur Geschichte des ganzen Volkes Gottes und so ist es nur recht und billig, daß wir all die Männer und Frauen, Laien, Priester und Ordensleute, die uns in unseren apostolischen Arbeiten eng verbunden sind, oder die, inspiriert von der ignatianischen Spiritualität, Christus nachfolgen, ganz besonders in unsere Feiern einbeziehen.

Ignatius ist zweifellos eine Persönlichkeit, deren wahre Gestalt nicht immer auf den ersten Blick schon klar erkennbar ist. Man muß ihn erst entdecken. Er offenbart sich nicht der oberflächlichen Betrachtung, sondern nur einem gründlich und ausdauernden suchenden Bemühen. Dieses Bemühen darf kein Selbstzweck sein. Es muß von dem Wunsch geleitet sein, die Erfahrung des Ignatius auch unsererseits zu machen. Denn die Person des Ignatius ist geprägt von dem geistlichen Abenteuer, das ihn von Pamplona bis nach Rom führte und bei dem der Herr sein Gefährte war. So kam es, daß unzählige Christen, Frauen und Männer, dank der Geistlichen Übungen dieselben persönlichen Erfahrungen eines Lebens im Geiste machen konnten und so in ihrem eigenen Leben ihre Berufung und ihre Sendung zu entdecken vermochten.

Das Exerzitienbuch, während der Reformation zu Beginn der Renaissance geschrieben, müßte eigentlich schon längst aus der Mode gekommen und ungebräuchlich geworden sein. Es ist jedoch immer noch genauso wirksam wie je zuvor. Denn die Exerzitien helfen uns, in unserem eigenen konkreten Alltag das ganze Heilswerk wiederzufinden und darin, vom Hl. Geist zu einer immer persönlicheren Kenntnis unseres Herrn Jesus Christus geführt, zu entdecken, was Gottes Majestät in ihrer Liebe von uns will. Wenn wir, angeleitet von den Exerzitien, das Wirken des Geistes erkennen, werden wir fähig, unter seinem Antrieb eine Wahl zu treffen, kraft deren wir unser Leben zu einem immer größeren Dienst gestalten, der das Werk Christi in unserem alltäglichen Leben immer neu aktualisiert. Die Geistlichen Übungen formen Christen, die aus einer persönlichen Gotteserfahrung heraus leben und die fähig sind, die falschen Absolutismen von Ideologien und Systemen zu vermeiden. Sie engagieren sich vielmehr lieber in einem apostolischen Bemühen, das auf die geistliche, kulturelle und soziale Entfaltung der ganzen Person und jeder Person abzielt. (DCG [32] 107.110).

Der beste Weg, das Leben des Ignatius festlich zu begehen, ist darum, die Geistlichen Übungen authentisch und in ihrer ganzen Strenge zu machen. Wir gewinnen daraus eine Stärkung des Lebens im Geiste, eine wachsende Liebe zum kreuztragenden Sohn und den immer konkreteren Wunsch, »in allen Dingen seine göttliche Majestät lieben und ihr dienen« zu können (EB 233). Der hl. Ignatius war der Meinung, daß man das, was man erhalten hat, auch weitergeben muß. Darum sollte jeder Jesuit wenn möglich einmal im Jubiläumsjahr Exerzitien geben. Wer dies sowieso schon tut, sollte sich um eine Erneuerung seiner Exerzitienarbeit bemühen. So könnte man z. B. die Anstöße, die das II. Vatikanische Konzil der Kirche zum Besten des Gottesvolkes gegeben hat, in die Exerzitien einbauen. Die Ankündigung des Jubiläumsjahres hat der Erforschung des Exerzitientextes neue Impulse gegeben. Ebenso geben Veröffentlichungen und Tagungen Anregungen für die Exerzitien.

Es ist aber auch wichtig, daß wir unsere Erfahrungen, besonders auch mit Exerzitien im Alltag, kritisch betrachten. Wir müssen endlich geeignete Formen von Exerzitien für jene Situationen und Gruppen und Bewegungen anbieten, die wir bislang vernachlässigt oder vergessen haben. Die wichtigsten unter diesen Vernachlässigten und Vergessenen sind die Armen. Ignatius und seine ersten Gefährten kamen durch die Geistlichen Übungen zu einem Apostolat unter den Armen. Unser Einsatz für Gerechtigkeit müßte von diesem Apostolat her stärkere Impulse erhalten.

Um die apostolische Sendung der 1540 durch die Bulle »Regimini Militantis Ecclesiae« approbierten Gesellschaft sicherzustellen, befaßte sich der hl. Ignatius in den Satzungen mit den Strukturen der Gesellschaft und ihrer inneren Organisation. Aber dann bat er den »Stellvertreter Christi auf Erden« (S, Form. Instit. Paul III. 1) vertrauensvoll um Sendungsaufträge. Sein kühnes Denken ging weit über strukturelle Fragen hinaus. Er sandte die Gesellschaft entschlossen in die Welt, um von den Hausdächern zu verkünden, »gelegen oder ungelegen« (2 Tim 4,2): Jesus Christus ist der Herr. So sollten sie die Kirche aufbauen. Ignatius sah Gott in uns am Werk; ja, Gott ging sogar so weit, daß er selbst Mensch wurde. Darum fühlte Ignatius sich angetrieben, immer neue apostolische Werke ins Leben zu rufen. Er wollte so dem Heiligen Geist gleichsam Werkzeuge in die Hand geben, um hier und heute das Heilswerk Gottes fortzusetzen.

Es wäre gut, wenn wir im Geist des II. Vatikanischen Konzils möglichst objektiv unseren Dienst für die Gesamtkirche und die Ortskirchen prüfen würden: Wie steht es mit der Verkündigung der Frohen Botschaft von Jesus Christus an Männer und Frauen, die niemals wirklich von ihm gehört haben oder die ihn zumindest nicht genügend kennen? (vgl. DCG [32] 73).

Es war für den hl. Ignatius wesentlich, in der Eucharistiefeier seine apostolische Vision immer neu beleben zu können, daß er dem Sohn beigesellt war, der sein Kreuz für das Leben der Welt trägt. In diesem Jubiläumsjahr kann die Gesellschaft dankbar auf 450 Jahre apostolische Arbeit zurückblicken; aber das muß geschehen in Treue zum Geist des hl. Ignatius. Dieser Geist wird die Gesellschaft anleiten, jene Kraftlinien zu entdecken, die zurückführen in das Herz ihrer Sendung: uns den apostolischen Erfordernissen zu stellen, die überall um uns herum kurz vor Beginn des Jahres 2000 emporschießen. Die Tradition von 450 Jahren könnte für die Gesellschaft eine Belastung sein, die sie lähmt oder ihr zumindest den Atem nimmt. Statt dessen sollte sie eher in uns die Leidenschaft des hl. Ignatius für das »magis« (EB 97), für den je größeren Dienst eines je größeren Gottes, neu beleben! Schließlich ist es diese Leidenschaft, welche in der Gesellschaft die apostolische Dynamik im Dienst an dem einen Notwendigen sicherstellt, eine Dynamik, geprägt von jener Freiheit, zu der uns die Geistlichen Übungen führen, und von jener Freigebigkeit, die für die Satzungen charakteristisch ist.

Um dieses Jubiläum zu begehen, sollte jeder Jesuit bei der Jahresvisite des Provinzials seine apostolische Verfügbarkeit erneuern und sich selbst die Frage stellen, wie großherzig seine Antwort auf die apostolischen Akzentsetzungen der Generalkongregationen ist, die in der Provinzplanung ihren Niederschlag gefunden haben. Die Feiern dieses Ignatianischen Jahres sollten uns Gelegenheit geben, deutlich zu machen, daß wir unseren größeren Dienst der Kirche (EB 353) anbieten, die hierarchisch gegliedert und doch als eine Communio verfaßt ist, die alle Schichten und Sektoren des Gottesvolkes eng zusammenbindet. Ich möchte die Provinzen, die oft schon bis an die Grenzen ihrer Kräfte mit Arbeit beladen sind, nicht noch mehr belasten; aber es wäre wohl angemessen, wenn jede Provinz und jede Kommunität aus Anlaß des Jubiläumsjahres und im Einklang mit unserer Sendung irgendeine neue und eindeutig ignatianische Initiative unternähme mit dem Ziel, der heutigen Welt, die in so vielen Formen des Unglaubens und der Ungerechtigkeit gefangen ist, Christus zu verkünden.

Zweifellos wird das Jubiläumsjahr für alle möglichen Ausdrucksweisen der Dankbarkeit Gelegenheit bieten. Einige Provinzen haben schon mit der Planung dafür begonnen. Bislang hat die Generalskurie einfach die vorhandenen Informationen durch das Bulletin »Venite, celebremus!« bekanntgemacht.

Damit alle Jesuiten in der Welt zusammen mit ihren Mitarbeitern und Wohltätern und all denen, die mit uns aus ignatianischer Spiritualität zu leben versuchen, sowie mit allen, die in irgendeiner Weise der Gesellschaft verbunden sind, einmal gemeinsam und gleichzeitig Gott Dank sagen können, bestimme ich den 22. April 1991 – den Jahrestag der Gelübde der ersten Gefährten und das Fest unserer lieben Frau, der Mutter der Gesellschaft – zum gemeinsamen Festtag.

Vor allem aber »möge der Herr in seiner grenzenlosen Güte uns die unschätzbare Gnade geben, daß wir immer seinen hl. Willen erkennen und ihn erfüllen« (Brief des hl. Ignatius vom 24. Juni 1549).

Mit brüderlichem Gruß im Herrn

Ihr
Peter-Hans Kolvenbach S.J.
Generaloberer

Rom, 2. Februar 1989
Fest der Darstellung des Herrn

Zum ignatianischen Jubiläumsjahr

Schreiben von Papst Johannes Paul II.

An den Hochwürdigsten
P. Peter-Hans Kolvenbach,
den Generaloberen der Gesellschaft Jesu

1. Mit großer Genugtuung habe ich vernommen, daß Sie – anläßlich des fünfhundertsten Jahrestages der Geburt des heiligen Ignatius von Loyola im Jahre 1491 und des vierhundertfünfzigsten Jahrestages der Bestätigung der Gesellschaft Jesu durch Paul III. mit der Bulle »*Regimini militantis Ecclesiae*« vom 27. September 1540 – ein »Ignatianisches Jahr« angekündigt haben. Es wird am 27. September 1990 beginnen und soll am 31. Juli 1991 – zur Erinnerung an den Tag, an dem im Jahre 1556 der heilige Ordensgründer in seiner Kammer nahe bei der Kapelle »Maria della Strada« in Rom gestorben ist – abgeschlossen werden.
Weiterhin freut es mich sehr, daß diese wichtigen Ereignisse nicht bloß durch äußere Veranstaltungen gefeiert werden, sondern auch und vor allem durch eine Erneuerung des geistlichen Lebens und des apostolischen Elans der Gesellschaft Jesu selbst, verbunden mit dem festen Willen, eben das immer besser zu erfüllen, was der heilige Ignatius tat und zu tun empfahl.
In Anbetracht der engen Bindungen, die die Gesellschaft Jesu mit dem Apostolischen Stuhl verknüpfen, schließe ich mich im Geiste diesen Feierlichkeiten an, ermutige die mit Eifer betriebenen Vorhaben und begleite sie mit meinem Gebet.

2. Der Jahrestag der Geburt des heiligen Ignatius ruft den Weg ins Gedächtnis, den er als Pilger – wie er sich selbst gerne nannte – zurückgelegt hat, geführt von seinem Herrn, dem Gebieter über die Geschichte und die Geschicke der Menschen. So wurde aus dem tapferen Ritter eines irdischen Fürsten ein außerordentlicher Ritter des ewigen Königs Christus Jesus. Die Verwundung, die er in Pamplona davontrug, die langwierige Genesung in Loyola, die Lektüre, Überlegungen und Betrachtungen unter dem Einfluß der Gnade, die verschiedenen Seelenverfassungen, die sein Geist durchlief, all das bewirkte in ihm eine radikale Bekehrung, die sich zu Füßen der Madonna von Montserrat ereignete und in der Einkehr von Manresa heranreifte: weg von den Träumen eines weltlichen Lebens, hin zur vollkommenen Hingabe an Christus.
Der Pilger begab sich ins Heilige Land. Aber Jerusalem war nicht der Ort, wo der göttliche König Ignatius haben wollte. Die Studienjahre in Barcelona, Alcalà, Salamanca und Paris ließen ihn begreifen, wie notwendig eine gründliche spirituelle und intellektuelle Vorbereitung für ein wirksames Apostolat ist. Seine Durchführung dachte er in Zusammenarbeit mit anderen auszuweiten, die vom gleichen übernatürlichen Geist und von derselben Ausbildung beseelt waren. Deshalb sammelte er bei sich in Paris die ersten Gefährten, und mit ihnen legte er am 15. August 1534 in der Kapelle von Montmartre die Gelübde der Keuschheit und der Armut ab und zusätzlich das Versprechen, ins Heilige Land zu gehen, um dort apostolisch zu wirken.
Aber in diesem Jahre 1537 fuhren wegen eines Krieges, der die Seewege versperrte, keine Schiffe von Venedig ins Heilige Land. So gehorchte Ignatius dem Herrn, der ihn und seine Gefährten in der Nähe des Papstes in Rom haben wollte. Dieser nahm sie in seinen Dienst; so wurde die neu entstehende Gesellschaft Jesu wesentlich auf dem Fundament der Treue zur Kirche begründet. Ignatius, der sich so sehr gewünscht hatte, im Heiligen Land zu bleiben und durch die Verkündigung des Geheimnis-

ses der Menschwerdung »den Seelen zu helfen«, feierte seine Primizmesse in der heiligen Weihnacht 1538 vor den Reliquien der Krippe in der Basilika Santa Maria Maggiore in Rom.

3. Der treue Gehorsam der Gesellschaft Jesu gegenüber dem Nachfolger des Apostels Petrus in all seinem Wirken kam in der erwähnten Bestätigungsbulle *»Regimini militantis Ecclesiae«* aus dem Jahre 1540 deutlich zum Ausdruck und wurde in der Bulle *»Exposcit debitum«* Julius III. vom 21. Juli 1550 unverändert übernommen. Darin wurde erklärt, daß alle, die in der Gesellschaft Jesu Profeß-Gelübde ablegen, »über die drei gewöhnlichen Gelübde hinaus durch ein besonderes Gelübde gebunden sind, kraft dessen wir zu tun verpflichtet sind, was immer der heutige und die ihm folgenden römischen Päpste als zum Heil der Seelen und zur Verbreitung des Glaubens gehörig anordnen; und daß wir, ohne zu zögern, dorthin gehen werden, wohin auch immer sie uns senden wollen, ohne jede Ausflucht und Entschuldigung, soweit es an uns liegt.«
Getreu diesem Gelübde hat die Gesellschaft Jesu ihr Apostolat ausgeübt; in Europa vor allem dadurch, daß sie die Ausbreitung des Protestantismus begrenzte und die Dekrete des Trienter Konzils in die Praxis umsetzte, und in den anderen Kontinenten, von den äußersten Regionen Ostasiens bis zur gerade neu entdeckten Welt in Amerika dergestalt, daß sie dort den Glauben durch Predigt und Unterricht, durch bewundernswerte soziale Einrichtungen und durch die verschiedensten Formen des Apostolates ausgebreitet hat.
Bei der Erfüllung der Aufträge, die den Jesuiten anvertraut waren, blieb es nicht aus, daß gerade diese Treue zum Apostolischen Stuhl Schwierigkeiten und Angriffe von seiten der Feinde der Kirche verursachte, die schließlich die Aufhebung der Gesellschaft Jesu erreichten. Diese aber blieb nach dem wunderbaren Plan der Vorsehung in Weißrußland erhalten und erwachte durch Entscheidung Pius VII. zu neuem Leben. Er wollte – wie es in der Bulle *»Sollicitudo omnium ecclesiarum«* vom 7. August 1814 zum Ausdruck kommt – das Schifflein Petri, das von solchen Stürmen geschüttelt wurde, nicht länger der kraftvollen Hilfe so erfahrener Ruderer berauben.
Die Gesellschaft nahm ihre apostolische Tätigkeit wieder auf: in Verkündigung und Unterricht, in wissenschaftlicher Forschung und Sozialarbeit, in den Missionen und in der Sorge für die Armen und für jene, die leiden und an den Rand gedrängt sind.
Heute stellt sie sich mit Verstand und Fleiß auch dem tragischen Problem der Flüchtlinge und Vertriebenen; und mit entsprechender Unterscheidung bemüht sie sich, den Dienst am Glauben und die Förderung der Gerechtigkeit – in Übereinstimmung mit dem Evangelium – miteinander zu verbinden. Aus gutem Grund konnte mein Vorgänger Paul VI. behaupten: »Überall in der Kirche, auch auf den schwierigsten Feldern und an den Brennpunkten, an den Wegkreuzungen der Ideologien, an der sozialen Front, wo immer es die Auseinandersetzung zwischen den bedrängenden Bedürfnissen des Menschen und der bleibenden Botschaft des Evangeliums gab und gibt: dort waren und sind die Jesuiten« [Ansprache vom 3. Dezember 1974. In: AAS 66 (1974) 718].
Zahlreich sind die Söhne des heiligen Ignatius, die die Kirche zur Ehre der Altäre erhoben hat. Zahllos sind jene, die mit großem Eifer im Weinberg des Herrn gearbeitet haben. Die Vergangenheit der Gesellschaft ist sicherlich ruhmreich. Möge die Erinnerung daran für alle ein Ansporn zu einer großmütigen Erneuerung des apostolischen Engagements sein,

stets treu in der Liebe und im Dienst gegenüber dem Nachfolger Petri.

4. Der apostolische Eifer, von dem der heilige Ignatius erfüllt war und den er an die Gesellschaft für den Dienst an der Kirche während der vergangenen 450 Jahre weitergab, findet seine Erklärung in dem inneren Geist, der den heiligen Stifter und seine geistlichen Söhne beseelte und ihrer apostolischen Arbeit Wirkung verlieh. Im zehnten Teil der Satzungen, wo es darum geht, die Gesellschaft so zu erhalten und zu entfalten, daß sie ihr Ziel erreicht, hat der heilige Ignatius geschrieben, daß »die Mittel, die das Werkzeug mit Gott verbinden und es dafür bereiten, sich gut von seiner göttlichen Hand leiten zu lassen, wirksamer sind als die Mittel, die es gegenüber den Menschen bereiten ... Denn jene inneren Mittel sind es, die die äußeren für das angestrebte Ziel wirksam machen müssen«.
Diese Wahrheit hat der heilige Ignatius seit der Zeit von Manresa, gleich nach seiner Bekehrung, selbst vorgelebt, bevor er sie in den Satzungen festschrieb. Er verbrachte seinen Tag und sogar einen Teil der Nacht mit langen Gebetszeiten. In ihnen vollendete sich unter dem Beistand der Gnade und besonderer mystischer Gaben jene innere Wandlung, die in den wunderbaren »Geistlichen Übungen« zum Ausdruck kommt; er selber war der erste Exerzitand und wurde so ein wahrhaft geistlicher Mensch.
Wenn er sich in den folgenden Jahren dem Studium und dann der apostolischen Arbeit widmete und deswegen die Zeit des täglichen Gebetes einschränken mußte, so wissen wir doch, daß er dafür immer einen angemessenen Zeitraum vorsah. Aus seinem »Geistlichen Tagebuch« geht in der Tat hervor, daß er als General der Gesellschaft an jedem Morgen der Feier der Eucharistie eine Zeit des Gebetes vorauszuschicken pflegte.
Danach folgten gewöhnlich zwei Stunden des Gebetes, in denen er nicht gestört sein wollte. Die Feier der Eucharistie bildete den Mittelpunkt seines Betens; sie war die bevorzugte Zeit für seinen vertrauten, oft von mystischen Gaben begleiteten Umgang mit Gott. In die Eucharistiefeier brachte er seine Anliegen und Sorgen ein, die in der Leitung der Gesellschaft nicht ausblieben; in ihr empfing er die Erleuchtungen und Eingebungen, die ihn zur treuen Erfüllung der göttlichen Vorhaben führten.
Es ist selbstverständlich, daß er nach dieser Zeit, die der Feier der Eucharistie und dem Gebet gewidmet war, während des ganzen Tages in ständiger Einheit mit Gott lebte. Das bestätigen alle, die mit ihm Umgang hatten; sie bemerkten eine unglaubliche Mühelosigkeit, mit der er bei der Erledigung der Amtsgeschäfte sich sammeln, in einem übernatürlichen Licht Urteile fällen und Entscheidungen treffen konnte. Er verwirklichte das, was P. Hieronymus Nadal in einer für die ignatianische Spiritualität bezeichnenden Ausdrucksweise zusammenfaßte: »Contemplativus in actione« (»Im Handeln kontemplativ sein«).

5. Der heilige Ignatius war nicht nur ein Mann des Gebetes, er war ebenso ein Lehrer des Gebetes mit dem Ziel, auch andere darin einzuführen, »im Handeln kontemplativ zu sein«.
Der Weg, den es dabei zurückzulegen gilt, ist in seinen Geistlichen Übungen beschrieben, die seine persönliche Erfahrung widerspiegeln und derer er sich bediente, um andere zu unterweisen, womit er bei seinen ersten Gefährten begann. Er wollte daher, daß die erste Erprobung für den, der in die Gesellschaft eintreten wollte, in geistlichen Übungen von der

Dauer eines Monats bestehen sollte, um der Spiritualität eines jeden ein solides Fundament zu geben.
Während seines ganzen Ordenslebens ist der Jesuit daher aufgerufen, täglich eine angemessene Zeit dem persönlichen Gebet und der Teilnahme an der Eucharistie zu widmen, die – wie schon für den heiligen Ignatius – die unerläßliche tägliche Nahrung für das geistliche Wachstum ausmacht.
Der heilige Ignatius hat keine langen Gebete vorgeschrieben. Er bestand vielmehr, wie schon in den Geistlichen Übungen, auf der Selbstverleugnung, die es – soweit möglich – in allen Umständen anzustreben gilt; denn die Beherrschung der eigenen Leidenschaften erleichtert die Vereinigung mit Gott im Gebet. Die Bedeutung, die er der Gewissenserforschung beimaß, hat hier ihren Ursprung. Man soll sie zweimal am Tag vornehmen, um eine immer größere Lauterkeit des Geistes zu erreichen, die für die Vereinigung mit Gott empfänglich macht.
Die Söhne des Ignatius sind zu diesem Ideal aufgerufen, nicht nur wegen ihres eigenen geistlichen Fortschritts, sondern auch um selber Lehrer des Gebetes zum Nutzen anderer zu werden. Die Geistlichen Übungen, wie auch die ignatianische Spiritualität ganz allgemein, haben sich immer großer Hochschätzung in der Kirche erfreut. Das bezeugen verschiedene päpstliche Dokumente, angefangen von der ersten Billigung der Exerzitien durch das Breve »*Pastoralis Officii*« von Papst Paul III. (31. Juli 1548) bis zur Enzyklika »Mens nostra« von Pius XI. (20. Dezember 1929). Dies bestätigen ebenso unzählige Priester und Laien, die diesen geistlichen Praktiken den Anfang oder den erneuerten Schwung ihres geistlichen Lebens verdanken. Daraus ergibt sich die besondere Verpflichtung für die Söhne des heiligen Ignatius, dieses so kostbare Mittel der Heiligung, das die Vorsehung der Gesellschaft zum Wohle des Volkes Gottes gegeben hat, nicht zu vernachlässigen. Deshalb ermutige ich die Initiativen auf diesem Gebiet, die man mittels Studien und vertiefender Kurse unternimmt, um die aktuellen Fragen und Bedürfnisse besser beantworten zu können.

6. Die Feier des ignatianischen Jubiläums fällt auch mit dem fünfundzwanzigsten Jahrestag des Abschlusses des Zweiten Vatikanischen Konzils zusammen, dessen Verwirklichung meine pastorale Fürsorge gilt. Deshalb liegt es mir sehr am Herzen, auch an den besonderen Auftrag zu erinnern, den Ihr von meinem Vorgänger Paul VI. erhalten habt: »energisch und mit vereinten Kräften dem Atheismus zu widerstehen«, der eine »furchtbare Gefahr ist, die die Menschheit bedroht« [AAS 57 (1965) 514]; ein Auftrag, der Euch besonders in der neuen Situation verpflichtet, die durch den Zusammenbruch der atheistischen Ideologien hervorgerufen wurde. Wie ich Euch schon bei anderer Gelegenheit gesagt habe, »erwartet die Kirche heute von der Gesellschaft, daß sie wirksam zur Verwirklichung des Zweiten Vatikanischen Konzils beiträgt, so wie sie in der Zeit des heiligen Ignatius und danach alle Möglichkeiten nutzte, das Konzil von Trient bekannt zu machen und anzuwenden und die römischen Päpste auf bemerkenswerte Weise bei der Ausübung ihres höchsten Lehramtes zu unterstützen« [AAS 74 (1982) 557]. Von meiner Seite aus habe ich diese Erwartung bei der Eröffnung Eurer 33. Generalkongregation bestätigt, als ich Euch einlud, »Euch immer mehr an den Initiativen zu beteiligen, die das Zweite Vatikanische Konzil besonders gefördert hat, wie den Ökumenismus, die Vertiefung der Beziehung zu den nichtchristlichen Religionen

und den Dialog der Kirche mit den Kulturen« [ARSI 18 (1983) 1097].

7. Bei der Verwirklichung dieser hochherzigen Vorhaben möge Euch der mütterliche Schutz der allerseligsten Jungfrau Maria beistehen, die den Weg Eures Stifters unterstützt und erleuchtet hat. Die persönliche Erfahrung des heiligen Ignatius, die Unterweisungen der Geistlichen Übungen und der Satzungen sowie die Weise der Gesellschaft voranzugehen, sind in der Tat nichts anderes als »ein Weg, um zu Gott zu kommen« (Form. Inst. Paul III., 1), »der Weg des größeren Dienstes und Lobes Christi, unseres Herrn« (S 618), der »Weg des Pilgers«, der mit der Gnade des Heiligen Geistes die Sendung des Herrn in der Kirche unserer Tage weiterführt. Muß man sich etwa wundern, daß der heilige Ignatius diesen Lebensweg unter dem Blick der Seligen Jungfrau vorgezeichnet hat?
Auf die Fürsprache der »Maria della Strada«, deren römische Kapelle nahe beim Grab des heiligen Pilgers Ignatius die Gläubigen im Gebete versammelt, möge die Gesellschaft Jesu, die in der ganzen Welt verbreitet ist, ihrer apostolischen Sendung unablässig treu bleiben, »Gott vor allen anderen Dingen und beständig vor Augen zu haben und sodann auch die Berufung des Institutes«, die darin besteht, sich großmütig einzusetzen »unter dem Banner des Kreuzes für den Herrn und seinen Stellvertreter auf Erden« (Form. Inst. Paul III., 1).
Als Unterpfand reicher himmlischer Gnaden erteile ich von Herzen Ihnen und allen wohlverdienten Mitgliedern der Gesellschaft Jesu meinen besonderen apostolischen Segen.

Aus dem Vatikan, am 31. Juli 1990, dem Gedenktag des heiligen Ignatius von Loyola.

I. Ignatius von Loyola

Zwischen Mittelalter und Renaissance

Ignatius im Strom seiner Zeit

Miquel Batllori, Rom

In der Frage, welcher Zeitepoche Ignatius zuzuordnen sei, gehen die Meinungen auseinander: Die einen halten ihn für einen großen Vertreter des Mittelalters, andere sehen in ihm den Heiligen der Neuzeit.
Aber vielleicht liegen diese gegensätzlichen Sichtweisen doch näher beieinander, als es zunächst scheinen mag. Ignatius lebte in einer Zeit des Übergangs, ihm glückte die Synthese zweier Epochen. In seiner Person wachsen Mittelalter und Renaissance zusammen. Das läßt sich an seinem Leben und Bildungsgang, aber auch an seinem geistlichen Weg und Werk zeigen.[1]

Der Ritter Gottes

Bei historischen Gestalten trifft man immer wieder auf eine Mischung von Legende und Wirklichkeit. Die Legende steht nicht im Widerspruch zur geschichtlichen Tatsache, sie ist ihr übergeordnet und hat immer ihre geschichtliche Grundlage. Für Ignatius ist die Legende vom Offizier, der eine als militärischen Orden zu bezeichnende Gesellschaft gegründet hat, am weitesten verbreitet und vielfach bekannt. Schon die spanischen Jesuiten des 17. Jahrhunderts, die die Seligsprechung des Ignatius von Loyola miterlebt hatten, hoben diese militärische Seite hervor. Nicht zuletzt die Jesuiten selber haben dazu beigetragen, den Wortsinn von »compañía« auf etwas Legendäres einzuengen, so daß im Spanischen dieser Begriff im militärischen Sinn gebraucht wird, während das italienische Wort »compagnia« eine abgegrenzte Gemeinschaft von Brüdern bezeichnet. Diese zweifache, schon zu Lebzeiten des Ignatius belegte Bedeutung sollte man sich immer vor Augen halten.
Doch diese Legendenbildung beruht auf der geschichtlichen Tatsache, daß Ignatius selbst zwar nicht so sehr das militärische, wohl aber das ritterliche Ideal verkörpert hat. Es wäre irrig anzunehmen, daß das Leitbild der Ritterlichkeit einzig dem Mittelalter angehört. Das Ritterideal entstand im Mittelalter und lebte in der Renaissance mit einem neuen Sinngehalt weiter.
Der im kriegerischen Mittelalter geprägte Begriff wurde im 15. Jahrhundert übernommen. Der mittelalterliche Ritter war, wie etwa Karl der Große, ein heldenhafter Volksführer. Der Held der Ritterromane ist ein persönlicher Lehensmann, einer, der sich weniger in den Dienst einer politischen als einer selbsterwählten Unternehmung stellt – auch wenn zuweilen ein Ritter, wie Roger de Flor oder Tirant lo Blanc, gleichzeitig ein großer Feldherr gewesen ist.
Im Mittelpunkt der Heldenbücher des 16. Jahrhunderts steht immer eine Waffentat im Dienst einer Dame, ein Abenteuer, durch das ein einzelner sich hervortun will. Ignatius hat sich zum ritterlichen Ideal im besten Sinn dieses Wortes nie so deutlich bekannt wie zu der Zeit, da er seine »Selbstbiographie« diktierte: Er fühlte sich gedrängt – so bekennt er – eine kriegerische Tat zu vollbringen im Dienst einer Dame, die nicht von gewöhnlichem Adel war, also weder Gräfin noch Herzogin, sondern von weit vornehmerer Abkunft. (PB 6) In dieser Einheit von kriegerischer Tat und Frauendienst aus Liebe liegt das Wesen der Ritterlichkeit. Schon die bloße Tatsache, daß Ignatius dem ritterlichen Stand angehörte, legt den Gedanken einer Synthese zwischen Mittelalter und Renaissance nahe.
Ein anderer, dem Ritter eigener Zug ist der Hang zur Sublimierung. In der reichen Persönlichkeit des Ignatius tritt diese Neigung mehrfach zutage.

Titelblatt des Ritterromans Amadís de Gaula

Kaiser Maximilian I. (1459–1519)

Da ist zuerst einmal die Sublimierung des Kreuzzugsgedankens in das mittelalterliche Kreuzzugsideal, das in die Epoche von Ferdinand dem Katholischen und Karl V. hineinreichte. In Ferdinand II. von Aragonien (und V. von Kastilien), den Machiavelli als großen Politiker bewunderte, verdichtet sich noch einmal die mittelalterliche Kreuzzugsidee zu einem brennenden Anliegen. Sicher spielt hier der Einfluß der Franziskaner eine Rolle – jener Minderbrüder, die, wenn man dem ersten Nuntius Desprats glauben will, den Hof der Katholischen Könige wie eine Mauer ständig umgaben. Vielleicht ist dieser berechnende, immer auf einen politischen Vorteil sinnende, oft genug egoistische Machtmensch mit dem bangen Gedanken gestorben, daß er eigentlich noch nicht sterben dürfe, weil ihm eine Wahrsagerin prophezeit hatte, daß er von Gott dazu ausersehen sei, das Hl. Land zurückzuerobern: Ideale, die mit König Ferdinand fast erlöschen.
Ignatius von Loyola war kein Page der Katholischen Könige; schon eher schloß er sich der Meinung ihres Oberhofmeisters Velázquez de Cuéllar in Arévalo an. Und doch muß ihm die Kreuzzugsbegeisterung nicht fremd gewesen sein, die Ferdinand den Katholischen erfüllte und die mittelalterliche Herrscher wie Friedrich III. von Sizilien oder Jakob II., den Gerechten, von Aragon beseelte, der die Kirche reformieren und Jerusalem befreien wollte. Es waren die mittelalterlichen Leitbilder Arnolds von Villanova und Raimund Llulls, die in Spanien nach der Ankunft der ersten Jünger des hl. Bernhardin von Siena wieder auflebten.
Ignatius, der am Hofe der Katholischen Könige gedient hatte, ließ den Kreuzzugsgedanken in einer der wichtigsten und bezeichnendsten Betrachtungen seiner Exerzitien anklingen. In ihnen zeichnet er das Idealbild eines Königs, der als eine Art Verbindung von Ferdinand und Karl vorzustellen ist, eines Königs, der sich auf den Weg macht, alle Länder der Feinde Gottes zu erobern und dem alle Herrscher der Erde gehorchen. Ferdinand kommt diesem Ideal nicht nahe, eher schon Karl V., der 1519 zum Kaiser gewählt wurde und unter dem Ignatius in jungen Jahren gedient hatte.
Der *zeitliche König* der Exerzitien sollte »das ganze Land der Ungläubigen ... erobern« (EB 93); das war das Ziel der Katholischen Majestät, Ferdinands von Aragonien. Dieses Kreuzzugsideal hat Ignatius überhöht und in seinem Leitbild vom Ritter Gottes ins Übernatürliche gewendet. Auch er wollte alle Feinde Gottes in einer Art Kreuzzug besiegen – das heißt jene Feinde, die in jedes Menschen Herz anzutreffen sind, und alle Feinde der Kirche. Der Mensch hat es in der Hand, in dem Maß, wie er selber vollkommen ist, die Feinde in sich selbst und die Feinde der Kirche in der Welt zu überwinden. Hier kann man von einer Idealisierung der ritterlichen Kreuzzugsvorstellung am Übergang vom Mittelalter zur Renaissance

Kogge von der Art der »Santa Maria«, dem Flaggschiff von Kolumbus, der 1492 die Neue Welt entdeckte.

Inselkarte des Kolumbus (1493)

sprechen. Diese Übergangsperiode zwischen Mittelalter und Renaissance findet in der Gestalt des jugendlichen Kaisers Karl V. eine Leitfigur. Es ist die Zeit vor der vollzogenen Glaubensspaltung in Europa, und so kann man Karl V. als den letzten mittelalterlichen Kaiser bezeichnen. Ihm hatte Ignatius einen Teil seiner besten Mannesjahre gewidmet.

Ignatius, der Berichten von Zeitgenossen zufolge in seiner Jugend zwei Hauptfehler besaß, nämlich eine gewisse Überempfindlichkeit in den Belangen der Ehre und eine Verwegenheit bei Liebschaften, hat Demütigungen geradezu gesucht, sie mit Freuden auf sich genommen und jede Demütigung sowie jeden Tadel als das Gewand unseres Herrn Jesus Christus betrachtet: Wer Christus nachfolgen will, muß damit zufrieden sein, auch sein Gewand, das heißt die »Kleidung und Diensttracht« des himmlischen Königs, zu tragen. (S 101) So wird für ihn das Verachtetsein um Christi willen zu einer Ehre, wie er es in seiner Selbstbiographie klar aussagt. Er erinnert sich einmal der geistlichen Tröstung, die er empfing, als er auf der Rückkehr aus dem Hl. Land in Norditalien von spanischen Soldaten, die gegen Franz I. von Frankreich kämpften, gefangengenommen wurde: Da ging ihm plötzlich auf, welch große Ehre es sei, Christus auf dem Weg der Demütigung nachzufolgen. (PB 52) Da schien es ihm, als sei er mit dem Gewand des Herrn, des himmlischen Königs, bekleidet.

Hinter diesen Gedanken steht ein Wandel und eine Sublimierung des Ehrbegriffs, eines Wandel des ritterlichen Ideals. Nach dem neuen Ehrenkodex kommt es für Ignatius ganz darauf an, sich im Dienst seines ewigen Königs und Herrn auszuzeichnen, der sich vor ihm seinetwegen mit dem Gewand der Demut und der Erniedrigung bekleidete.

Bei Ignatius ist noch eine weitere Form der Sublimierung zu beobachten. Wiederholt hat man festgestellt, daß in seinen Ordenssatzungen und Briefen Ausdrücke wie »zur Ehre Gottes« (S 339, 636 u.ö.), zur größeren Ehre Gottes» (S 135), »Ehre und Dienst für seine göttliche Majestät« (S 825), »der größere Dienst und Lobpreis Gottes«, »zum größeren Dienst und Ruhm unseres Herrn in einem Leben der Demut und Armut« häufig wiederkehren. Diese Vorliebe sollte später seinen Orden in der Wahl seiner Devise bestimmen: zum größeren Dienst und Ruhm Christi, unseres Herrn, in einem Leben der Demut und Armut.

Auch diese Devise wurde mit der Zeit gewissermaßen zur Legende. Aus der Ehre Gottes, der »Gloria de Dios«, dem Wahlspruch des Ignatius und seiner Gefährten, wurde in der Barockzeit die Ehre der Gesellschaft Jesu. Der »größere Dienst und Ruhm unseres Herrn in einem Leben der Demut und Armut« verformte sich nach der ersten Jahrhundertfeier der Gründung der Gesellschaft im Jahre 1640 zu einer Ehre Gottes, die sich in einer trium-

*Gesamtansicht von Alcalá de Henares (1565)
Studienort des Ignatius von Loyola
von 1526–1527*

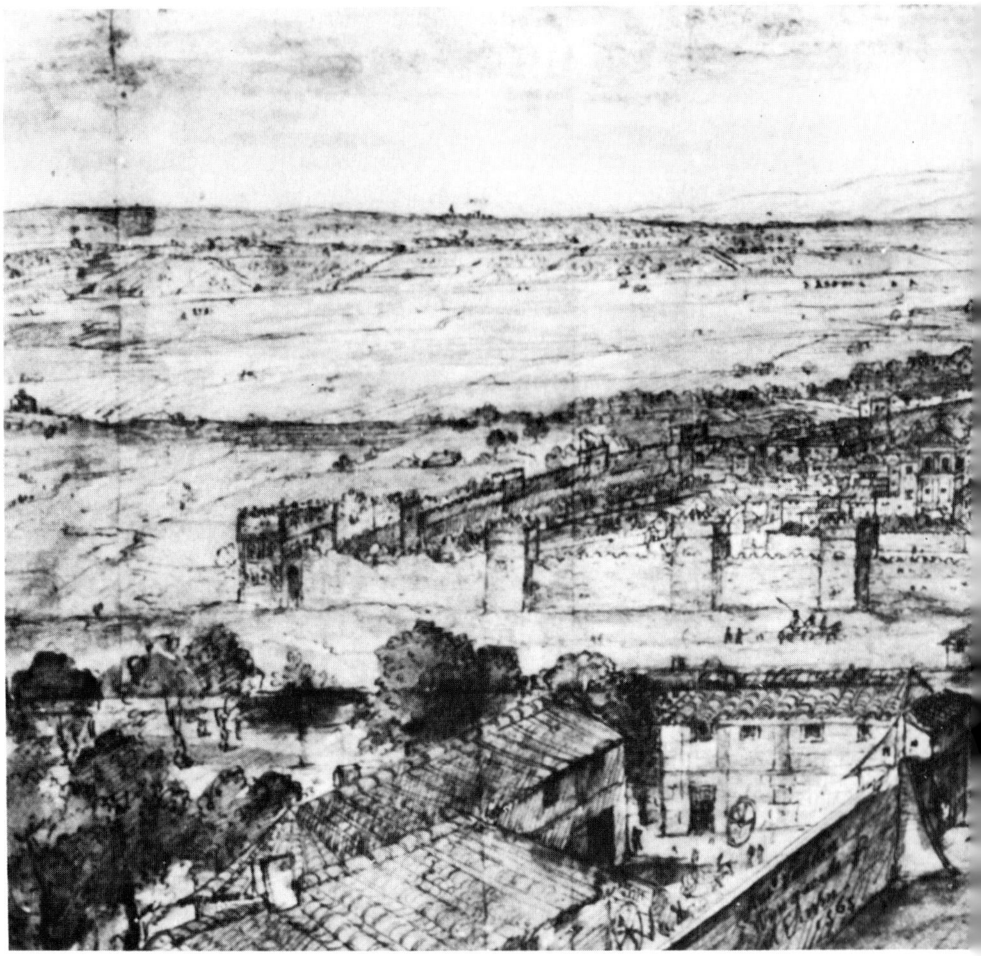

phalen barocken Verherrlichung des hl. Ignatius und seines Werkes äußerte. Das Aufblühen der kleinen Schar um den Basken Iñigo de Loyola zur berühmten »Compañía« des hl. Ignatius von Loyola wurde pompös gefeiert. Das Ideal des Ritters Gottes hat sich im Übergang vom Herbst des Mittelalters über die Renaissance zum Barock des 17. Jahrhunderts, der vom erfahrbaren Ausdruck lebte, gewandelt.

Ein christlicher Humanist?

Wir wissen, daß Ignatius antike Kunstdenkmäler, die beim Bau seiner römischen Niederlassung ausgegraben wurden, verkaufte, um den Erlös guten Zwecken zuzuführen. Dürfen wir daraus schließen, daß Ignatius zur Renaissance keine Beziehung hatte? Gewiß können wir uns kaum vorstellen – und sicher ist es nie der Fall gewesen –, daß er die Tage in Rom damit zugebracht hätte, sich mit der Welt der Antike vertraut zu machen wie sein Freund Nadal. Besagt nun diese Gleichgültigkeit gegenüber dem klassischen Altertum, daß Ignatius kein Renaissance-Mensch war? Ich glaube nicht. Die geistige Luft, in der er lebte, war weit eher durch das Mittelalter als durch die Renaissance bestimmt. Die Dichter, die das geistige Klima am Hof der Katholischen Könige prägten, waren vor allem Montesino und Padilla, die er sicherlich gelesen hat (wenn wir auch nicht genau wissen, ob in Arévalo oder während seiner Dienstzeit in Kastilien und Navarra oder gar schon in Loyola). Ignatius, der nicht zur Schicht der Gebildeten gehörte und nach seiner Rückkehr von der Pilgerfahrt ins Hl. Land noch kein Latein beherrschte, wohl aber Spanisch lesen und formschön schreiben konnte, sollte auf einem anderen, unmittelbareren Weg mit der Renaissance in Berührung kommen. Wenn man bei jenen Hofpoeten renaissancehafte Züge entdecken will, so bestanden diese höchstens in gelehrten Anspielungen Vallas und Poggios auf Venus, Mars und andere antike Gottheiten. Die erste wirkliche

Berührung des Ignatius mit dem lateinischen Humanismus (wenn ich den Ausdruck Humanismus hier verwenden darf) geschah in Barcelona, als er sich mit 33 Jahren entschlossen hatte zu studieren, um den Menschen besser helfen zu können.

Ignatius hatte keinen Sinn für Bildung um ihrer selbst willen. Wenn er den Entschluß faßte, sich in seinem Alter noch einmal zu den Jungen auf die Schulbank zu setzen, so nur deshalb, weil er einsah, daß er die Wissenschaft brauchte, um dem Nächsten zu helfen. Ignatius wählte jedoch nicht irgendeinen beliebigen Lehrer für das Lateinstudium, sondern den bestellten Humanisten der Universität in Barcelona.

Das *Studi General* oder die Universität Barcelona, die 1450 von Alfons dem Großmütigen durch eine in Neapel ausgestellte Urkunde gegründet wurde, blieb zur Zeit der großen spanischen Humanisten immer nur eine zweitrangige Universität. Hier wurde auch Grammatik gelehrt, ein Fach, das einem Bakkalaureus unterstand. Zur Zeit des Ignatius war es Jeroni Ardèvol aus La Fatarella bei Tortosa; er hatte gerade den Latinisten Martín de Ibarra aus Viguera, der als Verleger klassischer Texte lange Zeit in Barcelona lebte, abgelöst.

Die in katalanischer Sprache abgefaßte Bestimmung von 1508 besagt: Der Lehrer für Grammatik ist verpflichtet, im Laufe des Studienjahres die Grammatik von Antonio de Nebrija und die Aeneis von Vergil durchzunehmen. Außerdem soll er den *Proverbi maior* (wahrscheinlich sind damit die Sprichwörter des Seneca gemeint) kommentieren oder aber den Brief an Lucilius.

Der Humanismus, den Ignatius in Barcelona kennenlernte, war sehr provinziell und nicht zu vergleichen mit dem Humanismus am katalanisch-aragonesischen Königshof, der sich dort durch den Großmeister Juan Fernández de Heredia, der mit den griechischen Humanisten in Avignon schon im 14. Jahrhundert in unmittelbarer Verbindung stand, entfaltet hatte. Auch hat er wenig zu tun mit dem

Humanismus von Königen wie Johann I. und Martin I., unter dessen Regierung Bernat Metge erneut die alten Fragen der heidnischen Denker nach der Unsterblichkeit der Seele aufwarf, noch mit jenen spitzfindigen rhetorischen Glossen, mit welchen Katalanen und Valencianer des 15. Jahrhunderts die Texte der antiken Dichter versahen.
Es bleibt schließlich die Frage zu klären, ob Ignatius zuerst in Barcelona oder in Alcalá mit Erasmus in Berührung kam. Ribadeneira berichtet, man habe dem Studenten der Grammatik in Barcelona geraten, die Werke des Erasmus, vor allem das *Enchiridion militis christiani* zu lesen, wenn er sich einen guten lateinischen Stil aneignen wolle. Diese Behauptung Ribadeneiras wurde aber auch bestritten. Da Ignatius in Alcalá im Kreis um Eguía (dem die Werke des Erasmus ihre große Verbreitung in Spanien verdanken) verkehrte, wird man diese Bemerkung auf die Jahre in Alcalá beziehen dürfen.
Nachdem Ignatius in Barcelona zum ersten Mal einen schwachen Abglanz des Humanismus kennengelernt hatte, studierte er vom März 1526 bis Juli 1527 an der berühmten humanistischen Reformuniversität von Alcalá, ohne vom Humanismus berührt zu werden. Er ging nach Alcalá, um Philosophie zu studieren, weil Meister Ardèvol befand, daß er genügend Latein beherrsche, um sich den höheren Studien zuzuwenden.
Welche Vorstellung besaß Ignatius vom Humanismus, nachdem er den Humanismus Barcelonas etwas kennengelernt hatte und den Humanismus von Alcalá gar nicht an sich herankommen ließ? (Wenn er in Paris noch einmal Latein studierte, dann sicher nur, um den philosophischen und theologischen Vorlesungen besser folgen zu können.) Manche beantworten diese Frage damit, daß sie in Ignatius einen Vertreter des christlichen Humanismus erblicken, einen Mann, der die geniale Einsicht hatte, daß der Humanismus seiner Zeit auch für das geistliche Leben von großer Bedeutung sei. Bis zu einem gewissen Grad haben sie damit recht. Doch hat Ignatius das Problem des Humanismus als solches sicherlich nicht erfaßt. Mit seiner Bewertung der humanistischen Bildung stand er nicht allein. In seiner Weitsicht erkannte er, daß man die Kinder in den Schulen Latein lehren mußte, wollte man ihnen eine christliche Bildung vermitteln. Ihm war alles willkommen, was dazu diente, den Seelen zu helfen. Was er unter klassischer Bildung verstand, soll eine Stelle aus seinen Ordenssatzungen verdeutlichen: »Aus den heidnischen humanistischen Büchern soll nichts Unehrbares gelesen werden. Des übrigen kann sich die Gesellschaft wie der Beutestücke aus Ägypten bedienen.« (S 359)
Trotz dieser sehr engen Sicht des Humanismus gebührt ihm das Verdienst, den Wert der Bildung, wie sie damals in der Blütezeit des Humanismus gepflegt wurde, als Voraussetzung apostolischen Wirkens erkannt zu haben.

Traditionsbewußt und zukunftsoffen

Mit dem Humanismus hob nicht nur in Kunst und Literatur ein neues Zeitalter an, die gesamte Kultur erhielt ein neues Gesicht. Ignatius hatte sich vor allem in Paris mit den Bestrebungen der Humanisten auseinandergesetzt, die die mittelalterliche Kultur zu überwinden sowie die scholastische Theologie und Schulphilosophie durch die griechischen und lateinischen Klassiker sowie durch Kommentare der Kirchenväter zu ersetzen suchten.
Wäre Ignatius ein eindeutig mittelalterlicher Mensch gewesen, dann hätte er sich zweifellos

»Das Jüngste Gericht« Michelangelo (1475–1554) Sixtinische Kapelle, Rom

mit den Vorlesungen am Collège Sainte-Barbe und mit der thomistischen Theologie, wie sie die Dominikaner von St. Jacques gelehrt haben, zufriedengegeben. Aber Ignatius war ein viel umfassenderer Geist, als man gemeinhin annimmt. So hat er in dieser an geistigen Strömungen reichen Zeit eine klare Synthese von Mittelalter und Renaissance zu schaffen vermocht.

Man könnte hier viele Stellen aus seinen Briefen und Satzungen zum Beweis anführen. Es mag genügen, an die elfte von den Regeln »für das wahre Gespür, das wir in der streitenden Kirche haben müssen« (EB 352), zu erinnern: »Die positive und die scholastische Lehre loben. Denn wie es den positiven Lehrern, wie dem heiligen Hieronymus, dem heiligen Augustinus und dem heiligen Gregor usw., mehr eigen ist, das Verlangen zu bewegen, um in allem Gott, unseren Herrn, zu lieben und ihm zu dienen, so ist es den scholastischen Lehrern, wie dem heiligen Thomas, dem heiligen Bonaventura und dem Sentenzenmeister [Petrus Lombardus] usw., mehr eigen, in den zum ewigen Leben notwendigen Dingen zu definieren oder für unsere Zeiten zu erläutern, und um alle Irrtümer und alle Trugschlüsse mehr zu bekämpfen und zu erläutern.« (EB 363)

Die Liebe zu den Kirchenvätern (sie sind mit »doctores positivos« gemeint) war für die humanistischen Theologen charakteristisch. Man schätzte sie, weil sie das Verlangen verstärkten, »in allem Gott unserem Herrn zu dienen und ihn zu lieben«. (EB 233) Dies war eines der Merkmale humanistischer Frömmigkeit bei Lefèvre d'Etaples. Daß Ignatius beide Richtungen der Vergangenheit in einer Synthese zusammengebracht hat, ist für ihn besonders bezeichnend.

Eine weitere Synthese von Mittelalter und Renaissance ist Ignatius auf dem Gebiet der Spiritualität geglückt. Man hat die Abfassung der Exerzitien fälschlich auf eine rein übernatürliche Inspiration zurückgeführt. Gewiß, die göttliche Vorsehung ist immer im Spiel, wo ein großes Werk entsteht, das in der Geistesgeschichte Resonanz haben soll. Doch dürfen wir nicht vergessen, nach den menschlichen Voraussetzungen zu forschen, die Ignatius zu seiner Synthese gelangen ließen.

Sicherlich wird niemand, der mit der Gestalt des Ignatius vertraut ist, ein in seinem Herzen tief verwurzeltes franziskanisches Element übersehen können. Es mag aus den Jahren in seiner baskischen Heimat herrühren, denn hier war um die Mitte des 15. Jahrhunderts dank der Brüder des hl. Bernhardin von Siena der ursprüngliche Geist des Franziskus wieder mächtig erstarkt. Das Wahrzeichen der Jesuiten ist dasselbe wie das der reformierten Franziskaner, denen Ignatius auf Schritt und Tritt in den baskischen Hütten und Gehöften begegnete. Außerdem war die Familie des Velázquez de Cuéllar in Arévalo den Minderbrüdern besonders zugetan. Ignatius verdankt dem mittelalterlichen Geist des hl. Franziskus den christozentrischen Bezug seiner Exerzitien, die seine Spiritualität am besten zeigen.

Den mittelalterlich-dominikanischen Geist lernte Ignatius im Kloster Manresa kennen. Hier verbrachte er lange Zeit, hier lebte sein Beichtvater, und wahrscheinlich hat er auch einen Teil seiner Exerzitien hier niedergeschrieben. Vergleicht man einzelne Texte der Exerzitien mit Texten des hl. Vinzenz Ferrer, so ist dessen Einfluß unverkennbar. Stellt man allerdings zum Beispiel die Anordnungen, die Ignatius in bezug auf das Essen trifft, wenn er empfiehlt, Christus beim Mahl im Kreise seiner Jünger zu betrachten, neben entsprechende Ratschläge des hl. Vinzenz, dann zeigen sich die Unterschiede.

Eine dritte mittelalterliche Geistesströmung, die wir nicht übergehen dürfen und die von Josep M. March gründlich erforscht wurde, ist an den Namen des Raimund Llull geknüpft, der seine eigene »Kunst der Betrachtung« im geistlichen Roman *Blanquerna* entwickelte. Dieses Buch wurde von Joan Bonllavi (sein richtiger Name lautet Malbec) 1521 in Valencia herausgebracht und vom Herausgeber einem Mitglied der Familie Sapila in Barcelona gewidmet, mit der Ignatius in Katalonien freundschaftliche Beziehungen unterhielt. Mit der gleichen Eindringlichkeit, mit der Ignatius die Lauterkeit der Gesinnung forderte und das Verlangen einschärfte, in allem den Willen und das Wohlgefallen Gottes zu suchen, hat auch Llull in seiner »Kunst der Betrachtung« diese Haltungen betont.
Bevor wir die Synthese betrachten, in der Ignatius den franziskanischen und den dominikanischen Geist, die Theologie des Raimund Llull mit den Strömungen der Renaissance, das heißt Frömmigkeit und Humanismus, wie sie in Paris gelehrt wurden, zur Einheit zusammenführte, ist noch von der *Devotio Moderna* zu sprechen, die dem Spätmittelalter angehört. Diese niederrheinische Frömmigkeitsbewegung hat Ignatius auf verschiedenen Wegen kennengelernt. Sie hat sich in zwei verschiedene Richtungen entwickelt: in die der *oratio methodica* – Gebetsmethode –, die auf den hl. Bonaventura zurückgeht und vor allem durch Gerard van Zutphen und Mombaer aufgegriffen wurde, und in die des persönlichen, inneren Lebens in Andacht, wie es die Windesheimer Regularkanoniker vertraten. Diese letzte Richtung der *Devotio Moderna* vermochte sich ganz dem Geist des Humanismus einzufügen – der neuen Zeit also, die den Menschen zum Mittelpunkt des geistigen und ritterlich-natürlichen Lebens machte.

Als Ignatius schon nach dem Tode des Reformabtes García Jiménez de Cisneros in das Kloster Montserrat, dem ersten spanischen Zentrum der *Devotio Moderna*, kam, lernte er dort eine Methode geistlicher Schulung kennen. Was bis dahin für ihn bloß eine unbestimmte Vorstellung und ein religiöses Ahnen war, wie er seinem Notizbuch anvertraute, das wurde nun zur Einsicht in einen geordneten Weg des geistlichen Lebens. Er arbeitete diese Methode zunächst für sich selbst aus, machte sie dann auch anderen zugänglich und formulierte sie schließlich in den Exerzitien, um mit ihrer Hilfe für das Reich Christi Neuland zu erobern und Gefährten zu gewinnen, die ihm helfen sollten, dieses Reich in der ganzen Welt aufzurichten.
Die zweite Richtung der *Devotio Moderna* lernte Ignatius in Manresa durch das Buch *De imitatione Christi*, »el Gerçonzito«, wie es genannt wurde, kennen, weil man dieses Werk Jean Gerson, dem Kanzler der Universität Paris, zuschrieb. Dieses bedeutende Büchlein spiegelt das Leben der Kanoniker von Windesheim und der flämischen Mystiker wieder, ein Leben, wie man es damals in vielen niederländischen Beginenklöstern, vor allem in Brügge, führte.
Es ist durchaus vorstellbar, daß Ignatius auf seiner Reise, die er 1529 in diese Gegend unternahm und auf der er auch mit Joan-Lluís Vives zusammentraf, deren Leben kennenlernte und davon tief beeindruckt wurde. Die auf Innerlichkeit, auf persönliche Andacht und Vollkommenheit hinzielende geistliche Strömung gewinnt in Thomas a Kempis greifbare Gestalt. Ob Thomas a Kempis der Verfasser der »Nachfolge Christi« ist, wie man heute auf Grund der Vergleiche der handschriftlichen Texte in der Königlichen Bibliothek in Brüssel wieder annimmt, oder nur der Über-

setzer und Kompilator, ist hier unerheblich. Über jene beiden Richtungen der *Devotio Moderna* erhebt sich der Geist eines Vives und eines Erasmus. Wir wissen nur wenig von dem Einfluß, den Vives auf Ignatius ausgeübt hat. In der von der Reformation aufgewühlten Zeit wird er ihm wohl mit dem gleichen Vorbehalt begegnet sein wie Erasmus. Dennoch gehörten die Werke des Vives zusammen mit denen des Erasmus zu den wichtigsten Schulbüchern in den Kollegien des neuen Ordens. Die erste Begegnung des Ignatius mit Vives im Februar/März 1529 in Brügge erscheint in wenig günstigem Licht. Heute, wo wir dank der Forschungen auf dem Gebiet der Wirtschaftsgeschichte in der Lage sind, uns ein Bild von jener Kolonie spanischer Kaufleute zu machen, die sich damals in den Niederlanden entlang der Flüsse niedergelassen hatten, verstehen wir, daß Ignatius auf seinen sommerlichen Wanderungen sie gerne aufsuchte, um Almosen für seinen Lebensunterhalt während der Studienjahre in Paris zu erbitten. Bei dieser Gelegenheit hat er Joan-Lluís Vives in dem abgeschiedenen, fast toten Brügge kennengelernt. Wir wissen, daß sich beide Männer über die kirchlichen Fasten- und Abstinenzvorschriften unterhalten haben. Vives, der als mediterraner Valencianer den Gaumenfreuden sehr zugetan war, wollte Ignatius davon überzeugen, daß auch er sowohl Fisch als auch Fleisch nach Belieben essen dürfe. Ignatius entgegnete Vives, daß aus der Sicht der Reichen die Abstinenzvorschriften nicht viel bedeuteten; dagegen hätten die Armen durch den Verzicht auf Fleischspeisen sehr wohl Gelegenheit, eine Entbehrung auf sich zu nehmen und Buße zu tun. Hier erscheint Vives fast wie ein Protestant. Da jedoch heute feststeht, daß er ein ausgewanderter Jude war, könnte man in seinen Anschauungen eine gewisse Reaktion gegen jüdische Speisevorschriften erblicken. Um so erstaunlicher ist es, daß ein Mann, der aus dem Judentum kommt, nicht Gottvater in den Mittelpunkt seiner religiösen Existenz stellte, wie es die Juden und Conversos, d.h. die Christen, die von jüdischen Vorfahren abstammen, häufig taten, sondern Christus.

Der Einfluß des Erasmus auf Ignatius ist deutlicher faßbar. Es besteht kein Zweifel, daß Ignatius zum Beispiel folgende Stelle aus dem *Enchiridion militis christiani* kannte: »Für den, der ohne Umschweife den rechten Weg einschlägt, werden alle Dinge, denen er begegnet, entweder anzunehmen oder zu verwerfen sein, je nachdem, ob sie ihm auf seinem Weg helfen oder ihn hindern.« Dieser Gedanke taucht bei Ignatius in folgender Formulierung auf: »Daraus folgt, daß der Mensch sie soweit gebrauchen soll, als sie ihm für sein Ziel helfen, und sich soweit von ihnen lösen soll, als sie ihn dafür behindern.« (EB 23) Es ist kaum in Zweifel zu ziehen, daß Erasmus hier auf einen sehr grundlegenden und bezeichnenden Text des hl. Ignatius, den man bisher immer als einen Gegner des Erasmus ansah, Einfluß genommen hat.

Man kennt jenen Ausspruch des Ignatius, den Gracián kommentiert hat und der die Bewunderung Schopenhauers fand. »Man wende«, formuliert Gracián, »die menschlichen Mittel an, als ob es keine göttlichen, und die göttlichen, als ob es keine menschlichen gäbe.« Der Bezug dieser Stelle zu Ignatius hat im Bericht Ribadeneiras seinen Ursprung. »Wenn er [Ignatius] etwas im Dienst unseres Herrn unternahm, bediente er sich dabei aller menschlichen Mittel, um es zu vollbringen, mit soviel Sorgfalt und Nachdruck, als hinge der ganze Erfolg von ihnen ab; und derart vertraute er auf Gott und wußte sich von seiner göttlichen Vorsehung abhängig, als ob alle übrigen

»Der Triumph des Todes« Peter Brueghel (1525/30–1569)

menschlichen Mittel, die er einsetzte, nichts nützten.« Sáinz Rodríguez hat eine Untersuchung durchgeführt, in der er nachweist, daß auch dieser für Ignatius typische Ausspruch unmittelbar auf Erasmus zurückgeht. So sagt Erasmus in seinen *Colloquia:* »Sic enim imploro Christi praesidium quasi citra illius opem nihil efficiat nostrum studium, sic studeo, quasi nihil auxilii sit laturus nisi graviter laboranti.« Ignatius überhöht also den Ausspruch des Erasmus. Das erinnert an die zweifache Quelle, aus der sich Ethik und Religion Henri Bergsons speisen. Der Rationalismus des Erasmus hat hier durch die Mystik des Ignatius einen Wandel erfahren. Erasmus rät uns, unsere Zuflucht zu Gott zu nehmen, weil Gott (nur) denen zu Hilfe kommt, die selbst tätig sind. Ignatius' Worte aber sind die Worte eines Mystikers: »Ich werde so handeln, als ob alles nur von meinem Handeln abhinge, und werde es Gott so anheimstellen, als käme alles einzig auf ihn an.« Man beachte, wie hier von der natürlichen Logik der ersten Stufe in der sittlichen und religiösen Entwicklung Bergsons übergeleitet wird zu einer Ebene, die nicht etwa unlogisch ist, sondern alle Logik übersteigt.

Ein Renaissance-»Fürst«

Zum Schluß soll noch jene Synthese kurz gestreift werden, die in der Gründung der Gesellschaft Jesu zu Ignatius' Meisterwerk geführt hat. Auch sie verkörpert eine Verbindung von Mittelalter und Renaissance. Die mittelalterlichen geistlichen Strömungen, die Ignatius bis zu seiner Ordensgründung kennengelernt hatte, sind vielfältig. Da ist zunächst die Benediktinerregel, in der P. Arturo Codina viele dem ignatianischen Geist verwandte Züge entdeckt hat: die Betonung des Gehorsams, das patriarchalische Leitungsprinzip, sowie die Verehrung und Hochschätzung des Oberen. Der benediktinische Grundsatz »semel abbas, semper abbas«, »einmal Abt, immer Abt«, läßt sich auf den auf Lebenszeit gewählten Generaloberen der Jesuiten anwenden. Daneben hat Ignatius viel aus den Konstitutionen der alten Bettelorden, der Franziskaner und Dominikaner, übernommen. Ebensowenig dürfen wir die unmittelbaren Vorläufer der Regularpriester vergessen, vor allem den hl. Cajetan, wie überhaupt die Stadt Vicenza und ihre Wirkung auf Ignatius, der sich dorthin zu Sammlung und Gebet zurückgezogen hatte, bevor er den entscheidenden Weg nach Rom antrat, also kurz vor der Gründung seiner Gesellschaft.

Was mit der Gestalt des Ignatius an Neuem und für ihn Bezeichnendem zum Vorschein kommt, ist vielleicht jener Wandel, den der Regierungs- und Herrschaftsbegriff der Renaissance erfährt. Es ist hier nicht an Regierung zu denken, wie sie Karl V. ausübte, dessen Reich eher eine lockere Verbindung einzelner Volksstämme zu einer Personalunion im mittelalterlichen Sinn war, sondern an Regierung und Herrschaft, wie sie die römischen Rechtsgelehrten verstanden. Ignatius macht sich ihre Vorstellung von Autorität zu eigen, wenn er den Generalobern der Gesellschaft Jesu mit einer Vollmacht und einer Autorität ausstattet, die ihre höchste Entsprechung in den Engelshierarchien und der Hierarchie der Kirche besitzt.

Man hat diesen monarchisch-aristokratischen Geist, der uns aus dem Werk des hl. Ignatius entgegentritt, im Gegensatz zum demokratischen Geist der alten Orden, mitunter eine moderne Herrschaftsform genannt, weil der Generalobere als höchster Träger der Autorität nur der oligarchischen Generalkongregation der Professen des Ordens untersteht. Zweifellos trägt diese Leitungsstruktur das Siegel der Renaissance. In diesem Sinn ist Ignatius ein Kind seiner Zeit, ein Vertreter der Renaissance, mag er auch antike Kunstdenkmäler, die er fand, verkauft und den Erlös für karitative Zwecke verwendet haben, ohne nach ihrer Bedeutung zu fragen. Seiner Wesensart und Bildung nach gehört er der Renaissance an, zugleich ist er aber ein Mensch, der in der Geschichte fortlebt.

Anmerkung

[1] Veränderte und um die Anmerkungen gekürzte Fassung des Beitrages »Ignatius von Loyola zwischen Mittelalter und Renaissance« in: Aureum Saeculum Hispanum. Beiträge zu Texten des Siglo de Oro. FS H. Flasche. Hg. K.-H. Körner u. D. Briesemeister. Wiesbaden 1983, 1–15.
Nachdruck mit frdl. Genehmigung von Franz Steiner Verlag Wiesbaden GmbH, Stuttgart 1.

Nur »den Eitelkeiten der Welt ergeben«?

Lernjahre in Kastilien (1505–1517)

Rogelio García-Mateo, München

Wenn in der Ignatius-Biographie ein Abschnitt neu geschrieben werden muß, ist es der über seine Jugendzeit. Sie wird gewöhnlich als Zeit des Sichauslebens, als eine Zeit der Sünde und des Sittenverfalls geschildert. Daß trotz allem eine nicht geringe Bildung vermittelt wurde, wird selten berücksichtigt. Die Zweideutigkeit, in der Ignatius damals lebte, hat Juan de Polanco, einer seiner engsten Mitarbeiter der Jahre in Rom, so gekennzeichnet: Obwohl er dem Glauben zugetan geblieben sei, habe er nicht nach ihm gelebt. »Er hütete sich nicht vor Sünden, sondern war besonders ausgelassen im Spiel und in Frauenabenteuern, in Raufereien und Waffenhändeln ... Trotz allem besaß er viele natürliche Tugenden.«[1] Eben dank der »vielen natürlichen Tugenden« war er in der Lage, eine höfisch-ritterliche Ausbildung zu erhalten, die für sein späteres Leben, für seine Spiritualität, von großer Bedeutung sein wird.

Höfische Erziehung

Der kleine Iñigo blieb etwa bis zum 13. Lebensjahr in seiner baskischen Heimat. Haupterbe der Familiengüter war der älteste Bruder; die jüngeren mußten ihre Zukunft im Grunde selber gestalten. Durch Familienbeziehungen ergab sich die Möglichkeit, Ignatius in nächster Nähe zum kastilischen Königshof bei Don Juan Velázquez de Cuéllar in Arévalo und Valladolid unterzubringen, damit er schließlich eine Stelle bei Don Juan oder gar am Königshof selbst bekomme.

Velázquez de Cuéllar gehörte nicht zum Hochadel, war aber mit hohen Ämtern betraut: Als Großschatzmeister des Königreiches Kastilien hatte er die Aufgaben eines heutigen Finanzministers zu erfüllen. Zugleich war Don Juan Gouverneur der königlichen Residenz und Burg zu Arévalo bei Avila, Mitglied des Kronrates und nicht zuletzt Vertrauensmann des Königspaares Isabella von Kastilien und Ferdinand von Aragón, durch deren Heirat 1469 das Fundament für den heutigen spanischen Staat gelegt wurde. Juans Frau Doña Maria de Velasco unterhielt als Hofdame enge Kontakte zur Königin und zu Germaine de Foix, die Ferdinand nach dem Tode Isabellas heiratete. Die meisten Söhne Don Juans lebten als Pagen am Königshof. Aufgrund seiner Ämter und Aufgaben war Don Juan sehr stark an die königliche Familie gebunden und hatte dieser mit seiner Familie dorthin zu folgen, wo sie gerade Hof hielt. Da Iñigo wie ein eigener Sohn von Don Juan aufgenommen worden war, ergab sich für den jungen Basken die Gelegenheit, nicht nur Arévalo und Valladolid, sondern auch Avila, Segovia, Tordesillas, Medina del Campo, also ganz Kastilien im Gefolge des Königspaares zu bereisen.

Das Fehlen von direkten historischen Quellen erlaubt nur annäherungsweise festzustellen, welche Bildungsgänge der Page Iñigo in Kastilien durchgemacht hat, was er gelernt hat. Wenn er mit den Kindern des Großschatzmeisters unterrichtet wurde, dann hat er eine höhere höfische Erziehung humanistischer Prägung erhalten. Königin Isabella war auf eine gediegene und vorzügliche Bildung der höfischen Kreise und des jungen Adels bedacht und berief angesehene italienische Humanisten wie Pedro Martyr de Angleria und Lucio Marialo Siculo als Lehrer an ihren Hof.

Das Bildungsideal, das in der Umwelt des heranwachsenden Iñigo galt und in dem auch Erbprinz Juan erzogen wurde, ist an einem Monument abzulesen, das auf einen schweren Schicksalsschlag hinweist, den Ferdinand und Isabella 1496 hinnehmen mußten. Juan, ihr

Medaillon von Isabella von Kastilien (1451–1504) und Ferdinand von Aragón (1452–1516) über dem Hauptportal der Universität von Salamanca

Festung von Arévalo

einziger Sohn, starb mit 19 Jahren; ihn hatten sie dazu ausersehen, ein gesamtspanisches Königreich zu begründen. Isabella und Ferdinand suchten ihren Schmerz und ihre Trauer zu lindern, indem sie über dem Grab ihres Sohnes, den sie in Santo Tomás bei den Dominikanern in Avila bestattet hatten, ein prunkvolles Monument errichten ließen. Es sollte Zeichen der Liebe und Hochschätzung für den so früh verstorbenen Erbprinzen sein. Ausführung und würdige Gestaltung dieses Grabmales hatte Königin Isabella jenem Juan Velázques de Cuéllar anvertraut, den sie schon Jahre zuvor für den Kronprinzen als Erzieher und Schatzmeister bestellt hatte und der später einmal den heranwachsenden Iñigo für Jahre in seine Familie aufnehmen sollte. Als Künstler hatte der Großschatzmeister den italienischen Meister Fancelli zur Verfügung. Die Reliefs dieses Monuments zeigen, in Alabaster gehauen, den geltenden Fürstenspiegel, der zu Beginn des Goldenen Zeitalters im angehenden Weltreich der spanischen Reiche für eine höhere höfische Erziehung Maß und Norm war.

Wohl auf diesen Fürstenspiegel anspielend, spricht Ignatius in seinen Exerzitien vom »menschlichen König«, der »durch Gott, unseren Herrn, erwählt« (EB 92) ist. Die Begegnung »mit einem so freigebigen und so menschlichen König« (EB 94) werde dazu helfen, »das Leben des ewiglichen Königs zu betrachten« (EB 91). Heranwachsenden Edelleuten wurden diese Ideale höfisch-humanistischer Bildung auf konkrete Weise vermittelt, indem sie zu Diensten bei Hof herangezogen wurden. Wer für diesen Bildungsweg ausersehen war, begann gewöhnlich mit dem Dienst des Pagen. Mit zahlreichen anderen Pagen hatte Iñigo, entsprechend dem höfischen Zeremoniell, auf Reisen und bei der Jagd zur Verfügung zu stehen. Er diente bei der Tafel und versah das Amt des Mundschenks. Außerdem hatte er den ritterlichen Gottes- und Minnedienst zu verrichten. Diese »Disziplin« bildete die Mitte der Ausbildung des Höflings.

Die Liebe zu der unerreichbaren Dame, der der Ritter diente – hochstilisiert in der Liebeslyrik –, erforderte ein hohes Maß an Verzicht und ließ zu einer Haltung finden, die zur Ehre gereichte. Später auf seinem Krankenlager scheint der schwer verwundete Iñigo noch ganz im Bann dieser Vorstellungswelt gelebt zu haben: »Und von vielen eitlen Dingen … hatte eines so sehr sein Herz in Besitz genom-

Grabmal des Erbprinzen Juan, des Sohnes von Isabella und Ferdinand, in der Dominikanerkirche Santo Tomás in Avila. Mit 19 Jahren starb er 1496.

men ... Er stellte sich vor, was er im Dienst für eine Herrin zu tun hätte ... Und er war damit so voll Eitelkeit, daß er nicht beachtete, wie unmöglich es war, es erreichen zu können.« (PB 6)

Ritterkultur

Vielfach wurde Ignatius als Soldat angesehen, der einen militärisch strukturierten Orden gegründet hat. Diese weit verbreitete Vorstellung entspricht nicht der Wirklichkeit, enthält kaum Elemente des Ritterlichen, mit dem sich Iñigo identifizierte. Der Ritter des Mittelalters und der Renaissance verkörpert echte Menschlichkeit.

Iñigo war kein Berufssoldat und konnte, rein historisch gesehen, bei Hof gar keine regelrechte militärische Ausbildung erhalten haben. Die spanischen Reiche, konkret Kastilien, verfügten damals über kein stehendes Heer. Bei Bedarf wurden Soldaten und Krieger gegen Sold angeheuert. Sein »Gefallen in Waffenübungen«, das Iñigo im Blick auf seine Jugendzeit erwähnt, ist im Zusammenhang der Ritterkultur jener Epoche zu betrachten. In ihr sind Waffen gewiß für die Verteidigung und den Angriff bestimmt, ihnen ist aber nicht minder eine Symbolik eigen, die das Kriegshandwerk übersteigt. Der gepanzerte Ritter zu Pferd scheint zunächst unverwundbar zu sein. Näher besehen, ist jedoch die kriegerische Effizienz des Ritters aufgrund seiner schweren und strapaziösen Rüstung eher fragwürdig geworden, vor allem seitdem die Waffentechnik durch Söldnerheere und Feuerwaffen vieles geändert hatte.

An der Ritterdichtung wird deutlich, daß es beim Aufwand der Ritterturniere nicht so sehr um die furchterregende und abschreckende, sondern um die ästhetische Wirkung der Waffen ging: »›Glänzend wie ein Spiegel war der Helm!‹ ›Da sah man an ihnen leuchten Harnische weiß wie Zinn.‹ ›Sie sahen im Dunkel den Glanz der hellen Schilde.‹ Dieser Glanz des weißlich schimmernden Metalls war es, der den Dichtern den Gedanken eingegeben hat, die Ritter mit Engeln zu vergleichen. ›Wie ein Engel stand der Ritter in seiner ritterlichen Rüstung.‹ ›Er schien ein Engel, nicht ein Mensch.‹«[2] In diesen fast engelgleichen Zauber ist auch jene Nacht getaucht, in der Esplandián, der Sohn von Amadís de Gaula, vor sei-

ner Ritterweihe Waffenwache hält: »Esplandián wurde ... zum Ritter geschlagen. Da traten vier Mädchen in die Kapelle, jede mit einer Ritterrüstung, die Waffen blitzblank leuchtend wie der Mond; jede legte einem der Junker die Rüstung an. Esplandián in der Mitte, hielten die Junker auf den Knien vor dem Altar der Jungfrau Maria Waffenwache ... Esplandián war unter ihnen so schön, daß sein Antlitz strahlte wie die Sonne.«[3]
Diese Romanhelden beschäftigten und bewegten Iñigo noch Monate nach seiner Verwundung in Pamplona, als er schon zu einem neuen Lebensziel von Loyola aufgebrochen war: »Und da er den ganzen Verstand voll von jenen Dingen hatte, Amadís de Gaula und ähnlichen Büchern, kamen ihm einige Dinge in den Sinn, die jenen ähnlich waren. Und so entschloß er sich, eine ganze Nacht Waffenwache vor dem Altar unserer Herrin von Montserrat zu halten, ohne sich zu setzen oder zu legen, sondern immer wieder stehend oder kniend. Er hatte beschlossen, dort seine Kleider zu lassen und sich mit den Waffen Christi zu kleiden.« (PB 17)
Die höfisch-ritterliche Bildung strebte eine ganzheitliche Formung an und wurde auf einem langen Weg der Initiation vermittelt. Pagen, Knappen und Ritter hatten dienend und übend zu lernen. Am Ende des Bildungsweges wurde der junge Mann im Zeremoniell der Ritterweihe als Glied und Träger der Ritterkultur ausgewiesen.
In Segensworten wurde den Rittern bei ihrer Weihe der Schutz und die Verteidigung der Kinder, Witwen und Waisen übertragen. Enthält Iñigos Vision von seiner späteren apostolischen Tätigkeit Anklänge an diese Grundzüge ritterlicher Kultur, wenn er den »Seelen helfen« will, besonders denen, die sich in »größerer Not« befinden? Jedenfalls mußte der angehende Ritter das, was er lernte, sogleich in die Tat umsetzen und gewissermaßen eine Schule der Praxis durchlaufen. Er lernte durch das Leben für das Leben, in Kontakt mit den Menschen für die Menschen, die Hilfe und Schutz brauchten. Wenn aber das Lernen vom Üben, Erfahren, Helfen und Dienen geprägt ist, dann werden darin sowohl der Verstand als auch der Wille und die übrigen menschlichen Fähigkeiten entfaltet. An diese Art, durch Übung und Erfahrung die Persönlichkeit zu entwickeln, erinnert die Pädagogik des Ignatius, der in die Ausbildung der Jesuiten zahlreiche »Experimente«, Praktika, einbaut. Das Experiment schlechthin sind in seinen Augen die berühmt gewordenen »Ejercicios espirituales«, die Geistlichen Übungen, in denen er einen Weg des Übens weist. Dank der Erfahrungen, die die einzelne Person auf diesem Weg macht, vermag sie zu der ihr angemessenen Weise der Nachfolge Jesu zu gelangen. »Denn wie das Umhergehen, Wandern und Laufen leibliche Übungen sind, genauso nennt man ›geistliche Übungen‹ jede Weise, die Seele darauf vorzubereiten und einzustellen, alle ungeordneten Anhänglichkeiten von sich zu entfernen und, nachdem sie entfernt sind, den göttlichen Willen in der Einstellung des eigenen Lebens zum Heil der Seele zu suchen und zu finden.« (EB 1)
Eine Komponente der Formung und Ausbildung, die der heranwachsende Iñigo in Arévalo erhalten hat, wird meist übersehen: Don Juan Velázquez de Cuéllar hatte als Schatzmeister des Königreiches Kastilien einen umfangreichen Schriftverkehr und heikle Verwaltungsvorgänge zu bewältigen. Ganz gewiß wurde Iñigo in diesen Aufgabenbereich eingeführt und hat dabei soviel Fertigkeit erworben, daß ihm der Herzog von Nájera, als er schon zur Pilgerfahrt nach Jerusalem aufgebrochen war, »eine gute Statthalterei« anbot. Wo denn

sonst als beim Schatzmeister in Arévalo hätte Iñigo dazu die Befähigung erwerben sollen? In seiner Autobiographie erwähnt er nebenbei, daß er sich auf die Kunst des Schreibens sehr wohl verstand. Er berichtet von den Auszügen aus den Büchern der Vita Christi und des Lebens der Heiligen: »Und so begibt er sich daran, mit viel Sorgfalt ein Buch zu schreiben, welches etwa dreihundert Seiten hatte, alle in Quartformat beschrieben ... die Worte Christi mit roter Tinte, die unserer Herrin mit blauer Tinte; ... und mit schöner Schrift, da er ein guter Schreiber war.« (PB 11) Mehr als diese Hinweise zeigen einige tausend Briefe aus der Feder des Ignatius, wie meisterhaft er Korrespondenz jeglicher Art mit verschiedensten Personen zu führen wußte. So eine Fertigkeit will gelernt sein. Da es keinen Anhaltspunkt in seiner Lebensgeschichte gibt, daß Ignatius diese Kunst nach seinem Aufenthalt in Arévalo sich angeeignet hätte, hat ihn wohl Juan Velázquez de Cuéllar in sie eingeführt.

Ritterideal und Spiritualität

»Parzival« ist die Geschichte von einem Ritter, der, von Gott erwählt, durch Anfechtung und Sünde zur Klarheit seiner Mission gelangt. Er hat sein Ich dem Willen Gottes anvertraut. Er hat Gott gefunden. In der Gottesliebe wurde ihm die Liebe zur Schöpfung, die Nächstenliebe neu und eigentlich geschenkt.

Das ist auch das Leitmotiv im Leben des Ritters Iñigo López de Loyola. Rittertum als Schule des Lebens war auf einen geistlichen Sinngehalt hingeordnet. Ein echter Ritter wußte Tapferkeit mit Milde, Gerechtigkeit mit Höflichkeit und Frömmigkeit zu verbinden. Unverrückbar in seinen Überzeugungen, unbeeinflußbar in seinem Handeln sucht er gleichwohl durch Menschlichkeit und kluges Vorgehen seine Gegner umzustimmen und als Freunde zu gewinnen. Aus diesen Vorgaben hat die dichterische Fabulierfreudigkeit einen Romantypus entwickelt, dessen hoher Unterhaltungswert gerade in einer gelungenen Verquickung von Elementen des Vorbildlichen mit denen des Abenteuerlichen besteht. Dazu gehören unter anderen die Amadís-Versionen, auf die Iñigo so versessen war und die trotz der späteren Parodierung im Don Quijote eines Miguel de Cervantes Saavedra in den heroisch galanten Romanen des Barock weitergewirkt haben.

Ein Blick auf die typischen Merkmale dieser Ritterromane vermag uns deshalb einen weiteren Zugang zur Persönlichkeit des jungen Ignatius zu erschließen. Die Liebe ist das Herz dieser Gattung von Literatur. Leidenschaftliche Liebe treibt den Mann dazu, jede noch so große Gefahr auf sich zu nehmen; verzaubert von der Liebe zu seiner verehrten Frau, läßt er die herkömmlichen Spielregeln gesellschaftlichen Lebens beiseite, selbst auf die Gefahr hin, daß er für töricht angesehen wird. Das Romangeschehen ist nach Art eines Hindernisrennens aufgebaut, das Held und Heldin absolvieren müssen, damit schließlich die Liebe triumphieren kann. Grenzenlose Phantasie kennzeichnet diese Art von Schrifttum. Unbezwingbare Helden treten auf, allein schon ihr unbeugsamer Wille läßt jede hohe Burgmauer in Staub zerfallen.

Im Grunde handelt es sich um ein Melodrama, dessen Grundgestalt bis heute in Filmen und Trivilalliteratur weiterwirkt. Nur Wortführer gewisser moralischer Ansichten lehnten sie ab. Ihnen mißfielen die im Roman dargestellten Exzesse der Phantasie. Im »Don Quijote« etwa werden der Pfarrer, der Kaplan und der Domherr als Exponenten dieser kritischen Kreise

Grabmal des Martin Zurbano von Azpeitia/Loyola. Er starb, kurz bevor er sein Amt als Inquisitor von ganz Spanien antreten konnte.

Außenfassade von Schloß Loyola im Mudejarstil

geschildert. Lope de Vega hat einmal gesagt: »Viele lehnen die Ritterromane ab und lachen über sie zu Recht, insofern sie lediglich deren äußere Form im Blick haben. Folgt man ihnen aber bis in ihr Inneres, so findet man alle ›Gegenstände‹ der Philosophie darin: das Natürliche, das Rationale und das Moralische.«[4]

Wie schon erwähnt, vermochten Ritterromane durch eine gekonnte Verbindung von spannender Unterhaltung und Belehrung grundlegende menschliche Werte nahezubringen. Sie weckten und entwickelten Sinn und Gefühl für Galanterie und Erotik, Freude am Risiko, Einsatzbereitschaft und Mut zu Heroischem, regten schöpferische Kräfte an und brachten die Leute auf den Geschmack für Ehre und Ruhm, aber auch Frömmigkeit.

Iñigo, der leidenschaftlich gern solche Romane las, ist in dieser Atmosphäre herangewachsen. Sie hat seine Zielvorstellungen und sein Streben beeinflußt. Dieses Wertgefüge hat sein Denken und Tun weitgehend bestimmt. Gewiß hat er dieses Wertgefüge zunächst spontan und, ohne es zu hinterfragen, in sich aufgenommen. Im Laufe der Jahre und dank des Weges, den er geführt wurde, ist auf diesem Boden jene Grundhaltung des »magis« gewachsen, die seine Spiritualität kennzeichnet. Ist dieses »magis«, dieses »je mehr« nicht die verborgene Triebfeder einer neuerlichen christlichen Dynamik, die die Grenzen einer in sich geschlossenen »Heiligen Ordnung« im »Heiligen Reich« des Mittelalters sprengt, wie Erich Przywara einmal gemeint hat? Zeigt sich in diesem so verstandenen »magis« nicht eine Verwandtschaft der ignatianischen Spiritualität mit der augustinischen? Denn: »Weil Gott, augustinisch, der ›je immer größere Gott‹ ist, so gebührt Ihm, ignatianisch, ›im Ganzen und aufs Ganze der je immer größere Lobpreis und Glorie‹.«[5]

Im Einsatz und Dasein für die Ehre des Herrn zeigt sich die Seele ritterlicher Gesinnung. Ein echter Ritter kämpft für seinen Herrn und verteidigt dessen Herrscherrechte. Doch sein oberster Lehensherr, Herr aller Könige, ist Gott! Diese Anschauung ist in Kulturen, die vom Gedankengut des Rittertums entscheidend beeinflußt sind, durchweg üblich und hat im Christentum eine deutliche Entsprechung. Schon Paulus sieht im Christen einen »miles Christi«, einen Streiter Christi (Röm 6,13; 2 Tim 2,3). Im Mittelalter war dieser Topos von der »militia spiritualis«, der geistlichen Streitmacht, weit verbreitet. Er galt für den größten König wie für den einfachsten Soldaten, für den Bischof in seinem Gepränge wie für den einsamsten Mönch. Das Bild vom Krieg im Interesse des Guten wird zum Vorbild für alle, die in irgendeiner Weise als Christen in der Welt wirken wollen. Benedikt bezeichnet in seiner Regel den Mönch als Krieger Gottes. Die Regel selbst ist nichts anderes als das Kriegsgesetz, dem der Mönch verpflichtet ist: Sein Kloster ist das Zelt auf dem Schlachtfeld und die Gemeinschaft der Brüder die Schlachtreihe im Kampf gegen das Böse. Jeder Christ streitet an einer anderen Front. Steht der Mönch im Kampf gegen die Mächte der Dämonen, so kämpft der Bischof gegen die Verweltlichung der Kirche und der König gegen die Heiden für ein christliches Weltreich. Im Verlauf der Kreuzzüge setzt sich die Vorstellung vom »miles christianus« allgemein durch und wird populär. In Spanien blieb sie, bedingt durch den Kampf gegen den Islam (Reconquista), bis ins 16. Jahrhundert hinein lebendig. Schließlich entwickelten sich aus dem Ritterstand unter christlichem Einfluß Laienorden wie die Templer und Johanniter.

Inwieweit wurden die hohen Ideale des Ritterstandes verwirklicht? Gemessen am Ideal, hatte der Ritter ein Edelmann zu sein, der Herrschaft und Dienst miteinander zu verbinden wußte. In der praktischen Lebensführung wurden von diesen Normen Abstriche gemacht, und der Ritter setzte sich im Alltag häufig über das Ethos seines Standes hinweg. Die hohe Auffassung von Liebe und die edle Haltung gegenüber Frauen gerieten in Vergessenheit. Spiele und Turniere arteten aus. Wer im Kampf unterlag, hatte mit grausamer Härte statt mit ritterlicher Milde zu rechnen. In den »Gesta Guillelmi« ist von einem Ritter zu lesen, der zehn Frauen und fünfzig Kinder hatte. Im Rolandslied nehmen deftige Witze und alberne Prahlereien neben der Schilderung manierlichen Verhaltens viel Raum ein.

Unser Don Iñigo bildete mit seiner Lebensführung keineswegs eine Ausnahme. Vergleichbar einem Sportler unserer Tage lebte er von Turnier zu Turnier, war selber an Raufereien und Waffenhändeln beteiligt sowie in viele Frauengeschichten verstrickt. Wie andere seinesgleichen schlug er über die Stränge. Nach nächtlichen Ausschreitungen wurde er wegen schwerer Verbrechen vor Gericht gestellt.[6]

So sehr Juan Velázquez de Cuéllar von Königin Isabella und Ferdinand dem Katholischen geachtet und geschätzt war, begann doch bald nach deren Tod sein Stern zu sinken. Ferdinands Nachfolger Karl I. von Spanien veräußerte kastilisches Krongut an die verschwenderische Germaine de Foix, die Witwe Ferdinands, der nach Isabellas Tod nochmals geheiratet hatte. Don Juan starb 1517 als gebrochener Mann. Damit ging Iñigos Karriere in Kastilien zu Ende. Don Juans Gattin, selber verarmt, konnte ihm zum Abschied lediglich zwei Pferde und 500 Dukaten übergeben. Doch die vorzügliche Ausbildung und reiche Erfahrung, die Iñigo unverlierbar mitnahm, war ein höheres Gut als alles, was durch Gold aufgewogen werden konnte. Während der letzten Monate seines Aufenthaltes in Arévalo bekam er zudem Höhen und Tiefen, Glanz und Elend höfisch ritterlichen Lebens zu spüren. Das Gedicht »Epistola moral a Fabio«[7] dürfte die Stimmung, in der Iñigo von Arévalo aufgebrochen ist, treffend wiedergeben:

»Bei Hofe Hoffnungen, mein Freund,
sind Fesseln,
darin Ehrgeiz'ge schmachten, bis sie sterben,
und die Geschäftigsten umsonst ergrauen.«

Diese düstere Stimmung wird von Ignatius selbst angedeutet, wenn er, als greiser Ordensstifter auf die Anstrengungen und Hoffnungen seiner jungen Jahre rückblickend, gesteht, daß er »bis zu seinem Alter von 26 Jahren ein den Eitelkeiten der Welt ergebener Mensch war«. Der Zusammenbruch seiner Karriere bei Hof war gewiß ein erster unübersehbarer Fingerzeig, darüber nachzudenken, wie hinfällig menschliche Projekte sein können. Die Verwundung in Pamplona (1521) wird Don Iñigo vier Jahre danach vollends die Augen für das geöffnet haben, was er seinem Neffen Beltrán 1539 ans Herz legte: »Unsere Ahnen haben ihre Kräfte eingesetzt, um sich in Dingen auszuzeichnen, von denen Gott gebe, daß es nicht lauter eitle Dinge waren. Möget nun Ihr Euch auszeichnen in dem, was immer dauern wird.«[8]

Anmerkungen

[1] FN I, 154. Vgl. zum ganzen Beitrag R. García-Mateo, Ignatius von Loyola in seiner sozio-kulturellen Umwelt: Spanien 1491 bis 1527, in: Ignatianisch. Hg. von M. Sievernich und G. Switek, Freiburg 1990, 19–41.

[2] J. Bumke, Höfische Kultur. Literatur und Gesellschaft im Hohen Mittelalter. Bd. 1. München 1986, 222f.

[3] Vgl. El Amadís IV, 52. In: Biblioteca de Autores Españoles 40. Madrid 1950, 399f.

[4] Trecena parte de las Comedias. Madrid 1620. Zit. nach: S. de Madariaga, Über Don Quijote. Übers. v. J. Ebner. Wien 1966, 81.

[5] E. Przywara, Ignatianisch. Frankfurt 1956, 141.

[6] Vgl. FD 229–231.

[7] Übers. in: K. Vossler, Poesie der Einsamkeit in Spanien. München [2]1950, 75–80, hier 75.

[8] Brief vom 24.9.1939, zit. nach: Ignatius von Loyola, Trost und Weisung. Geistliche Briefe. Hg. von H. Rahner, neu bearb. von P. Imhof. Zürich [2]1989, 68.

»Schwerter zu Pflugscharen«

Die Wandlung des Ignatius von Loyola

Heinrich Jürgens, Frankfurt am Main

Im Jahre 1521, als die Franzosen die Festung Pamplona im Baskenland berannten, hätte jeder, der den Edelmann Iñigo de Loyola kannte, die Hand dafür ins Feuer gelegt, daß er der geborene Caballero (Ritter, Höfling, Adlige) und diese Lebensform ihm geradezu auf den Leib geschrieben sei, und Ignatius, wie er sich später nannte, hätte dem voll und ganz zugestimmt. Und dennoch erkennt dieser Mensch wenige Wochen später, allmählich zwar, aber schließlich mit voller Klarheit, daß seine Lebensbestimmung eine andere war. Aus dem Mann mit dem eisernen Willen und dem lokker sitzenden Schwert wird ein feinfühliger Mensch, der mit seinen Geistlichen Übungen das Erdreich der Seelen wie mit einer Pflugschar lockert, um sie aufnahmebereit zu machen für den Samen des rufenden Wortes Gottes, wie es ihm selber geschehen ist. Der innere Weg, den er dabei geführt wurde, soll im folgenden auf seine exemplarischen Züge hin betrachtet werden. Vielleicht fühlt sich ein Leser ermutigt, in ähnlicher Weise sich aufzumachen und seine Lebensbestimmung zu suchen.

»... weil seine Sache das Erobern ist des Erreichlichen ...«[1]

Ignatius war das jüngste von dreizehn Kindern; außerdem war er, auch für seine Zeit, von kleiner Gestalt. Die Mutter starb kurz nach seiner Geburt. Vielleicht hängt es damit zusammen, daß er wohl nicht als verhätscheltes Nesthäkchen aufwuchs, sondern sich unter seinen älteren Geschwistern als nicht »weniger, schwächer, dümmer« usw. erweisen mußte, um sich zu behaupten. Man hat den Eindruck, daß er sich oft mit anderen verglich und sich vornahm, es ihnen mindestens gleichzutun. Er träumte davon, *alle* anderen auszustechen und der Beste zu sein oder zu werden. Aber seine Weise zu träumen, war nicht Flucht aus der Wirklichkeit, kein billiger Handlungs*ersatz*, sondern ungemein wirksam: Was er sich erträumte, begeisterte ihn so, daß er danach mit ganzer Energie daran ging, es in die Wirklichkeit umzusetzen.

Wie mächtig die erträumten Zukunftsvisionen seines Lebens waren, zeigte sich, als Ignatius nach der gescheiterten Verteidigung der Festung Pamplona schwer verwundet auf seinem heimatlichen Schloß in Loyola lag. Man hatte, ohne den Patienten zu betäuben, das eine verwundete Bein nochmals brechen müssen, weil die Knochen nach der Verwundung nicht richtig zusammengewachsen waren und eine Heilung so unmöglich schien. Er hatte bei dieser »Schlächterei« (PB 2), wie er es nannte, keinen Schmerzenslaut von sich gegeben, sondern nur die Fäuste ineinander verkrampft. Da zeigte es sich, daß schließlich dennoch ein Stück Knochen derart herausstand, »daß es ein häßlicher Anblick war. Das konnte er nicht anstehen lassen, da er entschlossen war, seine weltliche Karriere fortzusetzen.« (PB 4) Darum ließ er sich bei vollem Bewußtsein dieses Knochenstück absägen, was noch schlimmer war, als alle vorangegangenen Torturen. Wenn die erträumte Karriere es verlangte, schreckte ein Ignatius von Loyola vor nichts zurück.

Seine Art zu träumen hat ihn zunächst zu einem geschätzten Caballero, einem Höfling mit besten Karriereaussichten gemacht, dann sein Leben radikal verändert und wurde schließlich zum Kern jener Geistlichen Übungen, mit denen er Menschen half, ihr Leben kreativ und wirksam dem Evangelium gemäß zu gestalten. Es lohnt sich deshalb, dieser Art zu träumen nachzugehen. Die Wirkungsgeschichte der Exerzitien, die auf dem Krankenlager in Loyola begannen, besitzt eine bleibende Aktualität.

Der Traum vom »alternativen« Rittertum

Schließlich liegt Ignatius also auf seinem Krankenlager und wartet auf die Genesung. Es ist ihm langweilig, und er bittet um ein paar Romane, die ihn bislang zu vielen Tagträumen angeregt hatten: die Ritterromane des Amadís de Gaula, mittelalterliche Abenteurergeschichten. Aber in diesem Hause gibt es nur ein »Leben Christi« und eine Sammlung von Heiligenleben.

Und nun beginnt ein eigenartiger Wettlauf zwischen zwei konkurrierenden Tagträumen: Zeitweise träumt Ignatius aus dem Gedächtnis jene Ritterabenteuer des Amadís de Gaula weiter und fragt sich dabei, wie er Ähnliches in seinem Leben tun könnte. Er malt sich den Minnedienst für eine sehr hochgestellte Dame, in die er anscheinend verliebt war, in allen Einzelheiten aus. Drei, vier Stunden kann er damit verbringen. Dann liest er im »Leben Christi« oder in den Heiligenleben, und die außergewöhnlichen Bußwerke, die da erzählt werden, fangen an, ihm zu imponieren. Er entdeckt hier ein »alternatives« Rittertum im Gefolge Christi des Königs. Sofort fängt er an, sich auszumalen, wie es wäre, wenn er »all dies täte, was der heilige Franziskus getan hat, oder das, was der heilige Dominikus tat. Dabei nahm er sich immer schwierige und mühsame Aufgaben vor; und wenn er sich solche vornahm, meinte er, in sich Kraft genug zu finden, um sie auch wirklich durchzuführen.« (PB 7) Warum auch nicht, nachdem er gerade auf dem Krankenlager die Martern des Knochenabsägens freiwillig durchgestanden hatte! Auch in diesen Tagträumen verbringt er viele Stunden. Wenn er ihrer müde ist, wendet er sich wieder den Ritterroman-Träumen zu und umgekehrt. Aber schließlich fällt ihm etwas auf.

Innere Leere – innere Freude: Was steckt dahinter?

»Wenn er sich mit weltlichen Gedanken beschäftigte, hatte er zwar großes Gefallen daran; wenn er aber dann, müde geworden, davon abließ, fand er sich wie ausgetrocknet und mißgestimmt. Wenn er jedoch daran dachte, barfuß nach Jerusalem zu gehen und nur noch wilde Kräuter zu essen und alle anderen Kasteiungen auf sich zu nehmen, die, wie er las, die Heiligen auf sich genommen hatten, da erfüllte ihn nicht bloß Trost, solange er sich in solchen Gedanken erging, sondern er blieb zufrieden und froh, auch nachdem er von ihnen abgelassen hatte.« (PB 8) Er dachte über diesen Unterschied nach, »und allmählich kam er dazu, darin die Verschiedenheit der Geister zu erkennen, die dabei tätig waren, nämlich einmal der Geist des Teufels und das andere Mal der Geist Gottes.« (PB 8) Trotz dieses wesentlichen Unterschieds seiner Tagträume gab es darin etwas Gemeinsames: den ungemein tiefsitzenden Wunsch, für das weitere Leben die rechte Ausrichtung und eine klare Vorstellung von der Zukunft zu gewinnen; darin lag wieder der selbstverständliche Ehrgeiz, besondere Leistungen zu vollbringen, die ihn berühmt machen sollten. Aber er erkannte noch nicht so recht, wie auch darin die beiden »Geister« am Werke waren.

Blinde Entscheidung für Gott

Ignatius wurde sich bewußt, daß sein bisheriges Leben vor ihm selbst nicht mehr bestehen konnte, daß die Ausrichtung seines Lebens falsch gewesen war und daß es an der Zeit war, dafür Buße zu tun, und zwar in der Form der oben erwähnten Wallfahrt nach Jerusalem.

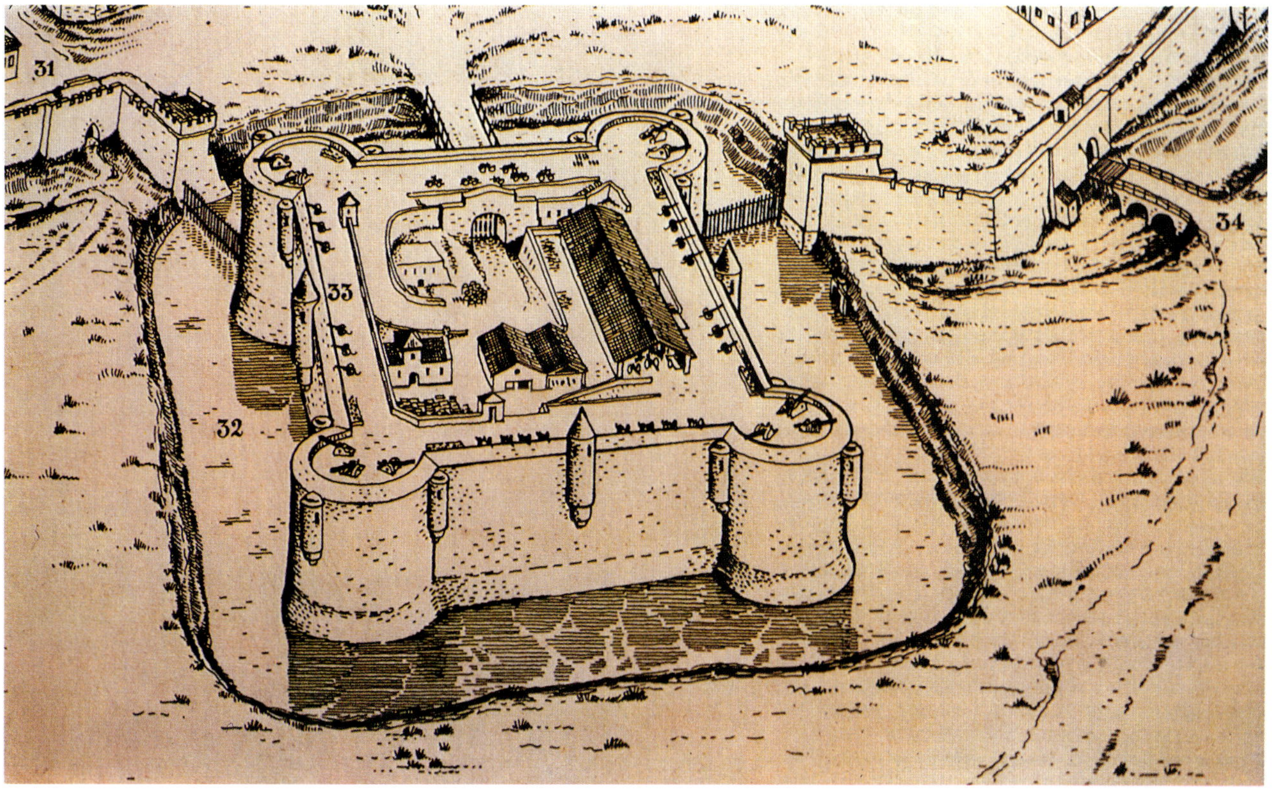

Festung Pamplona. Hier wurde Ignatius von Loyola am Pfingstmontag 1521 schwer verwundet.

Die Ritterromane traten nun mehr und mehr in den Hintergrund. Die Leere, die bei der weltlichen Zukunftsvision in Ignatius zurückblieb, und die tiefinnerliche Zufriedenheit, mit der das »alternative« Rittertum ihn erfüllte, bewirkten eine klare Entscheidung. Noch war Ignatius, wie er selber sagt, bezüglich dessen, was das wirklich bedeutete, fast blind; aber er hat eine neue Ausrichtung seines Lebens gewonnen, und wird nun versuchen, ihr mit aller Konsequenz zu entsprechen.

Tagträumen – eine Kunst

Jene Lebensausrichtung zu finden, die bis in die Tiefen der Seele hinein Frieden und Befriedigung gibt, ist nicht nur die Sehnsucht eines Ignatius damals, sondern treibt auch heute noch unzählige, zumal junge Menschen um. Kann ausgerechnet Tagträumen helfen, sie zu entdecken? Schließlich hat Tagträumerei keinen allzu guten Ruf.

Ignatius hat seine Weise des Tagträumens intensiv reflektiert und sie schließlich in eine Form gegossen, mit der er anderen Menschen helfen wollte, ihre eigene Lebensausrichtung zu finden. Das Ergebnis liegt in seinen Geistlichen Übungen vor. Die Tagträumerei seiner Bekehrungszeit findet sich dort wieder unter dem Stichwort »Betrachtung«. Die Anweisungen, die er für die Betrachtungen gibt, umschreiben die Voraussetzungen, die erfüllt sein müssen, damit Tagträumen nicht zur Flucht aus der Wirklichkeit oder zum Handlungsersatz wird. Er nennt als Rahmenbedingungen folgende:

– Wer in den Exerzitien »tagträumen« (= betrachten) will, muß von einer Suchfrage getrieben sein. Je bewegter einer von dieser Frage ist, desto tiefer gräbt er sich in den Betrachtungsstoff hinein. Und je tiefer einer bohrt, desto eher findet er den wahren Schatz seines Lebens in der Tiefe seiner Seele.[2] Diese Suchfrage – das ist sehr wichtig – wird in Form einer Bitte am Anfang der Betrachtung vor Gott hingetragen. Denn eine der wichtigsten Erkenntnisse, die Ignatius gegen Ende seiner Umwandlungszeit gewonnen hat, ist die, daß in Fragen des inneren menschlichen und geistlichen Fortschritts nichts aus eigener Kraft »gemacht« werden kann, was von Bedeutung wäre.

– Das Tagträumen wird von Ignatius auf einen ganz bestimmten Inhalt beschränkt: eine Szene im Leben Christi, eine bestimmte theologische (bildhaft vorgestellte) Aussage usw. Ignatius führt den Übenden gleichsam auf eine umzäunte Weide, auf der er sich dann in diesem Rahmen frei bewegen kann und soll. Der Übende soll sich den »Schauplatz« des Geschehens, das er betrachtet, in allen Einzelheiten ausmalen. Ignatius gibt dafür keine Vorgaben, sondern sagt nur, der Übende solle sich konkret vorstellen, ob der Weg, den etwa die Muttergottes mit Josef nach Bethlehem geht, schmal oder breit ist, eben oder bergauf-bergab führt usw. Und so mit allen anderen Einzelheiten. Ignatius sagt nicht, wie der Weg ist, sondern der Übende soll sich selber ausmalen, wie er ihn sich vorstellt.[3] Dabei geht es nicht um eine historisch genaue Rekonstruktion des Ortes und des Geschehens, sondern darum, von innen aufsteigen zu lassen, wie sich die Szene *meiner* Phantasie darstellt. Nur so wird der Tagtraum ein Stoff, der Hinweise auf die tieferen Schichten der eigenen Seele gibt.
Andererseits muß dem Übenden bewußt sein, daß es sich bei dem betrachteten Geschehen um ein Mysterium des Lebens Jesu handelt, d.h. ein Geschehen, das Tieferes aussagt, als die Oberfläche für sich zeigt, und das nur im Glauben berührbar ist. Das ist mit ein Grund, weshalb die Szene nicht einfach willkürlich verändert werden darf, es sei denn, daß ich mir probeweise einen veränderten Verlauf vorstellen möchte. Aber das, was die Schrift sagt, bleibt an sich Maßstab.

– Wenn so das Bühnenbild entworfen ist, soll der Übende, bewegt von seiner Suchfrage, die Handlung mitzuerleben suchen, indem er sich die Personen der Handlung vorstellt, hört, was sie sagen, erwägt, was sie tun usw. Er kann sich selbst in die Szene als Mithandelnden hineindenken oder sich in die einzelnen Personen hineinversetzen, um sie zu verstehen, immer mit dem Ziel, das zu finden, was er sucht. Darum darf das nächste Element[4] nicht fehlen:

– Der Übende soll sich während der Betrachtung immer wieder auf sich selbst zurückbesinnen: »Wie wäre es, wenn ich ... ?« »Was könnte das in meinem Leben bedeuten ... ?« u.a.m. Es geht nicht darum, sich in schönen Phantasien zu ergehen und selber draußen zu bleiben. Folgenloses Betrachten heißt für Ignatius die Zeit vergeuden.[5]

– Die Zeit für die Suche wird reichlich bemessen, jeweils eine volle Stunde. Das ist nicht leicht durchzustehen. Frustrations- und Durststrecken sind fast unvermeidlich. Aber gerade diese schwierigen Zeiten sind wichtig, um das Suchen auf seine Echtheit zu prüfen und zu reinigen. Da zeigt sich, wieviel ein Mensch für seine Lebensausrichtung zu investieren bereit ist, und entsprechend wird auch der Ertrag sein. Steckenbleiben, Engpässe sind wichtige Phasen inneren Fortschritts.[6]

– Damit hat es aber noch nicht sein Bewenden. Nach Abschluß der Betrachtung soll der Übende darüber nachsinnen, wie es ihm in der Betrachtungszeit ergangen ist. Es geht dabei nicht um die inhaltlichen Ergebnisse, sondern um das Befinden und seine Veränderungen während oder evtl. nach der Betrachtungszeit. Denn das ist ja der Maßstab für die Bewertung der Betrachtung: Ob und wie dabei die Seele in ihrer Tiefe angerührt wurde. Hier sind dann die »Geister« zu unterscheiden.[7] Da das nicht immer leicht ist, möchte Ignatius, daß der Übende über diese Erfahrungen auch mit dem Exerzitienbegleiter spricht. Der Außenste-

hende überblickt besser, was da vorgeht, und hat meist auch mehr Erfahrung im Aufdecken von Täuschungen.[8]
Man erkennt wohl leicht, wie hier die eigene Tagtraum-Erfahrung des Ignatius in Hilfestellung für andere umgemünzt ist. Es sind drei Phasen klar zu unterscheiden:

– Einmal der Vorgang des Tagträumens selber. Er muß so angelegt sein, daß es sich um richtiges Träumen handelt und nicht nur um eine rational gesteuerte Geistesbetätigung.

– Dann muß das, was mit dem Traum ins Bewußtsein gehoben worden ist, einem zu Bewußtsein kommen, d.h. der Träumer muß *nach* dem Träumen anschauen, was er geträumt hat und wie es ihm dabei innerlich erging, um zu erkennen, wes Geistes Kind der Traum ist; nur so kann man die rechte Lehre daraus ziehen.

– Schließlich muß die Wirkung der ersten beiden Phasen sich zeigen, wenn die durchgeträumte Problemsituation im konkreten Leben als Ernstfall eintritt. Jetzt wird sich erweisen, ob einer seinen Traum schon richtig verstanden und angenommen hat.

Schon die alten Griechen...

Es mag interessieren, daß schon lange vor Ignatius und dann auch wieder in neuerer Zeit ähnliche Erkenntnisse gereift sind und in entsprechende Praxis umgesetzt wurden.
Ignatius hat, ohne sich dessen bewußt zu sein, in seinen Geistlichen Übungen etwas geschaffen, was – in etwas anderer Form – 2000 Jahre vor ihm die Griechen in Epidauros praktiziert haben, an jener Wallfahrts- und Heilungsstätte, an der jahrhundertelang psychisch und leiblich Kranke das erlösende Wort des Heilgottes Asklepios suchten. Durch mancherlei Reinigungsriten und durch Theateraufführungen wurden die Kranken auf die Begegnung mit dem Heilgott im Traum vorbereitet. Dramen und Träume waren wesentliche therapeutische Elemente.[9] Bei Ignatius ist es das Tagträumen über dramatische Vorgänge in der Hl. Schrift, das es dem Übenden ermöglichen soll, die Stimme Gottes zu vernehmen, die ihm seine Lebensausrichtung und Lebensbestimmung zeigt und ihn so heil werden läßt. (Die Bedeutung des Dramatischen in diesem Geschehen wird weiter unten deutlich werden.)
Freilich darf die Betrachtung nicht bloß ein rationales Überdenken von Wahrheiten sein. Getragen von einer tiefen Sehnsucht, muß der Übende sich ins Träumen hineintasten und dann kommen lassen, was aus seinem Inneren aufsteigt, es ehrfürchtig entgegennehmend trotz aller Distanz, mit der er später analysiert, was in ihm geschehen ist.

Ignatius als »Seelenarzt«?

Ignatius hat etwas erkannt, was heute im Rahmen der Psychotherapie eine wichtige Rolle spielt: den heilenden Umgang mit (Tag- und Nacht-) Träumen. Träume sind der beste Zugang zu den unbewußten Tiefen der Seele. Wenn Ignatius sagt: »Ich setze voraus, daß es dreierlei Gedanken in mir gibt: solche, die mein eigen sind und allein meiner Freiheit und meinem Willen entspringen, während die beiden anderen von außen kommen: der eine vom guten, der andere vom bösen Geist« (EB 32), dann meint er mit den »von außen« kommenden Gedanken (Phantasien usw.) das, was wir heute mit den aus dem Unbewußten ins Bewußtsein dringenden Gedanken, Phantasien und Gefühlen meinen.

Es muß offen bleiben, ob das, was in mein Bewußtsein von ›außen‹ bzw. von ›unten‹ eindringt, vom ›guten‹ oder ›bösen‹ Geist direkt angestoßen ist oder einfach geordneten bzw. ungeordneten Elementen der Seelentiefe mit innerer Konsequenz entspringt und *insofern* dann als gut oder böse, d.h. als zum Guten, Gemäßen oder Unguten, Nichtgemäßen hindrängend erlebt wird. Es scheint jedoch so, daß Gott und sein Gegenspieler in der Regel die Tiefenschichten der Seele nicht überspringen, sondern in einer Tiefe wirken, von der her Wirkungen dann bis ins Bewußtsein vordringen. Unmittelbares Einwirken ins Bewußtsein des Menschen ist nach Ignatius Gott allein vorbehalten.[10]

Die oben skizzierten Rahmenbedingungen für ein hilfreiches Tagträumen könnte ein Psychotherapeut formuliert haben. Da in der Zeit des Ignatius die heutige psychotherapeutische Betrachtungsweise der seelischen Wirklichkeit nicht geläufig war, ist sein Vokabular für uns nicht leicht zu verstehen bzw. leicht mißzuverstehen. Denn es stammt aus den aszetischen, moralischen und theologischen Wortbeständen seiner Zeit. Dennoch bleibt unbestreitbar, daß Ignatius nahe an das heranführt, was man heute Umgang mit Träumen nennt. Ignatius versteht sich nicht als »Seelen-Arzt«; er sagt nicht, er wolle die Seelen heilen, sondern er wolle den Seelen helfen. Er spricht davon, daß er Menschen helfen will, Un-Ordnung (in den inneren Dingen der Seele und den äußeren der Lebensweise) zu beseitigen, Un-Klarheiten (über den Urheber von Regungen der Seele) zu klären und Un-Entschiedenheiten (weil man innerlich noch da oder dort verhaftet ist) zu freier Entscheidung zu befreien. Ignatius hat vorwiegend Menschen vor Augen, die nicht psychisch krank, sondern vielleicht belastet sind, aber doch ein durchschnittliches Maß an Einsichts- und Entscheidungsfähigkeit besitzen, so fließend der Übergang zwischen diesen beiden Kategorien auch sein mag.

Was macht Träume so bedeutsam?

Der Traum ist ein psychisches Geschehen, das sich im Schlaf unterhalb der Schwelle des Tag-Bewußtseins vollzieht, gelegentlich aber sich dieser Schwelle soweit nähert, daß es beim Erwachen erinnert werden kann. Das heißt, daß ich im erinnerten Traum einen Einblick erhalte in Vorgänge der Tiefen meiner Seele, die mir sonst kaum erkennbar sind.

Träume haben oft eine innere Struktur, die an den Aufbau des Dramas erinnern.[11] Irgendwie scheint dabei Regie geführt zu werden. Aber die Regie führt nicht das bewußte Ich, sondern etwas in der Tiefe der Seele. C. G. Jung würde wohl vom ›Selbst‹ sprechen. Die Regie inszeniert offenbar häufig ein Drama, in dem eine vom Träumer als Problem empfundene Lebenssituation durchgespielt wird, manchmal mit, manchmal auch ohne Lösung. Der Träumer erhält so – wenn er sich erinnern kann - Hinweise auf mögliche Lösungen oder zumindest auf die Aufgabe, die noch zu lösen ist. Wenn es gelingt, im Wachbewußtsein sich erneut auf dieses »Drama« einzulassen, werden dabei psychische Energien frei, die bislang unbewußt und gleichsam gebunden waren. Menschliches Wachstum geschieht im Bestehen dramatischer Situationen, d.h. im Durchstoßen bis zu einer der Person angemessenen Lösung. Dann kann das Problem abgelöst werden, und der Mensch wird frei für einen nächsten Schritt.[12]

Darum ist es wichtig, daß die Betrachtungen des Ignatius in den Geistlichen Übungen sich auf Szenen richten, die einen dramatischen

Der hl. Petrus erscheint in einer nächtlichen Traumvision dem Ignatius von Loyola (1521)

Aufbau haben. Damit kann sich dann die persönliche innere Dramatik des Übenden verknüpfen und man kann im Durchhandeln ähnliche Freisetzungen von Energie erleben (Ignatius nennt das Trost) wie der, der einen Traum bewußt noch einmal durchhandelt.

Träume haben eine unterschiedliche Qualität je nachdem, aus welcher Tiefenschicht sie stammen. Der Traum-»Regisseur« kleidet seine Darstellung in Erinnerungsreste entweder aus der Außenwelt oder aus dem inneren Erleben des Träumers oder in Urbilder, die die Seele von Anfang an in sich gehabt zu haben scheint (Archetypen).

Der Traum stammt aus einer Schicht der Seele, in der die »Väter« der Bewegungen der Seele sitzen, von denen Ignatius spricht, der »böse« oder der »gute Geist«. Sie senden ihre Botschaften in verschlüsselter, aber oft entzifferbarer Form. Doch darf man sie nicht einfach für bare Münze nehmen. Man muß die Geister zu unterscheiden suchen. Wichtig ist dabei die »emotionale Begleitmusik«. Sie ist ein entscheidendes Kennzeichen für die Entzifferung und Interpretation des aufgeführten »Stücks«. Aus ihm kann ich am ehesten die Tendenz erkennen, die dem Geschehen innewohnt und ob es mich führen oder ver-führen will. Je nachdem wird meine Reaktion anders aussehen müssen.

Tagträume – den Träumen der Nacht verwandt

Daß es möglich ist, seinen Gedanken und Phantasien bei vollem Tagbewußtsein freien Lauf zu lassen, weiß jeder. Freilich ist es oft nicht leicht, bewußtes Nachdenken oder Vorausphantasieren, das keine oder kaum eine engere Verbindung zu den Tiefenschichten der Seele aufweist, zu unterscheiden von einem psychischen Vorgang, bei dem der Mensch einerseits nicht schläft, aber doch ein Geschehen sich vollziehen läßt, das wie ein Traum

von der Tiefe her gespeist und gestaltet wird. Ein Hauptunterschied zwischen Tagträumen und Träumen der Nacht besteht wohl darin, daß sich im Tagtraum das rationale Denken und die Ich-Beteiligung häufiger und stärker einmischen als in den Träumen der Nacht. Aber zumindest zeitweise übernimmt die »Tiefe« die Gestaltung des inneren Geschehens ganz ähnlich wie im nächtlichen Traum.
Manchmal geschieht solches Tagträumen unwillkürlich, es kann aber auch bewußt herbeigeführt werden. So kann man einen erinnerten Traum im wachen Zustand noch einmal durchhandeln, indem man ihn einem Gesprächspartner erzählt, als würde man ihn jetzt erleben, und dabei an kritischen Punkten lauschen, ob sich vielleicht eine andere Handlungsweise anbietet als im ursprünglichen Traum. Auf diese Weise kann man ein unvollendetes Traumdrama zu einem gültigen Ende führen und daraus Hilfe für das dargestellte Problem finden.[13]
Oder man kann in einer Gruppe die Teilnehmer sich mit Teilen aus erzählten Träumen identifizieren lassen und so gemeinsam ein nur verbal ausagiertes Drama gestalten. Dabei werden unbewußte Einfälle das Geschehen so steuern, daß die Reflexion Hinweise auf unbewußte Anteile meines gewöhnlichen Handelns und Fühlens aufdeckt.[14] In den Geistlichen Übungen kommen allerdings in der Regel wohl nur jene Weisen des Umgangs mit (Tag-)-Träumen in Frage, die man allein oder allenfalls mit Hilfe des Exerzitienbegleiters durchführen kann.
Um bei einer ignatianischen Betrachtung ein solches Tagträumen »kommen zu lassen«, bedarf es wohl einer Art inneren Loslassens. Der Übende muß wie ein spielendes Kind sich gedankenverloren dem überlassen, was ihm einfällt. Er darf nicht jetzt schon darüber reflektieren, sonst unterbricht er den Strom des inneren Geschehens. Die Anweisungen des Ignatius, die oben skizziert wurden, müssen so in Fleisch und Blut übergegangen sein, daß sie nicht in einem bewußten Eingreifen in das innere Geschehen eingeschleust werden müssen. Am meisten hängt von der Lebendigkeit und dem Gewicht der Suchfrage ab, die den Übenden zutiefst bewegen muß.
Es gibt wohl noch mancherlei Möglichkeiten, Tagträume auszulösen. Hier geht es nur darum zu zeigen, daß Ignatius, fußend auf seiner eigenen Erfahrung, eine Anleitung zu solchem Tagträumen gibt.

Die Wirkung des Umgangs mit (Tag-)Träumen

Die in tieferen Schichten gelagerten Einsichten und Handlungsantriebe, deren ich mir sonst nicht bewußt bin, die vielleicht auch durch irgendwelche Blockaden gefesselt sind, werden in (Tag-)Träumen u.U. freigesetzt, können ins Bewußtsein vordringen und so erkannt und bearbeitet werden. Der Mensch spürt, wie in ihm plötzlich Kräfte und Klarheiten vorhanden sind, über die er bislang nicht verfügen konnte, die ihm nicht zur Verfügung standen.
Die im Traum auftretenden Elemente und Gestalten symbolisieren nicht selten vom psychischen Leben abgespaltene Teile. Im Umgang mit dem Traum geschieht u.U. eine Re-Integration dieser Teile, die damit wieder in den Fluß des inneren Lebens einbezogen werden und die innere Dynamik positiv verstärken. Das Leben wird in diesem Punkt wieder echter und intensiver. So kann Veränderung geschehen. Daß so etwas sich auch auf das Glaubensleben positiv auswirkt, liegt auf der Hand. Eine gestörte Seele kann keinen »ungestörten« Glauben leben. Eine Seele im Vollbesitz ihrer

Kräfte kann diese auch in den Glauben integrieren und ihm so volles Leben einflößen. Umgekehrt kann ein Glaube, dessen Wurzeln bis in die Tiefen der Seele hinabreichen, sich in diesen Tiefen heilend auswirken. Entscheidend ist, daß es zwischen dem Normalbewußtsein und den Tiefenschichten des Menschen ein gewisses Maß an Austausch gibt.
Es gibt in der Literatur zahlreiche Beispiele von sogenannten »gelenkten Phantasien«, z.B. Phantasie-Reisen u.ä.[15] Besonders hier fällt die Ähnlichkeit zu den von Ignatius genannten Betrachtungsweisen der Kontemplation und der Anwendung der fünf Sinne auf.
Schließlich kennt wohl jeder ein sogenanntes spontanes, ungeplantes Tagträumen, in dem sich meist Wunsch- oder Angstvorstellungen ausleben. Hier wird das Träumen leicht zur Ersatzhandlung oder besser zum Handlungsersatz. Anders ist es, wenn ich in der Art eines »Rite d'entrée« eine künftige Handlung vorausphantasiere und mich so gleichsam einübe in das, was ich später tun will.

Geistliche Übungen und Umgang mit Tagträumen

Die in der heutigen therapeutischen Praxis vorkommenden Weisen des Weiterträumens eines Traumes im wachen Zustand, das »Durchhandeln« eines Traumes im Wachzustand, das Nacherleben von Träumen, gelenkte Phantasien u.a.m. sind Weiterentwicklungen dessen, was Ignatius im Ansatz bereits vermittelt hat. Wenn nun etwa das Gesprächsverhalten des Exerzitienbegleiters von der Gesprächstherapie (C. Rogers) nützliche Hinweise bekommen kann, könnte es wohl auch von Nutzen sein, aus dem Umgang mit Träumen in der Psychotherapie etwas für die Exerzitienpraxis und die Anleitung dazu zu lernen, um sie wirksamer zu machen. Wer nur persönlich versuchen will, gezieltes Tagträumen im Sinne des Ignatius zu üben, kann dies wohl gefahrlos tun, wenn er die oben erwähnten Rahmenbedingungen beachtet. Wer jedoch als Exerzitienbegleiter den therapeutischen Umgang mit Träumen einbeziehen will, sollte darin allerdings geschult sein und nicht ein bloß angelesenes Buchwissen darüber besitzen. Hier liegt eine Aufgabe, die noch zu leisten ist und dringend ansteht.

Von der Identifikation zur Identität

In seiner Tagträumerei durchlebt Ignatius einen Lebensvorgang, der von äußerster Wichtigkeit ist. Er versucht, wie »jeder von uns, der zum Leben geboren ist, gleichsam in einem zweiten Geburtsvorgang zu seiner Identität zu finden und als in Beziehung zu anderen stehendes Sehnsuchtswesen zu wachsen. Das ist jedoch ein Wachstum, von dem man weiß, daß es erst im Tod abgeschlossen sein wird und daß dieser sich in jeder Etappe bemerkbar macht durch die fortwährende Entdeckung dessen, was man *nicht* ist, im Vergleich zu dem, was man zu sein *sich erträumt.*«[16]
Dem tagträumenden Ignatius geht es wie dem Zuschauer eines guten Theaterstücks: Er identifiziert sich unwillkürlich mit dieser oder jener Person, dieser oder jener Handlungsweise usw. Solche Identifikation ist ein persönlicher »Vorgang ..., in dem ... ein Subjekt einen Aspekt, eine Eigenschaft, ein Attribut des anderen Menschen sich zu eigen macht und sich ganz oder zum Teil nach dessen Modell umgestaltet. Die Personalität konstituiert und differenziert sich in einer Reihe von Identifikationen. Die Identifikation geschieht aus Sym-

Kniender Ritter (1499)

Ritter zu Pferd

pathie, mehr oder weniger bewußter Nachahmung, aus Empathie, durch geistige Ansteckung, lockende Projektion.«[17] Genau das ist der Vorgang, in dem aus Ignatius ein »alternativer« Ritter Christi wird. Aber um ein Haar hätte er sein Ziel verfehlt.

Vorsicht – Falle!

»In der Tiefenpsychologie ist ... die Identifikation, die im Kontakt mit dem Modell die Entwicklung gewisser Wesenszüge fördert, welche im Subjekt selber angelegt sind, von der ... Introjektion zu unterscheiden ... Die Introjektion figuriert unter den Abwehrmechanismen.« Sie besteht »darin, Eigenschaften des Objekts phantasmatisch von außen nach innen übergehen zu lassen ... Es kann sich dabei um Ideen, Überzeugungen und Gefühle handeln. Der Abwehraspekt beruht darauf, daß das Subjekt sich auf diese Weise Wesenszüge von anderen aneignet, *die seiner eigenen Natur völlig fremd sein können*, weswegen es unbewußt versucht, die beängstigende Distanz des Andersseins zu vermindern. So z.B. der Mensch, der sich in einer homogenen Gruppe fremd fühlt und (deswegen) deren Akzent, Reaktionsweisen, Gepflogenheiten übernimmt. Das Gegenteil von Introjektion ist die Projektion, die aus den gleichen Beweggründen ebenfalls ein Abwehrmechanismus ist. Darin legt das Subjekt anderen unbewußt Gedanken oder Gefühle bei, die in Wirklichkeit seine eigenen sind, die es aber momentan oder dauernd nicht als solche zu erkennen vermag.«[18]
Ignatius hat auf seinem Krankenlager und in der Zeit unmittelbar danach, um es mit tiefenpsychologischer Terminologie auszudrükken, neben Identifikationen anscheinend nicht selten auch Introjektionen und Projektionen vollzogen, natürlich ohne sich dessen bewußt zu sein. Er übernahm die Handlungsweisen der Heiligen, ohne im geringsten darauf zu achten, ob das seiner Natur gemäß ist oder nicht. Er sagte später selber über diese Zeit: »Seine ganze Überlegung bestand darin, daß er zu sich selber sagte: Der heilige Dominikus hat dies getan, also muß auch ich es tun; der heilige Franziskus hat jenes getan, also muß auch ich es tun.« (PB 7) Als Beispiel dafür, wie blind er damals war trotz seines großen Verlangens, dem Herrn zu dienen, erzählt er folgende Begebenheit: Nach seinem Aufbruch von Loyola überlegte er ernsthaft, ob er nicht einem Mauren, der eine Weile mit ihm ritt und der die Jungfräulichkeit der Muttergottes nach der Geburt Jesu leugnete, ein paar Dolchstiche versetzen müsse, um ihre Ehre zu

Lo Carcer d'Amor (1493)

retten ... Die alte, ritterliche Ehrauffassung wird von Ignatius ganz selbstverständlich in die Glaubenswelt hinüberprojiziert.[19] »Er hatte noch keinen Blick für innere Werte und verstand nicht, was Demut, Liebe, Geduld eigentlich seien. Und er kannte jenes Gespür für Gottes Willen noch nicht, das diese Tugenden zu lenken und ins rechte Maß zu bringen hat.« (PB 14) Er mußte erst noch entdecken, wie die *ihm gemäße* Form der Nachfolge Jesu aussieht. Ignatius ist die Gefahr, in der er da schwebte, später zu Bewußtsein gekommen und unvergeßlich geblieben. In der ersten knappen Darstellung der Grundzüge des Jesuitenordens in der Bestätigungsbulle von 1540 heißt es u.a., wer in den Orden eintreten wolle, solle sich bemühen, das hier umrissene Ziel stets vor Augen zu haben und es mit allen Kräften zu erstreben: »ein jeder jedoch nach der ihm vom Heiligen Geist gewährten Gnade ...«[20] Das ist ein deutlicher Hinweis auf die Bedeutung der Eigenart eines jeden und eine deutliche Warnung vor blindem Eifer und blinder Nachahmung der Ordensgründer. *Gott* bestimmt Maß und Art seiner Gnade. Dieses Maß muß ertastet werden.

Es war also nicht selbstverständlich, daß Ignatius aus diesem Lebensprozeß heil hervorging. Darum mußte Gott ihn, nachdem er von Loyola aufgebrochen war, um nach Jerusalem zu pilgern, unterwegs in Manresa für lange Monate durch harte Prüfungen gehen lassen, ehe er zu unterscheiden lernte, was seiner Lebensbestimmung gemäß war und was nicht. Wir wollen versuchen, im folgenden einzelne Schritte dieses »Unterrichts« näher zu betrachten. Sie können auch uns eine Lehre sein.

Die Reinigung des Herzens

Im Leben des Ignatius kann man sehr deutlich sehen, daß eine erste, grundlegende, begeisterte Bekehrung zum Herrn noch nicht genügt, um ihm wirklich frei dienen zu können. Zuerst müssen noch die inneren Fesseln und Abhängigkeiten, die oft tief im Unbewußten verwurzelt sind, bewußt gemacht und bearbeitet werden.

Das Tagträumen mit seinen Identifikationen ist ein wichtiger erster Schritt, um Fragen nach dem eigenen weiteren Weg zu wecken. Aber erst eine gute Weise, diese Träume nachträglich prüfend anzuschauen, führt dazu, daß wirklich bewußt wird, was da ins Bewußtsein eingedrungen ist, um dazu frei Stellung nehmen zu können. Bis dahin bleibt man den Einflüssen aus den unbewußten Tiefen weitge-

hend ausgeliefert, weil sie nicht zu erkennen sind. Wer allmählich sieht, was da vor sich geht – zumindest in Umrissen –, kann es in seine Entscheidungen einbeziehen.
Das ist ein mühsamer Prozeß; den wenigsten gelingt es, ihn ohne Hilfe von anderen zu bestehen. So war Ignatius auch der festen Überzeugung, daß Gott ihn selber an der Hand nahm, weil er zwar ungeheuer gutwillig, aber ohne Helfer doch verloren war. Sicher kamen ihm drei Umstände zugute, die nicht jedermann ohne weiteres – zumal heute und vor allem jungen Menschen – zur Verfügung stehen: Er verfügte über eine sehr lebendige, sich frei entfaltende Phantasie, über eine ungewöhnliche Ich-Stärke und über ein reiches Maß an Lebenserfahrung. Das ermöglichte es ihm, beim Höhenflug seiner Phantasie den Kontakt mit der Wirklichkeit zu behalten und durch Versuch und Irrtum zur Entdeckung seiner Wahrheit zu finden. Wer ihm auf diesem Wege folgen will, muß sich prüfen, ob er über diese Voraussetzungen wenigstens bis zu einem gewissen Grade verfügt bzw. ob es eine Möglichkeit gibt, vorhandene Defizite aufzuarbeiten oder auszugleichen. Es ist auch Aufgabe eines geistlichen Begleiters, sich dessen zu vergewissern, ehe er jemand auf diesen »ignatianischen« Weg führt.
Kaum einigermaßen genesen, machte sich Ignatius von Loyola aus auf den Weg zu seiner Wallfahrt nach Jerusalem, von der er allerdings noch niemand etwas erzählte. Unterwegs legte er in Manresa eine Pause ein, um sich einiges zu notieren. Der Aufenthalt zog sich aber dann ungefähr ein Jahr hin, und in dieser Zeit durchlebte Ignatius alle Höhen und Tiefen einer inneren Umwandlung. Folgen wir seinem eigenen Bericht.
»Er lebte in Manresa von Erbetteltem, aß kein Fleisch und trank keinen Wein. Da er früher viel auf die Pflege seiner Frisur sowie seiner Finger- und Zehennägel verwandt hatte, ließ er sich nun diese ohne jede Pflege wild wachsen, ohne sie zu schneiden. Er wohnte zunächst im Armenspital und fühlte sich sehr getröstet von einer Erscheinung, die ihm am hellichten Tag immer wieder begegnete: eine Art Schlange, an der unzählige Punkte wie Augen aufleuchteten. Nur, wenn die Erscheinung verschwand, empfand er großen Kummer.« (PB 19)

Tückische Frage

Bis dahin hatte er seit seiner Bekehrung in einer stetig gleichbleibenden inneren Ausgeglichenheit und Freude gelebt. Nun kam, wie ein erster Windstoß vor einem Sturm, ein Gedanke in ihm hoch, er überfiel ihn übermächtig und setzte ihm zu: »Vor seine Seele traten nämlich die Schwierigkeiten seines derzeitigen Lebens, und es war, als ob jemand in seinem Inneren zu ihm sagte: Wie wirst du ein derartiges Leben aushalten können während der 70 Jahre, die du noch zu leben hast?« (PB 20).
Man könnte meinen, daß diese Frage, die da in ihm aufstieg, durchaus vernünftig, ja geradezu notwendig war. Aber Ignatius merkte, daß es keine bloße Frage war, sondern eigentlich ein Stoß gegen seine Ausrichtung mit der klaren Tendenz, ihn von ihr abzubringen. Und nachdem einmal klar war, wohin das Ganze zielte – und damit, woher es kam –, »erwiderte er, gleichfalls in seinem Innern, mit einer großen Entschiedenheit, denn er merkte wohl, daß die Frage vom bösen Feind kam: Du Elender, kannst du mir auch nur eine einzige Stunde, die ich noch zu leben hätte, wirklich zusichern? So überwand er die Versuchung und blieb innerlich wieder ruhig.« (PB 20)

In diesem Vorgang vertiefte sich Ignatius' Erkenntnis aus den Wochen seines Krankenlagers, daß sich aus dem »Schwanz der Schlange«, d.h. aus der Tendenz und logischen Konsequenz von Gedanken und Phantasien, die in einem aufsteigen, erschließen läßt, woher sie kommen. Wenn einem das klar wird, ist es nicht mehr so schwer zu entscheiden, was man selber wirklich will. Man weiß dann, daß das Ergebnis eines Nachgebens einem bloß Schaden brächte. Das erklärt wohl auch die feste Entschiedenheit, mit der Ignatius ein als Versuchung erkanntes Phänomen zurückwies. In der Regel prüfte er sorgfältig und lange; aber wenn ihm »der Feind des Menschengeschlechts« als Ursache schließlich deutlich wurde, dann kannte er kein Paktieren mehr, wohl aber nochmals sorgfältiges Nachdenken, wie denn jener (schlechte) Gedanke sich eingeschlichen hatte, um ihn beim nächsten Mal früher entlarven zu können.[21]

Die Wogen der Seele

Die neugewonnene Ruhe dauerte nicht lange. Er »begann in seiner Seele einen merklichen Wandel zu spüren. Einmal fand er sich so lustlos, daß er gar keine Freude mehr am Chorgebet, bei der Mitfeier der Messe oder an anderen Gebetsübungen hatte, die er verrichtete. Und ein andermal überkam ihn wieder genau das Gegenteil von dem und zwar so plötzlich, daß es ihm dünkte, die Traurigkeit und Trostlosigkeit seien ihm abgenommen worden, wie man einem anderen Menschen einen Mantel von seiner Schulter abnimmt.« (PB 21)
Über Monate hin dauerte dieses Auf und Ab. Innere Anfechtungen – zum Teil wohl Folgen seines verständnislosen, gewalttätigen Umgangs mit sich selbst – bis zu Selbstmordgedanken wechseln sich ab mit tiefer Freude bis hin zu Visionen der Hl. Dreifaltigkeit, der Menschheit Jesu, des Schöpfungsgeschehens usw. Ignatius muß begreifen, daß er nicht einfach Herr seines »Inneren« ist, daß er nicht brutal mit irgendwelchen Vorsätzen und Ähnlichem seine Seele manipulieren kann. Sie ist ein zarter Stoff, mit dem man behutsam umgehen muß. Und es gibt Einflüsse in der Seele, die aus undurchschaubaren Bereichen ins Bewußtsein hineinwirken, die man einerseits als zu einem gehörig empfindet, aber doch nicht für bare Münze nehmen darf; es ist Aufgabe des Menschen, diese Bewußtseinsinhalte zu prüfen und erst dann seine Entscheidung zu treffen. Diese Bewußtwerdung, was eigentlich geschieht, ist entscheidend für den weiteren Weg des Ignatius.

Tiefste Qual: Ich schaffe es nicht ...

Die schwerste Prüfung, die über ihn kam, waren Skrupel, ob sein Sündenbekenntnis bei der Beichte wirklich alles umfaßt hatte, was hineingehörte. Er hatte kurz vor seinem Eintreffen in Manresa auf dem Montserrat eine schriftlich aufgezeichnete Generalbeichte abgelegt, die drei Tage (!) dauerte. Danach bekam er Zweifel, ob er nichts vergessen oder übersehen hatte, und versuchte, es besser zu machen; aber er bekam immer wieder Skrupel, »die sich von Mal zu Mal immer mehr in Einzelheiten verloren. Dadurch befand er sich in einem ganz niedergeschlagenen Zustand« (PB 22); denn er beichtete alle acht Tage, und so erneuerte sich seine Qual immer wieder. »Zwar wußte er wohl, daß jene Skrupel ihm nur zum großen Schaden waren und daß es besser wäre, sich von ihnen frei zu machen. Aber *er konnte nicht mit ihnen fertig werden.*«[22]

Beim Fluß Cardoner in Manresa hatte Ignatius von Loyola sein Erleuchtungserlebnis. »Nicht als ob er irgendeine Erscheinung gesehen hätte, sondern es wurde ihm das Verständnis und die Erkenntnis vieler Dinge über das geistliche Leben sowohl wie auch über die Wahrheiten des Glaubens und über das menschliche Wissen geschenkt.« (PB 30) Es war ihm danach, »als sei er ein anderer Mensch geworden und habe einen anderen Verstand erhalten, als er früher besaß«. (PB 30)

Moreneta, die schwarzbraune Madonna des Montserrat, Katalonien

... und höchste Freude:
Es geht – mit Gottes Gnade

Schließlich, nach mehreren Monaten, »überkam ihn ein Gefühl des Abscheus vor dem Leben, das er jetzt führte, und zugleich ein starker Drang, es ganz aufzugeben. Das war das Mittel, mit dem der Herr ihn gleichsam wie aus einem tiefen Schlaf aufwecken wollte.... Mit großer innerer Sicherheit war er nun entschlossen, nichts mehr aus dem vergangenen Leben zu beichten. So blieb er von jenem Tage an frei von derartigen Skrupeln, und er war davon überzeugt, daß unser Herr ihn *aus Gnade und Barmherzigkeit* davon befreit hatte.«[23]
Auch hier wieder das Erleben der eigenen Ohnmacht gegenüber Vorgängen in seiner Seele und schließlich wie ein Geschenk die klare Bewußtwerdung, was da eigentlich geschieht. Er wußte in seinem Verstande schon vorher, daß diese Skrupel ihm schadeten. Aber es bedurfte eines tieferen Begreifens, um davon tatsächlich frei zu werden. Die Freiheit, diese Skrupel abzulegen, kommt wie ein Geschenk; sie ist nicht die Frucht verkrampfter Vorsätze mit dem Anspruch, die Verwirklichung selber zu leisten. Die Selbst-Herr-lichkeit des Ignatius, die wohl von frühester Kindheit an als Anspruch an sich selbst fest eingekerbt war und ihn auf selbsterworbenen Ruhm festnagelte, wich einem aus Erfahrung gewonnenen Wissen um die eigenen Grenzen, ohne daß die ursprünglich angelegte Großherzigkeit Schaden gelitten hätte. Jetzt konnte er sich seinem Schöpfer und Herrn ganz zum Dienst anbieten und doch bescheiden fragen, zu welcher Art von Dienst Er ihn annehmen wolle. Bei den späteren Exerzitienprozessen wird ihm diese eigene Erfahrung und Vorgehensweise von großem Nutzen sein, sensibel und kritisch begleiten zu können.

Lieber Schlaf als »Frömmigkeit«

Die »Kur« ist noch nicht zu Ende. Ignatius mußte lernen, auch Freude und Trost in seiner Seele zu prüfen und nicht immer für bare Münze zu nehmen. So fiel ihm auf, daß ihm, gerade wenn er sich zu seinem sehr kurzen Schlaf niederlegte, »oftmals tiefe Erkenntnisse und große geistliche Tröstungen kamen. Auf diese Weise verlor er ein gutes Stück der Zeit, die er für den Schlaf bestimmt hatte, und das war nicht gerade viel.« (PB 26) Er überdachte das Phänomen und sagte sich: Nun verwende ich so viel Zeit tagsüber auf den Umgang mit Gott (sieben Stunden Gebet, dazu noch Chorgebet und hl. Messe), in der Gott mich anrühren kann. Ist es denkbar, daß Gott mir auf diese Weise den Schlaf raubt und so meine Gesundheit in Gefahr gerät? Kommen diese Eingebungen nicht eher von einem bösen Geist? Er folgerte daraus, daß es besser sei, sich um diese Erkenntnisse usw. einfach nicht zu kümmern und sich dem Schlaf hinzugeben. Auch hier gewann Ignatius aus der Besinnung auf das, was er erlebte, eine Erfahrung, die er formulieren und weitergeben konnte.

Geschenkte Entschiedenheit

Schließlich registrierte Ignatius noch ein weiteres für ihn aufschlußreiches Erlebnis: Trotz seines ganz festen Entschlusses, keinerlei Fleischspeisen zu genießen, den er für den Rest seines Lebens als gültig ansah, erschien ihm eines Morgens gleich nach dem Aufstehen eine Fleischspeise so deutlich, »wie wenn er sie mit leibhaftigen Augen sehen könnte, und zwar ohne daß irgendein Verlangen danach sich zuvor in ihm geregt hatte. Zugleich damit *überkam ihn* eine nachdrückliche Wil-

lenszustimmung, von nun an wieder Fleisch zu essen.«[24]
Ignatius überprüfte dieses Geschehen und kam zu der Auffassung, daß dies kein Werk des »bösen« Geistes war, sondern ein geschenkter Entschluß des »guten« Geistes. Auch als sein Beichtvater ihn ermahnte, sorgfältig zu prüfen, ob dies nicht doch eine Versuchung sei, blieb er bei seiner Meinung und richtete sich nach ihr. Er konnte auch »bei gründlicher Nachprüfung keinerlei Zweifel über seinen Entschluß verspüren.« (PB 27)
Die besinnliche, nachdenkliche Art des Ignatius, alles zu prüfen, ist später oft als etwas rein Rational(istisch)es mißverstanden und entsprechend nachgeahmt worden. Tatsächlich ging Ignatius nicht in erster Linie denkend mit seinen Erfahrungen um – das natürlich auch –, sondern zuerst und vor allem »nachfühlend«: Seine Hauptkriterien sind Trost und Trostlosigkeit, deren jeweilige Urheber jedoch sorgfältig zu erforschen sind. »Bei denen, die vom Guten zum je Besseren voranschreiten, berührt der gute Engel die Seele sanft, leicht und lind wie ein Tropfen Wassers, der in einen Schwamm eindringt. Der böse dagegen berührt sie spitz und scharf und mit Gedröhn und Unruhe, wie wenn der Tropfen Wassers auf einen Stein fällt. Jene, die vom Schlechten ins je Schlechtere voranschreiten, werden von den besagten Geistern in entgegengesetzter Weise berührt. Die Ursache davon ist, daß die Disposition der Seele diesen Engeln entweder entgegengesetzt oder gleich ist. Denn ist sie entgegengesetzt, so treten sie mit Geräusch und Sensation und Fühlbarkeit ein; ist sie gleich, so tritt der Geist schweigend ein wie in sein eigenes Haus bei offener Tür.« (EB 335) In diesem Zitat ist die Erfahrung des Ignatius in Manresa noch deutlich spürbar.
Die schrittweise Abkehr von ursprünglichen Lebenspositionen und fixierten Ausrichtungen hätte Ignatius wohl nicht geschafft, wenn Gott ihn nicht gleichzeitig immer wieder in außerordentlicher Weise mit Gnadenerweisen überschüttet hätte. Ignatius blieb überzeugt, daß Gott ihn wie einen Schüler behandelte, damit er später für andere Lehrmeister sein könne; und es wäre in seinen Augen eine Beleidigung Gottes gewesen, hätte er es anders gesehen. (EB 335)

Ein neuer Mensch

Das Ergebnis dieser Monate der Umwandlung war ein Ignatius, der weder dem alten Ritterideal noch dem Ideal, es den Heiligen gleichzutun, mehr entsprach. Ignatius hatte eine eigene Identität gewonnen, in der er sich klar und für immer von anderen unterschied. Zwar blieb noch viel zu tun, und er war noch lange nicht in allem klar und am Ziel. Aber die Grundzüge sind deutlich und werden sich nicht mehr ändern.
Ignatius merkt in Gesprächen mit interessierten Menschen, daß er die Gabe und auch die Erfahrung hat, ihnen in ihrem geistlichen Leben helfen zu können. Vor seiner Seele entsteht ein Christusbild, das er in den Geistlichen Übungen vorstellt: Christus als der universale König, der, vom Vater gesandt, in einem mühevollen Wirken die Menschheit erlösen und dem Vater als Königreich zuführen will. Dazu ruft er auch Menschen in seinen Dienst, die ihm dabei zu helfen gewillt sind, und alles andere dafür drangeben.[25] Ignatius ist nun der, der mit Christus den Menschen helfen will bzw. den Christus dazu gerufen hat. Und nun zieht er den »Waffenrock Christi« an, d.h. er sucht und findet eine Lebensform, in der er sich mit Christus abmühen

kann, damit er, »wie er ihm in der Mühsal folgte, so auch in der Herrlichkeit folge.« (EB 95) Am Ende des Berichts über die Zeit in Manresa sagt Ignatius: »In ... Manresa ... gab er jene früher geübten Strengheiten auf, seitdem er Gottes reichen Trost einmal spürte und die Frucht sah, die er im Umgang mit Menschen in deren Seelen erreichte. Er schnitt sich wieder Nägel und Haare.« (PB 29) Und etwas später sagte er von sich: »Denn er wünsche drei Tugenden ganz zu besitzen: Liebe, Glaube und Vertrauen.« (PB 35) Selbstzerstörerische Formen der Askese treten nun mehr und mehr zurück. Welch ein Unterschied zu dem blinden Haudegen Christi auf dem Krankenlager!

Ignatius und das Evangelium

Es fällt auf, daß Ignatius kaum je von bestimmten Worten oder Taten Jesu spricht, die ihn besonders beeindruckt oder geprägt hätten. Seine Sicht des Evangeliums drängt er vielmehr zusammen in Betrachtungen, die er sozusagen selbst erfunden hat und in denen eine Gesamtsicht von Person und Aufgabe Jesu Christi dargestellt wird, vor allem die Betrachtungen vom Ruf Christi, des Königs, von den Zwei Bannern sowie die Betrachtung zur Erlangung der Liebe.[26]
In Manresa hat Ignatius häufig Visionen, d.h. er schaut Bilder, in denen er bestimmte Heilswirklichkeiten zu erkennen glaubt. Im besonderen zählt er auf: eine Schau der Hl. Dreifaltigkeit unter der Gestalt dreier Orgeltasten[27]; dann stellte sich ihm etwas Hellglänzendes dar, aus dem einige Strahlen ausgingen und woraus Gott das Licht erschuf, was Ignatius als eine Schau deutet, wie Gott die Welt erschaffen hat[28]; dann schaut er oftmals mit den Augen seiner Seele die Menschheit Christi wie einen glänzenden Körper, aber er konnte die einzelnen Glieder nicht erkennen[29]; in einem gewissen Sinn gehört auch jenes Erleuchtungserlebnis, das Ereignis am Fluß Cardoner, hierher, wo sich ihm die Augen seines Verstandes zu öffnen begannen. (Vgl. 52.) So bekennt er schließlich: »Was er damals in Erscheinungen sah, bestärkte ihn sehr, und gab ihm eine solche Sicherheit im Glauben, daß er oftmals bei sich dachte: auch wenn es keine Hl. Schrift gäbe, die uns diese Glaubenswahrheit (der Menschheit Christi) lehrt, wäre er entschlossen, für sie zu sterben, einzig auf Grund der Tatsache, daß er dies geschaut hatte.«[30]
Vielleicht ist es darin begründet, daß Ignatius seinen persönlichen Glauben nicht aus kleinen Erkenntnissen und Erleuchtungen über einzelne Schriftstellen aufbaute, sondern vorwiegend aus der Gesamtschau grundlegender Heilswirklichkeiten. Dennoch verachtet er keineswegs die Beschäftigung mit kleinsten Details in der Hl. Schrift. Seine Betrachtungsanleitungen in den Geistlichen Übungen belegen das. Aber die Details werden eingeordnet in großflächige Gesamtsichten, aus denen er letztlich seine Begeisterung für und seine Hingabe an den Dienst Gottes im Dienst an den Seelen schöpft.

Nüchterne Mystik

Bei aller Dankbarkeit gegenüber Gott für diese Visionen und die sie begleitenden inneren Tröstungen bleibt Ignatius gegenüber solchen Phänomenen vorsichtig zurückhaltend. Nach der Cardoner-Erfahrung wird ihm klar, daß die ihm oft erscheinende Schlange mit leuchtenden Augen ein Bild des Teufels ist.[31] Auch weiß er, daß manche solcher Phänomene mit der Veranlagung eines Menschen zusammenhängen. So weist er später einen niederländischen Mitbruder, der sich beklagt, daß ihm die Gabe der Tränen fehle, darauf hin, daß diese Gabe mit dem Naturell zusammenhänge und nicht unbedingt etwas über die wirkliche Liebe und den Wert eines Menschen aussage.[32] Vielleicht kann man die Fülle der Visionen bei Ignatius auch mit jener natürlichen Begabung in Verbindung bringen, die ihm das »effiziente« Tagträumen zur Gewohnheit werden ließ.

Unauslotbares Leitbild: Gehorsam

Wenn man sich fragt, worin für Ignatius am Ende von Manresa der christliche Glaube und die wahre Hingabe an Gott bestanden, kann man vielleicht sagen: Ignatius hat gelernt, in einem ständigen Hinhören die Weisung Gottes für sein Leben immer neu aus dem zu vernehmen, was in ihm vorging, und ihr mit ganzer Kraft zu gehorchen. Dabei sind ihm Lehren der Kirche und eindeutige äußere Verpflichtungen Grenzen, die er selbstverständlich beachtet. Diese Haltung ist eingebettet in seine Schau des Wirkens Gottes: In vollkommenem Gehorsam, d.h. in völliger Hingabe an die Sendung durch den Vater, wirkt der Sohn das Heil der Menschheit; er ruft die Menschen in je persönlich gefärbter Weise, dabei mitzuwirken. In einer bescheiden gewordenen, aber alles zu geben bereiten Liebe ertastet Ignatius für den Rest seines Lebens den ihm von Gott zugedachten, überraschungsvollen Weg. Es ist eine Weise zu leben, die Ignatius an Christus abgelesen, aber auch durch konkrete Erfahrungen entdeckt hat. Der Gehorsam Jesu gegenüber seinem Vater wird von ihm konkret und in ganz persönlicher Weise nachgelebt.

Wenn man sagt, die Heiligen seien das in der jeweiligen Zeit konkret gelebte Evangelium, dann kann man das von Ignatius sicher auch sagen. Aber vielleicht noch etwas mehr: Die Weise des Ignatius, das Evangelium zu leben, enthält wesentliche Züge, die auch heute noch und für eine lange Zukunft wegweisend sind.

Anmerkungen

1 Vgl. P. Claudel, Der Seidene Schuh. Übers. von H. U. v. Balthasar. Salzburg ^{3}1948, 18.
2 Vgl. EB 48.
3 Vgl. EB 47. 112.
4 Vgl. EB 106–108.
5 Vgl. ebd.
6 Vgl. EB 12.
7 Vgl. EB 77.
8 Vgl. EB 17.
9 Vgl. Z.-M. Erdmann, Psychodrama. Düsseldorf 1975, 139 bis 143.
10 Vgl. EB 330.
11 Vgl. J. Jacobi, Die Psychologie von C.G. Jung. Frankfurt 1978, 85f.
12 Vgl. Z.-M. Erdmann (s. Anm. 9) passim.
13 Vgl. Z.-M. Erdmann, Erlebnistherapie. Unveröffentlichtes Manuskript. Teil 2, Kap. 1, 22–31.
14 Vgl. ebd. 1–26.
15 Vgl. u.a. J.O. Stevens, Die Kunst der Wahrnehmung. München 1975.
16 Th. de Saussure, Der Vorgang der Selbstidentifikation. In: Concilium 24 (1988) 86. (Hervorhebungen von mir.)
17 Ebd. 86.
18 Ebd. 86f. (Hervorhebung von mir.)
19 Vgl. PB 15–16.
20 Form. Inst. Paul III. 1. In: S.
21 Vgl. EB 334.
22 PB 22. (Hervorhebung von mir.)
23 PB 25. (Hervorhebung von mir.)
24 PB 27. (Hervorhebung von mir.)
25 Vgl. EB 91–100.
26 Vgl. EB 95–100. 136–148. 230–237.
27 Vgl. PB 28.
28 Vgl. PB 29.
29 Vgl. ebd.
30 Vgl. ebd.
31 Vgl. PB 31.
32 Ignatius an Nikolaus Goudanus, Rom, 22. November 1553, MI *Epp* V, 713–715.

Cruz del Tort bei Manresa. Vor diesem Kreuz dankte Ignatius von Loyola für die Gnade der Erleuchtung

Nimm hin, o Herr, meine ganze Freiheit.
Nimm an mein Gedächtnis,
meinen Verstand,
meinen ganzen Willen.
Was ich habe und besitze, hast du mir geschenkt.
Ich gebe es dir wieder ganz und gar zurück
und überlasse alles dir,
daß du es lenkst nach deinem Willen.
Nur deine Liebe schenke mir
mit deiner Gnade.
Dann bin ich reich genug
und suche nichts weiter.

(EB 234)

Die mystische Urkirche

Das Erleuchtungserlebnis in Manresa (1522)

Eckhard Frick, München

Später, während des Studiums in Paris, wird Ignatius die in Manresa verbrachten Monate seine »Urkirche« nennen[1], und in der jungen Gesellschaft Jesu wird man sagen, daß der hl. Ignatius bereits in Manresa den Kern seines Exerzitienbüchleins durchlebt und aufgeschrieben habe.[2] Warum bleibt Iñigo nach seinem Aufenthalt auf dem Montserrat (1522) fast ein Jahr in Manresa? Gewiß gibt es für diese merkwürdige Verzögerung Gründe, die in den damaligen Umständen liegen.[3] Aber in der Forschung besteht doch Einigkeit darüber, daß letztlich hierfür weder die in Barcelona wütende Pest noch die seltenen Möglichkeiten zur Überfahrt nach Italien ausschlaggebend waren, sondern die innere Entwicklung dieses Pilgers. Die Quellen für unsere Überlegungen sind so spärlich, daß darüber weder die Ikonographie noch die bisweilen widersprüchliche Vielfalt zeitgenössischer Zeugnisse hinwegtäuschen können: Ob Iñigo zeitweilig als Eremit in einer Höhle lebte, wo sich gegebenenfalls diese Einsiedelei befand, wie sich von Manresa aus sein Kontakt zu den Mönchen von Montserrat gestaltete, solche Detailfragen werden sich kaum klären lassen.

Unsere Hauptquelle bleibt der Bericht des Pilgers (PB), in dem der alte Ignatius über den jungen Iñigo berichtet. Anlaß für diese »Autobiographie« ist der Wunsch des jungen Ordens, zur geistlichen Erfahrung seines Gründers Zugang zu haben. Dieser Wunsch kommt in dem Drängen Jerónimo Nadals zum Ausdruck, auf das hin Ignatius P. Luis Gonçalvez da Câmara sein Leben erzählt hat unter der Rücksicht, wie Gott ihn geführt hatte. Daher ist damit zu rechnen, daß Ignatius diesem Wunsch nicht so weitgehend entsprochen hat, wie es der historischen Detailkenntnis vielleicht zuträglich wäre. Vor allem wollte Ignatius als Lehrer des geistlichen Lebens und als Generaloberer seine persönliche Erfahrung nur in dem Maße weitergeben[4], als dadurch andere – Exerzitanten und künftige Ordensmitglieder – auf ihre je eigene Erfahrung verwiesen werden. Er selbst wollte zurücktreten hinter der schöpferischen Gnade, die sich dem Exerzitanten mitteilt (EB 15) und auf deren Wirken er auch für den »Leib« der Gesellschaft Jesu vertraute. Die Höhle von Manresa bleibt leer: An die Stelle einer Pilgerfahrt zu Orten göttlicher Präsenz tritt die Suche nach dem Willen Gottes. Manresa befindet sich dort, »wo« wir uns auf diese ignatianische Dynamik einlassen.

Wer ist dieser Pilger?

Von dem Iñigo der Monate von Manresa trennen uns mehr als vier Jahrhunderte. Ohne den Anspruch zu erheben, Neues zum historischen Befund beizutragen, sei es doch erlaubt, von einer heutigen – freilich sehr begrenzten – Exerzitienerfahrung aus einen Blick auf das zu werfen, was man gemeinhin als die »Exerzitien« des hl. Ignatius selber bezeichnet. Mein Standort läßt sich mit dem Stichwort einer »symbolischen Schuld« gegenüber Ignatius[5] umschreiben, dem wir den Weg der Geistlichen Übungen verdanken.

Wer ist also Iñigo für uns? In der Forschung pflegt man die Erfahrung des Krankenlagers in Loyola als Bekehrung zu bezeichnen, wobei diese Qualifizierung ein bestimmtes Vorverständnis voraussetzt, das mit den historischen Tatsachen nicht von vornherein gegeben ist. Zu den Voraussetzungen dieser Interpretation gehören die Typisierung verschiedener Lebensabschnitte, etwa des Höflings oder des Heiligen, deren Bewertung und die Darstellung ihrer Diskontinuität nach dem hagiographischen

Schema eines Damaskuserlebnisses. Die Überlieferung sah dies im Ablegen der Kleidung des Edelmannes augenfällig symbolisiert (vgl. PB 18). Nicht die Berechtigung einer geistlichen Deutung dieser Verhaltensweise Iñigos soll hier bestritten werden, vielmehr geht es darum, die innere Tragweite dieser »Bekehrung« und ihre Bedeutung für die Sinnkontinuität der Biographie des hl. Ignatius näher zu erfassen.[6] Gerade der Kleidertausch vom Montserrat drückt aus, daß in Loyola eine »Bekehrung vom Typ der Vertauschung« geschehen ist[7], in der ein (»weltliches«) Ritterideal durch ein anderes (»geistliches«) ersetzt wird, ohne daß sich die Struktur[8] bekehrt: Aus dem Dienst der »Dame« wird die diskrete Hinwendung zu Maria im »Mittlerkreis« der Exerzitien (PB 15. 17 f)[9], aus dem Soldaten von Pamplona und Ritter seines königlichen Herrn der »Ritter Gottes«, der unter dem »allzeit siegreichen Banner des ewigen Heerführers Jesus Christus«[10] kämpft. Iñigo liest und imaginiert diese Inhalte des »Flos Sanctorum«, ohne in der Unterscheidung der Geister erfahren zu sein. Später wird er diese Strukturübungen in der Zweiten Exerzitienwoche vor dem Hintergrund einer gewissen Einübung in die Unterscheidung der Geister vorlegen.

Das Ritterideal

Keineswegs dürfen wir das Ritterideal, das Iñigos Jugend geprägt hat, in Bausch und Bogen ablehnen. Gerade die Ritterromane, die er leidenschaftlich gern gelesen hat (PB 5), vermitteln in ihrer Verquickung von vorbildlichen und abenteuerlichen Elementen menschliche Werte, an denen Ignatius stets festhalten wird.[11] Dafür gibt es in seinem weiteren Leben viele Indizien.

Von Loyola nach Manresa: Die Wandlung des »Bekehrten«

Iñigo hat sein früheres Leben nicht wie eine alte Haut abgestreift. Damit er den »alten« Menschen zu seinen Exerzitien einladen kann[12], muß dieser erleben, wie ihn die Kontinuität seines Lebens einholt und wie er inmitten frommer Übungen und leidenschaftlicher Suche nach Gott an der Unverfügbarkeit dieses Gottes fast verzweifelt. Mit J. de Guibert können wir diesen Entwicklungsprozeß als *Wandlung* (transformation[13]) bezeichnen, der in mehreren Phasen verläuft: Vier Monate lang durchlebt Iñigo die von Johannes von Kreuz beschriebene Nacht, jene »Nacht, durch die ein Feuersturm fegt, der seine Vergangenheit reinigt«[14]. Später wird Ignatius trotz allem dankbar auf diese Zeit vor der eigentlichen Unterscheidungsfähigkeit zurückblicken (PB 20, EB 9). Bevor diese mystische Umwandlung erfolgt, gerät Iñigo in eine schwere depressive Krise, die ihn an den Rand des Suizides bringt. Die vom alten Ignatius nur angedeuteten mystischen Erfahrungen, namentlich die Erleuchtung am Fluß Cardoner bei Manresa (August/September 1522), schenkten ihm eine bilderlose Klarheit in den Geheimnissen des Glaubens, deren imaginativer Widerhall (PB 29) auf die große Vorstellungsbegabung des hl. Ignatius hinweist.[15]

Im folgenden soll nun der Versuch unternommen werden, die dem Pilgerbericht zugrundeliegende innere Entwicklung nachzuzeichnen. Wenn dabei eine psychodynamische Betrachtungsweise herangezogen wird, so nicht, um krankhafte Verhaltensweisen »festzustellen«. Im Gegenteil: Bewertungen durch Ignatius, seiner Zeitgenossen oder durch unser Vorverständnis werden ins Spiel gebracht, um die Wandlung zu verdeutlichen, die Iñigo in Man-

Der Montserrat. Hier im Benediktinerkloster, dem Nationalheiligtum Kataloniens, legte Ignatius 1522 seine Lebensbeichte ab.

resa durchlebt hat. »Deutungen«, wie sie in einem psychotherapeutischen Arbeitsbündnis möglich sind, kommen selbstverständlich nicht in Frage.

Der neue Lebensstil des »Büßers«

Ignatius erinnert sich, daß er, der Edelmann, unerkannt als Armer unter den Armen leben wollte. (PB 18f) Sein Lebensstil während der ersten vier Monate in Manresa ist der eines Büßers: kärgliche vegetarische Nahrung – an Sonntagen fastete er nicht -, Vernachlässigung der Körperpflege, auf die er stets sehr geachtet hatte. Er sucht aktiv die Verdemütigung und den Dienst am noch ärmeren Mitmenschen (PB 24. 34), im Vokabular der Mystik die »aktive Reinigung der Seele«.[16]

Es entspricht dem neuen Lebensstil, daß Iñigo sich täglich sieben Stunden Gebet abverlangt, von geistlichen Gesprächen und von der Mitfeier von Messe und Chorgebet abgesehen. Doch ganz im Zentrum steht die Sorge um Erhaltung und Wachstum des Gnadenlebens im Sakramentenempfang[17], während er vor seiner Bekehrung einer zeitüblichen Praxis gefolgt war (Sakramentenempfang in Todesgefahr und wahrscheinlich jährlich zu Ostern). Die neue Praxis war in der damaligen Zeit etwas Unerhörtes. Wir dürfen sie als äußeres Indiz dafür werten, daß die Suche nach größerer Jesusfrömmigkeit – besonders im Betrachten der Passion – allmählich an die Stelle der Vorbildbedeutung der Heiligen tritt. Liest man die Schilderung des Pilgerberichtes genau, so entsteht der Eindruck eines gegen sich selbst gekehrten Rigorismus.

Dies ist übrigens nicht erst eine moderne Wertung, sondern bereits die Meinung der Zeitgenossen.[18]

Ignatius schreibt am Exerzitienbuch in Manresa.

Das »Lusterleben« des Pilgers:
Wofür lebt Iñigo?

In seiner psychodynamischen Deutung hat L. Beirnaert die Wahrnehmung unterschiedlicher Seelenbewegungen als Öffnung gegenüber dem eigenen *Lusterleben* gedeutet: Es bedarf einer gewissen Bereitschaft, Neues zu entdecken, sich auf das eigene Bildbewußtsein einzulassen, auf die Tagträume, Phantasien und Betrachtungen, die nur teilweise durch unseren Willen steuerbar sind. Der noch unerfahrene Iñigo hatte sich über die Verschiedenheit der »Geister« »gewundert« (PB 8), und er blieb bei seinen guten Vorsätzen (PB 11), immer auf der Suche nach innerer Ausgeglichenheit (igualdad). Zunächst schien das Getröstetsein ihm die Garantie dafür zu geben, daß er auf einem guten Weg sei, und an dieser Gewißheit wollte Iñigo festhalten. Doch er war bereits der List des »Feindes« erlegen, wie es Ignatius dem religiösen Dualismus seiner Zeit entsprechend nennt. Der »Feind«, die narzißtische Illusion des Schlangengebildes (B 19. 31), kann ihm die Sinnkontinuität seiner Suche, das Fundament nicht garantieren, auf dem sich seine Gemütsbewegungen abspielen: Der Pilger empfindet Kummer über das Verschwinden des scheinbar tröstlichen Trugbildes. Er leidet unter der Abhängigkeit von einer falschen, mit Skrupeln alternierenden Tröstung.[19] So erlebt Iñigo diesen Wechsel der Stimmungen nicht mehr staunend, sondern mit Entsetzen (espantar, PB 21). »Ein andermal, als er sich schlaff und müde fühlte, kam ihm eine innere Versuchung, die ihm sagte: O du Armer, 50 Jahre willst du in diesem Leben aushalten? Aber er erkannte den bösen Geist und antwortete ihm mit Nachdruck: Gib mir eine Garantie, daß ich auch nur einen Tag noch leben werde, und ich werde diese Lebensweise ändern! Damit wollte er ihm sagen, daß er der Feind sei und darum nicht einmal Herr über einen Augenblick unseres Lebens, daß vielmehr alles in der Hand des Herrn liege.«[20]

Zuspitzung und Krise
des rigoristischen Büßerlebens

In den Exerzitien kann der Übende die bittere Erfahrung machen, wie er gerade im willentlichen Sich-Abmühen der eigenen Bekehrung im Wege steht.[21] So geht es auch Iñigo: Er ist derart von »Abscheu« (PB 10.14) über sein bisheriges Leben betroffen, daß er Gott gewissermaßen durch Leistung zu einer Antwort zwingen möchte: durch die ängstliche Mühe (trabajo, angustia) seiner Bußübungen. (PB 22–25) Auch er selbst steht unter einem *Zwang*: Gedanken, Skrupel, fromme Handlungen, die sich ihm aufdrängen. Bezeichnend ist, daß sein eigenes »Über-Ich« strenger mit ihm umgeht als die äußere Autorität des Beichtvaters, von dem er kaum Hilfe erfährt. Den »Zwiespalt zwischen ritterlichem Ehrgefühl und dem beschämenden Unterliegen an dunkle Triebe«[22] versucht er durch die je größere Anstrengung zu überbrücken, was aber nur den Zwiespalt immer mehr vertieft.
Iñigo steht buchstäblich am Rande seines Untergangs. (PB 24) Er ist nicht nur vom Suizid bedroht, auch sein extremes Fasten und der Schlafentzug drohen ihn zu zerstören.[23] Iñigo spürt, daß er der Heilung bedarf; gern würde er einem »Hündlein« nachlaufen, wenn es nur remedio, Heilmittel, wäre. (PB 23) Die Nacht der passiven Reinigung ist die »dunkle Pforte abgründigster Leiden«[24], die Iñigo durchschreiten muß, um zur Heilung seiner Person zu gelangen. Er wird nicht »ein ganz anderer«, aber in der Kontinuität derselben leiblich-seelischen

Struktur bricht Neues auf. Paradoxerweise können wir sagen, daß einerseits alle seine bisherigen Hilfsmittel versagen[25]: die Bücher und Hefte von Loyola, die Autorität der Beichtväter und die Einführung in das methodische Gebet, wie es auf dem Montserrat in der Tradition der Devotio moderna gepflegt wurde. Andererseits wird gerade durch diese »aszetische« Vorbereitung sein Beten persönlicher und offen für die Initiative des unverfügbaren Gottes.

Innere Wandlung und Wandlung des Gottesbildes

War sein Gottesbild bisher eher von sadistischen Zügen geprägt, nur ein Spiegel seines unbarmherzigen Umganges mit sich selbst, so öffnet sich der Pilger jetzt der Barmherzigkeit Gottes gerade dort, wo er sich seiner Sündigkeit, d.h. Erlösungsbedürftigkeit bewußt wird. (z.B. PB 32) Gott, der bisher mit ihm »träumte« (PB 7), tritt ihm nun wie ein »Schullehrer« gegenüber (PB 27), der möchte, daß sein Schüler »wie aus einem Traum« (sueño) erwacht (PB 25), aus einem schlechten Traum, der ihn in die Enge getrieben und der ihm jegliche kreative Wahlmöglichkeit geraubt hatte. War Iñigo bisher der eigenen Bedürfnisstruktur, dem eigenen Unbewußten und der wenig hilfreichen Autorität seiner Beichtväter ausgeliefert, so lockern sich nunmehr die Zwänge: Er nimmt sich selbst wahr wie ein Träumer, der sich nach dem Aufwachen sammelt, um »zu sich zu kommen«. Die Wahrnehmung dessen, was ist, bringt ihn wirklich zu dem, was wir in den Exerzitien die »Unterscheidung der Geister« nennen.

Voraussetzung dafür, daß seine Gottesbeziehung sich läutern kann, ist das Zulassen eigener Wünsche, vor allem auch körperlicher Bedürfnisse. Gewiß bewegt er sich weiterhin auf der Ebene seines »Lusterlebens«, doch akzeptiert er jetzt, daß Gott nicht an seinen aszetischen Terminkalender gebunden ist: Gott ist der Unverfügbare, der sich niemals aus den seelischen Bewegungen des Menschen »erklären« läßt; der Mensch kann von ihm keine Garantien erzwingen. (PB 20) Dies ist der entscheidende Schritt von der »Bekehrung« in Loyola zur befreienden Heilung.

Noch viele Jahre später, zur Zeit der Abfassung seiner Autobiographie, spricht Ignatius mit Realismus von dieser Lebensphase: Er sucht nicht das Reinwaschen der Vergangenheit, eine Art narzißtischen Urzustandes, sondern die Versöhnung mit seiner Vergangenheit in der Gegenwart der Erinnerung.[26] Die heilende Verwandlung bedeutet ebensowenig wie die Bekehrung, daß eine psychische Struktur durch eine andere ersetzt worden wäre, daß etwa aus einem »zwanghaften« ein »hysterischer« Mensch geworden sei.[27] Wie bei jedem wirklichen Entwicklungsfortschritt geht es nicht um die Illusion, ein »anderer Mensch zu werden« oder »sich schwierige und mühsame Aufgaben vorzunehmen«. (PB 7)

Von Ignatius können wir gewiß lernen, was es heißt, als Sünder berufen zu sein und uns nichts vorzunehmen als die Schule Gottes. »Diese Dinge wußte er weder zu erklären noch behielt er jene geistlichen Erkenntnisse, die Gott in jenen Tagen in seine Seele einsenkte, klar in Erinnerung ... Wenn er im ganzen Verlauf seines Lebens nach mehr als 62 Jahren alles zusammennimmt, was er von Gott an Hilfen erhalten und was er jemals gewußt hat, und wenn er all dies in eines faßt, so hält er dies alles doch nicht für so viel, wie er bei jenem einmaligen Ereignis empfangen hat«. (PB 29f)

Anmerkungen

[1] Epistola P. Lainii n. 59, in: FN I, 140.
[2] P. de Leturia, Estudios Ignacianos. Bd. 2. Rom 1957, 47–50.
[3] Vgl. C. de Dalmases, Ignatius von Loyola. Versuch einer Gesamtbiographie des Gründers der Jesuiten. München 1989, 38f. P. Dudon, Saint Ignace de Loyola. Paris 1934, 67–92.
[4] Vgl. L. Beirnaert, Ignace de Loyola, fin ou transformation du pèlerinage, in: ders., Aux frontières de l'acte analytique. Paris 1987, 199–204; H. Rahner, Ignatius von Loyola und das geschichtliche Werden seiner Frömmigkeit. Graz ²1949, 21.
[5] Vgl. L. Beirnaert, Die Weitergabe der Erfahrung in einem religiösen Orden, in: GuL 62 (1989) 246–260.
[6] Wenn man nicht die Zeit vor der »Bekehrung« als »sündig« ausklammern oder als unbedeutend abtun will, »muß man den positiven inneren Zusammenhang zwischen beiden Lebensabschnitten spirituell, sozial- und kulturgeschichtlich herstellen«: R. García-Mateo, Ignatius von Loyola vor seiner Bekehrung. Die Bedeutung der Jugendzeit für seine Spiritualität, in: GuL 61 (1988) 242–257, hier 255.
[7] A. Vergote, Religionspsychologie. Olten 1970, 288–290.
[8] Unter *Struktur* verstehe ich den Typus einer Persönlichkeit, wie ich ihn aus Verhaltens- und Beziehungsmustern erschließen kann. Obwohl es Strukturen nur im Rahmen einer Theorie, z.B. der psychoanalytischen, und auch dann niemals in reiner Form gibt, sind sie umso zutreffender, je besser ich die konkrete Person und meine Beziehung zu ihr wahrnehme.
[9] A. Haas, Die Grundlegung der Ignatianischen Mystik in Loyola und Manresa, in: Ignatius von Loyola, Das geistliche Tagebuch. Hg. von A. Haas und P. Knauer. Freiburg 1961, 7–137, hier 59–63.
[10] Vgl. J. de Guibert, La Spiritualité de la Compagnie de Jésus. Rom 1953, 7.
[11] Vgl. R. García-Mateo (s. Anm. 6) 251.
[12] K. Rahner, Betrachtungen zum ignatianischen Exerzitienbuch. München 1965, 17.
[13] J. de Guibert (s. Anm. 10) 10; La transformatión del yo en los ejercicios ignacianos. Hg. von C. Alemany, erscheint 1990 in Madrid.
[14] Die Trinitarische Inspiration unseres Charismas, in: Im Dienst des Evangeliums. Ausgewählte Schriften von P. Pedro Arrupe SJ, Generaloberer der Gesellschaft Jesu (1965–1983). Hg. und eingel. von H. Zwiefelhofer. München 1987, 53–107, hier 57.
[15] J. de Guibert (s. Anm. 10) 14; E. Frick/M. Fühles, Imagination in den Exerzitien. Beobachtungen aus der psychotherapeutischen Praxis im Blick auf Ignatius von Loyola (1491–1556), in: Gottes Nähe, FS für Josef Sudbrack. Hg. von P. Imhof, Würzburg 1990, 129–153.
[16] A. Haas (s. Anm. 9) 31f.
[17] Vgl. M. Hartmann, Die Bedeutung der Eucharistie für die Lebenspraxis des hl. Ignatius von Loyola, in: GuL 60 (1987) 258–271.
[18] »... und verzichtete auf alles, was seinem Körper hätte Lust verschaffen können, und obwohl er kräftig und von guter Konstitution war, wandelte sich jetzt sein körperlicher Zustand völlig.« (Epistola P. Lainii n. 7, in: FN I, 78)
[19] J. Font, Discernimiento de espíritus. Ensayo de interpretación psicológica, in: Manresa 59 (1987) 127–147.
[20] Epistola P. Lainii n. 9, in: FN I, 78.80; vgl. PB 20.
[21] A. Lefrank, Ort und Stellenwert von innerer Heilung im Exerzitienprozeß, in: Korrespondenz zur Spiritualität der Exerzitien 34 (1984) 48–60.
[22] H. Rahner (s. Anm. 4) 21.
[23] Ebd. 55.
[24] A. Haas (s. Anm. 9) 33.
[25] P. de Leturia (s. Anm. 2) 12.
[26] D. Bertrand, Mémoire et présence chez Ignace de Loyola, in: Christus 14 (1967) 203–217.
[27] L. Beirnaert, Relire Ignace après Freud, Lacan, et quelques autres, in: ders., L'expérience du désir et la naissance du sujet (psychanalyse, éthique et mystique). Paris 1989, 7–20.

Die Orte Jesu besuchen

Die Pilgerfahrt nach Jerusalem (1523)

Stefan Kiechle, Nürnberg

Auf die Idee einer Jerusalem-Wallfahrt kam Iñigo wohl schon auf dem Krankenlager in Loyola durch seine Lektüre. So stellt etwa Ludolf von Sachsen im Vorwort zu seiner »Vita Jesu Christi« (n. 12) heraus, welche Vorteile es für das geistliche Leben hat, wenn man genau die Örtlichkeiten des irdischen Lebens Jesu kennengelernt habe, am besten durch eine Wallfahrt ins Heilige Land. Überhaupt waren die heiligen Stätten bei den Bewohnern von Guipúzcoa sehr verehrt. In den Jahrhunderten vorher war die Heilig-Land-Wallfahrt, nicht zuletzt durch die Förderung der Katholischen Könige, mächtig aufgeblüht. Iñigos Vorhaben stand also in einer großen Tradition und war in einem langen geistlichen Prozeß gereift.

Nach den ereignisreichen Monaten in Manresa brach Iñigo im Februar 1523 von da zur Wallfahrt auf. Zunächst begab er sich zur Hafenstadt Barcelona, um sich nach Gaeta in Italien einzuschiffen. Schon war er mit dem Kapitän eines Zweimasters wegen der Überfahrt übereingekommen, als ihn Isabel Roser, eine vornehme Dame aus der Patrizierfamilie Ferrer, entdeckte und ihn im Einvernehmen mit ihrem Mann zu sich einlud. Sie bewogen ihn, die Verabredung mit dem Kapitän des Zweimasters rückgängig zu machen und ein zuverlässigeres Schiff zu nehmen. Tatsächlich geriet dieser Zweimaster kurz danach bei einem heftigen Sturm in Seenot und ging mit der gesamten Besatzung unter.

Als das Schiff schließlich dann auf See war, hatte es, wie Iñigo in der Erzählung seines Lebens berichtet, »einen so starken Rückenwind, daß sie von Barcelona in fünf Tagen und Nächten bis nach Gaeta kamen. Allerdings waren dabei alle sehr in Angst wegen des heftigen Sturmes.« (PB 38)

Von Gaeta aus ging Iñigo zu Fuß nach Rom, ein beschwerlicher Weg für einen Mann mit einem zertrümmerten Bein! Unterwegs mußte er sich auch noch seinen Lebensunterhalt zusammenbetteln; er sah so ausgemergelt und bleich aus, daß man ihn mancherorts für pestkrank hielt und nicht in die Stadt ließ. Doch immer wieder auf den Wanderungen, in Stunden größter Einsamkeit und Not »erschien ihm Christus in der Weise, wie Er ihm auch sonst erschien ..., und schenkte ihm neue Kraft.« (PB 41)

Nach Rom ging er, weil es für alle Heilig-Land-Pilger vorgeschrieben war, sich eine päpstliche Erlaubnis zu besorgen. Der Text des Breves, das Iñigo zum Besuch der heiligen Stätten ermächtigte, ist erhalten. Die Kar- und Ostertage verbrachte er noch in Rom, am 12. April erhielt er dann zusammen mit anderen Pilgern den päpstlichen Segen. Danach machte er sich nach Venedig auf, von wo aus die Pilgerschiffe in See stachen.

In Venedig war er wieder völlig mittellos und als Fremder auch ohne Chancen beim Betteln. Er mußte im Freien übernachten und schwere Not ertragen. Vor allem sollte er sich nun um eine Überfahrt ins Heilige Land kümmern; man warnte ihn eindringlich, ohne Geld sei es vollkommen unmöglich, das waghalsige Unternehmen anzutreten. »Dagegen fühlte er eine so große Sicherheit in seiner Seele, daß er ... fest damit rechnete, er werde schon eine Reisegelegenheit nach Jerusalem finden.« (PB 40) Nach einigen Tagen nahm ihn ein reicher baskischer Kaufmann in sein Haus auf.

Viele Heilig-Land-Pilger hatten sich um Pfingsten herum in Venedig versammelt. Wegen der besonders unsicheren politischen Lage in jenem Jahr und vor allem, weil die Nachricht der Eroberung der Insel Rhodos durch die Türken viele erschreckt hatte, zerstreuten sich die meisten jedoch wieder. Nur 21 Pilger blieben übrig; für diese lohnte es sich nicht, ein eigenes Schiff zu mieten, so daß sie sich eine Fahrtmöglichkeit auf einem der Handelsschiffe suchen mußten. Für Iñigo wäre es unmöglich gewesen, die 60 bis 90 Dukaten aufzubringen, die die Überfahrt normalerweise kostete. Der Baske, in dessen Haus Iñigo – wie er berichtet – ausschließlich über geistliche Dinge redete, stellte ihn jedoch dem Dogen vor, und dieser war von ihm so beeindruckt, daß er befahl, ihn auf dem Regierungsschiff mitzunehmen.

Iñigo war am Ziel: Mit dem Vertrauen auf Gott allein und in völliger Armut konnte er endlich die ersehnte Pilgerfahrt antreten. Angesichts der extremen äußeren Umstände erscheint uns diese Fahrt als ein völlig unsinniges Wagnis. Doch Iñigo war nur von dem unstillbaren Verlangen beseelt, für immer am Lebensort seines Herrn zu sein und dort »den Seelen zu helfen«.

Am 14. Juli stach die Negrona, ein großes und sehr schönes Schiff mit über 100 Passagieren und sehr viel Fracht, in See. Die meisten Passagiere wollten nach Zypern. Von den 21 Heilig-Land-Pilgern waren 8 auf der Negrona; einer davon war der Zürcher Glockengießer Peter Füessli, von dem ein ausführliches Reisetagebuch[1] in deutscher Sprache erhalten ist. Er erwähnt zwar Iñigo nicht namentlich, aber er berichtet uns viele wertvolle Details jener abenteuerlichen Reise.

Kurz vor Abfahrt des Schiffes war Iñigo von einer schweren Fiebererkrankung befallen worden. Trotz der ärztlichen Warnung, eine Schiffsreise in dieser Verfassung bedeute den sicheren Tod, hatte er jedoch das Schiff bestiegen. An Bord genas Iñigo dann sehr bald wie durch ein Wunder.

Das Schiff erreichte nach einigem Ungemach – Füessli berichtet von Windstillen und starken Gegenwinden – am 14. August den Hafen von Famagusta auf Zypern. Da in Beirut die Pest wütete, konnte die Negrona diesen Hafen nicht anlaufen. Daher mußten die Pilger über Land nach Las Salinas gehen, von wo aus das andere Pilgerschiff nach Jaffa aufbrach. Dessen Eigentümer verlangte noch einmal sehr viel Geld von den Pilgern. Iñigo konnte diese und viele weitere Ausgaben wohl nur mit Hilfe seiner Reisegefährten aufbringen.

Ende August erreichten sie Jaffa. »In dieser ganzen Zeit erschien ihm oftmals unser Herr, der ihm große Tröstung und Kraft schenkte.« (PB 44) Schikaniert durch die lokalen Behörden, konnten die Pilger erst nach einigen Tagen an Land. Auf Eseln ritten sie in mühevollen Tagesmärschen, bedrängt von gewalttätigen und diebischen Begleitern, den Weg nach Jerusalem hinauf. Kurz bevor die Heilige Stadt in Sicht kam, bereiteten sie sich in persönlichem Gebet auf diesen Höhepunkt der Reise vor und legten dann den Rest des Weges in Stillschweigen zurück. Eine Gruppe von Franziskanern kam ihnen mit einem Vortragekreuz entgegen. »Beim Anblick der Stadt empfand der Pilger eine große Tröstung« und eine »innere Freude, die ihm nicht mehr rein natürlich erschien.« (PB 45)

Die Pilgergruppe wurde im Franziskanerkloster auf dem Zion gastlich aufgenommen. Man besuchte die heiligen Stätten, damals in einer vorgegebenen Reihenfolge, geführt von den Franziskanern. Füessli berichtet ausführlich darüber, auch über die genauen biblischen Bezüge der einzelnen Orte. Nach dem Besuch des Zionberges mit dem Abendmahlsaal und der Kirche Mariä Heimgang gingen die Pilger zum Hl. Grab, wo sie die Nacht durchwachten, beichteten und kommunizierten. Sie beteten an den Stationen des Kreuzwegs und besuchten die heiligen Stätten am Ölberg und in Bethanien; zwei Tage blieben sie in Bethlehem. Auch wanderten sie nach Jericho hinunter zum Jordan, wiederum bedrängt und bestohlen von Muslimen und ständig zur Eile angetrieben. Nach Galiläa konnten sie aus Zeitmangel nicht mehr kommen. Zudem herrschte dort die Pest.

Iñigo wollte »für immer in Jerusalem bleiben und nur noch jene hl. Stätten besuchen.« (PB 45) Er sprach mit dem Hausoberen des Zionklosters und mit dem Guardian der Franziskaner darüber und zeigte ihnen seine Empfehlungsschreiben. Doch die Not und die Bedrängung der Christen im Heiligen Land war sehr groß. So waren erst wenige Tage vorher muslimische Janitscharen und türkische Milizen in Jerusalem eingerückt, um die Christen vom Zion zu vertreiben und das Franziskanerkloster zu besetzen. Obwohl Iñigo von den Franziskanern keinerlei materielle Unterstützung haben wollte, konnte ihm der Guardian den Aufenthalt nicht erlauben. Als Iñigo nicht lokker ließ, drohte dieser ihm mit Exkommunikation, worauf Iñigo sich sofort gehorsam fügte.

Sein Lebensplan war damit zerschlagen. Was aber hatte Iñigo so stark bewogen, im Heiligen Land bleiben zu wollen? Das eine Motiv war ein spirituelles: Er wollte seinem Herrn Jesus Christus möglichst nahe sein, und dafür spielten für ihn die historischen Orte und Umstände seines Lebens eine zentrale Rolle. Deswegen läßt er später in seinen Anweisungen für die Exerzitien den Exerzitanten bei jeder Betrachtung den »Aufbau des Schauplatzes« nachvollziehen: Mit der Vorstellungskraft soll man sich den Ort und die Umstände der zu betrachtenden Szene des Lebens Jesu bildhaft vor Augen führen und sie auf diese Weise »sehen«, um so einen inneren Geschmack für die betende Begegnung mit Jesus zu bekommen (vgl. EB 47, 112 u.ö.). Ebenso läßt Ignatius den Exerzitanten bei der Wiederholungsbetrachtung die »fünf Sinne anwenden« (EB 121–125), also mit der Vorstellungskraft die Personen und Orte sehen, mit dem Gehör auf das Gespräch lauschen, mit dem Geruchssinn riechen, mit dem Geschmackssinn schmecken und mit dem Tastsinn die Orte des Geschehens berühren. Alle diese Anweisungen sind auch Frucht der Pilgerfahrt Iñigos, bei der er selbst leibhaft erfahren konnte, wie fruchtbar das konkrete Erleben der Umstände in Raum und Zeit für das »Verspüren und Verkosten« (vgl. EB 2) der Begegnung mit dem Herrn ist.

Pilger im Mittelalter mit Rosenkranz und Stab.

Pilger zahlen ihre Zollgebühren nach der Landung in Jaffa auf ihrem Weg nach Jerusalem. Handschriften-Illustration 16. Jh.

Ein zweites Motiv kam hinzu: Iñigo wollte »den Seelen helfen«. Die eigene geistliche Erfahrung wird zum Grund einer Sendung zu den Menschen. Gerade Jerusalem bleibt als heilsgeschichtlicher Ort der Sendung der Jünger für Iñigo zentral. So kann er in der entscheidenden Betrachtung von den »Zwei Bannern« den Exerzitanten auffordern: »Erwägen, wie sich Christus, unser Herr, in einem großen Feldlager jener Gegend von Jerusalem an einen demütigen, schönen und freundlichen Ort stellt. – Erwägen, wie der Herr der ganzen Welt so viele Personen, Apostel, Jünger usw. auswählt und sie über die ganze Welt hin sendet und sie seine heilige Lehre über alle Stände und Lebenslagen der Personen ausstreuen.« (EB 144–145)

Weil aber Jerusalem für Iñigo nicht mehr als konkreter Ort seiner Sendung in Frage kam – demütig beugt er sich der kirchlichen Autorität –, kehrt er nach Spanien zurück und – ist zunächst ratlos. Erst allmählich wurde ihm deutlich, daß er auf jeden Fall »den Seelen helfen« soll. Deswegen begann er mit seinen 32 Jahren, Latein zu studieren und er schaffte nach und nach die bildungsmäßigen Voraus-

Der Wächter Israels

Ich hebe meine Augen auf zu den Bergen: Woher kommt mir Hilfe? Meine Hilfe kommt vom Herrn, der Himmel und Erde gemacht hat.
Er läßt deinen Fuß nicht wanken; er, der dich behütet, schläft nicht.
Nein, der Hüter Israels schläft und schlummert nicht.
Der Herr ist dein Hüter, der Herr gibt dir Schatten; er steht dir zur Seite.
Bei Tag wird dir die Sonne nicht schaden noch der Mond in der Nacht.
Der Herr behüte dich vor allem Bösen, er behüte dein Leben.
Der Herr behüte dich, wenn du fortgehst und wiederkommst, von nun an bis in Ewigkeit.

Ps 121

Jerusalem, die Heilige Stadt. Juden trugen gelbe, Christen blaue Turben. Handschriften-Illustration 15. Jh.

setzungen für die Priesterweihe. Als er und seine Gefährten 1538 Papst Paul III. ihre Dienste anboten, wurde ihm bewußt und klar, daß Rom, Italien und die universale Kirche sein und ihr »Jerusalem« sein würden.
Am Abend vor dem Verlassen der Hl. Stadt wollte Iñigo noch einmal zum Ölberg, zur Stätte der Himmelfahrt Jesu. Er schlich sich ohne Erlaubnis aus der Herberge und erreichte sein Ziel erst, nachdem er die Wächter bestochen hatte. Weil die christenfeindlichen Umtriebe in der Stadt sich verstärkt hatten, waren die Franziskaner sehr in Sorge um ihn und ließen ihn suchen. Ein christlicher Syrer spürte ihn am Fuß des Ölbergs auf, packte ihn und schleppte ihn zum Kloster zurück. Iñigo schreibt: »Auf diesem Weg empfing er, Gefangener des Gürtelchristen, von unserem Herrn große Tröstungen, und es war ihm, als sehe er ständig Christus über sich.« (PB 48)
Ende September zogen die Pilger nachts und auf Seitenwegen, um nicht belästigt zu werden, in Richtung Jaffa. Auf See gab es wieder Windstille, und das Trinkwasser wurde knapp. Einige Reisende wurden krank, einer starb vor Erschöpfung. Nach vielen Mühsalen erreichten sie Mitte Oktober Zypern. Für die Weiterfahrt verteilten sie sich auf drei Schiffe. Die beiden größeren gingen in einem Sturm unter, nur von einem der beiden konnten die Passagiere gerettet werden. Iñigo war auf dem dritten, kleinsten Schiff, das Ende Dezember heil den Hafen von Apulien erreichte. Der Winter war bitter kalt und schneereich; Iñigo trug nur durchlöcherte und völlig unzureichende Kleidung und war schlecht ernährt. Doch trotz aller Strapazen erreichte er Mitte Januar 1524 Venedig.
In der Erzählung seines geistlichen Weges, die Luis Gonçalves da Câmara der Nachwelt aufgezeichnet hat und deren deutsche Übersetzung gewöhnlich »Bericht des Pilgers« genannt wird, nennt Iñigo sich selber mit einer gewissen Distanz den »Pilger«. Pilgerschaft ist für ihn ein Grundmotiv und eine Charakterisierung seines geistlichen Weges geworden. Die Pilgerfahrt nach Jerusalem ist dafür biographisch das Symbol und zugleich der Höhepunkt. Allerdings war der Iñigo des Jahres 1523 sicherlich auch angesteckt von einer übertriebenen asketischen Radikalität und von einer gewissen Kreuzzugsmentalität. Der spätere Ordensgeneral Ignatius hätte eine solche Unternehmung einem Scholastiker wohl kaum erlaubt. Doch das spirituelle Grundmotiv bleibt: Es meint den stetigen und strapaziösen Vorstoß des Pilgers und »Streiters Christi« zur geheiligten »Stadt Jerusalem«, d. h. das ständige Unterwegssein zum Zentrum des christlichen Glaubens, zur Nachfolge des armen und geschmähten Christus und zur Sendung durch ihn zum Heil der Welt. Dabei verharrt der Pilger ständig, wo immer er sich gerade aufhält, in diesem »Verspüren und Verkosten« der Nähe des Herrn, das für ihn zum Quellgrund seiner Sendung wird.

Anmerkung

[1] »Warhafte Beschrybung der Reys und Fart, so Peter Füssly und Heinrich genampt Heinni Ziegler, beid Burger zu Zürich uf den 9. Tag Meyens dess 1523. Jars mit einander gaan Venedig und volgends gaan Jerusalem zum Heiligen Grab gethan. Vnd wie es Inen beiden ergangen ist«. Abgedruckt bei H. Böhmer, Studien zur Geschichte der Gesellschaft Jesu. Bd. 1. Bonn 1914, unter »Texte« 5–55. Eine neue, kritische Ausgabe besorgte L. M. Uffer, Peter Füesslis Jerusalemwallfahrt 1523 und Brief über den Fall von Rhodos 1522 (Mitteilungen der Antiquarischen Gesellschaft in Zürich. Bd. 50. H. 3). Zürich 1982.

Zum Zion

Das Heilige Land und die Erkenntnis des Willens Gottes

Norbert Lohfink, Frankfurt am Main

Daß Ignatius 1523 nach Jerusalem pilgerte, war damals nichts Absonderliches, obwohl jährlich nur einige wenige Menschen in Europa eine solche Reise unternahmen. Die Wallfahrt ins Heilige Land war mühsam und teuer. Sie schnitt ein beachtliches Stück aus dem Bogen des eigenen Lebens heraus. Sie konnte das Leben kosten. Dennoch war sie etwas, wozu immer wieder einmal ein von der Liebe zu Christus faszinierter Mensch sich hinreißen ließ, und alles lief nach einem festen Muster ab, angefangen beim Breve des Papstes, das man persönlich in Rom abholen mußte, bis zu den von den Franziskanern bei allem Elend und Chaos mit fester Hand durchorganisierten Prozessionen zu den heiligen Stätten.

Die besonders schwierige Situation des Jahres 1523 machte alles noch einmal mühsamer und gefährlicher. Aus dem Ganzen wurde ein Fragment. Man kam gerade noch von Jerusalem nach Jericho und zum Jordan hinunter. Nach Galiläa kam man nicht mehr. Es war zu spät im Jahr, man mußte schon an die Rückreise denken. Es gab keine Chance, die Synagogen, Flecken und Burgen zu sehen, in denen Christus, unser Herr, gepredigt hatte. Ignatius gelang es noch nicht einmal, sich ein zweites Mal aus der Stadt auf den Ölberg zu schleichen. Aber auch damit mußte man rechnen.

Selbst daß Ignatius die ganze Reise gegen alle Regeln bewußt ohne einen Pfennig Geld ins Werk setzte, war für Zeitgenossen verstehbar. Es war heilige Torheit. Das Spätmittelalter hatte innerhalb des Musters einer Pilgerreise auch dafür einen Ort. Der baskische Pfeffersack, der Ignatius in Venedig in sein Haus aufnahm, mag auch Mitgefühl für den Kompatrioten gehabt haben. Der Doge von Venedig, der ihm die freie Mitfahrt im Regierungsschiff schenkte, kann nur den Heiligen geahnt und verstanden haben. Ihm ermöglichte er die Pilgerfahrt und hatte so selbst daran Anteil. Immer noch also eigentlich nichts schlechthin Ungewöhnliches, wenn auch nicht mehr gerade das Normale.

Was das Muster durchbricht, ist, daß Ignatius gar nicht zurückkehren wollte. Er wollte nicht nur pilgern wie die andern. Er wollte in Jerusalem bleiben. Sobald er dort war, fing er an, mit dem Guardian der Franziskaner darüber zu verhandeln. Als er Widerstand spürte, wurde er nur noch härter. Eine Waffe allerdings streckte ihn hilflos zu Boden und machte aus ihm wieder den gehorsamsten Pilger: die Drohung mit der Exkommunikation.

Gibt es vielleicht auch für dieses Verhalten ein Muster, das damals bereitlag? Wahrscheinlich. Noch gegen Ende seines Lebens hat der wahrlich mit anderem völlig überlastete und schwer kranke Ordensgeneral einen neuen Kreuzzug des Abendlandes gegen die Türken entworfen. Natürlich ist nichts daraus geworden. Es war Phantasterei, so realistisch alles im einzelnen durchdacht war. Es zeigt uns nur, wie nah ihm der Gedanke ans Kreuzfahren war. Was tut ein Kreuzritter? Er zieht nach Jerusalem, kehrt aber nicht, wie der Pilger, zurück. Er gründet dort – vereinfacht gesagt – das allerchristlichste Königreich Jerusalem, und in ihm lebt er dann. Dieses Muster, wenn auch völlig auf Armut und Gewaltverzicht umgepolt, muß in Ignatius, dem Jerusalempilger, mindestens genauso mächtig gewesen sein wie das der Pilgerreise.

Es hat später weitergewirkt. Nachdem Ignatius endlich Gefährten gewonnen hatte, wurde wieder eine Pilgerfahrt ins Heilige Land geplant, die wieder keine war, denn auch sie folgte eher dem Muster des gewaltlos-armen Kreuzzugs. Sie wollten in Jerusalem bleiben und für immer predigend durchs Land ziehen.

Wieder zerbrach das Muster, nun schon in Venedig. Schon da kam man nicht mehr weiter. Wenn beim ersten Versuch die Drohung mit der Exkommunikation alles fast problemlos neu geordnet hatte, so war diesmal die Alternative für den Fall des Scheiterns sogar schon in langen Pariser Beratungen vorausdefiniert. Dann würde man sich dem Papst zur Verfügung stellen, damit er im Namen Christi sie aussende, wohin er für gut hielt. Das tat man dann auch, und in der Folge dieser Handlung kam es zur Gründung des Jesuitenordens.

Rom wurde den Gefährten zu ihrem Jerusalem. Auf dem Weg nach Rom erschien der Herr als Kreuztragender dem Ignatius in La Storta. Ignatius hörte das Wort: »In Rom werde ich euch gnädig sein.« Es entstand so etwas wie eine mystische Identität zwischen dem Heiligen Land mit dem Mittelpunkt Jerusalem und der ganzen bewohnten Erdoberfläche mit dem Mittelpunkt Rom, oder noch genauer: mit dem Papst. So wie sie eigentlich durch die Synagogen, Flecken und Burgen des Heiligen Landes in Armut predigend wandern wollten, ließen sie sich nun durch den Papst in die Kirchen, Flecken und Burgen Europas und Indiens in Armut zum Predigen aussenden.

Weil das eine in das andere umspringen konnte, weil beides in der Tiefe identisch war, deshalb zerbrachen die ersten Pläne, zum wirklichen Jerusalem zu ziehen, so problemlos, sobald die Umstände und die Kirche ins Spiel kamen. Sie zerbrachen gar nicht, sie wurden nur transponiert.

Wir sind hier jenseits von Mustern wie Pilgerreise und Kreuzzug. Ein urbiblischer Sachverhalt bricht durch. Gott wählt sich ein Volk, aber um alle Völker zu segnen. Gott gibt seinem Volk ein Land, aber am Ende der Zeit werden alle Berge und Hügel der Welt um den Zion gelagert sein, und Gottes Herrlichkeit wird die ganze Erde erfüllen. Die Voraussetzung der christlichen Existenz ist, daß wir an diesem Ende der Zeiten leben und daß alle unsere Kirchen, Flecken und Burgen etwas von den Synagogen, Flecken und Burgen Palästinas an sich haben. Deshalb muß unser Herr seine Wanderapostel überall hin aussenden. Eigentlich sendet er sie aber immer noch in Galiläa umher.

Was uns von Ignatius unterscheidet, ist, daß wir die Welt-Weite des Gottesvolkes gewissermaßen als selbstverständlich betrachten. Für Ignatius ist sie das nicht. Das einzig Selbstverständliche und Greifbare ist für ihn die Inkarnation des Handelns Gottes in einem Volk, auf einem begrenzten Stück Erde, in einem Menschen, der zugleich der »Schöpfer und Herr« ist. Auch was Wille Gottes für den einzelnen Menschen jetzt ist, läßt sich nur in diesem Zusammenhang erkennen. Die Transposition in Weltdimensionen ist immer erst ein Zweites. Sie bleibt Transposition, ist nie als erstes und direkt gegeben.

Nur so ist wohl auch das einzuordnen, was Ignatius seine Schüler in den »Geistlichen Übungen« tun läßt. In diesen meditativen Wochen läßt er sie mit allen Kräften der Einfühlung und Phantasie hineinsinken ins Land Israel. Auf den lieblichen Feldern bei Jerusalem, in Galiläas Synagogen, Flecken und Burgen, unter Menschen verschiedenster Art, von denen es dort wimmelt, sollen sie sich finden. Er läßt sie hineinsinken in das, was sich nach der Hl. Schrift zwischen Jesus und seinen Verwandten begab, zwischen Jesus und seinen Jüngern, Jesus und den Kranken, Jesus und den Autoritäten des Landes, Jesus und denen, die ihn haßten und verfolgten. Er läßt sie hineinsinken in die Worte, die da gesprochen wurden, in die Gesten, die gemacht wurden, in die Empfindungen, die durch die Seelen zogen, in

Jerusalem, die Mitte der Welt (1535)

Ein Lied zur Wallfahrt nach Jerusalem

Ich freute mich, als man mir sagte: »Zum Haus des Herrn wollen wir pilgern.«
Schon stehen wir in deinen Toren, Jerusalem: Jerusalem, du starke Stadt, dicht gebaut und fest gefügt.
Dorthin ziehen die Stämme hinauf, die Stämme des Herrn, wie es Israel geboten ist, den Namen des Herrn zu preisen.
Denn dort stehen Throne bereit für das Gericht, die Throne des Hauses David.
Erbittet für Jerusalem Frieden! Wer dich liebt, sei in dir geborgen. Friede wohne in deinen Mauern, in deinen Häusern Geborgenheit.
Wegen meiner Brüder und Freunde will ich dir sagen: In dir sei Friede.
Wegen des Hauses des Herrn, unseres Gottes, will ich dir Glück erflehen. Ps 122

Tränen und Jubel

Als der Herr das Los der Gefangenschaft Zions wendete, da waren wir alle wie Träumende.
Da war unser Mund voll Lachen und unsere Zunge voll Jubel.
Da sagte man unter den anderen Völkern: »Der Herr hat an ihnen Großes getan.«
Ja, Großes hat der Herr an uns getan.
Da waren wir fröhlich.
Wende doch, Herr, unser Geschick, wie du versiegte Bäche wieder füllst im Südland.
Die mit Tränen säen, werden mit Jubel ernten.
Sie gehen hin unter Tränen und tragen den Samen zur Aussaat.
Sie kommen wieder mit Jubel und bringen ihre Garben ein. Ps 126

die Entscheidungen, die fielen. Allein bei dieser Versenkung in das nicht esoterisch-allgegenwärtige, sondern konkret-einmalige, datierbar und lokalisierbar geschehene Handeln Gottes in unserer Welt kann der einzelne Übende erkennen, wo er selber steht und was für ihn der Wille Gottes ist. Er wird dessen gewahr durch Licht und Schatten, die seine Seele dabei durchziehen. Letztlich kann er seine eigene Berufung und Aufgabe nur definieren, indem er Orte aus diesem Land benennt, und sich mit Personen aus diesen Geschichten und mit dem, was sie in den Geschichten tun, identifiziert.

Dies war mindestens für Ignatius so, und vielleicht müßten seine Schüler wieder deutlicher begreifen, daß es bei ihnen niemals anders sein kann. Die Ignatius gewährte mystische Helle der Seele hat sicher alles überragt, was man durch einfaches Nachvollziehen seiner »Übungen« an Erhellung bekommen kann. Trotzdem konnte er nicht mehr sagen, als daß Gott von ihm wollte, er solle im Heiligen Land als armer Prediger durch die Synagogen, Flecken und Burgen ziehen. So etwas zu sagen wie dies, er solle ein Werk stiften, das die neuzeitliche Weltmission und die katholische Reform in Gang setzen wird, das wäre ihm nicht möglich gewesen. Er hätte seinen Gefährten in Paris nicht einmal sagen können, es sei der Wille Gottes, daß sie nach Rom zögen und sich dort dem Papst zur Verfügung stellten. Der Gedanke war ja bei den Pariser Beratungen offenbar da. Aber es scheint Ignatius gewesen zu sein, der ihm widerstand. Für ihn war nur eines sicher: Jerusalem. Wie das, wenn Gott es gar nicht so konkret meinen sollte, sich dann nach Gottes Willen im Gang der Ereignisse in anderes, Zeitgemäßeres, konkret Realisierbares transponieren würde, verriet ihm sein inneres Licht nicht mehr. Das würden ihm die Ereignisse und die Umstände verraten, das würde ihm dann vor allem der Herr Papst in Rom im Namen Christi sagen. Wenn der gesprochen hatte, entstanden keinerlei Probleme. Wohin er sandte, das war dann immer eine der Synagogen, einer der Flecken, eine der Burgen im Heiligen Land. Man konnte bei dieser Sendung alles völlig rational organisieren und alles bedenken, was zu bedenken war. Letztlich zog man durch Galiläa. Und daran war eisern festzuhalten.

Das war auch nicht nur bei der Ordensgründung so. Wir erkennen es immer wieder im Leben des Ignatius, wenn er um den Willen Gottes ringt. Etwa bei seinen mühseligen und langen Gebeten um das Maß der Armut der Häuser des jungen Ordens. Am Ende gelangt er zur radikalsten denkbaren Formel, zu der Formel, die der Armut der Wanderapostel in Galiläa entsprach. Bald mußte der Orden dann auch andere Häuser bauen, die um des Apostolates willen nicht zu solcher Armut verpflichtet waren. Kein Problem für Ignatius. Wenn es nötig ist, muß es sein. Nur mußte es im Herzen des Ordens zugleich die Orte der galiläischen Armut geben, denn von ihnen her lebte alles andere. Bald stellte sich heraus, daß die eigentliche Aufgabe, die auf den Orden zukam, die Schule und die Universität waren. Das Umherziehen ging zu Ende, die Gestaltung ortsgebundener, vielvernetzter christlicher Wirklichkeiten im Zentrum der Städte begann. Ignatius zögerte keinen Augenblick. Nur: Es mußte weiter die Gefährten geben, die in Armut umherwanderten, die nur predigten und den Kranken dienten. Nur sie konnten »Professen«, konnten der eigentliche Kern der Gesellschaft Jesu sein, denn nur in ihnen lebte die galiläische Gestalt des Wanderapostolats weiter. So nahm er es in Kauf, die, die sich ihm anschlossen, in zwei Gruppen aufzuspalten, in die »Professen« und die »Koadjutoren«. Es sollte nicht so sein, daß aus Häusern Wandernde auszogen und irgendwann wieder zu ihnen zurückkehrten. Vielmehr – so paradox es klingt – die Wandernden sollten der Kern sein, und die »Kollegien«, wie die Schulen und Universitäten heißen, waren die Peripherie. Denn die galiläische Urgestalt realisierten die Wandernden. Sie wanderten zwar nicht im Heiligen Land, aber sie wanderten wenigstens noch. Insofern waren sie noch ein Stück der ursprünglichen Existenz, der gegenüber jegliche andere Form des Willens Gottes etwas Zweites darstellte.

Man muß sich vielleicht fragen, ob in den »Geistlichen Übungen« bei der Suche nach dem Willen Gottes für einen Übenden die »zweite Zeit der Wahl« überhaupt woandershin führen könne als in eine Berufung, die noch den Geruch der palästinensischen Erde an sich trägt. Mag sich im Bewußtsein des Übenden ein Ruf auch schon konkretisieren und gewissermaßen direkt in einer Praxisgestalt unserer heutigen Welt abzeichnen – »Trost« und »Mißtrost« der Seele, an denen er abgelesen werden muß, stellen sich ein beim Versinken in die Szenen des Evangeliums. Nur was in ihnen untergebracht werden kann, ist wirklich sicherer Ruf. Alles andere mag schon subjektive Ausschmückung sein. Es ist nicht wertlos. Aber es bleibt immer auch der späteren Bewährung, den Umständen, den Fügungen der Ereignisse, den sendenden oder auch verbietenden Worten der Kirche unterworfen. Insofern gehört es letztlich in die »dritte Zeit« der Wahl, so sehr es sich mit der zweiten zunächst gemeinsam zeigen mag. (Näheres dazu im Exerzitienbuch Nr. 176 ff.)

Ist das so, dann bedeutet die Pilgerreise des neubekehrten Ignatius ins Heilige Land für die ignatianische Spiritualität mehr als andere Stationen dieses Heiligenlebens. Sie ist grundlegender. Sie offenbart eine entscheidende spirituelle Struktur. Man kann sich sogar fragen, ob sie nicht auch der Theologie etwas zu sagen hätte, was lange nicht mehr gesehen wurde: über die bleibende Doppelheit von Volk Israel und Völkern, Land Israel und Welt, auch in der messianischen Erfüllungszeit. Warum war es für Paulus so wichtig, die Kollekten der heidenchristlichen Gemeinden zur Urgemeinde in Jerusalem zu bringen? War das nur, weil es ihnen schlecht ging? Oder war es zugleich, weil hier das volle Prinzip der Inkarnation zu vollziehen war, die nicht diffus ist, sondern Ort und Zeit besitzt und deren Zentrum nun einmal Jerusalem heißt?

Das kann hier nur gerade angedeutet werden. Ignatius hat einmal den seltsamen Spruch getan, er würde wünschen, als Jude geboren zu sein, weil er dann eine noch engere Beziehung zum Herrn hätte.[1] Dieser unglaubliche Inkarnationsrealismus blitzt auf in seiner Pilgerreise ins Heilige Land und bei allem, was damit zusammenhängt. Er wird konkret in der Weise, wie die Schüler des Ignatius von den Geistlichen Übungen her den Willen Gottes erfahren.

Anmerkung

[1] P. Petri Ribadeneyra, Dicta et Facta Sancti Ignatii. 132. In: FN II, 476 f.

Die Geheimnisse des Lebens Christi, unseres Herrn

Bemerkung: In allen folgenden Geheimnissen ist zu beachten, daß alle Worte, die in Klammern stehen, aus dem Evangelium selbst sind, nicht aber, die außerhalb stehen. Und bei jedem Geheimnis wird man zumeist drei Punkte finden, um mit größerer Leichtigkeit an ihnen sich zu besinnen und zu betrachten. EB 261

Von den drei weisen Königen schreibt der heilige Matthäus 2,1–12.

Erstens: Indem sich die drei Weisen Könige durch den Stern führen ließen, kamen sie, um Jesus anzubeten, und sagten: (»Wir haben seinen Stern im Osten gesehen und sind gekommen, ihn anzubeten.«)

Zweitens: Sie beteten ihn an und brachten ihm Gaben dar: (Sie fielen nieder auf die Erde, beteten ihn an und boten ihm Gaben dar: Gold, Weihrauch und Myrrhe.)

Drittens: (Während sie schliefen, empfingen sie die Antwort, sie sollten nicht zu Herodes zurückkehren. Und sie kehrten auf einem anderen Weg in ihre Gegend zurück.) EB 267

Aus der Schatzkammer von Schloß Xavier. Das Alabasterrelief war im Besitz des Vaters von Franz Xaver.

»Das Jüngste Gericht« Deckengemälde in der Apsiskuppel der Kathedrale von Salamanca.

Bedenken empfand er (Ignatius) gegen einen weiteren Aufenthalt in Salamanca. Denn mit diesem Verbot, näher zu bestimmen, was Todsünde und was läßliche Sünde sei, schien ihm jedes Tor verschlossen, den Seelen noch wirklich nutzbringend helfen zu können. Daher beschloß er, zum Weiterstudium nach Paris zu gehen. Als der Pilger in Barcelona sich beraten hatte, ob und wie lange er noch weiterstudieren solle, war sein Hauptproblem, ob er nach Abschluß der Studien in einen Orden eintreten oder allein von Ort zu Ort ziehen solle. Als ihn zum ersten Mal die Idee, in einen Orden einzutreten, überkam, spürte er zugleich das Verlangen, einen heruntergekommenen und kaum reformierten Orden zu wählen. Denn der Eintritt in einen Orden sollte für ihn den Sinn haben, mehr Gelegenheit zu finden, Leiden zu ertragen. Auch dachte er daran, daß Gott vielleicht dadurch den übrigen Ordensmitgliedern eine Hilfe anbieten wolle. Und Gott schenkte ihm eine große Zuversicht, daß er alle Anfeindungen und Kränkungen, die man ihm zufügen würde, sehr wohl aushalten könne.

Indes verließ ihn während seiner Haftzeit in Salamanca das gleiche starke Verlangen nicht, er habe den Seelen zu helfen, und zu diesem Zweck müsse er zuerst noch weiterstudieren und für den gleichen Plan noch einige Gefährten gewinnen, dabei aber seine bisherigen Genossen festzuhalten suchen. So verabredete er sich mit diesen, nachdem er einmal sich zur Reise nach Paris entschlossen hatte, daß sie hier auf ihn warten sollten, während er allein zur näheren Erkundung dorthin gehen wollte, ob sich dort eine Möglichkeit fände, gemeinsam die Studien fortsetzen zu können. PB 70–71

II. Der Jesuitenorden

Iñigos Studienjahre in Paris (1528–1534)

Ausschau nach Gefährten*

André Ravier, Chantilly

2. Februar 1528: Iñigo betritt Paris

Am 2. Februar 1528 passierte Iñigo das Tor Saint-Jacques der Stadtmauer von Paris. Er kam von Barcelona über Orléans. Es ist kaum zu bezweifeln, daß zwei Jahre zuvor ein junger Edelmann aus Navarra durch dieses Tor die Stadt betrat: Francisco de Jassu y Xavier.

Das bunte Leben und Treiben im Quartier Latin, dem Professoren, Regenten, Studenten und Mönche unter Schaulustigen und Händlern das Gepräge gaben, umfing Iñigo. Wer mochte diesen sonderbaren Reisenden beachtet haben, der wie viele andere Pilger aussah? Dieser Mann selber wußte sehr wohl, was ihn nach Paris geführt hatte.

Zuerst hatte er die Studien nochmals von vorn zu beginnen. Nachdem er sich 1525 dafür entschieden hatte, betrieb er sie ohne systematische Ordnung. Diese Studien würden ihn zu dem Ziel führen, das er sich gesteckt hatte. Sie sollten ihm das Studium der Theologie ermöglichen, das die philosophischen Studien krönen sollte, und ihm den Zugang zum Priestertum eröffnen, »um den Seelen helfen« zu können.

Er war von Anfang an entschlossen, ernsthaft zu studieren, so daß er trotz des Verlangens nach einem Leben in evangelischer Armut darauf verzichtete, den Lebensunterhalt von Tür zu Tür zu erbetteln. Er hatte einen Geldwechsel auf 25 Escudos bei sich, den ihm Freunde in Barcelona ausgestellt hatten; damit sollte er ein Jahr lang den Lebensunterhalt bestreiten. Er konnte also zusammen mit anderen Spaniern eine Studentenbude nehmen. So schrieb er sich auch als »martinet«, als Externer, im Kolleg Montaigu ein.

Der Entschluß zu gründlichen Studien war wirklich eine in ihm tief verwurzelte Zielvorstellung. Als Iñigo sich in das Getümmel von Paris begab, wußte er, daß er Gutem und Schlechtem begegnen werde, Sünde ebenso wie Heiligkeit. Seit langem hatte er sich dafür entschieden als einer, »der sich auszuzeichnen sucht«, am großen Werk der Erlösung mitzuarbeiten, das Jesus Christus in die Wege geleitet hatte und das sich im Innern jedes Menschen fortsetzt. In Paris machte er den Anfang; das weitere würde sich zeigen: Diese Weltanschauung trägt er in seinem Herzen. Sie hat er auch in ein Notizbuch eingetragen, das er in seinem Wandersack mitführt und das er Geistliche Übungen nennt.

Er war auch der Überzeugung, unter diesen Studenten gebe es solche, die wie er willens und bereit waren, in der Nachfolge Christi Gott zu dienen. Sie wird er als Freunde gewinnen. Übrigens, waren da nicht in Salamanca vier junge Männer, die bloß auf ein Zeichen von seiner Seite warteten, um dann zu ihm zu stoßen? »Von Gott entflammte und großmütige Herzen« wird es überall geben! Sie lassen sich finden; zusammen werden sie eine Art von Gefährten Jesu, des Königs, bilden.

Warum hatte Iñigo das Kolleg Montaigu für das Studium der Sprachen gewählt? Er hat es uns nicht gesagt... Weiß man um sein Interesse an der Reform der Kirche, das seit seiner Bekehrung in ihm lebendig war, darf man vermuten, daß der Ruf strenger Armut, den der Flame Standock seinem Kolleg eingebracht hatte, in Iñigos Entscheidung eine Rolle spielte? Gewiß, nach Standocks Tod (1504) hatte sein Nachfolger Noël Beda die Strenge der Leitung etwas gemildert. 1520 wurde er trotzdem zum »Syndikus der Theologischen Fakultät« ernannt.

Drei Ereignisse kennzeichnen Iñigos Aufenthalt in Montaigu:

Im April 1529 floh der spanische Student, dem er, besorgt um die eigene Armut, die 25 Escudos aus Barcelona zur Verwaltung anvertraut hatte, nach England. Iñigo mußte ins Hospiz Saint-Jacques umziehen, in dem verarmte Studenten Zuflucht fanden. Doch Saint-Jacques lag am anderen Ufer der Seine, eine gute halbe Stunde von Montaigu entfernt; die Tore wurden beim Morgengrauen geöffnet und mit Sonnenuntergang geschlossen. Der Unterricht in Montaigu begann um halb fünf in der Früh und endete um halb acht abends. Im Hospiz gab es nichts zu essen; wer dort wohnte, mußte vom Bettel leben. Das dauerte bis zu dem Tag, da ein Mönch Iñigo riet, während der Sommerferien zu den reichen spanischen Kaufleuten, die sich in den Niederlanden angesiedelt hatten, sammeln zu gehen. Drei Jahre nacheinander machte Iñigo diese Reise... Danach schickten ihm seine Gönner Briefe mit Wechseln.

Das zweite Ereignis ist das Abenteuer von drei spanischen Studenten: Castro (der schon zehn Jahre Theologie studiert hatte), Peralta (der bereits Magister der Philosophie war) und Amador (der noch in Sainte-Barbe studierte). Gegen Ende des Studienjahres 1529 gab ihnen Ignatius die Geistlichen Übungen. Die drei Exerzitanten verteilten ihre Habe an die Armen und übersiedelten in das Hospiz Saint-Jacques. Iñigo wurde für diese Torheiten verantwortlich gemacht; man zeigte ihn dem Inquisitor an, und Diego Gouvéa, der »Prinzipal« von Amador, drohte ihm mit dem »Saal« (Auspeitschen vor den versammelten Insassen des Kollegs), »sobald er nach Sainte-Barbe komme«. Doch alles kam in Ordnung.

Schließlich das dritte Ereignis: Der spanische Student, der Iñigo im April 1529 um die 25 Escudos gebracht hatte, brach im August oder September nach Rouen auf, um sich nach Spanien einzuschiffen. Er erkrankte... Ignatius eilte hin, ihn zu besuchen.

Trotz dieser abenteuerlichen Zwischenfälle konnte Iñigo den Lateinunterricht absolvieren. Zu Beginn des Studienjahres 1529/1530 wurde er zum Studium der Philosophie an der Artistenfakultät zugelassen.

Oktober 1529: Sainte-Barbe

Iñigo begann also einen Studienabschnitt von dreieinhalb Jahren, den er mit dem Magister artium abschloß. Überraschenderweise hat er nicht in Montaigu inskribiert, sondern im benachbarten und am Ufer der Seine gelegenen Saint-Barbe. Montaigu hatte mit seiner Philosophie doch einen guten Ruf. Und Saint-Barbe – eines der wohlhabendsten Kollegien der Universität – begann sich auf die Ideen der »Neuerer« einzulassen.

Weshalb kam es zu diesem Wechsel? Die Antwort, die am meisten für sich hat, gibt der Pilgerbericht: »(Der Pilger) trat in ein Kolleg ein, um den philosophischen Kurs eines Magisters namens Johannes Peña zu hören.« (PB 82) Die Wahl des Lehrers war also für die Wahl des Kollegs maßgebend. Damals wählte der Student den Lehrer, »unter dem« er seine philosophischen Studien beenden wollte. Johannes Peña war kaum 24 oder 25 Jahre alt; den Magistergrad hatte er 1525 erworben und sich für das Studium der Medizin entschieden. Wie viele Studenten der höheren Fakultäten hatte er die Stelle eines »Regenten« angenommen. Für diese Begleitung der Studenten in ihrer Vorbereitungszeit für den Magistergrad erhielt er den Lebensunterhalt. Woher kam Iñigos Vertrauen in Peña? Zweifellos aus Gesprächen mit Studenten. Wie immer es sei, Iñigo wurde allen Ernstes Schüler dieses jungen Lehrers. Als Iñigo im dritten Jahr vor der Frage stand, ob er »den Stein nehmen« sollte – eine Zeremonie an

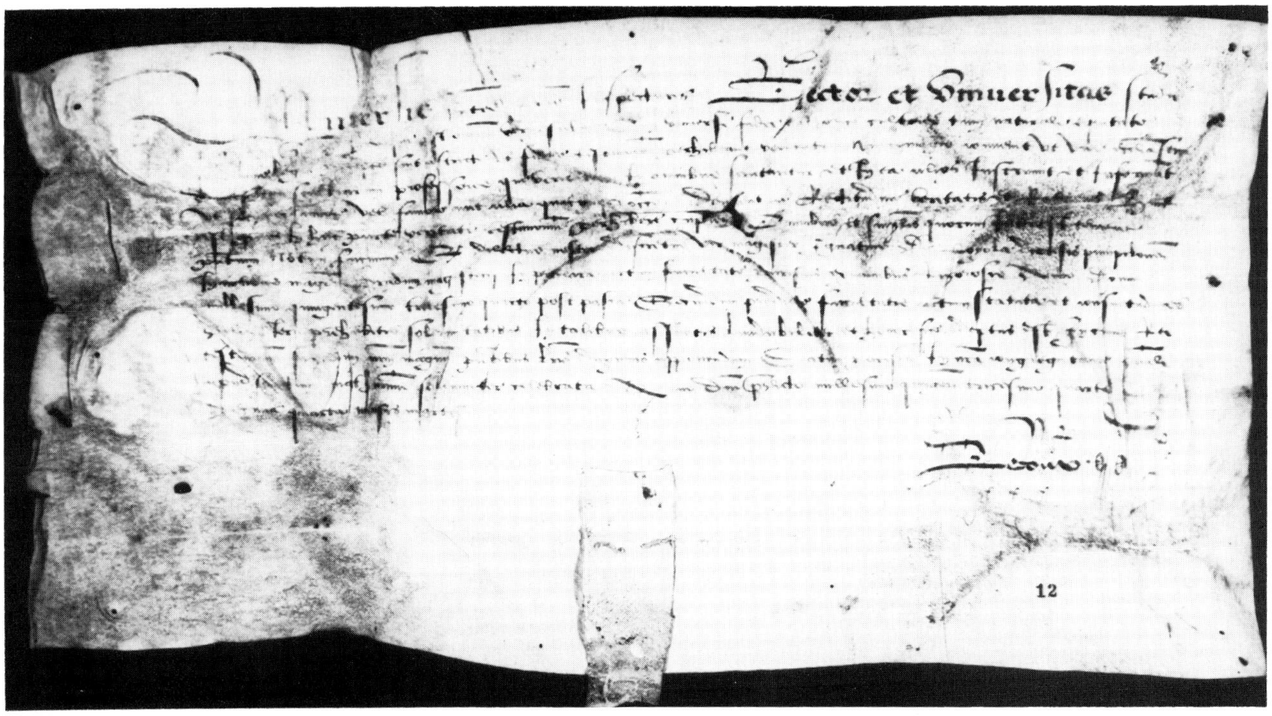

Magisterurkunde des Ignatius von Loyola, ausgestellt von der Universität Paris am 14. März 1535.

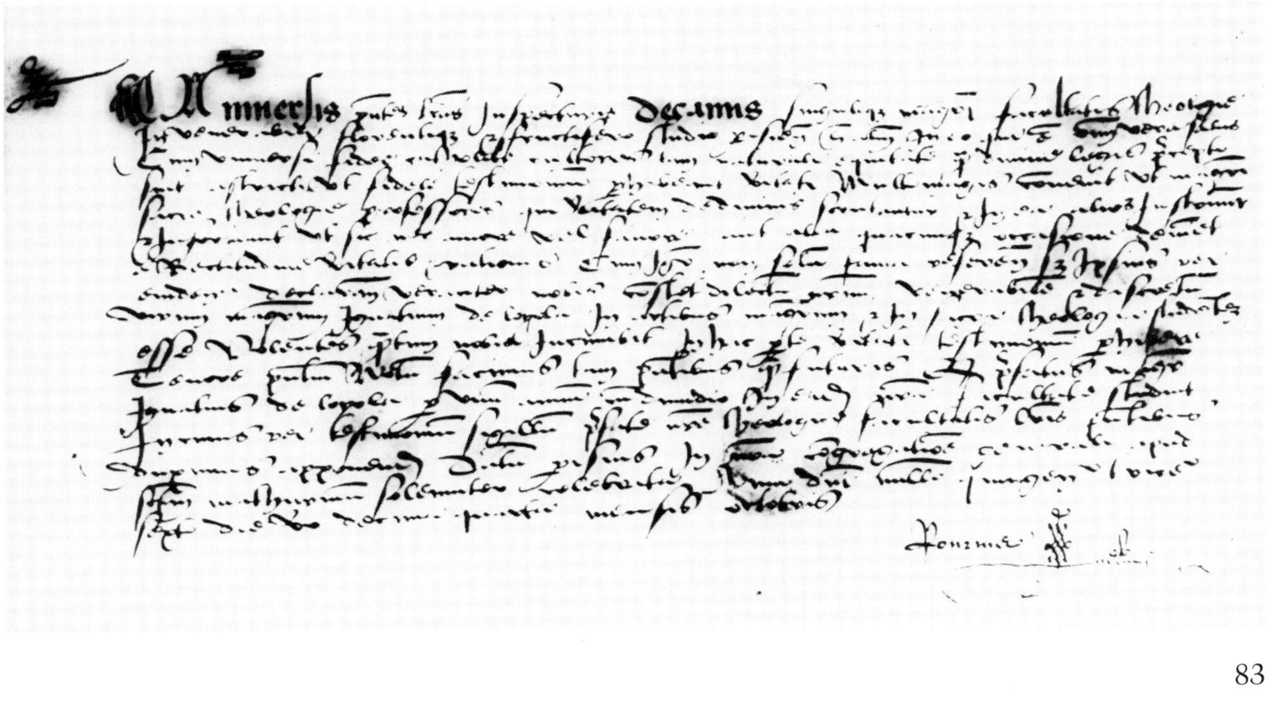

Die Pariser Universität bestätigt am 14. Oktober 1536 die theologischen Studien des Ignatius von Loyola.

der Universität, von der wir nur so viel wissen, daß ohne diese übrigens sehr kostspielige Zeremonie kein Lizenziatsdiplom zu bekommen war –, zögerte er, weil in seinen Augen dieser Aufwand gegen die Armut verstieß; er beschloß, »die Entscheidung dieser Frage seinem Professor zu überlassen, auf dessen Rat hin ... er dann mitmachte«.

»Unter Peña« studierte Iñigo im ersten Jahr »die reine Logik«, die nächsten zwei Jahre wurden auf Aristoteles verwendet. Danach kam das Bakkalaureat. Vom Oktober 1532 bis Ostern 1533 unterzog sich Iñigo den erforderlichen Übungen für das Lizenziat. Danach wurde ihm die Lehrbefähigung erteilt. Als er Anfang 1535 alle Formalitäten für die Verleihung des Diploms erfüllt hatte, wurde er als Magister graduiert; unterdessen widmete er sich von 1533 an den theologischen Studien.

In Saint-Barbe lebte Iñigo dank seiner spanischen Gönner als »Portionist«, als zahlender Insasse. Mit Peña teilte er das Zimmer im dritten Stock, im Turm des Kollegs, im »Paradies«. So nannte man diesen ruhigen Teil des Kollegs. Da wohnten schon zwei Studenten, die »unter Peña« arbeiteten: Pierre Favre und Francisco de Jassu y Xavier; sie standen vor dem Abschluß der Philosophie.

Anmerkung

* Mit Genehmigung des Verfassers und des Verlags übersetzt von Andreas Falkner aus: Quand dix étudiants parisiens décident de suivre ensemble Jésus Christ sur la route des hommes. Ateliers Henry Labat, Paris 1987, 3. 5. 7.

Am 24. September 1539 schrieb Ignatius seinem Neffen Beltrán de Loyola aus Rom seine Einschätzung der Studien in Paris. Beltráns Bruder Emilián suchte eine Möglichkeit zum Studium:

Hier habe ich von der guten Begabung Eures Bruders Emiliano gehört, und daß er den Wunsch hat, zu studieren. Es würde mich freuen, wenn Ihr sehr darauf schaut und darüber nachdenkt. Und wenn mein Urteil irgendeinen Wert hat, würde ich ihn nicht woandershin als nach Paris schicken. Denn in wenigen Jahren werdet Ihr ihn mehr Fortschritte machen lassen als in vielen weiteren Jahren an einer anderen Universität. Und zudem ist es ein Land, wo die Studierenden mehr Ehrbarkeit und Tugend wahren. Und was meinerseits mich in dem Verlangen nach seinem größeren Fortschritt betrifft, wünschte ich, daß er diesen Weg nähme; und daß Ihr das gleiche seiner Mutter mitteilet. Und wenn Araoz nicht dorthin ginge, würde es Personen von Autorität und guter Lebensführung geben, die sehr um ihn Sorge tragen werden.

Freunde im Herrn

Die Gesellschaft Jesu als apostolische Gemeinschaft*

Herbert Alphonso, Rom

Der Sinn für Gemeinschaft entwickelte sich in der entstehenden Gesellschaft Jesu erst allmählich, aber doch so, daß er zum typischen Merkmal und Kennzeichen des Charismas einer »Familie« wurde, das sich am besten mit dem Ausdruck »in Gefährtenschaft« beschreiben läßt. Dieses Merkmal wurde denn auch für immer in den Namen aufgenommen, den die erste Gruppe der Gefährten für sich wählte, ehe sie den neuen Orden gründete; seither hielt sie an diesem Namen fest: *Compañía de Jesús*, Gesellschaft Jesu.

Sammlung von Gefährten

Erst als der Pilger Iñigo López de Loyola 1524 von Jerusalem nach Barcelona zurückkehrte, beschloß er, nach Gefährten Ausschau zu halten, die sich ihm in seinem apostolischen Ideal anschließen würden; denn er war damals überzeugt, daß sich von einer Gruppe von Aposteln, die durch die Bande gegenseitiger Hilfe, Unterstützung und Liebe miteinander verbunden waren, das Apostolat wirksamer erfüllen lassen würde als durch den Eifer eines einzelnen.
Seine ersten Anstrengungen, in Barcelona, Alcalá und Salamanca Gefährten zu sammeln, hatten keinen anhaltenden Erfolg: Die Gefährten verließen ihn wieder[1]. Polanco erzählt uns, »der Hauptgrund«[2], warum Ignatius Spanien verließ und nach Paris zog, sei der gewesen, daß er in dem geistigen Zentrum, das die Pariser Universität damals darstellte, »in größerer Zahl Gefährten für das Apostolat« zu finden hoffte. Zwar vermochte er die ersten drei Gefährten, die er in Paris um sich sammelte – Juan Castro, Pedro de Peralta und Elduayen Amador –, nicht in seiner Gesellschaft zu halten, hatte aber hier in Paris dank seiner baskischen Zähigkeit doch bleibenden Erfolg. Es gelang ihm, jene ersten Gefährten zu sammeln, die sich ihm für immer anschlossen und schließlich den Kern der Gesellschaft Jesu bildeten.
Da die ersten Gefährten wiederholt mit Genugtuung darauf hinwiesen, daß sie aus verschiedenen Nationen und kulturellen Milieus zusammengeführt worden seien, nennen wir sie mit Namen und Herkunft[3] in der Reihenfolge, wie sie zu Ignatius gefunden haben: Zuerst *Peter Faber* aus Savoyen und *Franz Xaver* aus Navarra; dann *Simon Rodrigues* aus Portugal; später drei Spanier, nämlich *Diego Laínez* aus Almazán, *Alonso Salmerón* aus Toledo und *Nicolás Bobadilla* aus Valencia; wiederum später *Claude Jay*, ein Priester aus Savoyen; und schließlich – beinahe am Vorabend ihrer Abreise von Paris nach Venedig – noch zwei Franzosen, der Priester *Paschase Broët* aus der Picardie und *Jean Codure* aus der Provence.

Die Gnade der Gefährtenschaft

Anregend zu lesen sind die bisweilen idyllisch wirkenden Berichte[4], die diese ersten Gefährten uns über ihr Leben im Freundeskreis ihrer Pariser Studienzeit hinterlassen haben. Die Berichte stammen von Männern wie Faber und Laínez, die immer auf der Seite des Ignatius standen, aber auch von Rodrigues und Bobadilla, die sich später nur mit Mühe in den jungen Orden einfügen werden.
Obwohl zu diesem Zeitpunkt keine Rede davon sein kann, daß der Freundeskreis einen religiösen Orden bildet, so können wir doch in ihrem tatsächlichen Leben die ihnen geschenkte *Gnade der Gefährtenschaft* entdekken. Laínez erinnert sich daran, wie die Gefährten nach den privaten Gelübden am 15.

August 1534 auf dem Montmartre alle in einer neuen, auf ein gemeinsames apostolisches Ziel hin gegründeten Verbundenheit miteinander umgingen. Obwohl sie nicht unter einem Dach lebten – sie waren in verschiedenen Studentenwohnheimen, wie wir heute sagen würden, untergebracht –, kamen sie überein, an bestimmten Tagen ihre Mahlzeiten im Zimmer eines der Gefährten gemeinsam einzunehmen und sich gegenseitig zu besuchen, um ihren Eifer und ihre Ideale zu nähren. Lassen wir Laínez mit seinen Worten berichten: »Das alles, so meine ich, half uns ungeheuer, unsere Ideale lebendig und hochzuhalten. Während dieser Zeit half uns der Herr in unserem Studium, so daß wir sowohl befriedigend darin vorankamen als es auch immer auf die Ehre Gottes und die Hilfe des Nächsten ausrichteten; ebenso half es uns, in besonderer Liebe zueinander zu leben und uns gegenseitig mit aller Kraft auch in materiellen Belangen zu unterstützen.«[5]

In all dem erkennen wir eine Gemeinschaft in brüderlicher Liebe von Freunden im Herrn (»amigos en el Señor«), wie sie sich selber nannten, die auf ein gemeinsames apostolisches Lebensideal ausgerichtet sind. Besonders ist zu erwähnen, daß die Gefährten diese Gnade der Gefährtenschaft stets hochgehalten, gepflegt und gelebt haben, bevor überhaupt vom Gefüge eines Ordens und den dazugehörigen Gehorsamsverpflichtungen die Rede war. Sie empfangen und leben *zuerst als Laien* die Gnade der Gefährtenschaft, wobei sie alle auf Apostolat eingestellt sind. Als sie im August und September 1537 in Vicenza bei Venedig für sich den Namen »Gesellschaft Jesu« wählten, nannten sie ausdrücklich als Motiv, daß sie »in ihrer Mitte kein anderes Haupt oder keinen anderen Vorgesetzten hätten als Jesus Christus«, dem allein sie dienen wollten.[6]

In der Tat, der Name »compañía« wird in diesem Zusammenhang zwar häufig, aber fälschlicherweise mit militärischen Vorstellungen und Wertungen in Verbindung gebracht. Jüngste Forschungen[7] haben unzweifelhaft nachgewiesen, daß zur Zeit des Ignatius mit dem Begriff »compañía« fromme Gruppen und Vereinigungen allgemein bezeichnet wurden[8]. Jedenfalls stand das spanische »compañía« bzw. das italienische »compagnia« einfach für die Gruppe von Gefährten und wurde in der Tat für *diese* kleine Gruppe, die Gefährten mit und um Ignatius, gebraucht, noch bevor sie selbst sich «Compañía de Jesús», Gesellschaft Jesu, nannte. Sie waren einander Gefährten und ebenso Gefährten Jesu, denn sie hatten »in ihrer Mitte kein anderes Haupt oder keinen anderen Vorgesetzten als Jesus Christus«. Die während der Studienjahre in Paris begonnene und gelebte Gnade der Gefährtenschaft erfuhr in den ersten Monaten des priesterlichen Dienstes in Vicenza und in der Umgebung von Venedig eine bedeutsame Vertiefung. Jene Gefährten, die noch nicht Priester waren, empfingen am 24. Juni 1537 in Venedig die Priesterweihe. Während sich die Gefährten sowohl auf ihre Erste Messe vorbereiteten als auch die vereinbarte Zeit auf ein Schiff warteten, das sie nach Jerusalem bringen sollte, wie sie es in ihrem Montmartre-Gelübde festgelegt hatten, suchten sie zu zweit oder zu dritt in der Umgebung von Venedig einsame Orte auf. Nach vierzig Tagen Einkehr, Gebet, Buße und priesterlichem Dienst rief Ignatius, der sich mit Faber und Laínez in ein verlassenes und baufällig gewordenes Kloster außerhalb von Vicenza, nach San Pietro in Vivarolo, zurückgezogen hatte, die Gefährten zusammen, um mit ihnen die Art und Weise ihres Dienstes für Gott an den Menschen zu besprechen. Bei dieser Gelegenheit wählten die

Die ersten Gefährten des Ignatius von Loyola

Der Priester Peter Faber nimmt 1534 auf dem Montmartre vor dem Kommunionempfang die Gelübde des Ignatius und seiner Gefährten entgegen.

Gefährten für sich als Gruppe den Namen »Gesellschaft Jesu«.
Diese Gnade der Gefährtenschaft kam zur vollen Entfaltung, als die Gefährten, in Rom angekommen, im Frühjahr 1539 miteinander die Gründung eines religiösen Ordens erwogen. Bevor sie die Frage angingen, ob sie einem von ihnen Gehorsam geloben sollten, kamen sie überein, »in einem Leib so verbunden und vereint« zu bleiben, »daß keine noch so große leibliche Trennung« der einzelnen jemals ihre Herzen trennen könne.[9] Zu dieser einmütigen Entscheidung kamen sie hauptsächlich deshalb, weil das, »was Gott zusammengefügt hat, kein Mensch auseinanderbringen darf«. Beschreiben wir es mit ihren eigenen Worten: »Schließlich entschieden wir ...: nachdem der gütigste und liebevollste Herr sich gewürdigt hat, uns so schwache Menschen und die wir aus so verschiedenen Gegenden und Sitten stammen, miteinander zu einigen und zu versammeln, daß wir die Einigung und Versammlung Gottes nicht spalten dürfen, sondern eher von Tag zu Tag bestätigen und festigen müßten. Wir sollten zu einem Leib werden, und die einen sollten für die anderen Sorge tragen und um sie wissen zum größeren Gewinn für die Seelen.«[10]
Man kann nicht umhin, in dieser sich entfaltenden Gnade der Gefährtenschaft, die unter den gegebenen Umständen ganz und gar auf ein apostolisches Ziel ausgerichtet war, das Entstehen einer echten apostolischen Gemeinschaft zu sehen, die von einer Mönchskommunität oder auch von einem klösterlichen Konvent völlig verschieden ist. Diese Gefährten, die sich zur Gründung der Gesellschaft Jesu entschlossen hatten, faßten in ihren Beratungen von 1539 das unterscheidende Moment in der an sich selber gerichteten Frage zusammen: »Ob es sich also empfehle, daß wir so unter uns in einem Leib verbunden und vereint seien, daß uns keine noch so große leibliche Entfernung trennt, oder ob es sich vielleicht nicht so empfehle. Damit dies durch ein Beispiel offenkundig werde: Wie wir ge-

rade jetzt sind, schickt der Papst zwei von uns in die Stadt Siena. Müssen wir für jene, die dorthin aufbrechen, Sorge tragen oder sie für uns, und sollten wir voneinander Kenntnis haben, oder sollten wir uns vielleicht um sie nicht mehr als um die kümmern, die außerhalb der Gesellschaft sind?«[11] Offensichtlich war hier eine Gefährtenschaft gegeben, die als ein Geschenk Gottes gelebt und geschätzt wurde, aber ganz auf apostolische Sendung hingeordnet war – eine Gnade der Gefährtenschaft, die gerade darin weiterleben würde, daß die einzelnen um der apostolischen Sendung willen auseinandergeführt würden.

Mystik dieser Gefährtenschaft

Ignatius wird in späteren Jahren die geistliche Bedeutung und Tiefe dieser Gefährtenschaft von der außerordentlichen Gnade herleiten, die ihm im November 1537 zuteil wurde, als er auf dem Weg nach Rom in der kleinen Kapelle von La Storta kurz haltmachte. Er war der Überzeugung, daß ihm der himmlische Vater bei jener Gelegenheit diese erhabene Gnade gewährt habe, um deren Vermittlung er Unsere Herrin gebeten hatte. Der Vater hatte »ihn Christus, seinem Sohn, zugesellt«[12], als er zum kreuztragenden Christus sagte: »Ich will, daß du diesen als deinen Diener annimmst«; und so nahm ihn Jesus tatsächlich an und sagte: »Ich will, daß du uns dienst«[13].

Aus dem, was Ignatius seinen Gefährten, besonders Laínez, erzählte, wissen wir mit Sicherheit, daß er in der Gnade, die ihm in La Storta zuteil geworden war, eine göttliche Bestätigung des Namens »Gesellschaft Jesu« sah, den sie alle bereits einige Monate zuvor in dem alten Kloster außerhalb von Vicenza gewählt hatten. Einer der engsten Vertrauten des Ignatius in den späteren Jahren, Jerónimo Nadal, der Theologe der ignatianischen Spiritualität, wird kreuz und quer durch Europa reisen, um zusammen mit den Kommunitäten der Gesellschaft Jesu über die Bedeutung von La Storta für die Lebensweise des Ignatius und der gesamten Gesellschaft Jesu nachzudenken. »Und das ist eine besondere Gnade, die der Gesellschaft von Gott gewährt wurde«, wird Nadal 1544 in seinen *Unterweisungen in Spanien* sagen. »Gottvater stellte Ignatius mit Christus in Seinen Dienst..., womit Er ganz klar meinte, daß Er uns dazu auserwählt hat, Gefährten Jesu zu sein. Gott, der Vater, beruft uns dazu, daß wir in dieser Gesellschaft Jesus folgen, indem jeder sein Kreuz trägt und für Christus leidet; darin sollen wir uns ermutigen und bestärken, da wir ja durch das Kreuz zu seinen Gefährten geworden sind«[14]. In seinem *Kommentar zum Examen Generale* von 1557 wird Nadal mit allem Nachdruck feststellen: »Und so sind wir infolge dieser erhabenen und hervorragenden Gnade, die uns gewährt wurde, Gefährten Jesu Christi. Wir folgen Christus, der in seinem Kampf fortfährt, indem Er auch jetzt in Seinem Mystischen Leib, der Kirche, Sein Kreuz trägt, und wir füllen aus, was an den Leiden Christi noch fehlt«.[15] Mit diesen und ähnlichen Worten wird Nadal das jesuitische Charisma praktisch als »den je größeren apostolischen Dienst Christi in Gefährtenschaft« zusammenfassen.

In diesem Zusammenhang ist es nicht verwunderlich, daß die 31. Generalkongregation der Gesellschaft Jesu 1965/66 ihr Dekret über das Gemeinschaftsleben mit einem knappen, aber reichen Satz eröffnete, dessen Wortlaut die grundlegende Gnade von La Storta in Erinnerung ruft: »Die Gemeinschaft nimmt also in der Gesellschaft Jesu ihren Ursprung vom *Willen des Vaters her, der uns zu einer Einheit ver-*

bindet ... Die Gesellschaft Jesu ist eine Gemeinschaft von Menschen, die *von Christus berufen sind, um mit Christus zu leben, Christus gleichförmiger zu werden, das Werk Christi in sich und in den Menschen zu vollenden.* Darin sind das Fundament und das Ziel des gemeinschaftlichen Lebens in der Gesellschaft Jesu gegründet.«[16]

Diese Gnade der Einheit und Gefährtenschaft ist für das kennzeichnende Charisma der Gesellschaft Jesu so grundlegend und wesentlich, daß der hl. Ignatius den ganzen 8. Teil seiner Satzungen darauf verwenden wird, um herauszufinden, »was dazu hilft, die Verteilten mit ihrem Haupt und untereinander zu vereinen«[17]. Überdies wird er diesen 8. Teil mit einer Behauptung eröffnen, die seine eigene feste Überzeugung widerspiegelt: »Die Gesellschaft kann weder bewahrt noch geleitet werden und folglich auch nicht das Ziel erreichen, das sie zur größeren göttlichen Ehre erstrebt, ohne daß ihre Glieder untereinander und mit ihrem Haupt vereint sind.« (S 655) »Und so soll«, setzt er hinzu, »von dem die Rede sein, was zur *Einheit der Herzen* (›unio animorum‹), danach von dem, was zur personellen Einheit auf Kongregationen und Kapiteln hilft.« (S 655) Diese paar Hinweise lassen ahnen, daß die für die »apostolische Gemeinschaft der Jesuiten« typische *Einheit* die *Einheit der Herzen,* nicht die des faktischen Zusammenlebens unter einem Dach ist. Es ist daher überhaupt nicht überraschend, daß die Mittel und Wege, die Ignatius vorschlägt, damit diese Einheit der Herzen zustandekomme, für jede »apostolische Gemeinschaft« charakteristisch sind. In der Reihenfolge ihrer Bedeutung sind folgende zu nennen:

– Das hauptsächliche Band für die Festigung der Einheit ist die *Liebe Gottes unseres Herrn,* die Liebe, die auf den Leib der Gesellschaft von der göttlichen Güte herabkommt und Haupt und Glieder eng miteinander verbindet; die Hauptfeindin der Einheit und des allgemeinen Wohls ist die Eigenliebe. (S 671)

– *Gehorsam* bildet das Band der Einheit und die Voraussetzung für apostolische Sendung. (S 659)

– Die *Wahl der Oberen* ist so zu treffen, daß es den Untergebenen nicht schwer fallen wird, sie zu lieben, weil er Liebe und Sorge für sie hat und zeigt. (S 660–667, 725)

– An *Mitteln, die Verbindung stiften,* werden Visitationen (S 668–670), der Austausch von Sendschreiben (S 673f), Nachrichten und Personenverzeichnisse (S 675f) genannt.

Ins Auge springende Konsequenzen für die Gemeinschaft

Wenn diese Gnade der Einheit und Gefährtenschaft, die ganz auf die apostolische Sendung ausgerichtet ist, so kennzeichnend und wesentlich für das jesuitische Charisma ist, dann müssen wir ihre unausweichlichen Konsequenzen für die Gesellschaft Jesu darstellen. Gemeinschaft gehört bekanntlich zum wahren theologischen Wesen des Geheimnisses der Kirche, die Volk Gottes, Leib Christi und Gemeinschaft (*koinonia*) im Geist ist. Gemeinschaft gehört ebenso zum wahren theologischen Wesen des Ordenslebens innerhalb der Kirche: Denn das Ordensleben als sichtbares Zeichen und Zeugnis des eschatologischen Aspekts des Geheimnisses der Kirche ist hier auf Erden, was die Kirche im Himmel für immer, für alle Zeit und über die Zeit hinaus sein wird, nämlich die Gemeinschaft der Anbetung und Liebe. Nicht nur als ein wesentlicher Bestandteil der Kirche, nicht nur als ein religiöser Orden innerhalb der Kirche, sondern mit ihrem kennzeichnenden Charisma der »Gefährtenschaft für die apostolische Sendung« muß sich die Gesellschaft Jesu in ihrem Leben und Wirken der unerläßlichen Forderung einer *geistlichen Unterscheidung in Gemeinschaft für die apostolische Sendung* stellen. Mit anderen Worten, wir haben die absolute Notwendigkeit der *apostolischen Unterscheidung in Gemeinschaft* in der Gesellschaft Jesu in der Tat als eine Forderung anzusehen, die sich aus ihrem Charisma schlechterdings ergibt.[18]

Vor dem Hintergrund des bisher Gesagten wird es daher keine Überraschung sein, in der Geschichte zu entdecken, daß geistliche Unterscheidung in Gemeinschaft tatsächlich einen festen Bestandteil der Tradition der Gesellschaft Jesu bildet. Wir wissen bereits, daß diese Gesellschaft in ihren Anfängen nach und nach in einer Reihe recht gut beschriebener Schlüsselentscheidungen Gestalt annahm: Montmartre, Vicenza, Rom. Jede dieser Entscheidungen war das Ergebnis eines Prozesses der in Gemeinschaft vollzogenen geistlichen Unterscheidung – zuerst in elementarer Form, schließlich verfeinert und gut entwickelt.[19]

Ignatius brachte diese reiche geistliche Erfahrung einer Unterscheidung in Gemeinschaft in die Art und Weise der Führung der Gesellschaft Jesu ein, sobald diese als ein neuer religiöser Orden hierarchisch konstituiert war. Er selbst bezeichnete diese Art der Führung gern als »geistliche Leitung«[20]. Ignatius zieht in den Dokumenten, die den Satzungen vorausgehen, wie in den Satzungen selbst alle seine früheren Erfahrungen mit der Unterscheidung in Gemeinschaft heran, um zu beschreiben, wie ein Oberer in einem Dialog der Unterscheidung mit seinen Gefährten zu einer Entscheidung gelangt. Ob nun dieser Dialog der Unterscheidung mit ernannten Konsultoren oder mit Personen von besonderer Zuständigkeit und Befugnis, mit einigen Gefährten oder mit einer repräsentativen Gruppe aller Gefährten erfolgt: Er läßt sich leicht als Fortführung der Erfahrung, die Ignatius und seine Gefährten untereinander in der gemeinsamen Unterscheidung gemacht haben, im organisierten Leben der Gesellschaft Jesu erkennen.

Man mag mit Recht darauf hinweisen, daß zu solchen Prozessen gemeinsamer Unterscheidung in der eben errichteten Gesellschaft Jesu keine authentischen Dokumente vorliegen, die mit der Niederschrift zu den Überlegungen der Ersten Väter im Jahre 1539 vergleichbar wären. Daraus kann man aber nicht folgern, daß die geistliche Unterscheidung in Gemeinschaft als Prozeß der Entscheidungsfindung mit der Gründung der Gesellschaft Jesu als Orden erloschen sei. Eine solche Annahme wird durch nachweisbare Tatsachen widerlegt. Ignatius selbst hat alle Gefährten, die verfügbar waren, zu einem solchen Unterscheidungsprozeß zusammengerufen, in dem die Satzungen zu prüfen waren, die 1550 in einem ersten Entwurf vorlagen. Dieser Vorgang nahm im Januar und Februar 1551 einen ganzen Monat in Anspruch. In eben diesen Satzungen erwartet Ignatius solch einen Dialog bzw. eine Beratung der Unterscheidung insbesondere in Fragen der Zulassung von Mitgliedern (S 193) und ihrer Entlassung (S 211, 219–221), der Auswahl der apostolischen Arbeiten (S 618) und verschiedener Entscheidungen des Generalobern (S 809). Tatsächlich beschreibt Ignatius eben diese Situationen, macht aber darin auch klar, daß diese Weise des Vorgehens keineswegs auf sie einzuschränken ist; vielmehr ist sie zu Lebzeiten des Ignatius durch dessen Leitungsstil ausgeprägt worden. Leider kam dieses Erbe im Laufe der Geschichte des Ordens nicht immer voll zum Tragen.

Ausblick

Wir haben das Glück, eine Zeit der Geschichte, des Lebens und der Sendung der Kirche zu erleben, die im Lichte des Zweiten Vatikanums oft als »neues Pfingsten« charakterisiert wird: Geistliche und apostolische Erneuerungsbewegungen sprießen und gelangen zur vollen Blüte. Unter solchen Zeitumständen mag es anregend und sehr hilfreich sein, das Entstehen und die Entfaltung eines so besonderen Charismas der Gefährtenschaft auf apostolische Sendung hin, wie es im Charisma der Gesellschaft Jesu gegeben ist, zu bedenken und zu reflektieren. Für die Jesuiten, aber auch für alle Frauen und Männer, die im Charisma des hl. Ignatius und seiner Gefährten Inspiration für ihr Leben und ihre Sendung suchen, enthält dieser Blick in die Geschichte mehr als eine beliebige Anregung. Für sie liegt darin der Anspruch, die Begegnung mit dem Charisma der Gesellschaft Jesu in der Kirche unserer Tage fruchtbar werden zu lassen: für sich selbst und die anderen.

Anmerkungen

* Ins Deutsche übertragen von Sigrid Spath.

[1] Was aus diesen Gefährten Calixto de Sa, Juan de Arteaga und Lope de Cáceres tatsächlich geworden ist, kann dem *Bericht des Pilgers* des hl. Ignatius (PB 80) entnommen werden.

[2] Ein anderer naheliegender Grund – wenn auch nach Polancos Urteil nicht der »Hauptgrund« – waren die ständigen Schwierigkeiten, die die spanischen Inquisitoren und die kirchlichen Autoritäten überhaupt Ignatius und seinem Apostolat entgegensetzten (vgl. PB 70f).

[3] Die Herkunft der neun ersten Gefährten des Ignatius wird hier deshalb angegeben, weil sie selbst oft »geradezu mit Genuß« auf den Umstand hinwiesen, daß Gott sie aus »verschiedenen nationalen und kulturellen Milieus« zusammengeführt hat, wie sie gern sagten (vgl. Deliberatio primorum Patrum 1. 3., MI *Const.* I, 2f).

[4] Diese Berichte finden sich in FN I und II.

[5] FN I 102–104. Wir erwähnen hier, daß Ignatius selbst in den Ferien nach Flandern und sogar nach England reiste, wo er materielle Hilfe erbat und Almosen sammelte, um sich und seine Gefährten in den Studienjahren durchzubringen.

[6] FN I, 204; ebd. II, 504, 596f.

[7] J. Iturrioz, Compañia des Jesús. Sentido histórico y ascético de este nombre, Manresa 27 (1955) 43–53; T. Baumann, Compagnie des Jésus. Origine et sens primitif de ce nom, Revue d'Ascétique et Mystique 37 (1961) 47–60.

[8] Solche Gruppen waren z. B. die »Compagnia del Divino Amore« (Gesellschaft der Göttlichen Liebe), die sich um die hl. Katharina von Genua sammelte. Ignatius selbst gründete im Jahr 1543 eine »Compagnia della Grazia«, eine fromme Vereinigung, die sein »Sankt-Martha-Werk« unterstützen sollte.

[9] Deliberatio primorum Patrum 3., MI *Const.* I, 3.

[10] Ebd.

[11] Ebd.

[12] In der Tat erwähnte Ignatius von der ihm in La Storta zuteil gewordenen Gnade nur diese Einzelheit, als er Luis Gonçalves da Câmara davon erzählte (vgl. PB 96). Sieben Jahre nach dem Erlebnis von La Storta sollte Ignatius ein tiefes mystisches Jesuserlebnis haben; vgl. TB 169f, 23. 2. 1544.

[13] Diese Einzelheiten der Vision von La Storta stammen von Laínez. In seiner ersten Exhortation der Reihe von 1559 sprach er am 2. Juli 1559 von der Vision von La Storta (FN II, 133).

[14] Comment. de Inst. S.I., M *Nadal* V, 51f.

[15] Ebd. 137.

[16] Decreta Congregationis Generalis XXXI a restituta Societate XII annis 1965–1966, d. 19 c.2. In: ARSI 14 (1961–1966) 918. Unterstreichungen von mir.

[17] S. Titel des 8. Teiles.

[18] Nicht ohne tiefen Grund schrieb Pater General Pedro Arrupe 1971 einen sehr bedeutsamen Brief an die »ganze Gesellschaft« über »Geistliche Unterscheidung«. Es war in der Tat sein erster Schritt, um die Gesellschaft Jesu innerhalb von vier Jahren auf die 32. Generalkongregation vorzubereiten. Vgl. die deutsche Übersetzung dieses Briefes in: Im Dienst des Evangeliums. Ausgewählte Schriften von P. Pedro Arrupe SJ, Generaloberer der Gesellschaft Jesu (1965–1983). Hg. und eing. von H. Zwiefelhofer. München 1987, 186–192. – Auch Pater General Peter-Hans Kolvenbach hielt es für angebracht, die Gesellschaft durch sein Schreiben an die «ganze Gesellschaft» vom 5. November 1986 über Geistliche Unterscheidung in Gemeinschaft vielsagend an dieses Gebot in ihrem Leben und ihrer Sendung zu erinnern (De discretione apostolica in communi. In: ARSI 19 (1984–1987) 677–699; dt. Übers.: Geistliche Texte SJ 12. Hg. Provinzialskonferenz der Deutschen Assistenz. Frankfurt a.M. 1987.

[19] Für Montmartre (1534) und Vicenza (1537) müssen wir die Einzelheiten, die uns in den Berichten der ersten Gefährten überliefert sind, zusammenfügen (vgl. FN): In den Beratungen, die den Zeiten des Gebetes folgten, wurden die Anregungen des Geistes mitgeteilt, die sich im Austausch der inneren Erfahrungen und der in ihnen gegebenen Bewegungen zeigten. Für Rom (1539) haben wir die «Beratung der ersten Gefährten», die von Faber oder Codure aufgezeichnet wurde. Aus diesem Zeugnis läßt sich ersehen, daß sie in der Tat geistliche Unterscheidung in Gemeinschaft gepflogen haben.

[20] Vgl. Decreta (s. Anm. 16) 17, 4.–8. In: ARSI 14 (1961–1966) 906–908, hier 908.

Von Jerusalem nach Rom

Der Weg des Ignatius zu seiner Kirchlichkeit

Johannes G. Gerhartz, Rom

Die geradlinige geistliche Entwicklung auf sein Lebensziel, die bewußte Zielstrebigkeit auf die Gründung des Ordens, von der so oft ausgegangen wird, gibt es bei Ignatius von Loyola nicht. Wie bei vielen Großen gab es auch bei ihm schwere Zusammenbrüche seiner Lebensvorstellungen und Ziele; und zwar gerade auch, nachdem er sich bewußt auf den Weg des Dienstes Gottes gemacht hatte. Ignatius von Loyola hatte einen schwierigen und langwierigen Entwicklungsweg durchzustehen, bis er das wurde, was er werden sollte. Von 1521 bis 1538, also 17 Jahre lang und damit die Hälfte seines Lebens nach seiner Kehre zu Gott, war er ein »Pilger« auch in dem Sinne, daß er darum rang, Gottes Willen für sich und also seine Lebensform zu »suchen« und zu »finden«.

In diesen Jahren war er getragen von einer Vielfalt von Ideen und Motiven. In allem aber blieb ihm das Grundmotiv seines Wollens, das ihn von Anfang seiner Bekehrung an ausgezeichnet hat; es wird durch den gleichsam alltäglichen Vollzug zu der bestimmenden Kraft seines Lebens: das Finden und Tun des Willens Gottes und sonst nichts. Dies wird dann auch das Grundmotiv des Wollens der späteren Freundesgemeinschaft um Ignatius, bis dahin, daß sich an ihm reflex und ausdrücklich die Frage entscheidet, ob sie einen Orden gründen sollen oder nicht: »Daß wir besser und vollkommener unser ursprüngliches Begehren, in allem den göttlichen Willen zu tun, erfüllen können.«[1]

Niemand hat dieses Dunkel und dieses Licht, die Irrwege und die Geradlinigkeit im Leben des Ignatius einfühlender in Worte gefaßt als Jerónimo Nadal, der Schüler und Vertraute des Heiligen: »Mit einzigartiger Fügsamkeit der Seele folgte er dem Geist, der ihn führte, und lief ihm nicht voraus. So wurde er sacht zu einem Ziel geführt, das er selbst noch nicht kannte. Noch dachte er nicht an die Gründung des Ordens und dennoch baute er Schritt für Schritt zu ihm die Straße und ging seinen Weg in weiser Torheit, in der Einfalt seines Herzens, das in Christus ruhte.«[2]

Wenn wir diesen Weg des Ignatius und später des Freundeskreises um Ignatius in großen Schritten nachgehen wollen, können wir drei Etappen unterscheiden und sie schematisch so charakterisieren: 1521–1534, von Loyola bis Montmartre, das Ideal ist Jerusalem; 1534 bis 1537, von Montmartre bis La Storta vor Rom, das Ideal schwankt zwischen Jerusalem und Rom; ab 1538, die Entscheidung ist für Rom gefallen. Im folgenden wird das Hauptgewicht auf die Darstellung der zweiten Etappe gelegt.

Jerusalem, Jerusalem

So alt wie seine Bekehrung zu Gott (1521) ist der Wille des Ignatius, nach Jerusalem zu gehen. Jerusalem und immer wieder Jerusalem, dahin gehen alle seine Gedanken und Pläne, davon spricht der autobiographische Pilgerbericht aus dieser Zeit immer wieder. (PB 8, 9, 12) Wenn Rom und der Papst, die später so bestimmend für ihn werden sollten, in dieser Zeit in seinen Gedanken auftauchen, dann nicht als etwas in sich Erstrebenswertes, sondern als notwendige Durchgangsstation, da jeder Jerusalem-Pilger Erlaubnis und Segen des Papstes in Rom brauchte.[3] Rom ist also in dieser Zeit geradezu ein weiteres Zeichen seines Vorsatzes, nach Jerusalem zu pilgern. Wie ein Leitmotiv faßt das folgende Wort des «Pilgers» das erste Jahr seines neuen Lebens zusammen, die Zeit in Loyola und die ersten vier Monate in Manresa: »Er war gänzlich von dem Gedanken in Beschlag genommen, nach Jerusalem zu

gehen, barfuß und nichts zu essen als Kräuter und all die üblichen Kasteiungen zu tun, die, wie er sah, die Heiligen getan.« (PB 8)
Doch nach der »ruhigen Zeit von Manresa« (PB 19–21) kam das eigentliche Manresa, die furchtbare Zeit der inneren Buße und die fruchtbare Zeit höchster Erleuchtungen. In dieser Zeit bildet sich bei Ignatius ein zweites Motiv, das fortan sein Leben und das Leben seiner Gemeinschaft bestimmen wird: die Wende zum Apostolat, die ihren Ausdruck findet in dem Willen, »den Seelen zu helfen, die Christus mit seinem kostbaren Blut erlöst hat«, wie Ignatius von nun an oft sagen wird. Sein Jerusalem-Ideal wandelt sich durch diese neuen Erkenntnisse; die *Bußfahrt* nach Jerusalem wird jetzt der ganz entschiedene Wille *zur Hilfe für die Seelen* dort: »Es war sein ganz fester Entschluß, für immer in Jerusalem zu bleiben und sich dort auch noch der Seelenhilfe zu widmen. Und er war der Meinung, er dürfe sich um nichts in der Welt davon abbringen lassen.« (PB 45f)
In diesen Worten läßt sich noch nichts von einem Gehorsam gegen Menschenwillen als ein Kriterium des Gotteswillens erspüren. Ignatius hatte in Trost und Erleuchtung erfahren, daß der Wille Gottes seinen Seelendienst in Jerusalem wollte. Das genügte ihm. Das Wachsein des Jerusalem-Ideals ist gleichsam das Symbol dafür, daß seine spätere Kirchlichkeit, die sich dem Willen eines Menschen, des Papstes, des Oberen, unterwirft, um so den Willen Gottes für sich zu erkennen, noch nicht gewachsen ist. Nur so läßt sich auch die furchtbare Enttäuschung begreifen, die Ignatius befällt, als seine Jerusalempläne sich zerschlagen. Das war das Zusammenbrechen all dessen, was er bisher als den Willen Gottes für sein Leben und seinen Dienst erfahren hatte. »Seitdem der Pilger erkannt hatte«, so berichtet er, »daß es der

Jerusalem

Vor der Grabeskirche

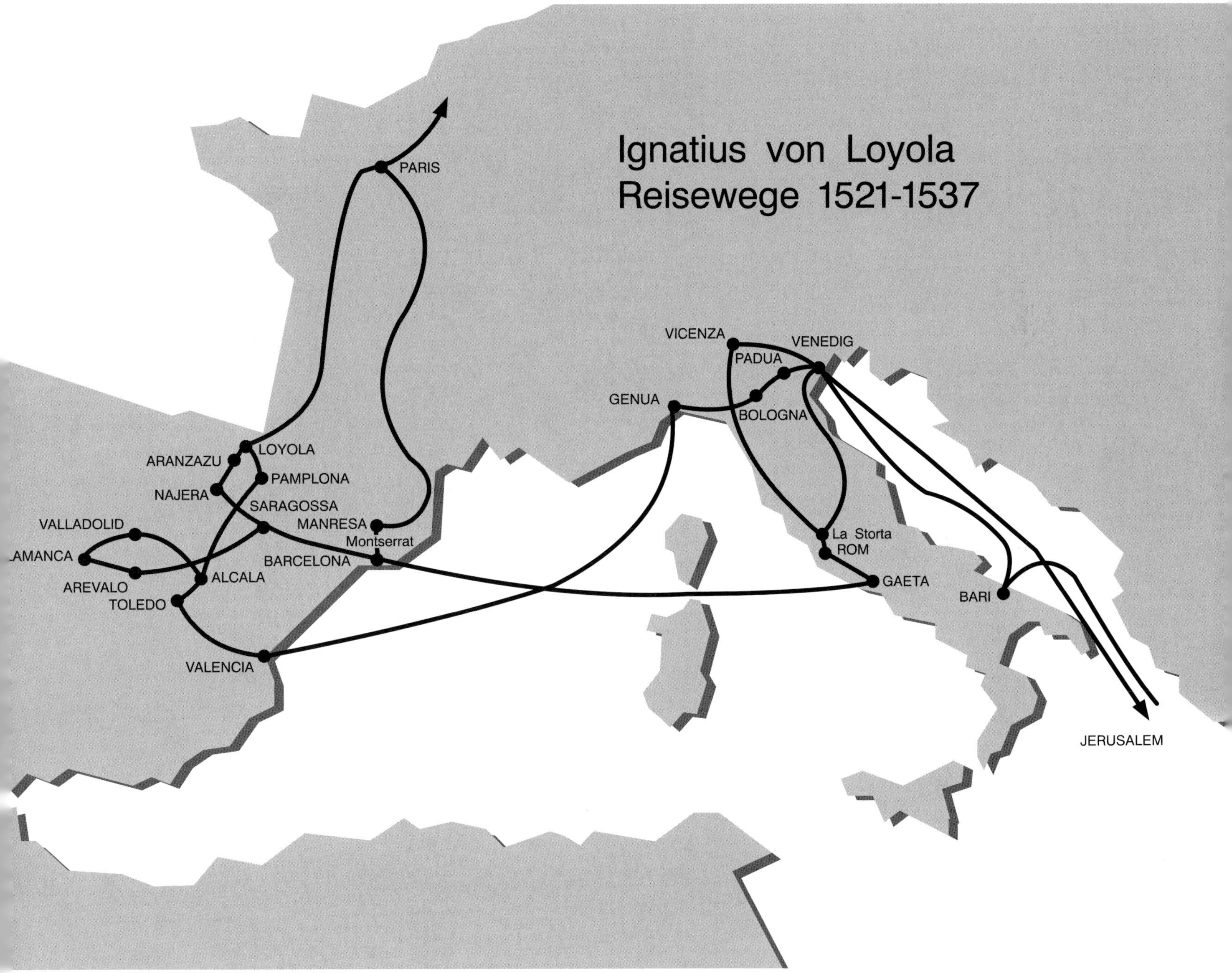
Ignatius von Loyola
Reisewege 1521-1537
PARIS
LOYOLA
ARANZAZU
PAMPLONA
NAJERA
SARAGOSSA
VALLADOLID
MANRESA
Montserrat
AMANCA
BARCELONA
AREVALO
ALCALA
TOLEDO
VALENCIA
VICENZA
VENEDIG
PADUA
GENUA
BOLOGNA
La Storta
ROM
GAETA
BARI
JERUSALEM

Fingierte Rede des Ignatius von Loyola

Meine Kirchlichkeit wird total mißverstanden, wenn sie als die egoistische, fanatisch ideologisch begrenzende Machtliebe, die an dem Gewissen vorbeisiegen will, als Selbstidentifikation mit einem nicht über sich selbst hinausweisenden »System« verstanden wird. Da wir Menschen in unserem Leben alle kurzsichtig und sündig sind, will ich gewiß nicht sagen, daß ich damals nicht auch da und dort dieser falschen Kirchlichkeit meinen Tribut bezahlt habe und, wenn es euch danach gelüstet, dürft ihr ruhig mein Leben ehrlich und nüchtern danach durchmustern. Aber, das ist gewiß: meine Kirchlichkeit war im ganzen doch nur ein, allerdings für mich unerläßliches, Moment an meinem Willen, »den Seelen zu helfen«, ein Wille, der nur dann und soweit sein wahres Ziel erreicht, wenn diese »Seelen« in Glaube, Hoffnung und Liebe, in Unmittelbarkeit zu Gott wachsen.
Alle Liebe zur Amtskirche wäre Götzendienst, Teilnahme an einem schrecklichen Egoismus eines Systems für sich selbst, wenn sie nicht von diesem Willen beseelt und von ihm begrenzt würde...
Im Mitvollzug der Neigung Gottes zum konkreten Leib seines Sohnes in der Geschichte liebte ich die Kirche und in dieser mystischen Einheit Gottes mit der Kirche – bei aller radikalen Verschiedenheit beider – war und blieb die Kirche mir transparent auf Gott und der konkrete Ort dieses meines unsagbaren Verhältnisses zum ewigen Geheimnis. Da ist die Quelle meiner kirchlichen Gesinnung, meiner Übung des sakramentalen Lebens, meiner Treue zum Papsttum, der Kirchlichkeit meiner Sendung, den Seelen zu helfen.
Wenn diese meine Kirchlichkeit diese Stelle im Gefüge meiner geistlichen Existenz hat, diese und keine andere, dann ist auch ein kritisches Verhältnis zur konkreten Amtskirche noch einmal kirchlich. Ein solches kritisches Verhältnis ist vom Christen her möglich, weil sein Standpunkt nicht einfach schlechthin identisch ist mit dieser Amtskirche in ihrer äußeren Institutionalität allein, da der Christ immer auch gottunmittelbar ist und seine gnadenhafte Inspiriertheit (so sehr sie ihn in der Kirche beläßt und selber noch einmal zur Kirche als Gnadengemeinschaft gehört) nicht einfach vermittelt ist durch den kirchlichen Apparat und durchaus etwas sein kann, von dem die Amtskirche in ihren Trägern etwas lernen muß, wenn sie solchen nicht von vornherein kirchenamt-

»Unsere Liebe Frau von Arantzazu in den Dornen«

Erste Station des Ignatius auf seinem Pilgerweg nach seiner Genesung in Loyola (1522). Die Dornen werden als die Sünden der Menschen gedeutet, Maria als das Urbild der heiligen Kirche. Was kann getan werden, daß die Kirche mehr ihrem Wesen entspricht? Welche Umkehr tut not?

lich approbierten Bewegungen des Geistes sich nicht schuldhaft versagen will.

Solches kritische Verhältnis zur Kirche ist, von ihr her gesehen, selbst noch einmal kirchlich, weil die Kirche auch als Institution wegen der Neigung Gottes zu ihr letztlich immer ihrem Geist offen und untertan bleibt, der immer mehr ist als Institution, Gesetz, Tradition des Buchstabens usw. Natürlich sind durch dieses Verhältnis zwischen Geist und Institution konkrete Konflikte zwischen den geistgetriebenen Christen und den Amtsträgern der Kirche nicht von vornherein aus der Welt geschafft, und solche Konflikte werden sogar in immer wieder überraschend neuen Gestalten auftreten, so daß für ihre Bewältigung nicht von vornherein fertige Rezepte und institutionelle Mechanismen bereitliegen.

Letztlich kann ein Christ nur im Glauben davon überzeugt sein, daß bis zum Ende der Zeiten ein absoluter Konflikt zwischen Geist und Institution in der Kirche grundsätzlich nicht notwendig ist; und er kann für sich nur demütig hoffen, daß die Vorsehung Gottes auch über ihn selbst keine Situation heraufführt, in der ein absoluter Spruch des Amtes und ein absoluter Spruch seines Gewissens für ihn selbst in ihrer Vereinbarkeit nicht mehr gleichzeitig zu greifen sind. Jedenfalls sind partielle und bedingte Konflikte in der Kirche selbst noch einmal kirchlich, ohne daß ich hier für deren Austragung konkrete Rezepte vorzutragen hätte. Ebenso ist die buchstäbliche Exekution eines Befehls von oben nicht die oberste Maxime der Kirchlichkeit und des kirchlichen Gehorsams, so wie ich auch selbst als General meines Ordens nicht mit dieser Maxime regiert habe. Wäre dies die oberste Maxime, könnte es ja gar keine Konflikte in der Kirche geben. Es gibt sie aber, gibt sie mit den Heiligen und unter den Heiligen (vom Streit zwischen Petrus und Paulus angefangen) und darf sie also geben.

K. Rahner S.J.

Christliche Freiheit

In Alcalá und Salamanca geriet er zum erstenmal in direkten Gegensatz zur konkreten Kirche in Gestalt der Inquisition, die seine Bemühungen um die Seelen argwöhnisch verfolgte. Konflikte mit der konkreten Kirche gab es auch in seinem späteren Leben immer wieder. Trotzdem wurde er zum Mann der Kirche, was sich schließlich niederschlug in den »Regeln über die kirchliche Gesinnung«, mit denen das Exerzitienbuch endet (EB 352–370).

Wenn die Heiligen charakterisiert worden sind als Menschen, in denen sich leidenschaftliche Kritik an der Kirche verbindet mit einer völlig selbstlosen Einfügung in die Kirche als Institution, dann fällt gerade der immer wieder beargwöhnte Ignatius auf durch völlige Abwesenheit von Auflehnung, Rechthaberei und Eigenwilligkeit. Ihm ist offenbar gelungen, den Schlüsselsatz des Galaterbriefes »Zur Freiheit hat uns Christus befreit« (5, 1) wirklich zu leben. Seine Haltung sei durch zwei Aussagen belegt:

»Wahre dir in allen Dingen die Freiheit des Geistes. Schau in nichts auf Menschenrücksicht, sondern halte deinen Geist innerlich so frei, daß du stets auch das Gegenteil tun könntest. Laß dich von keinem Hindernis abhalten, diese Geistesfreiheit zu hüten. Sie gibt niemals auf.«

(MI *Epp.* XII, 679)

Als der Arzt ihn in den letzten Lebenstagen vor der Gefahr melancholischer Gedanken warnte, sagte Ignatius:

»Ich habe nachgesonnen, was mich melancholisch machen könnte, und ich habe nicht einen einzigen Grund gefunden. Höchstens den, daß der Papst etwa die ganze Gesellschaft Jesu auflösen könnte. Aber auch dann, möchte ich meinen, würde mir eine Viertelstunde gesammelten Gebets genügen, um so fröhlich wie zuvor, ja noch fröhlicher zu sein.«

(FN I, 638)

R. Gelberg S.J.

Wille Gottes war, daß er nicht in Jerusalem bleibe, überlegte er beständig bei sich, was er nun tun solle.« (PB 50)

Es waren nicht die Erhebungen von Manresa, sondern der Zusammenbruch von Jerusalem, der Ignatius auf den Weg nach Rom, zu seiner ihm eigenen Kirchlichkeit und zu seinem Orden führte. Denn dieser Zusammenbruch seiner Lebenspläne machte aus dem Pilger den Studenten, brachte ihn von der Devotion an den heiligen Stätten zum Latein nach Barcelona und vom Bettel zum »gewöhnlichen Leben«, machte aus dem Pilger und Einzelgänger den Mann, der Gefährten um sich sammelte und seine Gemeinschaft gründete zum Dienst an den Seelen.

Wenn nicht Jerusalem, dann Rom

Die drei spanischen Studienjahre, die nach seiner Rückkehr aus Jerusalem 1524 folgten, erscheinen auf den ersten Blick als wenig glücklich für Ignatius und als wenig ergiebig für sein Werk. Die Ungewißheit und Unsicherheit bedrückte ihn. Was er in Studien und Seelsorgsarbeit tat, ging ihm wieder verloren – er mußte neu beginnen.

Die Entscheidung zur Gemeinschaft

Und doch brachten diese Jahre ihn entscheidend voran. Neben der Entscheidung, »eine Weile zu studieren, um den Seelen helfen zu können« (PB 50), traf er jetzt eine zweite Entscheidung, die Bleibendes schaffen und für seinen Orden grundlegend werden sollte: die Entscheidung zur Gemeinschaft. Bezeichnend aber ist der Grund, warum er sich dazu entschied. Ignatius berichtet, er habe das starke Verlangen gehabt, sich den Seelen nützlich zu machen, und ... daß er dazu einige Gefährten um sich sammeln müsse, die denselben Geist hätten wie er.[4]

Hieran wird erneut die Umstellung seiner geistlichen Einstellung deutlich. Bisher blieb Ignatius allein. Für seine Jerusalemer Pilgerfahrt schloß er jede Begleitung aus. Auf Gott allein wollte er sein Vertrauen setzen, nicht auf Geld und Gefährten. Seine Ausrüstung sollten nach seinem eigenen Wort einzig »Liebe und Glaube und Hoffnung«[5] sein. Jetzt aber suchte er für die Seelenhilfe Gefährten. Diese Entscheidung fiel wohl schon in Barcelona (1524–1526). Hier fanden die ersten drei Gefährten zu ihm. Diese Entscheidung hing zusammen mit seinem Entschluß, nicht in einen bestehenden Orden einzutreten.

Diese Entscheidung war aber auch eine Entscheidung für das Eliteprinzip. Die Erfahrungen beim Geben seiner Geistlichen Übungen hatten ihn gelehrt, daß er sie nur mit kluger Unterscheidung den Menschen vorlegen durfte, daß nicht alle für seine hohen Ideale bereit waren. So kam er mehr und mehr dazu, *den* »Seelen zu helfen ..., die die gleichen Ideale« hatten wie er. Er wandte sich in seinem apostolischen Bemühen hin zur Hilfe und Führung derer, die »sich mehr ergreifen lassen und auszeichnen wollen im ungeteilten Dienst ihres Herrn«.[6]

Diese Entscheidung brachte ihn schließlich nach Paris, und zwar mit dem ausdrücklichen Willen, dort Gefährten zu gewinnen (PB 71), nach Paris, wo sich damals die beste Jugend einfand.[7] Und in Paris fand er dann auch die Gefährten, die geeignet waren und blieben. Bei allen späteren Beratungen dieser Gefährten, bei allen noch so tiefgreifenden Meinungsverschiedenheiten in der Gruppe über das, was der Wille Gottes für sie sei, in einem sind sie

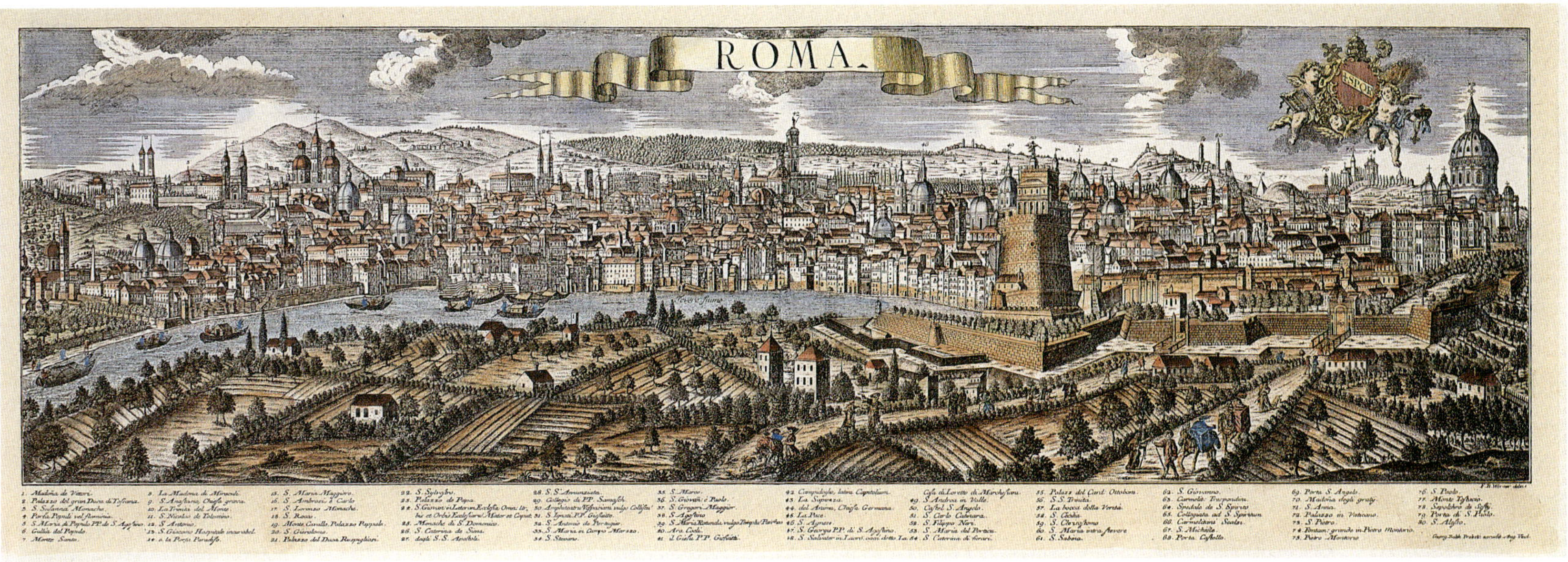

Rom, die Ewige Stadt

sich fortan alle einig, daß Gott ihren Dienst gemeinsam will.[8] Das war auch bei den »Überlegungen der ersten Gefährten« in Rom einer der wesentlichen Beweggründe, den Orden zu gründen: damit die von Gott gestiftete Gemeinschaft nicht zerstört werde.[9]

Das Finden des Willens Gottes in Gemeinschaft

Doch gerade durch den Zusammenschluß zu ihrer Gemeinschaft hat sich für den Prozeß des Suchens und Findens des Willens Gottes Wesentliches für Ignatius geändert. Er war nicht mehr allein. Er konnte nicht mehr einfachhin das als den Willen Gottes für sich ansehen, das entscheiden und tun, was er in rationaler Überlegung und innerer, durch Trost und Mißtrost erleuchteter Erfahrung als den Willen Gottes erkannte. Jetzt hatte er Gefährten bei sich. Mag er auch ihr Führer sein, sie hatten ihren Einfluß. Sie waren gleichen Geistes wie er, hatten die gleichen Motive und Ideale. Danach hatte er sie ja ausgewählt und ausgebildet. Auch sie waren eingeschworen auf das Suchen und Erfüllen des Willens Gottes und auf die Hingabe im größeren Dienst an den Seelen. Manche von ihnen waren begabter als er. Doch entscheidend ist, daß sie alle unter seiner Leitung gelernt hatten und darin vorangeschritten waren, in geistlicher Überlegung und Erfahrung den Willen Gottes für sich zu finden und ihn in selbstloser Bereitschaft zu erfüllen.

Was also sollte geschehen, wenn in der Gruppe Erkenntnis gegen Erkenntnis, geistliche Erfahrung gegen geistliche Erfahrung stand? Und genau das trat ein, und zwar nicht in irgendeiner unwesentlichen Frage, sondern in der für sie alle fundamentalsten Frage, nämlich »wo und wie sie Gott am besten dadurch dienen konnten, daß sie dem Nächsten am meisten nützten«.[10]

Von den Diskussionen der Pariser Studenten vor der Ablegung des »Montmartre-Gelübdes« 1534 gilt genau das, was sie über die römischen Zusammenkünfte der Magistri vor der Ablegung der Ordensgelübde sagten: »Es war unser aller einmütige und gemeinsame Absicht und unser Wille, Gottes Wohlgefallen und vollkommenen Willen zu suchen gemäß dem Ziel unserer Berufung; in der Frage aber, welche Mittel förderlicher und fruchtbarer seien, bestand eine gewisse Verschiedenheit der Meinungen.«[11] Nach welchen Kriterien also sollten die Gefährten in solchem Zwiespalt vorangehen, um Gottes Willen zu finden?

Die Pariser Beratungen der Gefährten darüber, wie ihr Leben und ihr Dienst in Zukunft sich gestalten müßte, um dem Willen Gottes zu entsprechen, dauerten lange. Wir wissen so gut wie nichts über ihren Verlauf und kennen nur das Ergebnis, das sogenannte »Montmartre-Gelübde«, und auch dies nicht im genauen

Wortlaut. Welche neue Einsichten für den Lebensweg des Ignatius und seiner Freunde werden in diesem Gelübde deutlich?

Die Wendung zum Papstgehorsam

In dem Montmartre-Gelübde verpflichten sich die Gefährten zu einem Vierfachen: Sie wollen sich Gott in beständiger Armut und Jungfräulichkeit weihen; sie wollen dem Heil der Seelen dienen; sie wollen nach Jerusalem ziehen; und sie wollen, sollte sich dieser Jerusalemplan nicht verwirklichen lassen, zum Papst nach Rom.

Das Gelübde gewann nicht durch die ersten drei, die absoluten Verpflichtungen, sondern gerade durch seine zuletzt erwogene Möglichkeit, durch die bedingte »Papstklausel« seine Bedeutung. Die Papstklausel war dreifach bedingt: Wenn sie nicht innerhalb eines Jahres nach Jerusalem *kommen konnten*; oder wenn sie dort nicht *bleiben konnten*; oder wenn sie dort nicht bleiben *wollten*, weil sie nicht erreichen konnten, was sie erreichen wollten, nämlich den Ungläubigen zu helfen, »dann erst gelobten sie, sich dem Papst, dem Stellvertreter Christi, anzubieten, daß er sie dorthin sandte, wo sie zur Ehre Gottes dem Nächsten am meisten nützen könnten«.[12] Diese Idee des Papstgehorsams, die zum ersten Mal in dieser sogenannten Papstklausel des Montmartre-Gelübdes auftaucht, wurde dann, wie Ignatius sich ausdrückt, zu »unserem Grundgesetz und bestimmenden Fundament«.[13]

Das Gelübde und seine Formulierung selbst zeigen zunächst einmal, wie stark noch immer der Jerusalemgedanke Ignatius und die Gruppe bewegte. Der Papst war für sie nur letzter Ausweg; erst wenn sich ihre Jerusalempläne zerschlugen, wollten sie sich an den Papst wenden. Sie wollen nach Jerusalem und, wenn möglich, für immer.

Doch dieses Gelübde und seine so komplizierte Formulierung zeigen klar, daß sich gerade auch im Jerusalemgedanken ein Wandel vollzogen hat. Jerusalem ist auch für die Gruppe Wunsch und Ideal, aber nicht fraglos zu verwirklichendes Ziel, wie früher bei Ignatius, als er noch allein war. Über Jerusalem

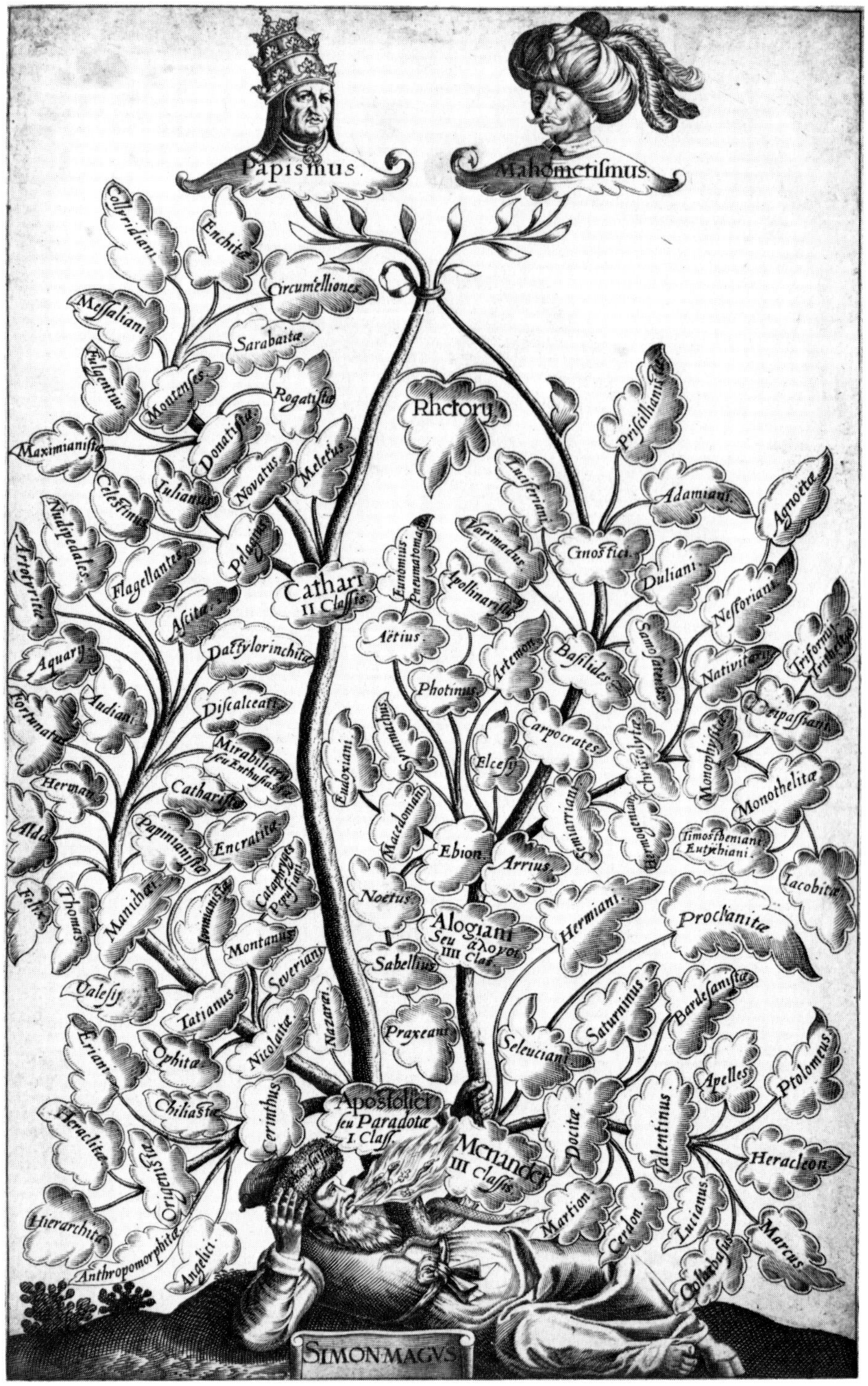

Die antirömische Polemik, die simonistische Praktiken anprangerte, ließ den Papismus aus dem Erzketzer Simon Magus entspringen.

steht noch ein anderes Ziel, ein höheres Ideal, das auch noch über den Aufenthalt an den heiligen Stätten entscheiden wird. Es ist der Dienst und Ruhm Christi, der sich konkret bemißt nach der je größeren Hilfe und Frucht der Seelen, die sie durch ihre Arbeit erreichen können. Dieser je fruchtbarere Dienst an den Seelen ist ihr gemeinsamer Wille, ihr Hauptziel, an dem sich alles messen lassen muß. Die Formulierung des Gelübdes zeigt deutlich, daß wenigstens einige von ihnen nicht sicher waren, dieses ihr Hauptziel ausgerechnet in Jerusalem am besten erreichen zu können.[14] Die einen wollten für immer in Jerusalem bleiben, und zwar auch, um unter den *Ungläubigen*, also eigentlich missionarisch, tätig sein zu können. Andere aber dachten nur an einen zeitlichen Aufenthalt im Heiligen Land; sie wollten sich in ihrem Apostolat nicht von vorneherein auf Jerusalem und die Ungläubigen dort einschränken lassen.[15]

Das also war die Situation der Gefährten in Montmartre 1534, die Not der Unsicherheit und der Wahl. Und in dieser Situation wandten sie sich hin zum Papst, zu dem, an den als seinen Stellvertreter der Herr selber sie hier auf Erden verwiesen hatte. Von ihm erwarteten sie Lösung und Hilfe: »Sie gelobten, sich dem Papst, Christi Stellvertreter, anzubieten, daß er sie dorthin sandte ..., wo sie zur Ehre Gottes dem Nächsten am meisten nützen könnten.«

Das also war ihr Grundmotiv. In der Bedrängnis der Lebenswahl suchten sie vom Stellvertreter Christi Weisung und Hilfe. Und nicht umgekehrt! Sie zogen nicht aus – wie so oft dargestellt – als ein Trupp in gegenreformatorischer Absicht, um dem Papst Verteidigung und Hilfe anzubieten in gefährlicher Stunde. Mehr als ein Ideal, dem man dient und sich opfert, war der Papst in Rom für die Gefährten in Paris ein sicherer Weg, ein ihnen vom Herrn selbst angewiesenes Mittel, um zu erfahren, wo und wie ihm, dem Herrn selbst, gedient werden sollte von Ignatius und »seinen lieben Freunden in Unserem Herrn«.

Diese Einsicht in den Ursprung der »Papstklausel« des Montmartre-Gelübdes des Freundeskreises in Paris und des besonderen Papstgehorsams der Gesellschaft Jesu ist von entscheidender Bedeutung für das rechte Verständnis dieser besonderen Kirchlichkeit des Ignatius und der Seinen. Auf einiges sei hingewiesen:

– Diese ignatianische Kirchlichkeit oder »Romanità« entstand nicht aus einer schutz- und verteidigungsbedürftigen Schwäche des Papstes. Die Gesellschaft Jesu ist nicht zur Unterstützung des Papstes gegen Feinde entstanden.[16] Im Gegenteil, der Papst besitzt für die Gruppe eine unvergleichliche Kraft. Er ist Quelle des Christusdienstes, Quelle der Verbindung mit dem Herrn in der Einweisung in dessen jeweiligen Willen zum Dienst. Der Apostolische Stuhl ist Quelle des Apostolates.

– Diese ignatianische Kirchlichkeit ist darum nicht so etwas wie »Papismus«. Ignatius und seine ersten Gefährten wollten nicht so etwas sein wie eine geistliche und geistige »Schweizer Garde« des Papstes in Kirche und Welt. Die Gesellschaft Jesu wurde nicht zur Förderung der größeren Ehre des Papsttums gegründet.

– Diese ignatianische Kirchlichkeit ist nicht besonderer Gehorsam der Einsicht zum Glauben, sondern sie ist besonderer Gehorsam des Willens zum apostolischen Tun, sich einweisen zu lassen in das, was konkret der »größere« apostolische Dienst ist.

– Diese so begründete ignatianische Kirchlichkeit setzt das traditionelle Verständnis von Gehorsam voraus: der Menschenwille als Indikator des Willen Gottes. »Wer euch hört, der hört mich ...«, hatte nach Lk 10,16 der Herr zu den Aposteln gesagt. Die Tradition hatte bedenkenlos dieses biblische Wort auch zur Begründung des Ordensgehorsams, des Gehorsams gegenüber jedem Oberen, in Anspruch genommen. Ignatius hat in seinem Papstgehorsam dieses Wort wieder deutlich auf seine ursprünglichen Adressaten, Papst und Bischöfe, bezogen und den Gehorsam damit deutlich in die Kirche gestellt.

Papst Paul III. (1534–1549) geb. 1468 als Alessandro Farnese

Der Papst, Stimme des Willens Christi

In der »Papstklausel« des Montmartre-Gelübdes hatten die Gefährten das gefunden, was sie brauchten, um auch im Auseinandergehen der Meinungen und Erfahrungen ein deutliches Prinzip und Kriterium für das Suchen und Finden des Willens Gottes zu haben, den Gehorsam gegenüber dem Papst. Warum aber kamen sie gerade auf den Papst? Warum blieben sie nicht einfach bei dem, was sie selbst jetzt in den Beratungen zu Paris praktizierten, was sie später jahrelang in Norditalien und in den höchstwichtigen Beratungen zu Rom praktizieren werden und was sie sich für den Eventualfall in Jerusalem zu tun vorgenommen hatten, nämlich in der Gruppe selbst – notfalls durch Mehrheitsbeschlüsse – festzustellen, was zu tun sei? Die Quellen lassen hier nur Vermutungen zu, welche Motive die Gefährten bewogen haben, sich gerade in den Gehorsam gegenüber dem Papst zu begeben.
– Das am stärksten betonte Motiv ist theologischer Natur. Im Papst, dem Stellvertreter Christi auf Erden, wird der Herr selbst zu ihnen sprechen. »Denn davon waren sie überzeugt, daß durch die Vermittlung seines Stellvertreters Christus sie gnädig einweisen würde auf den Weg seines größeren Dienstes.«[17] Und Peter Faber, der einzige Priester unter ihnen, bemerkt, als Paul III. ihr Angebot 1538 angenommen hatte, daß nun tatsächlich Christus durch die Stimme seines Stellvertreters, »die die eindeutigste Berufung (manifestissima vocatio) ist«, sie in seinen Dienst aufgenommen habe.[18]
– Der zweite Grund liegt auf der natürlich-pragmatischen Ebene. Der Papst, der seine Bischöfe und Vertreter überall hat, weiß besser, wo in der Kirche Hilfe am nötigsten erscheint, was der Kirche am meisten dient.[19]
– Der Gedanke an die Universalität der päpstlichen Autorität bestimmt das dritte Motiv. Der Papst ist die einzige allgemeine Autorität, die einzige also, die ein nicht vorschnell und von vornherein eingeengtes Arbeitsfeld gewährleisten kann. Und sie wollen ja Christus dienen »zur Auferbauung *aller*«, und zwar nach dem Urteil des Papstes, »insofern er der Herr der *ganzen* Ernte Christi ist«.
Über diese Etappe wollen wir zum Abschluß Ignatius selbst sprechen lassen. Er faßt in einem Passus der ursprünglichen spanischen

Konstitutionen des Ordens von 1544 all das zusammen, was die Gefährten in Paris und auf dem Montmartre bewegte: ihr festes Wollen, den Willen Gottes zu treffen zu seinem je größeren Dienst und zum größeren Nutzen der Seelen; ihre Gemeinschaftlichkeit und die Situation des Zweifelns, die sie sich an den Papst wenden ließ: »Wir kamen aus verschiedenen Reichen und Provinzen und wußten nicht, wohin uns wenden und ob unter Gläubige oder Ungläubige; wir wollten auf dem Weg des Herrn nicht irregehen, waren aber nicht sicher, wo wir Gott, Unserem Herrn, mehr dienen und ihn mehr loben könnten mit Hilfe Seiner Gnade; aus all diesen Gründen legten wir das Gelübde ab, der Papst solle es sein, der uns aufteile und sende zur größeren Ehre Gottes, Unseres Herrn, und gemäß unserem Versprechen und unserer Absicht, die Welt zu durchziehen.«[20]

»Rom ist euer Jerusalem«[21]

Das ist die Entwicklungsgeschichte des wesentlichen Geistes des Ignatius und seiner kleinen Gemeinschaft. Was jetzt noch folgt bis zur Gründung des Ordens, ist Erfüllung dessen, was die sieben Gefährten auf dem Montmartre zu tun erkannt und gelobt hatten. Zunächst studierten sie ihre Theologie zu Ende. Ab Frühjahr 1537 hielten sich die mittlerweile zehn »Freunde im Herrn« in Norditalien zur Überfahrt nach Jerusalem auf. Als sie Paul III. in Rom um Segen und Erlaubnis für ihre Fahrt baten, gewährte er dieses zwar, aber fügte sogleich hinzu, »ich glaube kaum, daß ihr nach Jerusalem kommen werdet«.[22]

Für Ignatius persönlich waren diese knapp zwei Jahre in Norditalien einerseits geistlich gesehen eine sehr reiche Zeit, andererseits war er immer noch im Zweifel. Ignatius war nicht der Mann, der in so wichtiger Sache sich mit einer rational wohlbegründeten Entscheidung zufrieden gab. Er suchte stets auch die innere Bestätigung in der geistlichen Erfahrung. In der Einsamkeit von Vicenza fand er jetzt sein zweites Manresa. In all dieser Zeit »hatte er ... große übernatürliche Heimsuchungen, ähnlich jenen, die er so häufig während seines Aufenthaltes in Manresa gehabt hatte.« (PB 95) Er betete immer wieder darum, daß er in den Dienst Christi aufgenommen werde, daß Unsere Liebe Frau ihn ihrem Sohn zugesellen möge. So hatte er auch in Manresa gebetet. Und er war sich damals in inneren Tröstungen über alle Zweifel klar gewesen, daß er in den Dienst Jesu Christi aufgenommen war und daß er diesen Dienst in Jerusalem zu leisten hätte.[23] Seit jenen Stunden waren für sein inneres Fühlen Jerusalem und sein Stehen im besonderen Dienst Christi auf das innigste miteinander verbunden. Die andauernde Unsicherheit über die Verwirklichung ihres Jerusalemplanes war für Ignatius' innere Erfahrung wie eine Unsicherheit darüber, ob Gott ihn und die Seinen zu besonderem Dienst und besonderer Gefolgschaft Christi aufgenommen habe. Darum äußert er in dieser Zeit die beständige Bitte, Christus zugesellt zu werden.

Gott antwortete ihm durch zwei Ereignisse. Einmal dadurch, daß eine Überfahrt ins Heilige Land 1537 zum erstenmal in jenem Jahrhundert nicht möglich war. Gemäß ihrem Gelübde machten sich also die Freunde auf den Weg zum Papst nach Rom. Und auf diesem Weg antwortete Gott zum anderen durch die große Gnade von La Storta, jenem Kirchlein vor den Toren Roms, durch die Gott den »vernünftigen Ersatz« von Montmartre trostreich bestätigend aufnahm und ihn zum »Hauptsatz« des künftigen Lebens des Heiligen und seiner Gefährten machte. In dieser Gnade, berichtet Ignatius, »fühlte er eine solche Umwandlung seiner Seele, daß er nicht im geringsten mehr daran zweifeln konnte, ... Gott der Vater habe ihn seinem Sohn zugesellt«. (PB 96) Das geschah – zeichenhaft genug – vor den Toren Roms. Ignatius war am Ende seiner geistlichen Pilgerfahrt angelangt. Paul III. nahm zur großen Freude der Schar ihr Angebot an. Das wiederum war der Anstoß dafür, den Orden der Gesellschaft Jesu zu gründen.

Der fast achtzigjährige Bobadilla, einer der ersten Gefährten des Ignatius, hat sich am 55. Jahrestag des Gelübdes von Montmartre an das Wollen von damals und seine spätere Erfüllung erinnert und beides in diesem knappen Wort an seinen Generaloberen ausgedrückt: »Ich denke zurück ..., wie an diesem Festtag der glorreichen Madonna wir ersten Väter unserer Gesellschaft auf dem Berg der Martyrer bei Paris das Gelübde ablegten, nach Jerusalem zu pilgern, und wie die göttliche Vorsehung, dieser tiefe Abgrund, dieses Gelübde umwandelte in ein besseres und weit fruchtbareres, in die Pilgerschaft im Ordensstand ... Jesus Christus sei gepriesen. Amen!«[24]

Anmerkungen

[1] MI *Const.* I, 7.; ähnlich auch 2. 4. 8.

[2] M *Nadal* V, 625f.

[3] PB 39f; das wurde damals strikt gehandhabt.

[4] PB 71; vgl. dazu FN I, 462 f. und ebd. II, 77.

[5] PB 35; vgl. M *Nadal* V, 615.

[6] EB 97.

[7] So Ignatius an seinen Neffen Beltrán de Loyola, September 1539, in: MI *Epp.* I, 148–151.

[8] FN III, 22; MI *Const.* I, 3.

[9] MI *Const.* I, 7: »damit die Gesellschaft sicherer bewahrt werde«.

[10] So Juan de Polanco in: FN II, 567.

[11] MI *Const.* I, 2. für 1534: FN III, 22.

[12] FN II, 567.

[13] MI *Const.* I, 162: »... unser Grundgesetz und bestimmendes Fundament ...«

[14] FN II, 567: Wenn sie in Jerusalem »herausfinden würden, daß sie in der Hilfe für die Ungläubigen und im Einsetzen ihres Lebens zur Ehre Christi nicht erreichen könnten, was sie wünschten«.

[15] Zur ersteren Gruppe gehörte klar Ignatius selbst (PB 85), Laínez (FN I, 110, 112) und nach G. Schurhammer (Franz Xaver. Sein Leben und seine Zeit. Bd. 1. Freiburg 1955, 200) Franz Xaver. Die andere Tendenz vertritt Peter Faber (FN I, 36f) und wohl auch Simon Rodrigues (FN III, 20).

[16] Es kann hier nicht erörtert werden, ob Ignatius selbst es war, der den Papstgedanken in das Gelübde von Montmartre brachte; es gibt manche Hinweise, die dafür sprechen, daß es nicht Ignatius war, sondern Peter Faber.

[17] FN I, 264; auch FN II, 310.

[18] FN I, 42; derselbe Gedanke liegt in der »Formula Instituti« von 1550 vor, wenn dort gesagt wird, daß sich die Gesellschaft Jesu dem Papst zu Gehorsam verpflichtet hat »wegen der sichereren Führung durch den Heiligen Geist« (Form. Inst. Julius III. 3. In: S).

[19] FN I, 42; auch ebd. 190 und MI *Epp.* I, 132.

[20] MI *Const.* I, 160; auch ebd. II, 210f. 562; dieser Text findet sich in etwas veränderter Form im 1. Kapitel des 7. Teils der geltenden Konstitutionen des Ordens (S 605).

[21] M *Bob* 616; FN III, 327; FN II, 310.

[22] Simonis Rodrigues Commentarium n. 58, in: FN III, 80.

[23] PB 42, 46; vgl. H. Rahner, Ignatius von Loyola als Mensch und Theologe. Freiburg 1964, 63–66

[24] Brief an Claudius Aquaviva, 11. August 1589, in: M *Bob* 602f.

Das Vierte Gelübde

Die Sendung durch den Papst

Reinhold Sebott, Frankfurt am Main

»Berühmt und berüchtigt wie die Gesellschaft Jesu, so ist berühmt und berüchtigt ihr besonderes Gelübde des Papstgehorsams und sie zum großen Teil um seinetwillen. Berühmt für die einen, die in diesem Gelübde Geist und Kraft des Ordens enthalten und ausgedrückt sehen, seine Dienstwilligkeit, seine Beweglichkeit, seine Einsatzbereitschaft und Zielstrebigkeit, seine durchdachte, auf das Wohl der Seelen ausgerichtete Organisation, seine Hingabe an das vom Herrn eingesetzte Haupt der Kirche und an diese Kirche selbst. Berüchtigt für die anderen, die in ihm Anmaßung, Arroganz, Machtstreben sehen, verewigte, erstarrte, geradezu institutionalisierte Gegenreformation, Herd und immer frische Quelle allen übertriebenen Zentralismus, Vatikanismus, Infallibilismus.«[1]

Das Werden des Sondergelübdes

Nachdem sich die Jerusalemfahrt des Ignatius und seiner Gefährten zerschlagen hatte (1537/38), wurde die Papstklausel ihres Montmartre-Gelübdes bindend. Nach der vom Gelübde vorgesehenen Alternative war die Gruppe nun verpflichtet, sich dem Papst zur Verfügung zu stellen, um dorthin gesandt zu werden, wo es diesem gut erschien. Nachdem Paul III. die Übergabe[2] der Gefährten im November 1538 angenommen hatte, wies er ihnen als Feld für ihr Apostolat die Stadt Rom an. Bald kam damals die Gründung des Ordens insofern in Bewegung, als Gefahr bestand, daß die Gefährten auseinandergerissen würden. Aus diesem Grund traten sie zu gemeinschaftlicher Beratung zusammen, die von Mitte März bis zum 24. Juni (Fest des hl. Johannes des Täufers) 1539 dauerte. Dabei stellten sie sich vor allem zwei Fragen: 1. Sollen wir als Gruppe zusammenbleiben? 2. Sollen wir einem von uns Gehorsam leisten? Da die erste Frage leicht mit einem Ja beantwortet werden konnte, konzentrierte sich die Überlegung vor allem auf den zweiten Fragepunkt. Er wurde so formuliert: »Ist es ratsam, nachdem wir alle in Venedig das Gelübde ewiger Keuschheit und das Gelübde der Armut in die Hände des päpstlichen Legaten abgelegt haben, noch ein drittes Gelübde zu machen, nämlich einem von uns Gehorsam zu leisten?«[3] Dieser zweite Fragepunkt war insofern problematisch, weil sich die Gefährten ja schon dem Papst aufgrund des Gelübdes vom Montmartre zur Verfügung gestellt hatten, nun in der Bedrängnis der Lebenswahl eine Lösung zu finden, waren sie doch überzeugt, nur beim *Stellvertreter Christi*[4] Weisung und Hilfe zu bekommen. Hatte dann ein weiterer Gehorsam gegenüber einem von ihnen gewählten Oberen überhaupt noch einen Sinn? War er nicht eine bloße und blanke Verdoppelung des Gehorsamsgelübdes? Raum und Möglichkeit für diesen weiteren Gehorsam (eben einem Ordensoberen gegenüber) konnte es erst geben, wenn man erkannte, daß der Papst aus mehr praktischen Gründen (z.B. aus Zeitmangel) sich überhaupt nicht der ihm gegenüber übernommenen Totalverpflichtung bedienen konnte und wollte. Doch blieb es dabei, daß der Papstgehorsam als zeitlich und logisch erste Verpflichtung den Ordensgehorsam (in seiner mehr subsidiären und ergänzenden Funktion) an die zweite Stelle verdrängte.[5]

Hinfort legte man also in der Gesellschaft Jesu ein Gelübde des Gehorsams gegenüber einem Ordensoberen ab und zugleich ein viertes[6] Gelübde gegenüber dem Papst. »Wie das Gelübde von 1534 auf dem Montmartre die Grundlegung des Jahre später entstehenden Ordens wurde, so war die ›Papstklausel‹ dieses Gelübdes der Keim des vierten Gelübdes dieses Ordens, des Gelübdes besonderen Gehorsams gegenüber dem Papst. Dieser besondere Gehorsam wurde – nach Ignatius' eigenen Worten – ›nuestro principio y principal fundamento‹.«[7] Der Ausdruck »Fundament« erinnert an die Geistlichen Übungen des Ignatius. »Was das Exerzitienfundament im ganzen der Geistlichen Übungen bedeutet, das ist nach Ignatius' Auffassung der Papstgehorsam für die Struktur seines Ordens, der also auf jenem Papstgelübde aufbaut und es als Grundlage für sein Werden und für seine Aktivität voraussetzt.«[8]

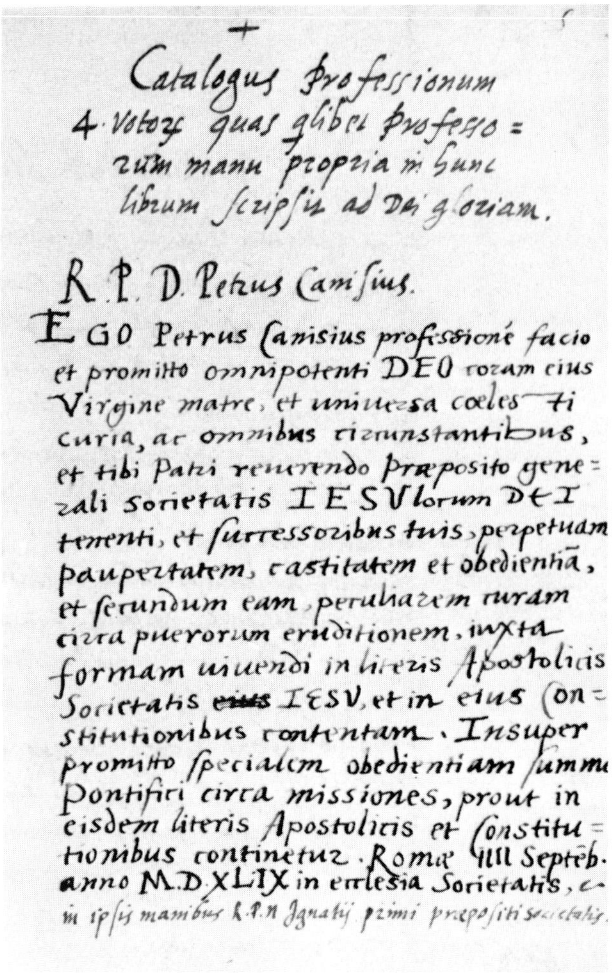
Catalogus Professionum
4 Votorum quas quilibet Professorum manu propria in hunc
librum scripsit ad Dei gloriam.

R. P. D. Petrus Canisius.
EGO Petrus Canisius professionem facio
et promitto omnipotenti DEO coram eius
Virgine matre, et universa coelesti
curia, ac omnibus circumstantibus,
et tibi Patri reverendo Praeposito generali
Societatis IESU locum DEI
tenenti, et successoribus tuis, perpetuam
paupertatem, castitatem et obedientiam,
et secundum eam, peculiarem curam
circa puerorum eruditionem, iuxta
formam vivendi in literis Apostolicis
Societatis IESU, et in eius Constitutionibus
contentam. Insuper
promitto specialem obedientiam summo
Pontifici circa missiones, prout in
eisdem literis Apostolicis et Constitutionibus
continetur. Romae IIII Septeb.
anno M.D.XLIX in ecclesia Societatis, coram
ipsis manibus R.P.N. Ignatii primi praepositi Societatis.

Gelübdeformel des Petrus Canisius

Das Gelübde in seiner heutigen Form

Das sogenannte vierte Gelübde des besonderen Gehorsams gegenüber dem Papst hat heute folgenden Inhalt: »Darüber hinaus verspreche ich besonderen Gehorsam gegenüber dem Papst in bezug auf die Aussendungen (circa missiones), wie es in den gleichen Apostolischen Schreiben und Satzungen enthalten ist.«[9] Der jetzige Inhalt des Sondergelübdes wurde von der vierten Generalkongregation im Jahr 1581 endgültig festgelegt und noch einmal von der 27. Generalkongregation im Jahr 1923 nach der Promulgation des Codex des kanonischen Rechtes von 1917 gebilligt.[10]

Zu diesem Gelübde seien noch drei (mehr kirchenrechtliche[11]) Bemerkungen gemacht: Dieses Gelübde wird nur von den sogenannten Professen des Ordens abgelegt. Die sogenannten Koadjutoren legen das vierte Gelübde nicht ab. Das vierte Gelübde ist ein feierliches Gelübde. Das Objekt dieses besonderen Papstgehorsams sind die »missiones«. Was diese »Aussendungen« genauer bedeuten und wie sie sich inhaltlich bestimmen lassen, darüber bestehen bei den Autoren des Ordens recht unterschiedliche Meinungen. Auch von daher erklären sich die Schwierigkeiten, auf die noch eingegangen werden soll. Aufs Ganze aber läßt sich aus kirchenrechtlicher Sicht sagen: »Aus diesem Sondergelübde erwächst für jeden Jesuiten und für den ganzen Jesuitenorden die Forderung einer örtlichen und geistigen Beweglichkeit als notwendiges Mittel zu ihrem wesentlichen Ziel.«[12]

Schwierigkeiten mit diesem Gelübde

Das Sondergelübde des Papstgehorsams hat der Gesellschaft Jesu nicht nur Segen gebracht und ihr eine »örtliche und geistige Beweglichkeit« geschenkt, es hat sie auch in manche Schwierigkeiten gestürzt. Zwei seien genannt. Am 21.7.1773 löste Papst Klemens XIV. mit dem Schreiben »Dominus ac Redemptor« die Gesellschaft Jesu auf. Ihr Generaloberer Lorenz

Ricci wurde in die Engelsburg gebracht und starb dort am 24. 11. 1775 als Gefangener. Dabei war der Papst durchaus kein Jesuitengegner. Er war nur nicht mehr Herr der Lage und wich dem politischen Druck der katholischen Höfe. Er war ohnmächtig, die Gesellschaft Jesu zu schützen. Diese Aufhebung empfanden die Jesuiten als tiefe Verletzung. Gerade weil sie den Gehorsam zum Papst als »Prinzip und Hauptfundament« des Ordens betrachteten, mußte ihnen die Unterdrückung durch eben diesen Papst als Katastrophe erscheinen.

Auch in der jüngsten Vergangenheit brachte der besondere Papstgehorsam die Jesuiten in Bedrängnis.[13] Bei Papst Johannes Paul II. hatte sich »ein kaum noch durchschaubarer Wust von Negativinformationen«[14] und Gerüchten über die Jesuiten und ihren angeblichen Ungehorsam angesammelt: Der Orden beachte zu wenig die vorgegebenen Ordnungen; er fördere einen nicht mehr verantwortbaren Pluralismus; er kümmere sich zu wenig um die Richtlinien von Bischöfen; er übe zu viel Kritik; er verunsichere die Gläubigen; er sei ungehorsam. Am 31. 10. 1981 traf der Papst eine ungewöhnliche Maßnahme: Er setzte P. Paolo Dezza SJ zu seinem Delegaten gegenüber dem Orden ein. Damit wurde der ordentlich bestellte Generalvikar des Ordens seines Amtes enthoben. Gleichzeitig wurde innerhalb des Ordens eine Klärung in die Wege geleitet, an deren Ende die Einberufung der 33. Generalkongregation im September 1983 stand, mit der der Gesellschaft Jesu ihre ordentliche Leitung wieder zuerkannt wurde. Nach erheblichen Anstrengungen begann sich am 27. Februar 1982 eine Entspannung abzuzeichnen, als Papst Johannes Paul II. die Assistenten der Generalskurie und alle Provinziäle in Audienz empfing und ausführlich zur Versammlung sprach: »Die zweifellos einmalige und außergewöhnliche Situation ließ ein Eingreifen, eine ›Prüfung‹ angeraten sein, die – und das sage ich mit starker Ergriffenheit – von den Mitgliedern des Ordens in echt ignatianischem Geist angenommen wurde.«[15] Nach wie vor ging es Johannes Paul II. darum, daß der Orden zur Verwirklichung des Zweiten Vatikanischen Konzils beitrage, dem es um die Erneuerung der Treue und des leidenschaftlichen Engagements in allen Bereichen der Sendung der Kirche gehe. Zudem wurde die Grundausrichtung der Gesellschaft Jesu, wie sie in der 31. und 32. Generalkongregation ins Auge gefaßt wurde, bestätigt. So war der Weg für eine Generalkongregation wieder frei, die in erster Linie einen neuen Generaloberen zu wählen hatte: Gewählt wurde Peter-Hans Kolvenbach, der seither den Orden leitet.

Trotz dieser Schwierigkeiten bleibt das besondere Gelübde des Papstgehorsams ein Eckstein der Ordensverfassung. Darauf hat Johannes Paul II. mit Nachdruck hingewiesen: »Das vierte Gelübde der Gesellschaft Jesu wurde vom hl. Ignatius genau als der lebendige und lebenswichtige Ausdruck des Bewußtseins verstanden, daß sich die Sendung Christi in Zeit und Raum durch jene fortsetzt, die sich ... seine Gefühle und Gedanken zu eigen machen, um so in inniger Verbundenheit mit ihm und infolgedessen auch mit seinem Stellvertreter auf Erden zu leben. Deshalb haben der hl. Ignatius und seine ersten Gefährten – weil sie an der Sendung Christi teilnehmen wollten, die in der Kirche weitergeht – beschlossen, sich bedingungslos dem Stellvertreter Christi zur Verfügung zu stellen und sich durch ein besonderes Gelübde an ihn zu binden.«[16] Zugleich trägt jeder Jesuit dafür Verantwortung, daß er seinem eigenen Gewissen treu bleibt und nichts ausführt, was Sünde wäre.

Anmerkungen

[1] J.G. Gerhartz, »Insuper promitto...«. Die feierlichen Sondergelübde katholischer Orden (= Analecta Gregoriana 153). Rom 1966, 209.

[2] Bereits im Sommer 1537 hatten sie in Venedig das öffentliche Gelübde der Armut in die Hände des päpstlichen Legaten Girolamo Veralli abgelegt. Mit der Diakonatsweihe am 17. Juni 1537 hatten sie die Verpflichtung zur ständigen Keuschheit gemäß dem Zölibat übernommen. Vgl. A. Ravier, Ignatius von Loyola gründet die Gesellschaft Jesu. Dt. Bearb. von J. Stierli. Würzburg 1982, 28; ebenso FD 532.

[3] A. Ravier (s. Anm. 2), 89.

[4] Es wäre eine interessante Frage, der aber hier nicht nachgegangen werden kann, ob nicht Ignatius vielleicht eine fragwürdige Vorstellung vom Papsttum hatte, indem er dem »Stellvertreter Gottes und Christi« göttliche Eigenschaften zusprach. Zu solchen Versuchungen vgl. R. Sebott, Religionsfreiheit und Verhältnis von Kirche und Staat (= Analecta Gregoriana 206). Rom 1977, 98f, Anm. 20.

[5] Natürlich enthielt ein solches Neben- und Untereinander von »zwei« Gehorsamsverpflichtungen eine Menge »Zündstoff« in sich. Zumindest kann es hier keine klare – gleichsam mathematische – Lösung geben. Von hier aus waren Schwierigkeiten mit dem Papstgehorsam gleichsam vorprogrammiert.

[6] Die Gelübde der Armut, der Keuschheit und des Gehorsams sind die drei ersten »normalen« Gelübde. Das vierte Gelübde, also das Gelübde des besonderen Gehorsams gegenüber dem Papst, ist ein Sondergelübde.

[7] J.G. Gerhartz (s. Anm. 1) 216.

[8] B. Schneider, Nuestro Principio y Principal Fundamento. Zum historischen Verständnis des Papstgehorsamsgelübdes, in: AHSI 25 (1956) 488–513, hier 510.

[9] Societatis Iesu Constitutiones et Epitome Instituti. Rom 1962, 197, n. 527; vgl. 506, n. 454.

[10] Auch die letzten drei Generalkongregationen weisen auf den besonderen Gehorsam gegenüber dem Papst hin, z.B. die 31. (1965/66) im Dekret 3 (Auftrag der Gesellschaft gegenüber dem Atheismus), die 32. (1974/75) im Dekret 4 (nn. 1–23) und die 33. (1983) im Dekret 1 (n. 37: Die Weisungen der Päpste).

[11] Zum Ganzen vgl. R. Sebott, Das neue Ordensrecht. Kommentar zu den Kanones 573–746 des Codex Iuris Canonici. Kevelaer 1988.

[12] J. G. Gerhartz (s. Anm. 1) 230.

[13] V. Seibel, Die Gesellschaft Jesu auf dem Prüfstand, in: GuL 55 (1982) 213–223.

[14] Ebd. 215.

[15] Zit. nach ebd. 218.

[16] »Einklang mit den Hoffnungen der Kirche und der Welt«. Ansprache des Papstes an die Assistenten der Generalskurie und die Provinziäle aller Provinzen der Gesellschaft Jesu am 27. Februar 1982: in: L'Osservatore Romano (Wochenausgabe in deutscher Sprache) 12. Jg., Nr. 11 (12. März 1982) 5, n. 7.

Ordensleben

Die evangelischen Räte im Zeitalter der Reformation*

Klaus Schatz, Frankfurt am Main

Die religiös – kirchliche Situation des 16. Jahrhunderts

Das 16. Jahrhundert ist noch einmal eine große Zeit der Orden. Ja, es ist sogar das letzte Jahrhundert, das hier in großem Stile schöpferisch war, nicht nur hinsichtlich der Ordensgründungen für praktische Ziele (dies war auch noch das 19. Jahrhundert), sondern in der Ausbildung von Ordens-Spiritualitäten. Dabei stand, zwar nicht ausschließlich, aber doch in viel größerem Maße als in früheren großen Zeiten der Ordensgründungen, die aktive Hinwendung zu Schule, Seelsorge und Caritas im Zentrum.

Das Spezifikum dieser Zeit sind die Regularkleriker. In ihnen hat die geschichtliche Entwicklung der Verbindung von Orden und Priestertum einen gewissen Abschluß erreicht. Das eigentliche Ziel dieser Gemeinschaften ist die priesterlich-seelsorgliche Tätigkeit. Alle diese Gemeinschaften treten allerdings zurück gegenüber dem Orden der 1540 gegründeten Gesellschaft Jesu.

Der Jesuitenorden ist entgegen der hartnäckigen Vorstellung vieler nicht als Reaktion auf die Reformation gegründet. Er wurde weder von Ignatius von Loyola so konzipiert, noch von Paul III. zu diesem Zweck bestätigt. Ein spezifisch antiprotestantisches Motiv findet sich weder im Montmartre-Gelübde von 1534 noch in der päpstlichen Bestätigungsbulle Papst Pauls III. »Regimini militantis ecclesiae« von 1540. Dennoch ist der Orden in Europa faktisch zu einem Orden der katholischen Erneuerung geworden.

Was die religiös-kirchliche Situation Europas vor der Reformation angeht, so ist sicherlich zu sagen, daß die Vorstellung, die Mißstände im kirchlichen Leben um 1500 seien im ganzen schlimmer gewesen als um 1400 oder 1300 oder auch in der immer wieder gepriesenen Zeit des Hochmittelalters, sicher nicht stimmt oder doch nur auf einzelne Sektoren bezogen, etwa das skandalöse Schauspiel des Renaissance-Papsttums. Eher dürfte das Gegenteil der Fall sein. Es ist eine nicht zu leugnende Tatsache, daß seit dem 14. Jahrhundert in allen kirchlich wachen Kreisen das Bewußtsein der Reformbedürftigkeit der kirchlichen Zustände im Wachsen begriffen ist. »Reform der Kirche an Haupt und Gliedern« ist der große unerfüllte Ruf auf den Konzilien von Konstanz (1414–1418) und Basel (1431–1449). Und der Ruf nimmt immer schrillere Töne an. Hinter dieser Unzufriedenheit steckt jedoch nicht so sehr eine Verschlimmerung der objektiven Verhältnisse als vielmehr ein mehr positives Faktum: die Tatsache, daß ein geschärftes religiöses Bewußtsein den Kontrast zwischen Ideal und Wirklichkeit stärker empfindet. Gerade im Bürgertum wird eine religiös-spirituelle Tiefe gesucht, der Ausbildung und Niveau des durchschnittlichen Klerus nicht entsprachen.

Der eigentliche strukturelle Krebsschaden war dabei das Pfründenwesen mit seinen Begleiterscheinungen der Pfründenhäufungen und der Vernachlässigung der Residenzpflicht. Auf der Ebene der niederen Geistlichkeit ist die typische Erscheinung in den Städten das geistliche Proletariat. Das geistige und geistliche Niveau des Klerus war sehr niedrig. Wer Priester werden wollte, ging bei einem Pfarrer »in die Lehre« und lernte von ihm das Notdürftigste; dann wurde er eines Tages vom Bischof geweiht. Priesterseminare gab es noch nicht. Von Beobachtung des Zölibats konnte sicher bei der Masse dieses geistlichen Proletariats nicht die Rede sein.

Die schlimmste Erscheinung dieser Zeit war sicher der Fiskalismus, d.h. die finanzielle Aus-

Kirchliche Würdenträger oder Angehörige von Orden waren durch entsprechende Kleidungsstücke oder Insignien kenntlich. Abt (l. o.) – Kardinal (l. u.) – Papst (r. o.) – Nonne (r. u.)

beutung kirchlicher Bedürfnisse vor allem durch Rom. Der Fiskalismus begegnet einmal in der Zeit des Avignoneser Papsttums (14. Jahrhundert) im Zusammenhang mit der Ämterverleihung, vor allem mit Bischofsernennungen. Die von Rom ernannten Pfründeninhaber zahlten die Einkünfte des ersten Jahres an die römische Kurie. Es gab außerdem die bezahlte Anwartschaft auf eine Pfründe, sobald sie durch den Tod des jetzigen Inhabers frei würde. Auf den Konzilien von Konstanz und Basel war versucht worden, gegen dieses System anzugehen. Zuletzt siegten einfach die finanziellen Interessen. Ähnliche Systeme galten für Ablaß, Dispensen und Reservationen.
Zentrales Anliegen der katholischen Erneuerung war die Wiederherstellung der Seelsorge. Es ging darum, auf das erwachte religiöse Interesse des Kirchenvolkes eingehen zu können. Es waren vor allem die südlichen Länder, d. h. Italien und Spanien, von denen jene Impulse ausgingen, die dann für die ganze Kirche fruchtbar wurden. Bei diesen Impulsen verbinden sich meist drei Momente miteinander: die spirituelle Vertiefung; eine neue Ausrichtung auf die Seelsorge mit einem Verständnis des Amtes, welches dieses mehr als seelsorglichen Dienst an den Menschen und Einsatz für das Apostolat versteht; schließlich die Hinwendung zur tätigen Caritas. Der caritative Impuls ist ein sehr wesentliches, freilich immer wieder vergessenes Element der katholischen Reform des 16. und 17. Jahrhunderts.
Aufgegriffen wurden diese Impulse, wenn auch zunächst nur recht zögernd und unter starkem Druck der Reformation in Deutschland, vom Reformpapsttum. Eingeleitet wurde dies von Papst Paul III. (1534–1549), wenn man ihn auch nicht direkt als einen Vertreter des Reformpapsttums bezeichnen kann. Hier wurde dann auch versucht, der strukturellen

Schäden Herr zu werden. Der Höhepunkt dieser Reformbewegung ist das Konzil von Trient (1545–1563). Der in den Unruhen dieser Zeit entstandene Jesuitenorden war für ein fruchtbares Wirken innerhalb dieser katholischen Reform wie geschaffen. Die Zielsetzung des Ordens, »den Seelen zu helfen«, entsprach genau der religiösen »Not-wendigkeit« dieser Zeit. Ebenso auch der Einsatz für eine theologisch fundierte Bildung durch die Gründung von Kollegien, an denen nicht nur Jesuiten studieren konnten, und die Errichtung kostenloser Schulen.

Die Charakteristika des neuen Ordens

Die geistliche Mitte

Wenn man nach der Grundidee der Gesellschaft Jesu fragt, dann hat man nicht zuerst von den Ordensregeln (den Satzungen) auszugehen, sondern von den Exerzitien. Sie bilden die eigentlich geistliche Mitte des Ordens. Sie sind für die Jesuiten in ähnlicher Weise prägende Mitte, wie für die alten Orden das Chorgebet. Das Zentrum der Exerzitien aber ist die jeweils größere Ehre Gottes in der Nachfolge des armen und gekreuzigten Christus und die größere Angleichung an ihn und sein Leben. Das bedeutet eine innere Tendenz zu Armut, Selbstverleugnung, Demütigung und Schmähung. Es geht dabei in diesen »Geistlichen Übungen«, die alle Jesuiten in ihrem Leben zweimal machen, nicht um irgendwelche frommen Erwägungen, erst recht nicht um eine Form geistlicher Indoktrination oder gar Manipulation. Es geht darum, den persönlichen Anruf Gottes für das eigene Leben zu vernehmen, die eigene geistliche Form zu finden, also den je persönlichen Weg, und dies in

der Begegnung mit Jesus und seinem Weg. Dieses ganz »persönliche« Formprinzip ist wesentlich zum Verständnis des Spezifischen der Gesellschaft Jesu. Ohne es ist auch der Gehorsam bzw. seine spezifische Form im Jesuitenorden nicht zu verstehen.
Diese Nachfolge des armen und gekreuzigten Christus hat nun ihre kirchliche Dimension als jeweils größere Bereitschaft zum Dienst in der sichtbaren, »streitenden« Kirche. In diesem Rahmen ist auch der spirituelle Ort des Papstgehorsams zu sehen, der sich auf die apostolischen Sendungen bezieht. Der Papstgehorsam ist die ekklesiologische Form der inneren Indifferenz und des »Magis«, des Suchens nach der größeren Ehre Gottes in der Nachfolge des gekreuzigten Christus. Der Papst steht hier für die übergeordneten Belange des gesamtkirchlichen Gemeinwohls, für das die Gesellschaft Jesu gleichsam auf Abruf bereit zu stehen hat, um jeweils dort zu arbeiten, wo der Einsatz am wichtigsten und dringlichsten ist. Ein bewußter Wille, die gefährdete päpstliche Autorität zu stützen, gar noch gegenüber den Reformatoren, steht nicht hinter diesem vierten Gelübde. Der Papst vertritt hier einfach selbstverständlich das Gemeinwohl der streitenden Kirche. Dies tut er freilich nicht als menschliches Organ, sondern – das ist für Ignatius selbstverständlich – als Stellvertreter Christi. Ignatius sucht den Papst, um selbst nicht irre zu gehen, weil er radikal offen bleiben will, dort zu arbeiten, wo Gott es will und die Kirche ihn braucht.

Grundkonzept der Sendung

Innerhalb der Geschichte der Orden sind vor allem drei biblische Textstellen immer wieder zur Begründung der mönchischen Lebensform bedeutsam geworden. Im anachoretischen Mönchtum (Einsiedlertum) des 3. und 4. Jahrhunderts war dies vor allem die Perikope vom reichen Jüngling (Mk 10, 17–31 par.). Entsprechend der Aufforderung Jesu, alles zu verkaufen und ihm nachzufolgen, zogen diese ersten Mönche in die Wüste hinaus, um dort alleine zu leben. Seit etwa 330 bildeten sich dann riesige Einsiedlerkolonien. Es handelt sich hier bereits um eine Übergangsform zum koinobitischen Mönchtum, das durch gemeinsames Leben in einem festen Kloster charakterisiert ist.
Der Übergang vom anachoretischen zum koinobitischen Mönchtum hatte nun einschneidende Konsequenzen für die Wandlung des mönchischen Ideals selbst. Neben die Stelle vom reichen Jüngling tritt nun ergänzend als Schriftmotiv die Urgemeinde nach Apg 2,44 und 4,33–34: alles gemeinsam haben. Zentral für das Koinobitentum sind Güter- und Lebensgemeinschaft.
Ab dem 12. Jahrhundert inspiriert nun ein weiterer Schrifttext das Ideal des mönchischen Lebens, die Aussendungsreden der Synoptiker. Jetzt entsteht ein neues Ideal des »apostolischen Lebens«. »Wie die Apostel leben«, das hieß bisher: nach dem Vorbild der Jerusalemer Urgemeinde alles gemeinsam haben. Mit »apostolisch« war nicht in erster Linie die Assoziation »seelsorglich«, »aktiv tätig« verbunden, sondern die Assoziation der Gütergemeinschaft: keinen eigenen Besitz haben. Jetzt heißt »apostolisches Leben« (Vita apostolica): Wanderpredigt in Ungesichertheit, leben von seiner eigenen Hände Arbeit, radikale Armut – also Ausrichtung nicht an der Jerusalemer Urgemeinde, sondern am irdischen Jesus, der mit seinen Jüngern wandernd umherzieht, und an den Aussendungsreden der Synoptiker. Dieses Konzept prägt bereits die neuen Bettelorden

des 13. Jahrhunderts. Es wird aber noch stärker in der Gesellschaft Jesu wirksam. Grundkonzept und Angelpunkt jesuitischen Ordenslebens ist nicht das Ideal des klassischen koinobitischen Mönchtums im Sinne der Urgemeinde. Das Modell, von dem aus Ordensleben gedacht und entworfen wird, ist nicht zunächst die am Ort befindliche Kommunität. Es ist vielmehr auch hier der Grundbegriff der Sendung. Von da aus wird Ordensleben neu konzipiert. Es fallen bestimmte Wesensmerkmale traditionellen koinobitischen Ordenslebens weg, während andere Dinge äußerst wichtig werden. Ordensleben erhält einen mehr dynamischen Zug.

Wegfall traditioneller Merkmale des Ordenslebens

Bisher für wesentlich gehaltene äußere Merkmale des Ordenslebens, die aufgegeben werden, sind das Chorgebet und die Ordenstracht. Seit es »Klöster«, also koinobitisches Mönchtum gibt, d.h. seit Pachomius, der um 320/325 in Tabennisi (Südägypten) diese Lebensform begründete, beruht das Mönchtum auf drei Pfeilern: (körperlicher) Arbeit, Lesung (vor allem Schriftlesung) und gemeinsames Gebet. Von da aus entwickelt sich das Chorgebet, das vor allem im benediktinischen Mönchtum eine immer größere Bedeutung gewinnt. Diese beherrschende Rolle verliert es bereits im Gefolge der Umorientierung des mönchischen Ideals in den Bettelorden des 13.Jahrhunderts. Der Dominikanerorden ist der erste Orden, in dem das Chorgebet seine prägende Funktion verliert. Die Priorität dieses Ordens liegt von Anfang an auf Predigt und Seelsorge. Apostolat und sogar Studium haben Vorrang vor dem Chorgebet.

Hieran kann Ignatius anknüpfen, wenn er – was freilich dann nicht durchgehalten wird – nicht nur das Chorgebet, sondern gemeinsame Gebete und längere Gebetszeiten überhaupt aufgibt. Ignatius widersetzt sich konstant dem kontemplativen Trend, der vor allem von Spanien ausging. Die »Liberalität« der neuen Gesellschaft wurde hier häufig nicht verstanden. Dabei spielte auch Legitimationsbedürfnis gegenüber den alten Orden mit, für die lange Gebetszeiten selbstverständlich waren und denen gegenüber der Jesuitenorden nicht mithalten konnte. Ignatius aber bestimmte nur für die Scholastiker, daß sie außerhalb der Meßfeier täglich eine Stunde in irgendeiner Weise dem Gebet widmen sollten (einschließlich der zweimaligen täglichen Gewissenserforschung); den Modus legte er nicht fest. Für die anderen bestimmte er überhaupt keine feste Zeit. Er war gegen überlange Gebetszeiten und stellte sich auf den Standpunkt, daß jemand, der innerlich frei von sich geworden sei, in einer Viertelstunde mehr zur Sammlung komme als ein anderer in Stunden. Er setzte dabei voraus, daß die Jesuiten durch die Exerzitien Männer des Gebetes seien, die von sich aus eher mehr als weniger beten würden, die aber auch die Bedürfnisse ihrer persönlichen »Andacht« um des größeren Dienstes Gottes und des Rufes Christi willen, wie er ihnen im Dienst an den Menschen entgegentritt, relativierten. Die ignatianische »Diskretion« darf hier und auch sonst nicht als Minimalismus mißverstanden werden. Sie setzt den Geist des »Magis«, der tieferen Liebe zum gekreuzigten Christus voraus.

Diese Linie wurde freilich nicht durchgehalten. Zunächst wurde 1558, zwei Jahre nach dem Tod des Ignatius, dem Orden durch Papst Paul IV. das Chorgebet vorübergehend aufgezwungen. Dies dauerte jedoch nur ein Jahr.

IHS, Signet der Gesellschaft Jesu

Aber auch unabhängig von dieser Episode kam es innerhalb des Ordens zu einer Änderung des von Ignatius eingeschlagenen Weges. Unter seinem zweiten Nachfolger Franz Borja kam es seit 1565 zu einer Häufung festgelegter Gebetsübungen: erst eine Stunde tägliche Betrachtung zusätzlich zu den Gewissenserforschungen (was Ignatius konsequent abgelehnt hatte), dann darüberhinaus das Rosenkranzgebet, geistliche Lesung und schließlich – auf dem Hintergrund der Türkengefahr um 1570 – die bis in die sechziger Jahre unseres Jahrhunderts hinein in allen Jesuitenkommunitäten gebetete Allerheiligenlitanei. Es war dies im Grunde eine Konzession an das Monastische, vielleicht historisch unvermeidlich.
Ein anderer bis dahin tragender Pfeiler des Ordenslebens, der von Ignatius aufgegeben wurde, ist das Ordenskleid. Gleich zu Beginn des koinobitischen Mönchtums gibt es das Ordensgewand als gemeinsame Tracht, jedoch noch nicht als eine von der sonstigen Bekleidung einfacher Leute wesentlich abgehobene Gewandung. Der Ton liegt auf Einheitlichkeit, nicht auf Abhebung von »weltlicher Tracht«. Zum Ordenskleid werden die Gewänder der Mönche durch Übertragung in andere Länder und vor allem dadurch, daß sich im Mönchsgewand die antike Kleiderform des lang herabwallenden Gewandes hielt, während die Laien die germanische Kleiderform übernahmen. Im Laufe der Geschichte erhält das Ordensgewand jedoch mehr und mehr eine abgrenzende Komponente und wird zu einem sichtbaren Unterscheidungsmerkmal zwischen Mönchen und Laien.
Ignatius bestimmt, daß die Jesuiten keine andere Tracht tragen sollten als »ehrbare Weltpriester«. Faktisch ist dies freilich über Jahrhunderte der römische Talar, der in manchen anderen Ländern, in denen die Tracht der Weltpriester eine andere Form hat, nachher dann doch so etwas wie ein »Jesuitenkleid« wird. Im Prinzip freilich ist er nie ein »Ordenskleid« gewesen.

Straffe Organisation und individuelle Führung

Anstelle der genannten, bisher für unabdingbar gehaltenen äußeren Merkmale und Stützpfeiler des Ordenslebens werden nun ganz be-

stimmte andere Dinge äußerst wichtig. Dazu gehört die der größeren apostolischen Effizienz dienende Vollendung der verfassungsmäßigen Zentralisation. Und dies ist in dieser Form kirchengeschichtlich ein Novum.
Bereits die Bettelorden des 13. Jahrhunderts, beginnend mit den Dominikanern, waren zentral geleitete, ortsungebundene Personalverbände. Schon bei ihnen tritt man nicht in ein Kloster ein, sondern in einen internationalen Verband, der den einzelnen versetzen kann. Dennoch haben hier die Provinzen und auch die einzelnen Häuser noch eine größere Autonomie. Sie sind gewissermaßen noch Selbstverwaltungsorgane, nicht administrative Gliederungen.
Der Jesuitenorden vollendet in seinen Satzungen diese Zentralisationsbestrebungen. Es ist zwar nicht ganz zutreffend, beim Jesuitenorden von einer »monarchischen« Verfassung zu sprechen, denn auch hier liegt, ebenso wie bei den Bettelorden vor ihm, die oberste (gesetzgebende) Gewalt nicht beim Generaloberen, sondern bei dem Generalkapitel (hier »Generalkongregation«) als Vertretung des Gesamtordens, die auch den Generaloberen wählt. Der Jesuitenorden ist also nicht »monarchisch«, wohl aber »zentralistisch« verfaßt. Der Generalobere wird auf Lebenszeit gewählt (seit der 31. Generalkongregation 1965/66 mit Rücktrittsmöglichkeit). Dies war übrigens damals, anders als oft dargestellt, kein Novum. Auch in den Bettelorden war der General auf Lebenszeit die ursprüngliche Einrichtung. In der Zeit des Ignatius war freilich bei den Bettelorden der Prozeß der zeitlichen Begrenzung der Generalate, zuerst bei den Franziskanern, bereits im Gange. Ignatius behielt die lebenslängliche Dauer bei, um eine größere Stabilität und Konstanz der Regierung zu gewährleisten. Abgesehen von der Generalkongregation, gibt es außerdem keine beschlußfassenden und die Oberen wählenden Kapitel. Anders als bei den Bettelorden werden sämtliche Oberen unterhalb der Generaloberen ernannt. Unter der Generalkongregation gibt es nur Konsultativorgane. Wichtig ist freilich die breite Konsultation, der auch die Pflicht zu umfassender Information und detailliertem Briefverkehr dient. Dies soll seitens der höheren Oberen sachgemäße Koordinierung von Initiativen und situationsgerechte Entscheidungen ermöglichen.

Ich, die unterzeichnete Witwe Ysabel Roser, verspreche und gelobe feierlich dem allmächtigen Gott, unserem Herrn, in Gegenwart der heiligsten Jungfrau Maria, meiner Herrin, und des glorreichen hl. Hieronymus und des ganzen himmlischen Hofes des Paradieses und vor allen, die hier gegenwärtig sind, und Euch an Gottes Stelle, hochwürdiger Pater Magister Ignatius, Oberer der Gesellschaft des Herrn Jesus, Armut, wie sie mir durch Euer Hochwürden aufgetragen wird, und Keuschheit und Gehorsam nach der Lebensform, die mir durch Euer Hochwürden aufgetragen wird. Geschehen in Rom in der Kirche Maria della Strada am Tag der Geburt Unseres Herrn Jesus Christus des Jahres 1545.
Ich, Ysabel Roser, Witwe.

An die Stelle fester gemeinsamer Strukturen tritt das Prinzip der individuellen Führung in Berücksichtigung der Situation des einzelnen. In diesem Rahmen hat die »Gewissensrechenschaft« als Offenlegung der eigenen inneren Situation mehr als bei den anderen Orden für die Jesuiten eine zentrale Bedeutung. Sie stammt ursprünglich aus dem anachoretischen Mönchtum: Es war die Führung des Einsiedlermönches durch einen erfahrenen »Abba« (Vater), welcher als Meister den Schüler auch in den vielfältigen Versuchungen und Anfechtungen begleitete. Und sie war verbunden mit der »Beichte« der eigenen Verfehlungen, auf die eine entsprechende »Buße« folgte. Diese »Mönchsbeichte« wurde im Frühmittelalter auch auf die Laien ausgedehnt und zur neuen Form der »sakramentalen« Beichte. Gleichzeitig wurden die Klöster immer mehr »klerikalisiert«. Damit wurden sowohl geistliche Führung wie Beichte mehr und mehr allein auf den Priester bezogen und von ihrem Bezug auf den Oberen gelöst.

Bei Ignatius kehrt nun die Verbindung von äußerer und geistlicher Führung (Gewissensrechenschaft) wieder. Der Grund dafür ist, daß durch den Wegfall tragender mönchischer Strukturen und die sehr individuelle und manchmal isolierte Situation der einzelnen in gewisser Weise die Situation des Anachoretentums wiederkehrt. Persönliche Führung, welche auch die Kenntnis der Gefahren und Belastungen des einzelnen voraussetzt, wird hier viel wichtiger.

Insgesamt liegt die spezifische Stärke der Struktur der Gesellschaft Jesu in einer Verbindung von straffen monarchisch-zentralistischen Leitungsstrukturen, die schnelle Entscheidungen ermöglichen, mit einem hohen Grad von Flexibilität, Anpassungsfähigkeit und Eingehen auf die persönliche Situation des einzelnen. Die Leitung soll eine »väterliche« sein. Bei aller Betonung des Gehorsams geht es nicht um unpersönliche Befehlsstrukturen, sondern um Hilfe für den einzelnen, seinen persönlichen Weg der Nachfolge Jesu zu finden.

Da dieses System äußerst empfindlich und störanfällig ist und hohe Anforderungen an die geistliche Reife stellt, wird im Verhältnis zu den früheren Orden die definitive Bindung wesentlich erschwert. Anstelle des einen Noviziatsjahres in den bisherigen Orden tritt ein zweijähriges Noviziat. Neu ist schließlich die Einrichtung der stufenweisen Gelübdebindung, die dann nach und nach bis ins 20. Jahrhundert von allen Orden in ähnlicher Weise übernommen wird. Die Scholastiker legen nach dem zweijährigen Noviziat nur einfache, nicht feierliche Gelübde ab. Sie selbst sind dadurch gebunden, die Gesellschaft aber kann sie entlassen. De facto handelt es sich jedoch auf beiden Seiten um eine vorläufige Bindung. Erst die viel später liegenden letzten Gelübde bedeuten eine endgültige Bindung an den Orden. Hintergrund ist der Wille bei Ignatius, die Tür zu Austritt oder Entlassung weit offen zu halten, um niemanden zu behalten, der die Gesellschaft nur belastet. Kirchenrechtlich war dies ein Novum. Gelübde »auf Probe« gab es bisher noch nicht. Es gab nur eine Form von Gelübden, die ewig und endgültig bindenden. Und diese gleich nach dem Noviziat.

Zwei Spezifika

Im Zusammenhang mit den Gelübden ist ein Spezifikum des Jesuitenordens die 1546 eingeführte Unterscheidung von Professen und Koadjutoren. Die Professen bilden den eigentlichen Kern der Gesellschaft Jesu; sie legen au-

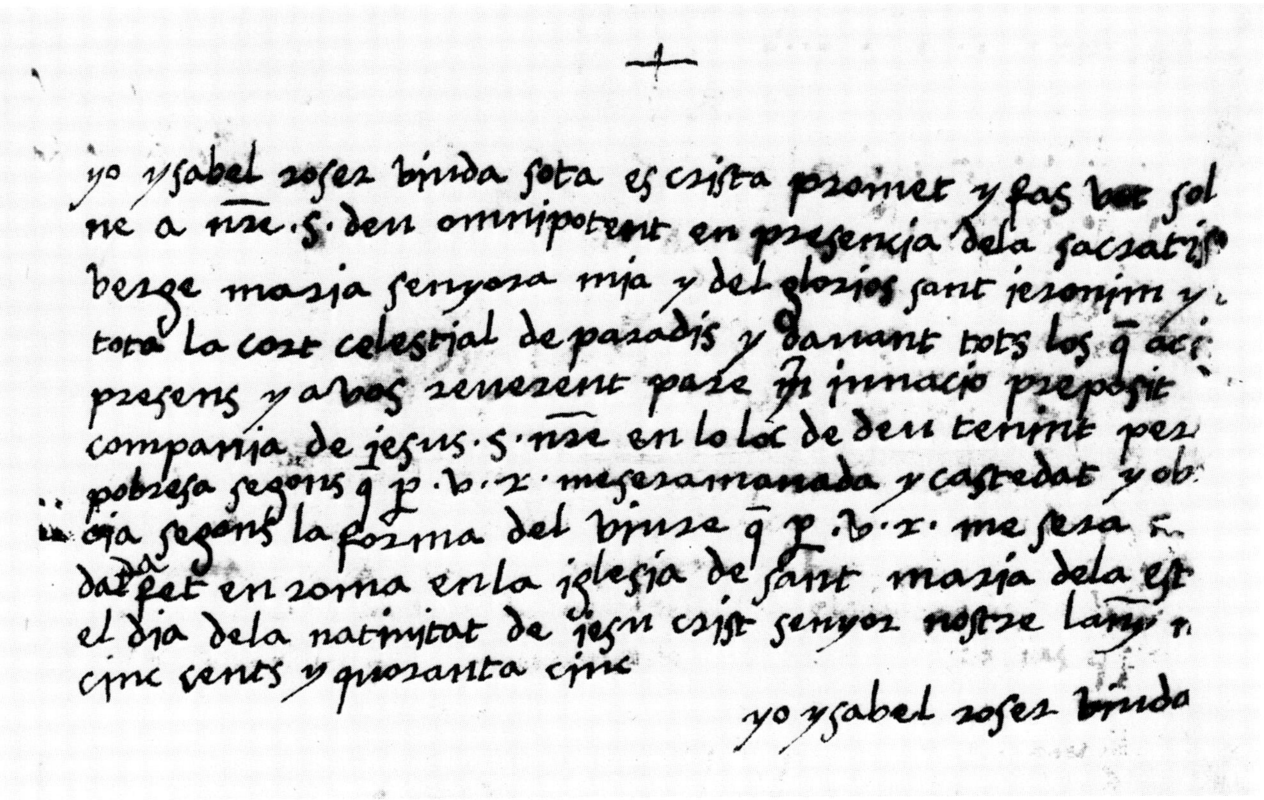
+

yo ysabel roser viuda sota escrita promet y fas vot sol
ne a nre. s. deu omnipotent en presencia dela sacratis
verge maria senyora mia y del glorios sant jeronim y
tota la cort celestial de paradis y davant tots los q aci
presens y a vos reverent pare jo innacio preposit
companyia de jesus s. nre en lo loc de deu tenint per
pobresa segons q p. v. r. me sera manada y castedat y ob
ediencia segons la forma del viure q p. v. r. me sera
dat fet en roma en la iglesia de sant maria dela st
el dia dela natiuitat de jesu crist senyor nostre lany
cinc cents y quoranta cinc

yo ysabel roser viuda

Gelübdeformel der Isabel Roser

Barcelona, Ende Februar/Anfang März 1523. Iñigo de Loyola trifft Vorbereitungen für die weitere Pilgerfahrt nach Jerusalem, hat aber auch noch Zeit, »den Seelen zu helfen«.

Eines Tages entdeckte eine Dame aus der besten Gesellschaft Barcelonas, Isabel Ferrer, die Frau des Francisco Roser, den Pilger, predigend unter Kindern, auf den Stufen der Kirche von San Justo y Pastor. Es drängte sie, diesen auffälligen Mann zu sich nach Hause einzuladen. Nach Rücksprache mit ihrem Gemahl bat sie den Pilger, in ihr Haus zu kommen. Sie wurde seine größte Wohltäterin während seiner Jahre in Barcelona, Paris und Venedig.
Nach dem Tod ihres Gemahls im Jahre 1541 wollte die kinderlose Isabel Nonne unter der geistlichen Führung des Ignatius werden. 1543 traf sie mit zwei Freundinnen in Rom ein und bat Ignatius, sie als seine »Schwester« mit Gelübden in die Gesellschaft Jesu aufzunehmen. Ignatius schlug ihr statt dessen vor, daß sie sich im Sankt-Martha-Haus, das er 1544 als Zufluchtsstätte für Frauen gegründet hatte, verdient mache. Mit Vittoria Colonna und Margarita de Austria sollte sich Isabel Roser dieser Aufgabe widmen. Damit nicht zufrieden, wandte sie sich an Papst Paul III., der auf ihre Bitte einging und ihre Aufnahme in die Gesellschaft Jesu veranlaßte. Sie verzichtete auf ihre Güter zugunsten der Gesellschaft Jesu und legte am 25.12.1545 ihre Gelübde mit zwei anderen Frauen in Santa Maria della Strada ab. Dieses Leben im Orden sollte nicht lange dauern. Die vornehme Dame aus Barcelona war mehr an das Befehlen als an das Gehorchen gewohnt. Ignatius erwirkte, daß Paul III. mit dem Breve vom 20.5.1547 die Jesuitinnen aufhob. Isabel Roser kehrte nach Barcelona zurück und trat bei den Franziskanerinnen ihrer Heimatstadt ein. Trotzdem behält der Satz des Ignatius, den er am 10. November 1532 an Isabel Roser schrieb, seine Gültigkeit: »Ihnen verdanke ich mehr als allen anderen Menschen, die ich hienieden kenne.«

A. Falkner S.J.

ßer den drei klassischen Gelübden das vierte Gelübde des besonderen Gehorsams gegenüber dem Papst in bezug auf die apostolischen Sendungen ab. Koadjutoren, d.h. Mitarbeiter, sind außer den Brüdern Priester, die dieses Gelübde nicht ablegen. Sicher ist, daß diese Unterscheidung bei Ignatius eine wesentlich höhere Bedeutung hatte als faktisch in der späteren Geschichte des Ordens und erst recht heute. Ignatius war äußerst restriktiv in der Zulassung zu Profeßgelübden. Im Jahr seines Todes 1556 gab es nur etwa 3,5% Professen (35 unter etwa 1000 Jesuiten). Ignatius ließ nur diejenigen die Profeßgelübde ablegen, die nicht nur gute und solide Arbeit verrichteten, sondern die auch in besonderer Weise belastungsfähig und verläßlich gerade für exponierte, schwierige und besonders gefahrvolle Sendungen erschienen. Das Institut der Koadjutoren aber entsprach der Notwendigkeit, auch viele aufzunehmen, die als gute Arbeiter im Sinne des Ordens wirken konnten. Es entsprach den immensen seelsorglichen Aufgaben und den dauernden Anfragen nach Jesuiten. Diese Unterscheidung ist heute sehr umstritten. Auf der 32. Generalkogragation 1974/75 wurde versucht, diesen Unterschied abzuschaffen und alle Jesuiten das Papstgelübde ablegen zu lassen. Dies ist am Veto Pauls VI. gescheitert. Schaut man auf die Praxis im Laufe der Geschichte der Gesellschaft Jesu, dann kann man sagen, daß die Kriterien zur Bestimmung, ob jemand Professe oder Koadjutor wird, allen möglichen Fluktuationen unterworfen waren. Die Vorstellung des Ignatius jedoch, daß nur eine kleine Elite die Profeßgelübde ablegen soll, ist nie verwirklicht worden. Fast immer legte die Mehrheit der Priester bei den letzten Gelübden das Profeßgelübde ab. Es ist bisher nie gelungen, ein einigermaßen objektives Kriterium zu entwikkeln, nach dem die Professen ausgewählt werden. Faktisch sind seit dem 19. Jahrhundert diejenigen zu Profeßgelübden zugelassen worden, die das wissenschaftliche Abschlußexamen bestanden haben.

Wenn man sich fragt, was der eigentliche Sinn dieser Unterscheidung ist und wie dieses Anliegen heute übersetzbar wäre, dann gibt es zwei verschiedene Interpretationsmöglichkeiten. Beide können sich auf die erwähnte Praxis des Ignatius berufen. Die eine Interpretationsmöglichkeit geht davon aus, daß Ignatius durch diese Zweiteilung die Spannung zwischen zwei verschiedenen Notwendigkeiten überbrücken wollte, die zur spezifisch geschichtlichen Ausgangssituation des wachsenden Ordens gehörten. Dies war zum einen die Notwendigkeit einer den eigentlichen Kern bildenden Elite, die jedoch nicht schnell wachsen darf, weil sonst der Elan des Anfangs schnell verpufft. Andererseits jedoch bestand um der immensen Arbeit willen gerade die Notwendigkeit, schnell zu wachsen und daher all die aufzunehmen, die guten Willens und bereit waren, im Sinne des Ordens zu arbeiten. Wenn diese Interpretation richtig ist, dann gehört diese Unterscheidung der spezifischen Anfangssituation des schnell wachsenden Ordens an. Sie hat dann in späteren Zeiten und erst recht heute keinen Sinn mehr.

Die andere Interpretationsmöglichkeit geht davon aus, daß Ignatius in dieser Unterscheidung noch einmal die Spannung von Peregrinatio (Wandern) und Stabilitas loci (Seßhaftsein) aufgreift. Denn die Spannung zwischen diesen beiden Prinzipien durchzieht die ganze Ordensgeschichte. Einerseits gibt es die Tendenz zur Regulierung, und das hieß: zur »Stabilitas loci«, zur Bindung des Mönches an sein Kloster. Diese Stabilitas wurde im Abendland vor allem durch die Regel Benedikts durchgesetzt; und sie ist hier Symbol für Ordnung und geistige Zucht überhaupt. Es gibt aber auch das andere Moment, das Ideal der »Peregrinatio«: um Christi willen die Heimatlosigkeit wählen und wandernd umherziehen. Es gibt sie seit den Anfängen des Christentums; und im Mönchtum bricht diese Lebensform neben und in dem geregelten Klosterleben durch die Jahrhunderte hindurch immer wieder auf, wie ein Vulkan, der nie zur Ruhe kommt und sich ständig neue Ausbruchkrater schafft. Ob in der Form der »streunenden Mönche«, des kirchlich gar nicht so gern gesehenen Gyrovagentums, oder in der Verbindung mit Mission wie bei den irischen und angelsächsischen Glaubensboten des frühen Mittelalters; immer wieder wird deutlich, daß dem Mönchtum eine Dimension der Ruhelosigkeit und des Verzichts auf irdische Heimat eigen ist. Die Peregrinatio wird nun in den Bettelorden gleichsam institutionalisiert. Dies geschieht wesentlich mit Hilfe des Papsttums bzw. einer Ekklesiologie, die nicht mehr ortskirchlich, sondern universalkirchlich ausgerichtet ist. Denn diese neuen Ordensleute sind nicht mehr an einen Ort gebunden; und sie unterstehen nicht mehr einem Bischof, sondern dem Papst. Und indem sie einem Generaloberen und letzten Endes dem Papst unterstehen, ist Verzicht auf Stabilitas loci ohne Rückfall in das anarchische und unstete Gyrovagentum möglich.

Man kann nun die ignatianische Unterscheidung zwischen Professen und Koadjutoren auch so verstehen, daß Ignatius bei den Professen an eine Elite dachte, die die Mobilität und Verfügbarkeit des Ordens in besonderer Weise verkörpert und daher alleine das Gelübde des Papstgehorsams ablegt, sich gleichsam auf Abruf senden zu lassen. Wer aber fähig ist, innerhalb vorgegebener Werke stetig weiterzuarbeiten, wäre Koadjutor. Dem würde entsprechen, daß nach Ignatius die Professen gerade nicht in Kollegien wohnen. Dann wäre innerhalb eines an sich mobilen Ordens noch einmal die Spannung zwischen Peregrinatio und Stabilitas loci abgebildet, wobei die Professen die Haltung der Peregrinatio und die Koadjutoren die der Stabilitas loci darstellen. Ist diese Interpretation richtig, dann wäre die Frage berechtigt, ob sie nicht auch heute einen Sinn hätte bzw. wie dann diese Unterscheidung durchgeführt werden müßte. Dann wäre vorher allerdings erst die Grundfrage zu klären, wie die Mobilität und Verfügbarkeit für die Jesuiten in einer Zeit aufrechterhalten werden kann, die durch den Zwang zur Spezialisierung einerseits, feste Einspannung des Ordens in hierarchische Ordnung und entsprechende Festlegung andererseits charakterisiert ist. Denn aus diesem und keinem anderen Grund wollte Ignatius auch, daß die Professen das Gelübde ablegen, keine kirchlichen Würden (etwa das Bischofsamt) anzunehmen, insofern sie nicht durch einen päpstlichen Befehl dazu genötigt werden. Es ging dabei nicht um Demut oder Abwehr des Vorwurfes, daß die Jesuiten sich zu höheren Stellen drängen. Es ging einfach um die gefährdete Mobilität und Verfügbarkeit: Ein Jesuit als Bischof ist festgelegt, nicht mehr abrufbar. Dazu wäre zu sagen, daß heute größere und nicht mehr aufgebbare Werke die Jesuiten vielmehr festlegen und festnageln, als dies bei einzelnen Jesuiten als Bischöfen der Fall ist.

Eine ähnliche Zweiteilung in den Satzungen findet sich, wenn es darum geht, die ignatianischen Vorstellungen von der Armut im Leben des Ordens zum Ausdruck zu bringen. Die Frage, wie denn evangeliumsgemäße Armut zu leben sei, war von Beginn der Geschichte des Mönchstum an eine zentrale Fragestellung. Für das koinobitische Mönchtum bedeutete Armut vor allem Gütergemein-

schaft. Nur konnte sich mit dieser individuellen Armut sehr wohl kollektiver Reichtum und vor allem eine viel größere Sicherheit des individuellen Lebens verbinden, als sie sonst möglich war. Reformbewegungen innerhalb des benediktinischen Mönchtums, in besonderer Radikalität die Zisterzienser im 12. Jahrhundert, zielten daher immer wieder auf Strenge, Härte und Bedürfnislosigkeit der klösterlichen Lebensform. Mit den Bettelorden des 13. Jahrhunderts kam außerdem die Forderung der Armut als Ungesichertheit hinzu: in der Nachfolge Jesu nichts haben, wohin man sein Haupt legen kann (Lk 9,58); deshalb kein Grundbesitz, keine festen Einkünfte. Gerade die Geschichte der Bettelorden, vor allem der Franziskaner, zeigt jedoch, wie schwer die Erfordernisse einer radikal verstandenen Armut mit denen der apostolischen Effizienz in Einklang zu bringen waren. Denn diese Orden brauchten nicht zuletzt Studienanstalten, Bibliotheken und damit feste Kirchen und Häuser. Nur um den Preis von Fiktion und künstlicher Rekonstruktion ließ sich hier die Vorstellung einer radikalen Armut aufrechterhalten.
Auch für Ignatius ist die Armut, als Angleichung an den armen Christus, der eigentlich geistlich zentrale Begriff. Ignatius wollte seinen Orden als Bettelorden in radikaler Armut. Allerdings sah er auch die Notwendigkeit, die Studienhäuser wirtschaftlich zu sichern.[1] Die Auseinandersetzung mit dieser Polarität über Jahrhunderte hin hat durch die moderne Unterscheidung von öffentlich und privat dazu geführt, die Armut nicht für die öffentlichen Institutionen, wohl aber für den privaten Raum der Ordenskommunitäten zu fordern.
Es verwundert nicht, daß hier und in manchen anderen Bereichen die Konkretisierung und institutionelle Absicherung großer Ideale in der Geschichte immer nur bruchstückhaft gelingt. Dies gilt vor allem, wenn versucht wird, verschiedene Momente miteinander in Einklang zu bringen, die notwendig immer in Spannung miteinander stehen: Armut und apostolische Effizienz, zielstrebige Arbeit in bestehenden Institutionen und ständige Beweglichkeit. Hier gibt es nie eine Formel, die alle Probleme löst. Es gibt nur immer wieder den Versuch, in der Nachfolge des Gekreuzigten diese Spannung der eigenen Existenz aufrechtzuerhalten. Das ist es, was Jahrhunderte hindurch von Jesuiten immer wieder versucht und mehr oder minder geglückt gelebt worden ist.

Anmerkung

* Dieser Beitrag wurde von Beate Brettinger nach Vorlesungsunterlagen des Autors redigiert und von diesem autorisiert.

[1] Zur Konkretisierung dieses Ideals bei Ignatius und zum Umgang mit diesem doppelten Erfordernis auch nach ihm vgl. den Beitrag von G. Switek in diesem Band 163–174.

»Preti riformati del Gesù« und Pfarrer Luthers

Das Heil der Seelen als gemeinsames Anliegen*

Philip Endean, Oxford

Schon in den sechziger Jahren des 16. Jahrhunderts glaubten viele Jesuiten, daß Gott die Gesellschaft Jesu gegründet habe, um vor allem der Bedrohung durch Luther entgegenzuwirken. In seinen Unterredungen mit Jesuitenkommunitäten über die Eigenart des Instituts verglich Nadal Ignatius und Luther miteinander: Gott »rief unseren Vater Ignatius ungefähr in demselben Jahr, als Luther seine Mönchskutte ablegte und seine skandalöse Heirat einging ... Dies ist ein besonderes Indiz dafür, daß die Gesellschaft errichtet wurde, um der Kirche in Deutschland, Indien oder wo auch immer zu helfen. Deshalb erhielt in demselben Jahr, in dem Luther vom Teufel gerufen wurde, Ignatius seinen Ruf durch Gott.«[1]

Das ökumenische Feingefühl wie auch die Forschung unserer Tage legen einen weniger polemischen Umgang mit dieser Materie nahe. Hubert Jedin hat gezeigt, daß vieles aus der lutherischen Reformation Parallelen innerhalb des römischen Katholizismus hatte. Es wird weiter zunehmend klar, daß die prägenden Erfahrungen für die junge Gesellschaft Jesu nicht direkte Reaktionen auf die lutherische Spaltung waren. In Rom scheinen die ersten Gefährten ursprünglich von Leuten wie Gasparo Contarini unterstützt worden zu sein. Dieser trat unermüdlich für die Versöhnung mit Luther ein; seine Anschauungen über die Rechtfertigung waren mit denen von Lutheranern beinahe deckungsgleich. Auf die Rückseite eines Blattes eines der ersten Entwürfe der »Formula Instituti« notierte Contarini als Titel: »Breve des heiligsten Herrn Paul III. für die reformierten Priester von Jesus (per li preti riformati del Gesù).«[2]

Es wäre offensichtlich nichts anderes als Wunschdenken, wollte man bestreiten, daß es keine größeren Unterschiede zwischen den Idealen des Ignatius und denen Luthers gab. Aber es finden sich ebenso Ähnlichkeiten, die vielleicht erst heute richtig deutlich werden, wo wir lernen, über Ängste und Mißverständnisse hinauszuwachsen, die sich aus Jahrhunderten konfessionellen Streits ergeben haben. Insbesondere die Versuche einer Klerusreform im frühen Luthertum weisen verblüffende Ähnlichkeiten mit den Idealen der ersten Jesuiten auf.

Die Reformation verstehen

Was wir Reformation nennen – sowohl katholisch wie protestantisch – war sehr viel mehr als ein Bruch innerhalb des westlichen Christentums. In der ersten Hälfte des 16. Jahrhunderts erlebte Europa tiefgreifende Veränderungen in Kultur und Gesellschaft: das Anwachsen der Städte, die Wiederentdeckung der heidnischen Klassiker, die erweiterten Bildungsmöglichkeiten, der Kommunikationswandel durch das Druckereiwesen und der Beginn der Entdeckungen jenseits von Europa und des mediterranen Raumes. Im Tiefsten muß die katholische wie die protestantische Reform als ein Geschehen im ständigen Dialog zwischen Gottes gnadenhafter Initative und der Widersprüchlichkeit menschlicher Antwort, kurz zwischen Gnade und Sünde gesehen werden. Das schließt andere Interpretationsebenen keineswegs aus. Die Reform kann genauso ergiebig als religiöses Gegenstück zu den weitreichenden kulturellen Wandlungen wie nur als religiöser Aspekt des Übergangs vom Mittelalter zur Neuzeit gesehen werden.

Ein solcher Standpunkt enthält zwei Konsequenzen. Die *erste,* mehr spekulative, besteht darin, daß die Reformation nicht als Wiedererlangung eines alten frühchristlichen Ideals erscheint, sondern eher als eine Revolution, die das neuzeitliche Verständnis religiöser Bindung als solcher schuf. *Zweitens* können wir die konfessionelle Trennung als zweitrangig gegenüber einem weitaus tieferen Übergang innerhalb des westlichen Christentums überhaupt einstufen. Offensichtlich hat der tridentinische Katholizismus viel vom mittelalterlichen Sprachgebrauch beibehalten. Trotzdem änderte sich dessen Anwendung stillschweigend. Mindestens ebenso stark wie Luther änderte zum Beispiel Karl Borromäus in Mailand die Praxis von Beichte und Lossprechung; daß er dabei das traditionelle Vokabular verwendet, kann einen falschen Eindruck entstehen lassen.

Unter diesen Voraussetzungen erscheinen die Gründung des Jesuitenordens auf der einen und das frühe lutherische Programm einer Klerusreform auf der anderen Seite als verschiedene Versionen der gleichen unterschwelligen Wirklichkeit: die Bildung einer entschieden neuen Art religiöser Führung – neu in dem Sinn, daß die christliche Tradition im 16. Jahrhundert und die gründlich veränderten sozialen Bedingungen wechselseitig aufeinander einwirkten, so daß ganz neue Formen der Frömmigkeit notwendig wurden. »Die reformierten Orden und älteren Reformkreise brachten die neuen Menschen hervor, deren sich das Papsttum für die Kirchenreform bediente ... Neu war, daß die Salus animarum – das Heil der Seelen – jetzt am Mittelpunkt der Kirche allmählich als oberstes, ungeschriebenes Gesetz begriffen wurde. Man lernte, daß man nicht mehr Bistümer und Benefizien für die Leute suchen durfte, die zu versorgen waren, sondern Seelsorger und Führer für das katholische Volk finden mußte. Es bildete sich ein neues Priester- und Bischofsideal.«[3]

Was Jedin hier sagt, hat tiefgreifende und umstürzende Folgen. Wenn er nämlich recht hat, dann waren die ausschlaggebenden Modelle kirchlichen Lebens vor der Reformation unserem modernen religiösen Bewußtsein so fremd, daß wir sie nicht einmal als christliche Modelle erkennen würden. Die großen religiösen Persönlichkeiten des 16. Jahrhunderts – katholisch wie protestantisch – kommen so als sich ergänzende Gestalten desselben innovativen Geistes in den Blick.

Das Sakrament der Einzelbeichte

Die ersten Jesuiten und die ersten lutherischen Pfarrer verwirklichen wenigstens zwei gemeinsame Reformanliegen. Beide Bewegungen führen ein neues Berufspriestertum ein. Sie möchten, daß Seelsorge auf solider theologischer Basis und auf der (Wieder-)Entdeckung des Dienstes am Wort gegründet ist. Die neugegründete Gesellschaft Jesu legte auf eine lange Ausbildung ihrer Studenten Wert, ehe Trient die Ausbildung im Priesterseminar verpflichtend machte. Gleichzeitig waren die Jesuiten daran zu erkennen, daß sie sich um eine von der Pastoral geprägte Ausbildung bemühten. Sie stu-

Die hl. Messe

dierten weit weniger als die vierzehn Jahre, die damals für ein Doktorat in Paris erforderlich waren. Nadal beklagt sich – in einem polemischen Abschnitt von 1557 – energisch über die praktische Ignoranz der Pariser Akademiker in ihrem dialektischen Scharfsinn: »In praktischen Dingen seid ihr unwissend; ihr habt weder Vertrautheit noch Erfahrung – nichts als Lesen, Studieren, Argumentieren und das Auswerten von Argumenten.«[4] Wer in die Gesellschaft eintritt, wird die Chance haben, »in religiöser Weise als Priester zu leben«[5]. Ähnlich bemühten sich die frühen lutherischen Reformer leidenschaftlich, Gottes Wort authentisch zu predigen, und unternahmen nach und nach alles, um die Ausbildung und die Stellung der Prediger zu verbessern.

Zweitens möchten beide Bewegungen die Verbindung zwischen Weihe und Benefiziensystem auflösen. Luthers Polemik in seiner Schrift »An den christlichen Adel« wird hauptsächlich durch eine ganze Reihe klerikaler Mißbräuche hervorgerufen, in deren Zentrum die finanzielle Korruption stand. Ähnlich drückt sich die Sprache der »Geistlichen Übungen« aus. Die ursprüngliche Motivation hinter den Formulierungen des Ignatius bestand vermutlich darin, weltliche Kleriker zu einem Leben in »Armut«[6] anzuleiten – sosehr auch der Entscheidungsprozeß auf Aspekten der menschlichen Persönlichkeit beruht, die weit weniger von besonderen Umständen bedingt waren, sosehr auch die ersten Jesuiten gesellschaftlich gute Verbindungen hatten.

Luther und das allgemeine Priestertum

Luther ist zwar bekannt dafür, daß er den biblischen Gedanken vom Priestertum aller Gläubigen wieder aufgegriffen hat. Es ist allerdings ein Mißverständnis des liberalen Protestantismus, ihn als jemanden zu sehen, der das Amtspriestertum als wesentliche Gestalt in der Kirche Jesu Christi geleugnet hätte. Luther schafft das Amtspriestertum nicht ab; er setzt es im Gegenteil in allem, was er zum Thema schreibt, voraus. Freilich ist nicht zu übersehen, daß er sich in »An den christlichen Adel« vehement gegen die Lehre einer strikten ontologischen Unterschiedenheit von Geweihten und Getauften ohne Amt ausspricht: »Man hats erfunden / das Bapst / Bischoff / Priester / Klostervolck / wirt der geystlich stand genent / Furste(n) / Hern / handtwercks vnd akkerleut / der weltlich sta(n)d / wilchs gar ein feyn Co(m)ment vnd gelyssen ist / doch sol niemant darub schuchter werden / vnnd das ausz dem grund. Dan alle Christen / sein wahrhafftig geystlichs stands / vnnd ist vnter yhn kein vunterscheyd / denn des ampts halben allein.«[7] Was Luther hier am Herzen liegt, ist das Eingreifen der bürgerlichen Gewalt in die Kirchenleitung, wenn deren zentrale Gewalt versagt. Der Traktat ist gerade an den christlichen Adel gerichtet. Wie seine späteren Schriften bestätigen, kann Luther seinen Glauben an die Kompetenz der Laien zur Absetzung oder zur Auswechslung des Amtspriesters nicht generell, unabhängig von einer besonderen Situation anwenden, wie er sie im Deutschland von 1520 gegeben sah. Er glaubt

In der zu diesem singulären Blatt verfaßten Flugschrift (1524) legt ein evangelischer Christ einem Juden die Hauptpunkte der lutherischen Lehre dar.

zwar: Wenn ein Amtsträger das Wort zu predigen aufgibt, ist auch sein Amt zu Ende. Am Recht der Gemeinde oder der bürgerlichen Gewalt, unter solchen Umständen geeignete Schritte zu unternehmen, hält er jedoch verbissen fest. Die Voraussetzung für die gesamte Argumentation besteht darin, daß das Wort normativ von einem ständigen Prediger verkündet wird. Auf der sprichwörtlichen einsamen Insel, auf der sich eine Gruppe frommer Laien ohne Priester fände, könnten diese nach Luther einen aus ihrer Mitte – unverheiratet oder nicht – auswählen »vnd befilhen ym das ampt zu teuffen / mesz halten / absoluieren / vnd predigenn / der wer warhafftig ein priester / also ob yhn alle Bischoffe vnnd Bepste hetten geweyhet.«[8] Jedoch: Sie wählen *eine* Person, und es gibt keinen Hinweis auf ein gemeinschaftliches Amt.

Otto Hermann Pesch und Gerhard Ebeling haben gezeigt, daß Luthers theologisches Anliegen nicht den Katholizismus als solchen, sondern eher eine unterschwellige aristotelische Strömung leugnete, die er – zu Recht oder zu Unrecht – als Bedingung katholischer Praxis wahrnahm. Bei seiner Darstellung des Amtspriestertums zieht Luther Beziehungsbegriffe wie »Amt« Ausdrücken wie »Charakter« und »Stand« vor. Er tut es, weil sonst – wie er die Sache sieht – weder die notwendige Verbindung zwischen der Eucharistie und der Gemeinschaft, für die die Messe gefeiert wird, begründet werden kann, noch die Notwendigkeit einer begrenzten Jurisdiktion der Gemeinde über den Amtsträger gegeben ist. Vielleicht wollte Luther Wirklichkeit und Unterschiedenheit des Amtes eher bestätigen als ablehnen. Hätte er die Entwicklungen moderner katholischer Theologie absehen können, wäre die Geschichte wohl völlig anders verlaufen.[9]

Mit den ersten Jesuiten hat er jedenfalls gemeinsam, daß er sich um das Heil der Seelen müht und kirchliche Strukturen schafft, um dieses Ziel zu erreichen.

Ignatius und die Hierarchie

Genausowenig wie Luther liberaler Protestant war, waren die ersten Jesuiten rohe Ultramontanisten. Ignatius' Dienst weckte von Anfang an amtskirchlichen Verdacht. 1538 bezichtigte man die ersten Jesuiten, verkappte

Lutheraner zu sein. Ignatius setzte sämtliche Hebel in Bewegung, um diese Anschuldigung zu widerlegen. Luther und Ignatius befanden sich im Grunde in derselben mißlichen Lage. Wenn Gott – wie Luthers Turmerlebnis und die Cardoner-Erfahrung des Ignatius belegen – direkt ins menschliche Herz eingreifen kann[10], wer braucht dann noch ein geistliches Amt als Autoritätsinstanz? Und was passiert, wenn sich das Amt so gebärdet, daß es die geistliche Eingebung eines Menschen oder das, was dieser legitimerweise als die Erfordernisse einer guten Seelsorge ansieht, bestreitet? Die Antworten Luthers und Ignatius' auf diese Fragen waren zwar verschieden; aber das sollte nicht darüber hinwegtäuschen, daß sie grundsätzlich mit demselben Problem konfrontiert waren – einem Problem, das mit dem Konzept religiöser Bindung in der modernen Zeit gegeben zu sein scheint.

Während Luther einen bedeutenden Teil Europas ins Schisma führte, entwickelte Ignatius eine ausgeprägte Romanità, indem er den Begriff »hierarchische Kirche« einführte.[11] Es ist wichtig, diesen autoritären Sprachgebrauch nüchtern zu interpretieren. Ignatius war den Forderungen des Papsttums sicher nicht blind ergeben.[12] Sein Leben und Wirken wie das seiner Gefährten ergaben ständig Konflikte und Meinungsverschiedenheiten. Nicht ohne Rückschläge und Zugeständnisse konnte die Gesellschaft Jesu mit der Zeit überleben, und zwar innerhalb des römischen Katholizismus. Wie kam es dazu? Die Antwort ist weniger eine Sache theologischer Anschauungen als der Diplomatie. Ignatius und seine Gefährten unterscheiden sich dadurch von anderen, die als Häretiker empfunden wurden, daß sie Beziehungen zu Leuten knüpften, auf die es ankam. Menschliche Beziehungen sind grundlegend für die ignatianische Kirchlichkeit. Zumindest am Anfang gab es keinen »Ignatianismus«, keine Denkweise im Anschluß an eine herkömmliche Orthodoxie und im Gegensatz zu Luthertum, Erasmismus und Illuminismus. Erst nach 1546 gibt es Rechtfertigungstheologien, die als Kriterium zur Unterscheidung von Katholiken und Protestanten verwendet werden können; vor dieser Zeit geht es nur darum, wer mit der Kirchenleitung – selbst wieder ein fließender Begriff – verbunden ist und wer nicht.

Ignatius besaß zweifellos diplomatisches Geschick und persönliche Gewandtheit. Er konnte das Papsttum dazu bringen, seine charismatische Spiritualität in den offiziellen Katholizismus aufzunehmen; allmählich wurde ihm getraut. Der fundamentale Unterschied zwischen der Kirchlichkeit der jesuitischen Bewegung und der protestantischen Reform wird am besten als ein politischer und temperamentbedingter eingestuft und nicht einfach als theoretischer Dissens.

Die Aussagen des Ignatius über Kirche klingen manchmal unerhört servil und autoritär. Sie machen aber nur die halbe Geschichte der späteren Auseinandersetzung seiner Bewegung mit dem Papsttum aus. Vielleicht sollte seine Sprache nicht zu wörtlich genommen werden, sondern als Indiz für die permanenten Spannungen in dieser Beziehung. Jesuitische Tradition beinhaltet ein paradoxes Wechselspiel zwischen Charisma und Amt, zwischen Hochschätzung und phantasievollem Gebrauch der Freiheit. Vielleicht ermöglicht uns das hier skizzierte Verständnis, diese Spannung als das zu verstehen, was sie wirklich ist, und so zur Vermutung einer unterschwelligen Verwandtschaft zwischen katholischer Tradition und denen zu gelangen, deren religiöse Identität von anderen Beziehungsgeflechten geformt worden ist.

Priestertum und Ehe

In Fragen der Kontroverstheologie mögen die Unterschiede zwischen frühen Lutheranern und zeitgenössischen römisch-katholischen Reformbewegungen, vor allem auch der Gesellschaft Jesu, viel weniger groß gewesen sein, als wir anfänglich dachten. In einem praktischen Aspekt unterschieden sie sich jedoch deutlich voneinander. Protestanten schafften im 16. Jahrhundert die Vorschrift der Ehelosigkeit für Geistliche ab, Katholiken hingegen hielten daran fest und verstärkten sie noch.

Unter heutigen Katholiken ist die Verpflichtung der Geistlichen zur Ehelosigkeit hoch umstritten. Die Argumente werden auf beiden Seiten regelrecht ausgewalzt. Andererseits hat sich die spätere lutherische Tradition intensiv damit beschäftigt, wie der verheiratete Amtsträger das Streben nach Heiligkeit nicht in Übungen aszetischer oder exzentrischer Lebensführung, sondern eher im gewöhnlichen menschlichen Rahmen von Arbeit und Familie exemplarisch vorleben kann.

Aber im 16. Jahrhundert scheinen die beiden konfessionellen Seiten solche Entscheidungen ohne seriöse Überlegung getroffen zu haben. Der betreffende Artikel im »Augsburger Bekenntnis« ist am Zeugniswert einer guten Ehe des Geistlichen völlig desinteressiert. Der springende Punkt ist negativ: Beseitigung des durch groben Anstoß und unkontrolliertes Verhalten der Geistlichkeit verursachten Skandals: »Es ist bei jedermann, hohes und niedern Stands, eine große mächtig Klag in der Welt gewesen von großer Unzucht und wildem Wesen und Leben der Priester.«[13] Ehe ist ein gottgebenes menschliches Recht, vom Naturrecht bedingt und in der Heiligen Schrift bezeugt. Es scheint keinen vernünftigen Grund zu geben, dieses Recht den Geistlichen vorzuenthalten. Dieser Argumentationsstrang ist typisch für die Überlegungen des frühen Luthertums zum Thema. Die Satzungen des Ignatius betrachten, zu unserer heutigen Verwunderung, das Gelübde der Keuschheit ganz einfach als für sich selbst sprechend; ihr Autor begnügt sich mit der Aufforderung, »die Reinheit der Engel nachzuahmen«[14].

Die Dürftigkeit theologischer Reflexion über dieses Thema im 16. Jahrhundert hebt sich scharf ab von den folgenschweren Auswirkungen der verschiedenen Entscheidungen. Unter Lutheranern scheint klar zu sein, daß die Einführung der Ehe von Geistlichen weitreichende Veränderungen der wirtschaftlichen Struktur der Kirche zur Folge haben würde. Diese Änderungen haben vermutlich dazu beigetragen, frühe Versuche einer Aussöhnung zwischen Luthertum und Rom abzuwürgen. Auf tieferer Ebene hat die anfängliche Divergenz in der Praxis – so unüberlegt sie damals aufgetaucht sein mag – in den westlichen Kirchen zu gewichtigen Unterscheidungen in der Symbol- und Beziehungsdynamik geführt. Je

Martin Luther (1483–1546)

mehr sich ökumenisches Miteinander verwirklicht, desto mehr entdecken wir, daß uns nicht so sehr die Theologie, sondern Strukturen der Affektivität trennen. Bei Katholiken schafft die Tatsache eines notwendigerweise ehelosen Klerus auf jeden Fall ein ganz anderes Bild kultureller Beziehungen als in anglikanischen oder reformierten Traditionen. Ökumenischer Dialog muß diesen Unterschied direkt ansprechen.

Ausblick

Ungefähr einen Monat vor seiner Hinrichtung hat Alfred Delp einen Zettel für den evangelisch-lutherischen Theologen Eugen Gerstenmaier gekritzelt, mit dem er im Kreisauer Kreis zusammengearbeitet hatte. Der Kassiber beginnt mit einem Dank für ein Weihnachtsgeschenk und fährt dann fort: »Und wenn wir wieder draußen sind, wollen wir zeigen, daß mehr damit gemeint war und ist als eine persönliche Beziehung. Die geschichtliche Last der getrennten Kirchen werden wir als Last und Erbe weitertragen müssen. Aber es soll daraus niemals wieder eine Schande Christi werden. An die Eintopfutopien glaube ich so wenig wie Du, aber der Eine Christus ist doch ungeteilt und wo die ungeteilte Liebe zu ihm führt, da wird uns vieles besser gelingen als es unseren streitenden Vorfahren und Zeitgenossen gelang. – Ich habe auch außer der Messe das Sakrament immer in der Zelle und rede mit dem Herrn oft über Dich. Er weiht uns hier zu einer neuen Sendung.«[15]

Diese Notiz ist ein prophetisches und bewegendes Zeichen. Trotz des historischen Ballasts können Christen verschiedener Konfessionen zu einer tiefen Verbundenheit unter der Führung von Gottes Liebe finden. Hitlers Terror, dem sich der Kreisauer Kreis widersetzte, ist bezeichnender Sammelpunkt dafür, wie die moderne Zeit nun zu einer neuen Art von Zivilisation führt. Wie die Reformationszeit von einer weitreichenden kulturellen Revolution bedingt war, so erfahren wir gegenwärtig eine ähnliche Entwicklung, vielleicht sogar noch größer und radikaler. Die Entdekkung der Humanwissenschaften, die Entwicklung einer Weltzivilisation und die Revolution des Nachrichtenwesens verändern unsere kulturelle Identität genauso wie der Buchdruck und die neue Bildung mit ihren tiefgründigen Auswirkungen auf die Menschen des 16. Jahrhunderts. Die Entdeckung der Berufung der »Laien« in der Kirche mag schon das Heraufdämmern einer radikal anderen Kirchenverfassung sein, einer Verfassung, die selbst wieder nur die größeren Veränderungen in der Gesellschaft widerspiegelt. Christus weiht uns in der Tat zu einer neuen Sendung.

Pater Delp weist Gleichgültigkeit gegenüber theologischen Fragen zurück. Er zeigt aber auch, daß die Frage, wer in den reformatorischen Kontroversen Recht hatte, jedenfalls heute belanglos geworden ist. Das zukünftige Schicksal der Kirche hängt von der Kreativität ihrer Mitglieder ab, von denen, die wirklich zu Jesus sagen: »Mache unser Herz zu deinem Herzen«; von denen, die den Mut haben, »auf das dauernde Pochen auf ›Recht‹ und ›Herkommen‹ usw. zu verzichten. Nur dann haben sie die hellen Augen, die auch in den dunkelsten Stunden die Anliegen und Anrufe Gottes sehen. Und nur dann schlagen in ihnen die bereiten Herzen, denen es gar nicht darum geht, festzustellen, wir haben doch Recht gehabt; denen es nur um eines geht: im Namen Gottes zu helfen und zu heilen.«[16]

Mindestens aus der angelsächsischen Warte erscheinen die Unterschiede zwischen Klerusreform im frühen Luthertum und der Reformbewegung der Gesellschaft Jesu als ihrer Natur nach affektiv und kulturell bedingt: Wenn es je eindeutig theologische Rechtmäßigkeit und Unrechtmäßigkeit gegeben hat, wäre sie nicht weiter angebracht. Diese Einstellung mag nach bloßem Pragmatismus klingen. Vielleicht hat sie aber auch die eigentliche Frage klargemacht: Können wir zeitgenössische Christen aller Art zusammen den Mut und die Phantasie aufbringen, die unsere sich so sehr verändernde Welt braucht? Der Weg ist auf keiner Landkarte verzeichnet und unabsehbar. Aber wenn wir uns aufmachen, könnten wir Schritt für Schritt unsere gemeinsame Einheit entdekken in dem Einen, den Ignatius Schöpfer und Herr nannte. Im Blick auf Ihn besitzt seine Kirche eine unvordenkliche Zukunft.

Anmerkungen

* Aus dem Englischen übertragen von Andreas Batlogg.

1 M *Nadal* V, 780. – Nadal ist bei seinen Zeitangaben mehr rhetorisch als genau.

2 P. Tacchi Venturi, Storia della Compagnia di Gesù in Italia. Bd.1/2. Rom 1950, 179f.

3 H. Jedin, Katholische Reformation oder Gegenreformation? Luzern 1946, 30.

4 FN II, 56.

5 Ebd. 55.

6 Vgl. EB 16.169.171.178.181.

7 M. Luther, Studienausgabe. Bd.2. Hg. H.-U.Delius. Berlin 1982, 99.

8 Ebd. 100.

9 Vgl. K. Rahner, Natur und Gnade, in: ders., Schriften zur Theologie. Bd.4. Einsiedeln 1960, 223f.: »Mit ontischen Kategorien wird hier (auch katholisch) nur noch gedacht, weil und insofern es für eine katholische Philosophie nun einmal so ist, daß das Wirkliche (und was wäre wirklicher und wirksamer als die Liebe Gottes) als »wirklich«, als »seiend« gedacht werden muß, daß das Höchste mit den abstraktesten Worten gesagt werden muß und daß darum die Tat der göttlichen Liebe an uns ... nicht anders als auch in Seinskategorien (Zustand, Akzidens, Habitus, Eingießung usw.) ausgesagt werden kann.«

10 Vgl. R. García-Mateo, Martin Luther – Ignatius von Loyola – Teresa von Avila. Ökumenische Gemeinsamkeit in spirituellen Grunderfahrungen, in: GuL 59 (1986) 343–358.

11 Y. Congar ist geneigt, in diesem Ausdruck einen ignatianischen Neologismus zu sehen. Vgl. Die Ekklesiologie der Gegenreformation, in: ders., Die Lehre von der Kirche. Vom Abendländischen Schisma bis zur Gegenwart (= Handbuch der Dogmengeschichte. Bd.3/3d). Freiburg 1971, 52.

12 Vgl. R. Schwager, Das dramatische Kirchenverständnis bei Ignatius von Loyola. Zürich 1970. Die Grundidee dieses bewundernswerten Buches verdient es, weitergeführt zu werden.

13 Zit. nach: Die Bekenntnisschriften der evangelisch-lutherischen Kirchen. Göttingen [2]1952, 86–91, hier 86.

14 S 547.

15 A. Delp, Gesammelte Schriften. Bd.4. Hg. R. Bleistein. Frankfurt [2]1985, 76f (der Zettel stammt vom 31.12.1944).

16 A. Delp, Das Schicksal der Kirchen, in: ders. (s. Anm. 15) 318–323, hier 321.

In Oberitalien

Aufbruch zum priesterlichen Dienst

Severin Leitner, Innsbruck

Iñigo de Loyolas Gesundheit war schwer angeschlagen. Er litt an ständiger Müdigkeit und Magenschmerzen. Ärzte und Gefährten drängten ihn zu einer Kur in der heimatlichen Luft. So brach er Ende April 1535 von Paris auf – für immer. Die Leitung der Gefährten, die sich um ihn gesammelt hatten, übertrug er Peter Faber, dem einzigen Priester der Gruppe. Seinen Aufenthalt in der Heimat wollte Ignatius auch nutzen, um einige familiäre Angelegenheiten (sowohl persönliche wie auch solche seiner Gefährten) zu regeln. Vielleicht wollte er zudem testen, wie lebensfähig und beharrlich auf dem eingeschlagenen Weg die Gruppe in seiner Abwesenheit war.

Nach drei Monaten Aufenthalt in der Heimat – es war sein letzter – machte Ignatius sich auf den Weg über Genua nach Bologna. Von diesem Weg gesteht er im Pilgerbericht: »Dies war die größte Anstrengung und körperliche Mühe, die er durchzumachen hatte. Aber schließlich kam er doch heil davon«. (PB 91) Von Bologna zog er weiter nach Venedig, wo er das ganze Jahr 1536 allein verbrachte. Er setzte dort das Studium der Theologie fort, bereitete sich auf die Fahrt nach Jerusalem vor und gab mehreren Leuten Exerzitien, unter anderem dem Priester Diego Hoces aus Malaga, der »dunkelhäutig und nicht gerade von berükkendem Aussehen, aber mit einem Herzen voll Begeisterung für die Sache im Weinberg Christi« war.[1]

Am 8. Januar des Jahres 1537 kamen neun Magistri aus Paris in der Lagunenstadt Venedig an, unter ihnen die sechs ursprünglichen Gefährten des Ignatius: Peter Faber, Franz Xaver, Simon Rodrigues, Diego Laínez, Alonso Salmerón und Nicolás Bobadilla.[2]

Peter Faber stammte aus dem Bergdörfchen Villaret in Savoyen; er war der erste Priester der Gruppe. Franz Xaver, aus einer vornehmen Familie in Navarra gebürtig, war ein ehrgeiziger, sensibler und fröhlicher Bursche, Hochsprungmeister der Universität und fähig zu einer glänzenden Karriere. Ihn soll Ignatius selbst als den »zähesten Teig« bezeichnet haben, den er je geknetet habe[3]. Simon Rodrigues de Azevedo war Portugiese. Ob Ignatius von Anfang an damit gerechnet hatte, daß er sich der Gruppe nicht ohne weiteres einfügen würde? Diego Laínez war schon als graduierter Magister aus Alcalá de Henares nach Paris gekommen, um dort sein Philosophiestudium zu vertiefen und wohl auch um Ignatius wieder zu treffen, den er von Alcalá her gekannt zu haben scheint. Laínez stammte aus Almazán in Altkastilien und war ein äußerst liebenswürdiger, intelligenter und fleißiger junger Mann; er war Sohn von »Neuchristen«, d.h. von Juden, die sich zum Christentum bekehrt hatten. Mit ihm zog Alonso Salmerón nach Paris, mit Abstand der jüngste der Gruppe. Am 2. September 1515 wurde er in Toledo als Sohn armer Eltern geboren. Sie ermöglichten ihm dennoch das Studium in Alcalá und dann in Paris. Nicolás Bobadilla schließlich stammte aus der Diözese Palencia in Nordspanien und trug nach seinem Taufnamen einfach den Namen des Dorfes, aus dem er kam: Bobadilla. Er hatte einen schwierigen Charakter, war scharf im Urteil und unermüdlich in der Arbeit.

In ihrer letzten Zeit in Paris schlossen sich der Sechsergruppe, angeregt durch deren Lebensweise, drei neue Gefährten[4] an: die beiden Priester Claude Jay und Paschase Broët sowie Jean Codure. Claude Jay, gebürtiger Savoyarde wie Peter Faber, hatte bereits 1528 in Genf die Priesterweihe empfangen und war auf Anregung Peter Fabers 1534 nach Paris gekommen; er hatte bei diesem die Exerzitien gemacht und schloß sich dann der Gruppe an. Auch Paschase Broët aus der Picardie nahe bei Amiens

Ignatius von Loyola predigt in seiner Heimat (1535)

Deckenrelief im Schloß Loyola

kam schon als Priester nach Paris, erwählte sich Peter Faber zu seinem Beichtvater und trat zwischen 1535 und 1536 dem Gefährtenkreis bei. Als letzter scheint Jean Codure aus der Dauphiné 1536 zu den anderen gestoßen zu sein.

Als die neun Magistri in Venedig ankamen, lag hinter ihnen der lange Fußmarsch, zu dem sie am 15. November 1536 aufgebrochen waren; er hatte sie über Lothringen, Elsaß, durch die Schweiz, die tiefverschneiten Alpentäler, über den Reschen durch Bozen und Trient nach Venedig geführt. Die Winterreise war öfter gefährlich gewesen. Simon Rodrigues beschreibt vieles detailliert[5]: So seien sie in abgewetzten Studententalaren unterwegs gewesen, hätten den Rosenkranz um den Hals und in ihren Ledertaschen die wichtigsten Bücher und Aufzeichnungen getragen; und ihre Reisetage seien folgendermaßen verlaufen: »Während des Tages wechselten stilles Gebet mit Psalmensingen und geistlichen Gesprächen. Die Priester Faber, Jay und Broët lasen die Messe; die anderen wohnten ihr bei, beichteten und kommunizierten.«[6]

Hinter ihnen lagen die gemeinsamen Studienjahre in Paris, in denen sie zur Gemeinschaft zusammengewachsen waren. Hinter ihnen lag das gemeinsame Suchen nach einer Lebensform in jenen langen Beratungen, die im Gelübde am Montmartre am 15. August 1534 zu einem sie befriedigenden Ergebnis gekommen waren.[7] Hinter ihnen lagen auch die gemeinsamen Spaziergänge aus der Stadt hinaus, die »Liebesmähler«, die sie einmal bei dem, einmal bei jenem Gefährten hielten[8] und die jährliche Erneuerung der Gelübde am 15. August 1535 und 1536 auf dem Montmartre. Mit der Reise nach Venedig brachen sie ihre Brücken zur Vergangenheit ab.[9]

Der lange, gemeinsame Weg hatte sie verändert. Was sie 1534 auf dem Montmartre gelobt hatten, das begann jetzt, Anfang 1537, für sie Gestalt anzunehmen: »Sich ganz dem Dienst Gottes in Armut hinzugeben«[10], dafür auch eine entsprechende Lebensform zu suchen und die Pilgerfahrt nach Jerusalem anzutreten. Noch ahnten sie indes nicht, daß ihr Hl. Land und ihr Jerusalem Rom und die Straßen Europas werden würden. Aber eine tiefe und tragfähige Beziehung zum Herrn und untereinander war gewachsen. Sie war stark genug, um die

Ignatius von Loyola als Krankenpfleger in Venedig (1536)

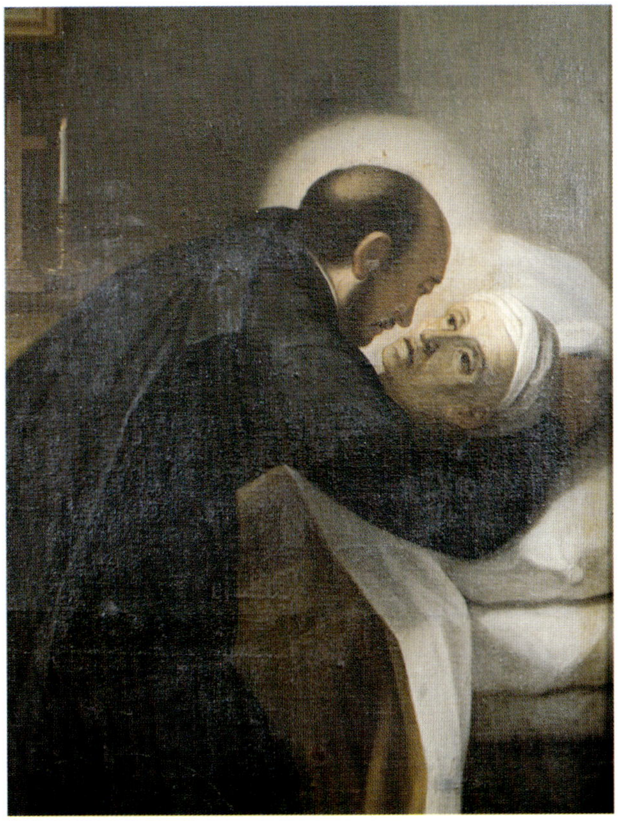

vier neuen Gefährten Diego Hoces, Claude Jay, Paschase Broët und Jean Codure in die ursprüngliche Gruppe aufzunehmen und zu integrieren. Sie waren Freunde geworden, »Freunde im Herrn«, wie Ignatius das nannte[11]. Dies war für die kleine »compañía« um Iñigo die Ausgangssituation der fruchtbaren und ereignisreichen Monate in Oberitalien. Die Quellen zeigen, daß diese wenigen Monate von Januar bis Ende Oktober 1537 für das weitere Zusammenwachsen der jungen und regen apostolischen Gemeinschaft sowie für das Werden der Gesellschaft Jesu von entscheidender Bedeutung waren. Es war eine Zeit intensiver geistlicher Erfahrungen, gemeinsamer Beratungen unmittelbar anstehender Schritte bzw. langfristiger Perspektiven und schließlich großherzigen apostolischen Einsatzes. Diese Zeit geistlich-geistiger Lebendigkeit blieb daher auch der jungen, vom Geist zusammengeführten Gemeinschaft[12] um Iñigo in besonders kostbarer Erinnerung.

Nach der Darstellung der Ereignisse jener Monate wenden wir uns drei Schwerpunkten dieser Periode zu, die für die kommende Gesellschaft Jesu sehr wichtig werden sollten.

Die Ereignisse jener Monate

Nach ihrer Ankunft in Venedig, am 8. Januar 1537, verteilten sich die Gefährten auf die Spitäler S. Giovanni e Paolo und das Spital der unheilbar Kranken. In ihnen dienten sie »den Armen, besorgten deren Betten, kehrten das Haus, putzten alles, was schmutzig war, reinigten die Schalen und Schüsseln der Kranken, sorgten für ein würdiges Begräbnis der Verstorbenen; sie hoben auch deren Gräber aus und deckten sie wieder zu. Tag und Nacht standen sie allen zu Diensten mit solcher Hingabe und solchem Eifer, mit solcher Freude und Lust, daß alle Insassen der Spitäler darüber staunten«. Das berichtet Simon Rodrigues.[13] Sie nutzten jede Gelegenheit, mit den Armen und Kranken auch »über göttliche Dinge (zu sprechen) und sich mit großem Eifer für ihr geistliches Heil (zu) sorgen«[14]. So sah ihr »Dienst Gottes in Armut« aus.

Am 16. März 1537 brachen Iñigos neun Gefährten »in Gruppen von je drei Mann, zwei Scholaren und einem Priester«[15] nach Rom auf, um vom Papst die Reiseerlaubnis für ihre Pilgerfahrt ins Hl. Land einzuholen, die gewöhnlich zu Ostern gegeben wurde. Auf dieser Reise begannen sie nach Simon Rodrigues auch, das Armutsgelübde zu leben.[16] Sie fasteten jeden Tag und erbettelten ihren Lebensunterhalt um der Liebe Gottes willen. Unterwegs erfuhren sie in allen schweren Nöten und gefahrvollen Situationen die Vorsehung Gottes, »indem er die Herzen bewegte und uns half, obwohl man uns die Armut nicht ansah ...«[17] Rodrigues schreibt weiter: »Da ihnen so jede Hoffnung auf menschliche Hilfe genommen war, empfahlen sie sich ganz Gott (der ihnen als einzige Rettung geblieben war). In diesen Nöten war jeder mehr vom Unglück der anderen betroffen und sorgte sich mehr wegen des

Elends und der Mühsal der anderen als um die eigene Not«[18]. Sie beichteten und kommunizierten oft, sangen Psalmen und schritten fröhlich und guten Mutes voran.[19]
Ignatius selbst zog nicht mit, weil er das ganze Vorhaben durch eine Begegnung mit dem kaiserlichen Geschäftsträger beim Hl. Stuhl, Dr. Pedro Ortiz, und dem Theatinerkardinal Gian Pietro Carafa nicht gefährden wollte. Die heftige Gegnerschaft von Dr. Ortiz zog sich Iñigo in Paris zu, weil er dessen Verwandten Pedro de Peralta durch die Exerzitien zu einem völlig veränderten Leben bewogen hatte. (PB 77) Mit dem neuernannten Kardinal Gian Pietro Carafa hatte sich Iñigo in Venedig entzweit, weil er sich von der Armutspraxis und der Wirkweise des Theatinerordens, den Carafa mitbegründet hatte, offen distanzierte.
Die Gefährten kamen am 25. März nach Rom und feierten dort die Karliturgie mit. Nun war es gerade Dr. Ortiz, der sich der Gefährten Iñigos liebevoll annahm und ihnen für Osterdienstag, den 3. April 1537, eine Audienz bei Papst Paul III. vermittelte. Beim damit verbundenen Mahl disputierten sie mit Kardinälen, Bischöfen und Theologen, die wie sie zu Gast geladen waren. Der Papst war der Gruppe wegen ihrer Einfachheit und Gelehrsamkeit sehr gewogen[20] und gab ihnen nicht nur den Segen und die schriftliche Erlaubnis für die Pilgerfahrt, sondern auch einen Teil der beachtlichen Summe von 260 Dukaten Reisegeld; dieses gaben sie später den Spendern wieder zurück, als sich zeigte, daß die Reise nicht stattfinden konnte, wie die Quellen ausdrücklich vermerken.[21]
Zudem erhielten sie auch die vom päpstlichen Großpönitentiar Kardinal Antonio Pucci unterzeichnete Zulassung zur Weihe aller Nichtpriester der Gruppe durch jeden beliebigen Bischof. Sie konnten auf den Titel der freiwillig gewählten Armut und der genügenden Bildung hin geweiht werden. Gewöhnlich war die Zulassung zur Priesterweihe an den Nachweis des Lebensunterhaltes aus väterlichem Erbgut (Patrimonium) oder einem Benefizium geknüpft.[22] Die Priester der Gruppe erhielten außerdem die Erlaubnis, die Gläubigen jeden Standes auch von solchen Kirchenstrafen loszusprechen, die eigentlich Bischöfen vorbehalten waren.[23]
So kehrten sie nach Venedig zurück und nahmen wieder ihre Dienste für die Kranken auf. Für den Juni war die Abfahrt der Pilger vorgesehen. Die politische Lage ließ bald vermuten, daß im Sommer 1537 kein Pilgerschiff von Venedig ins Hl. Land auslaufen würde. So machten die Gefährten von der päpstlichen Erlaubnis Gebrauch und bereiteten sich auf die Priesterweihe vor, die sie am 24. Juni 1537, dem Fest Johannes des Täufers, empfangen wollten. Zuerst legten die Weihekandidaten die Gelübde der Armut und der Keuschheit zu Füßen des apostolischen Legaten bei der Republik Venedig, Girolamo Verallo, ab. Der Bischof von Arbe, Vincentius Negusanti, weihte dann Ignatius, Franz Xaver, Diego Laínez, Alonso Salmerón, Jean Codure, Nicolás Bobadilla und Simon Rodrigues zu Priestern. Dieser Bischof bekannte später, »in seinem ganzen Leben noch nie mit so großer innerer Genugtuung eine Weihe gespendet« zu haben.[24]
Allmählich zeichnete sich ein offener Krieg zwischen Venedig und den Türken ab. Damit war für 1537 die Hoffnung auf die Pilgerfahrt ins Hl. Land zunichte geworden, zu der sie sich 1534 im Gelübde von Montmartre verpflichtet hatten. Aufgrund der Frist, die sie sich für die Einlösung dieses Gelübdes gesetzt hatten, beschlossen die Gefährten, eine Gelegenheit zur Pilgerfahrt im nächsten Jahr abzuwarten. Würde sich keine bieten, hatten sie

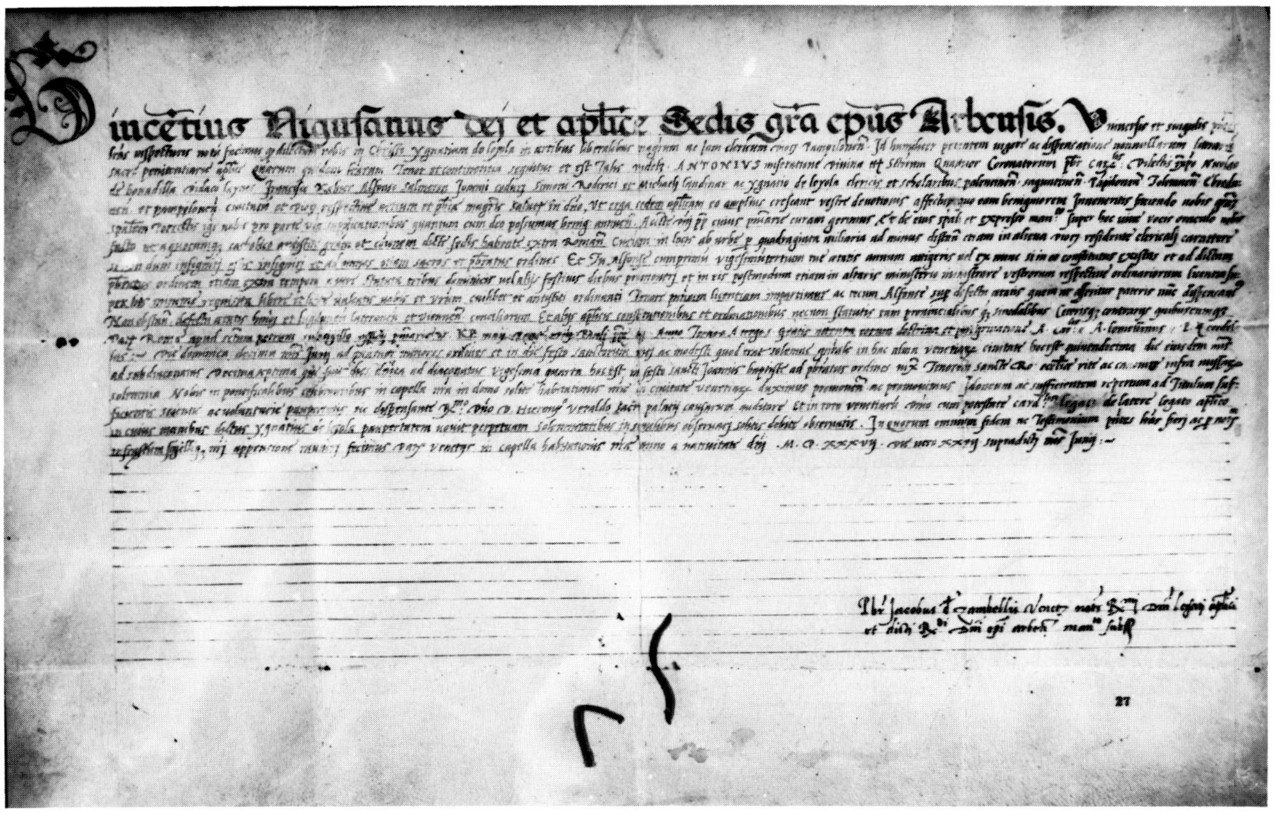

Weiheurkunde. Der Bischof von Arbe, Vincentius Negusanti, weihte am 24. Juni 1537 in Venedig zu Priestern: Ignatius, Franz Xaver, Diego Laínez, Alonso Salmerón, Jean Codure, Nicolás Bobadilla und Simon Rodrigues.

die Alternative zur Pilgerfahrt zu verwirklichen: nach Rom zu ziehen, um sich dem Papst anzubieten.[25]

Zur gründlicheren Vorbereitung auf die erste heilige Messe zogen sie sich nun zu zweit oder dritt an einsame Orte zurück, blieben jedoch innerhalb des Herrschaftsgebietes von Venedig[26], um zur Stelle zu sein, wenn doch ein Schiff ins Hl. Land auslaufen sollte. »Magister Ignatius, Magister Peter Faber und Magister Laínez (zogen) nach Vicenza, Magister Francisco und Magister Salmerón nach Monselice, Magister Jean Codure und Magister Simon nach Bassano, Magister Paschase und Magister Bobadilla nach Verona.«[27] Am 25. Juli 1537 waren sie von Venedig zu diesen Orten aufgebrochen. Dort wollten sie ganz von Almosen leben und auf den Plätzen predigen, soweit das bei der mangelnden Kenntnis der Landessprache möglich war. Simon Rodrigues weist darauf hin, daß die Patres in diesen einsamen Häusern die Übung des freiwilligen Gehorsams begannen:

»Solange sie zu zweit oder zu dritt waren, hatte abwechslungsweise einer der Gefährten für eine Woche die Autorität über die anderen; dann wurde gewechselt, und er leistete gleicherweise Gehorsam; dem jeweiligen Vorsteher ordneten sich die anderen so demütig und voll Eifer unter, daß es schien, sie würden nicht aus freien Stücken, sondern durch ein Gelübde verpflichtet, den Gehorsam leisten. Als sie später alle in Rom beisammen waren, hielten sie es für gut, diese Vollmacht auf einen Monat auszudehnen; so blieb es, bis Pater Ignatius zum General gewählt wurde; auch er hatte in der ganzen bis dahin vergangenen Zeit aufs sorgfältigste den Gehorsam geleistet; die anderen aber verehrten ihn mit einer besonderen Hochachtung.«[28]

In den Berichten wird diese Phase mit liebevoller Sorgfalt beschrieben: Die Gefährten erlebten die erste Zeit ihres Priestertums sehr intensiv. Ihnen wurden reiche geistliche Erfahrungen geschenkt.

Besonders für Ignatius und wohl auch für seine beiden Gefährten wurde das verfallene Klösterchen San Pietro in Vivarolo bei Vicenza ein zweites Manresa. Ignatius kam darauf zu sprechen, als er P. Gonçalves da Câmara sein Leben erzählte: »In jener Zeit, da er sich in Vicenza aufhielt, hatte er viele geistliche Erleuchtungen und viele, ja fast regelmäßige Tröstungen, ganz anders als es während der Pa-

Aus dem Brief des Ignatius an seinen Freund Mosen Juan Verdolay in Barcelona

...Mitte Januar kamen meine neun Freunde im Herrn aus Paris hier an, alle als Magistri artium und in der Theologie hinlänglich bewandert: vier Spanier, zwei Franzosen, zwei Savoyarden und ein Portugiese. Sie sind durch kriegerisches Gebiet gezogen und haben weite Wege zu Fuß in strenger Winterkälte zurückgelegt. Hier sind sie, auf zwei Spitäler aufgeteilt, untergebracht, und bedienen die armen Kranken in den niedrigsten und dem Fleisch am meisten widerstrebenden Handreichungen. Nachdem sie damit zwei Monate zugebracht hatten, gingen sie mit einigen anderen, die dieselben Ziele wie sie hatten, nach Rom, um die Karwoche zu halten. Und da sie selber arm waren, kein Geld, keine Empfehlungsschreiben von irgendeiner Person noch sonst etwas hatten und einzig und allein auf den Herrn vertrauten, um dessentwillen sie kamen, fanden sie ohne jegliche Mühe viel mehr als das, was sie gewünscht hatten, das heißt: Sie sprachen mit dem Papst; und nachdem sie angekommen waren, disputierten mehrere Kardinäle, Bischöfe und Doktoren mit ihnen; und einer von denen, die disputierten, war Dr. Ortiz, der wie auch andere bedeutende Gelehrte ihnen in großartiger Weise sehr gewogen waren; derart war der Papst und die gesamte Zuhörerschaft zufrieden, daß sie jedwede Gunst zu gewähren bereit waren: Erstens die Erlaubnis, nach Jerusalem zu gehen; dazu gab er ihnen ein- oder zweimal seinen Segen und forderte sie auf, bei ihren Vorsätzen zu bleiben.

Zweitens gab er ihnen 60 Dukaten als Almosen auf die Hand; und von den Kardinälen und anderen Personen, die da waren, bekamen sie mehr als 150 Dukaten. So brachten sie 260 Dukaten in Wechseln hierher.

Drittens: Denen, die Priester waren, gab er die Erlaubnis, Beichten zu hören und von den den Bischöfen vorbehaltenen Fällen loszusprechen; viertens denen, die nicht Priester waren, die Erlaubnis zur Weihe, ohne auf den Nachweis des Patrimoniums oder des Benefiziums zu bestehen, damit sie irgendein Bischof an drei aufeinanderfolgenden Festen oder Sonntagen zu Priestern weihen könne.

Als sie in Venedig angekommen waren, empfingen wir alle vor kurzem die Weihen, die Priesterweihe am Fest des heiligen Johannes des Täufers eingeschlossen: und die geweiht wurden, waren unser Sieben. Dadurch erlangten wir jede Gunst und alles vorstellbare Wohlwollen in dem Maß, daß es uns zur Wahl stand, ob wir Priester sein wollten auf den Titel freiwilliger Armut, den der genügenden Bildung oder auf beide Titel hin. Wir wählten beide Titel und legten das Gelübde der freiwilligen Armut für immer in die Hände des gegenwärtigen päpstlichen Legaten ab, nicht von ihm gedrängt, sondern aus eigenem Antrieb. Daraufhin boten sich zwei Bischöfe an, die Priesterweihe zu erteilen, und wir mußten uns entscheiden, es einen vollführen zu lassen, weil wir es nicht beide tun lassen konnten.

Nachdem all diese Dinge in Rom wie in Venedig so geschehen waren – als Huldерweis, ohne Geld zu nehmen – gab uns derselbe Delegat die uneingeschränkte Vollmacht, im ganzen Gebiet von Venedig zu predigen, zu lehren und öffentlich wie privat die Schrift auszulegen; ebenso Beichten zu hören und loszusprechen von Fällen, die Bischöfen, Erzbischöfen und Patriarchen vorbehalten sind.

All das habe ich berichtet, um sowohl dem nachzukommen, was ich oben sagte, wie auch unsere größere Last und Beschämung kundzutun, wenn wir nicht zu Hilfe kämen, wo Gott uns so sehr hilft, daß alle von uns gewünschten Dinge und Mittel uns an die Hand gegeben werden, wie es scheint, ohne darum zu bitten noch zu wissen, wie uns geschieht. Ich bitte die göttliche Güte, sie möge uns ihre Gnade eingießen, daß wir die Wohltaten und Gnaden, die sie uns immer erweist und

Unterschrift und eigenhändiger Nachtrag zu dem Brief des Ignatius an Mosen Juan Verdolay aus Venedig (24. 7. 1537)

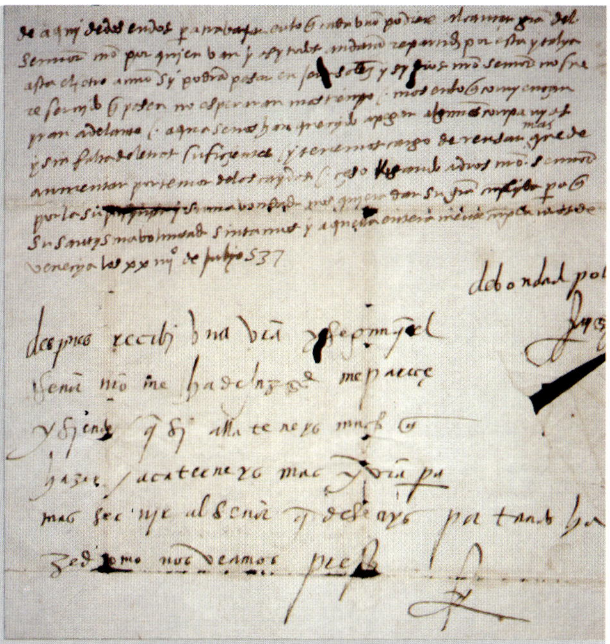

hoffentlich immer erweisen wird, wenn wir sie nicht verscherzen, nicht in der Erde vergraben. Darum bitte ich Euch um des Dienstes und der Ehrerbietung Seiner göttlichen Majestät willen, betet inständig für uns; ebenso bitte ich die Euch ergebenen Männer und Frauen, weil Ihr seht, wie sehr wir es nötig haben: Je mehr jemand erhält, um so mehr wird er in Verantwortung genommen.

In diesem Jahr gab es, so sehr wir die Reise nach Jerusalem erhofft hatten, kein Schiff, noch wird es eines geben wegen der Kriegszüge des Türken zur See. So sind wir übereingekommen, die besagten 260 Dukaten, die wir in Wertpapieren erhalten hatten, nach Rom zu schicken, damit das Geld den Personen zur Verfügung stehe und sie das Almosen wieder an sich nähmen, weil wir diese Gelder nur für die Reise selber verwenden wollten; und ebenso damit niemand denke, wir hätten Hunger oder Durst nach Dingen, für die die Welt stirbt.

Ist diese Vorsichtsmaßnahme, die ja schon eingeleitet ist, getroffen und dieser Brief geschrieben, brechen wir tags darauf von hier in Gruppen zu zweit auf, um an dem zu arbeiten, wofür ein jeder die Gnade unseres Herrn erlangen kann, für den er geht. Und so werden alle, verteilt über dieses Italien, bis zum anderen Jahr unterwegs sein, in dem sie vielleicht nach Jerusalem werden fahren können; und wenn Gott unserem Herrn nicht gedient wäre, daß sie dorthin fahren, werden sie nicht länger darauf hoffen, sondern in dem, was sie begonnen haben, fortfahren.

Hier haben einige, denen die nötige Bildung nicht fehlt, danach verlangt, sich uns als Gefährten anzuschließen, und wir haben mehr Mühe, an Tauglichkeit als an Zahl zu wachsen angesichts der Furcht zu fallen.

Ich schließe mit der Bitte an Gott unseren Herrn, er möge uns um seiner unendlichen und höchsten Güte willen die Fülle seiner Gnade gewähren, damit wir seinen heiligsten Willen wahrnehmen und ihn ganz erfüllen.

Aus Venedig, am 24. Juli 1537.

An Güte arm

Iñigo

Nachdem ich einen Brief von Euch erhalten habe und entsprechend dem, was mich unser Herr urteilen läßt, scheint es mir und spüre ich, daß Ihr, wenn Ihr dort viel zu tun habt, hier mehr habt, und ich sah, daß Ihr wünscht, dem Herrn mehr zu dienen. Deswegen schaut, wie wir uns bald sehen. Y.

riser Zeit war. Vor allem als er begann, sich auf die Priesterweihe in Venedig vorzubereiten, oder als er sich für die erste Messe vorbereitete, hatte er auf allen jenen Reisen große übernatürliche Heimsuchungen, ähnlich jenen, die er so häufig während seines Aufenthaltes in Manresa hatte.« (PB 95)

Zweimal täglich gingen zwei oder drei Gefährten Almosen betteln, um das notwendige Brot zu bekommen; es gab kaum Butter oder Öl. Ignatius blieb meist zu Hause und kochte. »Gewöhnlich aßen sie ein wenig in Wasser gekochtes Brot, wenn sie solches hatten.«[29] Sie schliefen auf ausgebreitetem Stroh am Boden. So verbrachten sie vierzig Tage im Gebet und in der Erfahrung bitterster Armut.

Unterbrochen wurde die Stille in Vivarolo durch einen Hilferuf aus Bassano. Simon Rodrigues war schwer erkrankt. Ignatius, selbst nicht gesund, eilte mit Peter Faber hin, um den Gefährten aufzusuchen und zu trösten. Er schritt so rasch aus, daß Faber ihm nicht folgen konnte. Durch seine Ankunft und seine tatkräftige Hilfe wurde Simon getröstet und genas alsbald. Diese Begegnung prägte sich ihm und Ignatius tief ein, wie ein Brief zeigt, den Simon achtzehn Jahre später aus eben jener Einsamkeit der Berge von Bassano nach all den schmerzlichen Mißverständnissen zwischen ihm und Ignatius an diesen richtete: »Senden Sie mir also einen mächtigen Segen herüber, daß er in diese Berge von Bassano dringt! Nun sind's gerade achtzehn Jahre her, daß Sie mich hier an diesem Platz aufsuchten, als ich todkrank darniederlag: Sie werden sich erinnern. Gott gab mir damals durch Ihr Gebet das Leben des Leibes; erwirken Sie mir jetzt die Gesundheit der Seele! Aus der Einsiedelei von Bassano, 4.September 1555. Ihr Diener Simon.«[30]

Nach Ablauf der vierzig Tage stieß auch Codure zu den Gefährten in Vicenza, »und alle vier beschlossen, mit Predigen anzufangen«. (PB 95) Sie fühlten nun die Zeit gekommen, aus der Stille herauszutreten und das zu verkündigen, was sie in der Einsamkeit mit Gott erbetet und erschaut hatten. Im Bericht des Pilgers schildert Ignatius diese Periode mit folgenden Worten: »Sie gingen auf verschiedene Plätze, und zur gleichen Stunde am gleichen Tag begannen alle vier mit ihren Predigten. Sie riefen zunächst mit lauter Stimme das Volk herbei und schwenkten ihre Mützen. Diese Predigten verursachten viel Aufsehen in der Stadt, und nicht wenige Zuhörer ließen sich zu einem frommen Leben bewegen.« (PB 95)

Um den 10. September herum kamen nach und nach auch die anderen Gefährten – außer Franz Xaver und Simon Rodrigues, die beide krank waren – von den Orten ihrer Zurückgezogenheit zu Ignatius nach Vivarolo; sie waren wohl vom Hunger getrieben, wie Hugo Rahner bemerkt.[31] Nun feierten alle ihre erste heilige Messe. Nur Ignatius wartete zu. »Er hatte sich vorgenommen, nach der Priesterweihe noch ein Jahr bis zur Feier der Primiz zu warten, um sich darauf vorzubereiten.« (PB 96)

Gerade in diesen Oktobertagen fanden unter den Gefährten wieder Beratungen von großer Tragweite statt.[32] Es stand die Frage an, wie sie die Zeit bis zur Abreise nach Jerusalem, worauf sie immer noch hofften, verbringen sollten. Sie entschieden, sich während der Wintermonate auf verschiedene Universitätsstädte zwischen Venedig und Rom zu verteilen, um dort apostolisch tätig zu sein »und zu sehen, ob unser Herr irgendeinen Studenten zu unserem Lebensstil berufen wolle«[33]. Diese Bemerkung des Laínez deutet daraufhin, daß in diesen Tagen auch der Gedanke an die Weitergabe ihrer apostolischen Lebensform an neue Gefährten lebendig wurde.

Ferrara

Haben die Gefährten schon in Vivarolo daran gedacht, beisammen zu bleiben? Nach einer anderen Quelle stand ein weiterer, ganz entscheidender Beratungspunkt an: Welchen Namen sollte sich die Gemeinschaft geben?
Mitte Oktober 1537 gingen die Gefährten wieder auseinander: Die einen gingen zurück in die Einsamkeit, um die dafür vorgesehene Zeit von drei Monaten[34] zu vollenden; die anderen brachen gleich in die ihnen zugewiesenen Städte auf. Bei der Aufteilung der Gruppe für die verschiedenen Einsatzorte waren – mit Ausnahme von Bologna – immer Gefährten verschiedener Nationalität zusammengegeben worden. Sie waren sich der nationalen Verschiedenheit durchaus bewußt und begriffen sie als Chance, wie das Beratungsprotokoll zur Gründung der Gesellschaft deutlich zeigt.[35]
Ignatius hatte man bei der kirchlichen Autorität verklagt und über ihn verschiedene Gerüchte in Umlauf gesetzt. Es wurde gegen ihn ein ordentlicher Prozeß eröffnet, der mit einem vollen Freispruch endete. Ignatius wurde zur Verkündung des Urteils am 13. Oktober 1537 nach Venedig beordert.[36] Kurze Zeit später brach er mit Peter Faber und Diego Laínez nach Rom auf. Während dieser Reise wurde Ignatius von Gott besonders heimgesucht. (PB 96)
Jean Codure und der aus Malaga stammende Diego Hoces zogen nach Padua.[37] Ignatius sollte Hoces nicht mehr wiedersehen: er starb als erster der Gefährten im Frühjahr 1538, noch vor der kanonischen Errichtung der Gesellschaft Jesu. Claude Jay und Simon Rodrigues zogen nach Ferrara. Sie lebten in größter Armut von Almosen, hörten Beichten und halfen im Spital der Armen. Sogar der Herzog hörte ihre Predigt, beichtete und kommunizierte bei ihnen und versprach seine Unterstützung für die Reise nach Jerusalem.[38] Franz Xaver und Nicolás Bobadilla ließen sich in Bologna nieder. Franz Xaver erkrankte hier schwer und magerte so ab, daß die Gefährten meinten, er würde sich nie mehr erholen.[39] Sie predigten auf öffentlichen Plätzen und hörten Beichten »fast den ganzen Tag«[40]. Alonso Salmerón und Paschase Broët versahen in Siena die gleichen Aufgaben: Predigt, Beichten, Armendienst, Unterweisung der Kinder in der christlichen Lehre »zur Erbauung nicht nur dieser selbst, sondern auch der Eltern.«[41]

Bologna

Als sich Ignatius und seine beiden Begleiter Rom näherten, hatte er in La Storta, einem Flecken unweit der Stadt, eine mystische Erfahrung, die von ihm selbst und seinen Gefährten in ihrer Bedeutungstiefe erst allmäh-

Markusdom
Venedig, Quadriga

lich ausgelotet werden konnte. Ignatius sagt darüber im Pilgerbericht: »Als er eines Tages einige Meilen weit vor der Ankunft in Rom in einer Kirche weilte und dort betete, hat er eine solche Umwandlung der Seele verspürt und so deutlich eine Schau gehabt, wie Gott der Vater ihn Christus Seinem Sohn zugesellte, daß er daran überhaupt nicht mehr zu zweifeln wagen konnte, Gott der Vater habe ihn Seinem Sohn zugesellt.« (PB 96)
Mit dieser Vision endet die Periode in Oberitalien. Es war eine Zeit wichtiger Erfahrungen für die Entstehung der Gesellschaft Jesu.

Alles vor Gott ins Wort bringen und in allem Gott zu Wort kommen lassen

Nach der Priesterweihe in Venedig faßten die Gefährten den Beschluß, sich in die Einsamkeit zurückzuziehen, um sich in Stille und Gebet auf die erste heilige Messe vorzubereiten. Peter Faber berichtet: »(Wir) verteilten ... uns auf verschiedene Ortschaften, um ... ungestört als Einsiedler zu leben und auch um den Nichtpriestern unter uns Gelegenheit zu geben, sich auf ihr hohes Amt gut vorzubereiten und zu sammeln.«[42]
Daß die Gefährten nach den Jahren des Studiums in Paris, nach der bewegten Periode der Wanderschaft von Paris nach Venedig, nach den Monaten des Dienstes an Kranken und Armen sowie nach der aufregenden und erfolgreichen Reise nach Rom sich nun in der Einsamkeit auf die Feier ihrer ersten hl. Messe vorbereiten wollten, entspricht durchaus einem inneren Gesetz des spirituellen Weges des heiligen Ignatius. Dieses Einsiedlerleben war für ihn und seine Gefährten nicht zwecklos beschaulich, sondern durch und durch apostolisch.[43] Alles Wirken mußte immer wieder Frucht des Gebetes und der Kontemplation sein, und Kontemplation und Gebet drängten ihn immer wieder dazu, »den Seelen zu helfen«. Schon von der Zeit in Manresa erwähnt Ignatius: »Nach sieben Stunden Gebet gab er sich damit ab, einigen Seelen, die ihn aufsuchten, in Fragen des geistlichen Lebens Hilfe zu leisten.« (PB 26) In einem Brief aus den Tagen von Venedig schrieb er: »Möge es der göttlichen Güte gefallen, uns seine Gnade einzugießen, aber so, daß wir die Gaben und Gnaden, die er uns beständig mitteilt, nicht als unnütze Talente in die Erde vergraben.«[44] So drängte er sie, schon vor Ablauf der vereinbarten Zeit die ihnen vom Herrn verliehenen Gnaden einzusetzen und das weiterzugeben, was sie in der Stille der Kontemplation empfangen hatten.[45]
In der Zurückgezogenheit orientierten sie sich neu, und alles Betrachten und Beten geschah einerseits im Blick auf die Welt und die Kirche, in der Christi Reich Gestalt annehmen sollte, andererseits im Blick auf den Herrn. So schreibt Ignatius im August 1537 aus Vicenza an Pietro Contarini: »Jeden Tag erfahren wir, wie wahr jenes Wort ist: ›Nichts habend besitzen wir alles‹ (2 Kor 6,10). Alles, sage ich, was Gott denen versprochen hat, die zuerst sein Reich suchen und dessen Gerechtigkeit. Und wenn dies schon denen verheißen wird, die ›zuerst‹ das Gottesreich und seine Gerechtigkeit suchen – was kann dann denen noch mangeln, die einzig und allein die Gerechtigkeit des Reiches, ja das Reich selbst suchen? ... Denen, ... die mit beiden Augen nur auf das Himmlische blicken? Diese Gnade gebe uns jener, der, obwohl er reich war an allem, sich aller Dinge entäußerte zum Vorbild für uns ... Betet darum auch Ihr für uns, der Herr möge uns allen seine Gnade geben, seinen heiligen Willen vollkommen zu erfüllen; denn er will, daß alle Menschen heilig werden ...«[46]

Die wechselseitige Ausrichtung von Gebet und Arbeit aufeinander, Kontemplation in Einsamkeit *und* Einsatz für das Reich Gottes mitten in der Welt nennt Ignatius »Gott finden in allen Dingen«. Dies ist grundgelegt in den Erfahrungen, die er in Manresa gemacht hat. Dazu schreibt Jerónimo Nadal, sein späterer Vertrauter: In jenem Zeitabschnitt von Manresa »gab ihm der Herr tiefste Erkenntnis und ein lebendiges Gefühl für die göttlichen Mysterien und für die Kirche. Und da teilte ihm Gott unser Herr auch die Exerzitien mit, indem er ihn dazu führte, sich ganz und gar dem Dienst Gottes und dem Heil der Seelen hinzugeben. Dieses Ziel zeigte er ihm ergreifend vor allem in den beiden Betrachtungen vom König und von den Zwei Bannern. Und darin erkannte Ignatius sein Lebensziel, dem er sich von nun an ganz hingeben müsse, das er in allen Werken im Blick haben müsse – es ist das Lebensziel, das jetzt die Compañía sich zu eigen gemacht hat.«[47]

Das »Gott finden in allen Dingen» gehört zu den Wesensmerkmalen der Spiritualität des hl. Ignatius und seiner «Weise voranzugehen»[48] sowie zum Ziel der spirituellen Ausbildung im Jesuitenorden.[49] Für jene, die in der Probezeit leben, für die Novizen, formuliert das Ignatius so: »Alle sollen sich darum bemühen, ihre Absicht nicht nur in bezug auf ihren Lebensstand, sondern auch auf alle einzelnen Dinge gerade zu halten, indem sie in ihnen stets rein danach streben, der göttlichen Güte um ihrer selbst willen und wegen der so einzigartigen Liebe und Wohltaten, mit denen sie uns zuvorgekommen ist, zu dienen und zu gefallen, mehr als aus Furcht vor Strafe oder Hoffnung auf Belohnung ... Und man ermahne sie häufig, in allen Dingen Gott unseren Herrn zu suchen, indem sie, sosehr es möglich ist, die Liebe zu allen Geschöpfen von sich entfernen, um sie auf den Schöpfer zu richten und ihn in allen Dingen zu lieben und alle in ihm, gemäß seinem heiligsten und göttlichen Willen.« (S 288)

Die gegenseitige Zuordnung von Gebet und Arbeit, Kontemplation und Aktion, bezeichnet Nadal als ein besonderes Charisma, das Gott Ignatius und damit der Gesellschaft Jesu verliehen hat: »Diese Gebetsgnade hat unser Vater Ignatius als großes Privileg in einzigartigem Ausmaß erhalten und damit die Gnade, daß er in allen Dingen, Handlungen und Gesprächen Gottes Gegenwart wahrnahm, mit feinem Gespür für das Geistliche, ja diese Gegenwart schaute und so ›contemplativus in actione‹ (beschaulich im Tun) war.«[50]

Was also die Gefährten in jenen Monaten vollzogen und lebten, gehörte zum Kern ihrer gemeinsamen Spiritualität: Stille, zurückgezogene Kontemplation sollte in tätigem Einsatz für die Menschen fruchtbar werden, so daß das eine das andere trägt. Der Atem des Gebetes soll das Tun durchströmen und beseelen, und die Not der Welt soll im Gebet vor Gott zur Sprache kommen. So wird der Gefährte »ganz und gar Werkzeug der göttlichen Gnade und Mitarbeiter an dem erhabenen Werk, die Geschöpfe Gottes zu ihrem wahren Ziel zu führen«, wie es Ignatius in einem späteren Brief an junge Jesuiten formuliert.[51]

Erfahrung als Orientierung für den weiteren Weg

In der Zeit vom Eintreffen in Venedig bis Mitte Oktober 1537 hielten die Gefährten drei Beratungen, die als solche in den Quellen erwähnt werden. Nach ihrer Ankunft in Venedig begannen sie »ohne Verzug«[52] darüber zu beraten, was sie in den Monaten bis zur erhofften Einschiffung nach Jerusalem unternehmen wollten. Sie beschlossen, einen Teil ihrer Zeit der Hilfe für die Armen zu widmen durch Dienste in den Spitälern; die restliche Zeit wollten sie für die Reise nach Rom verwenden, um die Erlaubnis und den Segen des Papstes für die Pilgerfahrt zu erbitten.

Nach Auskunft von Rodrigues und Laínez hat eine weitere Beratung bald nach der Priesterweihe in Venedig stattgefunden, als sie sahen, daß wegen des ausgebrochenen Krieges kein Schiff ins Hl. Land auslaufen würde. Diesmal beschlossen sie, noch ein volles Jahr zu warten (also bis Juni 1538) und sich zu zweit oder zu dritt für drei Monate an einsame Orte in die Städte rund um Venedig zurückzuziehen, um sich »frei von aller Arbeit ganz der geistlichen Betrachtung und dem Gebet zu widmen ..., sich den religiösen Übungen hinzugeben«[53] und die Praxis des Gehorsams zu üben.[54]

Schließlich fand die dritte Beratung dieser Periode im Oktober in Vivarolo statt.[55] Sie berieten und beschlossen, wie sie die weitere Zeit bis zur Abfahrt nach Jerusalem verbringen wollten, und sie wählten in strategischer Ordnung von Venedig bis Rom jene Städte aus, in denen sie während der Wintermonate wirken wollten.[56] Es scheint, daß sie sich auch auf die pastorale Vorgehensweise einigten.[57] Schließlich berieten sie über Identität und Namen ihrer compañía.

Die drei Beratungen während der Monate in Oberitalien stehen keineswegs isoliert da, sondern sind in einer größeren Reihe wichtiger Beratungs- und Entscheidungsvorgänge zu sehen, die alle eine ähnliche Struktur gehabt zu haben scheinen. Den Anfang bilden die Beratungen in Paris, in welchen sie der Berufung, die sie in den Exerzitien erfahren hatten, eine feste Form geben wollten.[58] Am Ende und Höhepunkt dieser Beratungen standen die Gelübde von Montmartre am 15. August 1534, in denen sie dem Herrn »Armut, Keuschheit, die Wallfahrt ins Hl. Land und, falls sie von dort zurückkehrten, Gehorsam gegen den Heiligen Vater, den Stellvertreter Christi, für jegliche Sendung gelobten.«

Nach dem Bericht von Simon Rodrigues hielten sie auf dem Weg von Paris nach Venedig in Meaux eine weitere Beratung ab: »Als alle zu großer Herzensfreude in Meaux zusammengekommen waren, begannen sie einige Fragen zu besprechen. An erster Stelle überlegten sie, ob sie von hier weg ihren Weg im Zeichen der Armut fortsetzen sollten, indem sie öffentlich bettelten, oder ob sie soviel Geld zurückhalten sollten, daß es ausreiche bis zur Ankunft in Venedig. Dann fragten sie sich, ob sie alle zusammen oder in zwei getrennten Gruppen oder schließlich zu zwei und zwei den Weg fortsetzen sollten. Nachdem sie die Sache Gott anempfohlen, gebeichtet und die heilige Kommunion empfangen hatten, kamen sie überein, die Reise zu Fuß zu machen, wie sie schon vorher abgesprochen hatten, und statt zu betteln jene Summe Geldes, die für den Weg nach Venedig notwendig schien, zu behalten. Ebenso wollten sie sich keineswegs aufteilen, denn sie mußten durch das Gebiet von Irrgläubigen ziehen und dies zur Winterszeit, in der alle Wege mit Schnee bedeckt waren; so könnte es geschehen, daß sie wegen der großen Kälte oder weil einer erkrankte oder wegen anderer Gefahren an der Fortsetzung des Weges und damit an der Erreichung des Zieles gehindert werden könnten.«[59]

Nach ihrer Ankunft in Rom hielten die Gefährten im Frühling des Jahres 1539 die berühmte Beratung im Frangipanihof, deren Hergang am besten dokumentiert ist. »... als die Zeit nahte, ... beschlossen wir«, ist im betreffenden Dokument zu lesen, »... viele Tage un-

ter uns zusammenzukommen und uns miteinander über diese unsere Berufung und Lebensformel zu besprechen.«[60]
Gerade aus dem Ablauf dieser Beratung und der von Meaux kann wohl geschlossen werden, daß auch die anderen gekennzeichnet waren von einem Wechsel von individuellem und gemeinsamem Gebet, von individueller Besinnung auf den Beratungsgegenstand und Gesprächen darüber. Am Ende stand die gemeinsame Entscheidung.
Das Protokoll der Beratung von 1539 zeigt das deutlich.[61] Die Gefährten hatten eine beachtliche demokratisch-geistliche Beratungs- und Entscheidungskultur entwickelt, die sich an der von Ignatius in den Exerzitien entwickelten Wahl- und Entscheidungsmethode, besonders an der ersten Weise der Dritten Wahlzeit (EB 178–183), orientiert. Sie besteht in der Vergegenwärtigung des grundsätzlichen Zieles, auf das hin der Mensch geschaffen ist: »Gott, unseren Herrn, zu loben und seine Seele zu retten«. (EB 177) Sodann soll der Gegenstand, über den zu entscheiden ist, genau umschrieben werden. (EB 178) Der nächste Schritt besteht im Bestreben, sich angesichts des grundsätzlichen Zieles (Gott, unseren Herrn zu loben ...) und im Hinblick auf die zu treffende Wahl, indifferent zu machen, also »nicht mehr dazu geneigt (zu) sein, noch danach (zu) verlangen, die vorgelegte Sache zu nehmen, als sie zu lassen, noch mehr dazu, sie zu lassen, als sie zu nehmen«. (EB 179) Dann soll der Wählende Gott, unseren Herrn, bitten, er wolle seinen Willen bewegen und in seine Seele legen, was er in bezug auf die vorgelegte Sache tun soll, das mehr sein Lobpreis und seine Ehre ist, indem er gut und getreu mit seinem Verstand nachdenke und entsprechend seinem heiligsten und wohlgefälligen Willen wähle. (EB 180) Dann werden die Vorteile erwogen und anschließend ebenso die Nachteile. Der Wählende achtet darauf, wohin sein Wille und seine Vernunft ihn ziehen, und in diese Richtung trifft er die Entscheidung. (EB 182) »Nachdem diese Wahl oder Entscheidung getroffen ist, soll derjenige, der sie so getroffen hat, mit großem Eifer zum Gebet vor Gott, unseren Herrn, gehen und ihm diese Wahl anbieten, damit seine Majestät sie annehmen und bestätigen wolle, wenn es ihr größerer Dienst und Lobpreis ist.« (EB 183)
Am Anfang einer Wahl steht immer der Gedanke an Gott, den Schöpfer. (EB 23, 169a, 177, 179) Somit steht nach Ignatius am Beginn jeder fälligen Unterscheidung und Entscheidung die Erneuerung des Glaubens an Gott und des Vertrauens auf Gott, der den Menschen täglich in Liebe so erschafft und erhält und ihm gegenüber seine Wohltaten erneuert: Jeder neue Aufbruch beginnt also mit dankbarer Besinnung auf die bisher gemachten Erfahrungen. Das »bis heute« der Treue der göttlichen Vorsehung bildet das Fundament des Vertrauens auf Gottes Güte für den weiteren Weg: jenes »bis heute«, auf das Ignatius in seinen Schriften immer wieder zurückgreift.[62] Die Erinnerung an die Wohltaten Gottes »bis heute« öffnet den Menschen und bereitet ihn für die Wahrnehmung seines neuen Handelns in der Zukunft, das er in Offenheit empfängt. Daher folgt auf die Wendung »bis heute« gern das »so auch fernerhin«, das Vertrauen für eine neue Wegstrecke. Dieses »bis heute« – »so auch fernerhin«[63] bildet auch den Rahmen für die zweimalige Erforschung am Tag: »Gott, unserem Herrn, für die empfangenen Wohltaten danken« und »sich *mit seiner Gnade* Besserung vornehmen«. (EB 43)
Diese feierlich geprägten und von der Wahlmethode der Exerzitien inspirierten Beratungen sind ein Zeugnis jenes von tiefem Gottver-

Karte von Ober- und Mittelitalien

trauen getragenen Geschehens, in dem dankende Reflexion der bisherigen Erfahrungen und die suchende Ausschau nach den nächsten Schritten geschieht. Der Orientierungspol ist immer Gott, der den Menschen erschafft und erhält und dem dieser aufgrund der bisherigen Erfahrungen trauen kann. Die Triebfeder ist das Magis (mehr) des Dienstes und der Hingabe, durch das der »großherzige« und »freigebige« (EB 5) Mensch seinem Freund und Herrn Jesus Christus in seiner Kirche und im Dienst am Nächsten näherkommen möchte.

Von der »compañía« zur »Compañía de Jesús«

Als die ersten Väter über die Zukunft ihres Kreises im Frühjahr 1539 im Frangipanihof berieten, drückten sie ihre einmütige Absicht so aus: »Wir sollten zu einem Leib werden und die einen sollten für die anderen Sorge tragen und um sie wissen zum größeren Gewinn für die Seelen.«[64] Was im klaren Willen der Gefährten Ausdruck findet, hat eine lange Entstehungsgeschichte: Es beginnt mit der Freundschaft der Gefährten in Paris, deren Fundament die individuelle und gemeinschaftliche Entscheidung zur Nachfolge Jesu »nach dem Weg, den ihnen Ignatius zeigte«[65], bildete. Die »völlige Hinkehr zu dem neuen Weg«[66], die alle Gefährten in den Exerzitien vollzogen hatten, bekam gemeinschaftlichen Ausdruck im Gelübde von Montmartre, »jenem ersten Grundriß der Gesellschaft«[67]. Schritt für Schritt setzten sie alle Details in die Tat um: Sie sollten nun erfahren, was es für sie heißt, »ihr ganzes Leben dem Heil der Seelen zu widmen«[68], »die vollkommene Armut des Evangeliums«[69] zu leben, »in Armut zu predigen«[70] und »ihre ganze Hoffnung auf Gott zu setzen«[71].

Schritt für Schritt entdeckten die gebildeten Pariser Magistri auch ihre spezifische Weise, »den Seelen zu helfen«, und sie machten darin konkrete Erfahrungen.[72] Bereits hier zeichnen sich die »Mittel« der Seelsorge ab, die Ignatius als die für seinen Orden typischen bezeichnet: Predigten, Vorträge, Spendung der Sakramente, Geistliche Übungen, Unterweisung in der Christenlehre.[73] Aus dem Kreis der »Freunde im Herrn«, die in Paris »die Lebensweise des Pilgers« (PB 92) annahmen, wird auf dem langen Weg gemeinsamer Erfahrungen jene Gemeinschaft, die den Namen dessen zu tragen wünschte, der ihr eigentliches Haupt war. Dieses Anliegen stand wohl nicht zufällig am Ende der intensiven Monate von 1537 in der Beratung von Vivarolo. Juan de Polanco, der Jahre später zur Gesellschaft gestoßen war und sich neun Jahre als Sekretär in unmittelbarer Nähe des Ignatius bewegte, hat sie als kostbare Überlieferung der jungen Gesellschaft schriftlich festgehalten: »Über den Namen der Gesellschaft steht folgendes fest: Den Namen ›Gesellschaft Jesu‹ haben sich Ignatius und seine ersten Gefährten bereits beigelegt, bevor sie nach Rom kamen. Als sie nämlich unter sich berieten, welche Antwort sie auf die Frage nach dem Wesen dieser neuen Vereinigung geben wollten, begannen sie zu beten und zu überlegen, welcher Name wohl am meisten zu ihnen passe. Sie bedachten, daß sie eigentlich kein anderes Haupt hätten als Jesus Christus, dem allein sie zu dienen verlangten. Und so schien es ihnen das Treffendste, sich den Namen dessen zu geben, den sie als ihr Haupt anerkannten, und daß somit ihre Vereinigung ›Gesellschaft Jesu‹ genannt werden müsse.«[74]

Die große Vision des hl. Ignatius von La Storta ist wie ein Kristallisationspunkt seiner ganzen trinitarischen Mystik. Im Pilgerbericht erzählt der Heilige von einer Begegnung in Manresa mit einer betagten Frau, »die seit langer Zeit einzig und allein Gott treu diente«. (PB 21) Bei ihr spürte Iñigo, daß sie echte und tiefe geistliche Erfahrungen gemacht hatte. Sie wünschte ihm, als er sich einmal mit ihr über geistliche Dinge besprach: »Möge es doch meinem Herrn Jesus gefallen, daß er Euch eines Tages erscheine!« (PB 21) Der Wunsch der alten Frau beschäftigte ihn. Am Ende der Zwei-Banner-Betrachtung im Exerzitienbüchlein steht das Gebet, das der Exerzitant zuerst an Maria, dann an den Sohn und schließlich an den Vater richtet, damit er unter das Banner des Sohnes aufgenommen werde. (EB 147) Dieses Gebet kehrt als Grundgebet des Pilgers in Vivarolo wieder: »Er hatte sich vorgenommen, nach der Priesterweihe noch ein Jahr bis zur Feier der Primiz zu warten, um sich darauf vorzubereiten und zu Unserer lieben Frau zu beten, sie möchte ihn ihrem Sohne zugesellen.« (PB 96) So ist hier ein Bogen erkennbar, der sich vom Beginn der religiösen Suche und der mystischen Erfahrungen von Manresa über die Exerzitien, die Monate von Vivarolo nach La Storta spannt. Die Vision von La Storta wurde nicht nur als die Erfüllung des Wunsches jener alten Frau, sondern auch als die Erhörung der Bitte der Exerzitien durch Gott, den Vater, betrachtet. Sie enthält nach der Ansicht von Pater Jerónimo Nadal die Bestätigung der Namensgebung[75] und die Bestätigung der gemeinsamen Berufung der Gefährten. Jene Gnade, für die Gott Ignatius auserwählt hat und die durch ihn auch seinen Gefährten gewährt wurde, wird als spezielle Gnade der Gesellschaft Jesu verstanden, die mit der Berufung in sie verbunden ist. Die Aufzeichnungen von Jerónimo Nadal gehen wie jene von Juan de Polanco auf Zeugen des Geschehens, in diesem Fall Laínez und Faber, zurück:

»... Als Pater Ignatius mit den Patres Faber und Laínez auf Rom zuging, erschien ihm, während er betete, in einer Vision der kreuztragende Christus; dieser sagte zu ihm, nachdem Gott, der Vater, Ignatius Christus für seinen Dienst zugesellt hatte: ›Ich werde mit euch sein‹; damit meinte er offensichtlich, Gott habe uns zu Gefährten Jesu erwählt. Und das ist eine ganz spezielle Gnade, die unserer Gesellschaft von Gott geschenkt wurde. Dazu müssen wir uns vergegenwärtigen, daß Christus, der, von den Toten auferstanden, nicht mehr stirbt, in seinen Gliedern auch jetzt noch fortfährt, Kreuz zu tragen ... Dazu also beruft uns Gott, daß wir in dieser Gesellschaft Jesus nachfolgen, indem jeder sein Kreuz auf sich nimmt und für Christus leidet; und beim Gedanken, daß wir Christus nachfolgen, sollen wir Mut und Kraft finden, da wir gerade durch das Kreuz seine Gefährten geworden sind. Was sonst suchte oder hatte Christus in dieser Welt außer Mühsal, Verfolgung und das Kreuz zur Ehre Gottes des Vaters und zu unser aller Rettung? So laßt uns dasselbe wünschen und, wenn es nötig sein sollte, unser Leben zur Rettung unserer Brüder einsetzen.«[76]

Die Vision von La Storta (1537)

Anmerkungen

[1] G. Schurhammer, Franz Xaver. Sein Leben und seine Zeit. Bd. 1. Freiburg 1955, 288.
[2] Zum folgenden Absatz vgl. A. Ravier, Ignatius von Loyola gründet die Gesellschaft Jesu. Dt. Bearb. von J.Stierli. Würzburg 1982, 59–85.
[3] Ebd. 68.
[4] Ebd. 80–82.
[5] FN III, 8–135: Simonis Rodrigues Commentarium de origine et progressu Societatis Jesu, n.1 – n.105. Dt. Übers.: Mystik des Weges. Der Bericht des Simon Rodrigues *Vom Werden und Wachsen der Gesellschaft Jesu.* Übers. u. eingel. von J.Stierli. Frankfurt am Main 1985 (= Geistliche Texte SJ 9. Hg. i.A. der Provinzialskonferenz der Deutschen Assistenz). – Bericht von der Winterreise: n.25 – n.41.
[6] FN I, 70–145: Epistola P. Lainii n.1 – n.62, hier n.33.
[7] FN III, 20: S. Rodr. Comm. n.12; FN I, 102–104: Ep. Lain. n.30; FN II, 567.
[8] FN I, 102–104: Ep. Lain. n.30.
[9] FN III, 30–34, 40: S. Rodr. Comm. n.24, n.31.
[10] FN I, 102–104: Ep. Lain. n.30.
[11] MI *Epp.* I, 119.
[12] MI *Const.* I, 3.
[13] FN III, 54–56: S. Rodr. Comm. n.42.
[14] Ebd. 56: S. Rodr. Comm. n.43.
[15] FN I, 112: Ep. Lain. n.37.
[16] FN III, 62–64: S. Rodr. Comm. n.48.
[17] FN I, 112–114: Ep. Lain. n.38.
[18] FN III, 62–66: S. Rodr. Comm. n. 48f.
[19] FN I, 112–114: Ep. Lain. n.37f. FN III, 62–76: S. Rodr. Comm. n.48 – n.56. G. Schurhammer (s. Anm. 1.) 297–309.
[20] FN III, 78–80: S. Rodr. Comm. n.58. FN I, 114–116: Ep. Lain. n.39.
[21] PB 93. FN III, 78–80: S. Rodr. Comm. n.58.
[22] FN I, 114–116: Ep. Lain. n.39; vgl. N. Nilles, Asterisken zur Geschichte der Ordination des hl. Ignatius von Loyola und seiner Gefährten, in: ZKTh 15 (1891) 146–159.
[23] M *Fabri* 8. 2
[24] FN I, 118: Ep. Lain. n.41.
[25] PB 94; FN I, 110–113: Ep. Lain. n.36; FN III, 82–85: S. Rodr. Comm. n.61; MEM 18.
[26] PB 94; FN I, 118f: Ep. Lain. n.41; FN III, 82–85: S. Rodr. Comm. n.61.
[27] FN I, 118f: Ep. Lain. n.41.
[28] FN III, 86: S. Rodr. Comm. n.63.
[29] PB 94. Vgl. FN II, 580.
[30] MHSI *Epp. Broëti* 664f. Dt. Übers. in: Ignatius von Loyola, Trost und Weisung. Geistliche Briefe. Hg. von H. Rahner. Neubearb. von P. Imhof. Einsiedeln [2]1989, 199.
[31] H. Rahner, Die Vision des hl. Ignatius in der Kapelle von La Storta, in: ZAM 10 (1935) 23.
[32] FN III, 86–89: S. Rodr. Comm. n.64; FN I, 120–123: Ep. Lain. n.43f.
[33] FN I, 118–121. Ep. Lain. n.42.
[34] FN III, 90–93: S. Rodr. Comm. n.66.
[35] MI *Const.* I, 1–7.
[36] Text des Urteils: FD 535–537.
[37] FN I, 120–123: Ep. Lain. n.43.
[38] Ebd. 122f: n.44.
[39] FN III, 88–91: S. Rodr. Comm. n.65.
[40] FN I, 122f: Ep. Lain. n.45.
[41] Ebd. [42] MEM 17.
[43] H. Rahner (s. Anm. 31) 22.
[44] MI *Epp.* I, 121.
[45] FN II, 582: J. de Polanco, De vita P. Ignatii et Societatis Iesu initiis n.90.
[46] MI *Epp.* I, 123–125. Dt. Übers.: Ignatius von Loyola (s. Anm. 30), 65.
[47] FN I, 306f: Natalis Exhortationes (1554) n.5f.
[48] Dieser Ausdruck – nuestro modo de proceder – beschreibt die in der entstehenden Gesellschaft Jesu gepflogene Lebensweise; vgl. S 92, 152, 216, 321, 389, 547 u. ö.
[49] Im »Examen generale« spricht Ignatius von sechs »Experimenten«, zu denen auch die Großen Exerzitien gehören. Diese Praktika innerhalb der Ausbildung sollen zeigen, ob der Kandidat für die Gesellschaft Jesu geeignet ist. Vgl. S 64–70.
[50] M *Nadal* IV, 651.
[51] MI *Epp.* I, 507f. Dt. Übers.: Ignatius von Loyola (s. Anm. 30) 107.
[52] FN III, 55–57: S. Rodr. Comm. n.42.
[53] Ebd. 82–85: n.61.
[54] Ebd. 86: n.63.
[55] Ebd. 86–89: n.64. S. a. FN I, 118–121: Ep. Lain. n.42; PB 95.
[56] FN III, 88–92: S. Rodr. Comm. n.65f. FN I, 118–120: Ep. Lain. n.42.
[57] FN I, 102–105: Ep. Lain. n.30.
[58] G. Schurhammer (s. Anm. 1) 203.
[59] FN III, 38–40: S. Rodr. Comm: n.30.
[60] MI *Const.* I, 2.
[61] Ebd. 1–7.
[62] EB 43, 61, 71. Diese Struktur ist auch in der Betrachtung zur Erlangung der Liebe leicht zu erkennen (EB 233f, 236) und im Geistlichen Tagebuch des hl. Ignatius zu ersehen (GT 151, 11. Februar 1544). Vgl. a. MI *Epp.* I, 123f, 148.
[63] Vgl. dazu MI *Epp.* II, 237; – ebd. I, 695; VII, 316.
[64] MI *Const.* I, 3.
[65] FN III, 16: S. Rodr. Comm. n.8.
[66] Ebd. 12–14: n.5. [67] Ebd. 22–24: n.14.
[68] PB 85; s.a. FN III, 20: S. Rodr. Comm. n.12.
[69] FN III, 20–23, 62–64: S. Rodr. Comm. n.13, n.48.
[70] MI *Epp.* I, 96. GT 150, 11. Februar 1544.
[71] FN III, 62–66: S.Rodr. Comm. n.48f. FN I, 112: Ep. Lain. n.37.
[72] FN III, 54–56, 62–64, 90–92, 96–98: S. Rodr. Comm. n.42f, n.48, n.66, n.74f. FN I, 108–10, 118–122: Ep. Lain. n.35, n.42 – n.45. PB 95.
[73] Dreimal zählt Ignatius listenartig die bevorzugten Seelsorgsmethoden – er spricht gern von »Mitteln« – »und Arbeiten der Gesellschaft Jesu auf«: 1. Form. Instit. n.1 (S). – 2. Kapitel 8 im 4. Teil der Satzungen (S 400–414). – 3. Kapitel 4 im 7. Teil der Satzungen (S 636–654).
[74] FN I, 204; GT 169f, 23. Februar 1544.
[75] M *Nadal* IV, 649.
[76] FN I, 313f: Natalis Exhortationes (1544) n.16.

Die Welt ist unser Haus

Die Berufung des Jesuiten*

John W. O'Malley, Cambridge/USA

Man ist sich darüber einig, daß mit der Gründung des Jesuitenordens durch Ignatius von Loyola eine neue Ära in der Geschichte der Orden begann. Jesuiten sind weder zum Chorgebet noch zum Tragen eines speziellen Ordenskleides verpflichtet; ihren apostolischen Aufgaben sind keine Grenzen gesetzt, solange es Gott zur größeren Ehre gereicht.

Ignatius gab der Vision eines neuen Ordens auch schriftlichen Ausdruck. Allerdings ist der Stil seiner Sprache karg und sachlich, eher untertreibend als reißerisch. Und gerade das Neuartige seines Ordensideals wurde von ihm, der ein Liebhaber der Tradition war, nur vorsichtig zu Papier gebracht. Es war eher seine Persönlichkeit, wie sie in den zwölf dicken Briefbänden der Monumenta Ignatiana im Rahmen der umfangreichen Quellenedition der *Monumenta Historica Societatis Iesu* aufscheint, die das neue Ideal vermittelte, als die gedruckten Dokumente der Ordensgründung, von denen zur Zeit des Todes von Ignatius ja auch erst wenige vorlagen. Deswegen müssen Äußerungen der ersten Gefährten des Ordensgründers, die von ihm persönlich nach seinen Idealen geformt und geprägt wurden und die mithalfen, dem Orden seine Dynamik und seine explosionsartige Verbreitung zu geben, mit zum Verständnis der Idee dieses Ordens herangezogen werden.

Jerónimo Nadal

Auch wenn P. Nadal (1507–1580)[1] nicht zu Ignatius' Gefährten der ersten Stunde gezählt werden kann, hatte er doch wenige Jahre nach seinem Eintritt in den Orden dessen Vertrauen in so hohem Maße gewonnen, daß dieser ihn als Visitator in entfernte Ordensprovinzen schickte, um durch ihn die Satzungen des Ordens in ihrer ersten, noch vorläufigen Fassung bekanntzumachen und auslegen zu lassen. Die Aufgabe Nadals bestand darin, die ignatianischen Grundansichten denen zu vermitteln, die dem Ordensgründer nie persönlich begegnet waren und deshalb eine eher vage Vorstellung von seinen Zielen hatten. Von daher ist Nadals Bedeutung für die Geschichte des Ordens sehr hoch anzusetzen. Die Dokumente, die er hinterließ – Ermahnungen, Kommentare, Reflexionen, Instruktionen, Meditationen, Dialoge, Briefe –, zeugen von dem Verständnis der jesuitischen Berufung, das ein Zeitgenosse und enger Vertrauter des Gründers der Gesellschaft Jesu hatte.

Nadal war schon damals als authentischer Interpret des Ignatius anerkannt. So schreibt Juan de Polanco, der persönliche Sekretär des Ignatius (1553): »Er kennt unseren Vater, Magister Ignatius, gut, weil er viel mit ihm zu tun hatte, und es scheint, daß er seinen Geist und den unserer Gesellschaft so gut wie sonst niemand verstanden hat.«[2] Zur Einführung der Konstitutionen durch Nadal meinte Ignatius selbst, daß er »genau mein Denken versteht und darum in meiner Autorität sprechen kann«.[3]

Nadal widmete sich mit Energie und Enthusiasmus seiner Aufgabe, die ihn in viele Jesuiten-Kommunitäten in ganz Westeuropa führte.[4] In den letzten Jahren seines Lebens galt er als maßgebende Autorität bei der Interpretation der Satzungen; er hatte daher wichtige Ämter in der Gesellschaft Jesu inne. So sandte ihn z.B. Laínez 1560 als Visitator mit allen Vollmachten in die Provinzen Spaniens, Frankreichs, Deutschlands und Italiens.

Ein weiterer Grund für Nadals Bedeutung liegt im Stil und Inhalt seiner Botschaft. Als getreuem Interpreten des Ignatius gelang es ihm, in verständlicher Weise Ideen breiter zu entfalten, die bei Ignatius noch wenig entwickelt und oft unentwirrbar verschachtelt waren. Nadals Stil ist voller, weniger reserviert, rhetorisch gewandter als der des Ignatius. Das zeigt sich am deutlichsten in seinen »exhortationes« (= Ermahnungen). Nadal schreibt auch mit einem gewissen literarischen Anspruch, z.B. in den beiden langen »Dialogen« oder »Gesprächen«[5] zwischen einem Jesuiten, einem Lutheraner und einem neutralen Partner – ähnlich den »Gesprächen«, die Erasmus und andere Humanisten der Renaissance berühmt gemacht haben. Seine »Erläuterungen zu den Satzungen der Gesellschaft Jesu« sind nüchtern und technisch, seine Gedanken zum Gebet, »Orationis Observationes«, hingegen eher persönlich gehalten und in lockerer Form niedergeschrieben. Diese Vielfalt literarischer Formen und seine Verwurzelung in der Theologie des Thomas von Aquin und des Bonaventura haben ihm die Bezeichnung »Theologe der Ignatianischen Spiritualität«[6] eingebracht.

Seine Lehre

Zwei Ideen Nadals innerhalb der bekannten Lehre über das spirituelle Leben finden besondere Aufmerksamkeit: Die erste zeigt sich in Nadals Wort *»contemplativus in actione«* (gottverbunden im Tun). Die Beziehung dieser berühmten Formulierung zur Exerzitienbetrachtung »... um Liebe zu erlangen« (EB 230–237) und zur Ermahnung des Ignatius in den Satzungen, man solle »Gott in allen Dingen finden«, ist offensichtlich.
Das zweite Thema stammt weniger aus der Lehre des Ignatius als aus seinem konkreten Tun und Einfluß; Nadal spricht von der *»Gnade des Gründers«:* Die kirchengeschichtliche Bedeutung einer religiösen Institution zeige sich schon im Leben und der spirituellen Begabung des Gründers; die Funktion, einen Grund zu legen und ein Vorbild zu geben, die Ignatius für den Orden ausübte, beinhalte mehr als das Angebot eines bestimmten Lebensstils; etwas Tieferes, fast Mystisches liege darin. Auf dieser Grundlage interpretierte Nadal auf seinen Reisen das Charisma des Ignatius und seines Ordens.[7]
Ein dritter, selten beachteter Schwerpunkt seiner Theologie soll hier erörtert werden: die *apostolische Beweglichkeit*[8]. Einige Merkmale lassen vermuten, daß der Aspekt der apostolischen Beweglichkeit in hohem Maß auf Nadal selber zurückgeht. Er bringt ihn aber immer mit der Berufung des Jesuiten, wie sie in den Satzungen klar ausgesprochen ist, in Verbindung. Gewöhnlich behandelt Nadal dieses Thema, wo er auf die drei Arten von »Häusern« – Probationshaus, Kolleg, Profeßhaus – zu sprechen kommt, die es gemäß den Satzungen der Gesellschaft Jesu in ihr gibt. Dabei zeigt er auch den Zusammenhang mit einer Eigentümlichkeit des Jesuitenordens auf, die im Vierten Gelübde gegeben ist, in dem ein besonderer Gehorsam gegenüber dem Papst gelobt wird.

»Die Welt ist unser Haus«

Eine von Nadals »Ermahnungen« an die spanischen Jesuiten (1554) kann als Zusammenfassung seiner Vorstellung gelten: »Zu beachten sind die verschiedenen Wohnstätten und Bleiben der Gesellschaft. Das sind: Probationshaus (Noviziat, Terziat), Kolleg, Profeßhaus und Unterwegssein; und durch das Letztere wird die ganze Welt unsere Bleibe.«[9]
Für das 16. Jahrhundert ist diese Formulierung der Beweglichkeit im apostolischen Dienst so unkonventionell, daß es verwunderlich ist,

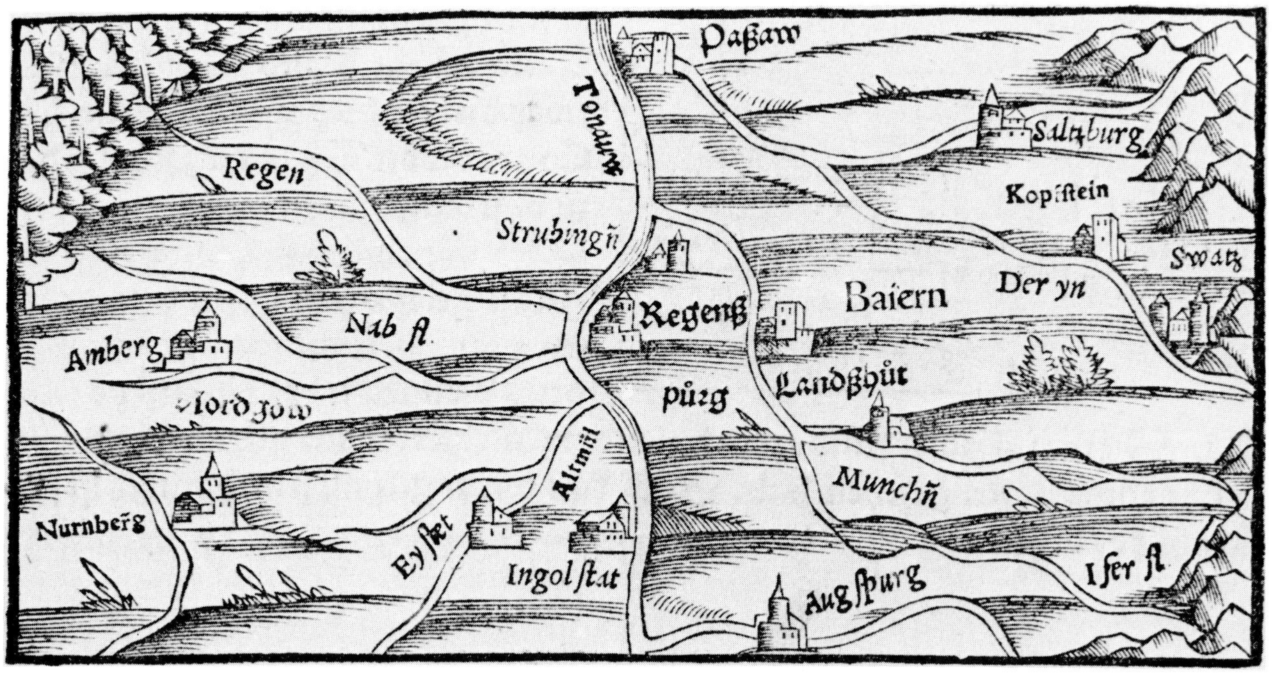

»Von den Baierland«

warum Kenner der ignatianischen Spiritualität nicht stärker darauf aufmerksam gemacht haben. Nadal hat den drei Arten von Häusern, die im Text der Satzungen genannt werden, eine vierte hinzugefügt, »das Haus der ganzen Welt«. Man kann dies nicht als einen flüchtigen Zufallssatz oder eine rhetorische Übertreibung abtun; denn Nadal greift diese Idee verschiedentlich mit noch größerer Eindringlichkeit und Ausführlichkeit auf.

Jegliche Doppeldeutigkeit, die dem lateinischen »habitatio« (Bleibe) anhaften mag, wird durch das in verschiedenen spanischen Texten vorkommende »casa« (Haus) geklärt. So sagt Nadal z.B. während einer »Ermahnung« in Alcalá (1561) nach der üblichen Aufzählung von Probationshaus, Kolleg und Profeßhaus: »Es gibt Sendungen, die für die ganze Welt sind – und dies ist unser Haus (casa). Wo immer unsere apostolischen Dienste benötigt werden oder von größerem Nutzen sind, dort ist unser Haus.«[10]

Der spanische Text spricht von »misiones« (Sendungen) als dem Äquivalent des lateinischen »peregrinationes« (Pilgerwege). Beide Begriffe sind mit ihren Bedeutungsnuancen kaum zu übersetzen. Am ehesten könnte ich mich für »Reise« entschließen, wobei dieser Begriff etwas von »Pilgerfahrt« enthalten sollte – mit all ihren Strapazen, Entbehrungen und ihren geistlichen Idealen –, aber auch etwas von »Mission«, also einer Sendung zu einem apostolischen Dienst. So werden »Reise«, »Pilgerfahrt« und »Sendung« praktisch zu Synonymen.

Das Vierte Gelübde

Im eben angeführten Text Nadals ist vom Dienst die Rede, der von uns gefordert wird. Dieses Element läßt Nadal immer wieder die Verbindung zum Vierten Gelübde herstellen; er entwickelt diese Beziehung in seinen »Bemerkungen zum Examen Generale« (1557): »In den Profeßhäusern ist nicht die hauptsächliche und typische Bleibe der Gesellschaft, sondern auf dem Pilgerweg ... sollen die Schafe, die zugrunde gehen, sorgfältig gesucht und Christus zugeführt werden. Denn das ist die besondere Eigenart unserer Berufung, daß wir von Gott und der Kirche die Sorge für diejenigen erhalten haben, um die sich niemand kümmert. Wenn sonst niemandem, dann sind sie sicher dem höchsten Stellvertreter Christi, dem Römischen Bischof, anvertraut. Ihm sind wir im Gehorsam unterstellt, daß er sich durch uns um die kümmert, für die weder Bischöfe noch Priester da sind bzw. die überhaupt keine kirchlichen Vorgesetzten haben. Darauf zielt unser dem Papst gegebenes Gelübde ab, das eigens die Aussendung betrifft.

»Freysingen«

Die Gesellschaft scheint dadurch – bei aller Demut in Christus – eine Ähnlichkeit mit dem Stand der Apostel zu haben.«[11]

In einer anderen »Ermahnung« (Alcalá, 1561) sagt er: »Es gibt die Profeßhäuser, in denen apostolische Dienste für die Hilfe der Seelen geleistet werden. Gibt es noch etwas? Ja, das Beste sind die «Sendungen», die der Papst oder unser Oberer uns auftragen, so daß die ganze Welt das Haus der Gesellschaft Jesu wird.«[12]

Ausdrücke wie Apostel bzw. apostolisch gebraucht Nadal nicht beiläufig, um einfachhin Dienste zu bezeichnen. Er war durchaus der Meinung, daß zu seiner Zeit die Gesellschaft einen Aspekt der Urkirche wieder sichtbar machte. Davon war er persönlich überzeugt. Ehe das gezeigt wird, sollen weitere Texte vorgestellt werden, die diese Ansicht zum Ausdruck bringen.

Nüchterner äußert er sich dazu in seinem Kommentar zum siebten Teil der Satzungen: »Die Aussendung der Professen und ihrer Mitarbeiter geschieht zur Gründung von Profeßhäusern, Kollegien oder Probationshäusern in den wichtigsten Staaten oder großen volkreichen Städten. Dabei ist immer das besondere Ziel der Gesellschaft zu berücksichtigen und zu erstreben. Das besteht keineswegs bloß darin, daß die Unseren in Häusern leben und von da aus dem Staat oder der Stadt und ihren umliegenden Gebieten Hilfe bringen, sondern daß die Professen und ihre Koadjutoren im Unterwegssein vollführen, was sie aufgrund der Sendung durch den Papst oder ihre Oberen übernehmen, damit sie den Menschen überall, in jedweder Lage und aus welchem Grund immer geistige Hilfe nötig sein mag, ihre Hilfe anbieten. Es tut nichts zur Sache, ob wir nun zu «Götzendienern» geschickt werden, zu Mohammedanern, zu Häretikern oder zu Christen, die aus Mangel an Priestern oder durch Nachlässigkeit verlorengehen oder in Gefahr dazu sind.«[13]

Dieser Gedanke wird im »Zweiten Dialog« (1562–1565) wiederholt: »Das sind die Orte [unseres Wirkens]: Probationshäuser, in denen Novizen ausgebildet und geprüft werden; Kollegien, in denen man sich vorwiegend mit dem Studium beschäftigt; Profeßhäuser, in denen Professen, Koadjutoren und Laienbrüder wohnen, um von da aus alle Dienste und alle Hilfe der Gesellschaft zum Heil und der Vervollkommnung der Seelen auszuüben. Überdies bleibt noch dieser ganz vorzügliche und grenzenlos weite Ort: Diese Männer sind nämlich nicht dazu berufen, den Seelen nur von ihren Häusern aus zu helfen, sondern ihre erste Absicht und ihr Ziel ist es, überall auf Erden zu suchen, wen sie Christus zuführen können.

»Keysers Lautern«

»Coblentz«

Deshalb müssen sie immer auf Wanderschaft und für Aufträge unterwegs sein, wohin immer sie der Papst oder ihr Oberer zu einem Dienst schickt.«[14]

Seine wohl gewandteste und treffendste Äußerung über dieses Ideal macht Nadal am Schluß desselben Dialogs: »Das ist bei weitem der geräumigste Ort und ebenso offen wie die ganze Welt. Wohin immer sie in ihrem Dienst, den Seelen beizustehen, gesandt werden können, da ist ihr vorzüglichster und am meisten erwünschter Wohnort. Sie wissen um ihr Ziel, für das Heil und die Vollkommenheit aller Seelen zu sorgen. Sie wissen sich deshalb durch ihr Viertes Gelübde dem Papst verpflichtet, auf seinen Wunsch hin jede Sendung zur Hilfe an den Seelen auf sich zu nehmen, was durch göttlichen Auftrag für die ganze Kirche gilt. Sie wissen, daß sie nicht so viele Häuser zu bauen oder zu besitzen vermögen, um in deren Nähe den Kampf beginnen zu können. Unter diesen Verhältnissen halten sie es für ihre ruhigste und beste Bleibe, wenn sie immer unterwegs sind, dabei auf dem ganzen Erdkreis überall hinkommen, nirgends eine Bleibe haben, immer fremd, immer bettelnd, ohne jede Habe, auf nichts anderes bedacht, als Jesus Christus nachzuahmen, der nichts hatte, wohin er sein Haupt legen konnte und all seine Zeit als Wanderprediger verbrachte.«[15]

»Franckfurt am Mayn«

Geistlicher Dienst für alle Menschen

Sicherheit und spirituelle Geborgenheit eines ständigen, festen Wohnsitzes – so wichtig diese Eigenschaften in Nadals Denkweise auch sein mögen – sind also dem Ruf zum geistlichen Dienst untergeordnet. Seine Dringlichkeit kann Jesuiten überallhin und in jede Situation, in Gefahren oder Strapazen bringen; maßgebend ist die geistliche Not der Menschen – gleich welcher Religion und welchen Standes. Diese Überlegungen sind schon in den Orientierungen, die Ignatius seinem Orden gab, fest verankert; bei Nadal übertreffen sie jedoch in ihrer kühnen Artikulierung alles, was uns bekannt ist.

Das Vierte Gelübde des Gehorsams gegenüber dem Papst wird durch diese Lehre Nadals sehr bestimmt in den Kontext der Sendung zum geistlichen Dienst hineingestellt; kein anderes Zeugnis aus der früheren Zeit der Gesellschaft Jesu vermag dies so eindringlich wie das Nadals.[16] Der Papst wird als »universaler Hirte« der »universalen Kirche« betrachtet, dem im Hirtenamt die Sorge um alle Seelen obliegt, besonders derer, für die niemand sonst sorgt. In seinem zweiten Dialog bezeichnet Nadal den Papst als »Bischof der universalen Kirche«[17].

»Passaw«

An diesem Dienst des »Petrusamtes« wollen die Jesuiten sich durch ihr besonderes Papstgelübde beteiligen. Es ist kein allgemeines Gelübde der »Loyalität gegenüber dem Papst«, wie manchmal gesagt wird, sondern ein Ausdruck der Hingabe an diesen weltweiten und uneingeschränkten Dienst. Eine Interpretation des Gelübdes im Sinne von allgemeiner Loyalität würde die Spezifizierung »circa missiones« (in bezug auf die Sendungen) überflüssig machen.[18]

Das Vierte Gelübde kann als Kontrast zum monastischen Gelübde der Stabilität angesehen werden. Auch die energische Weigerung des Ignatius, Jesuiten zum Chorgebet zu verpflichten, ist letztlich ein Ausdruck des Ideals, frei zu sein für den geistlichen Dienst im »universalen Weinberg«. Die Satzungen (S 603) führen Situationen an, in welchen Jesuiten selbst entdecken sollen, worin die jeweils größere Notwendigkeit für ihren Auftrag besteht; jedoch müssen sie zugleich das eigene Interesse zurückstellen und sich den Belangen der Kirche und der Einschätzung durch ihren Vorgesetzten oder durch den Papst unterordnen.

Hierin liegt der innere Zusammenhang der drei Ziele des Vierten Gelübdes, von denen in der Bulle »Exposcit debitum« die Rede ist: »Unsere größere Andacht zum Gehorsam gegenüber dem Apostolischen Stuhl, die größere Verleugnung unseres eigenen Willens und die sichere Leitung durch den Heiligen Geist.«[19]

Diese drei Zielsetzungen sind Bestandteile des einen Auswahlprozesses, in dem entschieden wird, welche Dienste zu übernehmen seien. Wenn Ignatius das Vierte Gelübde »nuestro principio y principal fundamento«[20] nennt, will er kaum in einer allgemeinen Redewendung seine Achtung vor dem Papsttum – die er sicherlich empfand – ausdrücken, sondern etwas, das viel zentraler die jesuitische Berufung ausmacht: die Verpflichtung zum Dienst, von der auf fast jeder Seite der zwölf Bände seiner Korrespondenz die Rede ist. Unser Prinzip und Fundament ersten Ranges ist nicht »Loyalität gegenüber dem Papst«, vielmehr die Verpflichtung zum Dienst an jedem Ort der Welt, wo Gottes größerer Dienst zu erhoffen ist. Eine Sendung durch den Papst, dem »universalen Hirten« der Kirche, ist nur der dramatischste und entschiedenste Ausdruck dieser Verpflichtung. Nadals Darlegungen über die »Häuser« der Gesellschaft Jesu im Zusammenhang mit dem Vierten Gelübde bestätigen diese Interpretation der Bulle »Exposcit debitum« und der ignatianischen Texte.

Gottverbunden als Pilger

Des weiteren lassen uns die Schriften Nadals seine Lehre von dem »contemplativus in actione« – gottverbunden im Tun – verstehen: »actio« bedeutet damit soviel wie Wanderschaft und Suche. Der »contemplativus« – also der Jesuit – muß lernen, seine Einheit mit Gott nicht nur in den Zerstreuungen innerhalb der Ordnung eines Ordenshauses zu bewahren, sondern auch in Situationen, die geradezu identisch sind mit Ablenkung und Zerstreuung des Geistes, nämlich unterwegs und auf Wanderschaft.

Nadal wußte, daß viele Jesuiten ihr ganzes Leben in Ordenshäusern der Gesellschaft Jesu verbringen, auch daß die Gemeinschaft der Ort der Ruhe und des Auftankens für die ist, die »auf Mission« sind.[21] Er spricht ausführlich von der Ordnung der Häuser und nimmt an, daß sie die normale Ausgangsbasis der Dienste sein werden. Paradoxerweise finden nach Nadal Jesuiten jedoch unterwegs und auf Wanderschaft ihr »friedvollstes Zuhause«.

Ignatius liebte das Buch »Die Nachfolge Christi« des Thomas von Kempen. Es ist das einzige, das er – außer dem Evangelium – den Menschen empfiehlt, die die Geistlichen Übungen machen. (EB 100) Doch der Stil seiner Frömmigkeit, insbesondere in Nadals Interpretation, bricht mit der privatistischen Spiritualität dieses großen Werkes. In der »Nachfolge Christi« wird das Wort »auf Wanderschaft sein« (peregrinari) in einem abwertenden Sinn gebraucht, als unvereinbar mit einem tiefen Innenleben: »Wer viel reist, erreicht nur selten Heiligkeit« (l. I, c. 23, 25). Nadal schätzt dieses »peregrinari« jedoch sehr und findet darin das ausgedrückt, was der jesuitischen Berufung entspricht; es wurzelt daher fest in der Tradition der Gesellschaft Jesu. Ignatius bezeichnet sich in seiner Autobiographie immer wieder als »Pilger«[22].

Die Geschichte der ersten Jesuiten enthält viele Erzählungen über deren Reisen. Mario Scaduto zeigt in seinem Aufsatz »La Strada e i primi Gesuiti«[23], daß für diese Männer »Reise«, »Pilgerschaft« und »Mission« praktisch dasselbe bedeuteten; dieser Tatbestand erhellt den Sinn des Vierten Gelübdes, das insbesondere die Sendungen angeht. Zusammen mit Polanco bearbeitet Nadal die »Regulae Peregrinantium« (Regeln der »Reisenden«), die später von Laínez veröffentlicht wurden.[24] All das zeigt, daß auch die Pilgerreise, die Ignatius in seinen Satzungen den Novizen vorschreibt, mehr ist als nur ein »Experiment« unter vielen: Sie stellt zeichenhaft einen zentralen Aspekt jesuitischen Lebens dar.

»Saltzburg«

»Regenspurg«

Ignatius sagt in den Satzungen (S 622), »daß der Teil des Weinbergs gewählt werden soll, der am meisten in Not ist«. Nadal modifiziert dies vorsichtig und gibt diesem Gedanken damit einen Sinn, der bei Ignatius fehlt. Wir finden seine markanteste Formulierung in den persönlichen Reflexionen, die er für sich selbst in Rom kurz nach dem Tod des Ignatius niederschreibt: »Die Gesellschaft müht sich um solche Seelen, die entweder keinen Seelsorger haben oder – wenn sie einen haben – der sie vernachlässigt. Das ist die Gründungsidee der Gesellschaft, ihre Kraft und ihre Würde in der Kirche.«[25]

Apostolischer Dienst

Nadal hat auch ein scharf umrissenes Verständnis vom »apostolischen« Charakter des jesuitischen Dienstes. Worte wie »Apostel«, »apostolisch« und »Apostolat« werden heute leichthin und in einem so weiten Sinn gebraucht – meist synonym mit »Geistlicher« und »geistlicher Dienst« –, daß sie fast banal klingen. Nadal hingegen bezieht sie direkt auf die Urkirche und auf seine Sicht der Gesellschaft Jesu, die diese Kirche in der Dynamik ihres Dienstes und in der Begeisterung für das Evangelium widerspiegelt.

Die Nachahmung der »vita apostolica«, des »apostolischen Lebens«, hat eine lange Geschichte im Christentum. Im 12. Jahrhundert gewann das Thema neue Bedeutung, als viele Einzelpersonen und Gruppen mit dem klösterlichen Ideal der christlichen Vollkommenheit brachen, wie es z.B. in großen Gemeinschaften wie der Benediktinerabtei Cluny gelebt wurde. Aber die Vorstellungen vom »Leben der Apostel« waren aufgrund des unhistorischen Denkens des Mittelalters recht unterschiedlich. So meinten z.B. die Franziskaner-Spiritualen im 14. Jahrhundert, daß das apostolische Leben wesentlich als radikale Armut gelebt werden sollte. Aegidius von Viterbo, von 1507 bis 1518 General des Ordens der Augustiner-Eremiten, glaubte, daß die Apostel wie Einsiedler gelebt hätten, wie es die uralte Lebensweise der Mitglieder seines Ordens gewesen war.[26]

In der Mitte des 16. Jahrhunderts gewann man ein zutreffenderes Bild von der frühen Kirche. Außerdem weckten die Entdeckung der Neuen Welt, die Bedrohung Europas durch die Türken und die Ausbreitung des Protestantismus in großen Teilen Nordeuropas das Bewußtsein, wie notwendig eine Evangelisierung der Völker sei. All dies hat wohl auf Nadal eingewirkt, so daß er als »Apostel« jemanden bezeichnet, der mit einer Sendung betraut wird. Wenn er die Gesellschaft Jesu als »apostolisch« betrachtet, schwebt ihm dieses Verständnis von Apostolizität vor.

Wie viele seiner Zeitgenossen scheint er seine Zeit als eine Wiedergeburt der Urkirche empfunden zu haben.[27] In einer Überlegung, die er in Rom ein Jahr nach dem Tod des Ignatius niederschrieb, drückte er dies so aus: »Unser Beruf ist dem der Apostel und ihrem Stand ähnlich. Zunächst lernen wir die Gesellschaft kennen, dann folgen wir ihr, dann werden wir unterrichtet, dann erlangen wir die Befähigung zur Sendung, dann werden wir ausgesandt, dann versehen wir unseren Dienst und sind bereit, darin für Christus zu sterben.«[28]

Für Nadal war Paulus der Apostel schlechthin, und es scheint, als schwebten ihm dessen Reisen vor, wenn er über die apostolische Eigenart der Gesellschaft Jesu sprach. Ungefähr gleichzeitig mit dem vorigen Text entstand eine sehr direkte und suggestive Aussage: »Petrus bedeutet uns Festigkeit und Richtung, Paulus Dienst in der Gesellschaft [Jesu], und

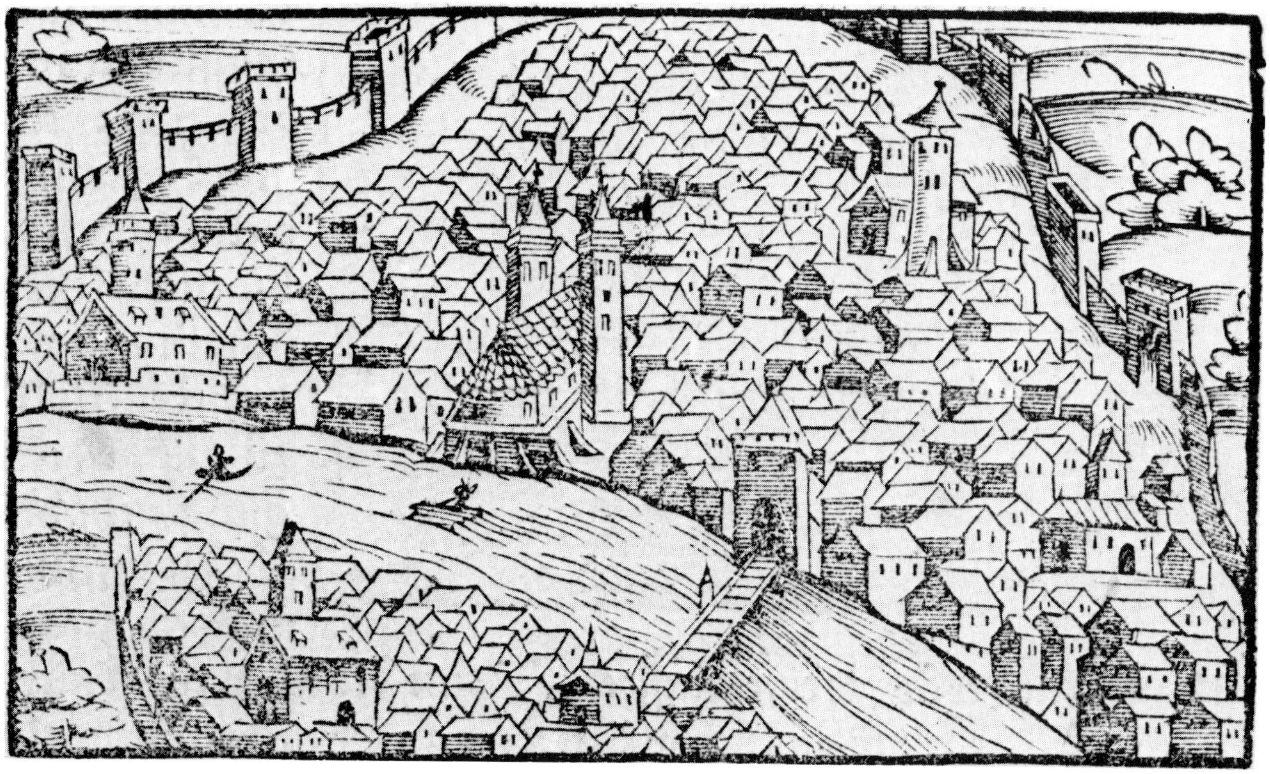

Basel

Juana de Aragón (1502–1575), Herzogin von Tagliacozza, Gemahlin des Herzogs Ascanio Colonna (1521).

Juana, eine zu ihrer Zeit durch die Gaben der Schönheit und des Geistes berühmte Frau, war die Tochter von Herzog Ferdinand von Montalto und seiner Gattin Castellana aus dem Haus Cordona. Ihr Vater war ein illegitimer Sohn des Königs Ferrante I. von Neapel aus dem königlichen Hause Aragón. Daher nannte sich Juana stets »de Aragón«. Für alle Zeiten berühmt geworden ist Juana durch ihr wundervolles Porträt, das Raffael im Auftrag des Kardinals Bibiena 1518 gemalt hat.

Ihre Ehe hatte zweifellos einen politischen Hintergrund: Das Geschlecht der Colonna sollte dadurch unauflöslich an die spanische Politik in Neapel gebunden werden. Ihre Verbindung mit dem rauhen und in Geldsachen geradezu geizigen Kriegsmann Ascanio war von Anfang an unglücklich. Die Freundschaft mit der Schwägerin Vittoria Colonna linderte viele Enttäuschungen. Wiederholt hatte sie die Möglichkeit, zu Vittorias Schwiegermutter nach Ischia auszuweichen – so auch nach der Geburt Marcantonios, des jüngsten von sechs Kindern, im Jahre 1535 – und sich im Kreis der Dichter und Gelehrten, die sich dort um Constanza Ávalos trafen, abzulenken. Auch wenn die Ehe juristisch nicht getrennt wurde, lebten beide doch wie Geschiedene; die Hauptschuld daran traf wohl Ascanio. So war Ascanio mit Vespasiano Colonna am Überfall auf Rom am 20. September 1526 beteiligt. Im Jahr darauf spielte er bei dem Sacco di Roma eine berüchtigte Rolle – Ereignisse, die die Loyalität der Colonnas zum Souverän des Kirchenstaates und dessen Verbündeten fraglich erscheinen ließen und die Spanierin kompromittierten.

Ende September 1539 schickte Ignatius auf Wunsch des Papstes seinen etwas exzentrischen Gefährten Nicolás Bobadilla zu Juana nach Ischia, um den ehelichen Frieden zwischen ihr und Ascanio wiederherzustellen. Es hat den Anschein, daß Ascanio selber um diese Vermittlung gebeten hat. Es war wohl Juanas erste Begegnung mit einem Jesuiten, aber keineswegs die letzte: 1541 wird P. Antonio Araoz nach Ischia geschickt und nochmals 1543. Beim letzteren Besuch traf er auch Ascanio an, der von Ignatius brieflich aufgefordert wurde, seine Gewissensfragen mit Araoz ernstlich zu besprechen – Besuche, die keinen bleibenden Erfolg zeitigten. Anfang 1549 ließ Juana durch den Kardinal von Neapel, Gian Pietro Carafa, Ignatius bitten, Laínez oder Salmerón nach Neapel zu schicken. Da weder der eine noch der andere abkömmlich waren, sandte Ignatius wieder Nicolás Bobadilla nach Neapel. Die alten Probleme blieben bestehen, und es kamen neue hinzu: Aus der Abneigung Marcantonios gegen den Vater entwickelte sich ein politischer Gegensatz, der sich bis 1555 zu einem heftigen Streit auswuchs, in dem beide Parteien sich auf üble, fast unflätige Weise maßlos beschuldigten. Ascanio führte bittere Klage, Papst und Kaiser hielten es mit Juana und Marcantonio, die ihn als »öffentlichen Rebellen und Räuber« hinstellten. Dieses Mal versuchte Ignatius selber sein Glück – hatte er doch seit Jahren Rom nicht verlassen, es sei denn zu einem kurzen Gang nach Frascati oder Tivoli. Er mußte nach Alvito im Königreich Neapel reisen, um Juana bei Verwandten ihrer Mutter zu treffen.

Im Morgengrauen des 2. November 1552 wurde die Reise unter dramatischen Umständen angetreten, die Pedro de Ribadeneira in lebhaften Farben geschildert hat. Allerdings war ihr Erfolg nicht so eindeutig, wie dieser es berichtet. Juana zeigte sich bereit, in diesem Streit einzulenken, falls Ascanio ihre gesellschaftliche und finanzielle Stellung vertraglich garantiere. Nach Rom zurückgekehrt, verfaßte Ignatius ein umfangreiches Memorandum an Juana, in dem er die Gründe für die Beilegung des Streites nochmals darlegte und Juana neuerdings zu bewegen suchte, den skandalösen Streit zu beenden. Es scheint, daß Juana für eine Zeitlang zu ihrem Gatten nach Rom zurückgekehrt ist. In welchem Ausmaß des Ignatius' Mahnungen ausschlaggebend waren, kann nicht mehr festgestellt werden.

Ascanios Geschick nahm unversehens eine böse Wende: Gegen Ende des Jahres 1553 wurde er bei einem Aufenthalt im Königreich Neapel verhaftet und in Castell Nuovo in Neapel bis zu seinem Tod – das war wohl im Jahre 1557 – gefangengehalten. Schon lange hatte er als politisch unzuverlässig gegolten. Der Grund der Verhaftung liegt im dunkeln. Seit dem Sommer 1555 lebte Juana mit ihren Töchtern in Rom, mußte aber schon am 31. Dezember fluchtartig die Stadt verlassen, zumal ihr Sohn im Lager der Papstgegner stand und sie öffentlich schon seit Wochen behelligt wurde. Nach dem Tod des Papstes konnte Juana im Juni 1560 nach Rom zurückkehren. Ihr wurde ein geradezu triumphaler Empfang bereitet.

Den Jesuiten blieb sie stets in herzlicher Freundschaft zugetan. Sie und ihr Sohn Marcantonio stifteten 1566 das Noviziatshaus S. Andrea al Quirinale. Juana erlebte noch den Triumph ihres Sohnes Marcantonio in »der Schlacht von Lepanto.

A. Falkner S.J.

Juana de Aragón
(1502–1575)

beide helfen uns als Kirchenfürsten.«[29] Der Hinweis auf Paulus besagt jedoch mehr als bloßes Unterwegssein um des Dienstes willen. Nadals Schriften spielen auf den begeisterten und grenzenlosen Eifer an, der Paulus weder Leiden noch Mühen scheuen ließ, um Seelen für Christus zu gewinnen.

Dienst am Wort

Aus seinem späteren Leben stammt eine lange Unterweisung über die Aufgaben der Jesuiten. Nadal spricht hier sehr detailliert über die Formen des apostolischen Dienstes.[30] Der Dienst am Wort – nach ihm der spezielle Dienst der Gesellschaft – ist nicht beschränkt auf Predigten in der Kirche, Katechismusunterricht, Vorlesungen über sakrale und profane Themen, Exerzitien-Geben, Trost für Gefangene und Sterbende; zu diesen Aufgaben gehört auch das Bußsakrament, bei dem der Beichtvater »das Herz des Sünders beruhigt und durch Gottes Wort bewegt«[31]. Nadal ordnet also auch die sakramentalen und liturgischen Aufgaben dem »Dienst am Wort« zu und weist darauf hin, daß diese für einen Jesuiten mehr bedeuten als nur gewohnheitsmäßige Riten.
Paulus ist derjenige Apostel, der durch Lehre und Beispiel am deutlichsten das Ideal der totalen Hingabe an den Dienst am Wort lebte. Zwar geht Nadal in seinen Reflexionen über die Art des jesuitischen Dienstes fast immer von der Bulle »Exposcit debitum« Papst Julius' III. aus, aber er formulierte seine Ideen in einem »apostolischen« Kontext und mit vielen paulinischen Anklängen. Wie Nadals Schriften zeigen, beschränkte sich die Begeisterung des 16. Jahrhunderts über die Wiederentdekkung des »authentischen Paulus« nicht auf den Protestantismus, wie viele meinen, sondern sie lebte auch im Katholizismus, allerdings mit anderen Schwerpunkten.

Einheit von geistlichem Leben und apostolischem Dienst

Die Auseinandersetzung mit der geistlichen Theologie P. Jerónimo Nadals bestätigt die herkömmliche Meinung der Historiker, daß der Orden der Jesuiten eine neue Ära religiöser Gemeinschaften eingeleitet hat. Weitere Studien über diesen »Theologen der Ignatianischen Spiritualität« brächten noch andere wichtige Aspekte seiner Lehre über die jesuitische Berufung ans Licht.
Nadals Bedeutung reicht weit über ordensinterne Fragen hinaus. Er hat sehr klar mit der monastischen Vorstellung des religiösen Lebens gebrochen, die fast ein Jahrtausend lang geherrscht hatte. Sein Ideal war die Eingliederung in die Welt anstatt eines Rückzugs aus der Welt. »Die Welt ist unser Haus« – dieses Axiom stellte er mit Nachdruck heraus.
Die Betonung des »Dienstes am Wort« bedeutete auch eine neue Sicht des priesterlichen Dienstes, der in der monastischen Tradition fast ausschließlich auf den sakramentalen und liturgischen Bereich beschränkt war. Natürlich war dies der Gipfel einer Entwicklung, die schon Jahrhunderte zuvor begonnen hatte; aber ich kenne keine andere Unterweisung in der Geschichte christlicher Spiritualität, die auf solch eindrucksvolle Weise die Dimension des Dienstes im religiösen Leben betont und mit der Apostolizität des frühen Christentums vergleicht.
Sind nicht die aktuellen Diskussionen über die Bedeutung des priesterlichen Dienstes – innerhalb und außerhalb des Jesuitenordens – zu sehr am Priestertum der monastischen Über-

lieferung orientiert, das in erster Linie sakramental und liturgisch ist? Aus diesem Grund, so könnte man folgern, wird der Unterschied zwischen Priester und Laie vor allem darin gesehen, daß der eine die Messe zelebrieren darf und der andere nicht.

Diese Probleme sind hier nicht zu lösen. Jedenfalls wurde in der frühen Gesellschaft Jesu der priesterliche Dienst dynamischer und breiter verstanden; bestimmend war dabei die Beweglichkeit, auch neue und schwierige Gebiete zu betreten, sowie die Fähigkeit, das Christentum Menschen von verschiedenster geistiger Herkunft zu bringen. Der Dienst am Menschen in Not, wo und wer auch immer er sein mag, wird zum Kennzeichen dieser neuen »Apostel«.

Die Frage, warum diese eindrucksvollen Texte vierhundert Jahre lang praktisch unbemerkt geblieben sind, kann schon damit beantwortet werden, daß viele von ihnen erst vor zwanzig Jahren kritisch ediert wurden. Doch diese Antwort zeigt bereits, daß das Interesse der Jesuiten an ihrer eigenen Geschichte nicht so rege war, wie es sein müßte.

Ein weiterer, tieferer Grund ist, daß man in historischen Dokumenten das nicht finden kann, was von einem blinden Fleck in der eigenen Sicht verdeckt ist. Es scheint, daß in der Geschichte der christlichen Spiritualität das Augenmerk auf vermeintlich »spirituelle« Dinge gerichtet war und vor allem nach Gebet, Schweigen, Abtötung, asketischen Praktiken, geistlicher Führung usw. gefragt wurde. So wirksam die von Nadal reflektierte Einheit zwischen geistlichem Leben und apostolischem Dienst zu Beginn des Jesuitenordens gewesen sein mag, in der Darstellung der Spiritualität setzte sich dennoch eine eher monastisch geprägte Sicht durch. So suchte man auch in den jesuitischen Quellen die monastische Tradition und fand infolgedessen nur Antworten auf »monastische« Fragen.

Joseph de Guiberts Werk über die Geschichte der jesuitischen Spiritualität ist, bei aller Wertschätzung, ein Beispiel dafür.[32] In seinen Texten über Nadal sucht man vergebens nach den Gedanken, auf die hier aufmerksam gemacht wurde. Es ist ein Werk über jesuitische Spiritualität, in dem weder die Namen von Matteo Ricci oder Roberto de Nobili (den großen Missionaren von China und Indien) noch der »Indianerstaat« von Paraguay vorkommen. De Guibert starb vor über vierzig Jahren; allerdings ist nicht zuletzt dank seiner Forschung vieles neu erschlossen worden. Daß für die jesuitische Spiritualität geistliches Leben und apostolischer Dienst eine untrennbare Einheit bilden, wird man wohl besser am konkreten Leben der Jesuiten ablesen, die ihrem Orden zu seinem Ansehen verhalfen, also besser in der gelebten als in der geschriebenen Geschichte.

Die 32. Generalkongregation der Jesuiten (1974/75) hat in der Grundsatzerklärung »Jesuiten heute« dieses Ideal in die Worte gefaßt: »Ein Jesuit ist deshalb ein Mann in einer Sendung: Seine Sendung empfängt er zwar unmittelbar vom Papst und den Ordensoberen, letztlich aber von Christus selber, der auch selbst vom Vater gesandt ist. Gerade dadurch, daß er gesandt ist, wird der Jesuit ein Gefährte Jesu.«[33] Die 33. Generalkongregation (1983) hat das Thema wiederaufgegriffen mit dem Dekret: »Gefährten Jesu – gesandt in die heutige Welt«[34].

Beide Generalversammlungen sind ein Echo dessen, was Nadal über das Wesen des Jesuitseins gelehrt hat und was in lebendiger Tradition durch die Jahrhunderte weitergegeben wurde. In dieser Tradition steht der Jesuitenorden.

Anmerkungen

* Die ursprünglich englische Fassung dieses Artikels »To Travel to Any Part of the World: Jerónimo Nadal and the Jesuit Vocation« ist erschienen in: Studies in the Spirituality of Jesuits 16 (1984) H. 2,1–20. Die Endfassung der Übersetzung besorgte Stefan Kiechle, München für: GuL 59 (1986) 247–260. Veröffentlichung mit frdl. Genehmigung der Redaktionen und des Autors.

1 Wichtige Daten seines Lebens bringt Josef Stierli in seinem Beitrag dieses Bandes, 189–195. Für eine gründliche Kenntnis Nadals s. M. Nicolau, Jerónimo Nadal, S.I. (1507–1580). Sus obras y doctrinas espirituales. Madrid 1949 und ders., Artikel Nadal in: DSAM XI, 3–15.

2 MI *Epp.* V, 109.

3 M *Nadal* I, 144.

4 Vgl. die Chronologie seines Lebens und seiner Reisen von M. Ruiz Jurado in: AHSI 48 (1979) 248–276: Cronología de la vida de P. Jerónimo Nadal S.I. (1505–1580).

5 M *Nadal* V, 526–774.

6 M. Nicolau, Artikel Nadal, in: DSAM XI, 13.

7 Vgl. dazu M. Nicolau (s. Anm. 1) und J. de Guibert, La spiritualité de la Compagnia de Jésus. Rom 1953.

8 Der umfangreichste, mir bekannte Kommentar zu den diesbezüglichen Texten findet sich in Bertrand de Margeries Artikel *El cuarto voto de la Compañía de Jesús segun Nadal,* in: Manresa 42 (1970) 359–376.

9 M *Nadal* V, 54.

10 Ebd. 469f.

11 Ebd. 195f.

12 Ebd. 364f.

13 J. Nadal, Scholia in Constitutiones S.I. Hg. von M. Ruiz Jurado. Granada 1976, 175.

14 M *Nadal* V, 673.

15 Ebd. 773f. Vgl. auch ebd. 442–444 und ebd. IV, 178–180.

16 Ich verweise auf meine Publikation »The Fourth Vow in Its Ignatian Context. A Historical Study«, in: Studies in the Spirituality of Jesuits 15 (1983) H. 1. Die gegenwärtige Studie soll meine Interpretation des Vierten Gelübdes von 1983 erhärten und näherhin artikulieren. Diese Sicht wird keineswegs allgemein vertreten: J. H. García de Madariaga [La extension objetiva del 4. Voto en las Bulas del tiempo de San Ignacio, in: Manresa 55 (1983) 15–40] und J. Sheets [The Fourth Vow of the Jesuits, in: Review for Religious 42 (1983) 518–529] weichen davon ab.

17 M *Nadal* V, 755.

18 In diese Richtung weisen die Argumente B. de Margeries (s. Anm. 8) 359–376, insbesondere 369–373.

19 Form. Inst. Julius III., 3. In: S.

20 MI *Const.* I, 162.

21 Vgl. z.B. M *Nadal* V, 470.

22 The Idea of Pilgrimage in the Experience of Ignatius of Loyola, in: Church History 48 (1979) 387–397.

23 AHSI 40 (1971) 323–390, hier 327.

24 Ebd.

25 H. Nadal, Orationis observationes. Ed. M. Nicolau. Rom 1964, 126, n. 316. Vgl. auch M *Nadal* IV, 696.

26 J. W. O'Malley, Giles of Viterbo on Church and Reform. Leiden 1968, 143–146.

27 Vgl. M *Nadal* V, 264.

28 H. Nadal (s. Anm. 25) 138, n. 379. Vgl. auch M *Nadal* V, 126.

29 H. Nadal (s. Anm. 25) 151, n. 41.

30 M *Nadal* V, 820–865. Dieser Text liegt in deutscher Übersetzung von Josef Stierli vor: P. Jerónimo Nadal SJ, Die apostolischen Dienste der Gesellschaft Jesu nach der ›Formula Instituti‹. Hg. i. A. der Provinzialskonferenz der Deutschen Assistenz (= Geistliche Texte SJ 3). München 1981. – Vgl. auch M *Nadal* V, 125f, 341–343. 665f, 786–788.

31 M *Nadal* V, 787; vgl. ebd. 343.

32 J. W. O'Malley, De Guibert and Jesuit Authenticy, in: Woodstock Letters 95 (1966) 103–110. Nachdruck in: ders., Rome at the Renaissance. London 1981. Vgl. dazu Marjorie O'Rourke Boyle, Angels Black and White. Loyola's Spiritual Discernment in Historical Perspective, in: Theological Studies 44 (1983) 241–257.

33 DCG (32) n. 41, in: ARSI 16 (1973–1976) 325.

34 DCG (33) n. 1 – n. 50, in: ARSI 18 (1980–1983) 1067–1085.

In Armut predigen

Die Jesuiten als unbezahlte Wanderapostel

Günter Switek, Frankfurt am Main

Das Thema wird vermutlich manchen Leser in Erstaunen setzen. Wenn von Ignatius und seinem Orden, der Gesellschaft Jesu, die Rede ist, dann denkt man gewöhnlich zunächst an den Gehorsam. Den meisten ist nicht bekannt, daß für Ignatius die Armut eine ebenso zentrale Rolle gespielt hat wie der Gehorsam, ja sogar eine ursprünglichere.[1] Das hat seinen Grund vielleicht darin, daß bei dem älteren römischen Ignatius und erst recht später in der Gesellschaft Jesu nur wenig von jenem Armutspathos zu spüren ist, das z.B. einen hl. Franziskus und seinen Orden kennzeichnet. Erwekken nicht die Bauten der alten Jesuiten-Kollegien eher den Eindruck einer gewissen Wohlhabenheit? Warf man nicht dem Orden vor seiner Aufhebung 1773 – wenn auch zu Unrecht – vor, große Reichtümer durch unerlaubten Handel und Ausbeutung von Silberminen in den überseeischen Missionen, vor allem im »Jesuitenstaat« Paraguay, aufgehäuft zu haben?

Grundmotive der ignatianischen Armut

Es geht hier zunächst um die Frage, warum Ignatius für sich und seinen Orden die evangelische Armut erwählt hat. Aus der Vielzahl der von Ignatius verwendeten Armutsmotive sollen hier nur jene ausführlicher behandelt werden, die in seinem Leben und in seinen Satzungen tatsächlich von entscheidender Bedeutung waren.

Nachfolge des für uns Menschen arm gewordenen Jesus

Armut bedeutete für Ignatius vor allem die Nachfolge des für uns Menschen arm gewordenen Jesus. Ignatius hat keine Armutstheorie aufgestellt. Er wählte die Armut einfach deshalb, weil auch Jesus sie in seinem Leben gewählt hatte. Seit seinem Krankenlager in Loyola (1521) stand Ignatius Christus, der König, vor Augen. Ihm wollte er in Zukunft dienen, ihm wollte er nachfolgen. Zunächst dachte er allerdings nur daran, ihn in seiner Passion nachzuahmen, und zwar durch ein Leben härtester Buße, wobei eines der wichtigsten Mittel zur Buße eine möglichst große Armut sein sollte. Durch die geistlichen Erfahrungen von Manresa (März 1522 bis Februar 1523) aber lernte Ignatius seinen Herrn tiefer und innerlicher verstehen. Er erkannte Christus als den, der die Apostel zur Nachfolge berufen und zur Verkündigung des Wortes Gottes ausgesandt hatte und der auch heute noch Apostel berief. Ignatius vernahm selbst diesen Ruf. Er wollte es nicht besser haben als sein Herr, der zum Heil der Menschen Armut und Schmach auf sich genommen hatte.

Die geistlichen Erfahrungen Iñigos haben ihren Niederschlag im Exerzitienbuch gefunden. So wird in den Exerzitien als oberstes Gesetz der Nachfolge aufgestellt: »Wer mit mir kommen will, der hat damit zufrieden zu sein, zu essen wie ich und ebenso zu trinken, sich zu kleiden usw. Ebenso muß er wie ich bei Tag sich abmühen und bei Nacht wachen usw.« (EB 93) »Wer deshalb mit mir kommen will, hat sich zusammen mit mir abzumühen, damit er, wie er mir in der Mühsal folgte, so mir auch folge in der Herrlichkeit.« (EB 95) Das Angebot des Exerzitanten in der Betrachtung vom Rufe Christi besagt, Jesus »nachzuahmen im Durchstehen alles Unrechts und aller Schmähung und aller Armut, sowohl der äußeren wie der geistigen, wenn Deine Heiligste Majestät mich zu solchem Leben und Stand erwählen und aufnehmen will.« (EB 98) Das

Grundgesetz des »Magis« drängte Ignatius zu immer größerer Angleichung, die so weit ging, daß er lieber Armut mit dem in Armut lebenden Christus erwählen wollte statt Reichtum, selbst wenn die göttliche Ehre dabei gleich bliebe. (EB 146f, 167)
Dieses Motiv der immer größeren Angleichung an den in Armut lebenden Herrn blieb für Ignatius sein ganzes Leben lang bestimmend, ebenso für seine Gefährten, die alle vom Geist der Exerzitien geformt waren. In Paris gelobten sie 1534 auf dem Montmartre, »sich dem Dienst des Herrn in Armut zu weihen.« Als sie sich 1536 in Oberitalien in der Einsamkeit und in größter äußerer Not auf ihre Primiz vorbereiteten, da jubelten sie über ihre Entbehrungen, durch die sie »nackt dem nackten Christus am Kreuz nachfolgen« durften, in dem Wissen, daß, wer in Christus arm ist, in Wirklichkeit unsäglich reich ist. Gerade damals faßten sie den Entschluß, sich auf Befragen als zur »Gesellschaft Jesu« gehörig zu bekennen. Kurze Zeit darauf wurde Ignatius die Bitte, Christus zugesellt zu werden, gewährt: Vor Rom, bei La Storta, schaute er im Geiste, wie der Vater ihn und seine Gefährten dem kreuztragenden Christus zugesellte.
Das Motiv der Nachfolge des armen und verdemütigten Herrn, des Hauptes der Gesellschaft Jesu, blieb für Ignatius auch später zentral, wie die »Armutswahl« aus dem Jahre 1544 zeigt. »Mir schien innerlich: daß er das Haupt der Gesellschaft ist, sei ein stärkerer Grund dafür, in aller Armut zu gehen, als alle anderen menschlichen Gründe.«[2]
Bei allen Überlegungen zu einer aktuellen Begründung der Armut, z. B. durch den Gedanken der radikalen Solidarität, muß immer wieder die personale Rückbindung an Jesus Christus transparent gemacht werden, damit der Orden sein wesentliches Selbstverständnis behält.

Nachfolge der in Armut ausgesandten Apostel

Das zweite Grundmotiv ignatianischer Armut war die Nachfolge der in Armut ausgesandten Apostel. Seit seinen geistlichen Erfahrungen in Manresa sah Ignatius in Christus den Herrn, der die Apostel berief und aussandte. Er selbst verspürte den lebhaften Wunsch, »den Seelen zu helfen«. Aus der Einsicht in die Stellung Christi im Heilswerk kam ihm auch die Erkenntnis seiner eigenen Aufgabe im Reiche Gottes. Der Begriff der »Sendung« erhielt nun für ihn eine zentrale Bedeutung: Gottvater hat seinen Sohn zum Heil der Menschheit gesandt; Jesus seinerseits hat die Apostel ausgesandt, welche durch die Verkündigung der Frohen Botschaft an seinem Heilswerk mitwirkten; diese Sendung ist auf die Kirche übergegangen, in deren Schoß Christus auch heute noch Männer zu dieser besonderen Mitarbeit beruft und – vermittelt durch seinen Stellvertreter, den Papst – sendet. In diese Sendung sah Ignatius sich (und später seinen Orden) hineingenommen.
Das Ideal der »vita apostolica« war auch der Grund, weshalb Ignatius – zuerst in Spanien, dann in Paris – Gefährten für sein Leben suchte. Deshalb war die konkrete Armut der von Jesus ausgesandten Apostel auch Vorbild für ihn und seinen Orden (vgl. Mt 10,8–10: »Umsonst habt ihr empfangen, so gebet umsonst. Beschafft euch nicht Gold, noch Silber oder Kupfer in euren Gürtel ..., denn der Arbeiter ist seines Unterhaltes wert«). Deshalb wollten die Gefährten nicht von Besitz oder festen Einkünften, sondern von erbettelten oder freiwillig geschenkten Almosen der Leute leben; für ihre seelsorgliche Tätigkeit nahmen sie hingegen keine Vergütung an. Um des apostolischen Zieles willen nahm Ignatius aber in Paris einige Anpassungen seiner Armutspraxis

Die Predigt Jesu

vor. Er machte die Erfahrung, daß zu große Armut dem Studium nicht förderlich war. Statt täglich zu betteln, sammelte er sich deshalb während der Ferien bei den Kaufleuten Flanderns das nötige Geld für das Semester. Ebenso gestattete Ignatius seinen Jüngern nicht mehr den sofortigen Verzicht auf all ihr Eigentum gleich nach den Exerzitien, sondern ließ sie damit warten bis zur Beendigung ihrer Studien. Sobald aber die Studien abgeschlossen waren, ergriffen Ignatius und die Seinen freudig die Gelegenheit, die Armut in ihrer ganzen Strenge zu üben: Sie erbettelten wieder täglich ihre Nahrung, wohnten in Armenhospizen, machten ihre Reisen zu Fuß und ohne Reisegeld. Ihr apostolisches Ideal faßte Ignatius einmal zusammen in dem Wort: »in Armut predigen«[3].

Auch in Rom wollten sie anfangs dieses Leben weiterführen, doch bald erkannten sie, daß durch das tägliche Betteln viel wertvolle Zeit für das Apostolat verloren ging. So ließ Ignatius vom Einzelbettel ab und übertrug die Sorge für den Unterhalt seiner ständig wachsenden Gemeinschaft einem Prokurator, der außerdem für den Bau eines Hauses zu sorgen hatte. Um die Kosten zu decken, ließ Ignatius zeitweise sogar für die »Sakristei« der Kirche feste Einkünfte zu, damit so wie in einem guteingerichteten Hospital alles für die Pilger Nötige bereitgestellt werden könnte. Doch schon nach wenigen Jahren wandte er sich in seiner »Armutswahl« von 1544 wieder von dieser aus apostolischen Gründen eingeführten Praxis ab, wofür (außer christologischen) auch apostolische Motive maßgebend waren: die »Erbauung«, die Freiheit von Bindungen und der Ansporn zu apostolischer Arbeitsamkeit.

Vertrauen auf die Vorsehung des himmlischen Vaters

Mit den bisher genannten Armutsmotiven ist aufs engste das Motiv des Vertrauens auf die Vorsehung des Vaters verbunden, das ja auch im Evangelium im Zusammenhang mit der apostolischen Sendung erscheint (vgl. Lk 22,35). Im Vertrauen bzw. der Hoffnung aktualisiert sich die grundlegende Beziehung des Menschen zu Gott, seine totale Abhängigkeit, seine Ungesichertheit, sein Angewiesensein auf den, der allein Sicherheit geben kann. Für Ignatius selbst war die Pilgerreise ins Hl. Land im Jahre 1523, ohne Proviant, Reisegeld und Gefährten, die »Hochschule« des Gottvertrauens gewesen. Im Bericht des Pilgers sagt Ignatius von sich: »Er wünschte drei Tugenden ganz zu besitzen: Liebe, Glaube und Vertrauen. Falls er nun die Reise in Begleitung von jemandem mache, würde er von diesem Hilfe erwarten, wenn er einmal Hunger haben sollte; und wenn er einmal stürze, würde er damit rechnen, daß sein Begleiter ihm wieder auf die Beine helfe. So würde er also sein Vertrauen auf diesen setzen und wegen solcher Rücksicht würde er dem dann seine Zuneigung schenken. Nun aber wolle er solches Vertrauen und solche Zuneigung und Hoffnung einzig und allein auf Gott setzen... Entsprechend diesen Überlegungen war er gewillt, nicht bloß allein, sondern auch ohne jeden Mundvorrat an Bord zu gehen.« (PB 35) Tatsächlich verließ ihn die Hilfe der Vorsehung während seiner Pilgerfahrt nie.

Die großen Fortschritte, die er damals gemacht hatte, waren ein Grund dafür, daß er später für die Novizen seiner Gesellschaft die einmonatige Pilgerreise einführte. Im Jahre 1537, inmitten größter Entbehrung, drückte er seine Erfahrungen aus mit dem Wort des Apostels: »Nichts habend besitzen wir alles.« Die Bulle »Regimini militantis Ecclesiae«, mit der 1540 die Gesellschaft Jesu durch Papst Paul III. bestätigt wurde, begründete den Verzicht des Ordens auf Besitz und feste Einkünfte u.a. damit, »daß unser Herr Jesus Christus seinen Dienern, die allein das Reich Gottes suchen, das Notwendige für Nahrung und Kleidung zukommen lassen wird«[4]. Die Satzungen betonen das Vertrauen auf Gott, der für seine Diener Vorsorge treffen wird auch ohne feste Einkünfte. (S. 555) Auch die Unentgeltlichkeit der Seelsorgsarbeiten ist Ausdruck dieser Haltung: Der Jesuit soll alle Dinge rein um des Dienstes Gottes willen tun und Entgelt von niemandem als von Gott annehmen. (S 4)

Vertrauen bedeutete hier für Ignatius die Haltung des Menschen, der von der Welt gelöst ist, der nicht auf die Welt vertraut, der seinen Lohn nicht in diesem Leben erwartet, sondern für den Christus allein der Lohn ist. Besonders die gelegentliche Übung des Bettelns von Tür zu Tür und die Pilgerreise sollten den angehenden Jesuiten lehren, nicht auf Geld und andere geschaffene Dinge zu vertrauen, sondern auf Gott. Auch das Fehlen jeglicher sicherer Einkünfte für die Profeßhäuser sollte dazu helfen, daß man sein Vertrauen auf den Herrn setzte, der für seine Diener auch ohne Einkünfte sorgen kann. Ignatius war so fest von der Hilfe Gottes überzeugt, daß er selbst in Zeiten größter Not noch neue Novizen aufnahm; denn wenn Gott jemanden beruft, dann wird er auch für ihn sorgen.

Die ignatianische Auffassung vom Vertrauen wäre aber unvollständig dargestellt, würde man nicht auch in Betracht ziehen, wie sehr Ignatius seine eigenen Kräfte anstrengte, um in der Not Abhilfe zu schaffen. Die natürlichen Mittel zu gebrauchen, bedeutete für ihn nicht etwa, die Knie vor Baal zu beugen, wie ein Mitbruder ihm einmal vorwarf, sondern vor Gott, der ja Schöpfer nicht nur der Gnade, sondern auch der Natur ist. Wollte man hingegen die Mittel nicht anwenden, die er schickt, so hieße das, Gott versuchen.[5] Genau dasselbe sagte Ignatius auch im 10. Teil der Satzungen: Zuerst müsse man sein Vertrauen auf Christus setzen, dann aber auch selber mitwirken, und zwar nicht nur mit Hilfe der übernatürlichen, sondern auch der natürlichen Mittel; allerdings nicht, um auf sie zu vertrauen, sondern um auf diese Weise mit der Gnade Gottes mitzuwirken, der Schöpfer sowohl des Natürlichen wie des Übernatürlichen ist. (S 812–814)

Aszese als Vorbereitung auf den Ernstfall

Viele Armutsbestimmungen in den Ordenssatzungen werden von Ignatius aszetisch motiviert. Die Abtötung hatte aber für Ignatius nicht ihren Sinn in sich selbst und sollte auch nicht zu stoischer Apathie führen, sondern war ganz auf die Vorbereitung auf das Apostolat ausgerichtet, sei es als Prüfung für die Eignung zur Gesellschaft Jesu, sei es als Vorbereitung auf den Ernstfall der apostolischen »Sendung«, wie es in den »Experimenten« der Kandidaten und Novizen (Betteln, Hospitaldienst,

Pilgerreise ohne Geld) der Fall war. Hierbei sollte der künftige Jesuit lernen, seine Tugend und Selbstverleugnung zu bewähren, in der Demut zu wachsen und sich an schlechtes Essen und unbequemes Schlafen zu gewöhnen. (S 285, 296f, 67, 82) Denn Ignatius war überzeugt: Wer nicht einen Tag ohne Speise und genügenden Schlaf sein kann, der wird es in der Gesellschaft Jesu nicht lange aushalten.[6]

Unterscheidung in Häuser und Kollegien

Von zentraler Bedeutung war die Unterscheidung in »Häuser« (später »Profeßhäuser« genannt) und »Kollegien«. In den Häusern sollten die fertig ausgebildeten Jesuiten stationiert werden, die in der Seelsorge arbeiteten. Die Häuser durften keine Fundation haben, keine festen Einkünfte für Unterhalt oder Arbeit. Vielmehr sollten alle von Almosen leben, die freiwillig gegeben wurden oder die man in Notfällen auch erbetteln konnte. (S 4, 555–572) Die Kollegien hingegen, die zunächst für die Ausbildung der Scholastiker, aber bald auch externer Schüler und Studenten bestimmt waren, durften, ja sollten sogar Fundationen oder andere feste Einkünfte haben, damit die Ausbildung ohne materielle Schwierigkeiten vor sich gehen konnte. (S 320–332) Das war ein Niederschlag der Erfahrungen, die Ignatius selbst während seines Studiums in Paris gemacht hatte. Allerdings sollten von den Fundationen der Kollegien andere Häuser keine Vorteile haben; außer den Studenten konnten nur die im Kolleg eingesetzten Lehrer und Oberen davon leben. Eine Ausnahme bildeten aber schon bald alte, kranke und arbeitsunfähige Professen, denen Papst Julius III. im Breve »Sacrae Religionis«[7] 1552 gestattete, in den Kollegien zu wohnen.

Wenn auch in den Häusern das Prinzip des Lebens von Almosen grundsätzlich erhalten blieb, so änderte sich doch die Art und Weise, diese Almosen zu beschaffen. Während man das Betteln auf Notfälle und für den Zweck der Prüfung und Verdemütigung beschränkte, wurden die für den täglichen Unterhalt nötigen Mittel normalerweise durch einen Prokurator besorgt. Aber selbst unter Voraussetzung des Wohlwollens der Freunde und Wohltäter blieb der Charakter der Unsicherheit wenigstens im Prinzip erhalten: Auf Almosen, die für eine unbegrenzte Zeit gestiftet wurden, konnte die Gesellschaft nie ein gerichtlich einklagbares Recht erlangen.

Unentgeltlichkeit der Seelsorgearbeiten

Ein zweiter charakteristischer Zug der ursprünglichen ignatianischen Armutsregelung war die Unentgeltlichkeit der Seelsorgearbeiten. In den Satzungen heißt es: »Alle, die im Gehorsam der Gesellschaft stehen, sollen dessen eingedenk sein, daß sie umsonst geben müssen, was sie umsonst empfangen haben. Sie dürfen keinerlei Stipendien oder Almosen als Entgelt für Messen, Beichthören, Predigten, Vorträge, Visitationen oder irgendeine der anderen Aufgaben, die die Gesellschaft nach unserem Institut ausüben darf, fordern oder annehmen, damit sie so mit mehr Freiheit und mehr Erbauung des Nächsten im göttlichen Dienst vorangehen kann.« (S 565) Nicht einmal Almosen durften angenommen werden, wenn auf diese Weise der Verdacht entstehen konnte, es handele sich hier um Bezahlung für die geleistete Seelsorgsarbeit. Als Motive nannte Ignatius die beiden apostolischen Gründe der »Erbauung« und der »Freiheit«; damit war das gute Beispiel im Sinne der katholi-

schen Kirchenreform (als Antwort auf den Vorwurf der Simonie und Habgier an die Kirche seitens der Reformatoren) und die Unabhängigkeit von den Geldgebern gemeint.
Im Evangelium (Mt 10,8) hatte Ignatius gelesen, wie Jesus die Apostel aussandte, die Frohe Botschaft zu verkünden, wobei sie umsonst geben sollten, was sie umsonst empfangen hatten. Dieses Wort betrachtete er auch für sich und seine Gefährten als maßgebend. Schon in Alcalá hatten sie nichts für ihre seelsorgliche Tätigkeit angenommen, und bei der Ablegung der Gelübde auf dem Montmartre hatte das Prinzip der Unentgeltlichkeit bereits zu ihren festen Vorsätzen gehört.
Als Ordensgeneral sorgte Ignatius mit unerbittlicher Strenge für die Durchführung der Unentgeltlichkeit. Ein Verzicht auf Stipendien und Bezahlung war aber nur deshalb möglich, weil das Volk normalerweise genügend Almosen für den Lebensunterhalt spendete. Je eher man auf eine Bezahlung der seelsorglichen Arbeiten verzichtete, um so leichter gaben die Leute freiwillig Almosen; umgekehrt bestand aber um so mehr die Pflicht zur Unentgeltlichkeit, als man von gewöhnlichen Almosen leben konnte.

Armut und Lebensstil

Am Anfang seines eigenen neuen Lebens stand für Ignatius der Verzicht auf die irdischen Güter. Er verließ seine Familie, sein bescheidenes Erbteil, seinen Beruf, seine Heimat; sein Degen blieb als Weihegabe auf dem Montserrat, die Kleider erhielt ein Bettler. Ebenso leisteten die ersten Gefährten ihren Verzicht, der allerdings erst nach Beendigung der Studien gefordert war. In gleicher Weise verlangte Ignatius in den Satzungen von jedem, der sich seinem Orden anschließen wollte, einen umfassenden Verzicht auf alle Güter und Rechte, weltliche wie kirchliche. (S 53–55, 59) Aus diesem Verzicht folgte, daß sie nun alles gemeinsam hatten und im Gebrauch dieses Gemeinsamen abhängig vom Obern waren. (S 570, 257, 292, 296) Was der einzelne über das Gemeinsame hinaus brauchte, durfte er sich nur in Abhängigkeit vom Obern besorgen; dieser aber sollte mit Diskretion jeweils den Bedürfnissen der verschiedenen Personen und Umstände Rechnung tragen. (S 581) Da Ignatius aus der Geschichte der Orden wußte, daß sich auf dem Gebiet der Vita communis sehr schnell Mißstände einschleichen konnten, die zur völligen Zerstörung der Armut führten, drang er mit großer Strenge auf die Durchführung dieser Regeln.
Der Lebensstil sollte »gewöhnlich« sein, d.h. in Nahrung, Kleidung, Wohnung und all den übrigen äußeren Dingen an die Lebensweise der »ehrbaren Priester«[8] der betreffenden Gegend angepaßt. (S 8, 580) Durch diese Freiheit von »Observanzen« wollte Ignatius die apostolische Beweglichkeit und Schlagkraft seiner Gesellschaft sicherstellen, die sich so leichter den jeweiligen Personen, Orten, Zeiten und Umständen anpassen konnte und unnötige Trennungswände zwischen dem Volk und dem apostolischen Arbeiter vermied. Gegen ein mögliches Mißverständnis, das im Namen des »gewöhnlichen Lebens« um jeden apostolischen Vorteils willen die Armut preisgab, hat Ignatius ausdrücklich eingeschärft: »Man achte aber stets auf die Niedrigkeit, Armut und geistliche Erbauung, die wir in unserem Herrn immer vor Augen haben müssen.« (S 580)
Zur Armut im ignatianischen Sinn gehörte also auch ein gewisses Maß an realer Entbehrung. Das gilt nicht nur im Sinne des Ertragens der unfreiwilligen, durch die Umstände auf-

▷
Karte der biblischen Welt, Antwerpen 1571

gezwungenen Not, wie es zu Lebzeiten des Ignatius häufig genug vorkam, sondern es sollte in der Gesellschaft Jesu eine gewisse arme und bedürfnislose Lebensweise gewahrt werden. Essen, Kleidung und Wohnung sollten so sein, wie es Armen zukommt. (S 81) Jeder Überfluß wird ausgeschlossen. (S 570) Reittiere sollten in den Häusern der Gesellschaft Jesu im Regelfall nicht gehalten werden. (S 575–576) Ignatius verstand also unter Armut keineswegs nur die Abhängigkeit vom Obern in einem sonst vielleicht sehr großzügigen Gebrauch der irdischen Dinge, sondern für ihn gehörte eine irgendwie geartete reale Bedürftigkeit dazu, die sich aber offensichtlich auf die persönlichen Bedürfnisse bezog, nicht auf den Bereich jener Dinge, die für das apostolische Wirken nötig waren.

Dienst an den Armen

Eine authentische Weise, die Armut zu üben, war für Ignatius der Dienst an den Armen[9]. Ignatius hat vom Anfang seiner Bekehrung an eine Nähe zu den Armen und Verachteten gespürt. Einem Bettler schenkte er auf dem Montserrat sein vornehmes Gewand. In Manresa lebte er mitten unter den Armen im Armenhospital, bettelte mit ihnen auch für sie und diente ihnen. In Barcelona und Alcalá gab er das wenige, das er bekam, oft an noch Ärmere weiter. Die persönliche Armut hatte für Ignatius also auch die Funktion eines Mittels der Caritas. Auch in Paris unterstützte Ignatius mit den ihm selber gespendeten Almosen arme Studenten, vor allem jene, die den Sinn der Armut erfaßt hatten. Die Armenordnung seiner Vaterstadt Azpeitia, an deren Zustandekommen Ignatius beteiligt war, legte ein hervorragendes Zeugnis sowohl für seine Liebe zu den Armen wie für seinen praktischen sozialen Sinn ab.

Daß die ersten Gefährten von genau demselben Geist beseelt waren, zeigten ihr Dienst in den Hospitälern von Venedig 1537 sowie die großzügige Armenhilfe zu Rom[10] im Hungerjahr 1538/39. Im Anschluß an diese Aktion in Rom gründete er die »Gesellschaft der Zwölf Apostel«, eine Vereinigung, die sich der Armen- und Krankenpflege widmete. Auf jeden einzelnen Stadtbezirk wurden einige Mitglieder verteilt, die hier die Armen regelmäßig zu betreuen hatten.

Große Not litten vor allem die verwaisten oder von ihren Eltern vernachlässigten Kinder; für sie errichtete Ignatius zwei Waisenhäuser, eines für Jungen und eines für Mädchen. Hier wurden die Kinder unentgeltlich verpflegt, erzogen und in den wichtigsten Fächern unterrichtet. Die Jungen konnten hier auch ein Handwerk erlernen.

Im Rom der Renaissance war eines der traurigsten Kapitel der sittliche Verfall. Es gab zwar ein Kloster zur Aufnahme ehemaliger Prostituierter, allerdings mußten die Eintretenden sich nicht nur von der Sünde lossagen, sondern auch in Zukunft ganz der Buße und dem Gebet leben. Das war für sie meistens zu schwer. Um hier zu helfen, gründete Ignatius das Martha-Haus, in dem die Mädchen und Frauen aufgenommen wurden. Zwar herrschte in dem Haus eine strenge Ordnung, aber keine eigentliche Klosterregel. Hier konnten sich die Frauen bei lohnender Arbeit auf ein späteres geordnetes Leben in der Welt vorbereiten. Als anfangs das Geld für den Unterhalt des Heimes fehlte, ließ Ignatius kurzerhand die Altertümer verkaufen, die man beim Bau des römischen Profeßhauses ausgegraben hatte. Später fand er hochherzige und angesehene Männer und Frauen der Stadt, die die Sorge für die Er-

BENEDICT. ARIAS MONTANUS SACRAE GEOGRAPHIAE TABULAM EX ANTIQUISSIMORUM CULTOR. FAMILIIS A MOSE RECENSITIS: AD SACRORUM LIBROR. EXPLICANDOR. COMMODITATEM ANTUUERPIAE IN PHILIPPI REGIS CATHOLICI GRATIAM DESCRIBEBAT. 1571.
Βορέας Cyrcius
Ζέφυρος Fauonius
Εὖρος Subsolanus
Νότος Auster
IAPHETH FILI
i Gom
ij Mag
iij Mad
iiij Iaua
v Thub
vi Mes
IAPHETH SEDE
FILIOR GOMER SEDI
vij Thir
Duorum qui oc
nomina & sed
Loca a NIMROD
FILIOR.
17 Abimael
18 Seba
19 Ophir
20 Hauilah
Duo ex filiis IEKTAN gentes
21 Iobab
22 Sephermos

Boreas
Cyrcius
SEDES FILIOR. SEM.
1 Elam
2 Assu.
3 Arphachsad
4 Lud
5 Aram
SEDES FILIOR. ARAM.
6 Hul
7 Gether
8 Mes
OR. GOMER SEDES.
viij Aschenaz
ix Riphath
x Thogarma
OR IAVAN SEDES
xi Elisa
xij Tharsis
xiij Kithim
xiiij Dodanim
incoluerunt
parentibus
Subsolanus
Ζέφυρος
Favonius
m filiis Chus.
SEDES
FILIOR. IEKTAN SEDES.
9 Almodad
10 Seleph
11 Hassarmaueth
12 Iarahh
13 Hadoram
14 Vzal
15 Dikla
16 Obal
Νότος
Auster

Predigt

haltung des Heimes übernahmen. 1547 beherbergte das Martha-Haus über 100 Frauen.
Eine andere Gründung des heiligen Ignatius, das Katharinenstift, bot solchen Mädchen eine Bleibe, die durch Armut oder die Sünden der Eltern in Gefahr gerieten. Hier wurde den Heiratswilligen sogar eine Aussteuer verschafft.
Die Satzungen sehen die Armut in Form des Dienstes an den Armen und Kranken auch für den ganzen Orden vor: »In den leiblichen Werken der Barmherzigkeit sollen sie sich auch einsetzen, soweit es die geistlichen, die wichtiger sind, erlauben und soweit die Kräfte ausreichen. Zum Beispiel kann man den Kranken helfen, besonders in Spitälern, indem man sie besucht und einige zu ihrem Dienst schickt; und unter Streitenden Frieden stiften; auch für die Armen und die Gefangenen in den Kerkern tun, was einem selbst möglich ist, und dafür sorgen, daß andere es tun.« (S 650)
Wie ernst es Ignatius mit dieser Regel nahm, zeigt sich darin, daß er den Patres Laínez und Salmerón auf dem Trienter Konzil befahl, trotz aller Arbeitslast Kindern Unterricht zu erteilen und die Armen und die Kranken in den Spitälern zu besuchen, und zwar zu einer Tageszeit, wo es der Gesundheit (der Patienten) am zuträglichsten war; sie sollten die Beichten der Armen hören, sie trösten und ihnen, wenn möglich, auch etwas mitbringen.[11]
An Elenden, Siechen und Verlassenen fehlte es in Trient nicht, da die Stadt wegen des Konzils Ziel zahlreicher Bettler war, die darauf warteten, von einem mitleidigen Kardinal von der Straße aufgelesen zu werden. Die paar Jesuiten nahmen sich ihrer an und konnten bald Ignatius von einer erfolgreichen Kleidersammlung für 76 Arme berichten.

Ignatianische Armut heute

Die Armutsvorschriften des hl. Ignatius sind auch zu verstehen auf dem Hintergrund bestimmter wirtschaftlicher Verhältnisse, die sich in der Zwischenzeit vielfach verändert haben. Die große Zahl der Kollegien brachte von Anfang an ständige Finanzierungsprobleme mit sich. Zwar gab es im 16. Jahrhundert Fürsten und Bischöfe, die Kollegien fundierten. Aber trotz großzügiger Förderer waren die Stiftungen nur in den seltensten Fällen wirklich ausreichend. Häufig schrumpfte die Fundation im Laufe der Zeit auch durch Geldentwertung zusammen. Hinzu kamen Besteuerungen oder Brandschatzung in Kriegszeiten. Die ökonomischen Schwierigkeiten wurden im 19. und 20. Jahrhundert im Zusammenhang mit dem wirtschaftlich-sozialen Wandel noch größer. Kollegien, die eine genügende Fundation besaßen, gab es jetzt kaum noch. Da die Zahl der Jesuiten nicht ausreichte, vermehrte man die Zahl der nicht-jesuitischen Lehrer, die man natürlich bezahlen mußte. So mußte man im 19. Jahrhundert den Papst um Dispens vom Verbot des Schulgeldes bitten. Fast überall sah sich der Orden auch gezwungen, in Abwei-

chung von den Satzungen Meßstipendien anzunehmen.
Erst die 31. Generalkongregation des Ordens (1965–66) brachte auf der Ebene des Rechtes eine Anpassung an die geänderten Verhältnisse. Entsprechend der Weisung des Zweiten Vatikanischen Konzils hat sich diese Generalkongregation mit einer Anpassung ihres Armutsrechtes an die veränderten Zeitumstände befaßt. Nachdem sie zunächst eine authentische Erklärung über den genauen Umfang des einer Diskussion scheinbar entgegenstehenden »Gelübdes, die Armut nicht zu lockern«, abgegeben hatte, war der Weg für eine Lösung der weiteren anstehenden Armutsfragen frei. Die wichtigsten vorgenommenen Änderungen des bisherigen Armutsrechtes betreffen vor allem das Problem der »Einkünfte« und die Unentgeltlichkeit der Arbeiten: Der Lohn für eine geleistete Arbeit wird im Sinne des Konzils als legitime Einkommensquelle für Unterhalt und Apostolat anerkannt; Meßstipendien können (im Rahmen des geltenden Kirchenrechtes) angenommen werden; abgesehen von einer Vergütung für Reisekosten und Unterhalt darf eine Bezahlung für Seelsorgsarbeiten nur entgegengenommen, nicht aber verlangt werden; die Annahme von Autorenhonoraren und Schulgeld wird als rechtmäßig erklärt.
Auf den Entscheidungen der 31. Generalkongregation fußend hat schließlich die 32. Generalkongregation (1974–1975) nach langer Sachverständigenarbeit und unter Berücksichtigung der Erfahrung und zahlreicher Postulate aus aller Welt entscheidende Änderungen eingeführt[12]: An die Stelle der Unterscheidung zwischen Profeßhaus und Kolleg tritt der Unterschied zwischen Kommunität und Apostolischem Werk (Universitäten, Kollegien, Exerzitienhäuser, Zeitschriften usw., ausgenommen die Kirchen). Die Kommunitäten werden wie Profeßhäuser behandelt und dürfen keine festen Einkünfte haben, wobei aber das Entgelt für die Arbeit eine legitime Unterhaltsquelle ist; die apostolischen Werke werden nach dem bisher für Kollegien geltenden Recht verwaltet und können über gewinnbringendes Eigentum verfügen. Kapital und Einkünfte der Werke dürfen nicht zum Nutzen der Kommunitäten verwendet werden, mit Ausnahme des genehmigten Entgelts für geleistete Arbeit. Jede Kommunität muß einen Voranschlag erstellen und diesem gemäß einfach und sparsam leben. Ein eventueller Überschuß muß jedes Jahr nach bestimmten Normen verteilt werden.
Alle diese Rechtsnormen sind eingebettet in ein Dekret, das die geistlich-aszetische Seite der Armut sehr betont und eine echte und tiefgehende Bekehrung voraussetzt. So wird z.B. bestimmt, daß der Lebensstandard in den Kommunitäten nicht höher sein soll als der einer bescheiden situierten Familie, für deren Unterhalt man hart arbeiten muß.[13] Der Jesuit hat alles, was er als Lohn, Almosen oder auf irgendeine andere Weise erhält, an die Kommunität abzugeben, und alles, was er braucht, erhält er nur von dieser.[14] Apostolische Wirksamkeit und apostolische Armut müssen in ständiger Spannung und Einheit gehalten werden. Das gilt nicht nur für die einzelnen, sondern auch für die apostolischen Werke. Es muß sorgfältig geprüft werden, ob reiche Einrichtungen und Werke, die ein großes Kapital erfordern, erhalten werden sollen.[15] Zur Praxis der evangelischen Armut gehört auch der Dienst an den Armen und die Solidarität mit ihnen.
Aus dem Gesagten ist wohl deutlich geworden, daß die Armut zum ursprünglichen Charisma des hl. Ignatius und seines Ordens gehört. Das Leitbild der jesuitischen Lebensform ist der in Armut lebende und lehrende Jesus,

der seine Apostel aussendet, damit sie – ohne Besitz, unentgeltlich, von den Gaben der Gläubigen lebend – das Evangelium verkünden. Ignatianische Armut ist also nicht ein Wert in sich und hat auch nichts zu tun mit stoischer Selbstgenügsamkeit. Vielmehr ist sie Teilnahme an der sich entäußernden Erlöserliebe Jesu, die sich fortsetzt in der apostolischen Liebe.

Der ignatianische Armutsgedanke war vielleicht zu ideal, als daß er sich stets in aller Reinheit hätte verwirklichen lassen. Armut im Sinne des Ignatius enthält in sich eine Spannung, die nicht leicht auszutragen ist. Verlangt sie doch einerseits eine bescheidene und bedürfnislose Lebensweise, andererseits dürfen die Mittel, die für den Dienst Gottes nötig sind, beschafft werden. In der Praxis fordert Ignatius ein hohes Maß an »discreta caritas«, an »klug unterscheidender Liebe«. Ob alle Jesuiten zu allen Zeiten dieses Maß besessen haben?

Ignatianische Armut ist ein dynamisches Prinzip, das keine monastische Uniformität zuläßt, vielmehr Verfügbarkeit und ständige Anpassung an Ort, Zeit, Personen und Umstände verlangt. Eine Anpassung kann aber nur gelingen, wenn sie durchdrungen ist vom ignatianischen Armutsgeist, d.h. von einer wahren und aufrichtigen Liebe zu Jesus, der für uns arm geworden ist, verbunden mit kluger Unterscheidung.

Anmerkungen

[1] Vgl. zum ganzen Beitrag: G. Switek, »In Armut predigen.« Untersuchungen zum Armutsgedanken bei Ignatius von Loyola, Würzburg 1972.

[2] GT 170 (23.2.1544).

[3] MI *Epp.* I, 96.

[4] Form. Inst. Paul III. 7. In: S.

[5] Vgl. Brief Polancos im Auftrag des Ignatius an Juan Alvarez, MI *Epp.* II, bes. 481f.

[6] »Fundacion de Collegio« n. 6 (1541), MI *Const.* I, 53–54.

[7] MI *Const.* I, 402.

[8] Vgl. Form. Inst. Julius III. 8. In: S.

[9] Vgl. hierzu auch K. Deuringer, Der hl. Ignatius von Loyola und die Armen, in: Jahrbuch für Caritaswissenschaft und Caritasarbeit 1957, 68–90.

[10] Vgl. dazu den Beitrag von D. B. Scholz in diesem Band 175–184.

[11] Vgl. MI *Epp.* I, 386–389.

[12] Decr. 12. – De paupertate n.1-n.43. In: ARSI 16 (1973–1976) 409–420.

[13] De paupertate n.7 (s. Anm. 11) 411f.

[14] Ebd. n.8 (s. Anm. 11) 412.

[15] Ebd. n.9 (s. Anm. 11) 412f.

Für die Armen und Flüchtenden da sein

Praktische Nächstenliebe in Rom (1538)

Dieter B. Scholz, Rom

Tod in den Straßen Roms

In seinem Bemühen um ein vertieftes Verständnis des ursprünglichen ignatianischen Charismas forschte P. General Pedro Arrupe SJ nach Vorbildern in der Geschichte des Ordens, nach Mitbrüdern, die sich vorrangig für die Armen einsetzten. Immer wieder kam er dabei in seinen Gesprächen, Vorträgen und Schriften auf den Einsatz des Ignatius und seiner frühen Gefährten im römischen Winter des Jahres 1538/39 zu sprechen.

Im November 1538 zogen die zehn »Reformpriester«, wie sie wegen ihres vorbildlichen Lebens genannt wurden, von ihrer Unterkunft in der Nähe des Ponte Sisto in ein geräumigeres Haus nicht weit vom Torre del Melangolo um (heute Via dei Delfini 16), das ihnen Antonio Frangipani zur Verfügung gestellt hatte.[1]

Mit diesem Haus verbinden sich wichtige Ereignisse der frühen Geschichte des Ordens. Im Palazzo Frangipani erfuhren die Gefährten von ihrem gerichtlichen Freispruch von den Anklagen des Predigermönchs Agostino Mainardi, der später als protestantischer Prediger das Veltlin reformierte und im selben Jahr wie Ignatius von Loyola starb. Am Frangipanihof begannen die Gefährten in der ersten Hälfte des Jahres 1539 ihre Beratungen über die Möglichkeit einer Ordensgründung; von dort brach 1540 Franz Xaver nach Indien auf; und im September des gleichen Jahres erhielten die Gefährten dort die erste Bestätigungsurkunde der Gesellschaft Jesu.[2]

Im Palazzo Frangipani überstanden Ignatius und seine Freunde auch die katastrophalen Monate von Dezember 1538 bis Mai 1539, die als der »Winter des Hungers« in die Geschichte Italiens eingegangen sind. Kurz vor Weihnachten setzten die schweren Regengüsse ein, dann folgten Schnee und beißende Kälte.[3] Seit 40 Jahren hatte Mittelitalien ein derartiges Klima nicht erlebt. Zudem war die Ernte im vorangehenden Sommer schlecht ausgefallen. Lebensmittel waren knapp, und die Preise für Korn, Öl, Käse und Fleisch stiegen ins Unerschwingliche an. Die Haustiere, Schafe, Rinder und Ziegen, starben an Futtermangel und vor Kälte. Die verarmten Bauern strömten in Scharen aus den umliegenden Provinzen nach Rom. Doch auch hier fanden sie weder Nahrung noch Unterkunft. Viele erfroren und verhungerten nachts auf den Straßen. Niemand schien sich der Armen anzunehmen.

Da machten Ignatius und seine Freunde sich auf. Sie gingen nachts durch die Straßen und auf die Plätze und brachten die Obdachlosen in ihren eben bezogenen, geräumigen Palazzo Frangipani. Dort wuschen sie ihre Gäste und gaben ihnen zu essen. Abends versammelten sich die Anwesenden in einem großen Saal des Hauses. Dort brannte ein Feuer, an dem alle sich wärmen konnten. Einige der Patres lehrten die Gäste den Katechismus, die Zehn Gebote und die wichtigsten Gebete, um sie anschließend auf den Empfang der Beichte und Kommunion vorzubereiten. Für die Nacht erhielt jeder einen Platz zum Schlafen. Den Kranken und besonders Geschwächten boten die Patres Betten an, ihre eigenen und andere, die Wohltäter ihnen überlassen hatten.

Tagsüber zogen alle – die Gäste und die Gefährten – durch die Straßen Roms und erbettelten Brot, Gemüse, Stroh und Feuerholz. Was man ihnen schenkte, trugen die Gefährten abends auf ihren Schultern nach Hause.

Bald stieg die Zahl der Obdachlosen, die im Frangipanihof Zuflucht fanden, auf 200 an, dann auf 300, schließlich auf fast 400, so daß selbst dieses geräumige Haus zu klein wurde.

Mitte März – als die Freunde ihre nächtlichen Beratungen begannen, ob sie einen neuen Orden gründen sollten – fand Ignatius ein anderes Haus, in das ein Teil der Armen vom Palazzo Frangipani übersiedelte. Die übrigen Gäste wurden auf die Spitäler und Hospize der Stadt verteilt, wo die Gefährten sie tagsüber weiter besuchten und betreuten. Nach einigen Monaten war ihre Zahl auf 3000 angestiegen, bei einer Gesamtbevölkerung Roms von etwa 40 000 Menschen.

Trotz der schreienden Not in den Straßen Roms feierte man Mitte Februar zum großen Ärgernis der um Reform bemühten Christen den römischen Karneval mit maßlosem Aufwand und Prunk. Zunächst spürten nur wenige unter den Reichen und Mächtigen den Skandal dieser neuen Situation. Dann kamen einige Kardinäle bei Nacht mit Fackeln in den Händen, um sich im Haus der Gefährten persönlich von der Not der Armen zu überzeugen. Sie ließen ihre Spenden zurück und gaben den Patres großzügig auf ihren Bettelgängen bei Tage. Ein nächtlicher Besucher, der offenbar kein Geld bei sich trug, gab den Gefährten ein kostbares Kleidungsstück als Gabe für die Armen.

Schließlich schalteten sich der Papst und Margarita de Austria ein und schickten den Gefährten in Abständen zwei- oder dreihundert Dukaten für ihre Arbeit mit den Armen, auch für die Freunde selbst. Doch der Geschichtsschreiber merkt ausdrücklich an, daß Ignatius keinen Pfennig dieser Spenden für sich und die übrigen Gefährten behielt, sondern alles an die Hospize und Klöster weitergab, in denen die Armen Aufnahme fanden.[4] Was die Gefährten für ihren Unterhalt brauchten, erbettelten sie selbst auf der Straße.

Selbst auf die Gefahr hin, daß die Spender mit dieser Art von Verteilung nicht ganz einverstanden waren, hielt Ignatius an dieser Praxis fest, ohne sie zu einem Prinzip zu machen.

Kampf unter dem Kreuz für Glaube und Gerechtigkeit

Ignatius von Loyola gründete die Gesellschaft Jesu zum Dienst der Kirche in einer nicht weniger turbulenten Zeit als der unseren. Damals, 1550, hieß die Sendung lapidar: den Glauben verteidigen und verkünden (defensio et propagatio fidei).[5]

Angewendet auf die Nöte der Menschen unserer Zeit hat die 32. Generalkongregation der Gesellschaft Jesu (1974/75) diese Mission zusammenfassend so beschrieben: »Was heißt heute Jesuit, Gefährte Jesu, sein? Sich unter dem Kreuz im entscheidenden Kampf unserer Zeit einsetzen: im Kampf für den Glauben, der den Kampf für Gerechtigkeit mit einschließt.[6]

Die letzten drei Lebensjahre und der gewaltsame Tod von Bischof Oscar Romero vor zehn Jahren legen ein eindringliches Zeugnis dafür ab, worum es in diesem entscheidenden Kampf unserer Zeit geht. Der Wendepunkt im Leben Oscar Romeros von einem eher konservativen Bischof, der den Reichen und Mächtigen seines Landes nahestand, zum unerschrokkenen Anwalt der Armen und Unterdrückten war die Ermordung seines engen Freundes P. Rutilio Grande SJ, der als Pfarrer von Aguilares unter den Campesinos der Zuckerplantagen arbeitete und täglich mit ihnen den Kampf unter dem Kreuz für Glaube und Gerechtigkeit lebte. Rutilio Grande wurde am 12. März 1977 auf dem Weg zu einer Außenstation seiner Pfarrei ermordet. Am 22. Februar 1977 hatte Oscar Romero die Leitung der Erzdiözese San Salvador übernommen. Ein Zeugnis, das sich im November 1989 in El Salvador eindrucksvoll wiederholt hat: Sechs Jesuiten und zwei Frauen, die deren Haushalt besorgt hatten, wurden brutal ermordet. Sie starben wegen ihres Einsatzes für einen Frieden, der sich auf die

Rechte der Armen gründet und den Respekt vor der Würde der Armen einschließt.
Im folgenden soll versucht werden zu zeigen, wie P. General Pedro Arrupe den Flüchtlingsdienst der Gesellschaft Jesu (Jesuit Refugee Service) als Konkretisierung dieser Sendung der Kirche zu den Armen gegründet und verstanden hat.

Das ursprüngliche Charisma wiederentdecken

Im Dekret über die Erneuerung des Ordenslebens in der Kirche fordert das Zweite Vatikanische Konzil zu einer doppelten *révision de vie* auf: Die Ordensleute sollen das Charisma ihrer Gründer studieren und die Einsichten dieses Studiums auf die Nöte und Anliegen der Menschen unserer Zeit anwenden: »Zeitgemäße Erneuerung des Ordenslebens heißt: ständige Rückkehr zu den Quellen jedes christlichen Lebens und zum Geist des Ursprungs der einzelnen Institute, zugleich aber deren Anpassung an die veränderten Zeitverhältnisse.«[7] Mit diesem ermutigenden Auftrag des Konzils beginnt ein neuer Abschnitt in der jahrhundertealten Tradition des Heiligen Stuhls im Umgang mit den Orden. Nachdem sie sich im 19. Jahrhundert langsam von ihrer nahezu vollständigen Auflösung in der Zeit zwischen 1773 und 1810 erholt hatten und viele neue Gemeinschaften, besonders für Frauen, entstanden waren, erließ die römische Kurie Direktiven, die die verschiedenen Orden in eine weitgehende Gleichförmigkeit zusammenschlossen.[8]
Auf diesem Hintergrund muß die vom Konzil an jedes Ordensinstitut gerichtete Aufforderung gesehen werden, sein spezifisches Charisma wiederzuentdecken und zum Maßstab seiner zeitgemäßen Erneuerung zu machen, um auch in unserer Zeit wieder jene ursprüngliche Kraft freizusetzen, die Ursprung seiner Gründung war und oft auch zu einer tiefgreifenden Erneuerung der Kirche beigetragen hat. Neben der Sendung *ad intra* – die persönliche Umkehr als ersten Schritt hin auf eine Erneuerung von Orden und Kirche – spricht das Konzil von der Mission der Ordensleute *ad extra* – in die Welt und zu den Menschen zu gehen. Indem es die beiden Sendungen eng miteinander verknüpft, überwindet das Konzil die herkömmliche Trennung dieser beiden Aspekte der einen Berufung. Eine Erneuerung der Kirche, isoliert von den Menschen und ihrer Not, ist in der Sicht des Konzils ebenso undenkbar wie ein nicht an die Kirche rückgebundener apostolischer Einsatz in der Welt.
»Die Institute sollen dafür sorgen, daß ihre Mitglieder die Lebensverhältnisse der Menschen, die Zeitlage sowie die Erfordernisse der Kirche wirklich kennen, damit sie die heutige Welt im Lichte des Glaubens richtig beurteilen und den Menschen mit lebendigem apostolischem Eifer wirksamer helfen können.«[9]
Dies ist, in groben Zügen angedeutet, der Auftrag, den das Konzil den Ordensleuten übertragen hat: durch ihre persönliche und gemeinschaftliche Bekehrung zur Erneuerung der Kirche im Dienste der Menschen beizutragen. Die Kirche nach dem Konzil hat diesen Dienst vor allem als vorrangige Liebe zu den Armen verstanden.

Das Centro Astalli

Das Anliegen, diesen Geist der spontanen, praktischen Nächstenliebe der ersten Gefährten unter seinen Mitbrüdern des 20. Jahrhunderts wiederzuerwecken, war für Pedro Arrupe ein entscheidendes Motiv bei der Gründung

Margarita de Austria (1522–1586)

Margarita de Austria (1522–1686), Herzogin von Parma, natürliche Tochter Kaiser Karls V.

In Brüssel unter der Obhut ihrer Tante erzogen und vom Kaiser stets als Tochter anerkannt, wird sie von diesem bald in seine ehepolitischen Pläne einbezogen. 1536 wird die Vierzehnjährige Alessandro de Medici angetraut. Ein Jahr später wird Alessandro ermordet. Gleich halten zwei neue Bewerber um die Hand Margaritas an. Da Karl V. die Gunst des regierenden Papstes Paul III. aus dem Haus Farnese dringend nötig hat, verheiratet er 1538 seine Tochter mit Ottavio Farnese, dem Enkel Pauls III., in jenem Monat, in dem Ignatius aus Venedig in Rom eintraf. Die beiden Ereignisse jenes November repräsentieren Renaissance und Reform.

Diese Ehe, zu der Margarita von ihrem Vater gezwungen wurde, war leidvoll und durfte aus Rücksicht auf den Papst und den Kaiser nicht scheitern. Jean Codure, ein Gefährte des Ignatius, wurde von Paul III. zu Margaritas Beichtvater bestellt. Nach seinem Tod am 29. August 1541 folgte ihm in diesem Amt Diego Laínez nach und 1542 übernahm Ignatius selber diese Aufgabe. Die Beichtiger aus der jungen Gesellschaft Jesu hatten nach dem Willen des Farnese-Papstes die so unbequeme und doch so notwendige Kaisertochter zu bändigen. Nach dem etwas zu strengen Urteil des bekannten Historikers Ludwig Pfandl, der sich mit dem Spanien der frühen Neuzeit befaßte, wies sie »einige ausgeprägte männliche Charakterzüge auf, war eigensinnig und herrschsüchtig, unbändig stolz und schwer lenksam. Sie zeichnete sich weder durch Intelligenz noch durch weiblichen Liebreiz aus und spielte gern die unverstandene, gekränkte, schlecht behandelte Frau.« Wenn sie als Statthalterin der Niederlande (1559–1567) als kluge und selbstbewußte Regentin in die Geschichte einging, ist das nach der Einschätzung H. Rahners nicht zuletzt dem Einfluß ihres Beichtvaters Ignatius zuzuschreiben.

Diese Sorge um sie beantwortete Madama – so wurde die Kaisertochter in Rom gewöhnlich genannt – mit Treue zu ihrem Meister und seinem großen Ordenswerk. Margarita wird für Ignatius zur unentbehrlichen Stütze in der Stiftung des Hauses für Katechumenen und in der Errichtung des Refugiums für die ausgebeuteten Frauen. Die junge Gesellschaft Jesu unterstützt sie in den Jahren bitterster Armut wiederholt mit zweihundert oder dreihundert Dukaten für die Armen. Während die Spenderin damit die Jesuiten unterstützen wollte, verteilte Ignatius die Gelder bis auf den letzten Heller unter die Armen. Madama wird als Regentin der Niederlande die von ihrer Tante Maria so lange verhinderte Gründung von Kollegien und Niederlassungen in Flandern ebenso begünstigen wie ihr Sohn Alessandro Farnese.

Am 27. August 1545 wurde Ignatius in Rom in den Palazzo Madamas gerufen. Margarita verlangte vor der Entbindung zu beichten, die Messe zu hören und die hl. Kommunion zu empfangen. Als am Nachmittag die Wehen einsetzten, zog sich Ignatius in die Hauskapelle des Palazzo zurück. Nach einer Stunde wurde die Geburt von zwei Söhnen gemeldet. Die Hebamme hatte dem ersten in der Nottaufe den Namen Carlos gegeben; wenige Monate später starb er. Den zweitgeborenen sollte sogleich Magister Ignatius taufen. Und so taufte er den Knaben, der in der Nottaufe Juan Pablo genannt wurde, den späteren Statthalter der Niederlande, Alessandro Farnese.

A. Falkner S.J.

des Flüchtlingsdienstes der Gesellschaft Jesu. »Die Not der Flüchtlinge«, schrieb er in einem Brief an die Gesellschaft Jesu vom 14. November 1980, »ist eine Herausforderung, die wir nicht übersehen können, wenn wir den ignatianischen Kriterien für die Auswahl unserer apostolischen Arbeiten und den jüngsten Aufrufen der 31. und 32. Generalkongregationen treu bleiben wollen. In den Satzungen spricht Ignatius von dem größeren Allgemeingut, einer ständig zunehmenden Dringlichkeit der schwierigen und komplexen menschlichen Probleme, und dem Mangel an Menschen, die bereit sind zu helfen. Unser Ideal der Verfügbarkeit und der Universalität, der Bereitschaft, in jede Gegend der Welt zu gehen, unsere Verantwortung für Schulen, Universitäten und andere wichtige Einrichtungen sowie der enge Kontakt mit unseren vielen Laienmitarbeitern befähigen uns, diese Herausforderung anzunehmen und einen Dienst anzubieten, den andere Organisationen nicht ohne weiteres leisten können.«[10]

Das erste Flüchtlingsprojekt setzte Pedro Arrupe in Rom ins Werk. Es weist interessante Ähnlichkeiten mit dem Einsatz des Ignatius und seiner Gefährten auf.

Im Herbst 1981 schliefen Hunderte junger Flüchtlinge aus Äthiopien in den Parks und auf den Plätzen der Stadt. Die meisten besaßen nichts außer den spärlichen Kleidern, die sie am Leibe trugen. Im Oktober, als der Winterregen einsetzte, sah man sie frierend, durchnäßt und hungrig durch die Straßen laufen. Viele hatten nicht den Mut zu betteln, weil sie keine Ausweispapiere besaßen und fürchten mußten, bei einer Kontrolle verhaftet zu werden. Wenn ein Flüchtling krank wurde, schickten die Behörden ihn von einer Dienststelle zur anderen, manchmal bis er vor Erschöpfung auf der Straße zusammenbrach.

Da rief Pedro Arrupe die in der Kurie für den neu eingerichteten Flüchtlingsdienst verantwortlichen Mitbrüder zusammen, um zu überlegen, wie den jungen Menschen geholfen werden könnte. Wenige Wochen später war im Kellergeschoß von Gesù, in der Via degli Astalli 14a, ein Zentrum für äthiopische Flüchtlinge eingerichtet.

Im Februar 1541 waren Ignatius und seine Freunde vom Palazzo Frangipani in dieses Haus umgezogen[11], das heute zu einem Gebäudekomplex gehört, in dem sich die Kirche Il Gesù, das internationale Studienhaus für junge Jesuiten und die Residenz der italienischen Jesuitenprovinz befinden. Hier starb Ignatius in den frühen Morgenstunden des 31. Juli 1556.[12]

Seit Herbst 1981 treffen sich im »Centro Astalli« allabendlich etwa 140 äthiopische Flüchtlinge. Sie können hier eine warme Abendmahlzeit essen, duschen, ihre Kleider waschen und über ihre Probleme sprechen. Für diesen Beratungsdienst steht ein Team von Ordensleuten zur Verfügung. Eine kleine Bibliothek bietet Lesestoff und Schulbücher an. Neben einem Lehrgang für elektronische Datenverarbeitung gibt es Sprachkurse in Englisch, Italienisch und Französisch. Zweimal wöchentlich kommt ein Arzt. Jedes Jahr im Herbst schickt ein Wohltäter aus Deutschland eine Lastwagenladung neuer Winterkleider, die während der kalten Monate ausgegeben werden.

Am dringendsten benötigen die jungen Äthiopier in Rom ein festes Dach über dem Kopf zum Schlafen. Während der warmen Sommermonate schliefen die meisten in den Parks, auf den Grasflächen um die Piazza Venezia und unter den Bögen des Kolosseums. Wenn es draußen zu kalt wurde, suchten sie Schutz in der riesigen Bahnhofsvorhalle der Stazione

Termini. Dort fielen sie häufig den nächtlichen Razzien der Carabinieri zum Opfer und wurden, da sie keine Ausweispapiere besaßen, für einige Tage in Haft genommen.
Pedro Arrupe sprach mit den Generaloberinnen und -obern der anderen Orden über dieses Problem. Heute sind über 700 äthiopische Flüchtlinge in 110 römischen Ordenshäusern untergebracht, bis sie das Visum für die Ausreise nach Kanada erhalten. Die Wartezeit beträgt zwei bis drei Jahre.
Neben dem Centro Astalli unterhält der Jesuit Refugee Service in Rom heute noch zwei weitere Zentren – das Centro San Saba und das Centro Via Tricerro – in denen etwa 130 Äthiopier wohnen und von 61 freiwilligen Helfern – Laien aus den Gemeinschaften Christlichen Lebens und Ordensleuten – betreut werden.
Diese Arbeit wird aus Spenden der internationalen Ordensgemeinschaften in Rom finanziert. Johannes Paul II. hat bereits zweimal das Centro Astalli besucht und unterstützte die Flüchtlinge dort mit einer persönlichen Spende.

Die Not der Armen heute am eigenen Leibe spüren

Sicherlich hat Pedro Arrupes persönliche Erfahrung als Japanmissionar ihn für die Not des Fremden, der die Vorbehalte seines Gastlandes mühsam Schritt für Schritt überwinden muß, besonders aufmerksam und mitfühlend gemacht. Später als General reiste er viel. Er sah und erlebte die Menschen mit offenen Augen und einem hörenden Herzen.
»Zahlen werden heute so oft herumgereicht«, sagte er in einem Vortrag in der Frankfurter Paulskirche am 21. November 1976, »für mich war die Begegnung mit den hungernden Menschen entscheidend; ich traf sie nicht nur als einzelne, sondern in Gruppen, in Massen, in ganzen Ländern. Ich war betroffen von der Hilflosigkeit und Aussichtslosigkeit, in der sich diese Menschen befinden. Vorübergehende Armut erleben viele, dauernde Armut aber greift tiefer und kann das Selbstvertrauen zersetzen. Ich werde auch das nie vergessen: das tiefe Mißtrauen, den Verdacht, der in diesen Menschen lebt, daß die Industrieländer eine wesentliche Schuld daran tragen, daß sich ihre Not so langsam wendet.«[13]
In einem Vortrag in Köln am 22. August 1980 sagte Pedro Arrupe: »Ich frage mich, ob die Notwendigkeit des persönlichen Einsatzes im Dienen von den heutigen Christen genügend verstanden wird. Es gibt keine ›Liebe aus Distanz‹. Auf Probleme von vitalem Interesse kann man nicht menschlich mit bloßen Rezepten des Gehirns oder des Labors reagieren. Wenn ich mit meinen 27 Jahren Missionarstätigkeit etwas gelernt habe, dann ist es dies: Man muß persönliche Erfahrungen machen. Man muß die Probleme der Notleidenden am eigenen Leib erfahren. Was können jene vom Hunger wissen, denen ein Übermaß von Kalorien zu schaffen macht? Welche Vorstellungen können wir uns von den materiellen, sozialen und geistigen Lebensbedingungen der Parias Indiens vom Lehnstuhl der Ersten Welt aus machen? Keine, die nennenswert wäre! Das ist der Grund, weshalb ich, insbesondere innerhalb unseres Ordens, so sehr die Notwendigkeit betone, wenigstens teilweise oder zeitweise in Regionen der Not am apostolischen Dienst teilzunehmen. Deshalb wollte Ignatius, daß alle Mitglieder seines Ordens, auch die wissenschaftlich Tätigen und die berühmten Prediger, nebenbei in der Kinderkatechese, in der Krankenpflege oder der Gefängnisseelsorge

DOMINICA XII. POST PENTEC.
Incidit in latrones viator. 33
Luc. x. *Anno xxxii.* cxxxvii

A. *Capharnaum, vbi Legis peritus tentat* IESVM.
B. *Reges & Prophetæ, qui desiderarunt videre, quæ discipuli videbant, & non viderunt.*
C. *Hierusalem ad occidentem.*
D. *Hiericus ad orientem; in medio spatio montes Dommim, vbi viator incidit in latrones.*
E. *Adoriuntur viatorem latrones, spoliant, vulnerant, & semiuiuo relicto abeunt.*
F. *Præterit miserum hominem Sacerdos, illac iter faciens.*
G. *Similiter Leuita.*
H. *Samaritanus autem videns, venit ad eum; alligat vulnera eius, &c.*
I. *Impositum iumento ducit in stabulum.*

FERIA VI. POST CINERES.
De dilectione inimici. 20
Matt. v. Luc. vi. *Anno xxxi.* xxiij

A. IESVS *docens in monte Thabor.*
B. *Significantur conciones, quibus Iudæi suas traditiones proponebant.*
C. *Homo qui pro ijs orat, à quibus persecutionem patitur, & calumniam.*
D. *Homo, quem auersatur inimicus; cum tamen hunc benigne ille accipiat, et beneuole.*
E. *Homo vanus, qui varijs artibus ad ambitionem venditat eleemosynam.*
F. *Pauperes eleemosynam accipientes.*
G. *Spectatur vndique vanissima eleemosyna.*
H. *Alter vir pius, qui occulte dat eleemosynam.*
I. *Sol, & pluuia, quibus Deus bonis, & malis benefacit.*

Der barmherzige Samaritan (vgl. Lk 10, 25–37) links

Feindesliebe (vgl. Lk 6, 27–36) rechts

EADEM FERIA.
De thesaurizatione. 22
Matth. vi. *Anno xxxi.* xxij

A. *In monte Thabor docet* IESVS *Apostolos.*
B. *Auarum hominem, auro & diuitijs incubantem in terra, dæmon exagitat.*
C. *Fures effodiunt, & furantur.*
D. *Vir excellenti animi pietate cœlum spectat; ibi viuit, ibi contemplatur.*
E. *Alter opera misericordiæ exercet; vtrumque regit Angelus thesaurizantem in cœlo.*
F. *Thesauri in cœlo coram Deo reponuntur.*

FERIA V. POST CINERES
Imaginem v. feriæ quære in Dominica iij. post Epiphaniam 27.

FERIA V. POST DOMIN. II. QVADRAGES.
De Diuite Epulone. 73
Luc. xvi. *Anno xxxiij.* xxxvii

A. IESVS *in finibus Iudææ trans Iordanem, vbi hæc docuit.*
B. *Epulonis conuiuium splendidum; ipse indutus purpura, & bysso, &c.*
C. *Symphoniaci psallunt ad epulas.*
D. *Dæmones auctores tantæ nequitiæ obsident cœnationem & domum.*
E. *Lazarum ad ianuam Diuitis iacentem, vlceribus plenum, nemo reficit, ne micis quidem, &c.*

Über den Schatz (vgl. Lk 6, 27–36) links

Der arme Lazarus (vgl. Lk 16, 19–31) rechts

tätig sein sollten. Ich glaube, daß ein solcher persönlicher Einsatz den einzelnen Christen und der Kirche insgesamt einen reichen Gewinn an Vitalität, an kirchlichem Bewußtsein und an authentischem Zeugnis brächte, zu dem Christus der Herr uns aufruft.«[14]

In der Liebe verwurzelt

Im Anschluß an das eingangs zitierte Dekret 4 der 32. Generalkongregation über den Kampf für Glaube und Gerechtigkeit wurde in der Planung und Durchführung unserer apostolischen Arbeiten seit 1975 deutlicher Nachdruck auf die soziale Dimension gelegt. Ohne diesen neuen Akzent abzuschwächen, wohl aber um mögliche und tatsächlich eingetretene Einseitigkeiten zu korrigieren, die zu Mißverständnissen geführt hatten und die Einheit des Ordens zu gefährden drohten, setzte sich Pedro Arrupe vor allem im letzten seiner drei großen Vorträge am Ende seines Generalates »In der Liebe verwurzelt und auf sie gegründet« mit dem Spannungsverhältnis zwischen dynamischer Nächstenliebe und tätigem Einsatz für Gerechtigkeit auseinander.
Einen ersten Hinweis auf sein Anliegen gibt der General mit seiner ausführlichen Beschreibung des oben erwähnten Einsatzes des Ignatius und seiner Freunde im römischen Winter von 1538, die im Mittelpunkt seines Vortrages steht. Diesem Bericht fügt er ebenfalls recht detaillierte Ausführungen über die Arbeit der frühen Gefährten mit vier Menschengruppen an, die in besonderer Weise benachteiligt, ausgebeutet und unterdrückt wurden: die Juden in Rom, die Bettler, die Prostituierten und die alleinstehenden jungen Frauen.[15] »Ich frage mich«, sagt er anschließend, »wie sich Ignatius heute, angesichts der Katastrophen unserer Zeit, verhalten würde: die auf den Meeren treibenden Flüchtlinge, die hungernden Massen in der Sahelzone, die zu Flucht und Emigration gezwungenen Menschen ... Sollten wir uns irren, wenn wir annehmen, daß Ignatius in unserer Zeit mehr getan, daß er die Dinge anders angepackt hätte als wir?«[16]
Es drängt den General, seine Mitbrüder dazu zu bewegen, mehr zu tun, nicht nur quantitativ, sondern im Sinne des ignatianischen *Magis,* das als Maßstab seinen ganzen Überlegungen zugrundeliegt: ein Mehr also im Sinne einer unmittelbaren, persönlichen Begegnung mit den radikal Armen unserer Zeit, den Flüchtlingen. Wir sollen ihre Not am eigenen Leibe spüren, indem wir mit ihnen teilen, was wir besitzen, indem wir sie wie Ignatius und seine Gefährten aufnehmen und mit ihnen unser Brot essen. Das Mehr schließt alles ein, was viele Jesuiten seit der 32. Generalkongregation unter Gerechtigkeit verstehen, und geht doch noch einen entscheidenden Schritt weiter: Diese Liebe ist eine »höhere Form der Gerechtigkeit«, sagt Pedro Arrupe, eine »Gerechtigkeit mit einem viel höheren Bezugspunkt, die sich zur Perspektive der göttlichen Gerechtigkeit selbst emporschwingt, welche ganz Liebe und Barmherzigkeit ist. Und es ist eine Gerechtigkeit, die zudem alle Dinge mit größerer Tiefe sieht, weil sie an den innersten Grund des Menschen reicht, an seinen Schmerz, seine Not, seine Hilflosigkeit; Realitäten, die verschwiegen werden, wenn man im Menschen lediglich ein unpersönliches Objekt des Gesetzes sieht.«[17]
Hier spricht Pedro Arrupe nicht mehr nur die Sprache des Ordensgenerals oder eines Theologen. Für einen kurzen Augenblick offenbart er seine eigene, im liebenden Dienst am Mitmenschen vermittelte Gotteserfahrung. »Diese soziale Liebe ist der höchste Ausdruck der

›agape‹, jener uneigennützigen, anonymen, nicht endenden Liebe um ihrer selbst willen wie aus Liebe zu Gott, die in unsere Herzen eingesenkt wurde.«[18]

Auf dieser Ebene gelingt Pedro Arrupe am Ende seines Generalates die Synthese der tätigen Nächstenliebe und des radikalen Einsatzes für Gerechtigkeit, die für uns Auftrag ist, wie unser Glaube heute konkret und glaubwürdig verkündigt und verteidigt werden soll.

»Die Notlage der Welt, so darf ich behaupten, verletzt unser Empfinden als Jesuiten so tief, daß es bis an die innersten Fasern unseres apostolischen Eifers rührt und sie erbeben läßt. Es geht um unsere Sendung in der Geschichte: Aufgabe und Ziel unserer Gesellschaft ist die Verteidigung und Verkündigung des Glaubens, und wir wissen, daß es der Glaube ist, der die Liebe in Bewegung bringt und seinerseits von ihr bewegt wird, und daß die Liebe die Gerechtigkeit verwirklicht und zugleich über sie hinausgeht. Der Kampf für den Glauben, die Förderung der Gerechtigkeit, der Einsatz für die Liebe: das ist unser Ziel, das ist aber auch unsere Existenzberechtigung. Daß wir uns von dieser Idee durchdringen lassen, daß wir sie mit der ganzen Intensität des ignatianischen *Magis* leben – darin besteht unsere zeitgemäße Erneuerung (accomodata renovatio). Auf diesem Weg werden wir zum Ursprung des trinitarischen Charismas des Ignatius gelangen: zu der göttlichen Wesenheit, die Liebe ist.«[19]

Neben dem Vorbild des Ignatius und seiner Gefährten, den Richtlinien des Zweiten Vatikanischen Konzils, den Entscheidungen der 31. und 32. Generalkongregationen und dem Zeugnis heutiger Jesuiten wie Rutilio Grande hat zweifellos Pedro Arrupes eigene tiefe Gotteserfahrung den wichtigsten Einfluß auf seinen Entschluß gehabt, den Orden in besonderer Weise in der Flüchtlingsarbeit zu engagieren. Aus seiner Begegnung mit Christus in den Geistlichen Übungen kam Pedro Arrupe zu der Einsicht, daß »der letzte Schritt und die Grundlage von allem die Liebe ist und daß wahre Gerechtigkeit von der Liebe ausgeht und in ihr ihre Krönung findet.«[20]

Anmerkungen

[1] A. Ravier, Ignatius von Loyola gründet die Gesellschaft Jesu. Dt. Bearb. von J. Stierli. Würzburg 1982, 35.
[2] C. de Dalmases, Pater Magister Ignatius. Zur Biographie des hl. Ignatius von Loyola. München 1989, 110.
[3] Der folgende Bericht stützt sich auf G. Schurhammer, Franz Xaver. Sein Leben und seine Zeit. Bd.1. Freiburg 1955, 427f und P. Tacchi Venturi, Storia della Compagnia di Gesù in Italia. Narrata col Sussidio di Fonti Inediti. Bd.2/1. Roma ²1950, 164–169.
[4] P. Tacchi Venturi (s. Anm. 3) 167.
[5] Form. Inst. Julius III. 1. In: S.
[6] DCG (32) 12.
[7] 2. Vatic., Perfectae caritatis 2.
[8] Jesuit Religious Life Today. The Principal Features of Its Spirit, in Excerpts from Papal Documents, St. Ignatius' Constitutions, the 31st and 32nd General Congregations, and Letters of Fr. General Pedro Arrupe. Hg. G. E. Ganss. St. Louis 1977, 7. Teil.
[9] 2. Vatic., Perfectae caritatis 2.
[10] ARSI 18 (1980–1983) 319–321.
[11] A. Ravier (s. Anm. 1) 35f.
[12] H. Rahner, Ignatius von Loyola als Mensch und Theologe. Freiburg 1964, 409–421.
[13] P. Arrupe, Unser Zeugnis muß glaubwürdig sein. Ein Jesuit zu den Problemen von Kirche und Welt am Ende des 20. Jahrhunderts. Ostfildern 1981, 87.
[14] Ebd. 65f.
[15] P. Arrupe, In der Liebe verwurzelt und auf sie gegründet, in: H. Zwiefelhofer (Hg.), Im Dienst des Evangeliums. Ausgewählte Schriften von P. Arrupe SJ, Generaloberer der Gesellschaft Jesu (1965–1983). München 1987, 107–153, hier 126–129 (38.–41.).
[16] Ebd. 129, (42.).
[17] Ebd. 140, (62.).
[18] Ebd. 141, (65.).
[19] Ebd. 145f, (73.).
[20] Ebd. 142f, (67.).

Gott will meinen Dienst

Geistliche Begleitung

Michael Schneider, Frankfurt am Main

Das Institut der geistlichen Vaterschaft und der geistlichen Begleitung auf dem Weg zu Gott ist nicht selbstverständlich. Einerseits fällt auf, daß viele Heilige ihren Weg ohne einen »Meister« gefunden haben: Benedikt von Nursia, Bernhard von Clairvaux, Franz von Assisi, Ignatius von Loyola u.a.m. Zum anderen ist die Weisung überliefert: »Laßt euch nicht Lehrer nennen. Denn einer ist euer Lehrer, Christus« (Mt 23,8.10). Diese Mahnung hat beispielsweise den Martyrerbischof Ignatius von Antiochien dazu veranlaßt, daß er von seinen Mitchristen nicht Lehrer genannt werden will, sondern »Mitschüler«, Schüler »des einzigen Lehrers« Christus[1], der als der einzige Mittler zu Gott der wahre Lehrer des Lebens ist.

Jesu Lehre meint mehr als eine theoretische Unterweisung, sie wird zu einem Weg, für den es keine Theorie ohne Praxis gibt. Der Weg zu dieser Praxis bekommt bei Ignatius von Loyola ein eigenes Gepräge: »Der größere Dienst für Gott unseren Herrn« und »der Nutzen für die Seelen« werden zu den Grundinhalten seiner Spiritualität, so daß zum Dienst an Gott untrennbar die Hilfe für die Seelen gehört.[2] Im folgenden sollen einige Aspekte dieses doppelten Dienstes bedacht werden.

Den Seelen helfen

Ignatius stellt sich während seines Lebens immer mehr in den Dienst der Seelenführung.[3] Schon in Manresa reift in ihm der Entschluß, »den Seelen zu helfen«: »Außer den sieben Stunden Gebet gab er sich damit ab, einigen Seelen, die ihn aufsuchten, in Fragen des geistlichen Lebens Hilfe zu leisten« (PB 26) und nach seiner Pilgerfahrt ins Heilige Land 1523 will Ignatius studieren und Priester werden, »um den Seelen besser helfen zu können« (PB 50). Die gleiche Ausrichtung bestimmt den Kreis seiner ersten Gefährten: »Damals hatten sie bereits darüber beraten, was sie unternehmen wollten, nämlich nach Venedig und dann nach Jerusalem zu gehen und ihr ganzes Leben dem Heil der Seelen zu widmen.« (PB 85) Die Fruchtbarkeit des apostolischen Dienstes gibt den Ausschlag für die Ordensgründung und für den Inhalt des Papstgelübdes: »Die ganze Absicht dieses vierten Gelübdes, dem Papst zu gehorchen, war und ist auf die Aussendungen gerichtet ...« (S 529)

Hiermit ist ein erstes wichtiges Element geistlicher Führung genannt, das für Ignatius darin besteht, daß jede Begegnung mit Gott nicht nur ein: »Gott will mich« beinhaltet, sondern auch ein: »Gott will meinen Dienst«. Auf dem Weg des Glaubens verbindet sich die Gabe mit der Aufgabe, und jede Indienstnahme durch Gott schließt einen Auftrag mit ein. Diese Sendung wird bei Ignatius zu einem wichtigen Unterscheidungskriterium für die Echtheit des Erfahrenen, wenn nämlich im apostolischen Dienst alles auf Gott hin ausgerichtet bleibt: »Man soll nicht minder Andacht finden in den äußeren Werken der Liebe und des Gehorsams, weil wir nur wirken dürfen aus Liebe und wegen des Dienstes Gottes, zu seinem Ruhm und zu seiner Ehre.«[4]

Wille Gottes

Der Weg zu Gott ist so einmalig, wie der Mensch vor Gott einzigartig ist. Fertige Rezepte oder Standardratschläge können deshalb dem einzelnen nicht gerecht werden.

Von daher erklärt sich, daß Ignatius immer an die Erfahrung des Ratsuchenden appelliert: »Wenn Sie aus eigener Erfahrung wissen ...«[5]

und an »das Urteil seines eigenen Gewissens«[6] erinnert. Wegen der Einmaligkeit des einzelnen gibt es keinen allgemeinen Weg zu Gott, der von jedem im gleichen Maß eingeschlagen werden kann. Obwohl Ignatius die Geistlichen Übungen der Exerzitien als Grundlage seines Ordens ansah, konnte es sogar passieren, daß einer beim Ordenseintritt noch nicht einmal die großen Exerzitien machen mußte und stattdessen gleich eine Tätigkeit oder Arbeit zu übernehmen hatte ...[7]

Dieser Diskretion im Vorgehen ist es zuzuschreiben, daß in den ersten dreißig Jahren der Gesellschaft Jesu weder Ignatius noch sonst jemand bestimmte Gebets*methoden* vorgeschrieben hat: »Echt ignatianisch ist gerade dies, daß er über das ›höhere Gebet‹ überhaupt keine allgemeine (Gruppen-)Belehrung gibt.«[8] Der einzelne muß selber entdecken, wie er Gott und seine Gegenwart in allen Dingen findet: »Jeder schreibe sozusagen seine eigenen Geistlichen Übungen!«[9]

Der einzige Maßstab, an dem einer seinen Weg zu messen hat, bleibt der Wille Gottes, der »in allen Dingen« erfüllt werden muß. Hierzu heißt es von Ignatius, er habe die Gnade empfangen, »daß er in allen Dingen, Handlungen und Gesprächen Gottes Gegenwart wahrnahm mit einem feinen Gespür für das Geistliche, ja diese Gegenwart schaute und so ›in actione contemplativus‹ war; er pflegte dies in das Wort zu kleiden: Wir sollen in allen Dingen Gott finden.«[10] Um es noch einmal anders zu sagen: Ignatius »wollte nicht, daß die Mitglieder der Gesellschaft Gott nur im Gebet finden, sondern in allen Arbeiten, weil auch das Arbeiten ein Gebet ist«.[11] Die Intention des Heiligen zielt darauf, daß jeder ein spiritueller Mensch wird.

Der Wille Gottes ist auch das Auswahlkriterium für die zu übernehmenden Arbeiten: Im Blick auf das Ziel, »den Seelen zu helfen auf dem Weg zu ihrem letzten und übernatürlichen Ziel, sind die Mittel, die das Werkzeug mit Gott verbinden und es dafür bereiten, sich gut von seiner göttlichen Hand leiten zu lassen, wirksamer als die Mittel, die es zu den Menschen hin disponieren.« (S 813) Ob bestimmte Ämter übernommen werden sollen, hängt von dem größeren Nutzen für die Seelen ab.

Der Sieg des Erzengels Michael über den Satan

Menschlichkeit

Weiterhin ist der geistliche Weg bei Ignatius von einer inkarnierten Spiritualität geprägt, die den psychologischen Gegebenheiten des Menschen gerecht werden will, insbesondere denen des Leibes: Es ist mehr als eine kuriose Begebenheit, daß Ignatius sogar die Anzahl der Flöhe interessiert, die einen des Nachts gebissen haben ...[12] Für Ignatius gilt als oberste Maxime der Seelsorge, man solle den Charakter, die Anlagen, Wünsche und Gewohnheiten des Menschen gut kennenlernen und sich ihnen anpassen, um dem anderen »in geistlicher Freundschaft nahezukommen«[13].
Diese menschliche Sorgfalt wünscht Ignatius besonders im Gespräch und in der Begegnung mit dem anderen. Hier müsse jeder eher bereit sein, die Worte des Nächsten richtig zu deuten und für glaubwürdig zu halten, als sie zu verurteilen. (EB 22)

Sachkompetenz

Die Weisung des Begleiters soll nicht nur klar und gut überlegt sein, sondern auch fest und sicher: »Wer unsicher führt, versteht wenig und hilft noch weniger.«[14]
Damit der Ratsuchende nicht seinen eigenen Ideen und Idealen nachläuft, bedarf er der Korrektur durch den geistlichen Begleiter, denn »Christus im Bruder« erkennt oft mehr als »Christus im eigenen Herzen«[15]: »Es ist in geistlichen Dingen eine schwere Gefahr, ohne Zügel klugen Rates und weiser Unterscheidung voranzulaufen.«[16] Neben der Korrektur bedarf der Ratsuchende zugleich der Inspiration: Der geistliche Begleiter soll den einzelnen in seinem Leben auf den Willen Gottes aufmerksam machen.

Freiheit

Der Weg des Glaubens führt zu mehr Leben in Fülle und zur größeren Freiheit vor Gott und den Menschen, denn mit jedem Ruf Gottes sind positive Lebensmöglichkeiten verbunden. Gottes Ruf wird von der ihm »auf den Fuß folgenden Freiheit« bestätigt[17], die den Menschen alle Scheinfreiheiten ablegen läßt.
Für den Dienst der geistlichen Begleitung bedeutet dies, daß er sich als »Befreiung zum Leben«[18] versteht. Damit der einzelne den Ruf Gottes erkennt und auf dem Weg der Nachfolge bleibt, muß sich der geistliche Begleiter zwar engagieren, er darf sich aber nicht in das Gespräch des einzelnen mit seinem Schöpfer einmischen: Es ist »viel besser, daß der Schöpfer und Herr selbst sich seiner frommen Seele mitteilt ... Der die Übungen gibt, soll sich weder zu der einen Seite wenden oder hinneigen noch zu der anderen, sondern in der Mitte stehend wie eine Waage unmittelbar den Schöpfer mit dem Geschöpf wirken lassen und das Geschöpf mit seinem Schöpfer und Herrn.« (EB 15)
Ignatius mahnt den Begleiter zur Zurückhaltung, wenn er ihn darauf hinweist, sich nicht in die Rolle des Beichtvaters hineinzubegeben und zu versuchen, »die persönlichen Gedanken und Sünden dessen, der die Übungen macht, auszuforschen und kennenzulernen«. (EB 17) Die Hauptaufgabe des Begleiters besteht vielmehr darin, die richtige Weise aufzuzeigen, wie der einzelne sich besinnen und seinen Schöpfer betrachten kann; hierbei sollen geistliche Übungen vorgeschlagen werden, »die der Not einer so bewegten Seele angepaßt und zugemessen sind« (EB 17) und die es ermöglichen, daß Gott und Mensch einander begegnen.
In der Begleitung geht es also um das Gespür

für das, was im anderen möglich ist, was sein Licht ist und wie er nach seinem Maß und seiner Berufung wachsen kann. Deshalb dürfen dem einzelnen keine »Dinge (als Stoff) vorgelegt werden, die er nicht ohne Ermüdung aufnehmen und aus denen er keinen Nutzen zu ziehen vermag«, vielmehr soll ihm »das vorgelegt werden, was ihm mehr Hilfe und Fortschritt geben kann«. (EB 18)

Beharrlichkeit

Auf dem Weg des geistlichen Lebens gibt es Zeiten der Gottesferne und des Mißtrostes, für die Ignatius rät: »Zur Zeit der Trostlosigkeit soll man niemals eine Änderung treffen, sondern fest und beharrlich zu den Vorsätzen und den Entscheidungen stehen, zu denen man am Tag vor dieser Trostlosigkeit stand, oder zu der Entscheidung, zu der man im vorausgehenden Trost stand«. (EB 318) Die hier geforderte Treue kommt nicht aus einem asketischen Prinzip, sondern aus der Beharrlichkeit des Glaubens an den Gott, der als »Deus semper maior« immer auch der »Deus semper minor« ist.

In einer Gesellschaft, die großen Wert auf Entwicklung, Fortschritt und Leistung legt, muß der hier vorgelegte Weg geistlicher Begleitung eher gegenläufig bleiben, da es im geistlichen Leben kein Ziel und letzthin auch keine »Erfolge« gibt. Das Entscheidende auf dem Weg zu Gott ist allein die Richtung, in die der Mensch geht, nämlich daß er immer offener und hellhöriger für den Anruf Gottes wird und nicht stehenbleibt, wie eine alte geistliche Regel sagt: Wer stehenbleibt, geht zurück!

Die angeführten Grundaspekte der ignatianischen Seelenführung haben ihren gemeinsamen Inhalt darin, daß es ihnen nicht allein um die Praxis geistlicher Übungen oder um das Erreichen bestimmter Erfolge geht, sondern um die zunehmende »seinsmäßige, gnadenhafte Angleichung an den gestorbenen und auferstandenen Herrn der Glorie«[19].

Anmerkungen

1 IgnMagn 9,2; IgnEph 15,1.
2 Form. Inst. 1. In: S; S 636, 638, 642, 648.
3 Ausführlich: F. Wulf, Ignatius als Seelenführer, in: ders. (Hg.), Ignatius von Loyola. Seine geistliche Gestalt und sein Vermächtnis (1556–1956). Würzburg 1956, 15–54.
4 MI *Epp.* III, 502; vgl. Ignatius von Loyola. Gotteserfahrung und Weg in die Welt. Hg. J. Stierli. Olten 1981, 192.
5 MI *Epp.* I, 276; H. Rahner, Ignatius von Loyola. Briefwechsel mit Frauen. Freiburg 1956, 393.
6 Ebd.
7 Vgl. F. Wulf, Ignatius als Seelenführer 51, bes. Anm. 156, in: ders. (s. Anm. 3).
8 O. Karrer, Der heilige Franz von Borja. General der Gesellschaft Jesu (1510–1572). Freiburg 1921, 251.
9 P. Begheyn, Gotteswirken und Eigenwirken, in: Orientierung 38 (1974) 28.
10 M *Nadal* IV, 651.
11 FN II, 419.
12 L. Gonçalves da Câmara, Memoriale n. 87. In: FN I, 580.
13 MI *Epp.* XII, 243: Ignatius von Loyola, Geistliche Briefe. Hg. O. Karrer – H. Rahner. Einsiedeln 1942, 193.
14 MI *Epp.* I, 108: Ignatius von Loyola (s. Anm. 13) 89.
15 D. Bonhoeffer, zit. nach G. Greshake, Gottes Willen tun. Gehorsam und geistliche Unterscheidung. Freiburg 1984, 85.
16 MI *Epp.* IV, 676: Ignatius von Loyola (s. Anm. 13) 250.
17 K. Barth, Gesamtausgabe I: Predigten. Zürich 1979, 266.
18 L. Boros, Befreiung zum Leben. Die Exerzitien des Ignatius von Loyola als Wegweisung für heute. Freiburg 1977.
19 H. Rahner, Ignatius von Loyola als Mensch und Theologe. Freiburg 1964, 284.

Gott suchen in allen Dingen

Jerónimo Nadal (1507–1580)

Josef Stierli, Bad Schönbrunn

In der letzten Übung der Exerzitien leitet Ignatius von Loyola an, Gott zu suchen in allen Dingen. Er will damit die Grundentscheidung der »Geistlichen Übungen«, sich vorbehaltlos an den Willen Gottes hinzugeben, in das Leben des Alltags übersetzen.

Auf diesen geistlichen Weg führt Ignatius im besonderen seine Gefährten in der Gesellschaft Jesu. Sie, die ganz dem apostolischen Dienst verpflichtet sind, sollen darin die ihnen eigene Weise des Betens finden. So tritt in ihrem Leben das »Gott suchen in allen Dingen« an die Stelle der monastischen Ordnung.

Keiner aus der ersten Jesuitengeneration hat das »Gott suchen in allen Dingen« so klar gelehrt und eindringlich gefördert wie Jerónimo Nadal. Sein Wort richtet sich zwar, bedingt durch seine Lebensaufgabe, zur Hauptsache an seine Ordensbrüder. Es hat aber, wie der Weg des »Gott suchen in allen Dingen« selbst, Gültigkeit über alle Ordensgrenzen hinaus und will gerade auch dem Welt-Christen helfen, aus seiner Arbeit ein ständiges Gebet zu machen.

Wer ist der Mann?

Jerónimo Nadal stammt aus Palma de Mallorca, wo er am 11. August 1507 geboren ist. An der Universität Alcalá beginnt er 1526 die Höheren Studien und setzt sie von 1532 an in Paris fort. Zu gleicher Zeit sucht dort Iñigo de Loyola seine »sechs lieben Freunde im Herrn« durch die Exerzitien auf den Weg christlicher Reform zu führen. Auch Nadal möchte er, der eine feine Witterung für den Wert von Menschen hat, dafür gewinnen. Doch sein Bemühen scheitert an dessen hartnäckigem Widerstand.

In Avignon wird Nadal 1538 zum Priester geweiht und beendet dort die Studien mit dem Doktorat der Theologie. Die nächsten sieben Jahre verbringt er in der Heimat. Es ist eine mühsame Zeit: Mißerfolge in der Arbeit, Krankheit, Depression.

Da fällt ihm im Sommer 1545 ein Brief des einstigen Kommilitonen Francisco de Xavier an die römischen Mitbrüder in die Hände und rüttelt ihn aus seiner Lethargie auf: »Ich muß zu Ignatius gehen!« So reist er nach Rom, macht unter der Leitung seines Landsmannes Jerónimo Doménech die Exerzitien und entschließt sich zum Eintritt in die Gesellschaft Jesu. In der weisen und strengen Schule des Ignatius wächst der achtunddreißigjährige Novize tief in den Geist des Ordens hinein. Der Meister Ignatius hat sich nicht getäuscht in der Qualität dieses Mannes und schenkt ihm in wachsendem Maß sein Vertrauen.

An der Spitze einer zehnköpfigen Gruppe schickt er ihn 1548 nach Messina, um dort das erste Kolleg der Gesellschaft Jesu aufzubauen. Der Auftrag gelingt so glücklich, daß nach dem Vorbild von Messina das Römische Kolleg gestaltet und zum verbindlichen Vorbild der künftigen Jesuitenkollegien erklärt wird.

Dann ruft ihn Ignatius 1552 für eine neue Aufgabe nach Rom zurück. Die Satzungen der Gesellschaft Jesu sind aus der Inspiration des Ignatius und durch die Mitarbeit des Sekretärs Juan de Polanco endlich zum Abschluß gekommen. Bevor sie endgültige Gesetzeskraft erhalten, sollen sie in den Provinzen des Ordens erprobt werden. Ignatius betraut darum Nadal mit der Aufgabe, die Satzungen überall bekanntzumachen und in ihren Geist einzuführen. Damit verbindet er einen zweiten Auftrag: Nadal soll die rasch wachsenden Kollegien »in Ordnung bringen«, d.h. in angemessener Weise auf die Methode des Römischen Kollegs ausrichten.

Viermal schickt Ignatius selbst seinen Vertrauensmann in die Provinzen des Ordens. Die erste Visitation führt Nadal in das ihm vertraute Sizilien, die zweite nach Spanien und Portugal. Auch die beiden Nachfolger des Ignatius verwenden Nadal als Visitator, um dem Orden in seiner raschen Entwicklung einheitliche Strukturen zu geben und die geistliche Ausrichtung zu sichern. Im Auftrag von Diego Laínez ist er drei volle Jahre unterwegs – von Spanien und Portugal quer durch Europa bis Prag und Wien. Die letzte Visitation, die Francisco de Borja ihm überträgt, nimmt ihn wieder zweieinhalb Jahre in Anspruch. Im ganzen hat er zehn volle Jahre als bevollmächtigter Generalkommissar diesem Dienst der Visitationen gewidmet.

Er hat dabei alle Niederlassungen des Ordens in Europa, zum Teil mehrmals, besucht, jeweils lange Gespräche mit den verantwortlichen Oberen, aber auch mit jedem einzelnen Mitbruder geführt und in einer großen Zahl geistlicher Konferenzen die Gestalt und den Geist des Ordens gedeutet. In diesen Unterweisungen hat er die Gefährten auch immer wieder den Weg des »Gott suchen in allen Dingen« gelehrt.

Die Zwischenzeiten in Rom sind für Nadal ausgefüllt mit Aufgaben im Dienst der Ordensleitung. Überdies betraut ihn Ignatius, später auch Laínez, mit der Verantwortung für das Römische Kolleg. Die Mitbrüder in Rom wählen ihn 1554 zum Generalvikar, um Ignatius zu entlasten. Unter Laínez und Borja gehört er als Assistent zum engsten Mitarbeiterstab der Generaloberen. Während der langen Abwesenheit Borjas vertritt er ihn als Generalvikar in der Führung des Ordens.

Die letzten Jahre Nadals sind von einer gewissen Tragik überschattet. Nach dem Tod Borjas wird er 1573 in der Folge einer spanienfeindlichen Strömung aller Ämter enthoben und nach Hall in Tirol »verbannt«, bis er 1577, da seine Kräfte völlig erschöpft sind, wieder nach Rom zurückkehren darf. Dort stirbt er am Ostersonntag, den 3. April 1580, »hoch verdient um die Gesellschaft«, wie ihm der Generalobere Eberhard Mercurian attestiert.

Die Quelle

Immer wieder verweist Nadal in seinen geistlichen Konferenzen für die Mitbrüder auf die Quelle des »Gott suchen in allen Dingen«. Er sieht dessen Ursprung in der Mystik des Ignatius, die ihre Mitte im Geheimnis der göttlichen Dreifaltigkeit hat: »Wir wissen, daß unser Vater Ignatius die einzigartige Gnade von Gott empfangen hat, die Schau der heiligsten Dreifaltigkeit frei ausüben und in ihr ruhen zu können. Bald führte ihn die Gnade zur Beschauung der ganzen Dreifaltigkeit. Er wurde in sie hineingetragen, vereinigte sich mit ihr, ganz, in tiefer Empfindung der Andacht und des geistlichen Verkostens; bald war er in der Beschauung des Vaters, bald des Sohnes, bald des Heiligen Geistes.«[1] Ein andermal bezeugt er: »Ich habe von P. Ignatius selbst vernommen, daß er in den göttlichen Personen lebe und daß er von den einzelnen göttlichen Personen Gnaden empfange, die sich unterscheiden je nach der Verschiedenheit der Personen ... Und dies habe ich von ihm vernommen, daß er sich in der Beschauung Gottes findet, sooft er sich dem Gebet hingibt.«[2]

Mit dieser mystischen Schau der Dreifaltigkeit verbindet sich als deren Ausstrahlung bei Ignatius ein mystisches »Gott finden in allen Dingen«, wie wieder Nadal bezeugt: »Diese Art des Gebetes [zu den drei göttlichen Personen] hat unser Vater als großes Privileg in einzigartigem

Ausmaß erhalten. Außerdem die Gnade, daß er in allen Dingen, Handlungen und Gesprächen Gottes Gegenwart wahrnahm und geistliche Dinge verkostete, ja diese Gegenwart schaute und so ›activus in contemplatione‹ [gottverbunden in allem Tun] war; er pflegte dies mit dem Wort auszudrücken: ›Wir sollen in allen Dingen Gott finden‹.«[3] Diesem Zeugnis fügt Nadal die eigene Beobachtung hinzu: »Wir sahen mit tiefer Bewunderung und tiefem Herzenstrost, wie diese Gnade, dieses Licht in seiner Seele wie ein Schimmer über sein Antlitz ausgegossen war und sich in der Klarheit und Sicherheit seiner Handlungen kundgab, ja wir fühlten, wie diese seine Gnade sich uns in geheimnisvoller Weise mitteilte.«[4] Im letzten Wort klingt die feste Überzeugung der ersten Jesuitengeneration an, daß das Leben und damit auch die Gnaden des Ignatius Modell und Vorbild für den ganzen Orden seien. So sagt Nadal in seinen »Dialogen«: »Gott hat in Ignatius die Grundlinien des Ordens vorgezeichnet und so ein Vorbild gegeben, nach dem die Gesellschaft gestaltet werden sollte.«[5] Er sieht darin ein allgemeines Gnadengesetz: »Gott gab jeweils den einzelnen Ordensstiftern eine ihnen besondere Gnade, so Benedikt, Basilius, Franziskus und Dominikus. So aber auch unserer Gesellschaft, denn indem wir von unserem Vater Ignatius sprechen, berühren wir die umfassende Frage des Beginns und der Entwicklung des Ordens.«[6] In dieser Sicht ist nach Nadal auch die ignatianische Mystik des »Gott finden in allen Dingen« Vorbild für die ganze Gesellschaft.

Mit diesem Gedanken vom Modellcharakter des Ignatiuslebens verbindet sich die Überzeugung, daß auch die das Vorbild prägenden Gnaden von Gott dem ganzen Orden zugesagt seien. Dies gilt nach Nadal z.B. für das »Gott finden in allen Dingen«: »Was wir hier als Privileg für unseren Vater Ignatius erkennen, das glauben wir in gleicher Weise auch der Gesellschaft geschenkt, und wir vertrauen, daß jene Gnade des Gebetes und der Kontemplation uns allen in der Gesellschaft bereitstehe, ja daß sie zum Wesen unserer Berufung gehöre.«[7]

Die Schule der Exerzitien

Aus der eigenen mystischen Erfahrung hat Ignatius einst die Methode der Geistlichen Übungen geschaffen. In ihrer Schule soll der Mensch aus Gnade und eigenem Mittun fähig werden, den Willen Gottes zu erfüllen – zunächst in einer Grundentscheidung und dann als deren Frucht »in allen Dingen«, also in allen Aufgaben und Situationen des Lebens. Nadal, der durch die eigenen Exerzitien von 1545 seinen geistlichen Lebensweg gefunden hat, wird in seinen Unterweisungen nicht müde, die Mitbrüder immer wieder auf die Exerzitien als Quelle ihrer Spiritualität hinzuweisen: »Eine ganz besondere innere Liebe müssen wir zu den Exerzitien haben und uns ganz von ihnen leiten lassen. Denn auf diesem Weg kam unser Vater Ignatius zur Höhe seiner Beschauung und seines Gebetslebens, durch sie hat Gott so gewaltige Dinge in ihm gewirkt.«[8] Er deutet den Wert der Exerzitien mit folgenden Worten: »Daß das Gebet in einem religiösen Institut einen wichtigen und wesentlichen Platz einnimmt, ist klar. Ich spreche von jenem Gebet, von dem Paulus sagt: ›Orabo spiritu, orabo et mente‹ [1 Kor 14,15: Ich will im Geist und im Herzen beten], das alle Gebiete der geistlichen Tätigkeiten in sich schließt, sie läutert, durchleuchtet und zur Einheit führt. Mit Eifer und großem Verlangen erstrebt die Gesellschaft diese Dinge in der Süßigkeit des Geistes, in Christus Jesus. Jedes ihrer Glieder übt sich zuerst in jener Betrachtungsweise, die zur Buße führt; dann übt es sich in der Beschauung aller Geheimnisse Christi, aus denen wir das Verständnis für den ›Weg, die Wahrheit und das Leben‹ erlangen wollen. So ist das, was Ausgangspunkt des Betens war, nämlich die Liebe, jene höchste und göttliche Tugend, auch dessen Ziel. Aber vom Gebet, von seiner Innigkeit und seinem Eifer gehen wir mit frohem Mut und demütigem Herzen, in der milden Kraft Jesu Christi hinaus an die Arbeit. Das alles schöpfen wir aus unserem Buch der Exerzitien.«[9]

Für Nadal ist das »Gott finden in allen Dingen« die wichtigste bleibende Frucht der Exerzitien – eins mit der Diensthingabe an Christus im Apostolat. »Hat man die Exerzitien einmal gemacht, muß das Gebetsleben gepflegt, erhalten und gesteigert werden durch die Beharrlichkeit im Gebet und in der Arbeit unseres Berufes.«[10] Gebet und Arbeit sind also zusammen das eine geistliche Tun: Das Gebetsleben wird gepflegt in der Arbeit und durch sie. Immer wieder kommt Nadal auf diese dauernde Frucht der Exerzitien zu sprechen: »Wir müssen, wie P. Ignatius lehrt, ganz große Sorge tragen, Gott in allen Dingen zu finden.« Und wieder: »Alle mögen sich im Herrn bemühen, Gott zu finden in all ihren apostolischen Diensten und in allen Arbeiten, indem sie einzig auf dem Weg des Geistes voranschreiten und es sich zur Gewohnheit machen, Geist und Andacht in allen Dingen zu verwirklichen.« Er faßt seine ganze Lehre zusammen in den Satz: »Kurz: Die Gesellschaft sucht in allen Dingen den Geist des Gebetes wachzuhalten und Gott zu finden in Andacht.«[11] Zur Spiritualität des Ordens gehört es, immer wieder die Nähe Gottes zu suchen. Die Schöpfung soll in ihrer Transparenz auf Ihn hin verstanden werden.

Die Einheit von Gebet und Arbeit

Immer wieder spricht Nadal über diese Einheit von Gebet und Arbeit. »Gebet und Betrachtung ... müssen also jedem von uns Kraft und Mut geben, daß er sich ganz auf die Arbeiten verlege ... In allen diesen Werken müssen wir Gott finden in Frieden und Ruhe, in einer inneren Hingabe des ganzen Menschen, in Licht und innerer Heiterkeit, mit zufriedenem Herzen, in der Glut der Liebe zu Gott. Und diese sollen wir suchen in allen anderen Arbeiten, selbst wenn diese äußerlich sind.«[12] Noch betonter sagt er es mit diesem Wort: »Alle müssen sich, wenn sie den Weg des Gebetes und des geistlichen Lebens gehen, im Herzen bemühen, Gott in all ihren Aufgaben und Arbeiten zu finden. Eine Neigung und eine Liebe zum Gebet, die dazu drängt, Zurückgezogenheit und Einsamkeit zu suchen, scheint nicht das Rechte für die Gesellschaft zu sein. Was für uns paßt, ist ein Gebet, das zu den Aufgaben und Arbeiten unseres Berufes drängt.«[13] Und wieder: »Es ist ein Merkmal des Gebetes in der Gesellschaft, daß es weitergeht in der Verrichtung der Arbeiten der Gesellschaft. So soll, soweit dies mit der Gnade Christi möglich ist, die lichte Klarheit im Verstand, die gute Verfassung des Willens, die Vereinigung mit Gott in uns bleiben, soll unsere Arbeiten begleiten und lenken, damit wir in allem Gott unseren Herrn finden.«[14]

Doch nicht nur das Gebet soll die Arbeit befruchten, sondern die im rechten Geist getane Arbeit will auch das Gebet bereichern und vertiefen: »So also muß unser Gebetsleben sein: daß es all unser Tun leite, mehre, ihm innere Gottesfreude und Kraft gebe im Herrn. Unser Arbeiten aber soll das Beten wachsen lassen, ihm Kraft und heilige Frömmigkeit verleihen.« Diese Einheit von Gebet und Arbeit deutet

Aus der Betrachtung über die Menschwerdung (EB 101–109)

»Die Geschichte der Sache herbeibringen, die ich zu betrachten habe. Hier ist dies: wie die drei göttlichen Personen die ganze Fläche oder Rundung der ganzen Welt voller Menschen schauten und wie, da sie sahen, daß alle zur Hölle abstiegen, in ihrer Ewigkeit beschlossen wird, daß die zweite Person Mensch werde, um das Menschengeschlecht zu retten ...« (EB 102)

Nadal gern mit dem Bild der zwei Schwestern von Betanien (Lk 10,38–42). Er lehnt sich dabei an die Tradition an, die in Martha das aktive, in Maria das kontemplative Leben verkörpert sieht. »Wenn so Martha und Maria eins sind und sich helfen, dann wird nicht nur eine Seite des christlichen Lebens in uns Wirklichkeit, auch nicht nur die edlere, d.h. das beschauliche Leben, sondern Maria läßt all die Kümmernis und Sorgen still werden, hilft der Martha und ist mit ihr vereint in unserem Herrn.«[15]

Der Kreislauf

Für dieses beidseitige Zusammenspiel von Gebet und Arbeit verwendet Nadal immer wieder das Bild vom Kreislauf: »Das nenne ich den Kreislauf allen Tuns in der Gesellschaft. Wenn ihr euch dem Nächsten und dem Dienst Gottes in den apostolischen Werken oder irgendwelcher Arbeit widmet, wird Gott euch umso wirksamer helfen in eurem Gebet. Und diese wirksamere Hilfe Gottes wird euch auf ihre Weise wieder helfen, sich mit umso mehr Mut und geistlichem Nutzen dem Dienst am Nächsten hinzugeben.«[16] Ein andermal formuliert er den Gedanken so: »Unser Streben nach Vollkommenheit vollzieht sich in einer Art von Kreislauf: Wir suchen nach der Vollkommenheit in unserem Gebet und in den anderen geistlichen Übungen, um daraus unseren Nächsten zu helfen. Durch jene Hilfe an den Nächsten gelangen wir immer mehr zu vollkommenem Beten, um dann wiederum unsere Hilfe an den Nächsten noch besser zu leisten.«[17]
Gebet und Arbeit fördern sich in der Sicht Nadals nicht nur gegenseitig, sie gehen letztlich ineinander auf: »Man muß es oft bedenken, daß das aktive und das kontemplative Leben gemeinsam ihren Weg gehen müssen. So bewirkt besonders die lange Prüfungszeit, daß das aktive Leben zu einer gewissen Vollendung kommt und dann doch das kontemplative Leben herrscht, lenkt und leitet in Ruhe und Licht in unserem Herrn. So reift ein höheres aktives Leben heran, in dem Tätigsein und Beschauung eins geworden sind, und das die Kraft hat, beide überall zu verwirklichen, wie es dem größeren Dienst Gottes unseres Herrn entspricht. Mit einem Wort: Das Wirken der Liebe, die ganz eins ist mit Gott, das ist das vollendete Tun.«[18]
Diese Einheit von Gebet und Arbeit ist über alles eigene Bemühen hinaus eine Gnade Gottes: »Schließlich aber ist das Gebet doch eine Gabe Gottes unseres Herrn, gerade wie auch ein geistliches Leben führen eine Gnade ist oder ein tief innerliches Verstehen des Geistlichen und Göttlichen oder das ›Gott finden in allen Dingen‹ und allem Tun. Dies alles kommt uns in dem Maß zu, als uns Gott seine Gnade gibt und wir mitarbeiten in viel Demut, Einfalt, Herzensreinheit, Glaube und Vertrauen auf Gott unseren Herrn.«[19]

Das Zeugnis des eigenen Lebens

Nadal hat nicht nur in ungezählten Variationen seine Mitbrüder auf das »Gott suchen in allen Dingen« als ihre eigentümliche Gebetsweise hingewiesen, er bemüht sich auch selbst um diesen geistlichen Weg. Dafür zeugt sein geistliches Notizbuch der »Orationis observationes« [Bemerkungen zum Gebet]. So sagt er sich selbst: »Ich will nicht, daß du nur ein geistlicher und frommer Mensch bist, wenn du die Messe feierst oder sonst betest; ich will, daß du auch geistlich und fromm bist, wenn

du dich der Tätigkeit widmest, damit die volle Kraft des Geistes und der Gnade und der Andacht in deinen Werken aufleuchtet.«[20] Ein andermal notiert er: »Vor allem übereigne alle deine Fähigkeiten, Verstand und Willen, dein Herz, alles andere, soweit du zu wirken vermagst, an Christus und Gott; und verrichte nur in ihm und durch ihn die Werke der Tugenden. Wenn dann alle Kräfte zu Gott erhoben sind, wirst du, gestützt auf Christus, in göttlicher Kraft ans Werk gehen; so wirst du auf göttliche und fruchtbare Weise wirken.«[21]
Auf den letzten Seiten des geistlichen Notizbuches hält er fest: »Man soll nicht nur beten im Gebet, sondern wir sollen das Beten auch pflegen im Studium, in der Arbeit, in allem Tun.«[22] Denn er hat die Erfahrung gemacht: »Gott kann in allen Dingen gefunden werden, wohin Christus ihn zieht, wohin das Wort Gottes in den Dingen. Dahin wollen wir ihm folgen.«[23]

Von der Vertrautheit mit Gott in allem Tun des Lebens, die er in der Schule des Ignatius gelernt hat, schreibt er in seinem Notizbuch aus eigener Erfahrung: »Groß und überaus beglükkend ist die Vertrautheit mit Gott; sie gründet ganz in seinem Erbarmen und in seiner Güte und ist von ihr ganz aufgesogen; du fühlst darin, wie alles Gute nicht von dir stammt, sondern Gott wird dir alles in allem.«[24]

Nadal hat sich mit seiner Lehre vom »Gott suchen in allen Dingen«, die ganz von Ignatius inspiriert ist, vor allem an die Mitbrüder im eigenen Orden gerichtet, denn in ihrem Dienst ist sein Leben zur Hauptsache aufgegangen. Doch seine Lehre ist keineswegs deren Reservat. Wie die Geistlichen Übungen für jeden Christen offen stehen, so auch das aus ihnen gewachsene »Gott finden in allen Dingen«, das die Grundwahl der Exerzitien in den Alltag übersetzt und dort realisiert. Darum kann auch Nadals Wort dazu in jedes christliche Leben übertragen und darin verwirklicht werden.

Anmerkungen

* Nachdruck des Artikels »›Gott suchen in allen Dingen‹. Jerónimo Nadal – Weggefährte des Ignatius« in: Entschluß 44 (1989) H. 1, 6–9 mit frdl. Genehmigung des Verfassers und der Redaktion.
1 M *Nadal* IV, 651.
2 Ebd. 645.
3 Ebd. 651.
4 M *Nadal* V, 162.
5 FN II, 8.
6 M *Nadal* IV, 652.
7 Ebd.
8 Ebd. 672.
9 Ebd. 651.
10 Ebd. 675.
11 M *Nadal* V, 95. 97.
12 M *Nadal* IV, 681.
13 Ebd. 673.
14 Ebd.
15 Ebd. 674.
16 M. Nicolau, Jerónimo Nadal (1507–1580). Sus obras y doctrinas espirituales. Madrid 1949, 324.
17 M. Nicolau (Hg.), Platicas espirituales del P. Jerónimo Nadal, S.I., en Coimbra (1561). Granada 1945, Plática cuarta n. 14, 75f.
18 M *Nadal* IV, 682.
19 Ebd. 676.
20 H. Nadal, Orationis observationes. Ed. M. Nicolau. Rom 1964, n. 735.
21 Ebd. n. 924.
22 Ebd. n. 1005.
23 Ebd. n. 982.
24 Ebd. n. 81.

Die Vorangehensweise der Gesellschaft Jesu nach Jerónimo Nadal

1. Obwohl die Lebensweise der Gesellschaft in bezug auf das Äußere aus gerechten Gründen gewöhnlich ist, ist sie doch die von Armen; und in bezug auf das Innere bemüht sie sich mit der Gnade des Herrn, große Vollkommenheit zu haben.
2. Sie erstrebt die Vollkommenheit aller Tugenden in ihnen selbst, in der Weise und in den Umständen; und mehr die der vollkommensten, und sehr intensiv den Gehorsam und die Selbstverleugnung und das geübte und auf alle Tätigkeiten ausgedehnte geistige Gebet; *gleichwohl* unterläßt sie nicht das mündliche.
3. Von der Welt sucht und will sie nichts anderes als Christus unser Herr, *nämlich* den Seelen zu helfen und deshalb zu leiden und zu sterben und in allem Jesus Christus nachzuahmen.
4. Sie untersucht mit großer Sorgfalt durch Geist und Unterscheidung die Berufung eines jeden, und sie bestätigt und fördert sie durch ausgedehnte Bewährungsproben, und besonders durch geistliche Übungen und die Übung des vollkommenen Gehorsams.
5. Sie übt darin große Freiheit, einen jeden in seiner Stufe und seinem Dienst einzusetzen, nachdem sie seine Begabung erprobt hat.
6. Sie übt Strenge verbunden mit Sanftheit, Beständigkeit und Übereinstimmung in ihrer ganzen Weise voranzugehen, *nämlich* in Essen, Kleidung und allen ihren Tätigkeiten, indem sie *stark und sanft* vorangeht.
7. Sie übt Unverzüglichkeit in allen ihren Diensten für das Heil der Seelen.
8. Sie hat eine besondere Hinneigung, dazu beizutragen, daß sich die Häretiker und Ungläubigen bekehren, und so hat sie besonderes Licht in bezug auf die Häresien und Weisen des Unglaubens.
9. Sie übt eine frohe, klare, fromme, leichte, vertraute und gewöhnliche Umgangsweise.

Schalldeckel über einer Lehrkanzel im Festsaal beim Patio Trilingüe der Universität in Alcalá de Henares. Hier studierte Jerónimo Nadal.

10. Sie hat eine Leichtigkeit, Gebet und Gott unseren Herrn in allen Dingen zu finden, durch seine göttliche Gunst und Hilfe.
11. Sie sucht und umarmt die Wahrheit in allen Dingen und festigt sich in ihr, und von ihr läßt sie sich in unserem Herrn leiten.
12. Sie übt weder Gespräch noch Umgang, es sei denn *mittelbar oder unmittelbar* um einer geistlichen Frucht willen.
13. Sie übt große Klarheit und große Liebe gegenüber allen Orden und zu der Wahrheit und Gnade des Herrn in ihnen; und dies dehnt sie *auch* auf alle Ordensleute aus.
14. Sie wünscht und müht sich, allen Menschen für das Heil und die Vollkommenheit ihrer Seelen und ihres Lebens zu helfen, und besonders, einen jeden in seine Berufung und die Wahrheit seines Weges zur Herrlichkeit zu bringen, so daß er Gott im Geist erkennt und selber mit der Gnade des Herrn nicht nur sich helfen kann, sondern *auch* den anderen, in allem Gehorsam gegenüber der heiligen Kirche und dem Stellvertreter Christi und den eigenen rechtmäßigen Oberen.

15. Sie bemüht sich, sich der göttlichen Kraft zu versichern, immer im Herrn zu wirken, in ihm zu sein und sich zu bewegen und im Geist zu leben.
16. Sie bemüht sich, immer vom Guten zum Besseren weiterzugehen und zum größeren Ruhm und Lobpreis Gottes zu wirken.
17. Sie dürfen niemals müßig sein. Sondern wenn sie in ihren Kirchen oder Häusern keine geistlichen Verrichtungen haben, gehen sie suchen, wen sie für Jesus Christus gewinnen können; und sie müssen das Ziel der Gesellschaft immer sehr lebendig vor den Augen ihres Herzens haben.
18. Sie sucht zugleich die Vollkommenheit des Geistes und der Gelehrtheit, die *jedoch* dienen soll; und sie macht sie zum hauptsächlichen Werkzeug des Geistes. Und sie bedient sich der Gelehrtheit und aller moralischen Tugenden und ihrer Akte und aller natürlichen Gaben in aller Freiheit und Klarheit im Herrn.
19. Sie sucht und lehrt sehr im Ernst die Abtötung in allen Dingen, die der Vollkommenheit entgegengesetzt sind oder sie behindern können.
20. Sie sucht sehr besonders den Verstandesgehorsam.
21. Sie übt in unserem Herrn Freiheit, mit allen, Kleinen und Großen umzugehen um des Heils der Seelen willen. Und dennoch übt sie keine Vertrautheit mit Frauen, *auch* nicht mit frommen; sondern sie geht mit allen in väterlichem Ernst in Christus um. Und so übernimmt sie keine Seelsorge für Nonnen, weil sie als eigene Aufgabe hat, allen zu helfen, einem jeden in seiner Berufung, die Wahrheit und deren Vollkommenheit zum größeren Ruhm und Dienst für Gott unseren Herrn und zum Heil der Seelen zu suchen. Und so predigt sie und gibt die Übungen für Nonnen und Ordensleute und bringt sie mit der Gnade des Herrn zur Vollkommenheit des Gehorsams unter den Händen ihrer Oberen usw.
22. Sie hat für gewöhnlich das Verlangen, Schmähungen, Beleidigungen usw. für Christus zu erleiden.
23. Die Gesellschaft hat über die Oberen hinaus Syndizi oder Beobachter in den äußeren Dingen, und Aufsichthabende in den inneren Dingen; und sie wendet mit großer Sorgfalt und mit großer Frucht deren Rat an, um den Ihren zu helfen.
24. Die Oberen haben reichlich die Möglichkeit zur Beratung; aber sie sind nicht verpflichtet, den Ratschlägen ihrer Berater zu folgen.
25. Der General der Gesellschaft hat vier Assistenten, die seine Vorangehensweise beobachten; und sie können gegebenenfalls die Gesellschaft benachrichtigen und sie versammeln, um Vorsorge zu treffen und den General abzusetzen, wenn es notwendig sein sollte. Und so haben die Ortsoberen und Rektoren ihre Berater, welche den General und Provinzial benachrichtigen sollen usw.; und die Provinziäle haben die ihren, und sie sollen den General benachrichtigen usw.
26. Sie hat auch ihre den Oberen vorbehaltenen Fälle und die Gewohnheit, daß es außerhalb der Beichte kein Geheimnis gibt, das nicht dem Oberen offenbart werden darf.
27. In der Gesellschaft versprechen die Professen, und alle nehmen es sich vor und bringen es dar, sich zu keiner Zeit bereit zu finden, die Armut und deren Weise in der Gesellschaft zu lockern.
28. Alle bringen dar, daß sie keine Würde anstreben werden, weder innerhalb noch außerhalb der Gesellschaft, noch daß sie zu einer solchen Wahl zustimmen werden, es sei denn auf einen Befehl des Papstes, des Generals oder der Gesellschaft, welcher unter Sünde verpflichtet; doch kann weder der General noch die Gesellschaft dazu ohne einen entsprechenden Befehl des Papstes usw. verpflichten, wie aus den Satzungen und ihren Erläuterungen feststeht.

(Fortsetzung auf Seite 249)

III. Erste Jesuiten in Deutschland

Aus der Perspektive einer Freien Reichsstadt

Die Anfänge der Reformation in Nürnberg

Paul Imhof, München

Als die Reformation in Deutschland um 1520 ihren ersten großen Höhepunkt erreichte, begann im fernen Spanien der geistliche Umkehrprozeß des Ignatius von Loyola nach seiner Verwundung in Pamplona am Pfingstmontag 1521. Sein neues christliches Leben wird sich Jahre später vor allem durch seine Gefährten und den Jesuitenorden, den er mit ihnen gründet, bis tief in die deutschen Lande hinein auswirken.

Im folgenden wird mit einem Querschnitt durch das bunte Mosaik der Reichsstände *(Ritterschaft, Freie Städte und Fürsten)* versucht, etwas von der Vielfalt der bewegenden Kräfte und Ideen der Reformationszeit einzufangen. Ein skizzenhafter Längsschnitt anhand von geschichtlichen Daten und bekannten Persönlichkeiten, vor allem aus dem fränkischen Raum, soll die religiösen und politischen Tendenzen der damaligen Zeit verdeutlichen. Ein paar Schlaglichter in loser Folge aus der Perspektive der Freien Reichsstadt Nürnberg mögen helfen, die verwirrende und auch verworrene Situation im Deutschland zur Zeit der Reformation widerzuspiegeln. Es geht dabei darum, zumindest ein wenig zu verspüren, mit welcher Welt der Jesuitenorden bzw. einzelne seiner Mitglieder in der ersten Hälfte des 16. Jahrhunderts in Deutschland konfrontiert wurden. Es war, kurz gesagt, die Zeit der deutschen Renaissance.

»Glänzend und entsetzlich in allem, was sie will, was sie erreicht hat und was sie zerstört, diese deutsche Renaissance hat drei Dimensionen mit je einer archetypischen Gestalt: den Humanismus als Revolution der Wissenschaft mit Erasmus von Rotterdam, die Reformation als Revolution des Glaubens mit Martin Luther, den Bauernkrieg als politische Revolution mit Thomas Müntzer. Die drei, die wissenschaftliche, die theologische und die politische Revolution, sind auseinander herausgewachsen und auf der Stelle auch schon gegeneinander angetreten. Luther eifert gegen Erasmus, nennt ihn einen glatten Aal; Thomas Müntzer tobt gegen Luther, nennt ihn einen tückischen Fuchs, und Luther wiederum ihn den Erzteufel. Die Welt des Geistes wird zum Schlachtfeld, sehr bald schon zum tatsächlich blutbedeckten.«[1]

Wie war die Situation in den frühen zwanziger Jahren des 16. Jahrhunderts in Deutschland? Was bestimmte die Tagespolitik? Welche Ereignisse bewegten etwa die Bürger der Freien Reichsstadt Nürnberg? Stadtgespräch in der kleinen Republik mit etwa 60 Ortschaften waren die Reichstage, die Spannungen mit den Bischöfen von Bamberg und Eichstätt, die großen Fragen nach dem rechten Glauben, die Anfänge der neuen Kirchenordnung, der künstlerische Umbruch, die wirtschaftliche und politische Situation, die Bauernunruhen im Nürnberger Gebiet, die Überfälle auf die eigenen Kaufmannszüge etc.

Die Reichsritterschaft

In vielfacher Weise hatte Nürnberg mit der Reichsritterschaft zu tun. Einerseits lebten viele fränkische Reichsritter in der Nähe und pflegten positive Beziehungen zur Stadt, andererseits hatten nicht wenige mit Raub- und Fehdeaktionen zu tun: »So etwa Dietrich von Hutten zu Stolzenberg, der 1512 dem Götz von Berlichingen auf seiner Burg Unterschlupf gewährte und einen Teil von dessen Beute aus einem Überfall auf Nürnberger Kaufleute dort versteckte. Der ›Hutten zu Steckelberg‹, wohl Ulrichs Vater, beteiligte sich 1519–1522 an der Fehde des Mangold von Eberstein gegen Nürnberg und stellte den Steckelberg für dessen Züge zur Verfügung. An dem spektakulären Überfall des Götz von Berlichingen auf einen Nürnberger Geleitzug bei Forchheim im Jahr 1512 hatten Agapit und Bernhard von Hutten teilgenommen. Doch Frowin von Hutten exponierte sich recht stark im Kampf gegen den Mann mit der eisernen Hand, vermutlich aber nicht aus prinzipieller Ablehnung des Faustrechts, sondern wohl eher aus persönlicher Feindschaft zu Götz.«[2] Als die Nürnberger den Ritter Eppelein von Gailingen gefangen hatten, entkam er ihnen in einem kühnen Sprung über den Burggraben wieder – so zumindest eine Ortstradition. Der Volksmund spottete ironisch: »Die Nürnberger hängen keinen, sie hätten ihn denn.«

Einerseits herrschte Rivalität um Besitz und Einfluß zwischen Freien Reichsstädten und Reichsritterschaft bzw. einzelnen Adelssippen, andererseits gab es viele gemeinsame Interessen, nämlich ein möglichst großes Maß an eigener Freiheit und Unabhängigkeit von den Landesfürsten – sei es weltlicher oder geistlicher Provenienz. Das Reich der Reichsstädte und Reichsritter war »älter«, authentischer als der Fürstenstaat, der sich neuzeitlich und »modern« begründete. Hinzu kam bald die neue gemeinsame Konfession, nachdem viele Reichsstädte und Reichsritter sich der evangelischen Bewegung angeschlossen hatten. Daher rührt ihre gemeinsame Unterstützung von Reich und Kaiser – obwohl er katholisch war.

Wie war die Reichsritterschaft organisiert? Es gab Ritterbünde, die nur auf bestimmte Zeit und für einen bestimmten Zweck geschlossen wurden, außerdem Turnier- und Fehdegesellschaften. Daneben gab es Bezirke (»Orte« oder »Kantone«), die von einflußreichen Rittern als deren Hauptleuten geleitet wurden.

Solche Bezirke waren etwa Odenwald mit Kocher und Jagst; Saale, Rhön und Werra; am

Ulrich von Hutten (1488–1523)

Steigerwald; an der Braunach; an der Altmühl etc. »Andere Gesellschaften strebten eine Reform des Rittertums nach seinen ethischen Werten an, so die Bruderschaft der Fürspänger, benannt nach der Gürtelspange Marias in der Nürnberger Frauenkirche, der Ansbacher Schwanenritter-Orden, die Ritterbruderschaft im Haßgau und der Simplicius-Orden im Fuldischen.«[3]

Sowohl in den aufstrebenden Nationalstaaten Europas wie im Heiligen Römischen Reich Deutscher Nation gab es einen großen Bestand gemeinsamer Werte, dem sich jeder Ritter verpflichtet wußte. Auch wenn man von Kaiser Maximilian I. (1459–1519) als dem »letzten Ritter« spricht, so ist damit keineswegs gesagt, daß die Ideale und Wertvorstellungen des christlichen Rittertums mit ihm gestorben wären. Diese Werte gingen eine enge Symbiose mit den Idealen des Humanismus und der Renaissance ein. Zum Tugendkatalog gehörten Kampfesmut, Standesbewußtsein, Charakterfestigkeit, Wahrheitsliebe, Gerechtigkeitssinn, sowie untadelige Gesinnung. Der Ritterstolz nährte sich durch ein hohes Selbstbewußtsein, dem Streben nach Unabhängigkeit und Unbedingtheit. Die Treue zu eingegangenen Verpflichtungen war ein Kennzeichen adeliger Gesinnung. Selbstverständlich blieben Ritter auch »Menschen«, d.h. in diesem Kontext: Die Sorge für die Witwen, Waisen und Armen rückte in den Hintergrund, Abenteuerlust, militärische und persönliche Händel, eine Tendenz zum Raubrittertum in jeglicher Hinsicht waren keine Seltenheit.

Als ein besonderer Repräsentant der Reichsritterschaft gilt Ulrich von Hutten, 1488 auf Burg Steckelberg bei Schlüchtern geboren. Er stammte aus einem weitverzweigten Geschlecht, das seinen Besitz vor allem im Kinzigraum hatte. Die Burgen und Ländereien lagen im Gebiet des Kurfürstentums Mainz, der Landgrafschaft Hessen, des Hochstifts Würzburg, der Reichsabtei Fulda, der Grafen von Hanau, der Grafen von Ysenburg; hinzu kamen Besitzungen in der Markgrafschaft Ansbach. Am Geschlecht der Hutten wird deutlich, wieviele Landesherrschaften sich jeweils ein Stück Deutschland teilten.

Die Reichsritterschaft war in ein System von Dienst- und Lehenspflichten eingebunden. In der Zeit großer wirtschaftlicher, politischer und militärischer Umwälzungen geriet der Stand in die Krise. So brach 1523 der Aufstand des bis dahin glänzenden Kriegsunternehmers Franz von Sickingen zusammen, auf dessen Ebernburg sich 1520 sein Verwandter Ulrich von Hutten zurückgezogen hatte. Sickingen »baute in seinen Gebieten ein evangelisches Kirchenwesen ein, das er frühzeitig und auf sehr hohem theologischen Niveau organisierte. Der Ex-Dominikaner Martin Butzer wurde 1521 Pfarrer in Landstuhl, Kaspar Aquila, Franzens alter Feldprediger auf dem württembergischen Zug, der Erzieher von Sikkingens Sohn, Johannes Oekolampad, früher Domprediger in Augsburg, Mönch von Altomünster, wurde 1522 Kaplan der Ebernburg. Butzer sollte der Reformator Straßburgs, Oekolampad der Reformator Basels werden.«[4] Letzterer heiratete Wibrandis Rosenblatt, die später mit Capito, dann mit Butzer verheiratet war.

Im Landauer Bund hatte sich die Ritterschaft in Schwaben und am Mittelrhein unter Führung von Franz von Sickingen gegen die Landesherren gesammelt. Die Sieger in der Auseinandersetzung blieben der Landgraf Philipp von Hessen, die Kurfürsten Pfalzgraf Ludwig V. und Erzbischof Richard von Trier. Daß der Stern der Reichsritterschaft am Untergehen war, wurde auch andernorts offensichtlich. »Der Zug des Schwäbischen Bundes gegen die Nester des fränkischen Raubadels 1523 zeigte den fränkischen Rittern, wer nun das Ruder in der Hand hielt und es für Jahrhunderte nicht mehr loslassen würde: der Fürstenstaat.«[5]

Noch einmal zu Ulrich von Hutten: Während seines Studiums an der Universität Wien (1511) hatte er Konrad Celtis kennengelernt und sich dann mit der nationalen deutschen Vergangenheit auseinandergesetzt. Von dorther nährte sich Huttens »antirömischer Affekt«. Der Humanist, Ritter und Publizist, von Kaiser Maximilian 1517 in Augsburg zum Dichter gekrönt, ist auf der Insel Ufenau im Zürichsee (1523) begraben, wo er bei Zwingli Zuflucht gefunden hatte. Nachfolger Zwinglis in Zürich wurde Heinrich Bullinger, ein Priestersohn, der 1529 Anna, eine ehemalige Nonne, geheiratet hatte. Ulrich von Hutten wurde in Nürnberg eifrig gelesen und hatte beste Beziehungen zu Willibald Pirckheimer, dem berühmten Humanisten, an den er vom

Reichstag in Augsburg einen umfangreichen Brief über die Situation in Deutschland geschrieben hatte, der mit dem berühmten Diktum endet: »O Jahrhundert! O Wissenschaften! Es ist eine Lust zu leben, wenn man auch noch nicht ausruhen darf, Willibald. Die Studien blühen auf, die Geister regen sich. He du, Barbarei, nimm ein Strick und erwarte deine Verbannung!«[6]

Die Freie Reichsstadt

Die Städte, vor allem die Freien Reichsstädte, waren Zentren der Kommunikation, der neuen Ideen und Erfindungen. Zu Beginn des 16. Jahrhunderts machte in Europa der Vers die Runde:

Venediger Macht,
Augsburger Pracht,
Nürnberger Witz,
Straßburger Geschütz,
Und Ulmer Geld
Regiert die Welt.

Außer den Fürsten und dem Adel, den Klöstern und Bischöfen förderten die freien Bürgerschaften Kunst und Kultur. Im breiten Strom der mittelalterlichen Frömmigkeit entstanden die großen Kunstwerke des Abendlandes, deren Themen in ganz Europa verbreitet waren. Es sei nur an Albrecht Dürer (1471–1528), den großen Nürnberger Meister, erinnert. Allseits gab es ein Streben nach kirchlicher Erneuerung. Man wollte eine echte Reform an Haupt und Gliedern. Humanisten und Gelehrte, nicht nur die »Pfeffersäcke« hatten das Sagen. Für einige Jahrzehnte bildete Nürnberg, neben Köln und Augsburg, die volkreichste Stadt, den geistigen Mittelpunkt des Heiligen Römischen Reiches Deutscher Nation. Immer wieder ging es um Glaube und Macht, um kirchliche und wirtschaftliche bzw. politische Interessen. Durch intensive Handelsbeziehungen und gemeinsame politische Ziele waren viele Reichsstädte miteinander verbunden. Die gesellschaftlichen und ökonomischen Entwicklungen verliefen ähnlich.

So wie in Nürnberg die Klöster zu Brennpunkten der Reformation wurden bzw. dort noch am ehesten entschiedener Widerstand gegen die Reformation geleistet wurde, war es auch in anderen Städten. Die Auseinandersetzungen um die Reform der Kirche wurde am intensivsten in den Klöstern geführt, die stark in das Beziehungsgeflecht der führenden Patrizierfamilien eingebunden waren und großen Einfluß auf das Volk hatten. Aufgrund der engen Verbindung von Kirche und Staatsleben besaßen sie große gesellschaftliche Relevanz. Einerseits waren die Kirche und die Klöster ein entscheidender positiver Faktor im Selbstverständnis der christlichen Bevölkerung, andererseits sah man die römische Kirche »neben den Fürsten als Hauptnutznießerin der Zersplitterung und politischen Schwäche des Reiches. Sie galt als Institution sozialer Unterdrückung und finanzieller Ausbeutung, die das Reich seiner wichtigsten Einnahmequellen beraubte, und sie galt als das entscheidende Hindernis für die Deutschen, sich ähnlich wie die Nachbarstaaten zu einer einheitlichen Nation entwickeln zu können.«[7] Die Frage nach der richtigen Konfession führte zur weiteren nationalen Spaltung. Mitten durch den Klerus liefen die Bruchlinien.

Nicht nur in den fränkischen Reichsstädten wie Schweinfurt, Weißenburg, Bad Windsheim, Rothenburg o.d. Tauber, Dinkelsbühl, Schwäbisch Hall etc.[8], sondern auch in Frankfurt, Ulm, Straßburg etc. brach die Organisation der katholischen Kirche zusammen. Ein

Willibald Pirckheimer (1470–1530)

neuer evangelischer Pfarrerstand mit neuen strengen Kirchengesetzen kam auf: So wurde z.B. seit 1533 jeder aus Straßburg ausgewiesen, der nicht innerhalb von sechs Wochen sein Kind taufen ließ. Mit der Sache der gesellschaftlichen Freiheit war es über kurz oder lang, also auch bei den Protestanten, nicht weit her. Im Genf Calvins wurde Michael Servet auf dem Scheiterhaufen verbrannt (1553). Der Nachfolger Calvins in der »vor Gott demütigen Republik« Theodor Beza, der 1548 seine Lebensgefährtin Claudine heiratete, war der Überzeugung, daß das Seelenheil der Gläubigen das Opfer eines ketzerischen Gotteslästerers wert sei. Man braucht nur an die Verfolgung der Wiedertäufer zu erinnern, um die Grenzen der konfessionellen Toleranz deutlich zu machen. Schon zu Beginn der Reformation gab es Anhänger der Wiedertäufer. Für Nürnberg sei erinnert an den Schulmeister von St. Sebald, Hans Denck. Der Pfarrer Wolfgang Vogel wurde 1527 hingerichtet. Sebastian Franck, verheiratet mit Ottilie Behaim, predigte die unsichtbare Geistkirche. Überall gärte es. Matthias Flacius Illyricus, ein eigenständiger Reformator, wetterte gegen die Umwandlung der freien evangelischen Kirche in landesfürstlich kontrollierte Lehranstalten. Luther kämpfte gegen die Schwarmgeister und Gerhard Westenburg aus Köln, der Schwager Karlstadts, nämlich des Andreas Bodenstein von Karlstadt am Main, trat in Frankfurt dafür ein, »die Messen, Vigilien und Wallfahrten abzuschaffen und das dafür bestimmte Geld den Armen zu geben. Westenburg gehörte später, nachdem er aus Frankfurt weggehen mußte, zu den zwinglianischen Bilderstürmern und Wiedertäufern.«[9] Der Dechant des Bartholomäusstiftes in Frankfurt, Petrus Steinmetz, wechselte dagegen 1539 ins protestantische Lager und heiratete. Ein Beispiel von vielen.

Martin Luther nannte Nürnberg »Auge und Ohr Deutschlands«. Das Netz der europäischen Handelsstraßen vom Balkan über Wien nach Antwerpen, von Italien nach Hamburg, von Frankfurt nach Prag, von der Schweiz nach Sachsen und Polen lief hier zusammen: »Nürnberger Tand geht in alle Land.« Das Patriziat des »Deutschen Reiches Schatzkästlein« dachte europäisch und weltumspannend. Bei aller ständischen Gliederung gab es kein provinzielles Denken, sondern fränkische Weltoffenheit und universale Interessen wehrten sich gegen jede Art von Bevormundung, auch gegen die Vorherrschaft der römischen Kirche, deren Vertreter sich oft durch Pfründenjagd und Pfründenhäufung hervortaten. Das politische und soziale Interesse, die eigenen Angelegenheiten möglichst selbstständig, frei und unabhängig entscheiden zu können, war in der führenden Schicht der Bevölkerung immer mehr gewachsen. Im Gefolge der Patrizier war in den Zünften und beim Volk der Ruf nach mehr Selbstbestimmung unüberhörbar geworden. Die ökonomischen Verhältnisse wirkten dabei wie ein Motor für diese Tendenz. Die Bauernkriege sind ein Indiz dafür: Man wollte alte Lasten und Abhängigkeiten abschütteln. Religiöse Motivationen und wirtschaftliche Entwicklungen beeinflußten sich wechselseitig. In diesem Kontext gerieten die römischen Vorschriften, Rechtsansprüche und Eingriffe in den Strudel der Kritik. Päpstliche Machtinteressen auf dem internationalen Parkett, eine uneingelöste Kurienreform, überholte und überzogene Autoritätsansprüche der Kirche, der Zustand der scholastischen Theologie wirkten auf den selbstbewußten Bürger abstoßend. So viel tat er selbstverantwortlich – und hatte Erfolg. So wollte er auch die Sache des Evangeliums mehr in die eigene Hand nehmen, die unter römischer Regie ja offensichtlich Schaden litt. Man war dabei, für das Christliche, wie man es verstand, selbst die ganze Verantwortung zu übernehmen: im Rückgriff auf die Hl. Schrift und das Bewußtsein der eigenen Gottunmittelbarkeit.

Das evangelische Nürnberg

Kurz vor der Konfrontation Luthers mit Kardinal Cajetan in Augsburg übernachtete Martin Luther am 5. Oktober 1518 im Augustinerkloster von Nürnberg, dessen Prior von 1517–1519 Wenzeslaus Linck (1483–1547) war, der »zweite geistliche Sohn« nach Martin Luther von Johannes Staupitz, dem Generalvikar der deutschen Observantenkongregation der Augustiner. Lincks Nürnberger Kloster war für Staupitz so etwas wie ein geistiger Umschlagplatz zwischen Wittenberg und Salzburg, wo er meist lebte. Linck selbst wurde

Andreas Osiander (1498–1552)

1520 Generalvikar der Augustiner, ein Amt, das er 1523 niederlegte. Ab 1525 war er evangelischer Prediger in Heilig-Geist in Nürnberg, dem Ort, an dem die Reichskleinodien aufbewahrt wurden.

Der Nürnberger Schuhmacher und Poet, der Meistersinger Hans Sachs bejubelte Luther als »Wittenbergisch Nachtigall«:

»Wach auff, es nahent gen dem tag!
ich hör singen im grünen hag
ein wunigkliche nachtigall,
ir stim durchklinget berg und thal.«

Der spätere »Papst von St. Lorenz«, Andreas Osiander aus Gunzenhausen, begeisterte durch seine Predigt in den Nürnberger Hauptkirchen St. Lorenz und St. Sebald während des Nürnberger Reichstages von 1521 seine Zuhörer derart, daß Erzherzog Ferdinand seinem Bruder, Kaiser Karl V., schrieb: »Die Lehre Luthers ist in Nürnberg und im ganzen Reich so eingewurzelt, daß unter tausend Personen

Auf dem Reichstag in Worms (1521). Kaiser Karl verhängt die Reichsacht über Martin Luther.

nicht eine davon frei ist.«[10] Daran änderte auch der letzte deutsche Papst, Hadrian VI., nichts mehr, der am Reichstag zu Nürnberg 1523 durch seinen Legaten Francesco Chieregati erklären ließ: »Wir bekennen aufrichtig, daß Gott diese Verfolgung seiner Kirche geschehen läßt wegen der Sünden der Menschen, besonders der Priester und Prälaten.«[11]

Doch ging es nicht um Grundsätzlicheres? Um wirkliche Mitsprache, um ein neues Kirchenverständnis? Man fühlt sich an heutige Diskussionen zum Thema »Kirche und Gemeinde« erinnert, wenn man bedenkt, was damals an kirchenpraktischen Forderungen aufkam. Fragen der Iurisdiktion, liturgische Neuerungen, Strukturveränderungen, z.B. die Priesterehe etc., standen auf dem Programm. Doch mehr als dies. Die Wende zu einer neuen Konfession zeichnete sich ab. Die katholische Kirche hatte damals nicht die Kraft, die berechtigten theologischen Ansätze und ekklesiologischen Auffassungen von überzogenen Forderungen zu unterscheiden und so integrierend zu wirken. Ihre Autorität und ihr Erneuerungswille waren zu schwach geworden. Sie erkannte nicht rechtzeitig die Zeichen der Zeit, um sich neu die Einheit von ihrer Mitte her, von Jesus Christus, ihrer genuinen Autorität, schenken zu lassen. Doch bald war es zu spät: »Mönche traten aus ihren Klöstern aus, es kam zu Störungen von Gottesdiensten, zu Verspottungen der geistlichen Tracht und ihrer Träger. Auch außerhalb der Kirchen traten Prediger auf, so der ›Bauer von Wöhrd‹, ein theologisch vorgebildeter ehemaliger Mönch, Diepold Beringer, der die Freiheit des Willensentscheids zum Guten leugnete und die Heiligenverehrung ablehnte. Der Rat schränkte angesichts des Ende Januar 1524 zusammentretenden Reichstages dessen Predigt auf private Zusammenkünfte ein und wies ihn schließlich aus. Während des Nürnberger Reichstages lehnte der päpstliche Kardinallegat Lorenzo Campeggi, der von Cochläus und Nausea begleitet war, den für den Vertreter des Papstes üblichen Empfang der Nürnberger Geistlichkeit ab und machte seinem Studienfreund Scheurl bittere Vorwürfe über die luther-

Philipp Melanchthon (1497–1560)

freundliche Haltung des Rates, der zusehe, daß man in Nürnberg vierzigerlei Glaubensmeinungen vertrete und die Fastenordnung nicht einhalte. In der Osterzeit beobachtete der Wormser Domprobst Dr. Simon Ribeisen, daß an die tausend Nürnberger das Altarsakrament unter beider Gestalt empfingen und daß die Absolution an Beichtgruppen erteilt wurde, die erklärten, daß ›sie ihre Sünd Gott geklagt‹ hätten.«[12]

Isabella, die Gattin von König Christian II. von Dänemark, eine Schwester von Karl V. und Erzherzog Ferdinand, ließ sich von Andreas Osiander in der Karwoche 1524 in Nürnberg das Abendmahl unter beiderlei Gestalten reichen, worüber ihre Brüder höchst empört waren. Ein Konflikt im Hause Habsburg! Besagter Osiander war 1520 zum Priester geweiht worden und heiratete 1527 die Bürgertochter Katharina Preu.

Im Jahr 1524 hatte der Augustinerprior Wolfgang Volprecht in Nürnberg die Messe schon auf Deutsch zelebriert, wobei er die Teile, an denen die Lutheraner Anstoß nahmen, nicht mehr betete. Die Kirchenspaltung wurde immer tiefer. Nur wenige Theologen bemühten sich produktiv um die Einheit der Kirche, der eigentlich auch das Nürnberger Religionsgespräch (1525) dienen sollte. Der Karmelitenprior Andreas Stoß, der Sohn des berühmten Holzschnitzers Veit Stoß, vertrat dabei die katholische Sache, der Benediktinerabt Pistorius von St. Egidien hingegen wurde bald danach selbst lutherisch und heiratete 1528 die ehemalige Nonne von St. Klara, Anna Schwarz, die als einzige Nonne das Kloster verlassen hatte.

Gerechter Zorn gegen Ungerechtigkeit und Mißstände wuchsen, aber auch Polemik und Grobianismus. Alles in allem eine unruhige und aufgewühlte Zeit. Alle Schichten des Volkes waren betroffen. Auch die Bauern im Nürnberger Gebiet wehrten sich. Ihre »Bewegung hatte bereits im Mai 1524 in und bei Forchheim mit Forderungen gegen den hohen Klerus, aber auch solchen nach freiem Fischfang und freier Jagd begonnen; der Prediger Georg Kreuzer trat führend hervor; er wurde auf Befehl des Bischofs von Bamberg verhaftet, aber nach seiner Freilassung Pfarrer in Mögeldorf, wo ihm noch später vorgeworfen wurde, er predige nur den Armen, nicht den Reichen. Im Juni und Juli hatte der Rat sich mit den Auswirkungen des Aufruhrs, mit Versammlungen der Bauern, ihren Zehntverweigerungen und Beschwerden über Wildschäden zu beschäftigen und stellte auch unter den Bürgern eine Aufruhrstimmung fest. Erst im März 1525 wiederholten sich Anzeichen für die Teilnahme von Nürnberger Bürgern und Bauern an der Bewegung.«[13]

Als erste im Reich führte die Stadt Nürnberg im März 1525, dem Jahr des großen Bauernaufstandes, die Reformation ein. Das gesamte öffentliche Leben des Stadtstaates sollte nach den Grundsätzen der Reformation neu geordnet werden. »Es war das erste Mal, daß ein in

Erasmus von Rotterdam (1466/9–1536)

sich geschlossenes Staatswesen einen solchen Schritt zur Glaubensfreiheit unter dem katholischen Kaiser des ›Heiligen Römischen Reiches Deutscher Nation‹ gewagt hat.«[14] Die Entscheidung war nicht gegen den Kaiser gerichtet, dessen Position als weltliche Obrigkeit nie angetastet wurde, sondern einzig und allein ein Votum für die Lehre Luthers. Die große Mehrheit der Bevölkerung war damit einverstanden; jedoch nicht alle, so die Äbtissin Caritas Pirckheimer (1467–1532), in Eichstätt geboren. Sie starb als letzte Äbtissin des Klarissinnenklosters St. Klara in Nürnberg. Mit den führenden Humanisten ihrer Zeit stand sie im

Kardinal Albrecht von Brandenburg, Kurfürst und Erzbischof von Mainz, Erzbischof von Magdeburg und Bischof von Halberstadt (1490–1545) als Hieronymus in der Einöde.

Johannes Eck (1486–1543)

Gespräch, Erasmus von Rotterdam rühmt sie: England hatte seine Mey, die Tochter des Thomas Morus, Deutschland seine Pirckheimerin. Konrad Celtis, ein Schüler des Agricola aus Heidelberg, widmete ihr seine Edition der Roswitha von Gandersheim. Caritas war die Schwester des Willibald Pirckheimer (1470–1530).

Der Kreis um Pirckheimer war ein Treffpunkt für viele Humanisten, die sich als freie Bürger einer Republik von Gelehrten verstanden. »Was in Deutschland sich an Renaissance und Humanismus zu entfalten vermochte, geschah nach den Worten Jacob Burckhardts außer in Basel und den Niederlanden vor allem im Bereiche Nürnbergs, und dort vor allem in dem Freundeskreis Pirckheimers, zu dem auch Albrecht Dürer gehörte. Dazu kam der Umkreis Lucas Cranachs und des Kurfürsten von Sachsen.«[15] Die humanistische Bildung geschah durch das Gespräch im Freundeskreis: Lernen und Lehren im Dialog. »Alle Humanisten haben die Reformation gewünscht, aber beileibe nicht alle haben sich zu ihr bekannt und vom alten Glauben abgewandt. Dürer hat sich von der Kirche nie gelöst. Erasmus hat das Erscheinen Luthers begrüßt, aber dessen Entschiedenheit und Intoleranz und dessen Lehre vom unfreien Willen waren ihm zuwider. Was nun Luther selbst anbelangt, so hatte er kein Verhältnis zur bildenden Kunst, und Dürer hat keine Flugblätter für Luther gezeichnet.«[16] Die großen Humanisten versuchten jenseits der konfessionellen Streitigkeiten ihre Eigenständigkeit zu bewahren. Doch damit gaben sich katholische und evangelische Kirchenmänner nicht zufrieden. So kam es auch zwischen Willibald Pirckheimer und Johann Eck zum Bruch. Der bekannte Professor von Ingolstadt veranlaßte sogar die Exkommunikation Pirckheimers wegen dessen Nähe zu reformatorischem Gedankengut. Kanzler der Universität Ingolstadt war der jeweilige Bischof von Eichstätt. Von 1464–1496 regierte Wilhelm von Reichenau, in dessen Diensten der Vater Pirckheimers gestanden hatte. Der nächste Bischof war Gabriel von Eyb (1496–1535). Man sieht, wieviele gute, persönliche Beziehungen am konfessionellen Streit zerbrachen.

Willibald Pirckheimer hatte enge Beziehungen zu den Augustinern in Nürnberg, z.B. zu Wenzeslaus Linck. Der frühere Augustinerprovinzial und spätere Professor in Wittenberg konnte Caritas, die Schwester Willibalds, nicht für die Lehre Luthers gewinnen. Durch Pirckheimers Freundschaft mit Philipp Melanchthon (1497–1560), der Großneffe Reuchlins, kam es zum vermittelnden Einfluß Melanchthons in den Streitigkeiten um das Kloster von St. Klara. Der Rat der Stadt und die Bevölkerung tolerierten nun die Nonnen von St. Klara. Der Konvent durfte bis zum Sterbetag der letzten Nonne bestehen bleiben. Nach Me-

lanchthon, der 1530 weithin die Confessio Augustana formulierte, wurde das erste humanistische Gymnasium, 1526 in Nürnberg gegründet, benannt.
Ein unmittelbarer Bezug zum Jesuitenorden läßt sich in jüngster Zeit konstatieren. Die Gebeine der letzten Äbtissin von St. Klara, Caritas Pirckheimer, wurden entdeckt und sind nun in der St.-Klara-Kirche beigesetzt. P. Georg Deichstätter SJ machte den Fund, als es zur Errichtung des Caritas-Pirckheimer-Hauses (1960), der jetzigen Diözesanakademie der Erzdiözese Bamberg, kam. Dieses Jugend- und Bildungszentrum wurde von den Jesuiten errichtet und wird von ihnen bis heute geleitet. Nach Jahrhunderten entstand hier, auf dem Gelände des ehemaligen Klarissinnen-Klosters, ein neues Zentrum der Nürnberger Katholiken.
Doch zurück in die Geschichte. »Das heillose – und für die Stadt unheilvolle – Zerwürfnis des Reiches, ja Europas war noch nicht abzusehen, als Nürnberg neben Reutlingen die einzige Reichsstadt war, die 1530 die Augsburger Konfession unterzeichnete.«[17] Man wollte gleichzeitig dem katholischen Kaiser und der protestantischen Sache treu bleiben. Ein Kunststück, das der selbstbewußten und freiheitsliebenden Bürgerschaft relativ gut gelang, vor allem seit es am 3. August 1532 durch kaiserliches Mandat zum »Nürnberger Religionsfrieden« gekommen war. Denn der Kaiser brauchte wegen der Türkengefahr den Frieden im Reich, die Hilfe und nicht die Feindschaft des Schmalkaldischen Bundes (1531), zu dem sich viele protestantischen Reichsstände in der thüringischen Stadt zusammengeschlossen hatten.
Die Freie Reichsstadt Nürnberg und Markgraf Georg von Brandenburg und Ansbach-Kulmbach traten übrigens dem Schmalkaldischen Bund nicht bei. Man war der Überzeugung, dem Kaiser als der von Gott verordneten Obrigkeit nicht Widerstand leisten zu dürfen. Die Treue zum – katholischen – Kaiser als politischer Instanz ließ sich mit der Abwendung von der Römischen Kirche vereinbaren.
Interessant ist die Tatsache, daß sich die Freie Reichsstadt und das Markgrafentum, die im Laufe der Geschichte miteinander auch kriegerische Auseinandersetzungen hatten, auf einer neuen konfessionellen Basis verständigen konnten. Nürnberg war seit 1525 protestantisch, 1528 hatte Markgraf Georg den römisch-katholischen Ritus im Kloster Heilsbronn, der Grablege der Hohenzollern, abgeschafft. Es hatte über ein Jahrzehnt gedauert, bis aus den Anfängen der Reformation in Nürnberg und dem Ansbacher Land eine neue Kirchenordnung (1533) entstanden war. Der Reformator in Nürnberg, Andreas Osiander (1498–1552), der Nürnberger Stadtschreiber Lazarus Spengler (1479–1534) und der württembergische Reformator Johannes Brenz (1499–1570) erarbeiteten die Brandenburg-Nürnbergische Kirchenordnung, die auch andernorts übernommen wurde. Reichsstadt und Reichsfürst übten in ihren Territorien das Kirchenregiment aus. »Als Andreas Osiander wegen der von ihm befürchteten Rekatholisierung in schwere Differenzen mit dem kaisertreuen Rat der Stadt Nürnberg geraten war, verließ er 1549 – inzwischen das dritte Mal verheiratet und auch deswegen von seinen Gegnern angegriffen – die Stadt. Als Vertrauter des Herzogs von Preußen wurde er nach Königsberg berufen und dort gegen den Willen der Universität zum Professor der Theologie ernannt. Er setzte die reformatorische Tätigkeit durch deutliche eigene theologische Akzente fort. Es kam u.a. zum heftigen Streit über die lutherische Rechtfertigungslehre, in dessen Verlauf Osiander ins Abseits geriet.«[18]

Sog. Nürnberger Reformation. Taufe Christi in der Pegnitz.

Links knien als Förderer der Reformation mehrere Kurfürsten und Herzöge von Sachsen sowie Markgrafen von Brandenburg; z. B. die sächsischen Kurfürsten Friedrich der Weise und Johann der Beständige sowie Markgraf Georg der Fromme von Brandenburg-Ansbach. Rechts knien bedeutende Reformatoren, z. B. Jan Hus, Martin Luther, Philipp Melanchthon u. a.

Die Reichsfürsten

Den entscheidenden Stand für das Schicksal Deutschlands im 16. Jahrhundert bildeten die Reichsfürsten. Ein kurzer Blick auf die Hohenzollern zeigt dieses. Die ehemaligen Burggrafen in Nürnberg waren seit 1417 mit der Mark Brandenburg als Kurfürsten belehnt worden.[19] Aus der kurbrandenburgischen Linie stammte Kardinal Albrecht (1480–1545), der Mainzer Erzbischof, der in der unseligen Ablaßdiskussion eine Hauptrolle spielte. Denn als Bischof von Magdeburg und Halberstadt benutzte er Ablaßgelder, um die Dispensgebühr für sein drittes Bistum, Mainz, nach Rom zahlen zu können, die er als Darlehen von den Fuggern erhalten hatte. So wurde 1517 der Ablaßkasten in St. Bartholomäus (Frankfurt am Main) im Beisein Jakob Fuggers des Reichen geleert. Trotz Luthers Drängen blieb Kardinal Albrecht katholisch.

Als Kurfürst des Mainzer Erzbistums nahm Kardinal Albrecht 1543 am Reichstag in Nürnberg teil. Hier traf er, der zu verschiedenen Jesuiten gute Beziehungen hatte, wohl auch den Jesuitenpater Nicolás Bobadilla, der zum Gefolge des Kaisers gehörte. Ob sie sich nicht auch über die Reformation in Nürnberg unterhielten?

Am 31. Januar 1543 teilte jedenfalls Nicolás Bobadilla seinen Gefährten in Rom mit, »daß die Zustände in Nürnberg nicht so schlimm seien wie in anderen lutherischen Städten. Man habe noch die Bilder der Heiligen wie früher, das Offizium werde in der Kirche gebetet, einige Male in der Woche werde die Messe gelesen, aber ohne Kanon. Die Priester seien alle nach katholischem Ritus ordiniert und zeigten guten Willen; die Hauptschwierigkeit für eine Rückkehr liege bei den Fürsten und Magistraten, die auf Habsucht und Freiheit nicht verzichten wollten. Mit dem Präpositus der lutherischen Kirche habe er eine mehr als zweistündige Unterredung gehabt; derselbe sei von Natur zum Guten geneigt und nicht so verschmitzt und trotzig wie Martin Butzer. Aber wenn der Herr nicht in außergewöhnlicher Weise helfe, gehe ganz Deutschland verloren, denn die Verderbnis sei groß und die Macht der Feinde nicht gering.«[20] Im Grunde genommen hatten die katholische Kirche und der Jesuitenorden in einer Stadt wie Nürnberg gesellschaftlich (außer dem Kloster von St. Klara) niemanden, der bereit war, sich auf ihre Seite zu stellen.

Bobadilla wirkte jahrelang in Deutschland. Anfang Juli 1547 finden wir ihn z.B. in Eichstätt. Wie er rühmt, »arbeitete er in Eichstätt in kurzer Zeit mehr als anderswo in einem Jahre. Da das unbezahlte kaiserliche Heer mit Rauben und Morden die Diözese durchzog, erhielt er den Auftrag, sich ins Lager des Herzogs von Alba zu begeben, um bei ihm und bei den anderen Führern die Sache der Untertanen des Bischofs zu vertreten. Bei seinem Hin- und Herreisen zwischen Nürnberg und Eichstätt besuchte er den gefangenen Kurfürsten von Sachsen und reichte ihm zweimal ›auf deutsche Art‹ die Hand; auch mit dem Landgrafen, dem der Herzog von Alba ihn vorstellte, hatte er eine längere Unterredung; bei dem Kaiser, mit dem er einige Meilen Wegs in vertrauter

Unterhaltung zusammenritt, erwirkte er die Erfüllung der Wünsche des Bischofs.«[21] Der Landgraf Philipp von Hessen blieb fünf Jahre lang Gefangener des Kaisers. Kurfürst Johann Friedrich von Sachsen mußte auf die Kurwürde verzichten; sie erhielt der katholische Moritz von Sachsen, der Jahre später zum Gegner Kaiser Karls wurde und ihn zur Flucht aus Innsbruck (1552) zwang.

Obwohl die Spiritualität des Ignatius und seiner Gefährten primär auf eine Reform der Kirche ausgerichtet war, machten sich im Laufe der Zeit immer mehr gegenreformatorische Interessen geltend. Man wußte um die Macht der Fürsten. Sie zu gewinnen hieß, daß die Bevölkerung wieder katholisch (gemacht) würde. Bei voller Rückkehr in die römisch-katholische Kirche sollte großzügig und versöhnlich vorgegangen werden. So meldet Bobadilla am 24. März 1548 nach Rom, »der Pfalzgraf und Brandenburg hätten versprochen, ... ihre Staaten zur katholischen Kirche zurückzuführen, wenn man die Kommunion unter beiden Gestalten und die Priesterehe gestatte. Der Kardinal (Farnese) solle sorgen, daß der Legat Priester, die sich ein- oder zweimal verheiratet hätten, wenn sie zur katholischen Religion zurückkehrten, wieder anstellen könne, wie dies der Bischof von Eichstätt verlangt habe.«[22]

In Fragen der Konfession war der Wille des Fürsten entscheidend. Erinnert sei exemplarisch an den Bruder Kardinal Albrechts von Brandenburg, Joachim I. (1484–1535), der als Kurfürst in der Mark Brandenburg die Universität Frankfurt an der Oder gegründet hatte. Er führte die Brandenburg-Nürnbergische Kirchenordnung in seinem Kurfürstentum ein. Aus der kurbrandenburgischen Linie entstammen später die preußischen Könige und die späteren Deutschen Kaiser.

Aus der älteren fränkischen Linie hingegen

Herzog von Alba (1508–1582)

stammt Albrecht von Brandenburg (1490 – 1568), der sich in der Nürnberger Lorenz- und Sebaldus-Kirche zusammen mit seinem Bruder Georg von den Predigten des Andreas Osiander begeistern ließ. Dies blieb nicht ohne Wirkung. »Der Hochmeister Albrecht von Brandenburg war 1525 zum Protestantismus übergetreten, er heiratete die Tochter des dänischen Königs und nahm sein Land als Herzogtum von Polen zu Lehen. Doch 1526 übernahm der Komtur der Sachsenhäuser Kommende, Walter von Kronberg, die Leitung der ihrem katholischen Glauben treu gebliebenen Ritter, Priester und Brüder als Deutschmeister und verlegte den Hauptsitz des Ordens von der Marienburg in Ostpreußen nach Mergentheim, dem bisherigen Sitz des Deutschmeisters.«[23] Ostpreußen aber blieb protestantisch. In den fränkischen Kernlanden der Hohenzollern führte Markgraf Georg, genannt der Fromme (1484–1543), die Reformation ein. Er war übrigens in erster Ehe mit Beatrix von Frangepan verheiratet, in deren Familienbesitz der Frangipani-Hof in Rom war, in dem und von dem aus die Gefährten des Ignatius von Loyola sich während der Hungersnot in Rom im Winter 1538/39 um die arme Bevölkerung

Georg der Fromme, Markgraf zu Brandenburg (1484–1543) links

Herzog Albrecht von Preußen, Markgraf von Brandenburg-Ansbach (1490–1568) rechts

gekümmert hatten. Der älteste Bruder von Georg und Albrecht, nämlich Kasimir (1481 – 1527), starb 1527 in Ofen (Ungarn), das er als oberster Feldhauptmann im Feldzug König Ferdinands gegen den ungarischen Thronprätendenten Johann Zapolya eingenommen hatte. Seine Witwe Susanne, eine Nichte Kaiser Maximilians I., vermählte sich 1529 mit Pfalzgraf Ottheinrich, der Andreas Osiander beauftragte, in Pfalz-Neuburg die Reformation einzuführen. Ein weiterer Bruder, nämlich Johann, heiratete die Witwe König Ferdinands von Aragon, Germaine de Foix. Sie ist dieselbe Germaine, die am Sturz des Velázquez de Cuéllar, des Lehrmeisters des Ignatius von Loyola in Arévalo, nicht unbeteiligt war.

Im Europa des frühen 16. Jahrhunderts existierte eine starke verwandtschaftliche bzw. gesellschaftliche Verbindung zwischen den führenden Leuten. Dies zeigt exemplarisch etwa das Festbankett in Antwerpen vom 7. Juli 1521, das König Christian II. von Dänemark, der Schwager von Kaiser Karl V., gab. Die Generalstatthalterin Margarete, die Tochter Maximilians I. und der Maria von Burgund, sowie die Schwester Karls V., Eleonore von Portugal, und Hunderte von adeligen und bedeutenden Persönlichkeiten, etwa Albrecht Dürer, nahmen daran teil. Der Adel, die Gelehrten und große Künstler standen über ganz Europa hin miteinander in Verbindung. Sie kannten sich. Durch seine Jahre in Arévalo, später in Paris, Venedig und Rom hatte Ignatius von Loyola persönlichen Zugang zu diesen Kreisen.

In den protestantisch gewordenen Gebieten, also in vielen Freien Reichsstädten, Brandenburg, Württemberg, Sachsen usw., hatten die Jesuiten zu Ignatius' Zeiten kaum eine Chance, wirken zu können. Reichsstädte und Reichsfürsten hatten das Sagen. Die Jesuiten galten als Verteidiger papistischer Ansprüche. Sie besaßen ein negatives Image. Man muß also davon ausgehen, daß der Orden sich in manchen Territorien des Heiligen Römischen Reiches Deutscher Nation damit abzufinden hatte, daß in überschaubaren Zeiträumen eine Rekatholisierung nicht ernsthaft in Frage kam. Nur langfristig konnte etwas dafür getan werden. Zum Konzept der Wiedergewinnung Deutschlands gehörte es daher, für die nächste und übernächste Generation zu arbeiten. In diesem Zusammenhang kann auf die Gründung von Kollegien, etwa des Germanicums in Rom, hingewiesen werden.

Etwa ein Jahr vor dem Tod des Ignatius von Loyola (31. 7. 1556) wurde die konfessionelle Situation in Deutschland zunächst festgeschrieben. Denn seit dem Augsburger Religionsfrieden (29. 9. 1555) war der Protestantismus neben dem Katholizismus eine reichsrechtlich anerkannte Konfession. Die Territorialherren und die reichsunmittelbaren Stände hatten das Recht, das Bekenntnis zu wählen. Doch um welchen Preis? «Der Konformismus-Grundsatz des ›cuius regio, eius religio‹ hatte seine solide Tradition seit der byzantinischen Zeit. Im Ius reformandi des Augsburger Religionsfriedens wurde er jedoch für die deutschen Lande mit geradezu mörderischer Rücksichtslosigkeit verbindlich. Das belastete die deutsche Geschichte mit einer schweren Hypothek; denn das Hoheitsrecht der Territorialfürsten zerbrach die Gewissensfreiheit des einzelnen spielerisch leicht, als handle es sich um ein Hölzchen.»[24] Sowohl im Hoheitsgebiet der katholischen wie der protestantischen Mächte war es noch ein weiter Weg bis zur Anerkennung der *allgemeinen* Gewissensfreiheit.

Anmerkungen

[1] P. von Matt, Der Zwiespalt der Wortmächtigen in der Geschichte. Eine Überlegung an Huttens Grab, in: Ulrich von Hutten. Ritter, Humanist, Publizist, 1488–1523. Katalog zur Ausstellung des Landes Hessen anläßlich des 500. Geburtstages. Bearb. von P. Laub. 1988, 399–404, hier 401f.

[2] R. Schmitt, Aus dem Zentrum des Hochstifts verdrängt. Die Herren von Hutten im Gebiet des Würzburger Bischofs, in: Ulrich von Hutten (s. Anm. 1) 103–112, hier 105.

[3] H. Körner, Die Anfänge der fränkischen Reichsritterschaft und die Familie von Hutten, in: Ulrich von Hutten (s. Anm. 1) 139–142, hier 139.

[4] V. Press, Franz von Sickingen, Wortführer des Adels, Vorkämpfer der Reformation und Freund Huttens, in: Ulrich von Hutten (s. Anm. 1) 293–308, hier 300.

[5] R. Schmitt (s. Anm. 2) 108.

[6] W. Trillitzch, Der Brief Ulrich von Huttens an Willibald Pirckheimer, in: Ulrich von Hutten (s. Anm. 1) 211–230, hier 229.

[7] B. Könneker, Germanenideologie und die Anfänge deutschen Nationalbewußtseins in der Publizistik Ulrich von Huttens, in: Ulrich von Hutten (s. Anm. 1) 285.

[8] Fränkische Reichsstädte. Hg. von W. Buhl. Würzburg 1987, 15f.

[9] W. Kinkel, Das katholische Frankfurt einst, in: Das katholische Frankfurt – einst und jetzt. Hg. von K. Greef. Frankfurt 1989, 35–43, hier 38.

[10] H. Bauer, Andreas Osiander. Reformator in Nürnberg, in: Berühmte Nürnberger aus neun Jahrhunderten. Hg. von C. von Imhoff. Nürnberg 1984, 123–124, hier 123.

[11] Zit. nach W. Kinkel (s. Anm. 9) 40.

[12] G. Pfeiffer, Sozialrevolutionäre, spiritualistische und schulreformerische Bestrebungen, in: Nürnberg – Geschichte einer europäischen Stadt. Hg. von G. Pfeiffer unter Mitarbeit von W. Schwemmer. München 1970, 144–158, hier 149.

[13] G. Pfeiffer (s. Anm. 12) 155f.

[14] C. von Imhoff, Heimliches Zentrum der Reformation, in: Das Beste aus Nürnberg heute. Nürnberg 1983, 307–314, hier 311.

[15] C. Schmid, Dürer und die Renaissance, in: Am Beispiel Dürers. Hg. von H. Glaser. München 1972, 98–109, hier 102.

[16] Ebd.

[17] C. von Imhoff (s. Anm. 14) 221.

[18] H. Bauer (s. Anm. 10) 123.

[19] G. Schuhmann, Die Markgrafen von Brandenburg-Ansbach. Eine Bilddokumentation zur Geschichte der Hohenzollern in Franken. Ansbach 1980.

[20] M *Bob* 41f; zit. nach B. Duhr, Geschichte der Jesuiten in den Ländern deutscher Zunge. Bd.1. Freiburg 1907, 25.

[21] Bobadilla an Salmerón, 16. August 1547, in: M *Bob* 121f; zit. nach B. Duhr (s. Anm. 20) 30.

[22] B. Duhr (s. Anm. 20) 31.

[23] W. Kinkel (s. Anm. 9) 44.

[24] H. Diwald, Anspruch auf Mündigkeit um 1400–1555 (Propyläen Geschichte Europas Bd. 1) Frankfurt 1975, 349f.

»Die Aussage des Nächsten retten«

Zur Vorgehensweise der Jesuiten

Andreas Falkner, Frankfurt am Main

In den Aufzeichnungen von Gerhard Kalckbrenner (1498–1566), dem Prior der Kölner Kartause (1536–1566), wird ein Ausspruch Peter Fabers überliefert, der diesen gut kennzeichnet und damit auch die Wirkweise des ersten Jesuiten in Deutschland charakterisiert: »Ich möchte nicht danach eifern, Gottes Gerechtigkeit zu vollführen, selbst wenn mir Gott die Möglichkeit gäbe, die Bösen zu bestrafen; wohl aber verlange ich danach, Gottes Barmherzigkeit zu erweisen.«[1] Dieses Wort führt an die Voraussetzung der ignatianischen Exerzitien wie auch der Weise des Vorgehens, die aus ihnen entspringt, heran: »Damit sowohl der, der die geistlichen Übungen gibt, wie der, der sie empfängt, mehr Hilfe und Nutzen haben, ist vorauszusetzen, daß jeder gute Christ bereitwilliger sein muß, die Aussage des Nächsten zu retten, als sie zu verurteilen; und wenn er sie nicht retten kann, erkundige er sich, wie jener sie versteht, und versteht jener sie schlecht, so verbessere er ihn mit Liebe; und wenn das nicht genügt, suche er alle angebrachten Mittel, damit jener, indem er sie gut versteht, sich rette.« (EB 22) Nach diesem Leitsatz sind die päpstlichen Legaten und die ihnen zugeteilten Jesuiten in der ersten Stunde der katholischen Reform in Deutschland (1540–1542) vorgegangen. Damit haben sie in Kreisen der päpstlichen Kurie und, wie es scheint, auch bei Jesuiten selbst Mißfallen und bisweilen heftigen Widerstand ausgelöst.

Im übrigen hatte Paul III. seit seinem Regierungsantritt auf eine Reform der Kurie nicht zuletzt durch eine kluge Personalpolitik hingearbeitet. Besonders mit der Ernennung des Laien Gasparo Contarini zum Kardinal am 21. Mai 1535 hatte er eine glückliche Wahl getroffen. Als Contarini sechs Jahre später bei den Religionsgesprächen am Regensburger Reichstag von König Ferdinand I. auf die Notwendigkeit der Kurialreform angesprochen wurde, gab er ein wohlabgewogenes Urteil ab. Ohne weiteres räumte er ein, daß die Reform noch nicht abgeschlossen sei; es sei aber auch nie für möglich gehalten worden, sie mit einem Schlag durchzuführen. Doch möge man nicht übersehen, wieviel durch die Ernennung kirchlich gesinnter Kardinäle, die Förderung der Residenzpflicht der Bischöfe und die Hebung des allgemeinen sittlichen Niveaus schon erreicht worden sei.[2] Ob Contarini, der Präsident der päpstlichen Kommission für die Kurienreform, sich dessen bewußt war, daß er durch seine Unterstützung der Reformpriester um Ignatius bei der Gründung der Gesellschaft Jesu schon einen sehr wesentlichen Beitrag zur Reform der Kirche geleistet hatte? Die Errichtung des neuen Ordens mit der »Bulle Regimini militantis ecclesiae vom 27. September 1540 war der erste und vielleicht größte Erfolg der Reformbewegung«, urteilt jedenfalls Hubert Jedin[3], ein anerkannter Historiker des Trienter Konzils.

Am Vorabend des Trienter Konzils

Als der Verlauf der Religionsgespräche auf dem Regensburger Reichstag 1541 zeigte, daß zwischen Protestanten und Katholiken keine Einigung in Glaubensfragen zu erzielen war, trafen sich der kaiserliche Kanzler Granvella und Morone, der päpstliche Nuntius beim römischen König, zu einem Gespräch über die nächste Zukunft: Würde es zu einem Krieg kommen, nach dem die Scharfmacher riefen? Sollte man im Augenblick damit zufrieden sein, in der Lehre von der Rechtfertigung eine gewisse Annäherung erreicht zu haben und die noch offenen Fragen bis zum Konzil tolerie-

Ignatius. Porträt des ersten Generaloberen der Gesellschaft Jesu

ren? Solch eine halb religiöse, halb politische Toleranz lief auf eine bedingte reichsrechtliche Anerkennung der neuen Lehre hinaus. Gegen eine derartige Toleranz wandte sich die päpstliche Kurie sofort mit größter Entschiedenheit; unverzüglich sei das allgemeine Konzil einzuberufen. »Das Gespräch zwischen Granvella und Morone wurde zur Geburtsstunde des Konzils von Trient«[4].
Am 22. Mai 1542 wurde im päpstlichen Konsistorium jene Bulle verlesen, durch die das Konzil nach Trient einberufen wurde; in der üblichen Weise wurde sie einige Wochen später, am 29. Juni, veröffentlicht.[5] Doch erst am 13. Dezember 1545 konnte das Konzil in Trient eröffnet werden. Ereignisreiche Jahre vergingen zwischen dem päpstlichen Entschluß, das allgemeine Konzil endlich doch abzuhalten, und dem Einzug der Konzilsväter in den Chor der Kathedrale von Trient, der als Aula eingerichtet worden war.
Im Juli 1542 hatte der französische König Franz I. Kaiser Karl V. den Krieg erklärt. Gut gerüstet und gestützt auf das Bündnis mit den Türken, gedachte der König von Frankreich mit seinem alten Gegner endgültig abzurechnen. Papst Paul III. hatte sich schon 1536 einem politischen Bündnis mit dem Kaiser widersetzt. Im August 1542 hatte Karl V. ein Bündnis gegen Frankreich zu erpressen versucht; er drohte, das Konzil werde weder aus den Erblanden noch aus dem Reich beschickt, solange der Krieg dauere. Doch der Papst gab diesem Druck nicht nach, bewahrte seine Neutralität und hielt am allgemeinen Konzil fest. Diese Festigkeit Pauls III. veranlaßte den Kaiser

zu hartnäckigem Widerstand gegen das Konzil: Weder er selbst noch ein Gesandter oder Prälat traten die Reise nach Trient an. Franz I. lehnte das allgemeine Konzil zwar nicht ab, knüpfte aber doch die Teilnahme an Bedingungen, die sich nicht erfüllen lassen konnten. Außerdem sorgte er dafür, daß die französischen Kardinäle der Versammlung fernblieben. Sehr bald zeigte sich, daß auch aus den deutschen Landen, aus Polen, Ungarn und auch aus den Erblanden der Habsburger kaum jemand der Berufung zum Konzil folgen würde.[6]

Nach dem Scheitern des Reichstages zu Regensburg wurden die vielfältigen Reformbestrebungen in der Kirche fortgeführt. Hier seien einige erwähnt, mit denen Ignatius und seine Gefährten bzw. die junge Gesellschaft Jesu in Berührung gekommen sind.

Die lutherische Bewegung hatte sehr bald begonnen, ihre Meinung durch die Presse zu verbreiten. Das verlangte nach Entgegnung, die jedoch immer Reaktion blieb. Die Volksschriftsteller auf katholischer Seite vermochten sich nicht durchzusetzen. Bei dieser Bemühung um Widerlegung von Einwänden und Meinungen entstanden eine Vielzahl kontroverstheologischer Schriften, in denen faktisch für die lehramtlichen Entscheidungen des Trienter Konzils hilfreiche Vorarbeiten geleistet wurden.[7] Die Meinungen wurden allerdings in einem groben und rüden Ton, oft in verletzender Weise vorgetragen. Bedeutende Kontroverstheologen Deutschlands mußten sich von Giovanni Morone nachsagen lassen, »ihr Katholizismus bestehe in Haß und Injurien gegen die Lutheraner«[8]. Man darf aber nicht vergessen, daß die einen den anderen mit gleicher Münze zurückzahlten.

Gegen Ende der dreißiger Jahre des 16. Jahrhunderts zeichnet sich in der Kontroversliteratur ein Wandel ab. An die Stelle der Zurückweisung von Irrtümern tritt die Darlegung der Glaubenslehre. Es werden Katechismen geschrieben, kleine für das Volk, größere für die Seelsorger. Der Einfluß der lutherischen Katechismen ist unverkennbar. Im Aufbau halten sich die katholischen Katechismen vielfach an die üblichen Lehrstücke und erklären die katholische Glaubenslehre anhand des Apostolischen Glaubensbekenntnisses, der sieben Sakramente, des Vaterunsers und der Zehn Gebote.

Um diese Zeit hat Ignatius von Loyola seinen Geistlichen Übungen, dem Exerzitienbüchlein, die endgültige Gestalt gegeben. Darin ist von den Leichten Übungen die Rede (EB 18), die inhaltlich dem Raster der Katechismen folgen, aber doch vorwiegend darauf abzielen, daß die Exerzitanten in der betenden Konfrontation mit den Glaubenssätzen zu wahrhaft Christgläubigen werden, die die Liebe »mehr in die Werke als in die Worte« (EB 230) legen. Die Methode der Leichten Übungen wird in den »Drei Weisen zu beten« (EB 238–260) vorgestellt. In ihnen wird dazu angeleitet, die Begegnung mit Glaubensinhalten zum persönlichen Glauben an Gott, den Vater, zu entfalten. Was in Intensivzeiten eingeleitet wird, ist im Alltag fortzuführen. Dafür gibt Ignatius von Loyola die »allgemeine Erforschung« (EB 43) als Hilfe an die Hand. In ihr soll täglich der Elan genährt werden, sich Gott als »Mitarbeiter« anzubieten, der »sich in allen geschaffenen Dingen auf dem Angesicht der Erde für mich müht und arbeitet, das heißt, ›sich in der Weise eines Arbeitenden verhält‹«. (EB 236) Peter Faber und andere Gefährten des hl. Ignatius, die in die deutschen Lande geschickt wurden, haben dort unermüdlich in Leichten Exerzitien die katholische Reform vorangetrieben.[9]

Als Ignatius 1535 zum zweiten Mal nach Venedig kam und dort mehr als ein Jahr auf seine Gefährten wartete, hatte er Gelegenheit genug, die Dringlichkeit der Reform südlich der Alpen am Beispiel der Lagunenstadt kennenzulernen. Er traf aber auch mit Kreisen zusammen, die sich für eine Reform einsetzten, wie die Theatiner. Diese junge Priestervereinigung, vom hl. Gaetano da Thiene und Gian Pietro Carafa 1524 gegründet, hatte eine streng religiöse Lebensweise gewählt. Ignatius dürfte diese Gruppe gut kennengelernt haben, konnte aber dem, was er beobachtete, nicht voll zustimmen. In einem Brief an ein prominentes Mitglied, den »gewaltigen, unerbittlichen«[10] Gian Pietro Carafa, den späteren Papst Paul IV., gab Ignatius 1536 in der »Gesinnung und Bereitschaft, allen zu dienen, von denen ich weiß, daß sie Diener meines Herrn sind«[11], einige Anregungen zur wirksameren Gestaltung dieser Priestervereinigung. Doch dieser Brief wurde nach den Erkenntnissen der neueren Ignatiusforschung nie abgeschickt.[12] Wenn dem so ist, hat Ignatius darin in der Auseinandersetzung mit den Theatinern doch immerhin sein eigenes Verständnis von katholischer Reform und Apostolat in Gemeinschaft klar herausgestellt, zumal er sich an Carafa in einer Weise wendet, gleich als ob er zu seiner eigenen Seele reden wollte[13]: Predigen und Werke der Barmherzigkeit sind in seinen Augen Dienst für den Schöpfer und Herrn. Die Tatsache, daß man Gott dem Herrn so dient und auf ihn vertraut, reiche aus, um den eigenen Lebensunterhalt zu bekommen; nur bisweilen werde man Almosen ausdrücklich erbitten müssen.[14]

Eine andere Reformbewegung ging vom Veroneser Bischof Giberti aus. In ihr ging es darum, »eine wirklich moderne, den Zeitverhältnissen entsprechende Diözesanseelsorge aufzubauen und das neue Bischofsideal zu verwirklichen«[15], zu dem die Anwesenheit in der Diözese und die Verantwortlichkeit des Hirten gehörten.

Männer wie Peter Faber

Gasparo Contarini machte nach den erfolglosen Bemühungen um die Einheit im Glauben bei den Religionsgesprächen in Worms (1540) und auf dem Reichstag zu Regensburg (1541), zu dem er als päpstlicher Legat entsandt worden war, den Vorschlag, zwei, drei Männer wie Peter Faber in die deutschen Lande zu schikken.[16] Er war der Überzeugung, daß damit der Sache der katholischen Kirche am besten gedient wäre. Zu dieser Ansicht wird ihn wohl auch die Erfahrung des Wirkens Peter Fabers gebracht haben, das dieser im Umfeld des Reichstages entfaltete. Dieser Vorschlag nach der Begegnung in Regensburg, der angesichts der hohen Erwartungen in die Religionsgespräche sehr bescheiden erscheint, ist keineswegs auf den Mangel an Fähigkeit und Einsatz des päpstlichen Legaten zurückzuführen. »Kein anderer Diplomat vom Fach hätte geschickter als er die wohlverstandenen Interessen des Papstes wahrnehmen, die Menschen, den Kaiser und seine Staatsmänner, Fürsten und Theologen, individueller behandeln können als er ... Die Protestanten spürten, daß sie es in ihm mit einem Manne zu tun hatten, der ihre Seelen suchte, nicht ihre Güter oder einen politischen Vorteil: sie erkannten sein uneigennütziges Wollen und seine theologische Einsicht rückhaltlos an.«[17]

Nach den Religionsgesprächen in Deutschland führten die zahlreichen Verhandlungen in Rom zu einem einzigen praktischen Ergebnis: Giovanni Morone, der Erzbischof von Modena, wurde mit einer dreifachen Aufgabe er-

Papst Paul III. bestätigt mit der Bulle »Regimini militantis ecclesiae« vom 27. September 1540 die Gesellschaft Jesu.

neut nach Deutschland gesandt. Seine Verhandlungen über den Eintritt des Papstes in die katholische Liga und dessen Türkenhilfe wie seinen Auftrag, die Meinung der Stände zum Konzilsort zu erforschen, lassen wir hier beiseite. Er sollte auch dafür sorgen, daß die deutschen Bischöfe die Reformen durchführten, die ihnen Contarini schon im Juli 1541 persönlich nahegelegt hatte. Schon damals mußte dieser feststellen, daß sich die Bischöfe gegen partikulare Reformen sperrten: Die einen wollten dafür das Konzil abwarten und vorher nichts unternehmen, andere mahnten die Reform der römischen Kurie an, einige wiesen die lutherischen Gebiete als Missionsfeld an oder drohten damit, zu den Lutheranern überzuwechseln, wenn man sie mit Reformen behellige.

Am 4. Januar 1542 brach Giovanni Morone zur Einleitung der katholischen Reform von Modena nach Deutschland auf.[18] Am 8. Februar kam er in Speyer an. Gemäß Contarinis Schlußbericht über den Regensburger Reichstag wurden ihm der Ire Dr. Robert Wauchope, Bischof von Armagh, und drei Jesuiten – Peter Faber, Claude Jay und Nicolás Bobadilla – als Helfer mitgegeben.[19] Dr. Wauchope und Jay sandte Morone bald zum Bischof und Domkapitel nach Regensburg, damit sie dort im Sinne der katholischen Reform arbeiteten. Für diesen Einsatz erhielten die beiden eine für die Vorgehensweise bezeichnende Instruktion.[20] Sie wurde auch Peter Faber ausgehändigt, der erst nach dem Reichstag in Speyer aus Spanien angekommen war und dieses Mal Morone persönlich gar nicht treffen konnte.[21]

Morone setzt ihre lautere Gesinnung und ihren festen Glauben an Gott und Christus, den Erlöser, als selbstverständlich voraus, ebenso daß sie beten würden, damit Gott ihr Tun begleite, ehe sie etwas angehen oder unternehmen. Nach dieser Einleitung der Instruktion spricht der päpstliche Legat von ihrer Einstellung, mit der sie die Sache angehen sollen: Ihr Blick soll einzig auf Gott und das Heil der Seelen gerichtet sein; in allem, was sie tun und sagen, mögen sie sich von einer tiefen Demut des Herzens leiten lassen; Eifer soll in Klugheit

Kardinal Giovanni Morone (1509–1580)

sein Maß finden, so daß man sie mit gutem Grund treue und kluge Knechte nennen könne. So werde es nicht schwer fallen, auf die Menschen einzugehen, um ihnen zu helfen und zu dienen statt sie schulmeisterlich zu behandeln, was den Deutschen sehr mißfalle. Auch sollen sie diese nicht mit einem Schlag zur Vollkommenheit zu führen versuchen und dabei den glimmenden Docht löschen. Sie sollen vermeiden, mit erhobenem Zeigefinger aufzutreten, Macht hervorzukehren und das Gehabe eines Reformers zu zeigen. In erster Linie sei eine möglichst freundschaftliche Beziehung zu suchen. Wenn sie mit den Gewohnheiten vertraut und in ehrbarer Freundschaft akzeptiert seien, sollen sie mit dem päpstlichen Breve seinen Brief dem Bischof und dem Domkapitel übergeben. Wenn aber stattdessen nichts als abweisende Widerstände entstehen und aus der Überreichung der Schreiben nichts zu erhoffen ist, sollen sie dennoch die Versammelten in Güte ermahnen, den Forderungen des Papstes nachzukommen. »Damit du jedoch alles besser ausführen kannst«, wird Wauchope gesagt, »habe ich dir einen Gefährten und Helfer nach deinem Herzen an die Seite gegeben, Herrn Claude Jay, dessen zuverlässigen Rat, Einsatz und Hilfe du dir in allen möglichen Angelegenheiten zunutzemachen können wirst.«[22] Morone zweifelt nicht, daß sie das suchen, was Jesu Christi ist, und daß sie in allem einmütig vorangehen würden. »Vor allem laß dir den schon genannten Herrn Claude empfohlen sein.«[23]

Auch wenn er schriftlich darlege, was er erbittet, so fährt Morone in der Instruktion fort, möchte er damit keineswegs ihren Geist knebeln. Was er vorgebracht hat, stellt er in dem, was er gesagt, und auch in dem, was er ausgelassen hat, ihrem Ermessen anheim. Er hofft darauf, daß Gottes Geist mit ihnen sein werde, und er weiß darum, daß vieles erst an Ort und Stelle entschieden werden kann. Soweit das ihn angehe, stehe dem die Bindung durch den Gehorsam nicht im Wege. Zwingende Notwendigkeit ihrer Unternehmungen gebe es nur von Gott her. Morone wünscht schließlich, vom Fortgang der Dinge unterrichtet zu werden, und bietet für die Zeit, in der er selber in Deutschland ist, seine Hilfe an. Jeder von ihnen möge fleißig nach Rom berichten, vor allem an Kardinal Cervini.

Giovanni Morone hatte seinerseits für diese Mission eine päpstliche Instruktion[24] erhalten. Papst Paul III. hatte Kardinal Gasparo Contarini beauftragt, sie zu entwerfen. So kann man damit rechnen, daß die Instruktion für Morone viel von Contarinis Ansichten zur katholischen Reform enthält. Gemäß der päpstlichen Instruktion geht es nicht darum, Gegner zu bekämpfen, sondern es sollen irrige Ansichten und Fehlhaltungen in den eigenen Reihen behoben werden. Es ist festzustellen, daß diese päpstliche Instruktion die in sie gesetzten Erwartungen nur mehr oder minder erfüllen konnte, da die Schwierigkeiten in den deutschen Landen sehr groß waren.

Leitsätze der katholischen Reform

Geht man davon aus, daß Contarini die päpstliche Instruktion für Morone entworfen hat, so bezeugen beide Dokumente eine völlige Übereinstimmung der beiden päpstlichen Diplomaten in dem, was die Methode der katholischen Reform angeht. Das erinnert in vielen Punkten an die Vorgehensweise der jungen Gesellschaft Jesu und ist, so scheint es, auf den Einfluß des Ignatius und seiner Gefährten zurückzuführen. Jedenfalls lassen sich leicht Parallelen zu Dokumenten der Ignatianischen Spiritualtität aufzeigen und auch enge Kontakte mit der jungen Gesellschaft Jesu nachweisen, über die dieser Einfluß geschehen konnte.

1. »Nichts gehen wir an, ohne Gebet und Beratung vorauszuschicken.«[25] Diese Mitteilung Wauchopes erinnert an die Beratungen des Ignatius und seiner Gefährten, die wohl häufiger stattfanden, als davon berichtet wird, und in denen das Gebet einen bedeutenden Raum einnahm.

2. Was Morone zur inneren Ausrichtung der beiden Mitarbeiter auf Gott und das Heil der Seelen sagt, enthält sachlich Anklänge an die Geistlichen Übungen des hl. Ignatius, im einzelnen an das Vorbereitungsgebet (EB 46) und an die »Hinführung, um eine gute Wahl zu treffen« (EB 169a), aber auch an andere Stellen, in denen von der Wahl oder von vergleichbaren Situationen die Rede ist. (EB 179f) Die deutlichste Nähe zeigt sich wohl in jenem Abschnitt des Exerzitienbuches, in dem Ignatius Anregungen gibt, »um das eigene Leben und den eigenen Stand zu bessern und zu reformieren«: Indem er eine Form und Weise angibt, das eigene Leben zu bessern, läßt er die Exerzitanten »ihr Geschaffensein, ihr Leben und ihren Stand zur Ehre und zum Lobpreis Gottes, unseres Herrn, und zur Rettung ihrer eigenen Seele setzen«. (EB 189) Der Exerzitant soll aus dieser Gegenüberstellung heraus »nichts anderes wollen und suchen als in allem und durch alles den größeren Lobpreis und Ruhm Gottes, unseres Herrn«. (EB 189)

Das Leitbild des getreuen und klugen Knechtes, das Wauchope und Jay nach Regensburg mitgegeben wird, läßt in biblischer Sprache erstehen, was Ignatius in der Betrachtung von der Geburt unseres Herrn in der Gestalt des »kleinen, armen und unwürdigen Knechtleins« (EB 114) nahezubringen sucht, die gewiß zunächst auf dem Wege eines Vergleichs einen Zugang zur Kontemplation verschaffen soll, aber dann doch auch das anzeigt, was durch die Kontemplation erzielt werden will, nämlich »im Dienst Gottes, unseres Herrn, vom Guten zum Besseren aufzusteigen«. (EB 315)

3. Was Morone als Stil des Umgangs mit den Katholiken in den deutschen Landen empfiehlt, zeigt eine große Ähnlichkeit mit dem, was Ignatius für eine gedeihliche Begegnung des Exerzitienbegleiters mit dem Exerzitanten aus einem gelungenen Christsein herleitet. Dafür setzt er voraus, »daß jeder gute Christ bereitwilliger sein muß, die Aussage des Nächsten zu retten als sie zu verurteilen; und wenn er sie nicht retten kann, erkundige er sich, wie jener sie versteht, und versteht er sie schlecht, so verbessere er ihn mit Liebe; und wenn das nicht genügt, suche er alle angebrachten Mittel, damit jener, indem er sie gut versteht, sich rette.« (EB 22)

4. Im Hinblick auf fruchtbare Gespräche und Begegnungen sind zuerst die Grundlagen ehrbarer Freundschaft zu schaffen (»honestae amicitiae primum iacies firma fundamenta«).[26] Was da Morone rät, hat in den Satzungen, Instruktionen und Briefen des Ignatius eine vielfache Entsprechung. In jenem Teil der Satzun-

gen, die von denen handeln, die in die Gesellschaft Jesu aufgenommen werden sollen, wird in der Liste ihrer Eigenschaften »Eifer für das Heil der Seelen« genannt. Ebenso sollen sie der Gesellschaft Jesu »zugetan sein«, die »geradeaus darauf hingeordnet ist, den Seelen zu helfen und sie dazu bereit zu machen, ihr letztes Ziel aus der Hand Gottes, unseres Schöpfers und Herrn, zu erlangen«. (S 157) Unter den Voraussetzungen für die Eingliederung in die Gesellschaft Jesu wird an erster Stelle die Fähigkeit zum Gespräch gewünscht, die für den Umgang mit dem Nächsten dringend nötig ist. (S 158)

Auszüge jener Instruktion, die Ignatius seinen Gefährten Broët und Salmerón aushändigte, als sie 1541 im Auftrag von Paul III. nach Irland aufbrachen, mögen verdeutlichen, was der eben genannte Abschnitt der Satzungen meint. In der gesamten Instruktion geht es um »die Weise, im Herrn zu verhandeln und zu verkehren«:

»Beim Verhandeln mit allen, und besonders mit an Würde oder Autorität Gleichen oder Geringeren, wenig und spät sprechen, lange und gern hören, indem man lange hört, bis sie zu Ende gesprochen haben, was sie wollen. Danach auf die jeweiligen Teile antworten, Schluß machen, sich verabschieden. Wenn sie dagegenreden, den Wortwechsel abbrechen, soweit möglich. Der Abschied rasch und freundlich.

Um mit manchen Großen oder Vorgesetzten zu verkehren und ihre Liebe zu erlangen zum größeren Dienst für Gott unseren Herrn, zuerst schauen, von welcher Art er ist, und uns daran anpassen, nämlich wenn er cholerisch ist und rasch und munter spricht, irgendwie in der Unterhaltung in guten und heiligen Dingen seine Weise einhalten und sich nicht ernst, phlegmatisch oder melancholisch zeigen. Bei denen, die von Natur zurückhaltend, langsam in Reden, ernst und gewichtig in ihren Gesprächen sind, ihre Weise ihnen gegenüber annehmen. Denn dies ist es, was ihnen angenehm ist: ›Ich bin allen alles geworden‹ (1 Kor 9,22).«[27]

Schon diese zwei Absätze zeigen deutlich, was Ignatius mit der Fähigkeit zum Gespräch auf der Seite derer, die den Dienst der Gesellschaft Jesu an den Nächsten mittragen sollten, vorschwebte. Vor allem ist im Gespräch eine gute Beziehung grundzulegen. Das erfordert ein hohes Unterscheidungsvermögen, um die Sache und die Art und Weise, wie sie auf beiden Seiten vertreten wird, auseinanderzuhalten. Vom Jesuiten erwartet Ignatius, daß er seine Sichtweise samt den emotionalen Einstellungen gegenüber dem Gesprächspartner hintansetzt, um sich diesem anzupassen. So ist dem Partner der Weg zu seiner Wahrheit möglichst zu ebnen. Dieses Vorgehen verlangt ein hohes Maß an Verzicht und zugleich einen hohen Einsatz, um die Liebe des anderen um der Sache willen zu gewinnen. Überlegene Gewandtheit oder das Bestreben, den anderen zu überführen, hat nach Ignatius in der Kunst der Gesprächsführung keinen Platz. Bei aller menschlichen Sorgfalt in der Gesprächsführung hat sich der Jesuit vor Augen zu halten, daß er damit lediglich für die »Wirkung, die die göttliche Gnade hervorbringen muß« (S 414), disponiert. Die Salbung des Hl. Geistes und »das verständige Urteil, das Gott unser Herr denen mitteilt, die auf seine göttliche Majestät vertrauen« (S 414), dürfen nicht fehlen.

Man könnte weitere Belege für die Ähnlichkeit der Weise des Vorgehens, die Morone und Contarini in ihren Instruktionen empfohlen haben, mit »der Weise ..., die ein Mitglied der Gesellschaft Jesu einhalten muß« (S 414), anführen. Letztlich wurzeln sie aber alle so sehr in der Spiritualität der Exerzitien, daß Peter Faber, der nach dem Urteil des Ignatius wie keiner sonst die Exerzitien zu handhaben wußte, diese einfachhin »unsere Weise des Vorgehens«[28] nannte, da in ihnen dem Wirken des Hl. Geistes Raum gegeben werden soll.

Wurzeln der katholischen Reform in den deutschen Landen

Es stellt sich die Frage nach dem Grund der Ähnlichkeit in der Weise des Vorgehens, die in Morones und Contarinis Instruktion einerseits und in verschiedenen Texten des hl. Ignatius andererseits aufscheint. Überwiegend wird er in persönlichen Kontakten gegeben sein, deren Verlauf und Entwicklung kaum dokumentiert ist.

Spätestens beim Religionsgespräch in Worms hatte Morone Gelegenheit, Peter Faber kennenzulernen; dieser nahm in seiner Eigenschaft als päpstlicher Gesandter beim römischen König Ferdinand I. daran teil und hatte zudem den päpstlichen Beauftragten Tommaso Campeggio in der Erfüllung seines Auftrages zu unterstützen.[29] Offenbar hat Morone diese Gelegenheit genutzt. Im Brief vom 27. Dezember 1540 aus Worms empfahl Peter Faber einige von seinen Söhnen – so nannte er jene, die zu ihm beichten gingen – dem Vater Ignatius. Unter ihnen ist auch Morone, der Bischof von Modena.[30] Es ist bekannt, daß Faber oft im Stil von ausgedehnten Beichtgesprächen das Bußsakrament mit den Gläubigen feierte. In diesen Begegnungen hätte Morone gut die »Weise der Gesellschaft Jesu« kennenlernen können.

Eine Äußerung Morones gegenüber Contarini aus dem Jahre 1542 zeigt, worauf er bei Peter Faber in besonderem Maß baute und was er an ihm schätzte: Bei all dem – Morone hatte geschildert, wie kühl seine Einladung zur Reform aufgenommen wurde – »möchte ich nicht die Hoffnung auf irgendeinen Erfolg sinken lassen, zumal ich Magister Peter Faber für Speyer, Mainz und die Gebiete am Rhein abgeordnet habe. Ich habe ihn angewiesen, es zu vermeiden, in den Ruf des Reformers zu kommen, vielmehr sollte er trachten, in Wort und Beispiel für Christus Frucht zu bringen, soweit ihm das von seiner göttlichen Majestät gewährt wird. Und ich bin mir sicher, er wird ein guter Knecht sein und in dieser so empfindlichen Nation keinen Anstoß geben.«[31]

Es ist aber auch denkbar, daß Morone überdies durch Contarini in die Weise des Vorgehens der Gesellschaft Jesu, nach der »jeder gute Christ bereitwilliger sein muß, die Aussage des Nächsten zu retten, als sie zu verurteilen« (EB 22), eingeführt wurde.

Contarini, ein Freund der Gesellschaft Jesu

Contarini war »aufgeschlossen für die religiösen Anliegen der Reformation, doch stets von unzweifelhafter katholischer Haltung, unter Paul III. die Seele und das Gewissen der katholischen Reform, von Vittoria Colonna als ›edle Seele, niederer Regungen taub‹ gepriesen, auch von Martin Butzer als gelehrte Persönlichkeit, der jeder Eigennutz fern ist und zu der man nur aufblicken kann, anerkannt«.[32] So charakterisiert ihn Hubert Jedin. Aus einem venezianischen Adelsgeschlecht stammend, studierte er Philosophie und Naturwissenschaften. Nach einem besonderen Gnadenerlebnis im Jahre 1511 wandte er sich in seinen Studien der Theologie zu. 1518 schlug er die Beamtenlaufbahn ein, vertrat 1521 die Republik Venedig am Reichstag in Worms und war von

Vittoria Colonna (1492–1547), Marchesa von Pescara, Gemahlin des Don Ferrante de Ávalos.

Schon Vittorias Heirat (1509) zeigte die spanisch-kaiserliche Einstellung der Colonnas an. Ihr Gemahl starb 1525 für den Kaiser. Danach führte Vittoria ein zurückgezogenes Leben und hielt sich vielfach in Ischia auf. Im benachbarten Neapel hörte sie 1532 Bibelvorlesungen des Spaniers Juan Valdés. 1534 lernte sie den berühmten Kapuziner Bernadino Occhino kennen, dessen Austritt aus der katholischen Kirche im Jahre 1542 sie bis in die Tiefen ihrer Seele erschütterte.

Im April 1536 bereiteten Vittoria und ihre Schwägerin Juana Kaiser Karl V. in Rom einen glanzvollen Empfang. Groß war die politische und gesellschaftliche Bedeutung der in ganz Italien gefeierten Dichterin Vittoria Colonna. Sie erhielt Zugang zu einem Kreis von ganz und gar kirchlich gesinnten Vorkämpfern der katholischen Reform, die allerdings von den Protestanten als geheime Verbündete ihres Reformwerkes angesehen wurden: Gasparo Contarini, Giovanni Morone, Tommaso Badia, Gregorio Cortese, Catarina Cibo. Unter ihnen ist auch Vittorias Freund Kardinal Reginald Pole, der ihr für die Erfordernisse der katholischen Reform die Augen öffnete. Angesichts des Nepotismus, den Paul III. von der ersten Stunde seines Pontifikates an pflegte, schrieb sie am 16. September 1538 maßvoll, aber doch freimütig an den Papst: »Ach Gott, Hl. Vater, ist das die Reform, die Eure Heiligkeit durchführen wollte?« Zwischen 1537 und 1540 reiste die nach Gottes Frieden suchende Frau von Ort zu Ort. Während sie von Mai 1537 bis Februar 1538 in Ferrara weilte, lernte sie zwei Gefährten des Ignatius von Loyola kennen: Claude Jay und Simon Rodrigues, die wie sie auf die Gelegenheit einer Wallfahrt ins Hl. Land warteten. Von 1541 bis 1544 lebte Vittoria in der Einsamkeit des Klosters Santa Catarina in Viterbo. Dort wurde sie von P. Antonio Araoz im Auftrag des Ignatius besucht: Es ging vor allem um die brüchige Ehe ihres Bruders.

In ihrem wachsenden Verständnis für die wahre Kirchenreform zog es Vittoria 1544 nach Rom. Im Kloster Sant' Anna de' Funari nahm sie eine Wohnung. Sie verkehrte im Kreise der berühmtesten Gelehrten und Künstler, unter ihnen Michelangelo. Ignatius begegnete sie persönlich. Gewiß drehten sich ihre Gespräche um die Reform der Kirche. Ignatius wußte sie aber bald für Taten der schlichten Nächstenliebe zu gewinnen, und sie trat der Compagnia della Grazia bei, die Ignatius als Trägerverein des Sankt-Martha-Hauses ins Leben gerufen hatte.

A. Falkner S.J.

Vittoria Colonna (1492–1547)

1528–1530 Legat der Republik bei Clemens VII. Am 21. Mai 1535 wurde er von Paul III. zum Kardinal ernannt. Bald darauf bestellte ihn dieser zum Leiter der Kommission für die Reform der päpstlichen Kurie.[33]
Wie und wann Contarini mit Ignatius von Loyola bekannt geworden ist, geht aus den Quellen des Jesuitenordens nicht hervor. Es ist aber sicher, daß er bald nach der Ankunft des Ignatius in Rom, also wohl 1538, mit ihm die Exerzitien gemacht[34] und das Exerzitienbüchlein eigenhändig abgeschrieben hat[35], das ja erst 1548 veröffentlicht wurde. Diese Tatsache zeigt das Vertrauen an, das diese beiden Männer verband, denen sehr viel an der Reform der Kirche gelegen war.
In den Tagen der Exerzitien hatte Contarini die Möglichkeit, die Weise des Vorgehens, die Ignatius und seine Gefährten angenommen hatten, von ihrem Ursprung her kennenzulernen. Was immer die Exerzitien bei Contarini bewirkt haben, auf jeden Fall hatte Ignatius einen Freund gewonnen, dessen Wort bei Paul III. viel galt. Als Ignatius und seine Gefährten

sich entschlossen hatten, einen Orden zu gründen, war es Kardinal Contarini, der das Anliegen der Reformpriester an den Papst herantrug. Es war auch Contarini, der am 3. September 1539 dem Papst in Tivoli die erste Beschreibung der Lebensweise der Pariser Magistri vorlas und am gleichen Tag die spontane Billigung des Vorhabens durch Paul III. Ignatius melden konnte.[36] Ein Jahr später ordnete Paul III. nach vielen Auseinandersetzungen im Kardinalskollegium auf Anraten der Kardinäle Contarini, Carpi und Guidiccione hin die Errichtung der Gesellschaft Jesu an, die am 27. September 1540 mit der päpstlichen Bulle »Regimini militantis Ecclesiae« erfolgt ist. Das ganze Verfahren bot reichlich Gelegenheit, daß Contarini die Lebensweise der Gefährten um Ignatius bzw. der entstehenden Gesellschaft Jesu schätzen lernen konnte. Ob er damals schon an ihren Einsatz in den deutschen Landen dachte?

In den ältesten historischen Quellen zu den Anfängen der Gesellschaft Jesu wird Contarinis Verdienst um ihre Errichtung allenthalben, aber doch verhalten erwähnt.[37] Es fällt auf, wie nüchtern Juan de Polanco, der 1541 in die Gesellschaft Jesu eingetreten ist und 1547 von Ignatius die Aufgabe seines Sekretärs zugewiesen bekam, von Contarini berichtet. In seiner Lebensbeschreibung des Ignatius, die er 1574 verfaßte, nennt er unter den Exerzitanten der römischen Jahre des Ignatius Kardinal Contarini »eine durch Bildung, Frömmigkeit und Ansehen hervorragende Persönlichkeit«[38]. Dort, wo er von der Gründung des Ordens spricht, erwähnt er Contarini als den, der den Entwurf der Satzungen Paul III. vorgelegt hat.[39] Schon 1547 oder 1548 verfaßte Juan de Polanco einen Abriß über die Entstehung und erste Entwicklung der Gesellschaft Jesu. Dabei stützte er sich auf die Darstellung des Geschehens durch Diego Laínez, die er offensichtlich von diesem erbeten hatte.[40] Im sechsten Kapitel dieses geschichtlichen Überblicks berichtet Polanco von den ersten Aussendungen der Jesuiten innerhalb und außerhalb Italiens.[41] Darin werden jene, die die Gefährten des Ignatius in die deutschen Lande geführt haben, mit keinem Wort erwähnt, obwohl sein Gewährsmann Diego Laínez davon zwar kurz, aber doch sehr wohl spricht[42], als ob die ersten Jesuiten das, was sich Jahrhunderte später in einem ganz anderen Licht zeigen würde, als nebensächliche Episode angesehen hätten: »Die einzigen fruchtbaren Ergebnissse, die dieser erste Versuch einer katholischen Reform in Deutschland zeitigte, gingen von den Jesuiten Faber, Bobadilla und Jay aus, die Morone als Helfer begleiteten. Sie streuten während der folgenden Jahre in Süddeutschland und Österreich durch ihr Seelsorgswirken manches Samenkorn aus, das später aufging; für eine Reform im großen fehlten die Voraussetzungen, vor allem im Episkopat.«[43]

Warum wird der Einsatz der Gefährten des Ignatius für die katholische Reform in Deutschland in der ältesten Geschichte der Gesellschaft Jesu verschwiegen? Ließ sich Juan de Polanco von menschlichen Rücksichten dazu bestimmen? Die Kirchenpolitik, die Gasparo Contarini bei den Religionsgesprächen am Regensburger Reichstag vertreten hatte und für die er allem Anschein nach das Maß bei der eben entstandenen Gesellschaft Jesu genommen hatte, wurde von vielen Kardinälen in Rom mit Argwohn verfolgt. Der Grundzug in Contarinis »Verhalten den Andersgläubigen gegenüber waren Milde und Versöhnlichkeit. Mit einer Sorgfalt, die fast an Ängstlichkeit grenzt, suchte er alles zu vermeiden, was die von der Kirche Getrennten irgendwie verletzen oder reizen konnte; so verzichtete er selbst auf die öffentliche Verkündigung des Jubelablasses, welchen Paul III. zur Erflehung der göttlichen Hilfe für das Einigungswerk gewährt hatte. Immer wieder hebt er in seinen Briefen nachdrücklich hervor, daß man den Protestanten durch Liebe, Milde und Freundlichkeit entgegenkommen müsse; freilich betonte er daneben auch die Notwendigkeit, bei aller Milde mit Festigkeit und Entschiedenheit aufzutreten. Nach diesen Grundsätzen ist er konsequent während des ganzen Regensburger Reichstages vorgegangen.«[44] Kirchenpolitiker, denen es geläufig war, mit Hilfe von Inquisitionstribunalen für den wahren Glauben einzutreten, mußte Contarinis Vorgehen befremden. Als er am 29. Juli 1541 von Regensburg nach Rom aufbrach, war ihm wegen seines Eintretens für die Versöhnung der üble Ruf, Lutheraner zu sein, vorausgeeilt[45]; er blieb an ihm hängen, wenngleich Contarinis Verketzerung auf »eine von Bayern angezettelte französische Intrige, bestimmt, die Union zu verhindern«[46], zurückging. Allein Paul III. ließ sich in seinem Urteil über Contarini durch diese Verdächtigungen nicht beirren und dankte ihm für sein Bemühen. Contarini hatte einer Formulierung der Rechtfertigungslehre zugestimmt, die auf Johannes Gropper, den Kanzler der Diözese Köln, zurückging und von den Vertretern der Katholiken und Protestanten angenommen wurde: Der durch die Liebe wirksame Glaube rechtfertigt. Auch wenn die in der Regensburger Formel enthaltene Lehre von der doppelten Gerechtigkeit vom Trienter Konzil verworfen wurde, ist damit Contarinis Anliegen nicht gegenstandslos geworden. Ihm ging es darum, »jenes unheilvolle Mißverständnis auszuräumen, das von Luthers Anfängen her die Auseinandersetzung mit den Protestanten belastete, nämlich daß die katholische Heilslehre ... das Verdienst Christi als Quelle allen Heiles beeinträchtigte, die Bedeutung des Glaubens für die Rechtfertigung herabdrücke, kurz, die Allwirksamkeit der göttlichen Gnade nicht wahre. Seit dem Karsamstagerlebnis des Jahres 1511 ruhte seine ganze religiöse Existenz auf diesem Grundgedanken; in schwerstem, inneren Kampf hatte er ihn behauptet, er war für ihn der Kern seiner Religion. Er war und ist katholisch, und es beruht auf Unkenntnis der katholischen Gnadenlehre«, wenn gesagt wird, die seine sei nicht katholisch. »Tridentinisch ist sie nicht, aber noch weniger protestantisch.«[47]

Im Januar 1542 ernannte Paul III. Contarini zu seinem Legaten für Bologna. Damit erhielt er wohl die wichtigste und ehrenvollste Gesandtschaft im Kirchenstaat,[48] hatte sich aber zugleich wenigstens räumlich vom Zentrum des Reformwerkes zurückzuziehen.

Contarini, ein qualifizierter Diplomat und tief religiöser und kirchlicher Christ, hat »sich selbstlos für die Sache der Kirche geopfert und das Papsttum vor dem Vorwurf bewahrt ..., die religiöse Wiedervereinigung Deutschlands nicht gewollt oder gar hintertrieben zu haben.«[49] Am 24. August 1542 ist der große Förderer und Freund der Gesellschaft Jesu, mit dem Makel der Häresie behaftet, an einer Lungenentzündung in Bologna gestorben.

Es ist durchaus möglich, daß es manchen Jesuiten nicht leicht fiel, zu ihrem Freund und der von ihm vertretenen Sache, nämlich »bereitwilliger [zu sein], die Aussage des Nächsten zu retten, als sie zu verurteilen« (EB 22), zu stehen, obwohl sie diese als die ihre hätten erkennen müssen: Sie waren eben in den Schatten einer Persönlichkeit hohen Ranges geraten, deren Rechtgläubigkeit in Rom in Frage gestellt wurde, nicht zuletzt durch Kardinal Gian Pietro Carafa.

In seinem Einsatz für das Anliegen der Regensburger Unionsformel ging es Contarini doch wohl darum, authentische geistliche Erfahrung von einzelnen und Gruppen den angemessenen Ort in der kirchlichen Tradition zu sichern. In der kritischen Prüfung durch die Kirche hat sich die Authentizität geistlicher Erfahrung zu erweisen. Die Frage nach dem Rang und Wert geistlicher Erfahrung von einzelnen und Gemeinschaften hat nichts an Aktualität verloren.

Anmerkungen

1 J.B. Kettenmeyer, Aufzeichnungen des Kölner Kartäuserpriors Kalckbrenner über den Sel. Peter Faber, in: AHSI 8 (1939) 86–102, hier 98.
2 Ebd. 350.
3 Ebd.
4 H. Jedin, Geschichte des Konzils von Trient. Bd. 1. Freiburg [2]1951, 311.
5 Ebd. 364.
6 Ebd. 365f. 370.
7 Ebd. 317.
8 Ebd. 326f.
9 Vgl. dazu A. Falkner, Die »Leichten Exerzitien« in der frühen Praxis von Ignatius und Peter Faber, in: Korrespondenz zur Spiritualität der Exerzitien 39 (1989) H. 54, 41–57.
10 H. Boehmer, Ignatius von Loyola. Hg. von H. Leube. Stuttgart 1951, 143.
11 MI *Epp.* I, 114–118. Dt. Übers. in: Ignatius von Loyola, Trost und Weisung. Geistliche Briefe. Hg. von H. Rahner, neubearb. von P. Imhof. Zürich [2]1989, 44–48, hier 45.
12 C. de Dalmases, Ignatius von Loyola. Versuch einer Gesamtbiographie des Gründers der Jesuiten. München 1989, 112.
13 Ignatius von Loyola (s. Anm. 9) 45.
14 Ebd. 47f.
15 H. Jedin (s. Anm. 2) 335. 333.
16 Vgl. den Beitrag von P. Henrici in diesem Band 231–244.
17 H. Jedin (s. Anm. 2) 315.
18 L. Pastor, Geschichte der Päpste seit dem Ausgang des Mittelalters. Bd. 5. Freiburg [8.9]1925, 461f.
19 Vgl. den Beitrag von P. Henrici (s. Anm. 16).
20 B. Duhr, Ungedruckte Briefe des Erzbischofs Dr. Vauchop und seines Gefährten, des Jesuiten Claudius Jains, in: ZKTH 21 (1897) 593–621, hier 594–596. Wauchope and Jay kamen am 24. März 1542 in Regensburg an: ebd. 601.
21 M *Fabri* 175–178: Faber an Ignatius, Speyer, 24. August 1542, hier 178. – Mit Einwilligung des Papstes wurde Bobadilla König Ferdinand I. zugeteilt und zog mit diesem nach dem Reichstag in Speyer nach Wien. M *Bob* 621.
22 B. Duhr (s. Anm. 20) 595.
23 Ebd.
24 O. Raynald, Annales Ecclesiastici ad annum 1542, n. 2–8.
25 B. Duhr (s. Anm. 20) 601–605: Wauchope an Farnese, Regensburg 13. April [1542], hier 604.
26 Ebd. 595.
27 MI *Epp.* I, 179–181. Rom, Anfang September 1541. Übers. von P. Knauer.
28 Vgl. dazu M *Fabri* 50, 69, 111 u.ö. Zit. nach Bienheureux Pierre Favre, Memorial, Traduit et commenté par M. de Certeau. Paris 1960, 73.
29 M. *Fabri* 45[7].
30 Ebd. 45.
31 Ebd. 444.
32 Art. Contarini, Gasparo in: LTHK [2]III 49f.
33 Ebd.
34 Summ. Hisp. Polanci, n. 78 in: FN I, 196.
35 I. de Polanco, De vita P. Ignatii, n. 96 in: FN II, 585.
36 MI *Const.* I, 21f: Contarini an Ignatius, 3. September 1539.
37 Vgl. Summ. Hisp. Polanci, n. 89 in: FN I, 206. Simonis Rodrigues Comm., n. 92 in: FN III, 122.
38 I. de Polanco, De vita P. Ignatii, n. 96 in: FN II, 585.
39 Ebd. n. 111 in: FN II, 594.
40 FN I, 55. Diese in Briefform verfaßte, sehr ausgewogene und daher stets geschätzte Darstellung wurde 1943 kritisch ediert in: FN I, 54–145.
41 Summ. Hisp. Polanci n. 96 – n. 146 in: FN I, 211–241.
42 FN I, 134.
43 H. Jedin (s. Anm. 2) 361.
44 L. Pastor (s. Anm. 18) 308.
45 H. Jedin (s. Anm. 2) 314.
46 Ebd.
47 Ebd. 309.
48 L. Pastor (s. Anm. 18) 334.
49 H. Jedin (s. Anm. 2) 314.

Der erste Jesuit in Deutschland

Peter Faber (1506–1546)

Peter Henrici, Rom

Das Angebot, das Ignatius und seine Gefährten im November 1538 Papst Paul III. gemacht hatten, nämlich daß er sie dorthin sende, wo es ihm am besten scheine, hatten sie bald in verschiedener Weise einzulösen. Kurz nachdem diese Gruppe von Reformpriestern im Frühjahr 1539 den Entschluß gefaßt hatte, sich als Orden zu konstituieren, wurden Peter Faber und Diego Laínez vom Papst nach *Parma* gesandt. In diesem Gebiet des Kirchenstaates sollten sie missionieren und den Einfluß der protestantischen Neuerer zurückdrängen. Kardinal Ennio Filonardi, der päpstliche Legat für diese Exklave des Kirchenstaates – er war einst Nuntius, übrigens der letzte, in Zürich gewesen –, hatte sie angefordert. Die beiden Gefährten des Ignatius setzten sich in Predigten, Exerzitien und im Beichtstuhl für die Erneuerung des christlichen Lebens in Stadt und Land ein. Jene, die sie in ihrem Wirken erreichen konnten, suchten sie in eine Gruppe einzubinden: Sie gründeten die Bruderschaft vom Namen Jesu. Sie wußten auch Ordensgemeinschaften für ein vertieftes religiöses Leben zu gewinnen. In ihrem Einsatz für das Wohl der Nächsten und Gottes Ehre entwickelten sie Formen des Apostolats, die schon im missionarischen Wirken des Ignatius während seines letzten Aufenthaltes in seiner Heimat sichtbar geworden waren und für die Seelsorge der Jesuiten typisch sein werden. Die Gläubigen wurden zur Erforschung des Gewissens, zum häufigen Empfang der Sakramente und zum täglichen Gebet angeleitet. Eingegliedert in Bruderschaften (oder, in späteren Jahren in die Marianischen Kongregationen, auf die heute die Gemeinschaften Christlichen Lebens gefolgt sind), sollten sie Raum und Rahmen für die Werke der Barmherzigkeit finden. Schriftliche Anweisungen dafür hinterließ Peter Faber in Parma, Regensburg und Köln.

Dieses fruchtbare Wirken mußte Faber schon im September 1540 beenden, weil der Papst ihn Dr. Pedro Ortiz zugeteilt hatte. Er sollte diesen nach Spanien begleiten und dort Gründungen der Gesellschaft Jesu vorbereiten. Tatsächlich führte die Reise aber über die Alpen nach Deutschland.[1]

Dr. Ortiz[2], ein spanischer Neuchrist, dessen Familie sich vom Judentum zum Christentum bekehrt hatte, hatte in Paris als Mitglied der Theologischen Fakultät jenen außergewöhnlich alten Studenten aus Loyola mit Argwohn beobachtet, weil er vielen Studenten den Kopf verdrehte, insbesondere auch seinem vorzüglichen Schüler Jerónimo de Peralta, und er hatte diesen Unruhestifter aus dem Baskenland dem Inquisitionsgericht angezeigt. 1530 wurde Dr. Ortiz als Professor der Hl.Schrift an die Universität Salamanca berufen. Schon im Jahr darauf mußte er als Ratgeber des kaiserlichen Gesandten nach Rom übersiedeln. Bald hatte er auch am Römischen Hof solches Ansehen erlangt, daß ihn Clemens VII. als Sekretär bestellte und danach Paul III. gern seine Dienste als Ratgeber in Anspruch nahm.

Ignatius hatte so sehr Angst vor dem Zusammentreffen mit Dr. Pedro Ortiz in Rom, daß er im Frühjahr 1537 seine Gefährten allein zum Papst schickte, um die Erlaubnis zur Pilgerfahrt nach Jerusalem einzuholen. Wider Erwarten wurden sie vom gleichen Dr. Ortiz am 3. März 1537 mit großem Wohlwollen empfangen und bei Papst Paul III. eingeführt.

Um letzte Vorbehalte gegen die Exerzitien auszuräumen und selber die Exerzitien zu machen, brachte Dr. Ortiz 1538 vierzig Tage mit Ignatius auf Monte Cassino zu. Diese Tage ließen die letzten Bedenken gegen Ignatius und seine Gefährten verschwinden. Aufgrund seiner vielfältigen Beziehungen verschaffte Dr. Ortiz den Jesuiten überall Zutritt und Eingang.

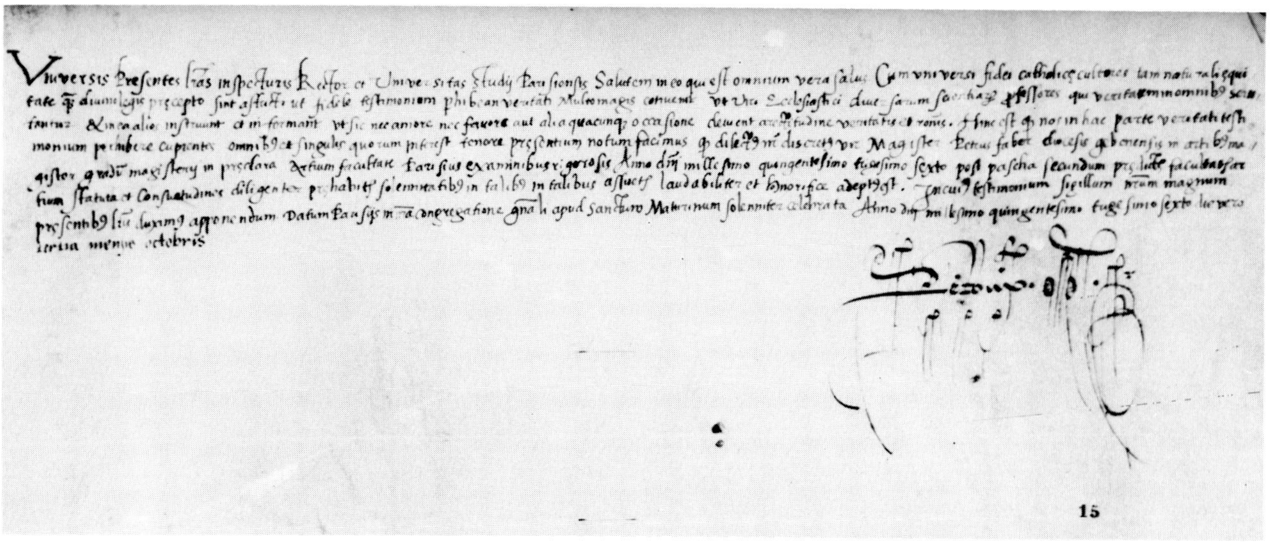

Magisterdiplom von Peter Faber, Pariser Universität, 3. Oktober 1536

Zum Eintritt in die Gesellschaft Jesu konnte er sich wegen seiner Körperfülle und der seiner Meinung nach mangelnden Eignung für ihre Arbeiten[3] nicht entschließen.
Diesen korpulenten Theologen der strengen Richtung hatte der zart gebaute und sensible Peter Faber über ein Jahr lang quer durch Europa zu begleiten.

An der Schwelle der katholischen Reform

Die Religionsgespräche in Worms, fortgeführt im Reichstag zu Regensburg[4], sollten die Kluft zwischen Protestanten und Katholiken überwinden, damit eine Einigung der politischen Kräfte des Reiches unter der Führung Kaiser Karls V. zustandekäme. Diese Einigung war angesichts der Bedrohung durch die Türken im Osten und Süden des Reiches von höchster Dringlichkeit, zumal sich Franz I., der katholische König von Frankreich, mit den Türken verbündet hatte.
Papst Paul III. waren diese Gespräche einerseits willkommen, weil er glauben konnte, daß damit etwas in die Wege geleitet würde, was der Reform der Kirche dienen könnte. Dafür hätte er schon längst das ökumenische Konzil einberufen sollen, das er bald nach seinem Regierungsantritt in Aussicht gestellt hatte. Andererseits mißfiel es ihm, daß ureigene Angelegenheiten der Kirche von weltlichen Machthabern aufgegriffen wurden. Diese Unzuträglichkeit wurde dadurch, daß an den Religionsgesprächen in Worms eine päpstliche Kommission und am Reichstag zusätzlich ein päpstlicher Legat teilnehmen würde, nur gemildert, aber nicht behoben. Das Zaudern der päpstlichen Politik in der Frage des allgemeinen Konzils war weitgehend durch die fast ununterbrochenen Feindseligkeiten zwischen Karl V. und Franz I. bedingt. Zudem beunruhigte den Hl. Stuhl und Franz I. gleichermaßen der Traum Karls V. von einer Weltherrschaft, in der dem Kaiser auch in religiösen Belangen ein Vorrang zukommen sollte.
Für die päpstliche Kommission, die nach Worms und Regensburg kommen sollte, wurde unter anderem Dr. Pedro Ortiz vorgeschlagen[5], weil er von Paris her mit theologischen Disputationen Erfahrung habe und in der Hl. Schrift sehr bewandert sei. Überdies wurde er aus Regensburg für die kaiserliche Kommission angefordert. In den Diskussionen argumentiere er wohl etwas weitläufig und sei leicht geneigt, die kleinste Abweichung zur Häresie zu erklären. Gerade aus dem Grund war er Kardinal Gasparo Contarini nicht genehm, der schließlich anstelle von Kardinal Girolamo Aleander als päpstlicher Legat am Reichstag in Regensburg teilzunehmen hatte. Contarini lehnte diesen rigorosen Theologen als Kommissionsmitglied ab, da er die Protestanten schonend behandelt wissen wollte. Dr. Pedro Ortiz bereitete sich daraufhin auf die vom Kaiser verfügte Rückkehr nach Spanien vor. Peter Faber sollte auf Geheiß des Papstes unterwegs zu ihm stoßen und ihn begleiten.

»180 Meilen von Rom«[6] erreichte Dr. Ortiz ein Bote mit dem Auftrag, als Vertreter des Kaisers nach Deutschland zu ziehen. So kam Faber im Gefolge der kaiserlichen Gesandtschaft am 24. Oktober 1540 zu den Religionsgesprächen nach Worms.
Von den Religionsgesprächen war nicht viel zu erwarten. Die Mehrzahl der deutschen Fürsten war zur neuen Lehre übergetreten und hatte sich zudem im Schmalkaldischen Bund zusammengeschlossen, der dem einzelnen starken Rückhalt gegenüber unerwünschten Machtansprüchen bot. Weder in politischen noch in religiösen Fragen waren sie zu Zugeständnissen bereit. Von den elf katholischen Vertretern beim Religionsgespräch in Worms waren drei bereits offen zur neuen Lehre übergetreten, andere zeigten für sie unverkennbar Sympathie. Die Herzöge von Bayern widersetzten sich einer Einigung von Anfang an, um die Machtgelüste der Habsburger auf jeden Fall einzudämmen. Niemand wollte vom Kaiser nach einer erzielten Einigung zu Zahlungen für die Kriege gegen die Türken genötigt werden. Granvella, der kaiserliche Repräsentant in Worms, strebte zwar eine Einigung um jeden Preis an, doch wurde er von den päpstlichen Nuntien, vorab von Giovanni Morone, scharf kontrolliert, damit nichts zum Schaden der katholischen Sache vereinbart werde.

Worms

Die Vorbereitungen der Religionsgespräche dauerten bis zum 13. Januar 1541. Am 18. Januar wurden die Gespräche nach drei Tagen auf den Reichstag in Regensburg vertagt. In Worms kamen weder die päpstlichen noch die kaiserlichen Theologen zu Wort: Die Gespräche wurden ausschließlich von deutschen Theologen geführt. Empört berichtete Morone an Kardinal Farnese: »Unerhört! Die Lutheraner haben es durchgesetzt, daß man vom Papst keine Notiz genommen hat, gleich als ob er der Türke sei oder der Antichrist, wie sie sagen.«[7] Kurzum, die Religionsgespräche in Worms machten die erschütterte Stellung des alten Glaubens in Deutschland peinlich sichtbar. Der Reichstag in Regensburg, der am 5. April eröffnet werden konnte, sollte die triste Situation, in die die katholische Kirche geraten war, und die Schwäche der habsburgischen Monarchen, die sich auch als Sachwalter der Kirche verstanden, nur noch deutlicher werden lassen.
Peter Faber wurde untersagt, mit Protestanten Kontakt aufzunehmen. Vor allem mit Melanchthon wäre er gerne ins Gespräch gekommen.[8] So mußte er sich damit begnügen, die *Confessio Augustana* und die *Apologia* Melanchthons zu studieren und sie auch seinen Mitbrüdern in Rom zum Studium zu empfehlen. Ob Faber im stillen auf die Bekehrung des

einen oder anderen Lutheraners gehofft hatte? Jedenfalls wird er bis zum Ende seines Lebens die Hoffnung auf die Bekehrung Luthers nicht aufgeben.[9]
Im übrigen war er am Rande der politischen Szene eifrig für die Besserung der Katholiken tätig. Dabei bediente er sich wie in Parma der Vorgehensweise, die sich im Kreise der Gefährten in Oberitalien und in Rom herausgebildet hatte. Vom Dienst des Predigens war er ausgeschlossen, weil er der deutschen Sprache nicht mächtig war. Umso mehr Zeit blieb ihm, Exerzitien zu geben, und für geistliche Gespräche innerhalb und außerhalb der Beichte. Diese persönlichen Kontakte ermöglichten es ihm, vom kirchlichen Leben in Deutschland und anderswo ein Bild zu gewinnen, das mehr als oberflächliche Eindrücke beinhaltete. Vor allem an Seelsorgern fehlte es allenthalben; es fehlte an Priestern, die bereit und fähig waren zu predigen und Katechese zu halten – vom Beichthören ganz zu schweigen. Sehr prägnant faßt er seinen Eindruck im Brief an Ignatius vom 10. Januar 1541 zusammen: »Gäbe Gott, daß hier in jeder Stadt zwei oder drei Priester zu finden wären, die weder im Konkubinat noch in andern stadtbekannten Sünden lebten und die Eifer für die Seelsorge zeigten! Ich zweifelte nicht, daß dieses einfache, schlichte Volk mit der Hilfe des Herrn bald wieder zur Kirche zurückkehren würde... Daraus könnt Ihr entnehmen, daß das Volk hierzulande Opfer eines Betrugs wurde: nicht so sehr wegen des Lichts oder der scheinbaren Güter, die ihm die Lutheraner versprachen, sondern wegen des Versagens derer, die jene hätten belehren müssen, welche nie wirklich Christen waren. Wäre unser Klerus so, wie er sein müßte, dann zeigte sich bald, daß die Lutheraner nicht so sind, daß sie der Christenheit so großen Schaden zufügen können.«[10] Faber sieht also in der Reformation nicht so sehr ein theologisches als vielmehr ein *pastorales Problem:* Sie ist in jenes Vakuum vorgedrungen, das durch die darniederliegende Seelsorge entstanden ist. Darum ist eine katholische Reform – später wird man sie Gegenreformation nennen – dringend notwendig. Für Faber besteht sie wesentlich im Wiederaufbau der Seelsorge. Als erster Schritt dazu war die Seelsorge an den Seelsorgern selbst die dringlichste Aufgabe. Mit den ignatianischen Exerzitien hatte Faber ein hervorragendes Instrument priesterlicher Lebenserneuerung in der Hand.
Auch wenn die erste Sendung Fabers durch den Papst nach Spanien schließlich bei den Religionsgesprächen in Worms und beim Reichstag in Regensburg endete und eigentlich ins Leere ging, da beide Bemühungen um Einigung in einem Fiasko endeten, zeigte sie doch eine erstaunliche Frucht: Durch sein Wirken als Seelsorger unter den katholischen Teilnehmern an den Religionsgesprächen bekamen Faber und auch seine Gefährten in entscheidenden Kreisen der kirchlichen und staatlichen Politik einen Namen. Nach dem kläglichen Scheitern Karls V. mit seiner Einigungspolitik konnte es nicht mehr darum gehen, einen theologischen Kompromiß zu finden. Nun galt es, die Erneuerung des christlichen Lebens in der Kirche selbst entschieden und energisch in Angriff zu nehmen. Faber hatte mit seinem Wirken im Hintergrund der großen Kirchenpolitik den Weg gewiesen. Im Schlußbericht an den Papst über den Reichstag wird an höchster Stelle eine Anregung hinterlegt, die weiterhelfen könnte: »Nicht geringen Nutzen haben hier, wie wir aus Erfahrung wissen, die Geistlichen Übungen geschaffen, sowohl bei den Fürsten als auch bei deren Untergebenen. Einige, die schwankten, sind jetzt bestärkt; andere, die schon abgefallen waren, sind zurück-

Die Wallfahrt zur »Schönen Maria« in Regensburg

geführt. Das größte Verdienst daran hat Magister Peter Faber, einer der Priester, der mit Kardinal Filonardi in Parma war. Es wäre gut, zwei seiner Mitbrüder aus der Gesellschaft Jesu hierher zu schicken, nämlich den Spanier Diego (Laínez) mit einem anderen; denn sie werden ganz gewiß großen Nutzen stiften.«[11]

Der erste Priester der Gesellschaft Jesu

Ungeachtet des erwähnten Schlußberichtes vom 8. Juni 1541 mußte Faber entsprechend seinem Auftrag mit Dr. Ortiz und dessen Gefolge schon am 27. Juli nach Spanien aufbrechen. Die Reise dauerte vier Monate und führte durch die Schweiz, Savoyen und Südfrankreich nach Barcelona, weiter über Zaragoza und Madrid nach Galapagar und Ocaña. In Spanien traf er da und dort auf Personen, die Iñigo, den Pilger, kennengelernt hatten und auch wußten, wohin sein Weg geführt hatte. Immer wieder kam die Rede auf die Exerzitien. Viele äußerten die Absicht, sich mit Faber einen Monat zurückzuziehen.

Die Reise verlief nicht ohne Abenteuer. »Wir kamen durch Frankreich«, berichtet Faber, »wo wir angehalten und etwa sieben Tage eingekerkert wurden. Und da darf ich nie die große Gunst vergessen, die Unser Herr uns erwies, als er uns so gnädig aus der Hand unserer Kerkermeister befreite und uns zum besten ihrer Seelen mit ihnen ins Gespräch kommen ließ – bis schließlich ihr Hauptmann zu beichten verlangte und bei mir die Beichte ablegte«.[12]

Wer ist dieser Mann, der selbst seinen Kerkermeister zu bekehren vermag? Am 13. April 1506 im savoyardischen Dörfchen Le Villaret unweit von Genf als Sohn begüterter Bauern geboren, wuchs der ebenso geweckte wie fromme Knabe in einer Atmosphäre volkstümlicher und tiefer Frömmigkeit auf. Zwei seiner Onkel waren nacheinander Prioren der Kartause von Le Reposoir, und es wird wohl ihrem Einfluß zu danken sein, daß ihrem Neffen eine ausgezeichnete Schulbildung zuteil wurde. Zunächst lernte er auf der heimischen Lateinschule von La Roche in seinem hochverehrten Lehrer Pierre Velliard einen jener christlichen Humanisten kennen, die es verstanden, »mit dem Geist der Wissenschaft den Geist heiliger Innigkeit nicht verlöschen zu lassen«.[13] Dann zog er auf die Hohe Schule von Paris, wo er es in elf Studienjahren zum Magister Artium brachte. Im Sankt-Barbara-

Kolleg traf er dabei auf einen eigenartigen Studiengenossen, den baskischen Edelmann Iñigo López de Loyola, der um Christi willen zum Bettler geworden war und nun mit 37 Jahren noch anfing, die Anfangsgründe der Logik zu studieren. Faber gab Iñigo Nachhilfestunden und unterstellte sich bald seinerseits der geistlichen Führung seines Logikschülers, machte bei ihm Exerzitien und wurde so zum ersten jener sieben Männer, die am 15. August 1534 auf Montmartre mit dem Gelübde einer Wallfahrt nach Jerusalem den Grund zur späteren Gesellschaft Jesu legten. Faber, der einzige Priester unter ihnen, las die Messe und nahm ihre Gelübde entgegen.

Als Ignatius im April 1535 nach Spanien zurückkehrte, übernahm Faber die Führung der kleinen Gemeinschaft, die Ende 1536 über Lothringen und die Schweiz durch Kriegsgebiete bei strenger Kälte nach Venedig zog, um von dort aus mit Iñigo die Wallfahrt nach Jerusalem anzutreten; das wurde dann durch die Umstände verhindert. Im November 1537 zog Faber mit Ignatius und Laínez weiter nach Rom und wird Zeuge der denkwürdigen Vision von La Storta. In Rom hielt er neben zahlreichen Predigten in San Lorenzo in Damaso Exegesevorlesungen an der päpstlichen Universität La Sapienza. Dabei legte er, wie berichtet wird, besonderen Nachdruck auf den geistlichen Schriftsinn. Sein weiterer Weg führte ihn über Parma, Worms und Regensburg nach Spanien.

In Spanien hatten sich Dr. Ortiz und Faber zunächst in Galapagar, der Pfarre von Dr. Ortiz[14], niedergelassen. Dr. Ortiz pflegte Kontakte mit Persönlichkeiten hohen Ranges, führte Faber bei ihnen ein und dachte daran, die Vorlesungen wiederaufzunehmen. Doch die meiste Zeit in Spanien brachte Faber in ähnlicher Weise wie in Deutschland zu: Predigten, Christenlehre in Stadt und Land und Gespräche. Im November stellte er sich jeden Nachmittag für zwei Stunden hundert bis zweihundert Jungen und Mädchen.[15] Viele Bekannte aus der Pariser Zeit und andere, die er in Deutschland kennengelernt hatte, sah er wieder.[16]

Als Peter Faber beim kaiserlichen Hof der Infantinnen in Ocaña den ihm befreundeten Grafen de Cifuentes besuchte, lernten ihn die beiden Hofkapläne kennen; sie äußerten den Wunsch, ihn zu begleiten und bei ihm die »Kunst der Exerzitien« zu erlernen.[17] Doña Leonor Mascarenhas, die heiligmäßige Erziehe-

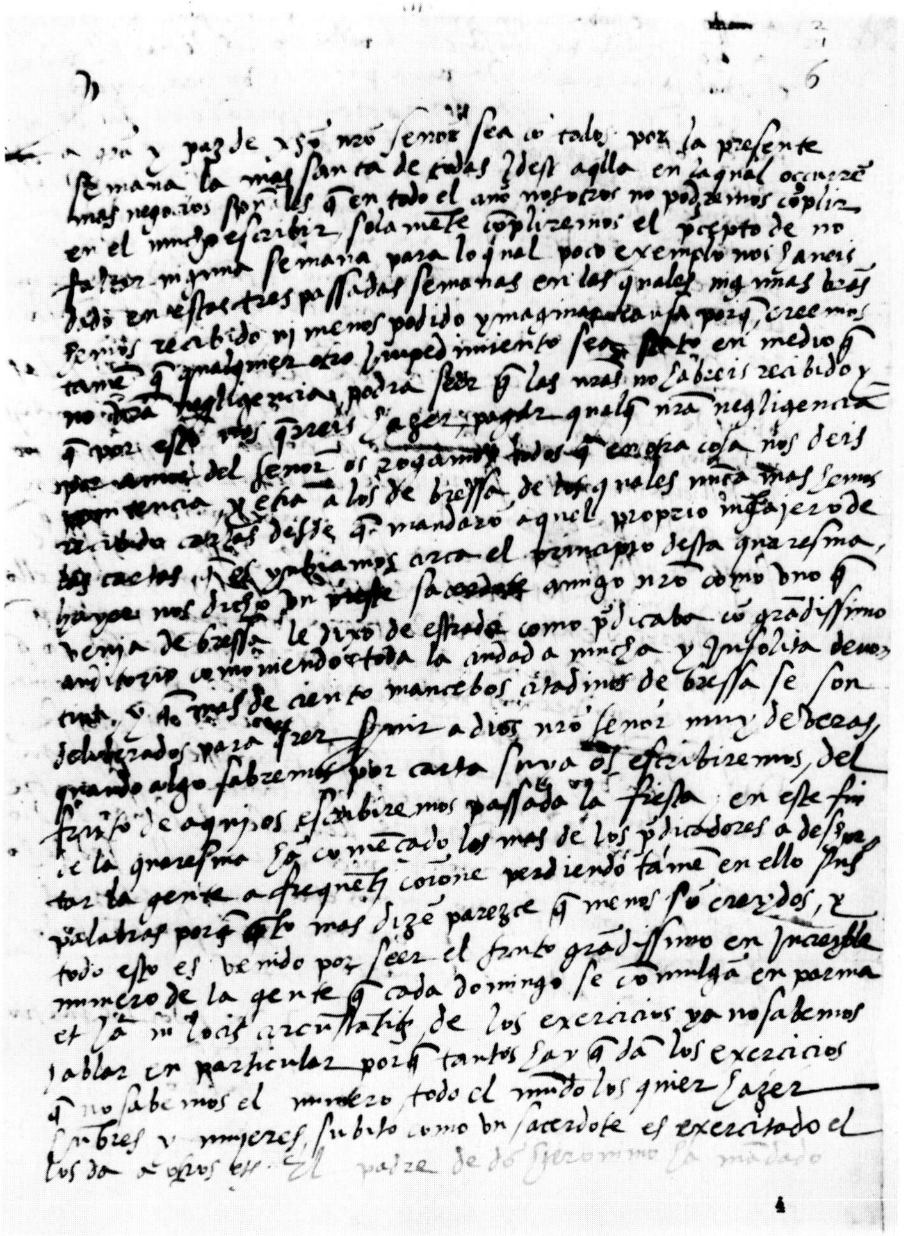

Brief des Peter Faber aus Parma (25. März 1540) an seine Mitbrüder Pietro Codacio und Franz Xaver in Rom.

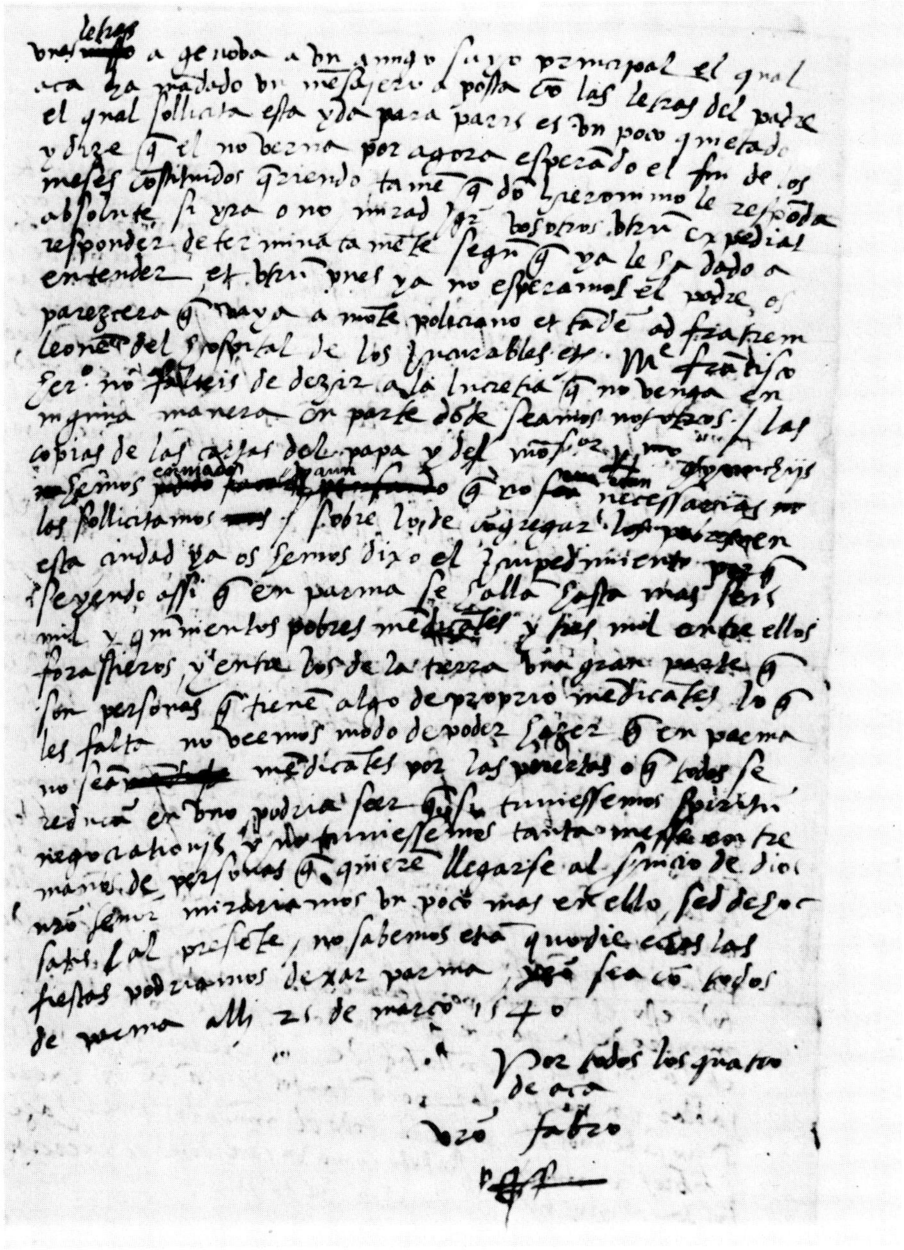

rin Philipps II. und der Infantinnen, setzte sich dafür ein, daß die beiden mit Faber ziehen durften, als er auf Geheiß des Papstes im Januar 1542 neuerdings nach Deutschland aufbrach; Kardinal Alessandro Farnese hatte ihm das mit Schreiben vom 22. Dezember 1541 als den Willen des Papstes mitgeteilt.[18] Er sollte sich dort dem päpstlichen Nuntius Giovanni Morone zur Verfügung stellen. Kardinal Alessandro Farnese (1520–1589) war der Enkel von Papst Paul III., der seine Ernennung zum Kardinal wohl seiner Schwester Guilia, der Geliebten von Papst Alexander VI., zu verdanken hatte.

Die zweite Mission in Deutschland: Speyer, Mainz, Köln (1542–1544)

Während Faber bei seinem ersten Deutschlandaufenthalt im kaiserlichen Dienst stand und an den Hof gebunden war, galt sein zweiter ganz und gar der kirchlichen Reform. Paul III. hatte sich den Schlußbericht aus Regensburg zu Herzen genommen und Giovanni Morone, den Bischof von Modena, als Nuntius nach Deutschland gesandt, damit er dort die kirchliche Reform einleite und für das Konzil werbe, das der Papst nun endlich um jeden Preis einzuberufen entschlossen war. Wie im Bericht vorgeschlagen, gab er ihm zwei Jesuiten, Claude Jay und Nicolás Bobadilla, sowie Dr. Robert Wauchope als Helfer mit. Auf persönlichen Wunsch des Papstes hin sollte noch Peter Faber hinzukommen. Trotz Eilmärschen durch Frankreich und die Schweiz – Gründonnerstag und Karfreitag feierte Faber in Solothurn, in der Nähe von Basel[19] den Ostergottesdienst – traf Faber erst in Speyer ein, als der Nuntius mit seinem Gefolge nach dem Reichstag in Speyer bereits wieder abgereist war. Faber trat mit dem Nuntius sofort brieflich in Verbindung. Dieser hieß ihn, soviel wie möglich gemäß der Art und Weise der Gesellschaft Jesu bei der Bevölkerung entlang des Rheins zu arbeiten.

So blieb Faber vorerst in *Speyer* und begann am ersten Tag nach seiner Ankunft Exerzitien zu geben, zuerst den beiden spanischen Hofkaplänen, dann dem Generalvikar Georg Musbach und seinem Gastgeber, dem Domkantor und nachmaligen Kardinal Otto Truchseß[20], der sie abbrechen mußte, weil er nach Trient abberufen wurde, um das Konzil vorzubereiten.[21] Der Speyerer Bischof Philipp Flersheim wünschte die Exerzitien weiterzuführen, die er mit Wauchope angefangen hatte; sein Wunsch ging nicht in Erfüllung, weil es Faber nicht möglich war, täglich zum bischöflichen Landsitz hinauszupilgern.[22] Auch mit einem lutherischen Prediger, wahrscheinlich dem Augustinerprior Diller[23], und mit den Mitgliedern des Reichskammergerichtes stand Faber in Verbindung. Das anfängliche Gerede, durch das die »Reformpriester« als römische Spione hingestellt wurden, verstummte bald.[24] Mitte Oktober wurde Faber von Morone angewiesen, nach Mainz weiterzuziehen. Einmal mehr war ein für alle Beteiligten schmerzlicher Abschied fällig. Faber war es nicht gegönnt zu sehen, wie hoffnungsvolle Anfänge Früchte ansetzten.

Mainz war, angeführt vom Kurfürsten Kardinal Albrecht von Brandenburg, im kirchlichen Leben Deutschlands tonangebend; der gesamte höhere Klerus richtete sich nach dem Mainzer Erzbischof. So war es entscheidend, daß diesem weltlich gesinnten, doch reformbereiten Kirchenfürsten ein zuverlässiger theologischer Berater zur Seite stand. Der Kardinal änderte denn auch bald seinen ursprünglichen Plan, Faber als seinen Theologen nach Trient zu entsenden, und hielt ihn in Mainz fest, indem er ihm einen Lehrauftrag an der Theologischen Fakultät erteilte.[25] Zu diesen öffentlichen, in lateinischer Sprache gehaltenen Vorlesungen über die Psalmen, mit denen Faber im Dezember 1542 begann, strömten dreimal soviel Hörer herbei wie zu denen der anderen Professoren. Daneben wirkte Faber als Examinator für die Weihekandidaten und erstellte theologische Gutachten für den Kardinal, dessen allzu politisch gefärbte Reformpläne ihm jedoch wenig zusagten.[26]

Hier wie überall sorgte Faber auch für die Armen der Stadt, indem er Almosengelder zur Einrichtung eines Hospizes einsetzte.[27] Hier wie überall bestand seine Hauptarbeit jedoch im Geben von Exerzitien. Er gab sie zuerst zwei Bischöfen, dem Mainzer Suffragan Michael Helding und dem Bischof von Naumburg, Julius Pflug, sowie einem vornehmen Kleriker des Domkapitels[28]; dann gab er sie seinem Gastgeber, dem Pfarrer Konrad von Sankt Christoph, wobei er »aus einem Konkubinarier einen Kartäuser machte«[29]. Im April 1543 kam es zur ersten Begegnung mit Petrus Canisius in Mainz.

Petrus Canisius war in der Absicht nach Mainz gekommen, Peter Faber als Mann des geistlichen Lebens kennenzulernen. Dieser überzeugte ihn von den Exerzitien, und Petrus Canisius begann sie sogleich und entschloß sich am Ende dieser Exerzitien, am 8. Mai 1543, in die Gesellschaft Jesu einzutreten.[30]

Mit den Exerzitien des Canisius beginnt ein neuer Abschnitt in Fabers Leben. Canisius war vom Prior der Kölner Kartause, Gerhard Kalckbrenner, zu Faber gesandt worden, um ihn dringend nach *Köln* zu bitten, damit er dort den kirchlichen Widerstand gegen das Luthertum stärke.[31] Der Kölner Erzbischof, Hermann von Wied (von dem Kaiser Karl sagte, er verstehe kein Latein und habe in seinem Leben nur drei Messen gelesen, zwei davon in Gegenwart des Kaisers), neigte offen zum Luthertum, da er sicher war, daß ihn die Fürsten des Schmalkaldischen Bundes unterstützen würden. Er wollte die Kirchenreform mit Hilfe Butzers, den er zum Prediger an das Münster in Bonn berief, und anderer lutherischer Prediger vorantreiben. Das Kölner Kirchenvolk lehnte sich gegen diese Reformpläne seines Erzbischofs auf; die Universität, das Domkapitel und die übrige Geistlichkeit sowie der Rat der Stadt Köln leisteten zwar Widerstand, wagten es aber nicht, sich offen ihrem Erzbischof und Landesherrn zu widersetzen.

In dieser schwierigen Lage war Faber als Lan-

desfremder der richtige Mittelsmann – nicht beim Erzbischof, bei dem er kaum Gehör gefunden hätte, wohl aber am Kaiserhof, zu dem er von früher her beste Beziehungen hatte. So informierte er den päpstlichen Nuntius beim kaiserlichen Hof, Giovanni Poggio, und Karls Beichtvater Pedro de Soto von den Vorgängen in Köln, vermittelte ein geheimes Schreiben des Papstes an den Kölner Koadjutor Graf Adolf von Schauenburg und an den Klerus von Köln sowie ein weiteres Schreiben des Nuntius an den Klerus und an den Stadtrat.[32] Anfang August begab er sich schließlich selbst nach Köln, um dem Kaiser Mitte August bei dessen Durchreise in Bonn eine Denkschrift der Universität Köln zu überreichen und bei dieser Gelegenheit Poggio, de Soto und den kaiserlichen Kanzler Granvella auch mündlich zu informieren.[33] Als Ergebnis dieser diplomatischen Mission Fabers sandte der Kaiser ein Reskript, das die Entlassung Butzers und den Aufschub der Kirchenreform bis zum nächsten Reichstag forderte. Faber selbst aber wurde vom Nuntius aufgefordert, länger in Köln zu bleiben[34] – und so vernehmen wir bald, daß er in Köln wieder drei Exerzitanten hat und Beichtvater des Grafen von Holstein-Schauenburg, des Bruders des Koadjutors, ist.[35]
Dieser erste Kölner Aufenthalt Fabers dauerte allerdings nur knapp zwei Monate. Schon Ende September wurde er von Ignatius nach Lissabon gerufen, um von dort die Prinzessin Maria von Portugal zu ihrem künftigen Gemahl Philipp II. nach Spanien zu begleiten. Prompt trat er die Reise an, fand aber in Antwerpen für die Überfahrt kein Schiff, lag zwei Monate in Löwen krank und wurde unterdessen vom Nuntius Poggio wieder nach Köln beordert.[36] So blieb er vom 24. Januar bis 12. Juli 1544 in Köln, bis Ignatius Fabers Versetzung nach Portugal und Spanien durchsetzen konnte.

Bei diesem zweiten Aufenthalt in Köln wird Faber zum ersten Mal in Deutschland in das kirchliche Leben einer Ortskirche integriert. Wirkte er bisher als einsamer Wanderapostel vor allem in der Einzelseelsorge, so arbeitete er jetzt mit den bestehenden Institutionen zusammen: mit den Kartäusern und anderen Kölner Klostergemeinschaften, namentlich den Nonnen von Sankt Maximin[37], mit der Universität, dem Domkapitel, ja selbst mit dem Stadtrat. Jetzt konnte er auch daran denken, die Gesellschaft Jesu als institutionelles Gebilde in Deutschland einzupflanzen. Aus Löwen hatte er Scholastiker – Männer, die sich für das Leben in der Gesellschaft Jesu und ihre Zielsetzung ausbilden ließen – mitgebracht. Mit dem väterlichen Erbe des Petrus Canisius wurde ein Haus gemietet. So entstand die erste Niederlassung der Jesuiten in Deutschland (1544), erste Vorläuferin der später so zahlreichen Jesuitenkollegien.
In Köln treffen wir Peter Faber zum ersten Mal in Deutschland als Prediger an: Er predigte – manchmal mit Hilfe eines Dolmetschers – für Domherren und vor Klostergemeinschaften. Er hielt jeden Sonntag in der Fastenzeit und während der ganzen Karwoche öffentliche, lateinische Predigten, denen unter anderen auch der Erzbischof von Lund, Georg von Skodborg, beiwohnte, den Faber schon in Mainz kennengelernt hatte, manchmal auch der Suffraganbischof Johann Nopel, die Professoren und Studenten der Universität sowie einige Ratsherren.[38] Viele Studenten wählten Faber zum Beichtvater und begannen regelmäßig zu kommunizieren. An Ostern hatte er in der Hauptpfarrei auch einen der Stadtpräsidenten unter seinen Zuhörern.[39] Exerzitien gab er jetzt nicht nur für Priester, sondern auch für die Studenten Lambert Duchâteau und Peter Kannegiesser, zwei Kandidaten für die Gesellschaft

Infantin Juana
(1535–1573)

Infantin Juana (1535–1573), Tochter Kaiser Karls V., Kronprinzessin – Witwe von Portugal.

Juana war vier Jahre alt, als sie ihre Mutter Isabel von Portugal verlor. Ihr Bruder Philipp zählte 12 Jahre, Maria 11. Die sterbende Kaiserin hatte die Kinder der bewährten Freundin Leonor de Mascarenhas anvertraut; ihr war Ignatius freundschaftlich verbunden. Was Wunder, daß Gefährten des Ignatius in die kaiserliche Familie eingeführt wurden: Antonio Araoz, Peter Faber, Franz Borja. Dadurch fand Juana zu einem innigeren geistlichen Leben.

Ihre Ehe mit dem portugiesischen Thronfolger dauerte knapp zwei Jahre. Am 2. Januar 1554 erlosch das Leben ihres kranken Gemahls. 18 Tage später gebar sie ihren Sohn Sebastian, der nach der wahnsinnigen Großmutter geraten war. Fast fluchtartig verließ die junge Witwe das portugiesische Land, für das sich ihr Herz nie erwärmen konnte.

Nach Valladolid zurückgekehrt, ernannte Kaiser Karl V. seine Tochter zur Regentin von Spanien. Ignatius hoffte, daß sich seine Göttliche Majestät ihrer als Helfer bedienen würde für einige gute Werke in seinem Dienst zum allgemeinen Wohl. Die jugendliche Witwe war die geborene Herrscherin, intelligent und tatkräftig, auf die Wahrung der königlichen Autorität und des Glaubens bedacht, von vorzüglicher politischer Begabung, eine der schönsten Frauen am spanischen Hof. Ihre Hofhaltung nahm klösterliche Formen an und spiegelte wider, was der Wirklichkeit entsprach: Juana war Mitglied der Gesellschaft Jesu, in sie aufgenommen wie die Scholastiker der Gesellschaft. Dies geschah wohl nach dem 26. Oktober 1554, dem Datum der Denkschrift, die ihren Status in der Gesellschaft Jesu behandelt und von Ignatius unterzeichnet ist. Am 7. September 1573 starb die Tochter des Kaisers als die einzige Jesuitin der Kirchengeschichte.

So sehr die Prinzessin-Regentin alles begünstigte, was die Gesellschaft Jesu betraf und mit einer besonderen Liebe und in einem sehr innigen Vertrauensverhältnis zu den Patres stand, erwartete sie doch auch, daß die Patres Borja und Araoz sie in den tausend Regierungssorgen unterstützten. Ignatius ging so weit, daß er ihr zusicherte, keinen von diesen Patres ohne ihre ausdrückliche Genehmigung abzuberufen. Juana bedankte sich zwar für diese Gunst, äußerte aber auch die Überzeugung, daß diese Patres nirgendwo dringender gebraucht würden als an ihrem Hof.

A. Falkner S.J.

Jesu, sowie für einen ehemaligen Soldaten, der im Hause der Jesuiten als Koch tätig ist.[40] Geistliche Begleitung und das Geben von Exerzitien war eine der Haupttätigkeiten Fabers.

Mit dem Erfolg stellten sich aber auch die Verfolgungen ein, zuerst gegen Faber selbst, den sein Kampf gegen den Erzbischof in Lebensgefahr brachte[41], dann gegen die ganze Jesuitenkommunität, die auf Betreiben des Erzbischofs aus der Stadt verwiesen werden sollte – paradoxerweise unter Berufung auf ein kaiserliches Schreiben gegen die »Neuerer«.[42] Die Ausweisung wurde abgemildert in ein Verbot, gemeinsam zu leben.

Faber selbst wurde davon nicht mehr betroffen. Er war endgültig nach Lissabon und nach Spanien aufgebrochen. Um an das Ziel seiner Bestimmung, an den Hof Philipps II., zu gelangen, hatte sich Faber in Lissabon gegen die Widerstände Johanns III. durchzusetzen, der ihn an seinem eigenen Hof behalten wollte. Faber war noch keine vier Monate am spanischen Hof und hatte die Infantin Maria, zu der er gesandt worden war, kaum sprechen können, als diese an der Geburt ihres ersten Sohnes Don Carlos starb. Seinem Auftrag gemäß blieb Faber dennoch ein ganzes Jahr am Hofe und legte den Grund zu den ersten Jesuitenniederlassungen in Spanien.

Dann erreichte ihn ein neuer päpstlicher Auftrag: Er sollte als Theologe zum Konzil nach Trient reisen, wo bereits seine Mitbrüder Laínez und Salmerón weilten. Faber brach unverzüglich auf, wurde jedoch in Barcelona von einer Krankheit fast zwei Monate festgehalten und traf endlich am 17. Juli 1546 völlig entkräftet in Rom ein, wo er nach einwöchiger Krankheit am 1. August, kaum vierzigjährig, starb – ein Opfer seiner keineswegs immer sinnvollen Wanderungen, die er in beispielhaftem Gehorsam auf sich genommen hatte.

Das Herz eines Priesters

Schon die bloße Aufzählung seiner Lebensdaten zeigt, was offenbar das Kreuz in Fabers Priesterleben war: die immer neuen, oft gegensätzlichen Sendungsaufträge, die ihn zwischen Italien, Deutschland und Spanien hin und her trieben, und ihn keine Arbeit zu einem guten Ende bringen ließen. »Gott weiß«, schrieb er aus Mainz an Ignatius, »warum er mir nie die Gnade gibt, lange an einem Ort bleiben zu können; warum man mich immer dann abberuft, wenn die Sachen gut zu gehen beginnen und die eigentliche Erntezeit kommt« – allerdings: »bis jetzt hat das immer zum besten ausgeschlagen, das sehe ich wohl; und so möchte ich um nichts in der Welt Rom nicht verlassen haben, um nach Parma zu ziehen, Parma, um nach Deutschland zu kommen; noch werde ich je den Ruf bereuen, der mich von Deutschland nach Spanien holte, und noch viel weniger den andern, der mich von Spanien hierher nach Speyer und von Speyer nach Mainz geführt hat.«[43] So war es ureigene Erfahrung, wenn er gegen Ende seines Lebens seinen jungen Mitbrüdern in Coimbra den blinden Gehorsam ans Herz legte: »Der Gehorsam muß blind sein: das bedeutet, daß der wahrhaft Gehorsame nicht auf Liebesglut oder auf Vernunftgründe oder auf die Aussicht auf Frucht zu warten hat, die sich aus dem ihm aufgetragenen Werk ergeben mag ...

Gesetzt, es geschähe, daß der Wille des Gehorchenden voll Nächstenliebe und voll Eifer für eine große Frucht, die ihm als sicher vorschwebt, ein Werk unternehmen möchte, während ihm der Gehorsam ein anderes auftrüge, von dem scheinbar gar keine Frucht zu erwarten ist: dann wäre es gut, daran zu denken, daß man nicht gelobt hat, diese Frucht der Nächstenliebe zu bringen, sondern zu gehorchen; daß man auch nicht gelobt hat, Seelen nach eigenem Gutdünken zu retten, ja nicht einmal nach den frommen Wünschen, die uns der Herr vielleicht eingibt, sondern das zu tun, was uns von unseren Obern aufgetragen ist. Ferner beachte man wohl, daß Unser Herr manchmal unseren Sinn und unsere Bereitschaft zum Guten ausweiten will und darum auf der einen Seite unseren eigenen Willen und unsere eigene Einsicht ein gutes Werk ins Auge fassen läßt, während Er auf der andern Seite tatsächlich will, daß wir das Gegenteil davon tun und uns nach dem Willen dessen richten, der uns befehlen kann, was wir wirklich ausführen sollen.«[44]

Faber läßt uns jedoch einen noch tieferen Einblick in seine geistliche Erfahrung tun. In Speyer begann er im Juni 1542 ein geistliches Gedenkbuch, das sogenannte »Memoriale«, zu schreiben – zunächst, um selber die Führung Gottes im eigenen Leben deutlicher zu erkennen, dann aber wohl auch, um damit seinen neuen Mitbrüdern, den beiden spanischen Hofkaplänen, helfen zu können. Was uns aus diesen Seiten entgegentritt, ist eine durch und durch priesterliche Spiritualität. Priesterlich zunächst, weil Fabers geistliche Erfahrung mit der Feier der Liturgie einhergeht und weitgehend dem Gang des Kirchenjahres folgt. Gedenktage der Heiligen und Herrenfeste, das tägliche Stundengebet, insbesondere aber die Feier der Eucharistie in den verschiedenen Kirchen einer Region führen ihn dazu, Höhen und Tiefen im Leben der Ortskirche zu teilen. Mehr und mehr werden aber auch Fabers apostolische Arbeiten und Sorgen für ihn zum Anlaß geistlicher Erfahrung.

Das ist der andere echt priesterliche Wesenszug der Frömmigkeit Fabers: Sie lebt aus dem Fürbittgebet, besonders für Deutschland. Die Protestanten nehmen in diesem Gebet einen wichtigen Platz ein. Auf seiner ersten Spanienreise kommen ihm »am Tag der heiligen Elisabeth, der Königin von Ungarn (und Landgräfin von Thüringen, möchten wir hinzufügen) acht Männer in den Sinn, und (er) faßte mit viel Andacht das Verlangen, sie recht tief in (sein) Gedenken aufzunehmen, um ungeachtet ihrer Fehler stets für sie zu beten: der Papst, der Kaiser, der König von Frankreich und der König von England, Luther, der Sultan, Butzer und Philipp Melanchthon. Anlaß dazu hatte (ihm) die innere Einsicht gegeben, daß so viele Leute über diese Männer urteilen, weshalb (er) ein gewisses Mitgefühl mit ihnen bekam, das von gutem Geist begleitet war.«[45] Wenige Monate später nimmt er auf der Rückreise nach Deutschland dann sieben Städte, die geistlicher Hilfe besonders bedürfen, buchstäblich ins Gebet: »Namentlich regte Unser Herr mich zu einer Übung an, die ich aufnehmen und bis zu meinem Tode fortführen sollte: daß ich mich in Glaube, Hoffnung und Liebe um sieben Städte und um deren Wohl annehme, nämlich um Wittenberg in Sachsen, um die Hauptstadt von Sarmatien, deren Namen ich zwar nicht kenne, um Genf im Herzogtum Savoyen, Konstantinopel in Griechenland, Antiochien gleichfalls in Griechenland, um Jerusalem und Alexandrien in Afrika. Ich faßte den Vorsatz, ihrer immerdar zu gedenken und die Hoffnung zu nähren, daß ich oder ein anderer aus der Gesellschaft Jesu eines Tages in den genannten Städten das heilige Meßopfer darbringen könne.«[46] Die Hauptstadt von Sarmatien heißt Moskau.

Fabers Verhältnis zu den Lutheranern ist somit hauptsächlich von betender, priesterlicher Sorge bestimmt, während ihm kontroverstheologische Streitigkeiten fern lagen. Wiederum aus langer eigener Erfahrung kann er in seinen letzten Lebensmonaten von Spanien aus einem Mitbruder Anweisungen für das Apostolat unter den Lutheranern geben: »Als Erstes muß, wer den Irrgläubigen unserer Zeit helfen will, zusehen, daß er ihnen viel Liebe entgegenbringt und daß er sie in Wahrheit liebt, indem er seinen Geist von allen Überlegungen freimacht, die der Achtung vor ihnen abträglich sein können.«[47] Hierauf gibt er einige Hinweise, wie mit Lutheranern geistliche Gespräche zu führen sind, und er schließt: »In einem Wort: Diese Leute brauchen Ermahnungen, gutes Zureden, usf. über den rechten Lebenswandel, die Furcht und die Liebe Gottes und die Liebe zu den guten Werken, als Gegenmittel gegen ihre Schwächen, ihre Andachtslosigkeit, ihre Zerstreuungen, ihre Erdenschwere und ihre anderen Übel, die nicht vor allem und zuerst im Verstand sitzen, sondern in den Füßen und Händen der Seele und des Leibes.«[48] Diese vorwiegend pastorale Sicht der Reformation ist bei Faber sicher nicht Kurzsichtigkeit, welche die tieferen dogmatischen Differenzen nicht zu erkennen vermag. Er kennt diese Differenzen, wie sein Memoriale und seine Briefe zeigen, nur allzu gut; doch seine Hoffnung, sein pastoraler Optimismus stammen aus seinen Erfahrungen als Priesterseelsorger in Worms, Speyer, Regensburg, Mainz und Köln. Man mag sich fragen, ob in den Trienter Konzilsdekreten nicht mehr pastorale Sorge durchscheinen würde, wenn Faber an ihnen hätte mitarbeiten können.

Anmerkungen

1 Peter Faber, Memoriale. Das geistliche Tagebuch des ersten Jesuiten in Deutschland. Nach den Manuskripten übers. und eingel. von P. Henrici. Einsiedeln [2]1989, 9f.
2 Bienheureux Pierre Favre, Memorial. Traduit et commenté par M. de Certeau. Collection Christus 4 (Textes). Paris 1960, 59–63.
3 Vgl. FN II, 585.
4 Vgl. Geschichte der ökumenischen Konzilien. Hg. von G. Dumeige – H. Bacht. Bd.10. Lateran V und Trient. Mainz 1978, 180. 218f.
5 Bienheureux Pierre Favre (s. Anm. 2) 61.
6 M *Fabri* 36[6].
7 Zitat nach L. v. Pastor, Geschichte der Päpste seit dem Ausgang des Mittelalters. Bd.5. Freiburg [8.9]1925, 288.
8 M *Fabri* 48f.
9 Peter Faber (s. Anm. 1) 375.
10 M *Fabri* 59f.
11 O. Raynald, Annales Ecclesiastici. Bd.13. 1541, n. 25.
12 Peter Faber (s. Anm. 1) 51.
13 Ebd. 325.
14 Bienheureux Pierre Favre (s. Anm. 2) 128[2].
15 M *Fabri* 133. 135.
16 Ebd. 130.
17 Ebd. 142.
18 Ebd. 140.
19 Ebd. 159.
20 Peter Faber (s. Anm. 1) 336.
21 M *Fabri* 172.
22 Peter Faber (s. Anm. 1) 337.
23 M *Fabri* 178.
24 Ebd. 165f. 178.
25 Peter Faber (s. Anm. 1) 339. M *Fabri* 191.
26 M *Fabri* 191f.
27 Peter Faber (s. Anm. 1) 145f.
28 Ebd. 339
29 M *Fabri* 189. 292. 484f.
30 PCE I, 43,75.
31 Peter Faber (s. Anm. 1) 340 – 347, hier 345. Vgl. M *Fabri* 198[10].
32 M *Fabri* 215–217.
33 Ebd. 217–219.
34 Ebd. 220.
35 Ebd. 221.
36 Ebd. 228f.
37 Ebd. 221.
38 Ebd. 262.
39 Ebd. 263.
40 Ebd. 263f.
41 Ebd. 265.
42 Ebd. 266–276. In diesem Brief von Petrus Canisius an Peter Faber findet sich zweimal der Ausdruck »jesuiti« (268. 270). Ob dieser (Über)name wohl in Köln entstanden ist?
43 Peter Faber (s. Anm. 1) 340.
44 Ebd. 364f.
45 Ebd. 52.
46 Ebd. 57.
47 Ebd. 374.
48 Ebd. 376.

Auf dem Reichstag in Regensburg 1541

Rechtfertigung durch den Glauben in Liebe

Edgar Brenninkmeyer, Frankfurt am Main

»Im Jahre 1541, im Januar, zogen wir nach Regensburg, ...« mit einer schlichten Notiz berichtet Peter Faber in seinem geistlichen Tagebuch von seinem Aufenthalt in der alten Donaustadt.[1] Er reist als Begleiter des spanischen Theologen Dr. Pedro Ortiz von Worms nach Regensburg, wo der Kaiser die offenen Streitfragen zwischen Katholiken und Lutheranern auf einem Reichstag erörtern lassen will, der durch seine persönliche Gegenwart ausgezeichnet ist. Am 18. Januar verlassen sie Worms in Richtung Speyer, von dort erreichen sie Regensburg am 23. Februar.[2] Es herrscht »...pitter grosse kelten..., das es verdrossen was, sonder den fremden nacionen«, wie Leonhart Widmann, Chorherr an der Alten Kapelle zu Regensburg, in seiner Chronik vermerkt.[3] Kälte als böses Omen für das, was kommen wird? Am gleichen Tage trifft der Kaiser in Regensburg ein, »...so diemütig, ...sein pferd was das teuerst, er het sonst wenig geltwerd von klaidung an seinen leib«.[4] Karl V. verspricht sich viel von diesem Reichstag: Die üble Wunde der Glaubensspaltung, die nun zwanzig Jahre offen ist und nicht heilen will, bedroht die innere Einheit der Kirche und des Reiches gleichermaßen. Er fühlt sich als Erbe und Walter des Heiligen Römischen Reiches Deutscher Nation zur Wahrung eben dieser Einheit verpflichtet: Pax et Imperium.

Doch die Dinge haben neue Wendung und schnellen Lauf genommen. Ein anderes Prinzip politischen Denkens und Handelns keimt in den Glaubenswirren auf: cuius regio, eius religio – wessen Land, dessen Glaube. Die Reformation ist längst nicht mehr eine nur innerkirchliche Krise, eine umfassende Neuordnung der politischen Verhältnisse bahnt sich an. Führende Kräfte sind vor allem die Kursachsen und Hessen. Die bayerischen Herzöge Ludwig und Wilhelm setzen auf eine baldige militärische Lösung zugunsten der katholischen Sache – ihre Absicht dabei ist nicht sehr viel anders als die des Kurfürsten Johann Friedrich und des Landgrafen Philipp, nämlich die Festigung der eigenen Macht, um den Einfluß des Hauses Habsburg zu schwächen. Das ist die Lage im Innern, und nicht anders verhält es sich nach außen hin. Im Osten bedrohen türkische Armeen Ungarn, im Westen fördert Frankreich nach Kräften die politische Zersplitterung in Deutschland: König Franz I. schickt in dieser Absicht zwei Gesandte nach Regensburg.

In wichtigen theologischen Fragen herrscht indes unter den Katholiken keine klare Einheit, während die reformatorischen Theologen, allen voran Philipp Melanchthon, in erheblichem Maß von ihren Landesherren abhängig und somit in den für die Religionsgespräche so entscheidenden Fragen völlig unbeweglich sind. Der Kaiser selbst, um Ausgleich bemüht, verstärkt durch seine Milde und Rücksicht gegenüber den Lutheranern Besorgnis und Unmut unter den Katholischen Ständen. Man läßt den Kaiser im kalten Regensburg warten: Sehr zum Verdruß Karls V. treffen die Stände erst langsam ein – eine alte Gewohnheit, aber nicht minder ein politisches Signal...[5]

Am 12. März zieht Kardinal Gasparo Contarini als Legat Papst Pauls III. in Regensburg ein. In seiner Person vereinigen sich Liebenswürdigkeit, Bescheidenheit und kompetenter Sachverstand auf glückliche Weise, und man erkennt in ihm ein ernstzunehmendes Signal aufrichtigen Reformwillens von seiten des Papstes. Das gibt zu großen Hoffnungen Anlaß. Man empfängt den Legaten in gebührender Feierlichkeit mit Festzug und Traghimmel – und »...groß gespött mit dem unnüzen pomp und preng ...«[6]. Wie gespannt die Lage ist, hat Peter Faber schon in Worms erfahren müssen.

Dort war es einzig ausgesuchten Disputatoren vorbehalten, die Religionsgespräche zu führen. Der kaiserliche Kanzler Granvella ging sogar in seinen Vorsichtsmaßnahmen so weit, daß er Faber in Worms daran hinderte, zu predigen oder mittels eines Dolmetschers Kindern den Katechismus zu erklären. Man läßt ihn wissen, daß er sich als einfacher Seelsorger betätigen könne, und so fängt Faber an, die Geistlichen Übungen zu geben und Beichte zu hören.[7] Diese Einschränkung führte zu engen Kontakten mit vielen Persönlichkeiten des öffentlichen Lebens in Kirche und Staat. Daraus war zu erkennen, woran die Kirche in den deutschen Landen litt und was Anlaß zu Hoffnung gab.

Fabers Briefe aus dieser Zeit sowie die Aufzeichnungen in seinem geistlichen Tagebuch sind von solchen Erfahrungen geprägt: »Aus diesen Beichten ergab sich viel Frucht, und es wurde viel Samen für eine noch größere Ernte ausgestreut. Ferner konnte ich führenden Männern die Exerzitien geben, Spaniern, Italienern und Deutschen; und da diese viel Einfluß hatten, erwuchs daraus dann manches andere Gute in Deutschand.«[8]

Einer der »führenden Männer« ist der Theologe Johannes Cochläus, der, nachdem er die Geistlichen Übungen gemacht hat, anderen die Übungen gibt und sich dem Apostolat der Predigt zuwendet.[9]

In nur wenigen Wochen kennt man diesen stillen Priester Peter Faber aus dem neuen Orden der Gesellschaft Jesu. Er berichtet davon in seinem Brief vom 18. März an Ignatius: Er habe von einem hohen Kirchenmann gehört, wie dieser einem anderen erzählt habe, welch eine Wohltat die tägliche Gewissenserforschung für ihn sei, worauf jener ihm geantwortet habe, daß er das wohl von Magister Faber gelernt habe. Auf diese Weise lernen viele Peter Faber kennen und entdecken die Gesellschaft Jesu.[10]

Inzwischen betätigt sich Dr. Pedro Ortiz, ein Theologe im Gefolge des Kaisers, als eifriger Prediger vor dem Kaiser und dessen Hof. Faber bemerkt dazu einmal, daß Dr. Ortiz täglich wächst, »...nicht sosehr in Alter und Weisheit, als vielmehr in Ungeniertheit und Lautstärke; er macht seine Zuhörer zittern.«[11] Er selbst hält sich im Predigen zurück, um nicht die Autorität zu verlieren, die er durch die vielen täglichen Gespräche mit Hof- und Edelleuten und durch das Beichthören erworben hat. Da er von so vielen ins Vertrauen gezogen wird, entdeckt Faber aber immer mehr die eigentliche Not seiner Zeitgenossen: ihre Orientierungslosigkeit. Ob Bischof, Gesandter, Stadtbürger oder Landsknecht – sie alle sind verunsichert, leben dahin, wissen nicht, was sie glauben sollen. In unendlicher Geduld hört Faber sie an, muntert sie auf, gibt ihnen einfache Übungen mit auf den Weg: Zehn Jesuiten, seufzt er einmal auf, hätten genug Arbeit, und Dr. Ortiz meint gar, hundert hätten gut zu tun.[12]

Am 5. April 1541 kann Karl V. endlich den Reichstag eröffnen. Noch einmal beschwört er die Einheit des Reiches, wünscht dringlichste Behandlung der strittigsten Glaubensfragen und ernennt sechs Disputatoren, die am 21. April ihre Kolloquien beginnen. Peter Faber berichet Ignatius von diesen Ereignissen und läßt keinen Zweifel daran, daß die eigentliche Reform der Kirche bei ihren Amtsträgern, den Klerikern, ansetzen muß. Entscheidend ist die Reform von innen her, die eine Erneuerung des Glaubens und des persönlichen Lebenswandels möglich macht. Und daß diese Erneuerung tatsächlich möglich ist und Früchte trägt, bezeugt das Wirken seiner Gefährten, deren Briefe aus Paris, Rom, Parma und Spa-

Übergabe des Freiheitenbuches der Freien Reichsstadt Regensburg (1536)

nien er seinen Regensburger Freunden zu lesen gibt. Diese Briefe bauen mehr auf als die Disputationen und Resolutionen über Glaube und Werke, mit denen sich die deutschen Gelehrten unentwegt beschäftigen, indem sie immerfort neue Bücher verfassen. Er, Faber, erreiche mit dieser Vorgehensweise durchaus, seine Freunde für den Dienst Christi unseres Herrn zu stärken.[13]

Daß eine tiefe religiöse Krise und die damit einhergehenden theologischen Fragen auf einem politischen Forum, wie es der Reichstag nun einmal ist, kaum sachgerecht erörtert werden können, ist die unausgeprochene Überzeugung mancher Diplomaten und Gesandten. Und noch viel weniger lassen sich handfeste politische Machtinteressen durch theologische Disputationen bändigen. Das ganze Ausmaß der Krise zeigt sich am 13. Mai. Zwar hat man bereits zehn Tage zuvor einen Kompromiß in der Frage der Rechtfertigung erzielt, in der Frage der Eucharistie tritt ein derartiger Gegensatz zutage, daß alle Aussichten auf eine Einigung illusorisch erscheinen: Man beschließt die Suspendierung dieser Frage und wendet sich den Bereichen Buße und Papstamt zu, um dann erst recht festzustellen, wie sehr die Situation verfahren ist und die Fronten sich verhärtet haben. Hier sind politische Optionen mit im Spiel.[14] Die ohnehin schon angespannte Atmosphäre hat die Gemüter in der Stadt zu sehr erhitzt. Gerät man in den Verhandlungen »auff der trinkstuben« hart aneinander, draußen, in den Gassen und auf den Plätzen, tut man es mit anderen Mitteln als Gelehrsamkeit und Diplomatie: Spott, Pöbeleien und sogar tödliche Scharmützel sind an der Tagesordnung. »Es ward glat nichz ausgericht...«, stellt Widmann bitter fest, »wiwol dy paiden tail rümeten, sy heten sich etlicher artigkl verglichen; man sach aber pey iro kain, das im gelebt wer worden«[15].

Ob der Chorherr der Alten Kapelle Faber begegnet ist, wissen wir nicht. Er hätte sich mit ihm über seine Beobachtung austauschen können. Denn der gleiche Schmerz und die gleiche Enttäuschung brennen auch Faber auf der Seele. Aber es ist nicht die bloße Enttäuschung über die so verhärtete innere Haltung beider Parteien, die ihn als Mann der Kirche zutiefst schmerzt. Tatsächlich davon betroffen sind die Gläubigen, die durch schlechtes Beispiel von ihrer persönlichen Glaubenspraxis und Lebensführung abgebracht wurden und dadurch den Glauben selbst verloren haben. Er leidet um dieser Menschen willen, weil sie keinen haben, der sie im Glauben stärkt.

Wie ein Aufschrei klingen die Sätze, die Faber am 12. Mai 1541, genau zur Zeit, da die Regensburger Religionsgespräche abgebrochen wurden, an seine jungen Mitbrüder, die in Pa-

ris studieren, schreibt: »Ach, gäbe es dafür doch viele Arbeiter! Käme es doch endlich soweit, daß die Männer, die sich so sehr bemühen, den katholischen Glauben aufzubauen, sich auch einmal anschickten, in ihren Worten und in ihrer Lebensweise das sittliche Leben in ihrer Umgebung neu aufzurichten und aufzubauen (reedificare et edificare)!«[16]
Sehr viel Unausgesprochenes, Durchlittenes scheint in diesen Zeilen ausgesagt zu sein: Erschöpfung nach so vielen Seelsorgsgesprächen, das Wissen um die eigene begrenzte Kraft, die nicht allen Bitten um Hilfe genügen kann, die täglichen Erlebnisse von Unmoral und von erschreckender Unwissenheit unter Klerikern und Gläubigen. Schon aus Worms hat Peter Faber an Ignatius geschrieben, wie sehr er von Liebe zu den Deutschen durchdrungen ist[17] – nun spürt er, wie sehr ihn diese Liebe schmerzt, wie sehr es ihn bedrückt, daß der Glaube schwindet, weil kaum mehr zu spüren ist, »...das im gelebt wer worden«.
Am 22. Mai zieht man die Konsequenz aus der Sackgasse und beendet die Religionsgespräche. Die Versuche Kaiser Karls V., durch Toleranzpläne und Kompromißangebote das Unvermeidliche doch noch zu vermeiden, schlagen fehl. Am 5. Juli lehnen die katholischen Stände die kaiserlichen Propositionen ab, desgleichen die protestantischen am 12. Juli; das Scheitern des Reichstags zu Regensburg ist damit besiegelt.[18] Am Freitag, dem 9. Juli, dem Freitag zwischen den beiden schicksalhaften Montagen, legt Peter Faber, während er die Messe feiert, »...im Angesicht des Allerheiligsten..., unmittelbar vor der Kommunion...« seine feierlichen Profeßgelübde ab, »... in der Kirche Unserer Herrin von der Alten Kapelle, am Hauptaltar...«[19] Durch diese Profeß bindet Peter Faber sich endgültig an die Gesellschaft Jesu und bekräftigt damit seine Bereitschaft, dorthin zu gehen, wohin immer der römische Papst ihn senden würde. Über dieselben Julitage notiert der Chorherr Leonhart Widmann resigniert: »...in der religion sachen stand es nur übler. den paid partein wurden von got ganz und gar verplend...«[20]
Der Kaiser eröffnet am 29. Juli um 10 Uhr morgens die Schlußsitzung des Reichstages. Nach nochmaligen erhitzten Debatten wird am frühen Nachmittag der Abschied verkündet, und Karl V. bricht sofort in Richtung Italien auf. Eile drängt ihn, die geplante Strafexpedition gegen Algerien auszuführen, um damit die Türken zu schwächen. Eile drängt ihn wohl auch, weil es ihm nicht gelungen ist, sich in Frieden vom Reich zu lösen.[21] Und Eile ist es, die den Rastlosen dazu bringt, den protestantischen Ständen in einer Geheimdeklaration Zugeständnisse einzuräumen, um sich dadurch die Hilfe von ihrer Seite in den kriegerischen Auseinandersetzungen im Süden zu sichern – ein »Akt selbstmörderischer Staatsklugheit«[22], der bald verhängnisvolle Folgen nach sich ziehen wird.
Schon Anfang Juli verlassen Prälaten, Stände und Diplomaten die Stadt, der Abzug zieht sich über gut drei Wochen hin. »In diesem gleichen Jahr, am 27. Juli, verließen wir Regensburg, Herr Dr. Ortiz und ich mit seinem ganzen Gefolge...«, schreibt Faber in seinem Memoriale.[23] Die Hoffnungen, die Anfang Mai in Regensburg aufkeimten, sind zerschlagen. Sind Dr. Ortiz und Peter Faber ebenso gescheitert wie der Kaiser, sind sie verstimmt wie die katholischen Stände, ohne Hoffnung auf eine Besserung wie ihre Regensburger Freunde? »Ach, gäbe es dafür doch viele Arbeiter!« Wie oft mag dieser Wunsch Faber durch den Kopf gegangen sein. Hätten sie überhaupt mehr erreichen können?
Peter Faber ist nicht als Kontroverstheologe

Die Vorangehensweise der Gesellschaft Jesu nach Jerónimo Nadal
(Fortsetzung von Seite 196f.)

29. Die Gesellschaft übt große Indifferenz und stellt sich in der Hand und Person des Oberen völlig dem Herrn anheim.
30. Niemand hält letztlich fingiert in der Gesellschaft aus, noch wer nicht im Ernst Christus folgt und sich völlig im Geist der Gesellschaft demütigt.
31. Es gibt in der Gesellschaft mit der Gnade des Herrn die unverzügliche Bereitschaft, zu jeglichen Ungläubigen zu gehen, *auch* wenn man sieht, daß man leicht für Christus sterben muß.
32. Sie geht auf dem Weg des Geistes und kämpft *unter dem Banner des Kreuzes für Gott und dient dem Herrn allein und der Kirche, seiner Braut, unter dem römischen Papst, dem Stellvertreter Christi auf Erden.*
33. Die Gesellschaft wird nicht in allen Dingen *nach dem allgemeinen Recht* geführt, sondern in vielen gemäß ihren besonderen Vorrechten von der heiligen Kirche.
34. Die Gesellschaft übt darin große Genauigkeit und Sorgfalt, wenn eine Seele in ihre Obhut kommt, nicht von ihr zu lassen, ehe sie geordnet und in allem, worin sie fähig ist, für ihr Heil und ihre Vollkommenheit eingestellt ist.
35. Die Vorangehensweise der Gesellschaft ist *stark und sanft, im Geist und in der Wahrheit, so daß der Sinn innerlich ist und auch die Kraft des Geistes besteht, die Ausführung jedoch, in der Wahrheit des Geistes gegründet, sanft ist; sie umfaßt aber Christus als den Weg, die Wahrheit und das Leben.*
36. Sie übt besondere Sorgfalt und Wachsamkeit gegen jede Lehrneuheit in der katholischen Kirche; und so folgt sie der gemeinsamen Lehre der Heiligen und der allgemein anerkannten Lehrer. Und neue Lehren übernimmt sie nicht, um sie allgemein zu machen, sondern beurteilt sie *nach der allgemeinen Annahme,* ohne jede Neuheitssucht.
37. *Der Geist der Gesellschaft: eine Klarheit in Christus, die in Besitz nimmt und auf eigene Weise im Geist in der Vereinigung vollkommener Liebe leitet – und Gehorsam gegenüber der Kirche und dem Papst.*
38. *Der Geist der Gesellschaft: Sich in der Lebendigkeit des Geistes und in der Vereinigung mit ihm Gott mit Christus völlig anheimstellen. So hat nichts von eigenem Sinn, wer wirklich in der Gesellschaft lebt, ja er verspürt und sucht auch keine Hinneigung, wenn er nicht verspürt, daß sich der Obere dazu neigt. Denn wenn er dies verspürt, wird er mit ganzem Herzen in voller Freiheit dorthin getragen; und wiederum zu beliebigem anderen, wenn wiederum der Obere dies andeutet. Auch liebt er es, keinerlei Geheimnis zu haben, weder im Gewissen noch in den Handlungen; und er liebt es auch nicht, außerhalb der Beichte sich ein Geheimnis sagen zu lassen, das er dem Oberen nicht erläutern darf.*
39. *Die Gesellschaft hat großen Starkmut in ihren Diensten und den auszuführenden Aufgaben ihres Instituts, und diesen hat sie vom Ziel her, das die Vollkommenheit der Liebe in Christus umfaßt.*
40. *Sie hat eine höhere Freiheit des Geistes, daß es leicht ist, Gott zu finden, nämlich Andacht und Ruhe des Herzens in Gott und auch Beschauung in allen Dingen.*
41. *Sie hat in den Dingen eine Klarheit, daß nichts ferner von Skrupeln zu sein scheint.*
42. *In ihren Handlungen sucht und verbindet sie drei Prinzipien: das göttliche, das kirchliche und das moralische, nämlich das göttliche, das kirchliche und das moralische Recht, welche notwendig miteinander verbunden sind.*
Sie hat eine gewöhnliche Weise von geistlichen und allen Dingen zu reden usw.

oder Prediger berühmt geworden. Er tritt nicht als kämpferische Natur in Erscheinung, wie etwa Eck[24] oder Cochläus; er überläßt es Dr. Ortiz, in »Ungeniertheit und Lautstärke« zu wachsen. Der einfache Priester, der als erster Jesuit nach Deutschland kommt, noch bevor die kleine Gemeinschaft um Ignatius von Loyola offiziell als Gesellschaft Jesu bestätigt wird – er fällt in allem »pomp und preng« des Regensburger Reichstages nicht auf. Seine Stärke ist das geduldige Zuhören, das klärende Gespräch, seine bescheidene Art. Sein bereitwilliges und liebenswürdiges Wesen bricht manche Härte auf, schenkt Trost und Ermutigung. Er urteilt nicht über jene, die zu ihm kommen und setzt niemand herab. Er nimmt die Ereignisse um sich herum aufmerksam wahr, versucht sie im Gespräch zu deuten. In allem Tun entspricht er »unserer Weise des Vorgehens«, »nuestro modo de proceder«[25], wie er es mit seinen Gefährten durch Jahre geübt hat: In allem den Willen Gottes zu suchen und zu finden, und auch dann alle Hoffnung auf Ihn zu setzen, wenn nach menschlichem Ermessen nichts mehr erhofft werden kann.

Ist es bloßer Zufall, daß einer aus der »Ur«-Gesellschaft Jesu, kaum daß sie bestätigt ist, nach Deutschland kommt? Faber war in Parma, in der Nähe von Dr. Ortiz also, dem der Papst für die Reise von Rom nach Spanien Peter Faber als Begleiter zugeteilt hatte. Während der Reise erhielt Ortiz die Weisung des Kaisers, sich nach Worms zu begeben; Peter Faber gelangt als Begleiter von Dr. Ortiz nach Deutschland, ohne für die Religionsgespräche als solche bestellt zu sein. Aber dennoch: Es ist gerade Deutschland, wo die Kirche zutiefst verwundet ist und darniederliegt, gerade dort, wo sie an ihrer Not zu zerbrechen droht, daß einer der ersten Gefährten des Ignatius sich in den Dienst dieser Kirche stellt... Und noch einmal: Ist es bloßer Zufall, daß Peter Faber sich gerade dann ganz an die Gesellschaft Jesu bindet und sich in bedingungsloser Verfügbarkeit der Sendung durch den Papst unterstellt, da in Regensburg alles darauf hindeutet, daß die Einheit der Kirche in die Brüche geht?

Ist es übertrieben zu sagen, daß Peter Faber in seiner Art ein Zeichen der Gegenwart Gottes in Seiner bedrohten Kirche ist? Viele Menschen haben durch ihre Begegnung mit diesem einfachen Jesuiten den Zugang zu dieser Gegenwart neu entdeckt oder wiedergefunden. Wie gern hätte Peter Faber durch Predigt und Diskussion dazu beigetragen – er hatte dazu das Zeug , mit einem Mann vom Format Melanchthons das Gespräch aufzunehmen, und er mußte erleben, wie ihn Dr. Ortiz zurückhielt![26]

Faber verketzert die Lutheraner nicht und ergeht sich nicht in Polemik und Schuldzuweisungen wie viele seiner Zeitgenossen. Er macht aber kein Hehl daraus, wo die eigentlichen Ursachen des desolaten Zutandes der Kirche auszumachen sind. In einem Brief an seinen Verwandten Claude Perisin, Prior der Kartause Reposoir, nimmt Faber nochmals dazu Stellung. Die eigentlichen Häresien der Zeit sind eigentlich nicht so sehr die Ansichten, die die Lutheraner vertreten, als vielmehr die tristen Zustände, die zu einem solchen Verhalten führen. Die eigentlichen Häresien, so Faber, »...sind nichts anderes als der Mangel an Frömmigkeit, Mangel an Demut, an Geduld, Keuschheit und tätiger Liebe (...devotion, ...humilité, ...patience, chasteté et charité).«[27] Klage und Mitleid klingen hier an, weniger über die Lutheraner als über das Verhalten von Verantwortlichen und Amtsträgern in der Kirche. Quelle dieser Klage und dieses Mitleids ist nicht Vorwurf, sondern leidenschaftliche Hoffnung: daß im aufrichtigen und geduldigen

Bemühen um das Erkennen dieser Mängel die Möglichkeiten für eine echte Erneuerung entdeckt, anerkannt und verwirklicht werden. Es ist Peter Fabers Apostolat gewesen, mit vielen Menschen diesen schmerzlichen Prozeß durchzustehen, ihnen darin beizustehen und Mut zu machen. Er hat nicht angeklagt, wohl aber klare Worte gesprochen, sobald es ihm notwendig erschien. Sein freundliches Wesen ist immer mit Scharfsinn und unbestechlicher Intelligenz gepaart, die harte Mühe des stundenlangen Zuhörens und Zuredens wird getragen und ertragen durch eine tiefe Gottes- und Nächstenliebe. Die Kirche hat ihn 1872, 226 Jahre nach seinem Tode, seliggesprochen. Daneben gibt es in der katholischen Tradition einen anderen Ehrentitel für ihn, der nicht weniger zu Peter Faber paßt: Er ist ein «vir evangelicus» – ein «evangelischer Mann» – nicht im konfessionellen, sondern im ursprünglichen Wortsinn.[28]

Am Schluß seines Briefes an die jungen Mitbrüder in Paris schreibt Faber Worte, die mehr als nur ein frommer Wunsch sind. Sie sind Ausdruck seines Wesens, seines Hoffens und Betens, aus dem er gelebt hat und aus denen andere den Mut schöpften, die Quelle ihres Glaubens wiederzuentdecken: »Unser Herr gebe uns, Ihn zu verspüren in der Liebe Gottes und in der Geduld Christi. Lebet wohl.«[29]

Anmerkungen

1 MEM 21.

2 MEM 20. Vgl.a. Fabers Briefe aus dieser Zeit an Ignatius von Loyola aus Worms und Speyer: M *Fabri* 57. 67–72. Fabers Bericht über die Ankunft in Regensburg, ebd. 73.

3 Die Chroniken der baierischen Städte, 15: Regensburg, Landshut, Mühldorf. Hg. von C. Hegel. Leipzig 1878 (=Bd.15 in: Die Chroniken der deutschen Städte vom 14. bis 16. Jh. Hg. von E. v. Oefele, Leipzig 1862ff) 13–244, hier 165–168.

4 Ebd. 177; vgl. auch 169, 171, 175.

5 Vgl. J. Janssen, Geschichte des deutschen Volkes seit dem Ausgang des Mittelalters, fortgesetzt von L.v.Pastor. Bd.3. Freiburg [19.20]1917, 553–559. – L.v.Pastor, Geschichte der Päpste seit dem Ausgang des Mittelalters. Bd.5. Freiburg [8.9]1925, 298f.314. – W.V.Bangert, To The Other Towns. A Life of Blessed Peter Favre, first Companion of St. Ignatius. Westminster/Maryland 1959,87. – M. Purcell, The Quiet Companion. Peter Favre, S.J., 1506–1546. Dublin, repr. Chicago 1970, 87.

6 Die Chroniken (s. Anm. 3) 167.170.178. Vgl.a. L.v.Pastor (s. Anm. 5) 307f. Faber an Ignatius, 12.3.1541, M *Fabri* 79. Bangert (s. Anm. 5) 98f.

7 Vgl. Fabers Briefe aus Worms, 27.12.1540, M *Fabri* 44–51; 1.1.1541, ebd. 54–58, bes. 57; 10.1.1541, ebd. 58f. sowie aus Regensburg 3.5.1541, ebd. 96–100, bes. 96[4].

8 MEM 22.

9 Vgl. Fabers Briefe aus der Zeit seines Regensburger Aufenthaltes (1541): 26.2., M *Fabri* 73–76, bes. 74f (Hinweise auf die Weise, die Geistlichen Übungen zu geben); 24.3., 83–85, bes. 84 (Weise der Exerzitienbegleitung); 20.4., 87–92, bes. 91 (Cochläus' neu erwachtes Interesse am Predigtapostolat); 3.5., ebd. 96–100, 97.

10 M *Fabri* 82.
Die Übung der täglichen Gewissenserforschung (vgl. EB 43) hat Faber jedem seiner »geistlichen Söhne« empfohlen. Er nennt diese Übung auch an zweiter Stelle in den »Kapiteln über Glaube und Sitten«, die er zusammen mit Dr. Robert Wauchope im Frühjahr 1541 verfaßt hat; vgl. den vollständigen Text in M *Fabri* 119–125. Wauchope, gebürtiger Schotte, seit 1539 Erzbischof von Armagh (Irland), herausragend in Gelehrsamkeit und Frömmigkeit, beispielhafter Exponent der innerkatholischen Reformbewegung, war in Paris Fabers Lehrer gewesen und hatte dort auch die Exerzitien gemacht. Wie er als päpstlicher Theologe beim Religionsgespräch in Worms Faber wieder begegnete, stellte er sich unter seine geistliche Leitung und half ihm beim Exerzitien geben. Später wird er bei der Ausarbeitung des Trienter Rechtfertigungsdekretes eine wichtige Rolle spielen. Vgl. ebd. 46. 57. 106–110. In der Chronik der Stadt Regensburg erwähnt Leonhart Widmann den »plint doctor« und meint damit Wauchope: »Ein Schott, ... wie man saget, so was er plint geporn, ein doctor der heiligen schrift... laß schir teglich meß, darob fürsten und herren ein groß wunder namen...« Die Chroniken (s. Anm. 3) 188. Regelmäßige Beichte und häufiger Kommunionempfang, wie sie dem Übenden in den Exerzitien empfohlen werden, sind in dieser Zeit eine geradezu revolutionäre Praxis, die es offenbar verdient, eigens in einer Stadtchronik erwähnt zu werden. Vgl. insgesamt auch Bangert (s. Anm. 5) 103–106.

11 Faber an Ignatius, 18.3.1541, M *Fabri* 84.

12 Faber an Ignatius, 20.4.1541, M *Fabri* 91; 28.5.1541, ebd. 107.

13 Faber an Ignatius, 5.4.1541, M *Fabri* 85–87, s.a. 86. Man hält die Disputationen »auff der trinckstuben« (Herrentrinkhaus), im vormaligen Waaghaus am heutigen Haidplatz, vgl. Die Chroniken (s. Anm. 3) 172. Über die Briefe seiner Gefährten und ihre Wirkung, vgl. M *Fabri* 87–92.

14 Der Herausgeber der Briefe Fabers in den MHSI faßt dessen

Befürchtungen zusammen: »...da es sich zeigte, daß die Religionsangelegenheit gleichsam im Verborgenen von den Kolloquenten und den Vorsitzenden erörtert wurde und ... die Gemüter eher auf politische als auf geistliche und bewährte Weise zur Einheit geführt werden...« sollten, »...fürchtete Faber zu Recht, daß dem Falschen Wahres beigemischt und der katholische Glaube in einen noch größeren Ruin getrieben würde...« (ebd. 98[17]). Francesco Contarini, Bruder des Kardinallegaten und als Botschafter der Republik Venedig auf dem Reichstag anwesend, äußert schon am 30. März Vermutungen dieser Art. Vgl. Janssen (s. Anm. 5) 555; Purcell (s. Anm. 5) 87. Die bayerischen Herzöge setzen sich zwar für die katholische Sache ein, ohne aber den Eindruck zu entkräften, daß sie dies in der Absicht tun, ihre eigene Vormachtstellung im Reich auszubauen und auf Kosten Habsburgs zu festigen. König Ferdinand, Bruder Karls V., bemerkt dazu unverblümt: »Man weiß sich nicht auf sie zu verlassen; denn ihre Wege sind gewunden«; vgl. Janssen (s. Anm. 5) 555; S. Riezler, Geschichte Baierns. Bd.4 (1508 – 1549), Gotha 1899, 307. Trotz (wenn auch ambivalenter) Einigungsformel zur Rechtfertigungslehre am 3. Mai, zeigen sich am 13. und 14. die unüberbrückbaren Gegensätze in vollem Ausmaß. Am darauffolgenden Tag, den 15. Mai, nimmt Kardinal Contarini Audienz bei Karl V., um dem Kaiser die festgefahrene Situation zu erläutern; s. Pastor (s. Anm. 5) 311f.

15 Die Chroniken (s. Anm. 3) 173. Zu den häufigen Scharmützeln, ebd. 167.170.181 u.ö., besonders lakonisch 176: »Es was nit kurtzweilig under so vil frembden nacionen...« Der Chronist selbst scheint bisweilen unter die Hitzköpfe zu gehen, etwa in seinem Kommentar zur Osterkommunion, die »der Heß« (Landgraf Philipp) »...in seiner herwerg auff dem tanzpoden sub utraque gehalten...« hat: »o Zwingll, der du erstlich nichs dan prot und wein gelernt hast, itzo alle lutterisch nichz anders dan prott und wein halten...und sagen doch darneben, sy entphahen den leib und plut Christi, reym dich arßloch und Friderich...« (ebd. 171), oder mit seiner Bemerkung über den lutherischen Prediger Johannes Track: »Traconus doctor, der doch ye ein rechten namen hett, wol dem cerbero zu vergleichen...«, ebd. 177.

16 M *Fabri* 102–106, hier 105. Im spanischen Text seines Briefes sind dies die einzigen Sätze, die vollständig in Latein verfaßt sind, was bei Peter Faber vorkommt, wenn er einer bestimmten Sache besonderen Nachdruck verleihen möchte. Die in der Textausgabe seiner Briefe sonst eher seltenen Ausrufezeichen erscheinen hier gleich zweimal, nach jedem Satz.

17 Faber an Ignatius, 27.12.1540, ebd. 50. »Große Bündel von Zuneigung und Liebe« für dieses Volk haben ihn ganz durchdrungen, wörtlich: »Grandes ramos de amor y charidad me penetran muy á menudo desta nación...«

18 Vgl. L.v.Pastor (s. Anm. 5) 328; Janssen (s. Anm. 5) 559: »Der Regensburger Reunionsversuch scheiterte, weil er scheitern mußte. Die Schuld lag...in der Sache selbst, in dem Unternehmen, unversöhnliche Gegensätze auszugleichen, Unvereinbares vereinen zu wollen.«

19 Vgl. MEM 23; Gelübdebrief vom 9.7.1541, M *Fabri* 117–119.

20 Die Chroniken (s. Anm. 3) 184.

21 Vgl. K. Brandi, Kaiser Karl V. Werden und Schicksal einer Persönlichkeit und eines Weltreiches. Frankfurt 1976, 376f; ebd. 377: »Unwillig löste er sich vom Reich.«

22 Vgl. L.v.Pastor (s. Anm. 5) 332f.; ferner Janssen (s. Anm. 5) 565[4]: »Die...Deklaration Karls...verdankt ihre kaiserliche Anerkennung der körperlichen Angegriffenheit Karls im Augenblick der Unterschrift«; K.Brandi (s. Anm. 21) 377.

23 MEM 24. – Schon Anfang Juli verließen die ersten Regensburg, ohne den Reichstagsabschied abzuwarten, [vgl. Die Chroniken (s. Anm. 3) 183f.]

24 K.Brandi (s. Anm. 21) 372 spricht von der »groben Art von Eck«.

25 Faber an Ignatius, 27.12.1540, M *Fabri* 50.

26 Ebd. 48f.

27 28.5.1543, ebd. 201–205, hier 202. Dieser Brief ist übrigens als einziger von Fabers erhaltenen Briefen in seiner französischen Muttersprache verfaßt.

28 Zit. nach H.C. Zander, Gottes unbequeme Freunde. Heilige für unsere Zeit. Hamburg 1982, 87.

29 12.5.1541, M *Fabri* 106.

Auf dem Konzil von Trient

Die Sendung von Claude Jay (1500/1504–1552) für die deutschen Christen

Andreas Falkner, Frankfurt am Main

Kardinal Otto Truchseß, der Bischof von Augsburg, »sagte mir von einem Tag zum anderen, ich müsse aufbrechen und nach Trient reisen«[1], so schreibt Claude Jay am 21. September 1545 aus Dillingen an Ignatius. Aus einem späteren Brief an den Statthalter von Mailand wird deutlich, daß Claude Jay zum Konzil geschickt wurde.[2] Da Ignatius diese Sendung nicht veranlaßt und er von Jay eine hohe Meinung hatte, sah er keinen Grund, sich dem zu widersetzen, wohl aber Anlaß, für ihn zu beten.[3] Kardinal Truchseß hatte als weiteren Vertreter den Kanonikus Wolfgang Andreas Rem von Kötz entsandt, der aber schon Ende Januar 1546 aus Trient abgereist ist.[4] Am 16. Dezember 1545 wurden die beiden Prokuratoren des Augsburger Kardinals von den Konzilslegaten freundlich in Trient empfangen. Für die junge Gesellschaft Jesu ist dieses Ereignis gewiß beachtlich, weil die Konzilsväter zunächst in der Person von Jay den neuen Orden kennenlernen konnten. Für die katholische Kirche der deutschen Lande des 16. Jahrhunderts mag die Vertretung des Augsburger Bischofs durch einen Gefährten des hl. Ignatius die Frage nach den deutschen Teilnehmern am Konzil von Trient aufwerfen[5]; Claude Jay selber war ja Savoyarde.

Die Beteiligung der Deutschen am Konzil

Lediglich »in den ergebnislosen Wintermonaten November 1551 bis Februar 1552«[6] waren zehn regierende deutsche Bischöfe anwesend. Während der Beratung der großen Reformvorlagen zur Priesterausbildung und zur neuen Ehegesetzgebung im Jahre 1563 saßen zwei deutsche Bischöfe in der Konzilsaula. Der Prager Erzbischof unterzeichnete als einziger aus den deutschen Landen beim Abschluß des Konzils am 5. Dezember 1563 die Dekrete. An der ersten Tagungsperiode nahm ein einziger deutscher Bischof am Konzil teil, Kardinal Christoph Madruzzo, der Bischof von Trient. Kardinal Albrecht von Mainz hatte seinen Weihbischof Michael Helding als Vertreter gesandt, der aber schon am 8. Januar 1546 unmittelbar vor Beginn der eigentlichen Beratungen die Konzilsstadt verließ. Fast noch schlechter als mit der Beteiligung der Bischöfe stand es mit der Teilnahme der Theologen und Kirchenrechtler. Zwar wurde das Konzil mit nur 31 stimmberechtigten Mitgliedern eröffnet, aber schon das Rechtfertigungsdekret vom 13. Januar 1547 wurde von 68 Stimmberechtigten angenommen. In der Schlußsitzung (1563) haben 216 Prälaten die Dekrete unterschrieben.

Daß sich regierende Bischöfe vertreten ließen, indem sie einen Prokurator sandten, wurde anfangs durch eine päpstliche Bulle untersagt, nach langen Verhandlungen in besonderen Fällen aber doch toleriert: Allen deutschen Prälaten, die wegen der Glaubensspaltung ohne Gefahr für ihre Kirche, ihre Stadt und ihr Gebiet nicht persönlich zum Konzil kommen konnten, wurde gestattet, sich durch Prokuratoren vertreten zu lassen, die beratendes und beschließendes Stimmrecht haben sollten.[7] Das betreffende Breve wurde den Konzilslegaten übergeben. Diese hielten es jedoch für angemessen, davon mit Einschränkungen Gebrauch zu machen und das beschließende Stimmrecht nur an jene Prokuratoren weiterzugeben, die schon an sich konzilsberechtigt waren wie etwa Bischof Michael Helding; dafür erhielten sie die Billigung des Papstes. Diese Regelung kam aber nur während der ersten Tagungsperiode zur Durchführung[8] – für zwei Prokuratoren: Claude Jay, der diese Funktion bis zur Verlegung des Konzils im Jahre

Das Heerlager Kaiser Karls V. vor Ingolstadt im Jahre 1546.

1547 nach Bologna innehatte, und für Ambrosius Pelargus (Storch), der in Trient den Erzbischof von Trier und in Bologna diesen und den Erzbischof von Köln vertrat. Pelargus' Teilnahme am Konzil dauerte vom 14. Mai 1546 bis zum 27. August 1547.

Die geringe Beteiligung des deutschen Episkopats wurde zu Unrecht auf allgemeine Gleichgültigkeit gegenüber kirchlichen Dingen zurückgeführt. Allerdings, »als das Konzil zusammentrat, glaubte in Deutschland niemand mehr ernstlich an sein Zustandekommen.«[9] Unter Klemens VII. wurde es zu oft versprochen, ohne daß es der Papst ernstlich wollte. »Paul III. hatte es zweimal berufen und nicht zustandegebracht.«[10] Die politische Lage war äußerst gespannt. Die Bischöfe, die vielfach auch Territorialherren waren, konnten angesichts der drohenden Gefahr des Bürgerkrieges ihr Hoheitsgebiet nicht verlassen.

1546 brach tatsächlich der Schmalkaldische Krieg aus. Ein Jahr nach dem Tode von Martin Luther führte Kaiser Karl seine Truppen – am 24. Februar 1547 – zum Sieg über die Protestanten. Kurfürst Johann Friedrich von Sachsen wurde sein Gefangener. Doch bereits 1551 warf die Verschwörung der Fürsten gegen den Kaiser ihre Schatten voraus. Nach dem Augsburger Religions- und Landfrieden von 1555 setzten sich die katholischen Fürsten geistlichen Standes der Gefahr aus, den Protest der Lutheraner hervorzurufen, sobald sie sich an der allgemeinen Kirche orientierten. »Beim damaligen Stand der Dinge war die Existenz des deutschen Katholizismus auf das engste mit der Erhaltung der geistlichen Territorien verbunden.«[11]

Mit Recht weist man auf das niedrige Bildungsniveau der deutschen Bischöfe hin. Von den mangelhaften Lateinkenntnissen abgesehen, waren sie in theologischen und kirchenrechtlichen Fragen zu wenig versiert, in der Pastoral zu unerfahren, um auf dem Konzil deutsches Glaubensbewußtsein und die Seelsorgsanliegen in deutschen Landen wirksam vertreten zu können. Umso bedauerlicher ist es, daß die Prokuratoren keine beschließende Stimme auf dem Konzil erhielten.

Ein weiterer Grund, der die Bischöfe nur zaghaft für eine Reform eintreten ließ, liegt im Widerstreben der vielfach sehr bestimmenden Domkapitel aus Angst, sie würden auf Privilegien verzichten müssen; und die Bischöfe selber fürchteten, infolge einer Reform liebgewonnene Sonderrechte einzubüßen.

Kaiser Karl V. überquert mit seiner Armee die Elbe bei Mühlberg, 1547.

Ein erheblicher Hinderungsgrund für die Teilnahme deutscher Prälaten war schließlich die Politik Kaiser Karls V. Zwar war er stets ein Verfechter des Konzils. Aber »nach dem Scheitern der Vermittlungspolitik durch Religionsgespräche hatte er sich entschlossen, den Weg der Waffen gegen die protestantischen Stände zu beschreiten, und dessen notwendige Ergänzung, wenn der Sieg einmal errungen war, war die Unterwerfung unter das Konzil.«[12] Papst Paul III. teilte diese Ansicht keineswegs, beteiligte sich aber doch auf der Seite des Kaisers am Schmalkaldischen Krieg. Die Bischöfe der deutschen Nation waren eben vielfach abhängig von ihrem Lehensherrn, der sich gleichzeitig als höchster Schutzherr der Kirche fühlte. Und das Konzil fand auf dem Reichsterritorium statt.

Das Fehlen der deutschen Bischöfe beim Trienter Konzil mag so verständlich erscheinen; es war und ist aber sehr bedauerlich, weil doch viele brennende Fragen der Kirche der deutschen Lande behandelt wurden. Dieses Manko hätte auch nicht durch die Anwesenheit gediegener Theologen wettgemacht werden können. Ja, einige von ihnen wurden vom Kaiser ausdrücklich zurückgehalten für die Religionsgespräche in Regensburg, die der Kaiser fast gleichzeitig mit dem Konzilsbeginn angesetzt hatte. Übrigens gab es um die Mitte des 16. Jahrhunderts wenig gut gebildete Theologen.

Niemand wird erwarten, daß die Kirche einer Region, die zahlenmäßig so schwach vertreten war, einen nennenswerten Einfluß auf den Gang der Beratungen nehmen konnte. Kardinal Madruzzo hat sich zwar vehement und mit Erfolg dafür eingesetzt, daß der Gebrauch der Bibel in der Muttersprache zugelassen wurde. Daneben gab es aber viele andere schwerwiegende Probleme in der Kirche der deutschen Lande, die ihre wenigen Vertreter auf dem Konzil nicht mit solchem Nachdruck vorbringen konnten, daß die Konzilsväter die Bedürfnisse und Anliegen der deutschen Katholiken wirklich erfaßt hätten. Durch die lateinischen Schriften Luthers war wohl einigermaßen zugänglich, was er lehrte und vertrat, für die Kenntnis seiner Beweggründe und Absichten hätte man aber auch seine deutschen Schriften heranziehen müssen. Als Weihbischof Leonhard Haller während einer Generalkongregation der dritten Tagungsperiode zur Begründung seiner Auffassung einen Abschnitt aus Luthers Katechismus, Satz für Satz ins Lateinische übersetzt, vortrug, lachten einige darüber. Offensichtlich war es ihnen völlig fremd, daß theologische Gedanken in einer anderen als der lateinischen Sprache ausgedrückt wurden. Wie hilfreich wäre es doch gewesen – so äußerte sich ein anderer Konzilsvater zu Hallers Beitrag -, wenn es mehrere deutsche Bischöfe gegeben hätte, die über die dortigen Zustände hätten berichten können.[13]

Es darf also nicht verwundern, »daß die Reformdekrete der ersten Tagungsperiode kaum an einer Stelle den Bedürfnissen der katholischen Kirche Deutschlands angepaßt waren«[14] und »daß die entscheidenden Beschlüsse ... über Schrift und Tradition, Erbsünde und Rechtfertigung ohne spürbare Mitwirkung deutscher Bischöfe und Theologen gefaßt worden sind«.[15] Es war nicht zu erwarten, daß Ambrosius Pelargus und Claude Jay diese Mängel ausgleichen würden. Umso interessanter ist es zu sehen, wie sie sich verhielten und was sie erreichen konnten. Im folgenden können wir jedoch nur Claude Jays Wirken während des Trienter Konzils etwas nachgehen. Wer war dieser Mann? Was sind seine hauptsächlichen Verdienste um die Reform der Kirche in den deutschen Landen?

Kaiser Karl V. nach dem Sieg über protestantische Reichsstände in der Schlacht bei Mühlberg, 1547.

Ein guter Vater für Deutschland

Claude Jay[16], Savoyarde wie Peter Faber, hat diesen 1533 kennengelernt, als Faber gegen Ende seiner Studien in Paris einige Monate in seiner Heimat verbrachte. Auf Fabers Anregung hin zog er 1534 zur Ergänzung seiner theologischen Studien an die Hohe Schule an der Seine, wohl auch mit der Absicht, sich den Gefährten des Iñigo anzuschließen[17]. Bereits 1528 war Jay nach den Studien im Kolleg von La Roche in Genf zum Priester geweiht worden. Übrigens hatte auch Jay in La Roche den von Faber hochgeschätzten Magister Pierre Velliard als Lehrer. In Paris gab Faber seinem Landsmann die Exerzitien. Am 15. August 1535 schloß sich Jay der Gruppe, die Iñigo in Paris gesammelt hatte, an. Mit wenigstens 48 Jahren – sein Geburtsjahr ist nicht genau überliefert (zwischen 1500 und 1504) – ist er am 6. August 1552 in Wien gestorben und wurde dort bei den Franziskanern begraben[18].

Nach der Ankunft der Pariser Magistri in Rom war Jay in der Nähe Roms, in Brescia und in Rom selber tätig. 1542 zog er mit dem päpstlichen Legaten Giovanni Morone über die Alpen zum Reichstag in Speyer. Danach wirkte er in Regensburg, bis ihn 1543 der Magistrat der Stadt als Neuerer auswies. So gelangte er zum ersten Mal nach Ingolstadt, wo ihn die Professoren der Universität zu Vorlesungen einluden. 1544 folgte er dem Ruf des Augsburger Bischofs nach Dillingen. Im gleichen Jahr forderte ihn der Erzbischof von Salzburg für die Provinzialsynode als Berater an. Anfang 1545 nahm er als Begleiter von Kardinal Otto Truchseß, dem Bischof von Augsburg, am Reichstag in Worms teil. Dort traf er zum ersten Mal Petrus Canisius. Nach der ersten Tagungsperiode des Trienter Konzils (1545–1548) wurde Jay zu Herzog Ercole II. d'Este nach Ferrara geschickt, wo er schon 1537/1538 mit seinen Gefährten Rodrigues und Bobadilla gewirkt hatte. Man erhoffte »von ihm als gebürtigem Franzosen einen heilsamen Einfluß auf die im Glauben schwankende Herzogin Renata«[19]; sie war eine Tochter Ludwigs XII. von Frankreich, die »als Schülerin Calvins die neue Lehre zu leben und verbreiten suchte«[20]. Am 13. November 1549 traf Jay mit Petrus Canisius und Alonso Salmerón in Ingolstadt ein; auf Betreiben des Herzogs von Bayern sollte dort mit Hilfe der drei Jesuiten die Universität erneuert werden.[21] Der Bischof von Augsburg bemühte sich aber mit Erfolg darum, daß ihm Jay zugeteilt wurde. So reiste dieser schon im Juni 1550 nach Augsburg; Otto Truchseß wollte ihn im Kolleg in Dillingen einsetzen. In der Fastenzeit 1551 gab Jay dem Bischof von Augsburg in Ottobeuren die Exerzitien.[22] Im Juli danach schrieb Jay von der letzten Station seines Lebens an Ignatius; es ging um die Gründung eines Kollegs in Wien und um die Verbesserung der theologischen Studien an der Wiener Universität.

»Deutschland hat einen guten Vater verloren«[23], so schrieb einer der Jesuiten in Wien am Tag, als Jay begraben wurde, nach Rom. Für Kardinal Otto Truchseß war der gestorben, »der seit langem wie kein anderer in Deutschland segensreich gewirkt hatte«[24]. Der Generalobere der Augustinereremiten, Girolamo Seripando, hielt Jay für einen ebenso gelehrten wie frommen Mann; er hatte ihn beim Konzil kennengelernt.[25]

Claude Jays Einstellung zur Kirche in den deutschen Landen soll ein Abschnitt aus einem seiner Briefe, den er wenige Wochen vor Eröffnung des Konzils geschrieben hatte, zeigen. Für Deutschland wünscht er gelehrte und geistliche Persönlichkeiten, die sich dem Dienst Gottes hingeben. Das gute Beispiel würde nicht wenig bewirken. »Angesichts des drohenden Verderbens, dem so viele Menschen entgegengehen, bin ich bereit, für die gesunde christliche Lehre in diesem so trostlosen Land Leib und Leben einzusetzen. Ich bin verwundert, daß die christlichen Gebiete insgesamt nicht mehr Fleiß und Sorgfalt darauf verwenden, dieses angesehene, große und einflußreiche Land vor dem Untergang zu bewahren, der viele andere mit sich reißen würde.«[26] Dem ohnmächtig zusehen zu müssen, erfüllt Jay mit Schmerz und Mitleid, die nur durch die Hoffnung auf Gottes Erbarmen erträglich werden.[27]

Nicolás Bobadilla, auch einer der Gefährten des Ignatius, empfand die Zerrüttung in der Kirche Deutschlands ebenso als Übel, setzte jedoch auf andere Mittel, um es zu beheben. Er war von 1542–1548 bei den Deutschen eingesetzt. Als er auf Wunsch des Kaisers und im Auftrag des Papstes im kaiserlichen Heerlager als Feldgeistlicher diente, erklärte er Ignatius brieflich, er halte den Einsatz kriegerischer Gewalt für das letzte, aber auch ausreichende Mittel, um die Christenheit zu befrieden und die Kirche zu reformieren.[28] Ob damit Bobadilla nicht eher die Ansicht des Kaisers als die des Ignatius vertrat? Jedenfalls steht er damit im schroffen Gegensatz zu dem, was Jay für angebracht hielt, um die kirchlichen Mißstände zu überwinden. Allerdings waren beide davon überzeugt, daß die reale Einheit mit der

römischen Kirche die wesentliche Grundlage für das Heil der Menschen sei; ohne sie sei Leben trostlos und vom Verderben bedroht.
Wochenlang war Jay als einziger Prokurator eines deutschen Bischofs tätig, bis dann Ambrosius Pelargus eintraf. Jay wartete aber mehr »auf die Ankunft Peter Fabers, Diego Laínez' usw.«[29] Diese und Alonso Salmerón hatte Papst Paul III. als Konzilstheologen berufen. Laínez und Salmerón trafen am 18. Mai ein. Faber starb auf dem Weg zum Konzil am 1. August 1546 in Rom. Jays Trauer um diesen Mann war sicherlich groß. In Faber, mit dem ihn persönlich viel verband, hätte er einen Vertrauten an seiner Seite gehabt, der die Lage der Kirche in den deutschen Landen ebenso kennengelernt hatte wie er. Und die Deutschen waren Faber nicht minder lieb und teuer als ihm.

In der Konzilsaula

Wie den Konzilsakten zu entnehmen ist, meldete sich Jay am 18. Februar 1546, dem Todestag Martin Luthers, erstmals in einer Sache zu Wort, die wohl hinsichtlich der Lehre »von untergeordneter Bedeutung war«[30], aber doch wesentlich die Zielsetzung des Konzils betraf, das ja der Reform der Kirche dienen sollte. Offenbar hatten sich die Erörterungen über die Hl. Schrift zu sehr in bloßen theologischen Diskussionen erschöpft. Da erinnerte Jay daran, daß das Konzil sich ebenso um die Reform wie um die Lehre zu bemühen habe. Da man von der Hl. Schrift handle, sei es folgerichtig, zunächst von ihrem Mißbrauch zu reden.[31] Ohne nun zu beurteilen, wie sinnvoll diese Bemerkung war, ist doch zu sagen, daß Jay mit der Erinnerung an die Reformaufgabe des Konzils etwas angesprochen hat, was in Gefahr war, vernachlässigt zu werden. Tatsächlich war nach der Meinung der Zeitgenossen »in den beiden ersten Perioden kein wirklich durchgreifendes Reformdekret beschlossen worden, vor allem aber: die Dekrete waren vom Papst nicht bestätigt und wurden nicht durchgeführt.«[32] Wenige Tage später konnte Jay einen hilfreichen Beitrag in der Debatte um den Traditionsbegriff leisten, indem er die bedeutsame Unterscheidung zwischen den dogmatischen Traditionen, »die zum Glauben gehören«[33], und allen übrigen, rein kirchlichen Überlieferungen anbahnte.[34]
In der Partikularkongregation vom 6. April 1546 über den Umgang mit der Hl. Schrift in Lesung und Predigt unterbreitete Jay den versammelten Vätern beiläufig den Vorschlag, den Priestermangel durch die Errichtung von Kollegien zu beheben, in denen Schüler zu Priestern herangebildet werden sollten.[35] Diese Anregung sollte ihre Wirkung in der Reform der Kirche erst nach und nach zeigen. Insbesondere Kardinal Reginald Pole scheint diese Idee aufgegriffen zu haben. Als päpstlicher Legat für England berief er 1555 eine Nationalsynode nach London ein, die in ihrem Kanon XI die Errichtung von Diözesanseminaren für England verfügte. Dieser Kanon bildete auf dem Trienter Konzil im Jahre 1563 die Grundlage des Dekretes zur Errichtung der Klerikalseminare.[36] Den Einfluß Jays auf Giovanni Morone und die Gründung des für die deutsche Nation sehr bedeutsamen Collegium Germanicum wird ein anderer Beitrag dieses Bandes behandeln.[37]
Schon vor dem Konzil hatte Jay in Deutschland auf die Gründung von Kollegien hingearbeitet, durch die der Priestermangel behoben werden sollte. Die Schwierigkeiten, auf die er dabei gestoßen ist, schilderte er Ignatius schon in seinem Brief vom 21. Januar 1545.[38] Von

den vielfachen Ängsten und Widerständen der Fürsten und Prälaten gegen die Errichtung von (Jesuiten-)Kollegien berichtete er etwa fünf Jahre später in sieben Punkten nach Rom:

»1. Die deutschen Fürstbischöfe beschließen nichts von Bedeutung, ohne ihre Ratgeber und einige Kapitulare zu befragen. Diese Sache [der Kollegien], mag sie noch so nützlich, ja notwendig sein, scheitert vor allem daran, daß einige Räte insgeheim die Lutheraner begünstigen und sich von den Katholiken distanzieren.
2. Es sei nicht zu erwarten, meinen sie, daß einheimische Schüler sich für den Ordensstand entschließen und Fremde die deutsche Sprache dermaßen erlernen würden, daß sie deutsch predigen könnten ...
3. Ausländer sind nicht gern gesehen.
4. Sie wollen nicht, daß Studenten, auf die sie Hoffnungen setzen, vom Papst in andere Provinzen geschickt würden.
5. Sie wollen, daß die Studenten mit der Zeit Pfarrer werden, weil viele Pfarreien in Stadt und Land wegen Priestermangel vakant sind.
6. Viele Städte haben verfügt, keine neuen Ordensniederlassungen zuzulassen.
7. Als Stifter verlangen sie das Recht einer gewissen Mitsprache. – Doch ich hoffe, daß die göttliche Vorsehung die menschliche Klugheit überwinden wird. – Hohe Schulden. – Kriegsgefahr.«[39]

Solche Hindernisse und Widerstände haben Jay nicht entmutigt, den Plan der Klerikalseminare mit Dozenten für öffentliche Vorlesungen aus dem Jesuitenorden in den deutschen Landen zu verfolgen.[40] Jay war fest davon überzeugt, daß die Kirche sittlich hochstehende und theologisch gebildete Priester braucht. Um ihre Formung und Ausbildung zu garantieren, sollte jeder Bischof verpflichtet werden, ein solches Kolleg zu errichten und persönlich zu leiten. Mit der Verbreitung dieser Idee hat Jay wesentlich dazu beigetragen, daß das Trienter Konzil am 14. Juli 1563 die Errichtung von Seminaren in den einzelnen Diözesen einstimmig beschließen konnte.[41] Schon 1550 hatte König Ferdinand I. diese Idee aufgegriffen. Durch Claude Jay ließ er Ignatius mitteilen, daß er ein Kolleg in Wien zu gründen beabsichtige, und er bat um zwei Theologen.[42] Im Jahr darauf konnte das Wiener Kolleg eröffnet werden.

Anhand der edierten Akten des Tridentinums läßt sich nachweisen, daß Jay auch nach der Ankunft der anderen Jesuiten Laínez und Salmerón in Trient öfters das Wort ergriff, wenngleich aus Jays Briefen hervorgeht, daß er sich gern in den Schatten der beiden hervorragenden Theologen stellte. J. Beumer vermutet[43], daß Jay auf die Zusammenstellung der *Errores haereticorum circa sacramenta in genere* (Irrtümer der Häretiker in der Lehre von den Sakramenten im allgemeinen), die Laínez und Salmerón nach einem Brief von Jay an Ignatius angefertigt haben, mehr Einfluß nahm, als er selber zugegeben hat und andere geahnt haben. Als Grund für diese Vermutung gibt Beumer Jays gute Beziehungen zu den Kardinälen und Bischöfen an, die aus seiner Teilnahme an den Generalkongregationen erwachsen seien. Außerdem »war wohl keiner seiner [Jays] Gefährten imstande, die zumeist deutsch abgefaßten Schriften Luthers zu lesen und zu verstehen«[44]; das war als Voraussetzung für diese Liste erforderlich, weil in ihr die Versammlung mit den Ansichten Luthers bekanntgemacht werden sollte.

Da J. Beumer vorwiegend Jays Beiträge zur kirchlichen Lehre herausstellt und keine Wortmeldungen von ihm zu den Fragen der Lehre über die Erbsünde und von der Rechtfertigung erwähnt, darf man annehmen, daß Jay sich in diesen Diskussionen zurückgehalten hat bzw. daß seine Stellungnahmen in die Abhandlungen von Laínez und Salmerón eingeflossen sind. Laínez hat ja am 26. Oktober 1546 die »umfassendste und am meisten beachtete Widerlegung der Lehre von der doppelten Gerechtigkeit«[45] in der damaligen Theologenkongregation vorgetragen. Er »war der scharfsinnigste Gegner [dieser] Lehre ..., doch nicht ihr Überwinder. Sie war bereits überwunden, als er zu Worte kam.«[46]

Mit der Verlegung des Konzils nach Bologna im Frühjahr 1547 ging Jays Vertretung des Augsburger Bischofs zu Ende, weil Kardinal Otto Truchseß in seiner Eigenschaft als kaiserlicher Rat[47] der Verlegung nicht zustimmte.[48] Jay übersiedelte danach nach Bologna und wirkte als »einfacher Theologe«[49] im Dienste des Konzils, bis er die neue Aufgabe bei Hercole II. d'Este in Ferrara antrat. An den theologischen Beratungen in Bologna hat übrigens Petrus Canisius als vierter Jesuit teilgenommen, freilich nur wenige Wochen. Er kam dann auch zur dritten Tagungsperiode für kurze Zeit aus Innsbruck nach Trient.

Während Laínez und Salmerón Ende Juli 1551 zur zweiten Tagungsperiode des Konzils in Trient eintrafen, war Claude Jay mit der Gründung des Kollegs in Wien beschäftigt.

Weisungen und Hinweise für die Jesuiten am Konzil

Ignatius gab den Gefährten, die am Trienter Konzil teilnahmen, eine Instruktion[50] an die Hand, ein Instrument, durch das Ignatius mit seinen Gefährten in aller Welt verbunden blieb, ja in ihrer Mitte gegenwärtig war; besonders in dieser Instruktion kommt das pointiert zum Ausdruck. Wiederholt wendet er sich zwar konditional, aber doch in der Ichform an seine Gefährten: »Ich wäre langsam im Sprechen, ... ich würde mich bemühen, ...«[51] Bisweilen spricht er seine Gefährten im Indikativ in der Ichform oder gar in der Wirform an. In solchen Redeweisen liegt eine unverkennbare Einladung zur Identifikation, die die Gefährten mit ihrem Magister Ignatius ebenso vollziehen sollen wie er mit ihnen. Diese Beobachtung gewinnt an Gewicht, wenn man bedenkt, daß Ignatius von dem, was seine Gefährten und ihr Wirken betraf, informiert sein wollte. So trug er Laínez und Salmerón für die Zeit ihrer Teilnahme an der zweiten Tagungsperiode des Trienter Konzils (1551–1552) auf, ihm alle acht Tage zu schreiben.[52]

Inhaltlich werden in den Instruktionen Prinzipien und allgemeine Grundsätze des Handelns zum Wohl des Nächsten gegeben, die für alle Jesuiten gelten. An Einzelanweisungen, die auf den besonderen Einsatz abgestimmt sind, fehlt es nicht. Letztlich bleibt aber die Wahl der zum Ziel führenden Mittel denen vorbehalten, die in der tatsächlich gegebenen Situation ihren Auftrag optimal zu erfüllen haben: »... man kann dabei weglassen oder hinzufügen.«[53] Diese Freiheit vermag Ignatius einzuräumen, da er überzeugt ist, daß seine Gefährten, von der jeweiligen Zielvorstellung geleitet, »im Herrn«, d. h. in gelebter Beziehung mit Jesus Christus vorangehen.

In der Instruktion für die Tagung in Trient gibt er dreierlei Weisungen: »für den Umgang«, »um den Seelen zu helfen« und schließlich »um einander [damit sind die Gefährten selber gemeint] mehr zu helfen«. Der mittlere Teil dieser Instruktion ist frappierend: »Zu größerer Ehre Gottes unseres Herrn ist das, was bei dieser Tagung von Trient hauptsächlich von uns erstrebt wird ... : predigen; beicht-

Konzil von Trient (1545–1563). Darstellung einer Session.

hören und Vorträge halten, Kinder lehren, Beispiel geben, Arme in Spitälern besuchen und die Nächsten ermahnen, so wie ein jeder sich mit diesem oder jenem Talent findet, um die Personen, die wir können, zu Andacht und Gebet zu bewegen, damit sie alle und wir Gott unseren Herrn bitten, seine göttliche Majestät wolle ihren göttlichen Geist allen denen eingießen, die über die Stoffe verhandeln, die zu dieser so hohen Versammlung gehören, damit der Heilige Geist mit größerer Fülle an Gaben und Gnaden auf dieses Konzil herabkomme.«[54] Das erwartete Ignatius von denen, die der Papst als Theologen nach Trient geschickt hat! Sollten sich seine Gefährten täglich vor Augen halten, welchem Ziel die Theologie und das Konzil zu dienen habe? Sollte durch das Beispiel der Reformpriester den Konzilsvätern vor Augen geführt werden, daß sie im Dienst der Reform an Haupt und Gliedern zusammengekommen waren? In der Tat ging und geht es darum, dem Wirken des göttlichen Geistes in der gesamten Kirche mehr Raum zu geben. Die Briefe der drei Jesuiten aus Trient an ihren Vater Ignatius zeigen, daß sie diese Weisung ernstgenommen haben, indem sie die angegebenen Dienste leisteten.
Im ersten Teil der Weisungen, die »für den Umgang« (para conversar) gedacht sind, macht Ignatius zuerst auf dessen Ambivalenz aufmerksam; er kann für beide Teile hilfreich oder schädlich sein: Die Wachsamkeit, die einer sich selber auferlegt, und die gelebte Erwartung, »von unserem Herrn begünstigt [zu] werden«, werden hier die Wende zum Guten herbeiführen. Es gilt, vorausschauend und zielstrebig voranzugehen, soll der Umgang nicht in eine unverbindliche Plauderei ausarten. Dieser Grundsatz wird in sechs Punkten entfaltet, die hier zusammengefaßt angeführt werden: auf den Partner bedächtig und liebevoll, vor allem hörend eingehen, so daß man in Ruhe sein Verstehen, Fühlen und Wollen wahrzunehmen vermag, und nicht selber übereilt sprechen; das Für und Wider eines Gesprächsinhaltes zulassen und sich nicht hinter Autoritäten verschanzen bzw. parteiisch werden; den aus der Sicht des Gesprächspartners

günstigen Augenblick abwarten, um zur passenden Zeit die Beweggründe für die größere Ehre Gottes vorzubringen. Wenn man nicht schweigen darf, seine Meinung mit Demut so vorbringen, daß man für ein besseres Urteil immer noch offen ist. Eine Art Feedback an jedem Abend soll – das wird im dritten Teil der Weisung gesagt – diese hohe Qualität des Umgangs unterstützen und fördern.
Claude Jay hat diese Instruktion offensichtlich begriffen. Nach Beumers Darstellung hat er zweimal in diesem Sinne in die Konzilsdebatten eingegriffen und bei der Versammlung herrschende Fehleinschätzungen der Lehre der Lutheraner berichtigt.[55] Die beiden Wortmeldungen wurden in den Konzilsakten aufgezeichnet.
In der Auseinandersetzung mit den Problemen, die die Kirche in den deutschen Landen verursachte, hatte sich Diego Laínez wiederholt an Peter Faber gewandt, damit er ihm Tips für den Umgang mit den Andersgläubigen gebe; ein Anliegen, das Jay bestimmt geteilt hätte oder gar hat. Faber galt als »führender Kopf unter den Ersten Vätern, als geistlicher Ratgeber der jungen Gesellschaft Jesu«[56], und Claude Jay fühlte sich ihm mehr verbunden als manchen anderen Gefährten des Ignatius. Mit einer Unterbrechung von neun Monaten hatte Faber von Ende Oktober 1540 bis Mitte Juli 1544 in den deutschen Landen gewirkt und war danach in Portugal und in Spanien tätig. Laínez hatte ihn um einige Hinweise gebeten, »die einen, der Seelen retten möchte, in die Lage versetzen, mit den Andersgläubigen zu ihrem Vorteil und Nutzen umzugehen.«[57] Verschiedene Umstände, aber auch die Verlegenheit um das, was er dazu sagen soll, brachten eine Verzögerung der Antwort mit sich. Am 7. März 1546 schrieb Faber für Laínez nieder, was ihm eben dazu in den Sinn kam. Daraus wurde eine beachtliche Denkschrift, die die Sorge um die Menschen und ihre Praxis eines christlichen Lebens in den Vordergrund rückt:[58]
»Als erstes muß, wer den Irrgläubigen unserer Zeit helfen will, zusehen, daß er ihnen viel Liebe entgegenbringt und daß er sie in Wahrheit liebt, indem er seinen Geist von allen Überlegungen freimacht, die der Achtung vor ihnen abträglich sein können.
Als zweites müssen wir ihre Gunst zu gewinnen suchen, daß sie uns lieben und uns einen guten Platz in ihrem Geiste geben. Das geschieht, wenn man sich mit ihnen freundschaftlich über Dinge unterhält, die ihnen und uns gemeinsam sind, und sich vor allen Streitgesprächen hütet, wo einer den anderen herabzusetzen sucht. Zuerst nämlich müssen wir mit ihnen in den Dingen Umgang pflegen, die uns einen, und nicht in den anderen, wo eine Verschiedenheit der Auffasssungen zutage tritt.
Drittens: Weil jene, die die Richtung der Lutheraner einschlagen, zu jenen gehören, ›die zurückweichen und verlorengehen‹ (Hebr 10,39), wobei zuerst die innere Haltung verlorenging und erst dann der rechte Glaube, darum müssen wir von dem ausgehen, was zur rechten Herzenshaltung beiträgt und hilft, um von da aus zu den Hilfen für den rechten Glauben zu kommen. Also genau umgekehrt wie bei der Bekehrung von Neuchristen, wo es zunächst darum geht, den Verstand durch den Glauben, der aus dem Hören stammt, zu belehren und zurechtzurücken, und von da zur rechten inneren Haltung bezüglich der Lehre und der Werke, die aus dem Glauben stammen, fortzuschreiten.
Viertens: Wenn man sich eines Menschen annimmt, der nicht nur eine schlechte und falsche Lehre, sondern auch ein schlechtes Leben

führt, dann muß man einen Umweg suchen, auf den man ihn von den Lastern seines schlechten Lebens freimachen kann, bevor man mit ihm über seine Glaubensirrtümer spricht ...
Fünftens: Bezüglich der Irrtümer über die Werke, wie sie sich fast überall in dieser Lehre finden, müssen wir von den Werken zum Glauben voranschreiten, indem wir mit ihnen immer über Dinge sprechen, die sie zur Liebe zu den Werken führen können.
Sechstens: Es ist sehr wichtig, zu bemerken, wo die Irrtümer ihrer Führer über die Gebote und Vorschriften der Kirche und der heiligen Väter ihren Grund haben: daß sie sich nämlich im Gehorchen und Hinnehmen so schwach fühlen, daß es ihnen unmöglich scheint, diese Gebote und Regeln je zu beobachten. Darum muß man ihnen geistlich zureden, um ihnen Kraft und Mut zu geben, daß sie neue Hoffnung schöpfen und sehen, daß sie mit der Gnade des Herrn zu tun und hinzunehmen vermögen, was ihnen befohlen ist – ja noch viel mehr ...
Siebtens: Wer mit ihnen nur über die rechte Lebensführung, die Tugenden, das Gebet, den Tod, die Hölle und ähnliche Dinge zu reden verstünde, die auch die Heiden zu einem besseren Leben zu bewegen vermögen, der hälfe ihnen mehr als jeder andere, der mit Beweisgründen vollgestopft ist, um sie zu widerlegen.
Achtens: In einem Wort: Diese Leute brauchen Ermahnungen, gutes Zureden usf. über den rechten Lebenswandel, die Furcht und die Liebe Gottes und die Liebe zu den guten Werken als Gegenmittel gegen ihre Schwächen, ihre Andachtslosigkeit, ihre Zerstreuungen, ihre Erdenschwere und ihre anderen Übel, die nicht vor allem und zuerst im Verstand sitzen, sondern in den Füßen und Händen der Seele und des Leibes.«

Eine Woche später schrieb Peter Faber an Gerhard Kalckbrenner, den Prior der Kartause in Köln, in Anspielung auf das Konzil unter anderem: »Mir tut es weh, wenn [die weltlichen und geistlichen Machthaber] nichts mehr versuchen, auf nichts sonst sinnen und im Bereich ihrer Verantwortung nichts anderes für nötig finden, als die Häretiker auszurotten ... Warum geschieht nichts für die Reform – ich meine nicht die Reform der Glaubenslehre und der Lehre über die Werke ..., sondern die Reform des Lebens und der Christen jeglichen Standes? Warum finden wir nicht durch die Lehre zu den Werken der ersten Christen und heiligen Väter?«[59]
Peter Faber, selber von Papst Paul III. als Konzilstheologe berufen, starb auf dem Weg zum Konzil am 1. August 1546 in Rom. Ob Diego Laínez dessen Denkschrift zum Umgang mit Andersgläubigen zur Geltung bringen konnte, wäre zu erforschen.
Nach der Einschätzung von Hubert Jedin hat die deutsche Nation in anderer Weise dazu beigetragen, daß das Konzil von Trient nicht zuletzt aufgrund der dritten Tagungsperiode schließlich doch als Reformkonzil in die Geschichte eingegangen ist. Der entscheidende Anstoß dafür ging nicht von den deutschen Bischöfen, sondern von Kaiser Ferdinand I. aus[60]: »Fromm, von großer Ehrerbietung gegen den Heiligen Stuhl erfüllt, war er [Ferdinand I.] doch davon überzeugt, daß eine [Reform an Haupt und Gliedern] nicht zu umgehen sei, daß insbesondere die geringen Reste des Katholizismus in Deutschland nur zu retten seien, wenn der Klerus reformiert, neue katholische Jugend herangebildet und gewisse disziplinäre Zugeständnisse gemacht würden ...« Mit der Stiftung des Jesuitenkollegs unter Claude Jays Leitung in Wien verfügte der Kaiser über einschlägige Erfahrungen.

Anmerkungen

[1] MHSI *Epp. Broeti,* 292–297, hier 296.
[2] Ebd. 297–300, hier 300.
[3] Vgl. MI *Epp.* I, 302.
[4] H. Jedin, Die deutschen Teilnehmer am Trienter Konzil. In: Theologische Quartalschrift 122 (1941) 238–261 u. 123 (1942) 21–37, hier 243.
[5] Vgl. dazu den eben genannten Artikel von H. Jedin.
[6] Ebd. 240.
[7] S. Ehses, Die Vertretung des deutschen Episkopates auf dem Trienter Konzil 1545–1547 (= Görres-Gesellschaft zur Pflege der Wissenschaft im katholischen Deutschland. Dritte Vereinsschrift für 1912) Köln 1912, 23.
[8] H. Jedin (s. Anm. 4) 25.
[9] Ebd. 31.
[10] Ebd.
[11] Ebd. 32.
[12] Ebd. 245f.
[13] Ebd. 25f.
[14] Ebd. 245
[15] Ebd. 244.
[16] Vgl. A. Ravier, Ignatius von Loyola gründet die Gesellschaft Jesu. Dt. Bearb. von J. Stierli. Würzburg 1982, 80.
[17] MEM 15.
[18] MHSI *Catalogi,* 2.
[19] H. Rahner, Ignatius von Loyola. Briefwechsel mit Frauen. Freiburg 1956, 219.
[20] Ebd. 43.
[21] MHSI *Epp. Broeti,* 350.
[22] PCE I, 361.
[23] MHSI *Epp. Broeti,* 402f (Victoria an Polanco, 7.8.1552), hier 402.
[24] Ebd. 405.
[25] B. Duhr, Geschichte der Jesuiten in den Ländern deutscher Zunge. Bd. 1. Freiburg 1907, 48.
[26] MHSI *Epp. Broeti,* 299.
[27] Ebd.
[28] M *Bob* 106 (Brief an Ignatius, 5.9.1546).
[29] MHSI *Epp. Broeti,* 305.
[30] J. Beumer, Der erste Jesuit aus Deutschland auf dem Trienter Konzil P. Claude Jay. In: AHSI 39 (1970) 168–182, hier 174.
[31] Ebd. Anm. 31.
[32] H. Jedin (s. Anm. 4) 255.
[33] Zit. nach J. Beumer (s. Anm. 30) 174.
[34] Vgl. ebd. und H. Jedin, Geschichte des Konzils von Trient. Bd. 2. Freiburg 1957, 49.
[35] L. Lukács, De origine collegiorum externorum deque controversiis circa eorum paupertatem obortis. Pars prior: 1539–1556. In: AHSI 29 (1960) 189–245, hier 196.
[36] J. A. O'Donohoe, Tridentine Seminary Legislation. Its Sources and Its Formation. Löwen 1957, 145.
[37] Vgl. den Beitrag von F.-J. Steinmetz in diesem Band 319–329.
[38] MHSI *Epp. Broeti,* 286–291.
[39] L. Lukács (s. Anm. 35) 203.
[40] Z. B. MHSI *Epp. Broeti,* 357, 362.
[41] J. A. O'Donohoe (s. Anm. 36) 171.
[42] MHSI *Epp. Broeti,* 356–360, hier 356f. Vgl. dazu den Beitrag von J. Wrba in diesem Band 331–357.
[43] J. Beumer (s. Anm. 30) 176f.
[44] Ebd.
[45] H. Jedin (s. Anm. 4) 216.
[46] Ebd. 217
[47] Ebd. 243.
[48] MHSI *Epp. mixtae* I, 356f. Zit. nach J. Beumer (s. Anm. 30) 178.
[49] MHSI *Lainii Mon.* I, 58.
[50] San Ignacio de Loyola, Obras Completas. Edicion Manual. Madrid [4]1982, 705–708 (MI *Epp.* I, 386–389).
[51] Ebd. 706.
[52] A. Ravier, Les chroniques Saint Ignace de Loyola. Paris 1973, 136.
[53] San Ignacio de Loyola (s. Anm. 50) 706.
[54] Ebd. 706f.
[55] J. Beumer (s. Anm. 30) 175.
[56] A. Ravier (s. Anm. 52) 92.
[57] M *Fabri,* 399.
[58] Ebd. 400–402. Dt. Übers. in: Peter Faber, Memoriale. Das Geistliche Tagebuch des ersten Jesuiten in Deutschland. Nach den Manuskripten übers. u. eingel. von P. Henrici. Einsiedeln 1989, 373–377.
[59] M *Fabri,* 414.
[60] H. Jedin (s. Anm. 4) 255f.

Ein Eckpfeiler der Katholischen Kirche

Petrus Canisius (1521–1597)*

Paul J. Begheyn, Nijmegen

Jugendjahre (1521–1543)

Am 8. Mai 1521 wurde Peter Kanis oder Canisius[1] im Haus an der Ecke von Broerstraat und Beynumsgas[2] im Herzen von Nimwegen, der wichtigsten Stadt des Herzogtums Geldern, geboren. Von Anfang an haben seine Biographen auf das Besondere dieses Datums, das gleichsam das Leben des Neugeborenen mitbestimmt, hingewiesen. Wurde doch am selben Tag zu Worms der kaiserliche Bannfluch gegen Martin Luther ausgesprochen, womit in gewissem Sinne die Reformation ein öffentliches Ereignis wurde. Und etwas mehr als zwei Wochen später wurde Iñigo de Loyola im Krieg zwischen Kaiser Karl V. und dem französischem König Franz I. in Pamplona schwer verwundet. Schließlich war der 8. Mai das Fest des hl. Michael, des Schutzpatrons des Heiligen Römischen Reiches Deutscher Nation, für den Canisius eine große Verehrung hegte. Am Ende seines Lebens wird er sich in seinem *Testament* als »Mitarbeiter des Engels Deutschlands« bezeichnen.[3]

Peter war das zweite von sieben Kindern des Jakob Kanis (1489–1543)[4] und der Apothekerstochter Jelis van Houweningen († 1526). Sein Vater war ein Mann von hohem Ansehen. Er hatte in Köln und Orléans studiert und war danach mit der Erziehung der Söhne des lothringischen Herzogs René II. beauftragt worden. Nach der Rückkehr in seine Vaterstadt war er nahezu ohne Unterbrechung mehr als zwanzig Jahre bis zu seinem Tod Mitglied des Magistrats der Stadt. In dieser Funktion besuchte er zahllose Städte in den Niederlanden und außerhalb.

Jakob Kanis galt als der maßgebende Verfechter der Interessen Nimwegens im Kompetenzstreit mit dem Herzog von Geldern; er war auch der erste Unterzeichner des Vertrages, in dem 1543 die Übertragung Gelderns an den deutschen Kaiser geregelt wurde.

Um 1530 verheiratete Jakob Kanis sich mit Wendel van den Bergh († 1557) aus einer einflußreichen Arnheimer Familie, der u.a. der Theologe Burchard van den Bergh (Montanus) entstammte, der spätere Hofkaplan Kaiser Ferdinands I. Sie gebar zwölf Kinder, unter ihnen Derick Kanis (1532–1606), der 1554 Jesuit wurde und die meiste Zeit seines Lebens in Süddeutschland wirkte.

Als Fünfzigjähriger auf seine Jugend zurückblickend, entdeckte Peter, daß er damals wie »ein ungezähmtes Fohlen oder ein munteres junges Rind«[5] einigen Unfug angerichtet hatte, den er jetzt bedauerte. Zugleich aber war er dankbar für die religiösen Erfahrungen, die er schon als Kind gemacht hatte. So erinnerte er sich ganz deutlich an einen Besuch des Sakramentshäuschen in der St. Stephanskirche, wobei ihm eine heilige Ehrfurcht vor Gott spürbar eingeflößt wurde. Noch einschneidender war 1534 die Begegnung mit seiner Großtante Reinalda van Eymeren (1463–1540)[6] in Arnheim, Verfasserin des Mystik-Bestsellers *Die Evangelische Peerle* oder *Margarita Evangelica*. Sie prophezeite, ein neuer Orden von Priestern würde zur Reform der Kirche gegründet werden. »Aus ihm würde Gott demnächst treue Arbeiter für seinen Weinberg berufen, obwohl sie keine Würden annehmen würden. Und sie prophezeite mir, auch ich würde mich denen anschließen«[7], schrieb Canisius. Es war im selben Jahr, in dem Ignatius und seine sechs Freunde auf dem Montmartre in Paris jene Richtung in ihrem Leben einschlugen, die zur Gründung der Gesellschaft Jesu führte.

Jakob Kanis jedoch rechnete für seinen ältesten Sohn mit einem einflußreichen Posten und stellte ihm sowohl eine vermögende Braut als auch einen ertragreichen Posten in Köln in

Nimwegen (1579). Geburtsstadt von Petrus Canisius. Die Familie Kanis wohnte neben dem Dominikanerkloster (Ten broeren).

Aussicht. Deshalb schickte er Peter, der in Nimwegen im Gregoriushaus der Brüder des Gemeinsamen Lebens die Schule absolviert hatte, noch im selben Jahr zum Universitätsstudium nach Köln[8], das politisch, kirchlich und wirtschaftlich eng mit Nimwegen verbunden war. Der dreizehnjährige Knabe fand Unterkunft im Konvikt des Andreas Herll, durch den er mit Menschen in Verbindung kam, die einen starken geistlichen Einfluß[9] auf ihn ausüben sollten. Der bedeutendste unter ihnen war wohl der Priester Nicolaus Esche (1507–1578) aus Oisterwijk (Nordbrabant), der für Peter wie ein Vater war. Unter dessen Einfluß entwickelte sich in ihm eine affektive, biblisch geprägte Frömmigkeit. Er wurde auch mit der Mystik Johann Taulers vertraut, dessen Werke er 1543, einen Monat nach seinem Eintritt in den Jesuitenorden, herausgeben sollte.

Nach einem kurzen Aufenthalt in Löwen im Jahr 1539, wo er Kirchenrecht studierte, kehrte Peter nach Köln zurück, um dort in Mai 1540 zu promovieren. Da er sich zum religiösen Leben hingezogen fühlte, hatte er einige Monate zuvor das Gelübde, um des Reiches Gottes willen unverheiratet zu bleiben, abgelegt. Drei Jahre lang spezialisierte er sich in Bibelstudien; in dieser Zeit besann er sich auf die Prophezeiung der Großtante Reinalda über den »neuen Priesterorden«. Von diesem erfuhr er zum erstenmal aus dem Mund eines spanischen Priesters, der 1542 Jesuit geworden war und in Köln in die Montanerburse, zu der auch Canisius gehörte, eingekehrt war. Dieser Novize des »neuen Priesterordens«, Alvaro Alfonso, erzählte ihm ausführlich über die Gesellschaft Jesu und teilte ihm mit, einer ihrer »ersten Väter«, Peter Faber, hielte sich gerade in Mainz auf. Ohne Zögern machte sich Canisius zu ihm auf den Weg und entdeckte in diesem »keinen gewandten Redner, wohl aber einen Mann, der, stets im Gebet mit Gott und seinen Heiligen verbunden, in seinen Gesprächen ein Menschenfischer war, der wundersame Fänge macht«.[10]

Canisius vertraute sich Faber an und machte unter seiner Leitung dreißig Tage die *Geistlichen Übungen*. Sie erwiesen sich als wohltuende Erfahrung, in der Canisius seine Lebensberufung fand. Am 8. Mai 1543, seinem 22. Geburtstag, wurde er in der St. Christophskirche in Mainz durch Faber, in dem er einen zweiten Vater fand, in den Jesuitenorden aufgenommen. Dieser Entschluß machte ihn frei für die Zukunft: »Durch die Ablegung meiner Gelübde erhielt ich große Hilfe. Ich lernte, Gott freier zu dienen und mich selber tapferer zu besiegen. Ich wurde innerlich ruhiger und konnte in Wahrheit den Psalmtext singen: Das Netz ist zerrissen, und wir sind frei; unsere Hilfe ist im Namen des Herrn.«[11]

Triptychon der Familie Kanis – van Houweningen: Auf dem linken Flügel Bürgermeister Jakob Kanis mit seinem Sohn, auf dem rechten Flügel Jelis van Houweningen, die Mutter von Petrus Canisius mit sechs Töchtern.

Ausbildung und Bewährung in Köln (1543–1547)

Durch seinen Eintritt in den Jesuitenorden landete Petrus Canisius durchaus nicht in einem geistlichen Paradies oder einem Ghetto, wo er von kirchlichen oder gesellschaftlichen Sorgen abgeschirmt gewesen wäre. Im Gegenteil, mehr als zuvor wurde er herausgefordert, Entscheidungen zu treffen und seinen Standpunkt zu vertreten.

Das fing schon in der Beziehung zu seinen Verwandten an. Der Tod seines Vaters Jacob Kanis zu Weihnachten 1543 führte ihn zur Beerdigung und zum Abwickeln des Nachlasses nach Nimwegen zurück. Seine Stiefmutter war von Peters neuer Lebensrichtung und den Konsequenzen, die sich daraus für sie ergaben, wenig angetan; in einem scharfen Brief beklagte sie sich darüber bei dem »Vagabunden«[12] Peter Faber, der sie jedoch umzustimmen vermochte. Auch Peters Schwester Wendel konnte die Entwicklung zunächst nur mit Mühe verkraften, wurde aber später eine treue Wohltäterin der Kölner Jesuiten.[13]

Die Bildung dieser Kommunität war am Anfang gewissermaßen ein Experiment; denn außer den Häusern in Paris und Löwen gab es dafür keine Vorbilder. Mit dem väterlichen Erbe konnte Petrus Canisius ein Haus an der Burgmauer mieten, in dem sich neun – meist südniederländische – Jesuiten niederließen. Leonard Kessel war als einziger Priester ihr Oberer. Ihr Zusammenleben war jedoch von kurzer Dauer, denn im Sommer 1544 wurde die Existenz der Gruppe als solcher beendet. Obwohl dank der Vermittlung einflußreicher Freunde eine Verbannung abgewandt werden konnte, war es doch während längerer Zeit nicht möglich zusammenzuwohnen. Gleichzeitig wurde Canisius selber mehrmals nahegelegt, den Orden zu verlassen, damit er gesellschaftlich und kirchlich bessere Chancen habe. Trotz allem gelang es ihm, an verschiedenen Fronten zugleich tätig zu sein.

In jungen Jahren war Peter geneigt, in den verschiedensten Aktivitäten völlig aufzugehen, ob es sich nun um das vorgeschriebene Studium der Bibel, der Kirchenväter und der Scholastik handelte oder um die himmelschreiende Not von Kranken und Bedürftigen oder die wachsende Bedrohung der Glaubensgemeinschaft. Erst allmählich lernte er, inmitten aller Hektik Ruhe zu Reflexion und Gebet zu finden und Gelassenheit gegenüber allem persönlichen Einsatz zu bewahren.[14] Das hinderte ihn jedoch nicht daran, erstaunlich viel zu leisten. Nach der Herausgabe der Werke Taulers im Jahre 1543 veröffentlichte er 1546 zwei stattliche Bände aus den Werken Cyrills von Alexandrien und Leos des Großen, beide auf hohem wissenschaftlichem Niveau und auch erfolgreich im Absatz. Die Idee für diese neuen Veröffentlichungen war aus der wachsenden Überzeugung geboren, das Gesicht und Bild der Kirche werde weitgehend durch die Qualität ihrer Hirten bestimmt.

Der Kölner Erzbischof Hermann von Wied war in dieser Hinsicht ein abschreckendes Beispiel. Theologisch mangelhaft gebildet und mehr an der Jagd als an der Seelsorge interessiert, lag ihm sehr daran, den Lutheranern in seinem Territorium Raum zu geben.[15] Butzer und Melanchthon, zwei wortgewaltige, aber doch sehr friedfertige Führer der Reformation, die um die Schlüsselstellung Kölns im Reich sehr wohl wußten, standen bei Hermann von Wied in hoher Gunst und hatten zu den berühmtesten Kanzeln seines Erzbistums Zugang. Die Bedeutung Kölns für die katholische Sache nördlich der Alpen wußte Peter Faber nicht minder zu ermessen. So sehr dieser auch

Stadtansicht Köln (1493)

davon überzeugt war, »daß die heutigen Ketzereien nichts anderes sind als Mangel an Frömmigkeit, an Demut, an Geduld, an Keuschheit und Nächstenliebe«[16], war ihm doch bewußt, daß ein eventueller Übergang der Erzdiözese ins protestantische Lager in kirchlicher wie in politischer Hinsicht erhebliche Konsequenzen mit sich bringen würde; so mußte alles ins Werk gesetzt werden, um diese Entwicklung zu verhindern. Offensichtlich war er ganz damit einverstanden, daß der noch junge Petrus Canisius wiederholt in diplomatischer Mission zum Kaiser gesandt wurde, um diesen auf den Ernst der Lage hinzuweisen. Das Ergebnis dieser Bemühungen war die päpstliche Exkommunikation Hermanns von Wied, die im April 1546 verhängt wurde.

Kurze Zeit danach wurde Canisius zum Priester geweiht und am 13. Juni 1546 feierte er in der Marienkirche der Augustinerinnen von Groß-Nazareth in Köln seine Primiz. Dort wohnte die aus Oisterwijk gebürtige Mystikerin Maria van Hout (gest. 1547), die er noch aus der Zeit vor seinem Eintritt kannte. Sie galt nicht nur für die Kölner Jesuiten als »unsere Mutter«, sondern auch für andere in der Stadt, etwa für die Kartäuser von Sankt Barbara. Bei diesen erhielt Canisius zahlreiche Inspirationen. Besonderen Einfluß hatten auf ihn Lorenz Surius, Gerhard Kalckbrenner und Johann Just Landsberg.

Schon während dieser Kölner Jahre nahm die Persönlichkeit des Canisius immer deutlicher Konturen an. Auf der Basis einer tiefverwurzelten Frömmigkeit, die in persönlicher Betrachtung und im Umgang mit Menschen von hoher geistlicher Qualität entfaltet wurde, entwickelte er eine außergewöhnlich rege Aktivität, die sich in einer klaren und ehrlichen Darlegung der Grundsätze, an die er glaubte, äußerte. Dadurch war er für die Rolle des Wortführers und Vermittlers im Interesse der Kirche und der Gesellschaft Jesu in hervorragender Weise geeignet. Seine diplomatischen Fähigkeiten fanden bei kirchlichen und weltlichen Würdenträgern, aber auch bei seinen Ordensvorgesetzten[17] immer mehr Beachtung. Die drei theologisch bedeutsamen Textausgaben, der akademische Unterricht und die Predigt kündigten schon früh seine fruchtbare schriftstellerische Tätigkeit, seine langjährige Wirksamkeit als Professor und seine vielseitige Verkündigung in späteren Jahren an. Auch die diplomatischen Missionen beim Kaiser blieben keine Ausnahme, sondern bildeten den Anfang einer langen Reihe von Reisen, die Canisius im Dienste der Universität und der Geistlichkeit Kölns wie auch im Auftrag des Ignatius kreuz und quer durch ganz Europa führten. Während seiner vier Kölner Jahre wurde er wiederholt beauftragt für die katholische Sache der Stadt Köln beim Kaiser zu intervenieren. 1545 sandte ihn die Kölner Geistlichkeit als ihren Sprecher nach Worms zum Reichstag. Als es darum ging, die Unterstützung der Katholiken Kölns durch Georg von Österreich, den Fürstbischof von Lüttich, zu sichern, wurde diese Mission wiederum Canisius anvertraut. Nach Löwen reiste er, um dort für die Gründung eines Jesuitenkollegs einzutreten. Mehr noch als in Köln, wo der Kampf nunmehr entschieden war, brauchte man, wie sich zeigte, Petrus Canisius anderswo.

Italienisches Intermezzo (1547–1549)

Schon 1521, im Geburtsjahr Canisius', war allenthalben der Ruf nach einem Konzil, das die Streitfragen innerhalb des abendländischen Christentums würde schlichten können, laut geworden. Es sollte jedoch 24 Jahre dauern, bevor tatsächlich in Trient eine Kirchenversammlung zusammentreten konnte. Am 13. Dezember 1545 fand die feierliche Eröffnung statt.

Ende Februar 1547 kam Petrus Canisius als Prokurator des Augsburger Bischofs nach Trient. Ihm war eine bescheidene Rolle zugefallen. Zweimal kam er in der Konzilsaula zu Wort; er sprach über die Beichte und über die Ehe. Im übrigen war er als Sekretär seiner Mitbrüder tätig. Doch durch seine Anwesenheit beim Konzil hatte er Gelegenheit, mit maßgebenden Bischöfen und Theologen in Verbindung zu treten und einen Einblick in die schwerwiegenden Probleme zu gewinnen, mit denen sich die Kirche auseinanderzusetzen hatte. Als in Trient Flecktyphus ausbrach, wich die Mehrheit der Konzilsväter nach Bologna aus. Ein befristeter Aufschub der Beratungen wurde von Ignatius als Gelegenheit genutzt, um den Mann aus Nimwegen nach Rom zum »Tertiat« zu rufen, dem letzten Teil der Ausbildung der Jesuiten, in den Ordenssatzungen »schola affectus« genannt.

So begegnete Canisius Anfang September 1547 zum ersten Mal in seinem Leben persönlich seinem »Vater Ignatius«, über den er viele Jahre später seinen Fribourger Mitbrüdern sagen wird: »In ihm ist vieles, in dem wir ihm nicht nachfolgen können, ja vieles, in dem wir ihm nicht nachfolgen dürfen. In ihm sind schließlich auch Dinge, von denen es äußerst wichtig ist, daß wir ihm darin nachfolgen, so seine Liebe zum Kreuz Jesu Christi, sein Vertrautsein mit der Quelle alles Guten, seine Weisheit und sein Gottvertrauen, sein Glaube und seine Geduld, sein Einsatz für die Menschen, und die Aufrichtigkeit und Lauterkeit seiner Absichten.«[18]

Zwanzig Tage lang prüfte Ignatius Canisius in geistlichen Dingen und in Übungen der Demut wie Krankenpflege, Betteln und Küchendienst. Über seine Erfahrungen schrieb Peter einem Landsmann, der den Plan hegte, bei den Jesuiten einzutreten: »Ich befinde mich hier im Haus der Weisheit, in der Werkstatt der Demut, in der Schule des Gehorsams und jeglicher Tugend.«[19]

Wie diese Formung sich auswirkte, wurde deutlich, als Ignatius Männer suchte, die er nach Sizilien senden könne, wo der Vizekönig Juan de Vega eine von Jesuiten geleitete Knabenschule zu gründen wünschte. »Petrus Kanisius Noviomagus« bot sich an, obwohl er sich ebensosehr bereit erklärte, in Rom zu bleiben oder nach Indien zu fahren: »Falls ich jedoch nach Sizilien abreisen soll, so kann ich nur in aller Einfalt bekennen, daß ich für gleich welche Aufgabe dankbar sein werde, sei es als Koch, Gärtner, Pförtner, Student oder Lehrer in einem mir noch unbekannten Fach.«[20] Hier erhält die ignatianische Indifferenz konkrete Gestalt; sie verbindet sich mit ausgereiftem Gehorsam, Vertrauen in Gottes Vorsehung und Einsatz für den Mitmenschen.[21]

Nach einer Audienz bei Papst Paul III., der 1540 die Gesellschaft Jesu bestätigt hatte, reisten zehn Jesuiten aus acht verschiedenen Nationen Mitte März 1548 nach Sizilien ab. Sie wurden nach einer stürmischen Seereise in

Messina begeistert willkommen geheißen. Ende April wurde die Schule, die als Vorbild aller späteren Jesuitenschulen dienen sollte, eröffnet. Canisius wurde Studienpräfekt und unterrichtete Rhetorik. Außerhalb der Unterrichtsstunden besuchte er Kranke und Gefangene, und an Sonn- und Feiertagen predigte er in italienischer Sprache. Trotz seines Einsatzes und seiner erfolgreichen apostolischen Tätigkeit überkam Canisius gelegentlich doch Heimweh nach Deutschland. Brieflich blieb er mit seinen Mitbrüdern dort in Verbindung: »Wie könnten die zwischen uns beiden liegenden Meilen unsere Seelen trennen oder das Gespräch von Herz zu Herz zum Schweigen bringen?«[22]

In Deutschland entbehrte man Canisius ungern. Wilhelm IV., Herzog von Bayern, mußte mit Bedauern ansehen, wie die 1472 in Ingolstadt gegründete Universität verkümmerte. Die Jesuiten hatte er durch Claude Jay kennengelernt. Er bestürmte den Papst und Ignatius, ihm akademische Lehrer zu senden. Dieser entschloß sich darauf, Jay, Salmerón und Canisius, die in Trient mit soviel Erfolg zusammengearbeitet hatten, nach Bayern zu entsenden. Im Hinblick auf die künftige Tätigkeit hielt er es für ratsam, daß alle drei den Doktorgrad der Theologie erwerben sollten.

Im Juni 1549 war Petrus Canisius aus Sizilien nach Rom zurückgekehrt. Dort legte er am 4. September vor Ignatius seine Profeßgelübde ab. Einige Stunden zuvor hatte er die Gräber der Apostel Petrus und Paulus besucht. Bei dieser Gelegenheit hatte er eine mystische Vision Christi, die als »der Zeitpunkt seiner Bekehrung« in seine Erinnerung einging[23] und in der Geschichte der Herz-Jesu-Frömmigkeit einen bedeutenden Platz einnimmt. Am 2. Oktober empfing er an der Universität Bologna den Doktorhut aus den Händen von Kardinal del Monte, dem späteren Papst Julius III.; dann reiste er mit seinen Gefährten über Trient, Dillingen und München nach Ingolstadt, wo er am 13. November 1549 eintraf. Tief in seinem Herzen wußte er, daß in Deutschland seine Bestimmung lag: »Genauso wie Peter Faber wollte ich mich ganz hingeben; ich sehnte mich, für dieses Land zu leben und zu sterben.«[24]

Kirchliche Erneuerung in Bayern und Österreich (1549–1556)

Wie an vielen anderen Orten in Europa war es auch in Bayern um die Lage der Kirche traurig bestellt, ungeachtet der guten Intentionen des zuständigen Bischofs, des unentschiedenen und verschwenderischen Kardinals Otto Truchseß von Waldburg. Mehr als 90 Prozent des mangelhaft ausgebildeten Klerus lebte im Konkubinat, und das Interesse an Bibel und Theologie, deren Studium in Haarspaltereien ausgeartet war, war nach Claude Jays Worten »tot und begraben«. Obwohl die in Ingolstadt eingetroffenen Jesuiten durch ihren kostenlosen Unterricht und ihren einfachen Lebensstil auffielen, gab es kaum Interesse an dem, was sie auf geistlichem oder wissenschaftlichem Gebiet anzubieten hatten. Ihre Briefe nach Rom ließen an Deutlichkeit nichts zu wünschen übrig und muten wie eine Litanei der Aussichtslosigkeit und des treuen Willens zum Durchhalten an. »Fast jeden Tag gibt es eine Messe, aber auch wenn wir dafür Geld gäben, wir würden nicht einmal zwei Menschen in unsere Kapelle bekommen.«[25] »Nur wenige wollen unserem Unterricht beiwohnen, und dies sind dann Leute, die nicht dazu geeignet sind, keinen Geschmack am Studium finden und von uns keine Hilfe erwarten.«[26] Daneben bedrückte es sie, daß von seiten des Herzogs noch nichts Konkretes zur Errichtung des Kollegs geschah, dessen Gründung er zugesagt hatte. Die Aussichten darauf boten wenig Grund zur Hoffnung, da der neue herzogliche Kanzler für »Fremde« an seiner Universität nicht aufgeschlossen war.

Als Ignatius klar zu werden begann, daß drei hochqualifizierte Jesuiten in Ingolstadt ihre Talente mehr oder weniger vergeudeten, griff er ein und holte Jay und Salmerón kurz nacheinander weg. Im September 1550 ersetzte er sie durch zwei Jesuiten, die die deutsche Sprache beherrschten, durch den Niederländer Nicolaes Florisz Goudanus[27] und den Österreicher Peter Schorich. Deren Anwesenheit war sehr willkommen, da Canisius einen Monat nach ihrer Ankunft für die Dauer eines halben Jahres mit dem Rektorat der Universität beauftragt wurde, ein zeitraubendes Amt, das hauptsächlich in Verwaltungsaufgaben bestand und das zum Unterricht und zu den Seelsorgsarbeiten hinzukam. Canisius verlangte, daß die beiden wie alle Mitglieder der Gesellschaft Jesu »sich wie sachkundige Ärzte an eines jeden Krankheiten würden anpassen können und daß sie allen alles werden könnten, um viele zu gewinnen.«[28]

Dennoch besserte sich die Lage in Ingolstadt kaum, während in Wien die Aussichten hoffnungsvoller erschienen. Im Jahre 1551 gründeten die Jesuiten dort ein Kolleg – neben acht weiteren, die in anderen Teilen der Welt im selben Jahr gegründet wurden. Schorich reiste dorthin, so daß lediglich die zwei Niederländer in Ingolstadt zurückblieben, »diesem unfruchtbaren Acker voller Dorngestrüpp; doch der heilige Gehorsam«, so schrieb Canisius voll gläubiger Zuversicht an Ignatius, »wird aus jedem Ort, wo Sie verlangen, daß ich während dieser kurzen Pilgerreise lebe oder sterbe, ein Paradies machen.«[29] Es wurde trotz allem immer deutlicher, daß Canisius und Goudanus sich in Bayern fürs erste auf dem Holzweg befanden. Im Februar 1552 ordnete Ignatius daher an, daß sie nach Wien abreisen sollten.

Trotz der anscheinend mißglückten Mission in Ingolstadt war der Aufenthalt des Canisius und seiner Mitbrüder in dieser Stadt doch nicht ganz ohne Wirkung geblieben. Dank ihrer Anwesenheit hatte die Universität an Ansehen und Studenten gewonnen, und im Laufe von drei Jahren wurden durch sie Männer gebildet, die später in der kirchlichen Erneuerung Bayerns und anderswo eine entscheidende Rolle spielen sollten. Außerdem konnten sie durch ihr Wirken den Grund für die Errichtung des dortigen Kollegs legen, die dann 1556 doch glückte.

In Wien war die Lage ebensowenig rosig wie in Ingolstadt, was für die abendländische Christenheit umso bedrohlicher war, da Wien als das letzte christliche Bollwerk gegen die Türken angesehen wurde.

Die bedrückende Lage überblickend, entschloß sich Petrus Canisius nach Rücksprache mit König Ferdinand Ignatius um seinen Rat für ein Programm der katholischen Reform in den Ländern deutscher Sprache zu bitten. Dieser beschäftigte mit dem Anliegen die prominentesten Theologen unter seinen römischen Mitbrüdern: Diego Laínez, Alonso Salmerón, André des Freux, Martin Olave und Juan de Polanco. Am 13. August 1554 sandte er eine ausführliche und sehr umstrittene Antwort, die indirekt für den Kaiser bestimmt war.[30] Im ersten Teil nannte er die Mittel, durch die die »Ketzerei« ausgerottet werden sollte. Er hat sich dabei nicht vor der Empfehlung gescheut, daß die weltliche Macht in der härtesten Weise gegen die Protestanten vorgehe. Im zweiten Teil wurden Mittel und Wege zur Förderung des katholischen Glaubens genannt. Dieses Dokument war Anlaß zu vielen Unterstellungen gegenüber den Jesuiten. Viele Protestanten sahen darin, ohne auf den andersartigen kulturellen Kontext des Sachverhaltes im 16. Jahrhundert zu achten, »ein ganzes Programm der Gegenreformation ... so bezeichnend für den Geist der Gesellschaft Jesu«[31], das Ignatius für seine Getreuen zur Verfolgung der Häretiker erlassen hatte.[32]

Obwohl Canisius als Kind seiner Zeit selbstverständlich keinerlei Ökumene das Wort redete, wich er in seiner Haltung und seinem Vorgehen dennoch erheblich ab von dem, was unter seinen Glaubensgenossen allgemein üblich war. »Seine Erfolge wurden viel weniger durch Polizeiauftritte als durch sein Organisationstalent, seine Hingabe und die Darlegung überzeugender Argumente erreicht... Er legte großen Wert auf Höflichkeit und Sanftmut ... Er wurde zum besten Wortführer für die Deutschen bei den römischen Würdenträgern, deren anerzogene Verachtung für Nicht-Italiener bis dahin der Einheit der Kirche in so beträchtlichem Maß geschadet hatte.«[33]

Einer der Vorschläge, die Ignatius in seinem berüchtigten Brief gemacht hatte, war die Herausgabe einer Kurzfassung der christlichen Lehre, was König Ferdinand schon 1553 Canisius aufgetragen hatte, der nicht wußte, wann er dieses Buch schreiben sollte, da er dem Unterricht und der unmittelbaren Seelsorge an den Studenten, Ordensschwestern, Soldaten, Pestkranken und Gefangenen Vorrang eingeräumt hatte.

Das Ende all dieses apostolischen Tuns drohte, als Canisius Anfang 1554 von seinem Onkel Burchard van den Bergh, Mitglied des Domkapitels, für den Bischofssitz von Wien vorgeschlagen wurde, für den man sich keinen geeigneteren Kandidaten denken konnte. Dank intensiver, von Ignatius veranlaßter Aktionen konnte die Gefahr abgewendet werden: Er wurde für ein einziges Jahr zum Administrator des Wiener Bistums ernannt. Erleichtert schrieb Canisius: »Der König will mir nicht länger das Bistum aufdrängen. Ich betrachte dies als eine größere Wohltat, als wenn er mich zum Erben all seiner Länder eingesetzt hätte.«[34]

Übrigens hatte diese Entscheidung keineswegs zur Folge, daß sich damit die Arbeitsbelastung für Canisius verringerte. Das Gegenteil war der Fall. Man darf sich fragen, wie er es fertig brachte, bei aller Hektik seine innere Ruhe zu bewahren. Er selber spricht in seinen Briefen kaum über sein geistliches Leben. Und die Zeugnisse hierüber aus dem Mund anderer sind äußerst knapp. Die wenigen aber, die es gibt, lassen an Deutlichkeit nichts zu wünschen übrig. Der später als Prediger bekannte Jesuit Georg Scherer, der im Wiener Kolleg die Sorge für Canisius' Zimmer hatte, erzählte im Alter folgendes: »Einmal hörte ich da drinnen starken Lärm. Ich blieb vor der Tür stehen und schaute durchs Schlüsselloch. Da sah ich den Pater knien, im Gebet versunken. Er betete inbrünstig und mit kräftiger Stimme, er rief, er argumentierte. Es war, als ringe er mit Gott wie einst Jakob mit dem Engel. In meiner jugendlichen Einfalt dachte ich: Ich will mich in den Kampf zwischen Gott und Pater Canisius nicht einmischen. Auch ohne mich werden sie schon wieder Frieden miteinander schließen.«[35]

Einen wichtigen Teil seiner Aufmerksamkeit widmete Canisius dem Auftrag König Ferdinands, einen Katechismus zu verfassen. Das war in jenen Tagen kein Novum. Sowohl auf katholischer wie auf protestantischer Seite waren zahllose solche Büchlein erschienen, um der Unwissenheit unter den Gläubigen abzu-

Jesuitenkolleg in Ingolstadt

helfen. Es wurden zahllose Entwürfe erprobt, und endlich entschied man sich für ein Büchlein, das für die Jugend in allen Latein- und Deutschschulen im Hoheitsgebiet Ferdinands I. das obligate Handbuch der katholischen Glaubenslehre werden sollte: die Summa Doctrinae Christianae, später einfach »Canisi« genannt. Während des Schreibens fühlte Canisius sich »wie eine gebärende Frau. Ich kann nicht anders als in Spannung leben, so lange das Kind noch nicht geboren ist«.[36]

Im April 1555 erschien das kleine Buch bei einem Wiener Verleger: anonym, drucktechnisch nicht besonders schön, in einer Auflage von viertausend Exemplaren. Dieser Katechismus, das erste Werk des Canisius von eigener Hand, war in all seiner Schlichtheit ein genialer Wurf. Von Anfang an war er ein Bestseller; das erweisen die unzähligen Schmähschriften sowie Drohungen gegen das Leben des Autors. Wie Canisius in seinem Wirken Aktion und Kontemplation vereint und sich für Glaube und Gerechtigkeit eingesetzt hatte, so ruhte sein Katechismus auf zwei Pfeilern, auf Weisheit und Gerechtigkeit[37]. Die Weisheit kommt in Glaube, Hoffnung und Liebe zum Ausdruck, die wiederum ihre jeweilige Übersetzung finden: im Glaubensbekenntnis, dem Vater Unser und dem Ave Maria sowie den Zehn Geboten. Die Gerechtigkeit besteht im Vollbringen des Guten und dem Meiden des Bösen. Ein kurzes Kapitel über die Sakramente verbindet die beiden Teile. In 211 Fragen und Antworten wird die Glaubenslehre dargestellt: kompakt, sachlich, in biblisch geprägter Sprache und ohne die geringste Spur von Polemik.

Ebensowenig wie Ingolstadt war Wien für Canisius eine bleibende Wirkungsstätte. Man brauchte ihn in Böhmen, wo König Ferdinand I. ein von Jesuiten geführtes Kolleg wünschte. Angesichts dieser neuen Gründung hegte Canisius große Erwartungen, und er hoffte, daß alle deutschsprechenden Jesuiten, die sich zu diesem Zeitpunkt in Italien und Sizilien befanden, nach Prag kommen würden, »gut gerüstet mit heiliger Geduld, und mit großem Eifer, nicht sosehr um zu disputieren, als vielmehr um langmütig zu sein und dieses Land eher durch Taten als durch Worte in Gott aufzubauen.«[38] Die Gesellschaft verbürgte sich für zwei Theologieprofessoren, eine Knabenschule mit kostenlosem Unterricht und die Bildung reiferer Schüler. Eine Gruppe von zwölf Jesuiten, wie immer sehr international zusammengesetzt, wurde von Rom nach Prag gesandt, und das Kolleg war von Anfang an ein Erfolg.

Die Art und Weise, wie Canisius jedesmal vorging, macht es verständlich, weshalb Ignatius ihn am 7. Juni 1556 zum ersten Provinzobern der Jesuiten in Oberdeutschland einsetzte. »Wie ein Johannes der Täufer ging er voran, um den Weg des Herrn unter Deutschen und Böhmen zu bereiten«, lautete das Zeugnis eines flämischen Jesuiten Ignatius gegenüber.[39] Dessen Landsmann Ursmar Goisson, Rektor des Prager Kollegs, fand ähnliche Lobesworte: »Er besitzt die Gabe, allen alles zu sein.«[40] Canisius jedoch war kein Mann, der auf seinen Lorbeeren ausruhte. Sobald das Kolleg in Prag einen guten Anfang genommen hatte, kehrte er nach Ingolstadt zurück, wo die Gründung eines Kollegs nach vielen mühsamen Vorbereitungen ihrem Abschluß entgegenging. Am 10. Juli trafen dort fünf Priester und dreizehn

Gründungsurkunde der Universität Ingolstadt

Religionsgespräch zu Worms 1557. Petrus Canisius und Philipp Melanchthon

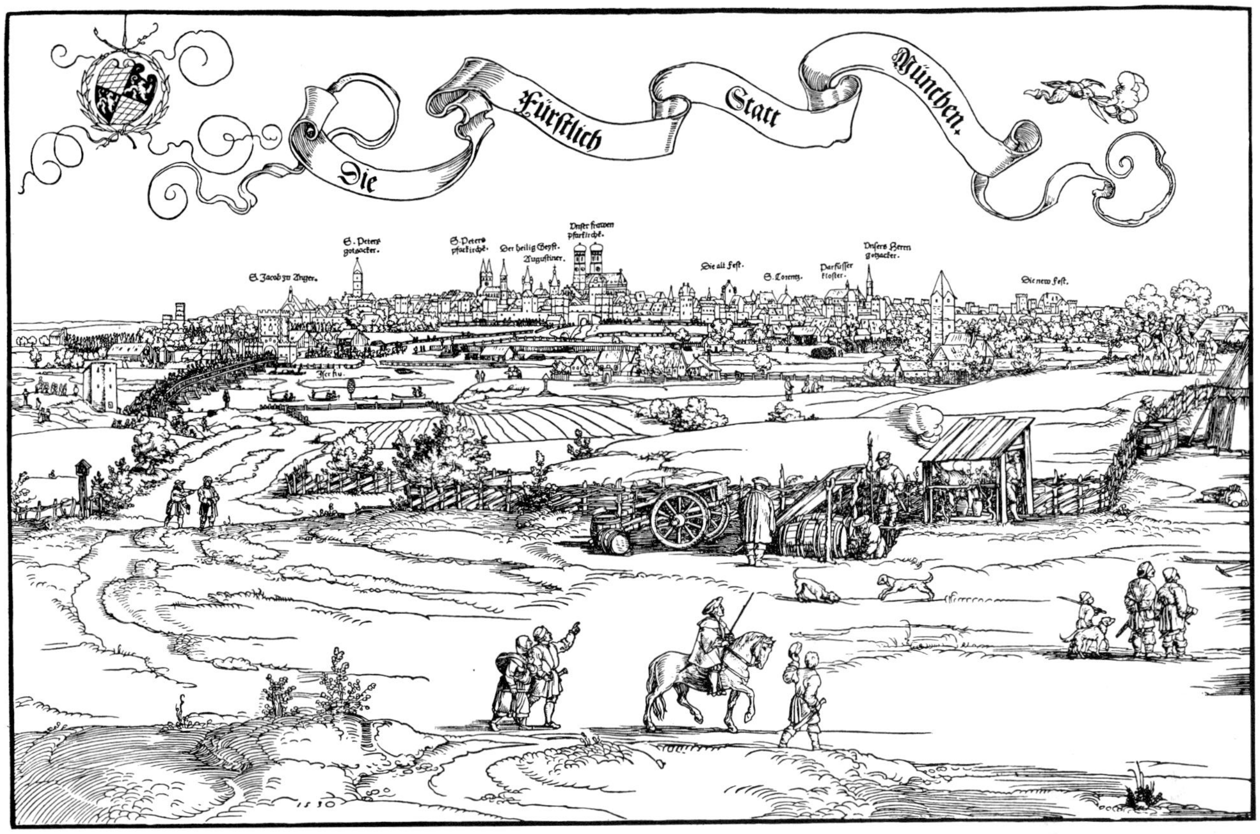

Die »Fürstlich Statt München« (1530)

Scholastiker – junge Jesuiten, die noch in der Ausbildung standen –, ein. Die Freude über die Neugründung aber wurde drei Wochen später von Ignatius' Tod überschattet. Diese Nachricht erreichte Canisius erst sechs Wochen später, doch – »nichts destoweniger all zu früh ... Wenn Ignatius, als er noch auf Erden war, imstande war, die Seinen zu regieren und zu schützen, ihre Zahl zu vermehren und sie zu rüsten – und dazu war er zweifellos in besonderer Weise fähig –, dann brauchen wir jetzt nicht zu verzweifeln, daß er im Himmel sich nicht ebensosehr um uns und unsere Anliegen kümmern wird.«[41] Die Gesellschaft mußte nun ohne ihren Vater Ignatius ihren Weg weitergehen. Petrus Canisius war einer von jenen, denen ihre Zukunft anvertraut wurde.

Auf den Straßen zu Hause (1556–1597)

Verfügbarkeit und Mobilität gehören zu den Wesensmerkmalen der ignatianischen Spiritualität. Jerónimo Nadal, einer ihrer ersten und besten Interpreten, zeichnete folgendermaßen das Bild des Jesuiten: »Sie betrachten es als die attraktivste und friedlichste Weise des Wohnens, wenn sie dauernd auf Reisen sind, wenn sie die ganze Erde durchqueren, wenn sie keine Stätte haben, die sie als die ihrige betrachten.«[42]

Davon hat Petrus Canisius in seinem Leben und Wirken in überzeugender Weise Zeugnis abgelegt. Sogar als er im Alter dieses Ideal nicht mehr im physischen Sinn verwirklichen konnte, blieb sein Geist offen für die ganze Welt.

Während der ersten vierzehn Jahre nach Ignatius' Tod bereiste Canisius ein Gebiet, das von Nimwegen bis Rom und von Freiburg im Breisgau bis Piotrków in Polen reichte. Seine Tätigkeit umfaßte während dieser Periode hauptsächlich vier Aufgaben: Leiter, Ratgeber, Hirte und Schriftsteller.

Petrus Canisius war 35 Jahre alt, als er die Verantwortung für die Jesuiten in Oberdeutschland übertragen bekam. Von dieser Oberdeutschen Provinz wurde 1563 – da gehörten ihr schon 160 Mitglieder an – die österreichische Provinz abgetrennt. Auch so blieb aber zu viel für einen einzigen Mann zu tun, so daß ihm

ab 1565 zuerst sein Stiefbruder Derick Kanis, später der Deutsche Paul Hoffaeus als Vize-Provinzial an die Seite gegeben wurde.
Die Gesellschaft Jesu, die beim Tod ihres Gründers rund tausend Mitglieder zählte, war eine lebenskräftige, sehr international zusammengesetzte Gemeinschaft, deren Dienste von vielen Seiten in Anspruch genommen wurden. Immer wieder mußte abgewogen werden, welche Bittgesuche zu bevorzugen waren. Die Ernte war groß, und es gab nicht genügend Arbeiter. Um der an vielen Orten Besorgnis erregenden Lage wirksam zu begegnen, schien es das Beste zu sein, der Jugend eine gute Ausbildung zu garantieren. Zu diesem Zweck setzte Canisius die begonnenen Bemühungen fort: durch die Gründung von Kollegien in München (1559), Innsbruck (1562), Dillingen (1563) und Würzburg (1567).
Aber nicht nur als Organisator, der nicht müde wurde, immer von neuem auf die Notlage seiner Provinz hinzuweisen, sondern auch als Ordensoberer führte Canisius seine Untergebenen energisch und freimütig. Gerade in dieser Eigenschaft ließ er bisweilen das Geheimnis seiner unermüdlichen Tatkraft durchblicken: »Es ist wirklich eine große Gnade, die Finsternis in dir selber und in der Welt zu sehen und zu verabscheuen. Größer aber ist die Gnade, zum heiligen und hellen Licht der wahren Frömmigkeit zu kommen. Macht euch mit der Demut vertraut, der Königin und Lehrerin der Diener Gottes.«[43] Immer wieder rief er seine Untergebenen zum totalen Einsatz auf: »Jeden Monat sollten wir mit solchem Eifer anfangen und mit solchem Eifer verbringen, als wäre es der letzte Monat, der uns auf Erden gegönnt wird«.[44] Diesen Satz verstand der siebzehnjährige Stanislaus Kostka im August 1568 als ganz persönliche Einladung. Vierzehn Tage später verstarb der polnische Jüngling, der bereits 1602 seliggesprochen wurde. Er ist einer der zahlreichen Heiligen, die mit Canisius persönlich Kontakt hatten.
1557 nahm Canisius als Theologe am Religionsgespräch mit den Protestanten in Worms teil. Als theologischer Berater war er auf dem polnischen Landtag in Piotrków (1558), auf den Reichstagen zu Augsburg (1559 und 1566) und dem Trienter Konzil (1562), nach dessen Beendigung er die Konzilsbeschlüsse den deutschen Bischöfen zu überbringen hatte. Bei all diesen Gelegenheiten trat er völlig anders als die Mehrzahl seiner Glaubensgenossen auf: Er bekannte das eigene Versagen und begegnete dem Gesprächspartner mit Respekt. Canisius ist in einer dahinsiechenden Kirche ein Beispiel für Milde und Liebe ohne jeglichen Zynismus geblieben. Darin lag seine Stärke. Neue Ideen wird man bei ihm hingegen vergeblich suchen.
Zum Teil auf der gleichen Ebene wie seine Tätigkeit als theologischer Berater lag die Publikation zahlreicher Schriften, eigener und fremder. Vor allem gab er Werke heraus, die die persönliche Frömmigkeit anregen konnten. Während all dieser Jahre war Canisius auch mit Leib und Seele Prediger, der seine Hörer durch Klarheit des Stils und eine kräftige, warme Ausdrucksweise zu fesseln wußte. Daneben verbrachte er viele Stunden im Beichtstuhl und begleitete manch einen bei den *Geistlichen Übungen.*
Seine ungewohnt lange Amtszeit als Provinzial ging zu Ende, als man Canisius für eine andere Aufgabe brauchte. Seit 1559 waren zu Magdeburg stattliche Bände erschienen, in denen ein Team von protestantischen Autoren die Geschichte der Kirche aus ihrer Sicht beschrieb. Diese *Magdeburger Zenturien* forderten eine Widerlegung von katholischer Seite. Es war Canisius, der damit beauftragt wurde. Mit ei-

Der predigende Petrus Canisius auf einem Gemälde im Kollegium St. Michael (Fribourg), der Grabstätte des Heiligen.

nem Eifer, der anderen mehr als einmal Sorge bereitete, machte er sich an die Arbeit; dazu war er nach Dillingen umgezogen. Anhand von fünf Gestalten aus dem Neuen Testament wollte er zeigen, daß die protestantischen Autoren im Unrecht waren. Der erste Teil über Johannes den Täufer erschien 1571 und erlebte innerhalb eines Jahres eine zweite Auflage.

Im selben Jahr wurde Canisius nach Innsbruck versetzt, wo er seine schriftstellerische Arbeit mit dem Amt des Hofpredigers zu verbinden hatte. Ebenso wie früher mußte er auch hier wegen anderer Aufgaben seine Arbeit unterbrechen. So begleitete er 1576 den päpstlichen Delegaten als Berater zum Reichstag in Regensburg. Dazu verfaßte er ein sehr ausführliches Gutachten über die Kirche in Deutschland, in dem eine mehr als dreißigjährige Erfahrung ihren Niederschlag fand. Kurz danach zog er nach Ingolstadt um, um dort endlich das Werk über Maria zu vollenden. Mit Hilfe zahlloser Zitate – darunter auch solche von Luther und sonstigen Andersdenkenden – stimmte er einen mächtigen Lobgesang auf die Mutter Jesu an. Dann wurde das Unternehmen jedoch abgebrochen: Der Provinzobere forderte Canisius als Begleiter für seine Visitationsreise durch die Jesuitenhäuser in Süddeutschland an, eine Reise, die drei Jahre in Anspruch nehmen sollte.

Da der päpstliche Legat wünschte, die Jesuiten sollten in Fribourg in der Schweiz ein Kolleg gründen, und weil sich zeigte, daß die zunächst vorgesehenen Personen verhindert waren, wurde der beinahe sechzigjährige Canisius mit diesem Auftrag betraut. Es sollte seine letzte große Aufgabe werden, die ihn ab November 1580 nahezu gänzlich an diese Schweizer Stadt band. Es fehle Canisius nicht an gutem Willen für diese Neugründung, wohl aber an den dafür erforderlichen Fähigkeiten, so meinten seine Mitbrüder. Sie hielten ihn für allzu gelehrt, für einen zu beschaulichen Geist, und sein Finanzgebaren erschien ihnen nicht besonders erfolgreich. Nach zwei Jahren wurde er denn auch als Oberer abgesetzt.

Da Canisius immer weniger in geschäftliche Anliegen eingeschaltet wurde, hatte er Gelegenheit, die tieferen Schichten seines Lebens und die Wurzeln seiner Frömmigkeit im geschriebenen wie im gesprochenen Wort zum Ausdruck zu bringen. Jetzt, da er nicht mehr an vorderster Front im Kampfe stand, sondern im Schatten anderer leben konnte, trat klarer als zuvor ans Licht, was ihn während all dieser Jahre bewegt hatte. Er sprach wie einer, der von den Schriften und der Tradition durchtränkt war; das war seine Kraft. Die Treue zum ursprünglichen Ideal zog sich wie ein roter Faden durch sein Leben. In dieser letzten Lebensphase »betet Canisius so, wie er gerne immer hätte beten wollen, aber nicht konnte, nicht durfte. Hier sehen wir seine Liebe zum Gebet. Die empfängt man nicht mehr im Alter. Das Alter zeigt, wie Canisius' ganzes Leben vom Gebet getragen ist.«[45]

Die Einwohner von Fribourg betrachteten es als ein großes Privileg, Canisius als Mitbürger zu haben, und sie kamen denn auch in Aufruhr, als 1584 das Gerücht umging, er müsse nach Augsburg abreisen. »Wir besitzen in unseren Kirchen keinen einzigen Körper eines Heiligen«, sagten sie, »wir werden aber einen haben, wenn dieser heilige Mann aus dem Leben scheidet.«[46] Auch andere waren sich Canisius' Qualitäten bewußt und kamen von allen Seiten, um ihn persönlich oder schriftlich um seinen Rat zu bitten; unter ihnen war auch der später ebenfalls heiliggesprochene Franz von Sales aus Genf.

Immer wieder versuchte Canisius zur Bekehrung sowohl »in der Tiefe« als auch »in der Breite« beizutragen. Die Festigung der Glaubensfundamente der Menschen war ihm genauso wichtig wie die weitere Verbreitung der Frohbotschaft. Dabei wies er unaufhörlich auf die gesellschaftlichen Konsequenzen des christlichen Glaubens hin.

Allmählich spürte Petrus Canisius, wie seine Kräfte abnahmen. Verschiedene Pläne mußte er aufgeben, unter anderem die Veröffentlichung eines *Trostbüchleins für die bedrängten Christen der Niederlande*. Auch von seiner Predigttätigkeit mußte er ablassen. Ein schwerer Schlaganfall im Jahr 1591 erforderte immer mehr Rücksichtnahme auf seine Gesundheit. Im Juli 1597 zeigte sich bei ihm Wassersucht, und später kam noch eine Schleimhautentzündung dazu. »Klagen Sie doch einmal Ihre Not bei Gott«, riet ihm der Krankenbruder. »Nein, Bruder«, antwortete der Greis, »ich habe mir angewöhnt, auch in Widerwärtigkeiten Gott immer zu loben und zu preisen.«[47] In den Morgenstunden des 21. Dezember 1597 empfing er die Kommunion. Nachmittags um Viertel vor Vier verschied er in aller Ruhe, umgeben von seinen Hausgenossen und einigen anderen. Am folgenden Tag hat man ihn mit großen Feierlichkeiten in der Nikolauskirche beigesetzt. Das Grab vor dem Hochaltar wird mit einer einfachen Marmorplatte abgedeckt. In unmittelbarer Nähe wurde ein Gedenkstein angebracht, auf dem in lateinischer Sprache das Leben und Wirken des Petrus Canisius beschrieben sind.

Recht bald nach seinem Tod fanden auf seine Fürsprache Heilungen und Gebetserhörungen statt. Ein Seligsprechungsprozeß wurde schon 1626 eingeleitet, jedoch erst 1864 erfolgreich abgeschlossen. Im Jahr 1897 wurde er zum Zweiten Apostel Deutschlands proklamiert. 1925 erfolgte die Heiligsprechung und die Ernennung zum Kirchenlehrer. Sein Festtag fällt nach dem allgemeinen Kalender der Kirche auf den 21. Dezember; seine Mitbrüder gedenken seiner am 27. April. Auch auf diese Weise bleibt er und seine Sendung lebendig.

Anmerkungen

* Aus dem Niederländischen übertragen von Jan van Hulsen.

1 Der Familienname Canisius ist die Latinisierung von Kanis oder Canis, wobei die Betonung auf der zweiten Silbe liegt. Die Annahme ist nicht richtig, daß dieser Name eine Übersetzung von De Hond (dt. Hund) oder Varianten davon wäre. – In der Abfassung dieses Beitrages hat mich die unübertroffene Biographie von J. Brodrick (Petrus Canisius 1521–1597. Aus dem Englischen übers. von K. Telch. 2 Bde. Wien 1950) inspiriert.

2 Das Geburtshaus des Petrus Canisius wurde 1903 abgerissen, mit Ausnahme des Zimmers, wo er geboren wurde. Dieses wurde jedoch 1944 beim Luftangriff auf die Stadt zerstört. An dieser Stelle wurde 1971 anläßlich der 450. Geburtstagsfeier des Heiligen ein Gedenkstein angebracht.

3 Zeugnisse über sein Leben hat Petrus Canisius in drei Schriften hinterlassen: ein geistliches Tagebuch (1548–1568), Bekenntnisse (um 1570) und ein geistliches Testament (1596/1597). Die erste Schrift wurde herausgegeben von F. Streicher, De spirituali quodam libro diurno S. Petri Canisii, in: AHSI 2 (1933), 56–63; die zwei anderen Schriften sind zu finden in: PCE I, 6–29 und 32–52; einzelne Fragmente: ebd. 52–68. Das hier erwähnte Zitat: PCE I, 54.

4 L.J. Rogier, Jakob Kanis, in: Herdenken en herzien. Verzamelde opstellen, Bilthoven 1974, 248–270.

5 PCE I, 10.

6 Die jüngste Veröffentlichung über diese Frau: P.J. Begheyn, Die Evangelische Peerle. Nieuwe gegevens over auteur en invloed: Ons Geestelijk Erf 63 (1989), 170–190 (FS A. Ampe).

7 PCE I, 37; vgl. den Brief des Canisius an Jan Buys SJ, Fribourg, 2. Januar 1596: PCE VIII, 417.

8 Über die Ausbildung des Canisius s. J.H.M. Tesser, Petrus Canisius als humanistisch geleerde. Amsterdam 1932.

9 S. dazu K. Diez, Christus und seine Kirche. Zum Kirchenverständnis des Petrus Canisius. Paderborn 1987, 42–83; F. Neuner, Der Einfluß der Devotio moderna und der rheinisch-flämischen Mystik auf die Spiritualität des Petrus Canisius (1521–1597). Diplomarbeit zur Erlangung des Magistergrades an der Theologischen Fakultät der Universität Innsbruck 1989.

[10] Canisius an Claudius Aquaviva, Fribourg, Anfang Januar 1583: PCE VIII, 121.
[11] PCE I, 45.
[12] Canisius an seine Stiefmutter, Köln, Ende Januar 1544: PCE I, 102.
[13] Canisius an Wendel van Triest-Kanis, Köln, 8. August 1546, in: P.J. Begheyn, Six unpublished letters of Saint Peter Canisius to his relatives: AHSI 55 (1986) 133–135; vgl. P.J. Begheyn, Een nog onuitgegeven acte betreffende Petrus Canisius, Numaga 18 (1971), 110–120.
[14] Claude Jay warnte Canisius voller Sorge vor der drohenden Gefahr des Aktivismus in einem Brief aus Trient vom Juni oder Juli 1546: PCE I, 206–207. Zur Einsicht gelangt, wies Canisius seinerseits seinen Mitbruder Adriaen Adriaenssens auf dieses Übel hin, Köln, 2. August 1546: PCE I, 207–210.
[15] So zelebrierte Erzbischof von Wied an Ostern 1543 die Messe auf Deutsch und ließ die Gläubigen unter zwei Gestalten die Kommunion empfangen – zwei Tatsachen, die seit dem Zweiten Vatikanischen Konzil zur offiziellen Gottesdienstordnung gehören!
[16] M *Fabri* 202.
[17] Ignatius mochte Canisius ganz gerne; er schrieb ihm als »einer, der einem galoppierenden Pferd die Sporen gibt«; Rom, 2. Juni 1546: PCE I, 188–192.
[18] Petrus Canisius, Exhortationes domesticae. Hg. G. Schlosser. Ruraemundae 1876, 255–260.
[19] Canisius an den Zutphener Kanoniker Andries Yseren, Rom, 20. November 1547: PCE I, 255. Vgl. den Brief vom selben Datum an Gerhard Kalckbrenner: J. Hanssen, Rheinische Akten zur Geschichte des Jesuitenordens 1542–1582. Bonn 1896, 104–105, der in PCE nicht aufgenommen ist.
[20] Canisius an Ignatius, Rom, 5. Februar 1548: PCE I, 262–263.
[21] Vgl. den Brief des Canisius an Leonard Kessel und Adriaen Adriaenssens, Rom, 28. Februar 1548: PCE I, 269.
[22] Canisius in einem glänzenden Brief über Freundschaft unter Jesuiten an Henrick van Bakel, Andries Yseren und Peter Schorich, Messina, 27. Mai 1548: PCE I, 277–280.
[23] PCE I, 54–57.
[24] PCE I, 54.
[25] Canisius an Juan de Polanco, Ingolstadt, 24. März 1550: PCE I, 309.
[26] Canisius an Ignatius, Ingolstadt, 2. November 1550: PCE I, 340.
[27] Vgl. P. J. Begheyn, Nikolaas Goudanus en het Godsdienstgesprek van Worms in 1557, in: Archief voor de Geschiedenis van de Katholieke Kerk in Nederland 11 (1969) 12–53.
[28] Canisius an Ignatius, Ingolstadt, 30. April 1551: PCE I, 364.
[29] Canisius an Ignatius, Ingolstadt, 20. Juli 1551: PCE I, 372.
[30] Ignatius an Canisius, Rom, 13. August 1554: MI *Epp.* VII, 398–404; PCE I, 488–494 datiert den Brief mit 18. August.
[31] W. Manitius, Peter de Hondt, genannt Petrus Canisius, der erste deutsche Jesuit. Zum Fest seiner Heiligsprechung. Berlin 1925 (= Gegenreformation einst und heute. H.9), 20.
[32] S. die Einleitung zu diesem Brief bei G. Dumeige, Saint Ignace. Lettres, Paris 1959, 369–370.
[33] A. G. Dickens, The Counter Reformation. London 1968, 144.
[34] Canisius an Heinrich Schweicker, Wien, 16.2.1556: PCE II, 602. In direkter Rede wiedergegeben bei O. Braunsberger, Petrus Canisius. Ein Lebensbild. Freiburg 1921, 58f.
[35] O. Braunsberger, Leven van den zaligen Petrus Canisius, Hilversum 1918, 46; in der dt. Fassung (s. Anm. 34) 68.
[36] Canisius an Juan de Polanco, Wien, 26. Oktober 1554: PCE I, 502.
[37] Ecclesiasticus 1,33 (LXX): »Fili, concupiscens sapientiam, conserva iustitiam et Deus praebebit illam tibi.«
[38] Canisius an Ignatius, Wien, 14. Oktober 1554: PCE I, 495–500.
[39] Peter de Wilde an Ignatius, Prag, 13. Juli 1556: MHSI *Epp.mixtae* V, 372. 371–373. – Braunsberger und Brodrick übersetzen seinen latinisierten Familiennamen Silvius zu Unrecht als Van den Bossche; vgl. M. Scaduto, Catalogo dei Gesuiti d'Italia 1540–1565. Roma 1968, 143.
[40] Ursmar Goisson an Ignatius, Prag, 16. Juli 1556: MHSI *Litt. Quadr.* IV, 406f.
[41] Canisius an Diego Laynez, Ingolstadt, 13. September 1556: PCE II, 23.
[42] Jerónimo Nadal, Dialogus II, um 1565, in: M *Nadal* V, 744; vgl. J.W.O'Malley, To Travel to Any Part of the World: Jerónimo Nadal and the Jesuit Vocation: Studies in the Spirituality of the Jesuits XVI/2 (1984); N. Standaert, Waar ook ter wereld. Een spiritualiteit van het pelgrimeren: Cardoner 8/extra (1989).
[43] Canisius an Gregor Roseffius, Georg Scherer und Georg Pesserer, Kandidaten für die Gesellschaft Jesu, Augsburg, 14. Dezember 1559: PCE II, 558f.
[44] Predigt für die Novizen von Sant'Andrea, Rom, 1. August 1568: PCE VI, 586.
[45] Titus Brandsma, Canisius' inwendig leven. Ansprache in der öffentlichen Senatssitzung der Universität Nimwegen anläßlich der Enthüllung der Statue des hl. Petrus Canisius in Nimwegen am 6. Juni 1927, veröffentlicht in: Jaarboek R.K. Universiteit Nijmegen 1926/27, 107.
[46] Vgl. O. Braunsberger (s. Anm. 34) 268f.
[47] PCE VIII, 89; in direkter Rede wiedergegeben von O. Braunsberger (s. Anm. 34) 291.

Verkannte Allianz

Kartäuser und Jesuiten in Köln

Andreas Batlogg, Innsbruck

»Den Jesuiten kommt zweifellos das Hauptverdienst an der katholischen Neugestaltung zu. Auch in Deutschland. Sie erfolgt jedoch nicht in der Art, daß die ausländische Gesellschaft Jesu hier alle Fundamente ganz neu gelegt hätte. Es ist vielmehr so, daß die neue Kraft der Ignatiusschüler in deutsch-mittelalterlichen Elementen der Frömmigkeit wichtige Vorbereiter und in deren Trägern willkommenste Helfer fanden.«[1] Diese Feststellung erinnert an Vorbereiter und Helfer katholischer Neugestaltung im deutschen Raum und im Kernland der Reformation, die für gewöhnlich keine Beachtung finden. Was J. Huizinga »Herbst des Mittelalters« nannte, war ja durchaus nicht nur Verfall, sondern auch der Nährboden einer Fülle von Neuansätzen und fruchtbaren religiösen Gebilden. In besonderer Weise sammelten sie sich im Leben und Wirken der damaligen Kartäuser. 21 Neugründungen allein im 15. Jahrhundert zeugen von dem blühenden Aufschwung und vom sich weit ausbreitenden Einfluß dieses strengen, niemals reformierten Ordens. Und die Kölner Kartause Sankt Barbara stand gerade während der Reformationswirren in dieser Hinsicht auf der Höhe: »Als die ersten bescheidenen Versuche gemacht wurden, die Jesuiten in Köln anzusiedeln, stand der Kartäuserorden auf der vollen Höhe seines Einflusses; er war hochangesehen, kraftvoll geleitet, reich an bedeutenden Persönlichkeiten, vor allem aber eine Heimstätte tiefer Frömmigkeit, und zwar einer Frömmigkeit, die noch ganz frisch aus dem mittelalterlichen Brunnen hervorströmte.«[2]

Eben dieses Kloster aber »hat nicht nur Petrus Canisius, der als erster Deutscher unter die Fahne des hl. Ignatius treten sollte, man sollte sagen, vorgebildet; sondern es hat den jungen Orden selbst geradezu gerufen, weil es seinen Geist im Grunde als den seinigen erkannte, und es hat alles getan, um ihm das Einwurzeln und erste Wachsen in Deutschland zu ermöglichen.«[3] Theologisch gesprochen kommt den Kölner Kartäusern eine maieutische Funktion bei der Etablierung der Gesellschaft Jesu in Deutschland zu. Zwischen den ersten Schritten – sie fallen in die Jahre 1544 bis 1556 – und der (wiederum von den Kartäusern favorisierten) Gründung des Kölner Jesuitenkollegs verging jedoch eine geraume Zeit. Dann aber galt Köln als »eine Hauptstation des Ordens in Deutschland«[4], von der die meisten Jesuitenniederlassungen an Rhein und Mosel ausgingen. Der Chronist des Kölner Kollegs, Johannes Rethius, meint, »es gibt in ganz Deutschland kein Kolleg der Gesellschaft, in welchem nicht einige Väter oder Brüder weilen, die in Köln in die Gesellschaft eingetreten sind«[5], und der dritte Ordensgeneral Franz Borgia hebt eigens hervor, »kein Kolleg, außer dem römischen, habe für das Gemeinwohl so viel geleistet und leistete so viel wie das Kölner, durch Ausbildung vieler und tüchtiger Arbeiter und deren Aussendung in die verschiedenen Kollegien«.[6]

Diese reiche Blüte binnen kurzer Zeit wurde nicht zuletzt durch die tatkräftige Unterstützung ermöglicht, welche die Jesuiten von der Kölner Kartause St. Barbara erfuhren. Sie kam aus dem Gefühl, die eigene Spiritualität finde sich in jener der Reformpriester des Ignatius von Loyola wieder. Deshalb wurden die Jesuiten von den Kartäusern gewissermaßen »mit offenen Armen aufgenommen«[7]. In dem sich anbahnenden »Austausch« sollte freilich «die Kartause viel mehr die Gebende«[8] als die Nehmende sein.

Um das zu verstehen, muß auf einige persönliche Beziehungen und Erfahrungen hingewiesen werden. Die Tatsache, daß Peter Faber, einer der wichtigsten Gefährten des Ignatius

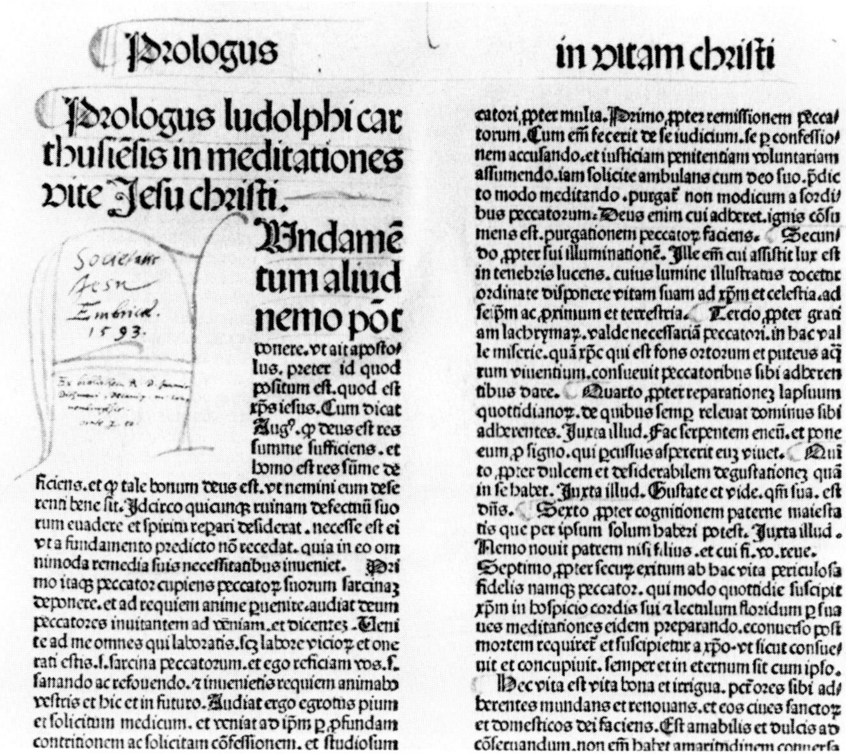
Prologus in vitam christi

Prologus ludolphi cartusiensis in meditationes vite Jesu christi.

Undamentum aliud nemo pot ponere.

Vorwort von Ludolph dem Kartäuser zu den Betrachtungen des Lebens Jesu Christi

und der erste Jesuit auf deutschem Boden, familiär den Kartäusern verbunden war, ist ziemlich vordergründig. Immerhin leiteten zwei seiner Onkel nacheinander die Kartause Le Reposoir in Savoyen als Prioren. Entscheidender, wenn auch verborgener hatte Ignatius selbst nach der Verwundung von 1521 auf seinem Krankenbett in Loyola den Gedanken, »in die Kartause von Sevilla einzutreten«[9] und »beauftragte einen Diener des Hauses, der gerade nach Burgos ging, dort Erkundigungen über die Kartäuserregel einzuholen; und die Nachricht, die er darüber erhielt, dünkte ihm ausgezeichnet.«[10] In diese Richtung mag ihn nicht zuletzt die Lektüre der »Vita Christi« des Ludolf von Sachsen (ca. 1300–1377/78) gelenkt haben, die wesentlich zu seiner Umkehr beitrug. Dieses weitverbreitete Buch eines deutschen Kartäusers belegt den Einfluß der strengen Geistigkeit des Ordens. »Indem Iñigo dem Kartäuser als Lehrmeister folgte, wurde in ihm die totale Hinwendung zur Person Christi angeregt und eingeleitet«.[11] Doch war das keine Einzelerscheinung. Seit dem 14. Jahrhundert hatten die Kartäuser maßgeblich und im besten Sinne des Wortes federführend das Werden und die Ausbreitung der sogenannten *devotio moderna* im flämisch-rheinischen Raum gefördert. Gert Groote (1340–1384) war vom Kartäuser Heinrich Eger von Kalkar ebenso angeregt worden wie von Jan van Ruysbroeck. Die Reform erfaßte die Augustiner der Windesheimer Kongregation und die »Brüder vom gemeinsamen Leben«. Schönste und wirkungsvollste Frucht dieses Aufbruchs ist bis heute die *Imitatio Christi* des Thomas von Kempen (1379/80–1471). »Es war ein neues Gefühl, eine neue Haltung innerhalb der kirchlichen Frömmigkeit. Die devotio moderna ist ein Versuch, aus religiös-christlich-kirchlicher Fülle die Selbständigkeit des Christen innerhalb der Kirche zu gestalten ... ein Versuch, der einseitigen Klerikalisierung entgegenzutreten ... ein Ansatz, den Begriff Kirche zum Begriff Kirchenvolk auszuweiten. Man wollte die Anomalie beseitigen, daß der geistig mündig gewordene Mensch vom Klerus noch immer nur geführt, ja beherrscht werde; es war die Stimme des verantwortlichen Gewissens, die hier sprach.«[12]

Diese Anstöße waren über Burgund auch in Spanien wirksam geworden und hatten das Wollen und Gestalten des Ignatius mitgeprägt. Was Wunder, wenn die Kartäuser von der ersten Begegnung an in dem neuen Orden einen verwandten Geist zu entdecken meinten. Was Wunder, wenn sich einer, der sich ihnen geistig eng verbunden wußte, als erster von diesseits der Alpen der neuen Gemeinschaft anschloß, Petrus Canisius. Er war Ende 1535 von Nimwegen an die Universität Köln gezogen und dort seit Januar 1536 als Petrus Canes immatrikuliert. Zunächst lebte er in der Montanerburse, die nach dem Stifterwillen auf die Überlieferung des Thomas von Aquin verpflichtet war. Der junge Student an der Artistenfakultät wurde bald Baccalaureus der freien Künste, 1538 Lizentiat und im Mai

1540, nach einem Kirchenrecht-Intermezzo in Löwen, mit 19 Jahren Magister der Philosophie.
Doch entscheidender als die Studienkarriere trieb Canisius in diesen Jahren die innere Suche um. 1537 übersiedelte er in das Studentenheim des Stiftsherrn Andreas Herll, das von seinem Landsmann Nikolaus van Esche geleitet wurde. Dieser stand in enger Verbindung zu der Mystikerin Maria van Oisterwijk und ihrem Beginenkreis, der sich eng an die Kölner Kartause angeschlossen hatte. N. van Esche

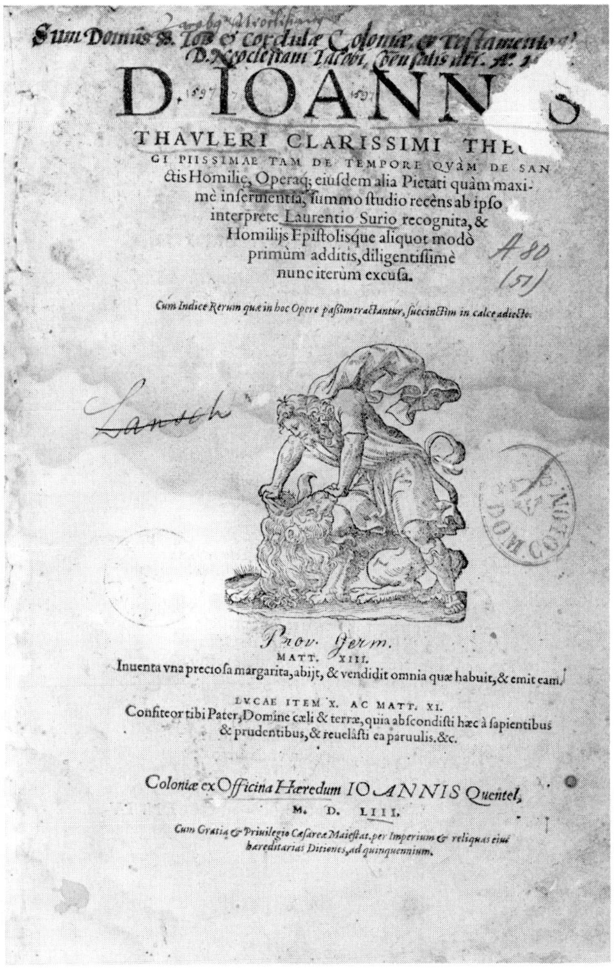

D. IOANN[...]S

THAVLERI CLARISSIMI THE[...]

GI PIISSIMAE TAM DE TEMPORE QVÀM DE SANctis Homilie, Operaq; eiusdem alia Pietati quàm maximè inseruientia, summo studio recèns ab ipso interprete Laurentio Surio recognita, & Homilijs Epistolisque aliquot modò primùm additis, diligentissimè nunc iterùm excusa.

Cum Indice Rerum quæ in hoc Opere passim tractantur, succinctim in calce adiecto.

MATT. XIII.
Inuenta vna preciosa margarita, abijt, & vendidit omnia quæ habuit, & emit eam.

LVCAE ITEM X. AC MATT. XI.
Confiteor tibi Pater, Domine cæli & terræ, quia abscondisti hæc à sapientibus & prudentibus, & reuelâsti ea paruulis. &c.

Coloniæ ex Officina Hæredum IOANNIS *Quentel,*
M. D. LIII.

Cum Gratia & Priuilegio Cæsareæ Maiestat. per Imperium & reliquas eius hæreditarias Ditiones, ad quinquennium.

Titelblatt einer Tauler-Auswahl von L. Surius

selbst wäre Kartäuser geworden, hätten ihn nicht gesundheitliche Gründe daran gehindert. Jederzeit konnte er sich aber in eine Zelle außerhalb der Klausur von St. Barbara zurückziehen. Die Ordenschronik erwähnt ihn als jemanden, der »dem Herzen und der Freundschaft nach ... immer ein wahrer Kartäuser gewesen«[13] sei. »Selbst ein Schüler der ›Brüder vom gemeinsamen Leben‹ gewesen, vermittelte er den Studenten den Reformgeist der Devotio moderna, d.h. eine betont persönlich ausgerichtete, christozentrische Frömmigkeit sowie eine intensive Beschäftigung mit der Heiligen Schrift.«[14]
Ihm vertraute sich Canisius damals an und fand einen geistlichen Begleiter, der ihn auf seinem Weg der Berufung unterstützte. 1540 war Canisius der Weg soweit klar, daß er sich in einem persönlichen Gelübde für die Ehelosigkeit entschied. Über Herll und van Esche fand er Zugang zu dem Kölner Reformkreis um die Kartause, der sich aus Ordensleuten, Priestern, Theologen der Universität und Laien zusammensetzte. Er lernte den Prior von St. Barbara, Gerhard Kalckbrenner, und Justus Landsberg, einen geistlichen Schriftsteller von hohem Rang, kennen. Zusammen mit dem Studienkollegen und Freund Lorenz Surius wurde Canisius »in der Kartause heimisch«[15]. Beide schlossen einen Pakt: Für den Fall, daß einer in einen Orden eintrete, solle der andere nachkommen. Doch als Surius 1540 Kartäuser wurde, zögerte Canisius, weil er sich an das Wort einer Seherin aus Arnheim erinnerte, er werde einmal einer neuen Priestergemeinschaft beitreten.
Geistlich indes lief das Mühen der beiden Freunde damals durchaus parallel. Dazu gehörte das Studium der Heiligen Schrift und die Vertiefung in die deutschen Mystiker. Der geistliche Einfluß der Kartäuser zielte so dar-

auf ab, »den Christen wieder vor Augen zu führen, daß die Kirche als Ganze und untrennbar eine mystische Wirklichkeit, eine sichtbare Kultgemeinschaft und eine hierarchische Organisation ist; ebenso galt es klarzumachen, daß infolgedessen die Treue zur Kirche zugleich das Festhalten an ihrem Geist, ihrer äußeren Praxis und ihrer Disziplin bedeutete.«[16] Dieses Programm war durch die Herausforderung der Reformatoren nur noch geschärft und präzisiert worden; seine entscheidende Bedeutung ließ sich jetzt nicht mehr verkennen. Folgenreich sollte vor allem werden, daß hier religiöse Erfahrung wichtiger als theologisch-spekulative Darstellung und Auseinandersetzung war; so wurde breiten Kreisen ein Zugang zu Frömmigkeit und Glaubensleben erschlossen, während die gängige (scholastische) Schultheologie mit ihrer komplizierten und technischen Vorgehensweise immer mehr zur Sache kleiner Spezialistenkreise geriet. Die *devotio moderna* hatte längst einen neuen Akzent gesetzt, »indem sie die affektiven Kräfte der Frömmigkeit mobilisierte«[17]. Solche persönlich geprägte Frömmigkeit stand jedem offen und half bei der eigenständigen, nicht länger kasuistisch eingeengten Gewissensprüfung, durch erbauliche Lektüre und andere Mittel. »So äußerte sich das Gespür für ein christliches Umdenken im 14./15. Jahrhundert nicht einzig in Programm-Bekenntnissen zu einer Reform aller, sondern mit Intensität in der Bereitschaft, ganz persönlich auf das eigentlich Christliche einzuschwenken. Man setzte auch nicht so sehr bei der Forderung nach neuen Strukturen an, sondern versuchte, durch Umgestaltung des eigenen Inneren den einfachen Weg zu Gott zu finden. Nicht spitzfindige theologische Spekulationen, auch nicht in sich selbst versunkene Pflege mystischer Meditationen, waren das Erstnotwendige, sondern einfach der Weg der Nachfolge Christi, der die Grundlage jeglicher christlicher Existenz ist.«[18]

Reformarbeit der Kartäuser

In den Jahrzehnten seit Luthers Bruch mit der Kirche versuchten die Kölner Kartäuser entschieden, ihre Reformvorstellungen zu verbreiten und damit Luther und seinen Anhängern zu begegnen. Mit theoretisch-apologetischen Widerlegungen war nicht viel zu machen; das wurde immer klarer. Ohne die »ynnicheit van herten«[19] fehlte der Polemik und den Kontroversen die christliche Grundlage. Aber zur Verteidigung ihrer Frömmigkeitsübungen und -formen waren die Kölner Kartäuser bereit. Ihr Kloster wurde in diesen Jahren fast zu einer Schreib- und Redaktionsstube im Sinne der Klerusreform und der »aszetischen Bildung der Kölner Geistlichkeit«[20]. Unter Prior Peter Blommeveen (1507–1536) kam eine lateinische Fassung des niederländischen »Spieghel der Volcomenheit« von Henricus Harphius († 1477) heraus. Titel: »Directorium aureum contemplativum«. Diese wahrhaft goldene »Summe mystischer Konzepte Rheinländischer Mystik«[21] berief sich auf Hugo und Richard von St. Viktor, auf Thomas von Aquin, Bonaventura, Meister Eckhart, Johannes Tauler, Rulman Merswin und Jan van Ruysbroeck. Sie wertete die geistliche Tradition des Mittelalters im kirchlichen Sinn aus. Der Prior verfaßte noch eine ganze Reihe weiterer Schriften, doch liegt seine »Hauptleistung ... in der Gesamthaltung, die er der von ihm geleiteten Kartause mitzuteilen vermocht hat.«[22]
Der erwähnte Justus Landsberg führte dieses Werk weiter, indem er besonders das Leiden Jesu für eine durch und durch christozentrische Betrachtung und Lebensführung betonte.

Der gebundene Christus mit einem Kartäuser (um 1455)

Damit verband sich die im Kartäuserorden herkömmliche Marienverehrung. Den Angriffen auf die aszetischen Grundsätze und Übungen der alten Kirche wurde auf diese Weise eine praktische Antwort erteilt. Landsberg verlangte in dieser Zeit auf einem Generalkapitel des Ordens in einer Predigt »Übungen des Geistes«, was »wegen der nahen Beziehungen der Kartäuser zu den Jesuiten und insbesondere wegen des Einflusses Landsbergs auf Petrus Canisius besonders wertvoll«[23] erscheint.
Eine wichtige Leistung der Kölner Kartause in diesen Jahren stellt die Edition der Werke des *Doctor ecstaticus*, des Kartäusers Dionysius Ryckel († 1491), dar. Das Schrifttum dieses Ordensbruders erschien »als eine schier unausschöpfbare Schatzkammer katholischen Gedankengutes ... und in den Sturmtagen des Abfalls von der alten Kirche« als »Rüstkammer für den von ihnen aufgenommenen Abwehrkampf«[24]. Blommeveen war davon überzeugt, »Dionysius habe den zu seiner Zeit noch nicht geborenen Luther im voraus überwunden, und seine Schriften würden größeren Nutzen stiften als Streitschriften und Wortgefechte über Glaubenssachen. Diese Vorstellung kennzeichnet trefflich den in der Kölner Kartause heimischen Reformwillen«[25]. Im gleichen Zusammenhang stehen auch die später von Surius besorgten lateinischen Ausgaben der Predigten Taulers und des Gesamtwerkes von Seuse. »Schier das gesamte Corpus der Rheinländischen Mystik – wenigstens was deren Hauptvertreter (mit Ausnahme Eckharts) betrifft – lag nun lateinisch vor und konnte international rezipiert werden.«[26] Das nun ist der Hintergrund für die Begegnung von Kartäusern und ersten Jesuiten mit ihren Exerzitien oder »Geistlichen Übungen«.

Freundschaft mit den Kartäusern

Im Herbst 1542 war in Köln erstmals von Jesuiten zu hören. Mit Peter Faber waren zwei spanische Novizen über die Alpen in das »Rom des Nordens« gekommen, Don Juan Aragonés und Don Alfonso Alvaro, die zuvor als Hofkapläne der spanischen Infantinnen gewirkt hatten. Im Jahre 1542 sollten sie ihr Pilgerexperiment oder ihre Bettelreise machen, die zur Noviziatsausbildung gehörte. Sie kamen im Sommer nach Köln und Trier. Faber hatte sich als Begleiter des kaiserlichen Orators Dr. Pedro Ortiz schon vom Herbst 1540 bis zum Sommer des folgenden Jahres in Worms, Speyer und Regensburg aufgehalten und war

1542 für die Einleitung der katholischen Reform in Deutschland dem päpstlichen Legaten Morone zur Verfügung gestanden: als theologischer Berater, in Vorlesungen, als gefragter Begleiter von »Geistlichen Übungen«. Bischöfe und Theologen, darunter Cochläus, baten um seine geistliche Führung. Kardinal Contarini gegenüber meint Morone im Mai 1542, er vertraue darauf, daß Faber »ein guter Diener sein wird ohne irgendwelchen Anstoß in dieser so empfindlichen Nation«[27]. In einer Art Rechenschaftsbericht vom November 1542 für Ignatius läßt der so unermüdliche Faber durchblikken, daß ihn dieser Dienst viel koste.

Zur gleichen Zeit suchte er sich ein Bild vom Zustand der katholischen Geistlichkeit zu machen und an der Reform zu arbeiten. In diesem Rahmen ist es zu verstehen, wenn auf seine Anregung hin die beiden Novizen nach Köln kamen. Zur Weiterführung seiner theologischen Studien kehrte Alfonso Anfang 1543 nach Köln zurück. »Er trat in die Montanerburse ein, an der Canisius seit 1540 als Magister artium wirkte, und fand wie dieser Unterkunft im Hause des Stiftsherrn Andreas Herll bei St. Gereon.«[28] In diesem Lebenskreis stieß der Jesuitennovize auf Gleichgesinnte und Interessierte. »Aus den begeisterten Schilderungen des Alfonso Alvaro erhielt der fromme Kreis in Köln die erste Kunde von dem neuen Orden.«[29] Canisius erkundigte sich nach den »Geistlichen Übungen«, und in der Kartause »dachte man sogleich an das von der neuen Lehre bedrohte Köln, dem hier wirksame Hilfe zu winken schien.«[30] Denn die Jesuiten konnten aufgrund ihres Lebensstils tun, was den Kartäusern durch ihre Regel verwehrt war: auf die Menschen zugehen und auf sie in ihrem jeweiligen Lebens- und Arbeitsmilieu eingehen. Die instinktive Gewißheit der Kartäuser, in den Jesuiten einen verlängerten Arm für ihre Reformanliegen vor sich zu haben, gründete in ihrer Kenntnis der Tradition und dem daraus entstandenen Gespür für verborgene Kräfte, die die katholische Kirche nach wie vor besaß. Doch wie ließ sich der Kontakt zu der neuen Gemeinschaft knüpfen? Für Canisius ging es um seine persönliche Berufung, für die Kartäuser um wirksame Gefährten in ihrem Bemühen um geistliche Erneuerung der Kirche in Deutschland.

Im Winter 1542/43 entschied sich Canisius, bei Peter Faber die »Geistlichen Übungen« zu machen. Dazu reiste er im April 1543 nach Mainz. Der Kartäuserprior Kalckbrenner gab dem Freund einen Brief an Faber mit auf den Weg, um den Jesuiten zu bitten, nach Köln zu kommen. Doch der ging auf die Einladung nicht ein. Faber lobte aber in seiner Antwort den jungen Exerzitanten und das, was dieser mitbrachte, in höchsten Tönen. Das Zusammensein mit Canisius sei ihm angenehmer, »als ich je auszudrüken vermöchte. Gepriesen sei, wer diesen so wohlgepflegten Baum gepflanzt hat; gepriesen seien alle, die ihn auf irgendeine Weise begossen und gehegt haben. So werden ohne Zweifel auch Ew. Paternität an diesem meinem Segensgebet Anteil bekommen, da Sie diesem jungen Manne auf so mannigfache Weise geholfen haben, das zu werden, was er ist, und es nicht den jungen Leuten dieser Zeit gleichzutun. Mir ist jedenfalls diese Eure Stadt Köln noch viel lieber geworden, in der so große Reinheit heranwachsen konnte; und es ist auch nicht daran zu zweifeln, daß sich in unserer Zeit noch ein paar andere Pflänzchen der gleichen Art verstecken, die heranwachsen, um vielen ein Vorbild zu werden – ja, daß es darüber hinaus noch sehr viele geben wird, die sich zu einem kirchentreuen katholischen Leben bekehren werden und so den andern wieder Mut machen.«[31] Fa-

Hl. Bruno von Köln (1030/35–1101). Stifter des Kartäuserordens.

ber nahm also Canisius durchaus als Vertreter der Reformgruppe, aus der er kam, und knüpfte daran gegenüber Kalckbrenner die Hoffnung, daß sich in Köln noch mehr junge Leute dieser Art finden müßten. »Durchsucht doch, Hochwürdiger Vater, die Winkel der Stadt, so werdet Ihr noch verborgene Schätze finden – Schätze gesunder Lehre und Frömmigkeit«[32], macht er dem Kartäuser Mut. Vielleicht gibt er ihm damit auch zu verstehen, daß es anderswo noch trostloser aussieht und daß ihm selbst die Begegnung mit einem Mann wie Canisius die Gewißheit gab, der Kölner Boden sei noch nicht verloren. Jetzt jedenfalls sieht er sich nicht in der Lage, nach Köln zu kommen, und dürfte eine solche Reise auch nicht für dringlich gehalten haben, weil er von dort eine Reihe bewegender Zeugnisse lebendigen katholischen Glaubens erhalten hatte.

Aber der Kartäuserprior blieb hartnäckig. Canisius hatte sich am Ende der Exerzitien der Gesellschaft Jesu angeschlossen. Er nannte diesen Tag – es war der 8. Mai, sein Geburtstag –, seine »zweite Geburt« und Faber »seinen zweiten Vater, der ihn, den ersten deutschen Sohn der Gesellschaft Jesu, im Herrn gezeugt hatte«[33].

Von Canisius wird Kalckbrenner in seiner Hochschätzung für die junge Gründung noch bestärkt worden sein. Sie spricht unverkennbar aus dem Brief, den er Ende des Monats seinem Prior-Kollegen in der Trierer Kartause, Christoph von Ryneck, schickte. Er berichtet von Faber: »Einer von jenen Männern weilt in Mainz beim Kardinal. Er ist ein Mann von außerordentlicher Heiligkeit, heißt Petrus Faber und ist ein Theolog aus der Pariser Schule. Er gibt Männern, die guten Willens sind, ganz eigenartige Übungen, wodurch sie in wenigen Tagen eine gründliche Abkehr von allem Geschaffenen, wahre und innige Hinkehr zu Gott, Fortschritt in den Tugenden sowie innere Vertrautheit und Freundschaft mit ihrem Schöpfer erwerben. Hätte ich doch Gelegenheit, nach Mainz zu kommen! Einen solchen Schatz müßte der Mensch ja holen, selbst wenn er in Indien läge! Ich hoffe, daß Gott mir die Gnade verleiht, diesen Mann zu sehen, bevor ich sterbe, um von ihm zur Reform des inneren Menschen und zur Vereinigung mit Gott angeleitet zu werden.«[34] Offensichtlich hat die Wirkung der Exerzitien an Canisius auf Kalckbrenner einen tiefen Eindruck gemacht, aber er sieht sie vor allem im Blick auf die persönliche Heiligung. Mindestens wird der apostolische Zug jesuitischer Sendung in diesem Brief noch nicht deutlich. Deswegen versteht sich auch Fabers Antwort vom 10. Juli an den Kölner Prior, wenn dieser dem Kartäuser schreibt: »Ich sehe kaum, was ich zum Trost Ew. Paternität vermöchte. Ich denke ja, daß Ihnen die Anfangsgründe des geistlichen Lebens, die ich Sie lehren könnte, schon lange bekannt sind, so daß meine ganze Mühe darauf hinauslaufen würde, aus einem Oberschüler einen ABC-Schützen oder aus einem Examenskandidaten einen Studenten der ersten Semester zu machen.«[35] Anders gesagt: Faber hält sein Wirken an anderer Stelle für nötiger und getreu der Überzeugung der ersten Gefährten der Gesellschaft Jesu möchte er seinen Einsatz dort leisten, wo es keine anderen Kräfte gibt, der Not zu wehren. Zwar stellt Faber einen Besuch in Aussicht, aber an eine eigentliche Mission in Köln denkt er im Sommer 1543 zunächst noch nicht.

Ein äußerer Umstand veranlaßte ihn, sein Urteil über die Kölner Situation zu ändern: Der Kölner Kurfürst und Erzbischof Hermann von Wied ließ seine Hinneigung zur protestantischen Reform erkennen. Das Problem wurde dringlich. Der Erzbischof schien die Hoffnung aufzugeben, innerhalb der alten Kirche eine wirkliche Reform seines Sprengels zu erreichen. Zwar war er theologisch nicht gebildet, wohl aber an einer Erneuerung interessiert. 1536 hatte er dazu das wichtigste vortridentinische Provinzialkonzil abgehalten und sich mit theologischen Beratern umgeben, die für die Erneuerung der katholischen Kirche bedeutend werden sollten. Unter ihnen war sein Kanzler Johannes Gropper, dessen »Enchiridion christianae institutionis«, ein Glaubenskompendium, von Kardinal Morone dem Papst als Katechismus für die ganze Kirche vorgeschlagen wurde.[36] Enttäuscht von der Wirkungslosigkeit vielfältiger Bemühungen hatte er sich dann dem Einfluß von Reformatoren wie Martin Butzer und Philipp Melanchthon geöffnet. Es schien eine Grundentscheidung bevorzustehen, die im Sommer 1543 kein langes Warten und keine langsame Entwicklung mehr erlaubte.

Unter diesem Eindruck begab sich Faber im August nach Köln und setzte in einer fast zweimonatigen Wirksamkeit bei den Kartäusern an. Daß es »etwas mehr als gute Polemiker«[37] brauchte, war offensichtlich. Am 27. September schrieb er an Ignatius: »Dieses arme Volk ist in Furcht versetzt wegen der Drohungen des Erzbischofs, so zwar, daß niemand wagt, über die Vorgänge den Kaiser auch nur zu unterrichten, daß sie vielmehr sich an mich wenden mit der Bitte, für alle einzutreten«.[38] Genau dies vermochten ja die Kartäuser nicht, während Faber beim Mainzer Kardinal Albrecht von Brandenburg und als Mitarbeiter von Legaten zu Religionsgesprächen mit Protestanten und kaiserlichen Reichstagen dafür gut geeignet war. Im Auftrag der Kölner Universität machte Faber im August Kaiser Karl V. auf die Sorgen aufmerksam, als dieser sich mit dem Kurfürsten in Bonn traf. Aber neben diesem Hauptgrund für seinen Aufenthalt in Köln vergaß Faber nicht die geistlichen Anliegen der Kartause. »In diesen zwei Monaten ist zwischen Kalckbrenner und Faber, damit aber auch zwischen der Kartause und der Gesellschaft Jesu eine folgenschwere Freundschaft geknüpft worden.«[39] Faber gab den Mönchen die »Geistlichen Übungen« und ließ bei seiner Abreise eine eigenhändige Abschrift des Exerzitienbuches zurück. Offiziell bestätigt wurden die Exerzitien erst fünf Jahre später. Die Kartäuser und der Kreis um St. Barbara waren von Faber so angetan, daß sich Kölner Bürger mit der Bitte an den päpstlichen Nuntius Poggio wandten, dafür zu sorgen, daß er in Köln bleiben könne, »um das Kölner Gemeinwesen im reinen Glauben zu bewahren, der jetzt von allen Seiten mit tausend Künsten zur Häresie und zu Spaltungen gedrängt wird«. Es komme »sehr viel darauf an, daß dieser auch bei den Hochgestellten so geschätzte Mann an diesem Ort bleibe, damit er den gefährdeten Kölnern (von denen die niederwärts wohnenden Nationen abhängen) ... seine hilfreichen Hände leihe«[40].

Typar des Kölner Stadtsiegels von 1268

Der Nuntius erwirkte in der Tat beim Papst einen weiteren Aufenthalt Fabers in Köln im Januar des folgenden Jahres. Nun predigte er auch vor Studenten und Professoren, Klerus und Bürgern, gab Exerzitien, hörte Beichte und unterwies im Glauben. Über sein Arbeitsfeld berichtete er dem in Indien missionierenden Franz Xaver ausführlich in einem Brief. Im Mai 1544 konnte Faber die erste Kölner und deutsche Jesuitenniederlassung in einem Haus an der Burgmauer errichten. Canisius unterstützte die Gemeinschaft aus seinem väterlichen Erbe, und Kalckbrenner sowie der Beginenkreis halfen ebenfalls mit Geld aus. Faber konnte Köln Mitte Juli ruhigen Gewissens verlassen, nachdem er Leonhard Kessel als Oberen installiert hatte.
Kurz danach meldete sich schon Gegnerschaft in der Stadt. Der protestantisch dominierte Rat verlangte auf Drängen des Erzbischofs, der in den Jesuiten »Anhänger einer teuflischen Sekte«[41] sah, die Ausweisung der durch Zuwachs aus Löwen angewachsenen Gruppe, weil die Stadt schon zuviele klösterliche Niederlassungen habe. Vermutlich war das vor allem ein Vorwand, um sich der Reformpriester zu entledigen. Die Formel »Kann aus Rom etwas Gutes kommen?« war jedenfalls zu einfach und durch das Wirken Fabers widerlegt. Da die junge Gemeinschaft wesentlich aus Studierenden und akademischen Bürgern bestand, appellierte sie an den Rektor der Universität, dessen besonderer Gerichtsbarkeit sie unterstand. Gropper, der Dominikanerinquisitor Johann Stempel und der Karmelitenpater Eberhard Billick intervenierten zusätzlich für die Jesuiten; Kalckbrenner war wegen des Generalkapitels unerreichbar. Der Rektor konnte eine Abschwächung des vom Magistrat verfügten Entscheids erreichen: zwar wurde das gemeinschaftliche Leben untersagt, die Mitglieder mußten aber Köln nicht verlassen. Die neun Jesuiten der ersten Gruppe, darunter ein Neffe des Ignatius, wählten verschiedene Wohnungen, so im Dominikanerkloster, in der Montanerburse, im Haus des Andreas Herll und bei den Kartäusern, wo zwei Gefährten unterkamen.
Faber hat von dieser Solidaritätsbezeugung noch erfahren; zwei Jahre später starb er. Seine Kölner Gründung aber entwickelte sich allen Schwierigkeiten zum Trotz kontinuierlich weiter. Der Nachfolger des 1546 exkommunizierten und 1547 zur Abdankung gezwungenen Hermann von Wied, Adolf von Schauenburg, suchte ein gutes Einvernehmen mit den Jesuiten.
Prior Kalckbrenner freilich vertrat die Interessen der Jesuiten im Sommer 1544 auf dem Generalkapitel seines Ordens in der Grande Chartreuse bei Grenoble. Er erwirkte dort, daß die Jesuiten an allen geistlichen Gütern des Kartäuserordens Anteil erhalten sollten. Es war ein einseitiges und einzigartiges Angebot. »In dem Beschluß des Generalskapitels liegt keine vertragliche Übereinkunft zwischen den beiden Genossenschaften vor, sondern eine allein von der Kartause getragene feierliche Kundgebung, die sich als freudige Zustimmung und eindringliche Aneiferung darstellt«.[42] Durch diese großzügige Anerkennung von einem der angesehensten alten Orden

wurde die Stellung der jungen Gesellschaft Jesu ganz wesentlich gestärkt. Daß die Initiative dazu aus Köln, der Geburtsstadt des Kartäusergründers Bruno, stammte, ist ganz offensichtlich. Aber die Vertreter des ganzen Ordens schlossen sich Kalckbrenners Argumenten an, die darauf hinausliefen, daß im geistlichen und pastoralen Wirken Zielsetzungen der Kartäuserspiritualität von den Jesuiten durchgesetzt würden, ja daß der junge Orden in gewisser Weise in die kirchliche Öffentlichkeit hineintrage, was die Kartäuser durch ihr Gebets- und Meditationsleben zu bewirken versuchten, namentlich eine Reform von Kirche und Klerus durch Orientierung am Leben Jesu, durch Nachfolge des Herrn, durch Predigt und Katechese bei einfachen Menschen.
Die frappierenden Parallelen in der geistlichen Einübung und Weisung sind hier nicht einzeln zu entfalten und im Detail nachzuweisen. Das Gesagte bietet schon Anhaltspunkte genug, um inhaltlich die Entscheidung der Kartäuser für den neuen Orden zu verstehen. Indes gab es kaum Gelegenheit, die Entscheidung auch in praktischer Zusammenarbeit zu bewähren, weil nur wenige Kartausen wie die Kölner in einer großen Stadt zu finden waren, wo Jesuiten ihr bevorzugtes Arbeitsfeld suchten. Nichtsdestoweniger wirkten die großen Kartausen an der geistlichen und pastoralen Erneuerung der Kirche mit.
In Köln wurde Kalckbrenner einer der entschiedensten Befürworter und Förderer eines vollen Jesuitenkollegs. Nach dem Tod von Faber wandte er sich mit diesem Wunsch wiederholt an Ignatius selbst, ohne daß man von Rom aus zunächst auf seinen Plan einging. Dabei mag der gleiche Gedanke wirksam gewesen sein, der es Faber zunächst hatte unnötig erscheinen lassen, nach Köln zu kommen: Wo so entschieden reformwillige Kreise lebten wie die Kartäuser von St. Barbara und ihre Freunde, dort konnte es um die katholische Sache so schlecht nicht bestellt sein.
Ja umgekehrt, als es in Rom um die Gründung des Collegium Germanicum ging, dachte Ignatius 1551 auch an die Kölner Kartäuser und ging sie um finanzielle Unterstützung an. Kalckbrenner kam dem Wunsch gerne nach und sandte wiederholt Spenden nach Rom. Der Rektor des Germanikums mußte zum Dank im Auftrag des Ignatius Verse auf die Kölner Kartause dichten. Die Kartäuser wiederum haben Ignatius 1555 »das innige Vorwort zur ›Mystischen Theologie‹ des Heinrich Herp«[43] gewidmet. Als im Mai 1556 vier Jesuiten in Richtung Köln abreisten, gab ihnen Ignatius genaue Anweisungen für ihr Verhalten mit. »Das erste, was in Köln zu tun sei, ist ein Besuch beim Erzbischof, der Stadtrat ist in seiner Zuneigung zu erhalten, die Kartäuser müssen innig begrüßt werden ... man lerne auch baldigst ›die Sprache der Kölner‹.«[44]
Zwei Briefe von Ignatius, die von seinem Sterbetag am 31. Juli 1556 datieren, betreffen die Kölner Kartause. L. Kessel bittet er um ein Empfehlungsschreiben für einen jungen Mann: »Als wir die Kölner Kartause und deren heiligen Prior als wahren Diener Gottes lobten, wünschte er, sich dorthin zu begeben«.[45] Der andere Brief ist an die Rektoren Italiens gerichtet, der Durchreisende möge in ihren Häusern beherbergt werden. Schöne Dokumente der Hochachtung des Ignatius für die Kartäuser, die er als »erste Adresse« gerne weiterempfahl. All das sind Zeichen für die lebendige Teilnahme an der Aufgabe, »die Kirche aus eigener, innerer Kraft zu erneuern ... (mit einem) allmählichen Übergang von einer aus den deutschen Mystikern des Mittelalters schöpfenden Frömmigkeit zu dem streitbaren Eifer für kirchliche Reformen«[46].

Anmerkungen

[1] J. Lortz, Die Reformation in Deutschland. Bd. 2. Freiburg [6]1982, 131.
[2] J. Greven, Die Kölner Kartause und die Anfänge der katholischen Reform in Deutschland. Hg. W. Neuß. Münster 1935, 87.
[3] Ebd.
[4] B. Duhr, Geschichte der Jesuiten in den Ländern deutscher Zunge. Bd. 1. Freiburg 1907, 34.
[5] Ebd.
[6] Ebd.
[7] J. Greven (s. Anm. 2) 5.
[8] Ebd. 114.
[9] PB 12.
[10] Ebd.
[11] A. Falkner, Was las Iñigo de Loyola auf seinem Krankenlager? Zum Prooemium der »Vita Jesu Christi«, in: GuL 61 (1988) 258–264, hier 263.
[12] J. Lortz (s. Anm. 1) 121.
[13] Zit. nach K. Richstätter, Deutsche Mystik und Ignatianische Aszese im Innenleben des hl. Petrus Canisius, in: ZAM 1 (1926) 25–37, hier 27.
[14] K.-H. Diez, Christus und seine Kirche. Zum Kirchenverständnis des Petrus Canisius. Paderborn 1987, 43.
[15] J. Greven (s. Anm. 2) 92.
[16] J. Leclerq, Die Kirchenfrömmigkeit des heiligen Petrus Canisius, in: J. Daniélou – H. Vorgrimler (Hg.), Sentire Ecclesiam. Das Bewußtsein von der Kirche als gestaltende Kraft der Frömmigkeit. (FS H. Rahner). Freiburg 1961, 301–314, hier 301.
[17] Gert Groote, Thomas von Kempen und die Devotio moderna. Hg. und eingeleitet von H.N. Janowski. Olten 1978, 11.
[18] Thomas von Kempen, Die Nachfolge Christi. 4 Bücher. Übers. und hg. von W. Meyer. Neu durchgesehen von L. Hardich. Kevelaer 1987, 21 (Vorwort).
[19] E. Brouette, Art. Devotio moderna I, in: TRE 8, 305–308, hier 308.
[20] J. Greven (s. Anm. 2) 23.
[21] A.M. Haas, Gottleiden – Gottlieben. Zur volkssprachlichen Mystik im Mittelalter. Frankfurt 1989, 21.
[22] J. Greven (s. Anm. 2) 26.
[23] Ebd. 48.
[24] Ebd. 52.
[25] Ebd. 53.
[26] A. M. Haas (s. Anm. 21) 21.
[27] Zit. nach B. Duhr (s. Anm. 4) 8.
[28] J. Greven (s. Anm. 2) 94.
[29] Ebd.
[30] Ebd.
[31] Brief 7 vom 12. April 1543, in: Peter Faber, Memoriale. Das geistliche Tagebuch des ersten Jesuiten in Deutschland. Nach den Manuskripten übers. und eingel. von P. Henrici. Einsiedeln [2]1989, 340–347, hier 345f.
[32] Ebd. 345.
[33] J. Brodrick, Petrus Canisius. 1521–1597. Bd. 1. Wien 1950, 54.
[34] J. Greven (s. Anm. 2) 96.
[35] Brief 8 vom 10. Juli 1543, in: Peter Faber (s. Anm. 31), 348–354, hier 349.
[36] Vgl. A. Franzen, Bischof und Reformation. Hermann von Wied in Köln vor der Entscheidung zwischen Reform und Reformation. Münster 1971, 55.
[37] J. Brodrick (s. Anm. 33) 70.
[38] Zit. nach B. Duhr, Der erste Jesuit auf deutschem Boden, insbesondere seine Wirksamkeit in Köln, in: Histor. Jahrb. 18 (1897) 792–830, hier 802.
[39] J. Greven (s. Anm. 2) 97.
[40] B. Duhr (s. Anm. 38) 830. Der lateinisch abgefaßte Brief vom 7. September 1543 stammt möglicherweise von Canisius.
[41] Vgl. B. Duhr (s. Anm. 4) 14.
[42] J. Greven (s. Anm. 2) 101.
[43] H. Rahner, Ignatius von Loyola als Mensch und Theologe. Freiburg 1964, 389.
[44] Ebd. 391.
[45] MI *Epp.* XII, 199f.
[46] J. Greven (s. Anm. 2) 110.

IV. Frühe Jesuitenkollegien

Lernen in Messina

Die Anfänge der jesuitischen Kollegspädagogik

Klaus Mertes, Frankfurt am Main

Auftakt in Messina

Am 8. April 1548 landete eine Gruppe von zehn Jesuiten in Messina, der sizilianischen Stadt gegenüber der Südspitze des italienischen Festlandes. Vier von ihnen waren Patres: der Spanier Jerónimo Nadal, die Flamen Petrus Canisius und Cornelius Wischaven und der Franzose André des Freux. Die anderen waren noch in der Ausbildung: die Italiener Benedetto Palmio, Isidoro Bellini, Giovanni Passarino, die Franzosen Martin Mare, Hannibal du Coudret und der Spanier Rafael Riera. Auf Drängen des Papstes und auf Anfrage des Vizekönigs von Sizilien, Don Juan de Vega, hatte Ignatius sich entschlossen, die Gruppe nach Messina zu schicken, um sie dort die Verantwortung für den theologischen Lehrbetrieb an der Universität und für ein humanistisches Kolleg übernehmen zu lassen. Ignatius war sich der Tragweite dieser Entscheidung wohl bewußt gewesen, denn wie uns einer der Scholastiker, Coudret, berichtet, war »keine andere Gründung Ignatius so wichtig wie die Gründung des Kollegs von Messina«[1].
Ignatius hatte die Gruppe sorgfältig ausgewählt. Nachdem er sich im Januar 1548 zur Gründung des Kollegs in Messina entschlossen hatte, waren die 36 Mitglieder der Kommunität von Maria della Strada (Rom) am 2.2.1548 zusammengekommen, um sich zur Vorbereitung auf eine mögliche Entsendung von Ignatius in typischer Manier vier Fragen vorlegen zu lassen: »1) Sind Sie gleichermaßen bereit und willig, nach Sizilien oder nicht nach Sizilien zu gehen? 2) Falls Sie gehen, sind Sie bereit, jegliches Amt anzunehmen, das man Ihnen zuweist? 3) Falls einer als Scholastiker geht, ist er bereit, an einer beliebigen Fakultät Grammatik oder Philosophie oder Theologie zu studieren? 4) Sind alle derart verfügbar, daß sie das als das Beste annehmen, was ihnen aufgetragen wird, indem sie das eigene Urteil und den eigenen Willen dem Gehorsam nachordnen und sich mit dem zufrieden geben und trösten, was der Obere für sie als das Passendere vorsieht?«[2]
Die Auswahl der Zehn war also das Ergebnis eines sorgfältigen Prozesses. Auch nach der Entsendung der Gruppe am 18.3.1548 kümmerte sich Ignatius vorrangig um eine hervorragende Besetzung des Kollegs. Er schickte eine Anfrage an alle europäischen Regionen, geeignete Mitbrüder für das Kolleg zur Verfügung zu stellen. Gerade die Entscheidung für ein humanistisches Kolleg stieß nicht nur auf Beifall. So antwortete z.B. Rodrigues aus Coimbra, man solle die Lehrer eher an den Universitäten als an Kollegien einsetzen.
Die besondere Bedeutung, die Ignatius der Kollegsgründung zumaß, hatte zwei Gründe: einmal einen »geostrategischen«, weil Messina auf Grund der Lage und der guten Beziehungen zum Vizekönig für Ignatius ein Schlüssel zur apostolischen Durchdringung Italiens war. Italien war aber keineswegs ein beliebiges europäisches Land, sondern im Vergleich zu den anderen europäischen Ländern, was den sittlichen und religiösen Zustand betrifft, am tiefsten gefallen, »denn nirgends war diejenige Institution, die bisher als die berufene Ärztin gegen diese sozialen Nöte gegolten hatte, die Kirche, so verfallen wie hier«[3], und das galt für den Süden noch mehr als für Mittel- und Norditalien.
Der Vizekönig von Sizilien, Don Juan de Vega, war bis 1547 kaiserlicher Botschafter in Rom gewesen und spielte eine wichtige Rolle in der römischen Politik Kaiser Karls V. Seine Frau, Leonor de Vega Osorio, gehörte zu den engsten Mitarbeiterinnen des Ignatius. »Dona Leonor ist meine geistliche Tochter in unserem

Herrn«[4], schrieb er später an Rodrigues. Sie hatte Ignatius vor allem bei der Gründung und Betreuung des Sankt-Martha-Hauses für gefallene und gefährdete Mädchen in Rom geholfen. Nach Messina zurückgekehrt, drängte sie Ignatius, in Sizilien tätig zu werden und die römische Kurie für die Reform der Klöster und für ihre Waisenhausgründungen (in Messina, Palermo, Trapani und Agrigent) zu interessieren. Mit der Kollegsgründung verband sich also ein umfassender apostolischer Plan zur Erneuerung des geistlichen und sozialen Lebens in der Region.

Zum zweiten wurde mit der Entscheidung für die Kollegsgründung in Messina etwas in den Blick genommen, was bei der Gründung der Gesellschaft Jesu noch gar nicht beabsichtigt gewesen war, nämlich ein Engagement im Bereich der Erziehung und höheren Bildung mit institutionellem und generationenübergreifendem Gewicht. In der Gründungsurkunde der Gesellschaft Jesu von 1540 war zwar unter den Gründungszwecken auch von der »Unterweisung von Kindern (rudes)« die Rede gewesen, aber sie betraf in der Vorstellung der Gründer die Elementarkatechese auf Marktplätzen und Straßen. Ansonsten hatte man, wenn von Erziehung die Rede gewesen war, den Ordensnachwuchs im Blick gehabt, der ja nicht an die theologischen Fakultäten geschickt werden konnte, ohne die nötigen sprachlichen und bildungsmäßigen Voraussetzungen mitzubringen.

Ignatius und die ersten Gefährten hatten sich nicht auf große Institutionen festlegen wollen, um auf diese Weise die äußere und innere Mobilität des Ordens zu erhalten. Auch später war dies immer wieder der entscheidende Einwand, um die stürmische Entwicklung des institutionell verfaßten Erziehungsapostolates zu bremsen. Obwohl Messina erst die dritte Kollegsgründung (nach Goa und Gandía) war, begann mit ihr, der »Mutter« der Jesuitenkollegien, eine Entwicklung, die im Todesjahre des Ignatius 1556 schon zu 40 Kollegsgründungen geführt hatte. Nach weiteren 40 Jahren, der Zeit der Verfassung der »Ratio Studiorum«, gab es 245 Institute dieser Art. Besonders in Deutschland bekam die Gründung von Kollegien zentrale Bedeutung für die Erneuerung des kirchlichen Lebens. Petrus Canisius, einer der Patres der ersten Stunde von Messina, gründete die Arbeit der deutschen Provinzen vor allem auf Kollegien: Wien, Prag, Löwen, Köln, Trier, Mainz, Paderborn, Ingolstadt, München, Dillingen wurden die bekanntesten Zentren jesuitischen Apostolates; die Zahl der Schüler in den jeweiligen Kollegien stieg innerhalb von wenigen Jahren von zweistelligen Zahlen auf über 1000, ganz zu schweigen von den anderen Aktivitäten, die sich um die Kollegien herum entwickelten.

Aber auch in den Missionsländern wurde die Erziehung an Kollegien als wichtiges Instrument des Apostolates entdeckt. Franz Xaver nahm bereits 1545 (in Goa, Pauluskolleg) Jungen aus der Stadt zum Unterricht auf. Der Jesuitenorden wurde innerhalb kürzester Zeit ein Erziehungsorden, der die ganze theologische Dynamik der Exerzitien auf den Erziehungsprozeß und die Schulkonzeption übertrug und ihr dadurch weltweit Breitenwirkung verschaffte.

Messina und der »Modus Parisiensis«

In seinem »Chronicon« berichtet Juan de Polanco über das Kolleg in Messina: »Man führte dort schrittweise die Unterrichtsmethode der Universität Paris ein« (In quo parisiensis Universitatis in docendo modus paulatim est in-

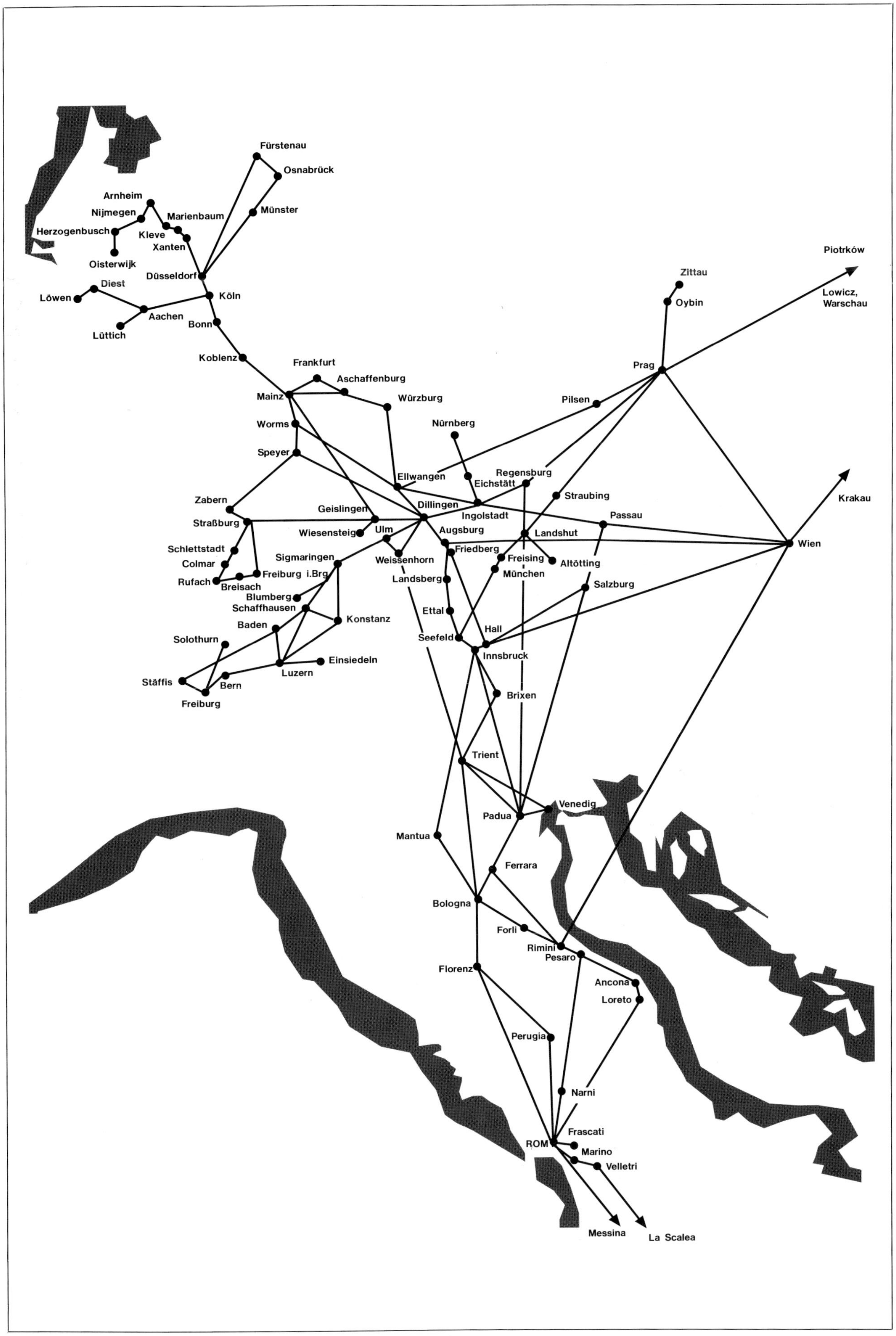

Reisewege des Petrus Canisius (1521 –1597)

ductus).[5] In einer Werbeschrift, die Nadal in Sizilien als Erstinformation über das neue Kolleg verfaßte, waren die für Italien ungewöhnlichen Charakteristika dieses »Modus Parisiensis« betont: Aufteilung der Schüler in Klassen, für die jeweils ein Lehrer zuständig ist; Gliederung der Grammatikausbildung in drei Stufen; Repetition, Befragung, Aufsatz, Deklamation als Unterrichtsmethoden. Auch in dieser Broschüre endet Nadal mit dem Zusatz: »...entsprechend der Weise und Ordnung, die in Paris angewandt wird, die am geeignetsten ist, um die lateinische Sprache mit Kunst und Perfektion zu beherrschen.«[6]

Ignatius und seine ersten Gefährten waren während ihrer Studien mit dem »Modus Pariesiensis« in Berührung gekommen, Ignatius schon in seiner Zeit in Alcalá, wo der reformbewußte Franziskanerkardinal Cisneros den »fortschrittlichen« Modus Parisiensis übernommen hatte. Die Gruppe der ersten Jesuiten fühlte sich dieser Zeit, der Stadt Paris und ihrer Universität außerordentlich verbunden. Polanco schreibt an Rodrigues: »Wir alle von der Gesellschaft können in Wahrheit sagen, daß wir aus Frankreich stammen, weil der König uns ein spezielles Privileg für die ganze Gesellschaft gegeben hat. Darüberhinaus sind wir als Pariser Magistri Bürger dieser Stadt, auf eine Weise, daß wir sagen können, daß wir Franzosen sind – und Pariser!«[7]

Darüberhinaus hatte Ignatius Jahre nach seiner Ausbildung verschiedene Gelegenheiten gehabt, andere Universitäten und Studienarten kennenzulernen. Nachdem er seine Scholastiker an verschiedene Universitäten geschickt hatte, waren aus Deutschland und Portugal, vor allem aber aus Italien bald Beschwerden gekommen. 1542 waren z.B. Juan de Polanco und André des Freux an die renommierteste Universität von Italien, nach Padua geschickt worden. Was sie von dort zu berichten hatten, klang nicht erbaulich: »Der Mangel an Übungen ist groß ... Die ordentlichen öffentlichen Vorlesungen sind dermaßen selten, daß man nur sehr langsam vorankäme, wenn man in diesem Tempo folgen wollte ... Die Art und Weise, Vorlesungen zu halten, ist in diesem Lande so, daß sie für diejenigen geeignet ist, die ihr Leben lang nichts anderes zu tun haben.«[8] Dem »Modus Italiensis« fehlte die strenge Zucht, die ausgefeilte Methode des Exerzierens. Für Ignatius, den Autor der Exerzitien, mußte das ein Greuel sein. Die kleinen Zirkel an den italienischen Universitäten, die in der Nachfolge der berühmten italienischen Humanisten wie Marsilio Ficino, Pico della Mirandola und Sadoleto (Florenz) im freien Gespräch philosophische Probleme zu behandeln suchten und nach der Harmonie zwischen dem platonischen Eros und der christlichen Gratia strebten, waren nicht in der Lage, eine pädagogische Dynamik für breitere Kreise zu entwickeln. In diese Zirkel verzogen sich die noch glühenden Sehnsüchte einer alternden Zeit. Ihr intellektueller Hedonismus bot Ignatius keine ausreichende Grundlage für die Formung seines aufbrechenden Apostolates.[9]

Der *Modus Parisiensis* bestand aus einem *dreigliedrigen System*, das mit der humanistischen Ausbildung – Schwerpunkt Latein – begann, dann mit einem dreijährigen Kurs an der Artistenfakultät mit Betonung der aristotelisch-thomistischen Philosophie (zu der Zeit keineswegs die herrschende philosophische Schule) fortgesetzt und mit der Zulassung zu den höheren Fakultäten (Theologie, Medizin und Jurisprudenz) abgeschlossen wurde. Das Ziel der ersten beiden Stufen, der »grammatischen« und »dialektischen« Ausbildung, war die Befähigung zur dritten Stufe, dem Studium an der Universität.

Ein weiterer Bestandteil des Modus Parisiensis war die ausgearbeitete *Lernmethode*. Grundlegend war die Aufteilung der Schüler in Lerneinheiten bzw. Klassen, die nach Kenntnis- und Leistungskriterien eingeteilt wurden. Der Wechsel in die jeweils nächste Klasse war mit einer Prüfung verbunden.

Durch diese gegenüber dem alten Lernsystem grundlegende Erneuerung konnten die Lernmethoden des scholastischen Schulbetriebes gezielter angewandt werden: Vorführung des Stoffes (lectio) mit der Behandlung verschiedener Fragen (quaestio), Repetitionen, Disputationen und Aufsätze. Dabei legte der Pariser Modus mehr Wert auf die praktische und übungsmäßige Aneignung der Texte als auf die Quantität der Vorlagen: »usus, non praecepta« war die pädagogische Faustformel. Die Praxis (usus) hatte dabei zwei Aspekte, einmal die Analyse des vorliegenden Textes, zum anderen die Nachahmung und kreative Fortführung des im Text Gelernten durch eigene Beispiele und Schöpfungen.

Der Lernstoff wurde genau gegliedert und Schritt für Schritt vermittelt. Das Prinzip »non multa, sed multum«, das wir später auch in den methodischen Vorbemerkungen zu den Exerzitien des Ignatius finden werden, schien dabei das Ethos der Lehrenden zu bestimmen. Es gab z.B. den Grundsatz, daß niemals zwei Kapitel nebeneinander unterrichtet wurden, daß der Lehrer auch nicht vor Beendigung eines Abschnittes wechseln durfte, daß vor allem der Stoff Schritt für Schritt vermittelt wurde, entsprechend der jeweiligen Fähigkeit der Schüler, und daß der Lehrer eher auf den Grad des Verstehens als auf die Menge der durchgenommenen Texte zu achten hatte.

Diese Lernmethode war das Herzstück des Modus Parisiensis. Codina Mir schreibt dazu: »Was uns aber wahrlich das System des Pariser Unterrichts zu charakterisieren ... scheint, ist die Methode, die in Kraft war: Man könnte sie als eine unablässige Aktivität definieren, eine beständige Übung und Praxis, eine Art ununterbrochener Gymnastik des Geistes, die im Prozeß der Erziehung alle Ressourcen und alle Möglichkeiten der menschlichen Person in Bewegung setzt.«[10]

Die erste Stufe (die »humanistische«) war ihrerseits in drei Stufen gegliedert: die Grammatik, die Rhetorik und die Alten Sprachen (Griechisch und Hebräisch). Darin war auch eine inhaltliche Option gesetzt: für einen (christlichen) *Humanismus*. Die Grammatikausbildung orientierte sich an den neuentdeckten stilistischen Vorbildern der »goldenen Latinität«: Cicero und Quintilian. Damit wurde einerseits hinter das gängige »Mittellatein« der Scholastik zurückgegriffen, andererseits der Anschluß an die in der »Renaissance« vollzogene und im Humanismus weitergeführte Wiederentdeckung der Antike als dem alternativen kulturellen Paradigma zum Mittelalter geleistet. Ziel des Grammatikunterrichtes war die Perfektion in der Rhetorikklasse; »ad perfectam eloquentiam informare« lautete das Echo in der »Ratio Studiorum« der Jesuiten von 1599. Der »Rhetor« war in der Antike der Inbegriff des gebildeten Menschen. Hatte die Rhetorik im Mittelalter nur eine untergeordnete Rolle gespielt, so wurde sie im Zusammenhang mit der Entdeckung des antiken Rhetorik-Ideals wieder in ihre alten Ehren eingesetzt: als Kunst des Sprechens, zu dem sowohl stilistische, sprachliche Perfektion (cognitio verborum) als auch Beherrschung des Stoffes (Geschichte, Geographie, Wissenschaft, Politik, Literatur etc. – cognitio rerum) als auch humane Gesinnung gehörten. Die Kenntnis der alten Sprachen hinwiederum bereitete auf das Studium der biblischen Texte vor, die

gegenüber dem Mittelalter wieder mehr in das Blickfeld der Theologie geraten sollten. »Ad fontes« war der Ruf der Humanisten auch in der Theologie.

Weiterhin zeichnete sich der Modus Parisiensis durch seine *disziplinarische Ordnung* des Schul- und Kollegswesens aus. Die Diskussion um die disziplinarischen Fragen (einschließlich der Erlaubtheit oder Unerlaubtheit der Prügelstrafe) war in der pädagogischen Diskussion dieser Jahrzehnte sehr aktuell. Die Handhabung der disziplinarischen Fragen hing immer auch mit grundlegenden Optionen zusammen; das optimistische Menschenbild des Humanismus mit seinem Glauben an die Formbarkeit der Menschen mußte an Fragen der Disziplin besonders interessiert sein.

Nadal gab bereits im September 1548, also ein halbes Jahr nach der Ankunft der Gruppe an der Nordspitze Siziliens, die *Konstitutionen* für das Kolleg von Messina heraus. Diese erste Kollegsverfassung in der Geschichte der Gesellschaft Jesu wurde zur entscheidenden Unterlage für die späteren Diskussionen bis hin zur Formulierung der Ratio Studiorum 1599. Ignatius hatte einen Moment lang sogar daran gedacht, sie für alle zukünftigen Kollegsgründungen verpflichtend grundzulegen, vermied dann aber doch eine zu frühe Festlegung, um in einer längeren Diskussion auf mehr Erfahrungen zurückgreifen zu können.

Die »Constitutiones« des Kollegs von Messina hatten zwei Teile: einmal die Organisation und Disziplin des Kollegs, zum anderen den Lehrplan.

Europakarte (1548)

Organisation und Disziplin

Der *Rektor* ist die oberste Autorität des Kollegskomplexes. Um eine vollständige Handlungsfreiheit zu garantieren, haben auswärtige Personen, die nicht zur Gesellschaft Jesu gehören, keine Möglichkeit, an der Leitung des Kollegs zu partizipieren. Das betrifft sowohl Kleriker wie Laien.

Mit dem schnellen Wachstum und raumgreifenden pädagogischen Erfolg ergaben sich aber Abweichungen von diesem Programm. In seinem späteren Kommentar zu den Constitutiones schreibt Nadal: »Es ist daher ein Nichtordensmann (saecularis aliquis) zu bestellen, der die Sorge um die Verwaltung der Geldangelegenheiten hat, wenn wir überhaupt solche Auswärtige zur Erziehung übernehmen wollen.«[11]

Jedenfalls ist der Wille zur Übernahme der Verantwortung für die Gesamtstruktur des Kollegs deutlich. Das Prinzip Nadals war,»ad arbitrium nostrum, non alienum«[12] (nach unserem, nicht nach einem fremden Urteil) arbeiten zu können. Offensichtlich war es nicht immer einfach, die Bischöfe, die Magistrate der Stadt oder die Kollegsgründer von der Einmischung fernzuhalten. Dieser Punkt führte schon in Messina zu Auseinandersetzungen, die 1550 einen Bruch zwischen der Stadt und den Patres bewirkten. Die Jesuiten zogen sich aus der Universität zurück und beschränkten sich auf das humanistische Kolleg. Die Kompromißgrenze war für die Jesuiten an dem Punkt erreicht, wo andere Kreise an der Gesamtverantwortung für ein Jesuitenkolleg partizipieren wollten.

Intern spielte der *Studienpräfekt* (in Messina war es Canisius) eine wichtige Rolle. Er hatte die Klassen wöchentlich einmal zu besuchen, vor allem die Grammatikklassen. Er hatte ebenfalls die *Regenten* (Klassenlehrer) zu betreuen und über den Fortschritt der Schüler zu befragen.

Die *Lehrer* wurden vom Rektor bestimmt. Im Prinzip sollten alle Lehrer Jesuiten sein. Aber es war nicht völlig ausgeschlossen, daß die Jesuiten für den Fall, daß genügend jesuitisches Personal fehlte, andere berufen konnten. Das bedeutete umgekehrt, daß sich der Unterricht der Jesuiten nicht »nur« auf die theologischen Fächer konzentrierte, sondern daß sie die Gestaltung des gesamten Fachunterrichts übernahmen. Messina wurde das erste Kolleg, an dem Jesuiten profane Fächer unterrichteten. Einige Jahre später schrieb Nadal dazu: »Die profanen Dinge haben einen Zusammenhang mit den sakralen Dingen. Es war die Meinung des Vaters Ignatius, daß (schon) bei dieser Gelegenheit (der profanen Fächer) die Studierenden in den guten Sitten eingewiesen würden. Deswegen werden per accidens die profanen Fächer, sofern sie sich auf die Frömmigkeit beziehen, unterrichtet.«[13] Die unterrichtenden Jesuiten sollten in ihrer eigenen Ausbildung und bezüglich des Erziehungszieles im Grunde dem Ideal des »christlichen Rhetorikers« entsprechen. Nadal: »Die grammatische Erziehung, die Eleganz und der Reichtum des Ausdrucksvermögens, die Poesie, chaldäische und arabische Sprache, die Logik, die Philosophia Naturalis, die Metaphysik, die Mathematik – all diese Dinge werden mit größter Sorgfalt betrieben.«[14]

Wenn sich ein Schüler in dem Kolleg immatrikulierte, dann bekam er (und seine Eltern) vorher die *disziplinarische Ordnung* des Kollegs vorgelegt, um seine Einwilligung durch Unterschrift zu bestätigen. Dabei war durchaus vorgesehen, daß ausgewählte Schüler selber tragende Funktionen im disziplinarischen Überwachungssystem übernahmen. Ob durch sol-

che Einbindung der Schüler in die Garantie der Disziplin denunziatorisches Verhalten gefördert wurde oder nicht, schien damals kein Bedenken zu erregen. Dafür verhielten sich die Jesuiten, was die Verbotslisten und die entsprechenden Sanktionen betraf, im Vergleich zu anderen Institutionen eigentlich recht zurückhaltend.
Das Kolleg von Messina war *kein Internat*. Es scheint, als hätten alle Schüler zu Hause oder in Wohnungen gelebt. Entgegen einem allgemein verbreiteten Vorurteil hielten die Jesuiten von Anfang an die Internate für etwas, was mit ihrer Berufung unvereinbar sei, und zwar vor allem aus Gründen der Armut. Der Unterricht in Messina und an den anderen Kollegien war *gratis*. Das war nur möglich, weil die Entlohnung der Väter durch die Städte das erlaubte.

Die Unterrichtsinhalte

Der *Lehrplan* für das Kolleg von Messina entsprach einschließlich der Unterrichtsmethoden im wesentlichen dem Modus Parisiensis. Der humanistische Unterricht wurde in drei Stufen aufgeteilt: die grammatische, die humanistische und die rhetorische. Die »grammatische« Stufe war ihrerseits in drei Klassen eingeteilt, so daß ein System von insgesamt *fünf Klassen* entstand. Dieses System wurde später in den anderen Kollegien übernommen.
Der wesentliche Stoff, der in diesen fünf Jahren vermittelt wurde, war die »Grammatik« im umfassenden Sinne des Wortes (bis zur rhetorischen Klasse einschließlich), die drei Sprachen Latein, Griechisch und Hebräisch sowie die »Casus Conscientiae«, d.h. das an Exempeln geschulte praktische Urteilsvermögen (Iudiz).
Die *Heimatsprache* wurde deswegen nicht vernachlässigt, weil sie anerkanntermaßen Bedeutung für die missionarische Inkulturation hatte. In diesem Punkt unterschieden sich die Jesuiten deutlich von anderen humanistischen Kollegien. Nadal: »Obwohl man während des Unterrichtes und im gesamten Kolleg Latein sprechen muß, ist es dennoch wichtig, auf die Muttersprache zu achten, vor allem wenn man einen neuen sprachlichen Ausdruck einführt. Man darf in der Tat keinesfalls die Eleganz und die Wirkung der Muttersprache vernachlässigen, die so wichtig für den Dienst am Wort (Predigten, Katechese, private Unterhaltung) ist, der die Hauptaufgabe der Gesellschaft ist. Zugleich muß man darauf achten, daß die Verpflichtung, Latein zu sprechen, nicht zu belastend wird, vor allem für die Anfänger, die sich deswegen genötigt sehen könnten, weniger frei oder skrupelhaft während der Pausen zu sprechen, vor allem die, die im Latein keine Gewohnheit haben...«[15]
Für Hebräisch, Griechisch, aber auch Arabisch, Mathematik etc. waren keine eigenen Klassenstufen eingerichtet, so daß man daraus schließen kann, daß sie auf die fünf Jahre im Lehrplan, zum Teil fakultativ, verteilt wurden.

Jesuitenkollegien und christlicher Humanismus

Man kann nicht sagen, daß die Gründung des Kollegs von Messina und die Entscheidung für den Modus Parisiensis einfachhin eine Option der Gründergeneration für den Humanismus waren. Der Begriff »Humanismus« ist ohnehin schillernd, wenn man berücksichtigt, daß er so verschiedene Entwürfe und Gestalten wie Erasmus von Rotterdam, Francesco de Vittoria, Thomas Morus und Macchiavelli umfaßt. Die

Gründung war vielmehr eine apostolische Entscheidung mit der Devise: »Ut in studiis primum locum pietas obtineat«[16] (auf daß die Frömmigkeit in den Studien den ersten Platz einnehme). An anderer Stelle betont Nadal: »Dieser Dienst wäre für die Gesellschaft niemals annehmbar, wenn sie nicht zugleich beabsichtigte, die Förderung der Sitten (institutio morum) zu übernehmen.«[17] Dies ist ganz im jesuitischen Geist des Primates des Apostolates und der Unterordnung der Mittel unter das Ziel, »zu dem hin der Mensch geschaffen ist«[18] (vgl. Prinzip und Fundament der Exerzitien), gesprochen.

Dennoch ist die integrierte, prohumanistische Option des Kollegienkonzeptes von Messina und der späteren Kollegien charakteristisch. Die Weltsicht des Ignatius – seine Wertschätzung des Profanen, Geschöpflichen, seine anthropologischen und apostolischen Grundlagen aus den Exerzitien – bot die besten Voraussetzungen dafür, einen »christlichen Humanismus« zu propagieren, wie es dann ja auch die zweite und dritte Generation der Jesuiten (vgl. dazu nur die der Vergilischen Bukolik nachempfundenen Dichtungen von Friedrich Spee »Trutznachtigall«) viel ausdrücklicher tat als die erste Generation, die die Grundlagen schuf.

Sicherlich war Ignatius selber kein Humanist. Er hatte ein anderes Thema und andere Quellen. Und doch ist klar, daß er in vielen Punkten mit den christlichen Humanisten übereinstimmte. Einen ihrer berühmtesten Vertreter, *Ludwig Vives* (Erasmus an Thomas Morus: »He (Vives) is one of the number of those, who will overshadow the name of Erasmus«), traf Ignatius nach seiner Pariser Zeit in Brügge trotz der Bedenken, die er gegen ihn wie gegen Erasmus hatte.[19] Vives, der selber 1509 bis 1512 in Paris studiert und sich dort dem Humanismus zugewandt hatte, war wie die meisten Humanisten davon überzeugt, daß das neue Zeitalter am meisten von der Einrichtung eines guten Erziehungssystems abhinge, getreu dem Vorbild der Antike, die ihre großen kulturellen Leistungen der Wertschätzung und geistigen Durchdringung des Erziehungsprozesses verdankte.[20]

An Vives pädagogischen Ideen läßt sich die Eignung des humanistischen Ideals für die Erziehung in den Jesuitenkollegien ablesen: Die Ausrichtung des gesamten Erziehungsprogrammes an dem Ziel einer christlichen Glaubens- und Lebenspraxis; keine Einordnung des Faches Religion in den Fächerkanon, sondern die Ausrichtung des gesamten Planes an diesem selbstverständlich vorgegebenen Ziel; die mit der Hochschätzung der Antike gegebene Anerkennung einer nicht-christlichen Kultur als Vorläuferin des Christentums; der Ruf »ad fontes« und die Aneignung durch die Beherrschung der sprachlichen Zeugnisse; die ethische Perspektive, die sich nicht »nur« auf die offenbarten Gesetze beschränkt, sondern dem Rechtsempfinden und der moralischen Meinung der Menschen traut, unter der anthropologischen und theologischen Voraussetzung, daß das Ergebnis des ethischen Urteils schließlich mit der Offenbarung übereinstimmen wird; in diesem Zusammenhang die hohe Meinung und erzieherische Förderung der praktischen Urteilskraft der Schüler an Hand von Beispielen mit dem Ziel, den Dingen ihren Wert richtig beizumessen (»nihil est in humana vita exitiabilius quam depravatio illa iudiciorum, cum rebus non suum pretium redditur«[21]; die Annahme der Affekte und die Einbeziehung der Affekte in den Prozeß des Lernens und Erziehens. Keineswegs war der humanistische Bildungsbegriff rationalistisch, und keineswegs spielten deshalb die Persönlichkeit

Leonor de' Medici (1517–1562), Herzogin von Florenz, Gemahlin des Herzogs Cosimo I.

In den Augen des Ignatius war in Italien Florenz nach Rom die wichtigste Stadt, die es im Interesse der katholischen Reform zu erobern galt. Im Sommer 1546 bot sich die Möglichkeit, in der Herzogsstadt am Arno ein Kolleg zu gründen. Dabei glaubte er, mit der Gunst des Herzogs Cosimo I. de Medici rechnen zu können und war sich der Hilfe der Herzogin Leonor, der Tochter des Vizekönigs von Neapel, Don Pedro de Toledo, sicher; sie gab in Florenz den Ton an.

1549 kaufte sie den Palazzo Pitti und baute ihn samt den Boboli-Gärten zur fürstlichen Residenz aus. Unter ihr wurde das Leben bei Hof nach dem spanischen Zeremoniell geregelt. Sie verstand es, der florentinischen Politik die spanisch-habsburgische Note zu geben. Nach einem zeitgenössischen Bericht aus Florenz sah man die Herzogin so gut wie nie zu Fuß gehen, so stolz war sie. Meistens erschien sie in der Öffentlichkeit in einer Sänfte. Vor einem Besuch von Kirchen, Wallfahrtsorten oder sonstigen frommen Stätten hielt sie sich zurück.

1546 schickte Ignatius den Neupriester Juan de Polanco nach Florenz, der einen überspannten Reformeifer entwickelte und von Ignatius klugerweise bald abberufen wurde. Im Juli 1546 traf für ihn Diego Laínez in Florenz ein, den der Papst auf ausdrücklichen Wunsch der Herzogin gesandt hatte; Leonor hielt ihn sehr bald für unentbehrlich. Behutsam und vielfach vermittelt trug er den Plan eines Kollegs an das Fürstenpaar heran. Erst zu Beginn 1552 kam es zu einer mehr als bescheidenen Gründung.

Die Bewohner des neuen Kollegs lebten in bitterster Armut, die nach Meinung des Ignatius so mächtiger Fürsten unwürdig war. Auch Leonor hatte dabei kein gutes Gewissen. Als sie von Alonso Salmerón eines Tages im Auftrag des Ignatius besucht wurde, sagte sie ihm mit entwaffnender Demut: »Es wäre wirklich besser, wenn ich Euch Geld gäbe, anstatt es im Spiel zu vergeuden.« Spiel, verbunden mit der Leidenschaft, stets zu gewinnen, war ihr Hauptzeitvertreib. Am Beispiel der Kollegien in Messina und Palermo suchte Laínez dem Herzog Cosimo I. eine Gründung in Florenz brieflich schmackhaft zu machen. Doch dieser begegnete neuen Dingen mit Argwohn; zudem hatten die Jesuiten nach seiner Ansicht Geld genug und machten die Gattinnen ihren Männern abspenstig. Jedenfalls hatte Laínez den Eindruck gewonnen, daß dem Fürstenpaar Jagd und Fischfang mehr bedeuteten als vieles sonst. Trotz seiner Geduld erreichte Ignatius in Florenz für die Förderung der Jugend sehr wenig.

Wenn Leonor davon Kenntnis bekam, daß Laínez abgezogen werden sollte, oder es gar danach schien, daß er von ausbedungenen Abwesenheiten nicht zurückkehren würde, konnte sie sagen: »Wenn Pater Laínez nicht bald zurückkommt, fliegt das ganze Kolleg auf.« Im Ringen um diesen Pater zog Leonor 1555 den kürzeren. Ihrem Protest gegen Diego de Guzmán, den neuen Beichtiger, den Ignatius ihr sandte, setzte der Ordensgeneral lakonisch entgegen: »Guzmán oder sonst niemand.«

Auch wenn Pater de Guzmán bald feststellen mußte, daß Herzogin Leonor in Jahren qualifizierter Begleitung kaum über gute Vorsätze, die alsbald vergessen wurden, hinausgekommen war, mochte die Bitte der Herzogin, um ihre Bekehrung zu beten, doch ehrlich gemeint sein; in der Tiefe ihres Herzens war die Herzogin den Jesuiten durchaus zugetan: »20000 Dukaten würde ich dafür geben, selber Jesuit zu werden, wäre ich ein Mann.«

Stetig, aber zäh ging die Kollegsgründung voran. Im Todesjahr des Ignatius betreuten vierzehn Jesuiten – darunter drei Laienbrüder und drei Scholastiker, die studierten – in Florenz vier Klassen.

A. Falkner S. J.

Leonor de' Medici (1517–1562)

der Lehrer und der Schüler eine geringe Rolle bei der Gestaltung des Unterrichts. Das Interesse am Individuum, an seinen Möglichkeiten und Fähigkeiten, begründet auch die Bevorzugung induktiver Lernmethoden gegenüber den deduktiven. Die frühe Konfrontation mit Literatur und Kultur, mit Musik und Theater, die Einbeziehung der verschiedenen Sinne ergibt sich programmatisch aus dieser umfassenden Sicht des Individuums.

Es ist erstaunlich zu sehen, daß die Nähe zwischen humanistischen und reformatorischen Kreisen vor allem in Deutschland bei Ignatius keineswegs zu einer generellen Ablehnung des Humanismus führte. Der protestantische Ignatiusbiograph H. Boehmer schreibt dazu: »Wir erinnern uns, wie lebhaft er (Ignatius) gerade die beiden bedeutendsten Humanisten ablehnte, die in seinen Gesichtskreis traten, Erasmus und Vives ... Aber hat ihn das bewogen, den Humanismus als solchen zu verdammen? ... Durchaus nicht! ... Die Gesellschaft Jesu verdankt all ihre Erfolge letztlich dem Umstande, daß in ihren Bestrebungen und Anschauungen drei ihrem Wesen nach nicht zusammengehörige geistige Strömungen der Zeit zusammentrafen und eigenartig sich mischten: die humanistische Bildungsbewegung mit ihrem Streben nach einer Reform des sprachlichen Unterrichts oder, kurz gesagt, die Eloquentia, ... weiter die via antiqua oder das Streben nach Erneuerung der Thomistischen Philosophie und Theologie, und die Devotio Moderna, das Streben nach Vertiefung des persönlichen religiösen Lebens im Stile der niederländischen Mystiker des ausgehenden 15. Jahrhunderts.«[22]

Was durch Jerónimo Nadal in Messina und später auf seinen großen Visitationsreisen im Auftrag des Ignatius und seines Nachfolgers Laínez eingeleitet wurde, fand nach langen Diskussionen und Beratungen schließlich seine Vollendung in der definitiven »Ratio Studiorum«, die am 8. Januar 1599 unter dem General Claudio Aquaviva verabschiedet wurde. Dieser »Plan für das Studium« ist ein Handbuch für die Lehrer und Leiter von Jesuitenschulen. Er ist kein originelles Werk, sondern die Sammlung verschiedener bewährter Erfahrungen, wie auch die ursprüngliche Kollegskonzeption zu sehr großen Teilen in der Übernahme bewährter Strukturen aus Paris und von humanistischen Ansätzen gewesen war. »In dem Prozeß, dessen Ergebnis die Veröffentlichung der Ratio war, bildete sich ein Schulsystem heraus, dessen Stärke und Vorbildlichkeit auf der Einheitlichkeit der geistigen Konzeption und der aus ihr entwickelten pädagogischen Grundsätze beruhte. Die Pädagogik erwuchs aus der Erfahrung und wurde in ständigem Gedankenaustausch verbessert und den jeweiligen Verhältnissen angepaßt. Ein Erziehungssystem dieser Art hatte die Welt noch nicht gesehen.«[23] So urteilt knapp 400 Jahre später das Arbeitspapier »Grundzüge jesuitischer Erziehung«, in dem die Jesuiten heute wieder versuchen, den alten pädagogischen Eros unter neuen gesellschaftlichen und kulturellen Bedingungen wiederzugewinnen – zum Wohl der anderen.

Anmerkungen

[1] G. Codina Mir, Aux sources de la pédagogie des Jésuites. Le »modus parisiensis«. Bibliotheca Instituti Historici S.I. 28. Rom 1968, 263.

[2] MI *Epp.* II, 50. Zit. nach R. García-Villoslada, San Ignacio de Loyola. Nueva Biografía. Madrid 1986, 840.

[3] H. Boehmer, Ignatius von Loyola. Hg. H. Leube. Stuttgart 1941, 138.

[4] Zit. nach H. Rahner, Ignatius von Loyola. Briefwechsel mit Frauen. Freiburg 1956, 508.

[5] *Chronicon* S.I. I, 282 (n. 244). Zit. nach G. Codina Mir (s. Anm. 1) 264.

[6] Scopus et ordo Schol. Mess. In: M *Paed* I, 385. Zit. nach G. Codina Mir (s. Anm. 1) 266.

[7] MI *Epp* VII, 397. Zit. nach G. Codina Mir (s. Anm. 1) 259 [7].

[8] Polanci Complementa I, 2–3 . In: M *Paed* I, 358. Zit. nach G. Codina Mir (s. Anm. 1) 260.

[9] Zum Ganzen vgl. M. Lundberg, Jesuitische Anthropologie und Erziehungslehre in der Frühzeit des Ordens (1540–ca. 1650). Acta Universitatis Upsaliensis 6. Uppsala 1966, 24–29; H. Boehmer (s. Anm. 3) 135–145.

[10] G. Codina Mir (s. Anm. 1) 109.

[11] M. Lundberg (s. Anm. 9) 69.

[12] M *Nadal* I, 73f, Zit. nach G. Codina Mir (s. Anm. 1) 274[63].

[13] H. Nadal, Exhort. Collon. In: M *Nadal* V, 786. Zit. nach G. Codina Mir (s. Anm. 1) 283 [102].

[14] H. Nadal, Dialogus II. In: M *Nadal* V, 736. Zit. nach G. Codina Mir (s. Anm. 1) 287 [115].

[15] G. Codina Mir (s. Anm. 1) 294f.

[16] H. Nadal, Stud.gen. disp. I. In: M *Paed* I, 136. Zit. nach G. Codina Mir (s. Anm. 1) 282 [100].

[17] H. Nadal, Dialogus II. In: M *Nadal* V, 666. Zit. nach G. Codina Mir (s. Anm. 1) 282 [98].

[18] EB 23.

[19] Zit. nach M. Lundberg (s. Anm. 9) 73.

[20] Vgl. M. Lundberg (s. Anm. 9) 37.

[21] Vives, Introductio ad sapientiam. Zit. nach M. Lundberg (s. Anm. 9) 50[7].

[22] H. Boehmer (s. Anm. 3) 117f.

[23] Grundzüge Jesuitischer Erziehung. Arbeitspapier. Hg. von der Generalskurie der Gesellschaft Jesu. Rom 1986, n. 193. Die Originalfassung des Dokuments in: ARSI (1984–1987) 767–832.

Jesuiten für Europa

Anfänge der Gesellschaft Jesu in Löwen*

Simon Decloux, Rom

Wenn man die weltweite Sicht des Ignatius und der entstehenden Gesellschaft Jesu herausheben will, weist man am besten auf die Mobilität der ersten Gefährten hin, die voll Sehnsucht danach verlangten, ihre Berufung im Dienst der ganzen Kirche zu leben. So kann man darauf verweisen, wie sich die Gesellschaft Jesu gleich in den ersten Jahren über Europa, aber ebenso über die übrigen Kontinente Asien, Amerika und Afrika ausbreitete und in ihrer Weise die Sendung der Weltkirche aufgriff. War das nicht der große Wunsch der ersten Gefährten, als sie den Entschluß faßten, sich dem »Stellvertreter Christi auf Erden« anzubieten, damit er sie dorthin sende, wo sie sich für den Aufbau des Reiches Gottes am meisten nützlich machen könnten?

Die knappen Angaben über Ankunft und Aufenthalt der Jesuiten in Löwen bieten sich als Beispiel dafür geradezu an. Im Durchzugsgebiet, in dem Löwen liegt, sind heute wiederum Institutionen angesiedelt, die sich bemühen, nach und nach ein neues, mehr und mehr geeintes Europa zu bauen.

Zur Zeit des Ignatius waren die Universitäten vermutlich noch mehr als heute Orte internationaler Begegnung, zumindest im europäischen Raum. Das ist dem Gründer der Gesellschaft Jesu aufgrund seiner eigenen Erfahrung aufgefallen, als er – verjagt aus Alcalá und Salamanca, wo ihm jegliches Apostolat untersagt war – nach Paris kam, um sein Studium fortzusetzen; ja tatsächlich mußte er es von vorne beginnen. Dort hatte er ja die ersten Gefährten um sich geschart, die aus verschiedenen Ländern stammten und mit denen er die Gesellschaft Jesu gründen sollte. Die Anfänge der Gesellschaft Jesu in Löwen machten einerseits die Internationalität und die große Mobilität des werdenden Ordens sichtbar, andererseits aber auch den brennenden Wunsch, sich gerade an den Orten anzusiedeln, wo die Zukunft der europäischen Kirche auf dem Spiele stand.

Zunächst hatte Löwen in den Plänen des Ignatius keine Rolle gespielt. Angesichts der wenigen Mitglieder, die ihm zur Verfügung standen, und der Vielzahl der Anfragen, die bald an die Gesellschaft Jesu gerichtet wurden, mußte er sich in seinen Einsätzen auf einige wenige Orte beschränken. Für die Gestaltung und Organisation der Studien hatte Ignatius persönlich die Vorteile des »Modus Parisiensis« schätzen gelernt. Man braucht sich deshalb nicht zu wundern, daß er fast unmittelbar nach der offiziellen Gründung der Gesellschaft Jesu eine Reihe junger Jesuiten ins Collège des Lombards nach Paris schickte. Insgesamt waren sechzehn junge Männer an der Pariser Universität im Studium, als König Franz I., der damals mit Karl V. Krieg führte, im Juli 1542 bei Todesstrafe verfügte, daß alle Untertanen des Kaisers innerhalb von acht Tagen das französische Territorium zu verlassen hätten. Nun waren von den sechzehn in der Pariser Niederlassung lebenden Jesuiten acht Spanier; ihnen galt die Drohung des Königs. Es wurde geradezu als Katastrophe empfunden, als sich diese acht Männer, nachdem sie eingehend beraten hatten, wie sie sich dem grausamen Gesetz entziehen könnten, zur Flucht entschließen mußten. Die nächste Grenze war die der spanischen Niederlande. Dort würden sie auch eine Universität finden, wo die jungen Jesuiten, die noch am Anfang ihrer Ausbildung standen, weiterstudieren könnten: *die Universität von Löwen.* Der Rektor der Pariser Kommunität, P. Jerónimo Doménech, selbst Spanier, gehörte zur Gruppe der Flüchtlinge. Kaum in Löwen angekommen, sollte er aber nach Rom weiterreisen, wo ihn Ignatius erwartete. In dieser Gruppe trifft man unter ande-

Königin Maria von Ungarn und Böhmen (1505–1558)

ren Andrés d'Oviedo, den künftigen Patriarchen von Äthiopien; Pedro Ribadeneira, der ebenso gleich nach der Flucht nach Rom zurückkehren mußte, später aber zweimal nach Löwen und Brüssel gesandt werden sollte, um mit den staatlichen Behörden die Bedingungen für die Anerkennung der Gesellschaft Jesu in den Niederlanden auszuhandeln; die beiden Brüder Estrada, von denen sich Francisco – damals noch Novize – zum brillanten Prediger und hervorragenden Exerzitienmeister entwickelte; schließlich einen Neffen des Ignatius, Emilio de Loyola.

Wenn Löwen schon nicht zu Ignatius' ersten Projekten gehörte, genügt der eben erzählte Vorfall auch nicht, um es unmittelbar zum Ort einer Niederlassung der Gesellschaft Jesu und zu einem Zentrum ihres apostolischen Wirkens zu machen. Vielmehr gab der Generalobere gleich im Jahr darauf den jungen Jesuiten die Weisung, nach Portugal zu übersiedeln, um dort ihr Studium im neuerrichteten

Königin Maria von Ungarn und Böhmen (1505–1558), Statthalterin der Niederlande (1530–1555), zweitjüngste Schwester Kaiser Karls V.

Maria ist eine der beiden Partnerinnen bei der berühmten Doppelhochzeit von 1515, mit der die Hausmacht der österreichischen Linie begründet wurde. Als Gattin des Königs Ludwig von Böhmen und Ungarn, seit 1527 Witwe, weiß sie zeitlebens, was ihr Erbe für das Haus Habsburg bedeutet hat, und so bleibt sie in allen Fragen der Familienpolitik der unbestrittene Mittelpunkt.
Maria von Ungarn besaß starke Sympathien für die Protestanten. Auf dem Reichstag zu Augsburg (1530) erkundigte sie sich bei ihrem Bruder, Kaiser Karl, nach seinen Absichten, wie er mit den Lutheranern verfahren werde. Er war entschlossen, sich an den Rat des Bischofs von Sevilla zu halten. Daher werde er gewiß nicht »Tyrannei üben, sondern fleißig erkunden, ob die Lehre streitig wäre mit den Artikeln unseres christlichen Glaubens«.
Das Mißtrauen der mächtigen »Tante Maria« hat Ignatius nie überwinden können. Auf verschiedenen Wegen hatte er ihre Einwilligung in die Gründung eines Jesuitenkollegs in Löwen zu erlangen versucht. Schließlich richtete er an sie am 26. März 1552 eine Bittschrift in spanischer und lateinischer Ausfertigung:

*»... [Die Errichtung des Kollegs in Löwen] aber kann nicht geschehen ohne die rechtliche Genehmigung, die gütige Erlaubnis und das hohe Wohlwollen Eurer Geheiligten Majestät.
Diese Genehmigung nun erbittet untertänigst Ignatius von Loyola, ein spanischer Priester, General der genannten Gesellschaft. Mit aller geziemenden Demut ersucht er Eure Geheiligte Majestät um die gütige Zustimmung, daß am Ort der berühmten Universität von Löwen ein Kollegium der Gesellschaft Jesu errichtet werde und daß diesem auch unbewegliche Güter geschenkt und Jahreseinkommen angewiesen werden dürfen, in dem Ausmaß, als es die Freigebigkeit guter Freunde erlaubt, nämlich bis zur Höhe von tausend Dukaten jährlich.
Wenn Eure Geheiligte Majestät diese Gnade zu gewähren geruhen, so besteht kein Zweifel, daß Sie damit eine fromme und dem Herrn Jesus wohlgefällige Sache unterstützen. Eure Majestät werden sich damit die ganze Gesellschaft, die Sie sich ohnehin schon aus vielen Gründen verpflichtet haben, mehr und mehr zu Diensten sein lassen. Und solange die Gesellschaft besteht, wird sie nie aufhören, ihre Gebete zu Gott emporzusenden, sowohl für das Gedeihen und das Wohl Eurer Geheiligten Majestät als auch für das Wohl aller Ihrer Königreiche. ...«*
Auch dieses Schreiben blieb ohne jede Antwort. A. Falkner S. J.

Kolleg in Coimbra fortzusetzen. Peter Faber, der auf seinem Weg aus Deutschland nach Portugal durch Löwen kam und wegen einer Erkrankung einige Monate bleiben mußte, nützte die Gelegenheit, um dort seinen Dienst als geistlicher Begleiter und Exerzitienmeister im Umfeld der Alma Mater anzubieten. Als die jungen Jesuiten in den ersten Tagen des Jahres 1544 nach Portugal aufbrachen, äußerte eine ganze Reihe Löwener Studenten die Absicht, ihnen dorthin zu folgen. Neunzehn waren es, die sich mit diesem Plan trugen. Neun wurden von Faber angenommen und schlossen sich sofort der Gruppe an, die nach Portugal aufbrach, während die übrigen in Löwen blieben, um von Corneille Vishaven auf ihre Berufung geprüft zu werden. Er war Kaplan und angesehener Beichtvater in der Peterskirche in Löwen. Schon vor der Ankunft von Peter Faber hatte ihn Francisco Estrada als ersten Novizen gewonnen. Derselbe Estrada hatte auch ohne Zögern dem Vizekanzler der Uni-

versität, Ruard Tapper, die Geistlichen Übungen gegeben. Von auswärts kamen also die ersten Jesuiten nach Löwen; und nach auswärts gingen auch die ersten Löwener Novizen, um dort ihre Ausbildung fortzusetzen und ihrer jesuitischen Sendung zu leben. Darin zeigt sich eine Offenheit für den ganzen europäischen Kontinent. Doch hinderte das Ignatius nicht daran, nach und nach die eigentümlichen Bedürfnisse und Nöte dieses Ortes wahrzunehmen, der für die Gefährten zunächst nur ein Ort des Durchgangs war, wo Nachwuchs gewonnen werden konnte.
Das ging nicht ohne Spannungen ab. Denn als die ersten neun jungen Männer abgereist waren, gab man Vishaven die Schuld für ihren Aufbruch und wollte die ganze Gruppe von der Universität ausschließen. Es bedurfte der ganzen Milde und Diplomatie Peter Fabers – er war erneut auf der Durchreise in Löwen –, um die Gemüter zu beruhigen.

»Loewen«

Es ist überaus bemerkenswert, wie die erste Jesuitenkommunität in Löwen zustandegekommen ist. Vishaven hatte weder genügend religiöse Erfahrung noch verfügte er über die nötige Kenntnis des Instituts der Gesellschaft Jesu, um ein qualifizierter Oberer sein zu können. Als die Novizen in Löwen ihre ersten Gelübde ablegten, begnügten sie sich folglich mit den Gelübden der Keuschheit und der Armut und mit dem Vorsatz, in die Gesellschaft Jesu einzutreten, wobei sie sich freiwillig der Autorität von Vishaven unterstellten. Dieser hatte in Löwen in einigen Kreisen nicht wenig Unmut ausgelöst und wurde 1547 von Ignatius nach Rom gerufen. Man erwartete hierauf die Bestellung eines Oberen, der mehr mit dem Orden vertraut wäre. Für diesen Posten wurde Jacques L'Hoste ausersehen, ein Belgier, der 1544 in Rom in die Gesellschaft Jesu aufgenommen worden war; doch er starb unterwegs 1548 in Bologna.
Was blieb in diesem Augenblick dem Generaloberen der Gesellschaft Jesu noch übrig, als die Löwener Kommunität aufzulösen? Sie war ohne Leitung geblieben und von sich aus nicht in der Lage, zu einer jesuitischen Lebensweise zu finden, weil keines ihrer Mitglieder diese recht kennengelernt hatte. Ignatius ließ die jungen Männer nach Rom kommen. In Löwen blieb zunächst nur Corneille Brogelmans zurück, der zwei Jahre zuvor, 1546, mit 34 Jahren das Noviziat begonnen hatte. Bald darauf schickte Ignatius Adrien Adriaenssens, einen der Gruppe, die 1544 eingetreten war, als Oberen nach Löwen zurück, nachdem er ihn einige Monate in Rom hatte zubringen lassen.
Die Anwesenheit der Gesellschaft Jesu in Löwen übte auf das geistig-religiöse Klima dort einen derartigen Einfluß aus, daß viele junge Männer den Weg zum geistlichen Beruf fanden. Für die Jahre 1548 bis 1560 kann man Lö-

Ruard Tapper (1487–1559)

wen mit Recht ein Zentrum für geistliche Berufe nennen, die von den Jesuiten geweckt wurden und häufig wieder unmittelbar der Gesellschaft Jesu zugute kamen. Die Patres ließen die Studenten zunächst einen Teil der Geistlichen Übungen machen und führten sie ins geistliche Leben ein. Alle, die in das Noviziat der Gesellschaft Jesu gegangen sind, machten nicht nur ihre ganze Ausbildung im Ausland, sondern blieben dort zur Erfüllung verschiedener Aufgaben, die der Orden in den einzelnen Ländern Europas übernahm. So schickte man junge Leute oft nach Köln, dann nach Rom, um sie dort ihr Noviziat machen zu lassen; die Plätze, die durch ihre Abreise in der Löwener Niederlassung frei wurden, waren schnell wieder von Neuankömmlingen besetzt.

In der Kommunität von Löwen gab es jedoch neben diesen Kandidaten vier bis fünf ausgebildete Patres der Gesellschaft Jesu, die als Seelsorger tätig waren, vorwiegend unter den Studenten. Wieder andere kamen, um an der Universität ihr Theologiestudium fortzusetzen.

Adriaenssens war während dieser ganzen Zeit der Obere der Löwener Kommunität. Zudem war er als Beichtvater und geistlicher Begleiter gesucht und geschätzt; von weither kamen Menschen, um ihn um Rat zu fragen. Nicht nur den Studenten, sondern auch Priestern und Ordensleuten gab er erfolgreich Exerzitien. Normalerweise war in dem Haus, in dem die Gruppe der Gefährten lebte, ein Zimmer für Exerzitanten reserviert. Zeitgenössische Zeugen heben mit Genugtuung hervor, wie sehr die geistliche Inspiration des Klerus, die von P. Adriaenssens ausging, Früchte der Erneuerung hervorbrachte, besonders in der Praxis sakramentaler Frömmigkeit.

Das alles rief aber auch Widerstände hervor, nicht zuletzt in kirchlichen Kreisen, die eifersüchtig über ihren Einfluß wachten und wenig erbaut darüber waren, wenn sie in ihrer festgefahrenen Haltung erschüttert wurden. Zum Glück konnte die Gesellschaft Jesu von Anfang an auf die Unterstützung der Universität von Löwen, besonders ihrer Theologischen Fakultät zählen.

Als damals die Theologische Fakultät tatsächlich in verschiedene, gegen die Jesuiten gerichtete Anklagen hineingezogen wurde, erwies sie öffentlich deren Unschuld und fällte ein strenges Urteil gegen die widerspenstigen Seelsorger. Vom Vizekanzler Tapper wurde schon gesagt, daß er sich von Anfang an der Führung des jungen Francisco Estrada unterstellen wollte, um mit ihm die Exerzitien zu machen; er blieb bis zum Schluß eine verläßliche Stütze und ein treuer Freund der Gesellschaft Jesu. Um sein Interesse an diesem neuen Orden öffentlich bekunden zu können, nahm er selbst am 30. Mai 1551 im Namen des Generaloberen die Profeßgelübde von P. Adriaenssens entgegen. Bei dieser öffentlichen Feier sprach er der Gesellschaft Jesu großes Lob aus und wies die Vorwürfe zurück, die man gegen sie richtete. Als er im darauffolgenden Jahr (1552) am

Konzil von Trient teilnahm, hatte er Gelegenheit, seine freundschaftliche Beziehung zu den Jesuiten durch die persönlichen Kontakte mit den Patres Laínez und Salmerón zu vertiefen. Kein Wunder, daß einige dem Kanzler Tapper den Namen »Vater der Jesuiten« gaben. Canisius seinerseits hielt ihn für den »treuesten Freund und einflußreichsten Patron«[1] in Löwen. Ignatius schließlich zögerte nicht, ihn in Anerkennung seiner Dienste an den geistlichen Verdiensten der Gesellschaft Jesu teilnehmen zu lassen.

Kurze Zeit später kam es zu Reibereien mit ein paar Mitgliedern der Universität, die weder die Lehre der Jesuiten noch die von ihnen übernommenen Aufgaben der Seelsorge betrafen. Sie protestierten, weil einige junge Leute gegen den Willen der Eltern in die Gesellschaft Jesu eingetreten waren. Aus diesem Grunde leistete die Regentin der Niederlande, Maria von Ungarn, gegen die offizielle Errichtung der Gesellschaft Jesu in den Niederlanden Widerstand. Seit 1550 hatte sich Ignatius sehr darum bemüht, diese Anerkennung zu erhalten. Freunde hatten ihm Zugang zu Personen verschafft, die in dieser Sache bei der Regentin vermitteln sollten. Doch sie blieb wie auch Kaiser Karl V. unerbittlich. In ihrer Argumentation kehrte genau der Vorwurf wieder, den schon andere den Jesuiten gemacht hatten, nämlich daß sie Novizen gegen den klar geäußerten Willen der Eltern in ihren Orden aufnähmen.

Ein anderer Grund, der angeführt wurde, bestätigt nur, wie wenig Verständnis der Einstellung der Jesuiten, die schon zu Ignatius' Zeiten internationalen Austausch und Zusammenarbeit pflegten, entgegengebracht wurde. Man machte es den Jesuiten zum Vorwurf, daß sie viele ausgezeichnete Leute, die in Löwen in den Orden aufgenommen worden waren, ins Ausland schickten. Gewiß, die Jesuiten hatten es leicht, sich diesem Vorwurf gegenüber zu rechtfertigen: Gerade die fehlende offizielle Anerkennung stand dagegen, daß diese jungen Männer im Land bleiben und dort ihre Dienste tun konnten. Doch die Option der Jesuiten reichte von Anfang an viel weiter, als es den mehr nationalistisch eingestellten Herrschern und vielen ihrer Untertanen lieb war. Der Nachwuchs aus Löwen wurde nach Italien, Deutschland, Spanien und Portugal geschickt und dort auch eingesetzt, also in alle Länder, in denen die Gesellschaft Jesu das Recht erlangt hatte, Kollegien zu gründen.

Auf jeden Fall bedurfte es langer Verhandlungen mit Philipp II., die von Ignatius P. Ribadeneira anvertraut wurden, bis der Gesellschaft Jesu auch in den Niederlanden zugestanden wurde, Kollegien zu errichten und ihre Dienste anzubieten. Der langanhaltende Widerstand der Berater Philipps II. gegen die weitreichenden Privilegien der Jesuiten, die ihnen die Päpste eingeräumt hatten, wurde schließlich erst aufgegeben, als Ignatius auf die Ausübung mancher Privilegien verzichtete. Am 29. und 30. Juli 1556, also an den beiden Tagen vor dem Tod des Gründers, fanden die entscheidenden Treffen zwischen Ribadeneira und Viglius, dem Rechtsberater des Königs, statt, unter dem glücklichen Schiedsspruch zweier Freunde der Gesellschaft, des Grafen de Feria und des Kanzlers Tapper. Am darauffolgenden 15. August setzte endlich der König seine Unterschrift unter das Dokument, mit dem er die Existenz der Jesuiten in den Niederlanden als rechtmäßig anerkannte. Nun stand nichts mehr im Wege, die Häuser von Löwen und von Tournai in die Niederdeutsche Provinz des Ordens einzugliedern und sie über diese Organisationsform in den gesamten Orden einzubinden.

Wenn man heute diese Geschichte bedenkt, mag einem die zweifache Anstrengung der Gesellschaft Jesu in ihren Anfängen erstaunen: Zunächst das Bemühen um die Ansiedlung überall dort, wo sich ein fruchtbares und wichtiges Terrain für den Aufbau des Reiches Gottes anbot. Dabei spielte es keine Rolle, auf welchem Weg dieses apostolische Arbeitsfeld entdeckt wurde. Auffällig für die damalige Zeit war das Bemühen, das apostolische Potential gerade dort einzusetzen, wo am meisten Frucht zu erwarten war, ohne darauf zu achten, aus welchen Teilen Europas sie hervorging.

Die nationalistischen Strömungen haben sich in den folgenden Jahrhunderten derart verfestigt, daß die Grenzen mehr und mehr undurchlässig wurden. Parallel dazu hat die Gesellschaft über den europäischen Kontinent hin eine wachsende Zahl von Provinzen errichtet und damit ebensoviele apostolische Einheiten geschaffen, die ihre eigene Leitung und ihr eigenes Noviziat hatten.

Heute jedoch ist die Zeit gekommen, von neuem ganz entschieden über die Grenzen hinauszublicken. In einem Augenblick, da sich in Westeuropa eine immer stärkere wirtschaftliche und politische Einheit unter verschiedenen Ländern herausbildet, da die Perestroijka für den Osten Europas einen überraschenden Aufbruch in ein Leben in Freiheit und Selbstbestimmung in die Wege geleitet hat, da der Papst und die Bischöfe zu einer »neuen Evangelisierung« des europäischen Kontinents einladen, sind die Jesuiten Europas aufgerufen, verstärkt über ihr Wirken in Zusammenarbeit und Konzentration, über ihre gemeinsame Mission nachzudenken.

Schon vor fünfzehn Jahren hat P. Pedro Arrupe aus dieser Perspektive heraus ein Komitee der Europäischen Provinziale ins Leben gerufen, das beauftragt ist, die Bewegung gegenseitiger Öffnung und das Bemühen um die Annäherung aller Provinzen Europas zu fördern. Im Lauf der Jahre wurden viele Gruppen gebildet, in denen sich die Verantwortlichen aus verschiedenen apostolischen Bereichen und verschiedener anderer Dienste treffen. 1987 entschied P. Peter-Hans Kolvenbach, die schon vorgezeichnete Linie der apostolischen Zusammenarbeit zu verstärken, indem er die Konferenz der Europäischen Provinziale geschaffen hat, an deren Spitze er nicht mehr einen der amtierenden europäischen Provinziale, sondern einen für diesen Zweck freigestellten Präsidenten berief.

Es bleibt noch viel zu erhoffen und zu tun, bis sich im Apostolat und in den vielfältigen Bereichen jesuitischen Lebens die Vision vom geeinten Europa deutlich durchsetzt.

Anmerkungen

* Aus dem Französischen übertragen von Wolfgang Müller.

1 Canisius im Namen von Ignatius an Ruard Tapper, Rom 10.1.1548: PCE I, 259.

Sinnsprüche des heiligen Ignatius

Indem er alle seine Gedanken, Worte und Werke auf Gott als sein letztes Ziel bezog, richtete er sie auf Gott und Gottes Ruhm und Ehre aus. Daher führte er als Wahlspruch stets im Mund, »zur größeren Ehre Gottes«.

Er sagte, Gott um Gotteswillen zu lassen, bedeute einen großen Zuwachs an geistlichem Gewinn, keinen Verlust.

Er sagte zu jemandem, der sein widriges Schicksal schwer ertrug: Wenn dich Gott viel leiden läßt, ist es ein Zeichen, daß er dich zu einem großen Heiligen machen will; wenn du aber ein großer Heiliger werden willst, bitte ihn, daß er dir reichlich Stoff zum Leiden schenke, denn kein Holz ist besser geeignet, den Brand der Gottesliebe zu entfachen als das Holz des heiligen Kreuzes, dessen sich Christus für das Opfer seiner unendlichen Liebe bediente.

Er sagte, auch wenn das Lob für Gott, ohne daß man etwas hinzufügt, gleich bliebe, müsse man doch zur größeren Nachahmung Christi mit ihm, dem Armen, Verachteten und Verspotteten, eher die Armut, die Verachtung und den Ruf der Torheit wählen, als dem Reichtum, den Ehren und dem Ruhme der Weisheit nachzujagen.

Er sagte, meistens stecke im Geringachten unbedeutender Sünden eine größere Gefahr als im Geringachten der größten Sünden.

Er antwortete jemandem, der sich wunderte, daß man die Gefährten immer mit froher, heiterer Miene zu sehen gewohnt sei: Es ist genauso verwunderlich, einen Ordensmann traurig und betrübt anzutreffen, der nichts anderes sucht außer Gott, wie man sich wundern muß, einen fröhlich anzutreffen, der alles andere sucht, nur nicht Gott.

Er sagte einmal: Wenn man ihm die Möglichkeit gebe, zwischen zwei Dingen zu wählen – auf der Stelle zu sterben mit der Gewißheit auf den Himmel, oder noch eine Zeitlang am Leben zu bleiben, aber dann ohne die Sicherheit –, würde er das Zweite wählen, sofern er inzwischen etwas Herrliches, für Gott Lohnendes zum Heil der Seelen tun dürfte.

Sooft er die Augen zum Himmel erhob und die Sterne betrachtete, was er oft und lange tat, wiederholte er die Worte: Ach, wie gering erscheint mir die Erde, wenn ich den Himmel betrachte.

In jedem Gespräch, wie wir gehört haben, und auch mit seinem eigenen Tun pflegte er den Unsrigen die Anwendung der Geistlichen Übungen so eindringlich zu empfehlen, daß sie im Gebrauch dieser geistlichen Waffen Gewandtheit erlangen konnten. Sie machten mit Gottes Gnade, sagte er, gar sehr zum Gehorsam Gott gegenüber bereit.

Sehr wenige gibt es, sagte er, die begreifen, was Gott für sie tun würde, wenn sie sich ihm ganz anvertrauten und sich von seiner wirkenden Hand führen und leiten ließen. (Fortsetzung auf Seite 459)

Germanicum et Hungaricum

Neue Priester für Deutschland und Ungarn

Franz-Josef Steinmetz, Rom

»Allem Anschein nach will der Herr Jesus Christus im Collegium Germanicum Streiter für eine hervorragende Expedition ausbilden und aus diesem Seminar reiche Früchte in seiner Kirche hervorbringen«, so schrieb Ignatius im Jahre 1555 an den Prior der Kartause in Köln.[1] Obwohl das Germanicum damals erst drei Jahre alt war und im Laufe seiner Geschichte noch fünfzehnmal seinen römischen Wohnsitz wechseln mußte, sein Bestand also alles andere als selbstverständlich war, hat Ignatius offenbar dessen Bedeutung zuversichtlich vorausgesehen und daher keine Mühe gescheut, den Bestand des einmal gegründeten Kollegs unter größten Opfern sicherzustellen. Es existiert in der Tat bis auf den heutigen Tag, und noch immer werden dort Studenten aus dem ehemaligen Heiligen Römischen Reich Deutscher Nation, aber auch aus Ungarn – das 1578 ins Leben gerufene Hungaricum wurde 1580 mit dem Germanicum vereinigt – auf die Priesterweihe vorbereitet, um dann in ihren Heimatdiözesen zu arbeiten. Die Beschäftigung mit der Gründungsgeschichte des Germanicums mag das aufmerksame Hinhören der jungen Gesellschaft Jesu auf das, was dem Heil der Seelen hier und jetzt dient, zeigen. Wie bei der Formung seiner ersten Gefährten ging es Ignatius in der Aufgabe, die ihm mit dem Germanicum anvertraut wurde, ebenso um die Heranbildung von Männern des apostolischen Lebens, die, in die Länder ihrer Herkunft zurückgekehrt, sich ohne Vorbehalt für das Heil der Seelen einsetzen sollten.

Wie es zur Gründung kam

Es hatte sich in den Kreisen der römischen Kurie und darüber hinaus sehr bald herumgesprochen, daß sich Ignatius und seine Gefährten bedingungslos für jedweden Dienst in der Kirche Papst Paul III. angeboten hatten. Bald wurden mehr »reformierte Priester« beim Papst angefordert, als es gab. So kam es, daß Peter Faber schon 1540 auf einem Monate dauernden Umweg über Deutschland nach Spanien kam. 1542 wurden drei Jesuiten direkt in die deutschen Lande geschickt, um dort an der katholischen Reform mitzuarbeiten: Peter Faber, Nicolás Bobadilla und Claude Jay. Durch einen regen Briefverkehr standen sie mit Ignatius und den übrigen Gefährten in Verbindung. Dieser teilte ihre Sorgen um die Kirche nördlich der Alpen, als wäre er selber vor Ort damit betraut, für das Heil der Seelen zu wirken. Man kann sagen, daß aus der Kunst des Möglichen für die von innen und außen bedrohte Kirche in den deutschen Landen das Collegium Germanicum erwachsen ist.

Die Kirche befand sich in der Mitte des 16. Jahrhunderts in einem Zustand, der umfassendere Maßnahmen der Reform unbedingt erforderlich machte. »Überall waren wegen der religiösen Unwissenheit und des lasterhaften Wandels eines großen Teiles der hohen und niederen Geistlichkeit moralische Mißstände eingerissen.«[2] Das war nicht bloß in Italien so, sondern auch in ganz Deutschland, Flandern, Frankreich. Die sogenannte Hl. Beredsamkeit hatte einen unerträglichen Grad von Dekadenz, Plattheit, Überspanntheit und Trivialität erreicht. Vor allem aber mangelte es überhaupt an überzeugenden und gebildeten Seelsorgern. Man muß sich klar machen, daß damals etwa 1500 Pfarreien ohne Priester waren. Tod oder Abfall der Amtsträger hatten sie vakant werden lassen, und sie blieben größtenteils unbesetzt. In der Erzdiözese Wien wurden, wie P. Canisius 1554 schreibt, in zwanzig Jahren nur zwanzig Priester geweiht. In Würzburg gab es 1530 nur fünf Kandidaten für die Priesterweihe.[3] Ganz allgemein fehlte es nicht nur an Theologiestudenten, sondern vor allem auch an entsprechenden Dozenten.

Dieser Dekadenz der katholischen Praxis hatten die Gefährten des Ignatius, die in die Gebiete des Heiligen Römischen Reiches Deutscher Nation gesandt wurden, zu begegnen. Die Katholiken sollten katholischer werden! Damit läßt sich der Grundsatz, an den sie sich hielten, kurz wiedergeben. Es dauerte nicht lange, da begannen sie ihre Hoffnung auf die Gründung von Kollegien zu setzen – eine Form der Pastoral, die in der Gesellschaft Jesu von Anfang an so nicht geplant war, deren Zielsetzung einem starken Wandel unterlag und im Laufe der Geschichte viele Kontroversen unter Jesuiten auslösen sollte.[4] Wenigstens Ignatius selber wußte den Wandel in der Kollegs-Pastoral aber so zu gestalten, daß ihn dabei das Heil der Seelen, die Bedürfnisse der Kirche bestimmten und leiteten.

Sechzehn Jahre nach der Gründung der Gesellschaft Jesu, im Todesjahr ihres Stifters, zählte man in elf Provinzen 58 Kollegien, obwohl in den Satzungen von 1541 ausdrücklich festgelegt wurde: »No estudios ni lectiones en la Compañía.«[5] D. h. die Gesellschaft Jesu wollte in ihren Häusern keinen Schulunterricht weder für ein Studium Generale noch für einzelne Studienzweige einrichten. In den europäischen Kollegien besuchten hingegen 1556 an die 6000 externe Schüler den Unterricht. Der neue Orden entwickelte sich in dieser Hinsicht noch zu Lebzeiten des Stifters wider die ursprüngliche Option, nicht aber wider den Willen des hl. Ignatius und seiner ersten Gefährten: »Die Gesellschaft hat mit dem Eifer, den Christus, unser Erlöser, ihr geschenkt hat, sich darauf eingestellt, diese zwar weniger ehrenhafte, aber doch nicht weniger nützliche Aufgabe der Unterweisung der Jugend zu übernehmen. Da ist eben neben den anderen Verpflichtungen, die übernommen werden, eine, die nicht weniger bedeutsam ist als die übrigen: Schulen und Kollegien zu führen, in denen nicht nur Jesuiten, sondern auch ... Externe ... zu unterrichten sind.« Das ist in einem Brief an König Philipp II. von Spanien zu lesen, den Ignatius in seinem letzten Lebensjahr schreiben ließ.[6] Im Laufe der Jahre war er zur Überzeugung gekommen, daß das Wohl und Wehe der Christenheit wie der ganzen Welt an der gediegenen Formung der Jugend hängt.

Da das Collegium Germanicum eine Gründung besonderer Art ist, sollen doch auch einige Umstände gestreift werden, die schließlich zur Errichtung dieses Kollegs geführt haben. Schon in der ältesten Beschreibung der von Ignatius und seinen ersten Gefährten geplanten Compañía de Jesús, die mit wenigen Änderungen in die Gründungsbulle Pauls III. vom 27.9.1540 eingegangen ist, ist von Kollegien die Rede. Dies waren aber Seminare für noch auszubildende Jesuiten in Städten mit angesehenen Universitäten, deren Vorlesungen diese Jesuiten zu besuchen hatten. In den Kollegien selber wurden lediglich Wiederholungen und Übungen durchgeführt und für die geistliche Formung Sorge getragen.

Solche ausschließlich für angehende Jesuiten bestimmte Kollegien gab es Ende 1544 in Coimbra, Paris, Löwen, Padua, Köln, Valencia und Alcalá de Henares.[7] Lediglich das Kolleg in Coimbra war materiell gesichert dank des großzügigen Entgegenkommens von König Johann III. von Portugal; es wurde von diesem so reichlich fundiert, daß dort 1546 fast hundert auszubildende Jesuiten ihren Lebensunterhalt hatten. Die Kollegien in den anderen Städten waren vielfach sehr klein und auf die Almosen

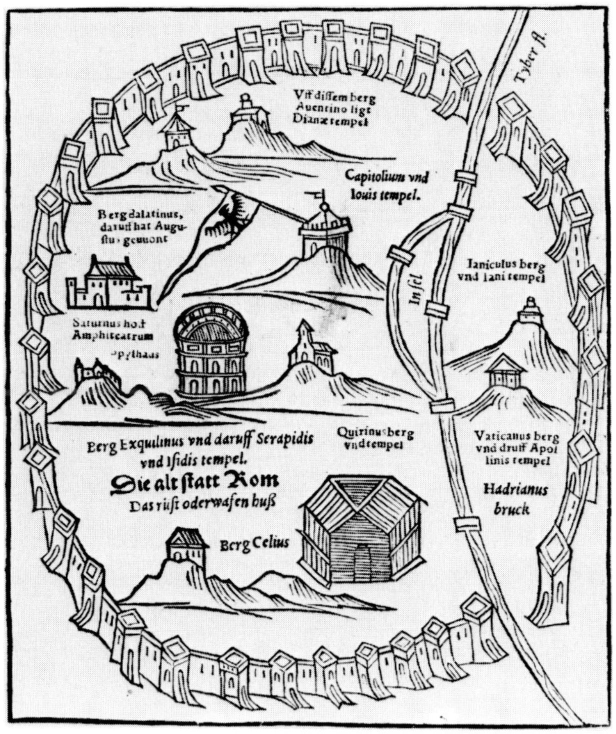

Rom mit seinen Hügeln

angewiesen, die ihre Insassen aufbringen konnten. Ähnliche Gönner wie Johann III. konnten nicht gefunden werden – zum Leidwesen der ersten Gefährten, die zur Genüge erfahren hatten, wie sehr die Sorge um das tägliche Brot das Studium beeinträchtigt.

Diego Laínez hatte nach dem Zeugnis des Ignatius als erster die Idee dieser Kollegien in die Runde der Gefährten getragen.[8] Ob er als Judenchrist dabei an die jüdischen Schulen zum Studium der Torah und des Talmud (j'schiwót) dachte? Dieser möglichen Frage wird hier nicht nachgegangen.

Im Jahre 1544 hatte Claude Jay – einer von den ersten Gefährten, der 1542 wie Peter Faber und Nicolás Bobadilla mit dem päpstlichen Legaten Giovanni Morone nach Deutschland geschickt wurde, um die katholische Reform einzuleiten – dem Erzbischof von Salzburg vorgeschlagen, ein Kolleg für arme Schüler zur Förderung der theologischen Studien zu gründen; damit würden – so konnte man hoffen – auch ausgezeichnete Theologen heranwachsen. Auf den Bericht von diesem Gespräch hin wurde Jay von Ignatius aufgefordert, dem Erzbischof die Errichtung eines Kollegs für auszubildende Jesuiten vorzuschlagen. Beim Reichstag in Worms versuchte Jay drei den Jesuiten wohlgesonnene Prälaten für den Plan des Ignatius zu gewinnen. Dabei kam er zur Überzeugung, die Gesellschaft Jesu müsse zunächst die Sorge für Klerikalseminare übernehmen und Jesuiten an der Universität öffentliche Vorlesungen halten lassen. So könnte die Gesellschaft bekannt und beliebt werden, und allmählich würden junge Männer den Wunsch fassen, in die Gesellschaft einzutreten. Schließlich sei zu hoffen, daß man einige auszubildende Jesuiten in diesen Seminarien unterbringen könne.[9]

Inwieweit diese Anregung aus deutschen Landen für die weitere Entwicklung der Idee der Kollegien ausschlaggebend war, soll nicht erörtert werden. Tatsächlich hat sich die Gestaltung der Kollegien im Sinne der Anregung gewandelt. Das erste Kolleg dieses Modells wurde in Gandía auf Bitten des Herzogs von Gandía, Franz Borja, errichtet, der später, nach dem Tod seiner Frau, in die Gesellschaft Jesu aufgenommen wurde und am 1. Februar 1548 die Profeß ablegte. Kollegien ähnlicher Struktur – öffentliche Vorlesungen von Jesuiten an der Universität und Aufnahme von ortsansässigen Studenten ins Kolleg neben den auszubildenden Jesuiten – wurden 1548 für Dillingen erwogen und 1549 in Ingolstadt zu gründen versucht[10]; die eigentliche Gründung solcher Institutionen als Jesuitenkollegien ist in Ingolstadt 1556, in Dillingen 1564 geglückt.

Im Auftrag von Kardinal Otto Truchseß, dem Bischof von Augsburg, nahm Claude Jay als dessen Prokurator an der ersten Tagungsperiode des Trienter Konzils teil. In der Sondersitzung vom 6. April 1546 entwickelte er seine Idee von Kollegien, aus denen Theologen und Priester hervorgehen sollten, vor den versammelten Vätern; unter diesen war lediglich ein Deutscher, Kardinal Christoph Madruzzo, Bischof von Trient.[11] »Der Plan Claude Jays hat Kardinal Giovanni Morone bewogen, zusammen mit dem hl. Ignatius im Jahre 1552 das Collegium Germanicum zur Ausbildung von Weltpriestern für Deutschland zu errichten.«[12] Morone hatte als päpstlicher Diplomat bei den Deutschen hohes Ansehen genossen, kannte die kirchliche und politische Lage nördlich der Alpen besser als andere Prälaten der Kurie, und die katholische Reform, nicht zuletzt das Schicksal der Christen in den deutschen Landen, lag ihm am Herzen.

Während Claude Jay in Trient weilte, trug Nicolás Bobadilla die Idee eines Kollegs für die Deutschen in einem Brief aus Regensburg Ignatius vor: »Ich wünschte, es gebe eher ein Kolleg für die Deutschen als zwei für andere Nationen; dieser Meinung sind übrigens alle, die um die Zustände wissen.«[13] In diesem Schreiben, das wie andere auch beiläufig und indirekt Maßnahmen der Ordensleitung in Rom kritisiert, weiß er auch zu berichten, daß Pedro de Soto, der Beichtvater Karls V., junge Männer zum Studium nach Spanien geschickt habe, damit sie nach ihrer Ausbildung wertvolle Dienste in der Heimat leisteten. Bobadilla selber hatte auch einen dahin geschickt und damit wenigstens einmal realisiert, wovon er schon länger gesprochen hatte; nach seiner Ansicht mußten solche Kandidaten keineswegs dem Orden angehören.[14] In seiner wenigstens 40 Jahre später geschriebenen Autobiographie unterstreicht Bobadilla die Bedeutung Giovanni Morones für die Initiative des Collegium Germanicum. Dafür habe dieser schon Paul III. zu gewinnen versucht.[15]

Ein Jahr vor der Errichtung hatte dieses Kolleg nach einer Schilderung Juan de Polancos im Stadium der Planung folgende Züge und Umrisse: Es galt als Werk einiger Kardinäle, die sich schon seit Jahren für die Reform der Kurie und für die katholische Sache Deutschlands in überzeugender Weise eingesetzt hatten; Giovanni Morone wurde als Urheber der Idee angesehen[16], die die Kardinäle Marcello Cervini, Rodolfo Pio de Carpi und Juan Alvarez de Toledo unterstützten; Papst Julius III. hatte schon als Kardinal diesem Kreis angehört. Es ging darum, aus den wichtigsten Ländern und Städten Deutschlands begabte und bildungsfähige Männer von adeliger Herkunft nach Rom zu holen, um sie in der christlichen Lehre und Lebensführung zu unterweisen; für sie sollte ein Kolleg errichtet werden. Daraus könnten gewiß auch einige hervorgehen, die sich, in ihr Land zurückgekehrt, als Bischöfe eigneten oder imstande seien, dort bedeutende Seelsorgsstellen zu übernehmen. Morone war mit der Bitte an Ignatius herangetreten, die Gesellschaft Jesu möge die Leitung dieses Kollegs, den Unterricht und die Formung der Studenten übernehmen. Selbst in jenen Teilen Deutschlands, die als katholisch galten, fehlten geistlich und theologisch gebildete Priester und Seelsorger, die in der Lage gewesen wären, Leitungsaufgaben zu übernehmen. Ignatius willigte ein und versprach, mit Feuereifer (»con calor«) dieses Werk zu betreiben.[17]

Obwohl der Anstoß zur Gründung des Germanicums von Morone kam, war Ignatius von Anfang an derjenige, der das Unternehmen verwirklichte. Er entwarf wohl im Mai 1552 eine erste Skizze der Bulle »Dum Sollicita«, mit der Papst Julius III. dann am 31. August des gleichen Jahres das Germanicum errichtete. Ende Juli schrieb er an Claude Jay und Petrus Canisius nach Wien, an Leonhard Kessel nach Köln und an Adrian Adriaenssens nach Löwen[18], daß sie geeignete Kandidaten für das Germanicum schicken sollten. Lange suchte er nach einem ersten geeigneten Haus. Er schrieb noch im September 1552 die ersten »Constitutiones Collegii Germanici« und ebenso die »Regulae«. Den vielseitigen Pater André des

Franz von Borja (1510–1572), Urenkel von Papst Alexander VI.

Freux berief er als ersten Rektor der Stiftung. Ignatius ist auch der Gründer des Collegium Romanum, das ursprünglich Collegium Borgiae genannt wurde, weil Franz Borja, der Herzog von Gandía, es am 18. Februar 1551 gestiftet hatte[19], und das heute in der Universität Gregors XIII. fortlebt und zum Studienort der Germaniker und unzähliger Studenten aus aller Welt werden sollte.
Das Germanicum wurde am 28. Oktober 1552 in der Kirche S. Eustachio, in der Nähe des Pantheons, feierlich inauguriert. Die ersten Germaniker trafen im November in Rom ein: Von den achtzehn Alumnen kamen fünf aus deutschsprachigem Gebiet, drei aus der belgischen Provinz Limburg und die übrigen zehn entstammten dem heutigen Holland. Von diesen achtzehn Alumnen waren neun an der Löwener Hochschule, sieben an der Universität Köln schon immatrikuliert gewesen; der frühere Studienort von zweien ist unbekannt.[20] Am Ende des Gründungsjahres bestand die Belegschaft des Germanicums aus neunzehn Alumnen, dem Rektor und vier Mitarbeitern. Ein Jahr später sind es schon dreißig, am 15. Mai 1554 werden sechzig gezählt.

Finanzielle Schwierigkeiten

Es bestand keine Aussicht, den »zeitlichen Unterhalt« für das Kolleg aus Deutschland zu beschaffen; in Rom war es kaum leichter, ihn aufzubringen: Es fehlte eine sichere Dotation. Zwar ging man in den Gründungsverhandlungen davon aus, daß die Errichtung und der Unterhalt des Kollegs vom Papst finanziell getragen würden.[21] Da der Plan, andere Orden für Zahlungen an das Germanicum zu gewinnen oder leerstehende Abteien für dessen Fundation zu verwenden[22], nicht realisiert werden konnte, wurde 1553 eine Beitragsliste[23] für den Papst, die Kardinäle und andere Prälaten aufgelegt, in die die einzelnen die von ihnen regelmäßig zu erwartende Zahlung eintragen sollten. Doch diese Mittel reichten nicht aus, sei es, weil sie zu niedrig bemessen waren, sei es, weil sie zu spät oder überhaupt nicht eingingen. So hatte wider Erwarten Ignatius eigentlich bald auch die Hauptlast der Sorge um den materiellen Bestand des Kollegs zu tragen. Er mußte froh sein, daß die Zahl der Alumnen sich in Grenzen hielt. Doch jene, die gekommen waren, wollte er »mit Liebe erbauen und ... in der Zuneigung zum Apostolischen Stuhl erhalten«[24].
Nach dem Tod von Julius III. am 23. März 1555 flossen die Subsidien immer spärlicher. Sein Nachfolger, Marcellus II., starb schon zwanzig Tage nach seiner Wahl. Aus dem Vatikan wehte ein kühler Wind, als der Carafa-Papst Paul IV. den Thron bestieg. Er hat das Kolleg nie unterstützt und fand an dieser Gründung wenig Geschmack; folglich stellten auch viele Kardinäle die Zahlungen ein. »Eine Ausnahme bildete nur Kardinal Morone ... Er gab auch weiterhin zehn Goldscudi jeden Monat. Das reichte nun bei weitem nicht für den Unterhalt der Konviktoren. Und so rieten

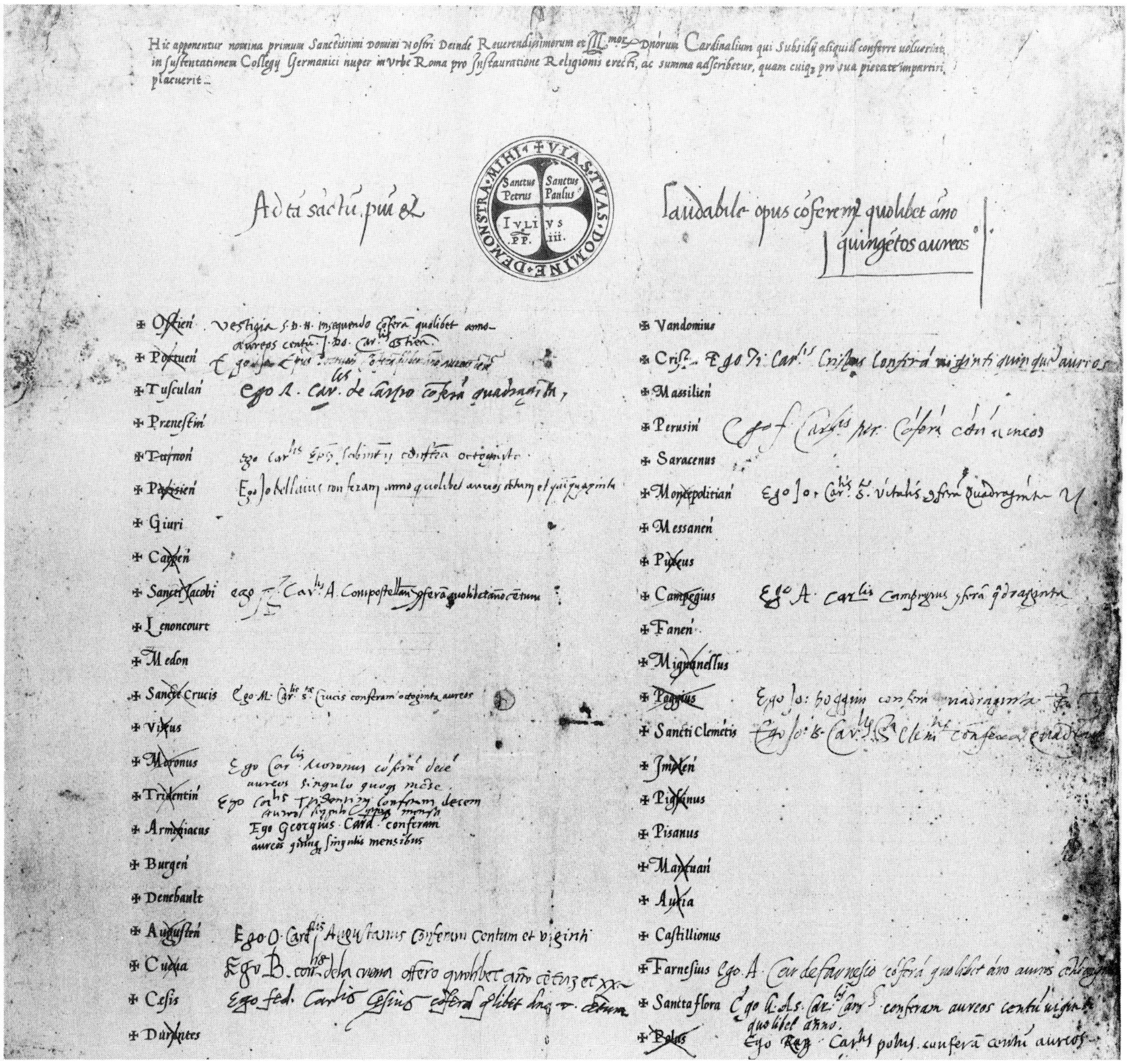
Hic apponentur nomina primum Sanctissimi domini Nostri Deinde Reuerendissimorum et Ill.mor Dnorum Cardinalium qui Subsidij aliquid conferre voluerint, in sustentationem Collegij Germanici nuper in Vrbe Roma pro Instauratione Religionis erecti, ac summa adscribetur, quam cuiq; pro sua pietate impartiri placuerit.

Beitragsliste für den Unterhalt des Germanicums, die 1553 von Ignatius für Papst Julius III. (1550–1555) und die Kardinäle aufgelegt wurde. Der Papst, geboren 1487 als Giovanni Maria del Monte, leistete seinen Beitrag. Er hatte 1550 mit der Bulle »Exposcit debitum« endgültig die Gesellschaft Jesu bestätigt.

manche unserem Vater, das Kolleg aufzulösen, bis bessere Zeiten kämen. Aber nichts konnte ihn zu einer Auflösung bestimmen«; so heißt es in einem Text aus dem portugiesischen Tagebuch des P. Gonçalvez da Câmara, eines Augenzeugen, der Tag für Tag aufschrieb, was er neben Ignatius erlebte.[25] Das Germanicum wäre zugrunde gegangen, hätte Ignatius nicht auch das finanzielle Risiko auf sich genommen. Er machte Geldanleihen auf Zinsen. Er verteilte einen Teil der Germaniker auf verschiedene italienische Kollegien der Gesellschaft, wo sie während der Notzeit bleiben sollten, ohne ihre Studien zu unterbrechen. Er sagte einem Kaufmann, dem das Kolleg eine »schöne Summe« schuldig war, »er könne ihm jetzt nichts Sicheres versprechen, und wenn er wolle, so könne er uns alle ins Schuldgefängnis setzen lassen, damit sei er ganz einverstanden, falls sich der Kaufmann jetzt nicht mit der bloßen Hoffnung begnügen wolle«[26]. Gemäß dem Zeugnis von D. Bartoli soll er in einem Brief an den Kardinal Otto Truchseß von Augsburg geschrieben haben, dem es kaum möglich schien, das Kolleg weiter zu erhalten: »Ich werde es allein aufrechterhalten, und müßte ich mich deshalb selbst verkaufen.«[27]
Fast möchte man meinen, Ignatius habe sich waghalsig auf eine Sache eingelassen, die seine Möglichkeiten und Kräfte überstieg. Dieser Überforderung war er sich bewußt, aber auch dessen, daß er damit der Sache des Herrn

diente und ihm deswegen nicht bange sein mußte; Schulden und Vertrauen auf den Herrn hielten sich die Waage: «Als man diese Werke [das Collegium Romanum und das Collegium Germanicum] begann, sah man wohl», so schrieb er an Franz Borja, »daß unsere eigenen Kräfte nicht genügten, um eine solche Last zu tragen. Aber unser Vertrauen ruhte und ruht auf Christus, dem Herrn. Für ihn ist es leicht, zu jeder Zeit und für jede beliebige Zahl von Personen zu sorgen.«[28]

Auch nach dem Tod des Ignatius hielten die finanziellen Schwierigkeiten des Germanicums weiter an. Diego Laínez, der zweite Generalobere der Gesellschaft, wandte sich in einer Denkschrift an die Kardinäle, die unter Julius III. Beiträge versprochen hatten, und konnte tatsächlich eine jährliche Subvention erreichen. Auch Petrus Canisius und Franz Borja bemühten sich mit wechselndem Erfolg um finanzielle Unterstützung bei katholischen Fürsten in Deutschland und Spanien.[29] Das Einkommen jedoch blieb schmal, die Zahl der Alumnen sank und betrug durchschnittlich etwa 20 bis 30 bis zum Jahre 1573, in dem Gregor XIII. dem Kolleg schließlich eine ausreichende Dotierung gab.

Geistliche Ordnung

Sosehr die Sorge um den wirtschaftlichen Bestand des Germanicums Ignatius und die junge Gesellschaft in Beschlag nahmen, immer »setzte die große Beständigkeit in Erstaunen, die ... (er) in den Dingen hatte, von denen er sich vornahm, sie zum göttlichen Dienst und geistlichen Fortschritt der Nächsten durchzuführen«[30]. Vor allem aber war Ignatius der geistliche Vater dieses Kollegs, der selber, seine Rolle relativierend, der Überzeugung war, »der Herr Jesus Christus scheine Streiter für ein ganz vorzügliches Werk vorzubereiten«[31]. Aber er setzte sich doch auch selbst dafür mit einer Ausdauer ein, die »in ihm hervorging aus seiner innigen Verbindung mit Gott und aus der Beratung, die er mit ihm pflog, ehe er irgendeinen Entschluß faßte«[32]. Werfen wir daher einen kurzen Blick auf seine von ihm verfaßten Konstitutionen.

Die Gründungsbulle Julius' III., die Ignatius entworfen hatte, enthält lediglich einige Leitgedanken. Sie beruft sich auf die Bedeutung von wissenschaftlich qualifizierten Studienorten im allgemeinen, erinnert an die Nöte der Gläubigen und der Seelsorger besonders in Deutschland und nennt die Ziele, auf welche hin das Germanicum errichtet wird. Gewünscht werden Studenten, die «dociles» – lernfähig – und von guter Begabung sind. Sie sollen, wenn möglich, schon einige Kenntnisse mitbringen, Gott fürchten und von religiösem Eifer erfüllt sein. Man erwartet, daß sie nach umfassender Ausbildung schließlich in ihre Heimat zurückkehren, andere durch das Beispiel ihres Lebens zu Christus führen und, je nach ihrem Talent, die gewöhnliche Seelsorge ausüben, die verborgenen und offensichtlichen Irrtümer besiegen, den Glauben verteidigen oder ausbreiten. Im übrigen werden sechs Kardinäle zu Protektoren der Stiftung ernannt und Patres der Gesellschaft Jesu mit der Leitung des Kollegs beauftragt.[33]

Was in der Bulle nur angedeutet ist, wird in den ersten »Konstitutionen«, die Ignatius für das Germanicum entwirft, konkretisiert. Liest man die Paragraphen bezüglich der Auswahl der Alumnen, dann erinnert so manches an die allgemeine Prüfungsordnung für die Zulassung zur Gesellschaft Jesu aus dem Jahre 1551. Ignatius ist also recht anspruchsvoll. Für die Lebensordnung im Kolleg gilt, daß alles unter

Stich von Rom (16. Jh.). Das Collegium Germanicum ist unter dem Buchstaben K zu finden.

dem einen großen Ziel stehen solle, heilige Priester für den Weinberg des Herrn heranzubilden. Frömmigkeit und Studium sollen harmonisch miteinander verbunden sein und sich gegenseitig durchdringen. Schon für den Beginn der Studien werden acht- bis zehntägige Exerzitien angeordnet. Man soll einen Teil jeden Tages auf Gewissenserforschung, Gebet und Betrachtung verwenden. Vorgeschrieben ist auch der tägliche Besuch der hl. Messe, das gemeinsame Stundengebet an Sonn- und Feiertagen, die monatliche Beichte. Vor allem drängt Ignatius auf treuen Gehorsam gegenüber den Oberen. Man durfte nur nach Billigung des Rektors Auswärtige besuchen, nicht ohne einen zugewiesenen Begleiter ausgehen und ohne Erlaubnis weder Bücher noch sonst etwas kaufen. Es war die Angelegenheit der Protektoren, die ausgebildeten Priester an den Ort zu schicken, wo es die jeweilige Not und das Wohl der Kirche verlangten.[34]

Man fragt sich unwillkürlich, ob denn die ersten Germaniker diese Konstitutionen so ohne weiteres akzeptiert haben. Diese Frage wird noch akuter, wenn man die «Regulae» betrachtet, die der ordnungsliebende Ignatius zusätzlich verfaßte[35]: U. a. ist dort die Rede von festgelegten Bußen sogar für kleinere Vergehen; da gibt es die Vorschrift, daß sich jeder bei der Tischlesung im Italienischen übe. Auch durfte man Briefe weder empfangen noch schreiben, ohne diese vorher dem Rektor zu zeigen usw. Petrus Canisius hatte schon am 12. Oktober 1553 in einem Brief aus Wien gewarnt: »Es sei eine für die Deutschen schwer verdauliche ›Kost‹, sich den im Kolleg aufgestellten Bedingungen zu unterwerfen.«[36] Tatsächlich beklagte sich eine Abordnung von Germanikern bei Kardinal Truchseß, als dieser einmal in Rom weilte. Aber Ignatius blieb unerbittlich und wich nicht von der Stelle.

Die Konstitutionen des Germanicums von 1552 blieben etwa zwanzig Jahre lang unverändert in Kraft. Sie sind in ihrer prägnanten Kürze und Mäßigung angesichts des Mangels an älteren Vorbildern bewundernswert. Sie dienten auch den Konzilsvätern in der letzten Sitzungsperiode des Tridentinums, die Kardi-

nal Morone als Präsident leitete, als Vorlage für das Studiendekret. Die Lebensordnungen der sogenannten tridentinischen Priesterseminare haben hier ihren hauptsächlichen Ursprung.
Freilich wurden die Konstitutionen des Ignatius im Laufe der Zeit gelegentlich ein wenig geändert, erweitert, gekürzt oder verbessert. Da gibt es z.B. die im Auftrag von Gregor XIII. im Jahre 1573 purgierten Konstitutionen von P. Possevini und die «neuen» Konstitutionen von P. Lauretano. Man darf aber sagen, daß die Lebensordnung des Ignatius im Germanicum bis zum Zweiten Vatikanischen Konzil im wesentlichen praktiziert worden ist und prinzipiell unbestritten blieb.

Zukunftsperspektiven

Auch nach dem Zweiten Vatikanischen Konzil besteht kein Zweifel, daß das Germanicum ignatianisch geprägt ist und bleibt. Dies haben die neuen Ordo-Fassungen von 1974 und 1978 unmißverständlich zum Ausdruck gebracht. Und im derzeitigen Textentwurf heißt es dazu: »Eine erste Akzentsetzung ist dadurch gegeben, daß die Leitung des Kollegs und die Betreuung der Studenten in den Händen der Gesellschaft Jesu liegen. Durch sie erhält das Leben und die Ausbildung im Kolleg eine ignatianische Prägung: Die Exerzitien, das Vertrautwerden mit der Unterscheidung der Geister, die apostolische Ausrichtung und ein lebendiger Sinn für Kirchlichkeit sind dabei kennzeichnende Elemente.«[37] Schwieriger zu beantworten ist die Frage, wie die Absichten des Ignatius, die er bei der Gründung des Germanicums verfolgte, für unsere Zeit zu aktualisieren sind und wie man sie »fortschreiben« kann. Nach wie vor geht es um die Wiedervereinigung der Christen in den germanisch-ungarischen Ländern auf dem Wege innerkirchlicher Erneuerung. Aber diese alte Aufgabe hat doch heute von Jahrzehnt zu Jahrzehnt ein je neues Gesicht, und in unserer »säkularisierten Gesellschaft« sind viele andere Herausforderungen hinzugekommen.
Zum Kollegsjubiläum 1952 konnte Kardinal Josef Wendel die Situation in seiner Festansprache noch folgendermaßen umschreiben: »Vierhundert Jahre sind vergangen. Manche Aufgaben sind gelöst, neue Aufgaben wurden gestellt. Die deutschen Diözesen haben heute zu einem großen Teil ihre eigenen Priesterseminare, wie das Trienter Konzil es verlangte, denen das Collegium Germanicum et Hungaricum zum Vorbild diente. An philosophisch-theologischen Hochschulen wird ernsthaft gearbeitet. An Universitäten bestehen theologische Fakultäten. Das Herz der Katholiken unserer Heimatländer schlägt in Liebe dem gemeinsamen Vater der Christen entgegen. Das Glaubensleben hat neue Blüten und Früchte getragen. Die katholische Kirche ist in deutschen Landen nicht untergegangen und zeigt in Ungarn unter wirklich lebensbedrohenden Schwierigkeiten eine bewunderungswürdige Lebenskraft. Allein, der Glaubensspaltung ist die Wiedervereinigung im Glauben noch nicht gefolgt. Es heißt weiterarbeiten und vor allem weiterbeten und weiteropfern, ut omnes unum sint, daß alle eins werden, eine Herde unter dem einen von Christus bestellten Hirten.«[38] Die Frage bleibt aber offen: Wie soll das Germanicum – unter den veränderten Gegebenheiten – seinen Beitrag zur Erreichung des Zieles leisten?
Vor und während des Zweiten Vatikanischen Konzils war zuweilen die Rede von der Spannung zwischen dem Zentrum der Kirche und ihrer Peripherie, die der Germaniker an sei-

nem Leibe erfahre. Er dürfe sie nicht einseitig auflösen, sondern solle sie aushalten und für die Einheit der Christenheit fruchtbar machen. Man sprach sogar davon, daß er vor allem die Sorgen und Probleme, Anliegen und Forderungen der territorialen Kirchen und damit der Peripherie zur Geltung bringen solle. Man glaubte zu erkennen, daß es an entsprechenden Taten der Germaniker nicht gefehlt habe.[39] Inzwischen jedoch sind seit dem Zweiten Vaticanum schon wieder mehr als zwanzig Jahre vergangen. Die bekannten Dekrete oder Konstitutionen zur Religionsfreiheit, über den Ökumenismus und über die Bedeutung der nichtchristlichen Religionen haben die alten Aufgaben in einen größeren Horizont gestellt. Es geht heute mehr denn je um die sogenannte »große Ökumene« und um die Beziehung zwischen Kirche und Welt, wie sie in den Konstitutionen »Lumen gentium« und »Gaudium et spes« zukunftsweisend zum Ausdruck kommt. Gerade weil diese Konstitutionen vom Apostolischen Stuhl bestätigt wurden, kann sich ein Germaniker von heute, der im Geist des Ignatius wirken möchte, diesen erweiterten Perspektiven unmöglich entziehen.

Tatsächlich heißt es im neuesten Textentwurf der »Ordo-Revision« des Germanicums: »Das Kolleg betrachtet es als seine Aufgabe, dem einzelnen einen umfassenden Sinn für die Kirche zu eröffnen und seinen Blick für ihre weltweite Dimension sowie ihren missionarischen Charakter zu schärfen. Dazu gehört es, sich von den Nöten und Anliegen der Weltkirche und des engeren Lebensbereiches bewegen zu lassen, sie im Gebet mitzutragen und selbst einen Gerechtigkeit schaffenden Glauben zu leben.« Auf der anderen Seite wird die alte Aufgabe ohne Abschwächung vor Augen gerückt: »Als päpstliche Stiftung ist das Kolleg mit dem Petrusamt besonders verbunden und macht die Förderung vertrauensvoller Beziehungen zwischen den Heimatländern und dem Papst zum Anliegen.«[40]

Die Zeit des Ignatius ist in einem gewissen Sinn unwiederholbar Vergangenheit geworden, und man könnte so leichthin die Meinung vertreten, daß es überflüssig sei, sich seiner so ausführlich zu erinnern. Schließlich herrschten zu seiner Zeit andere Gesetze als in der Gesellschaft, in der wir heute zu leben haben. Der strenge Katholik in der Mitte des 16. Jahrhunderts wußte noch nichts von Bibelkritik, Psychoanalyse, Soziologie oder vom Dialog der Religionen. Er glaubte anscheinend problemlos an Schutzengel, Mirakel, Visionen und so manches Erbauliche.

Es ist zu fragen, ob man vieles bisher »naiv« Geglaubte so ohne weiteres behaupten kann. Nach der Zeit der Aufklärung müssen wir uns kritisch, aber nicht weniger substantiell den Fragen des Glaubens im jeweiligen gesellschaftlichen Kontext stellen. »Jede große Figur der Vergangenheit ist nicht nur Vergangenheit; ihre Größe liegt überhaupt nicht in dem, was bereits Wirklichkeit geworden ist, sondern in dem, was noch nicht zur vollen Entfaltung gekommen ist.«[41] Zweifellos gibt es im Leben und Werk des Ignatius noch so manches, was keineswegs ausgeschöpft, sondern weiterer Verwirklichung fähig ist. Dazu gehören nicht bloß etliche Einsichten seiner Spiritualität (z.B. »daß es Gott versuchen hieße, wenn man die von ihm zur Verfügung gestellten Mittel verschmähen wollte, um auf Wunder zu warten«). Dazu gehört wenigstens unter anderem auch die Stiftung des Germanicums in Rom, das zur Heranbildung guter Priester gegründet wurde. Das Ziel, zu dem Ignatius das Germanicum gestiftet hat, wird in der katholischen Kirche zu jeder Zeit aktuell sein.

Doch ist Ignatius durch seine Papsttreue und

seine Gehorsamsregel nicht zumindest mitverantwortlich gewesen für das, was man feudalistische Reaktion genannt hat? Stabilisierte er nicht doch zu sehr die faktischen Herrschaftsverhältnisse, unterstützte er nicht doch auch zu unkritisch schlechte Wirklichkeit, vielleicht ohne es zu wollen, aber eben doch leider? Diese Fragen lassen sich kaum mit einem einfachen Ja oder Nein beantworten. Aber daraus zu schließen, daß Ignatius nur dieses Negative erreicht habe, ist sicherlich ein großer Irrtum. Selbst ein Ludwig Marcuse meint: »Loyolas vielgelästerte Forderung der (unheiligen, also zweckmäßigen) Askese, des absoluten Gehorsams und des Willensdrills hat nicht nur eine schlechte Vergangenheit hinter sich, sondern noch eine gute Zukunft vor sich.«[42]

Wenn die Germaniker von heute für die Einheit der Kirche und die Wiedervereinigung der getrennten Christen eintreten, dann dürfen sie sicher nicht gedankenlos, aber zweifellos mit großer Dankbarkeit auf jene Männer zurückschauen, die ihr so berühmtes Kolleg gegründet haben und schon damals eine echte ökumenische und innerkirchliche Erneuerung anstrebten.

Anmerkungen

1 MI *Epp.* VIII, 584, zit. nach: H. Rahner, Ignatius und das Germanicum, in: ders., Ignatius als Mensch und Theologe. Freiburg 1964, 187. Seinen Ausführungen über Ignatius und das Germanicum verdanke ich auch im folgenden viele Hinweise.

2 Korrespondenzblatt des Germanicums, 1952 März, 5: 400 Jahre Kolleg. Der hier zitierte und auch im folgenden verwendete Artikel bringt einen Überblick der Geschichte des Germanicums bis 1933. Bis zur letzten Jahrhundertwende wird sie ausführlich behandelt in: A. Steinhuber, Geschichte des Kollegium Germanikum Hungarikum. 2 Bde. Freiburg [2]1906.

3 A. Steinhuber (s. Anm. 2) Bd. 1, 3.

4 Vgl. den vorzüglichen Artikel von L. Lukács, De origine collegiorum externorum deque controversiis circa eorum paupertatem obortis. In: AHSI 29(1960) 189–245 u. 30(1961) 3–89. Im weiteren wird auf den ersten Teil dieses Artikels verwiesen.

5 MI *Const.* I, 47; zit. nach L. Lukács (s. Anm. 4) 193.

6 MI *Epp.* X, 705; zit. nach L. Lukács (s. Anm. 4) 245.

7 L. Lukács (s. Anm. 4) 195.

8 Memoriale L. González n. 138: FN I, 610.

9 Zusammenfassung von Jays Brief vom 22.1.1545 an Ignatius nach L. Lukács (s. Anm. 4) 196.

10 L. Lukács (s. Anm. 4) 201 f.

11 H. Jedin, Die deutschen Teilnehmer am Trienter Konzil, in: Theologische Quartalschrift 122 (1941) 241.

12 L. Lukács (s. Anm. 4) 196.

13 M *Bod* 91 (Bobadilla an Ignatius, 12.4.1546).

14 PCE I, 162 (Faber an Canisius, 12.8.1545). Zit. nach M *Bod,* 91.

15 M *Bod* 623.

16 F. Schroeder, Monumenta quae spectant primordia Collegii Germanici et Hungarici. Rom 1896, 3[1].

17 Ebd. 2–5 (Polanco an Villanueva, 1.8.1551).

18 H. Jacobs, Löwen an der Wiege des Collegium Germanicum, in: AHSI 36(1967) 109–125.

19 F. Schroeder (s. Anm. 16) 2[1].

20 H. Jacobs (s. Anm. 18) 114.

21 F. Schroeder (s. Anm. 16) 3.

22 Ebd. 36 f.

23 F. Schroeder (s. Anm. 16) 131–140.

24 MI *Epp.* IX, 611–613: Ignatius an Franz Borja. Zit. nach H. Rahner (s. Anm. 1) 182.

25 Memoriale L. González n. 17. Zit. nach H. Rahner (s. Anm. 1) 175.

26 MI *Epp.* IX, 611–613: Ignatius an Franz Borja. Zit. nach H. Rahner (s. Anm. 1) 183.

27 Vita di S. Ignazio IV, 18, zit. nach H. Rahner (s. Anm. 1) 183.

28 MI *Epp.* IX, 611–613. Zit. nach H. Rahner (s. Anm. 1) 183.

29 A. Steinhuber (s. Anm. 2) Bd. 1. 45 f.

30 Memoriale L. González n. 16. Zit. nach H. Rahner (s. Anm. 1) 176.

31 MI *Epp.* VIII, 584.

32 Memoriale L. González n. 16: FN I, 536.

33 Vgl. die Gründungsbulle in: F. Schroeder (s. Anm. 16) 38–49.

34 MI *Const.* IV, 296–305.

35 Ebd. 307–310.

36 PCE I, 436. Zit. nach: H. Rahner (s. Anm. 1) 172.

37 Textentwurf für die Kollegratssitzung vom 24.5.1988.

38 Korrespondenzblatt des Germanicums, 1952, Dezember, 15.

39 Vgl. H. Küng, Das Collegium Germanicum et Hungaricum und die Einheit der Christenheit, in: Korrespondenzblatt des Germanicums, 1960, Dezember, 73–88.

40 Textentwurf für die Kollegratssitzung vom 24.5.1988.

41 L. Marcuse, Ignatius von Loyola. Ein Soldat der Kirche. Zürich 1973, 319.

42 Ebd. 327.

Das »Priesterseminar Jesu Christi«

Wir plädieren dafür, daß die kleinen Gemeinschaften in Seminarien eine zentralere Rolle spielen müßten als bisher. Ihren vollen Sinn und Dienst im Blick auf die Ausbildung künftiger Priester könnten sie nur haben, wenn sie als echte Glaubens- und geistliche Weggemeinschaften verstanden würden. Dies würde bedeuten, daß sie Raum, Herausforderung und Hilfe für verschiedene Vollzüge sein müßten: Raum, in dem sich der einzelne über längere Zeit der »Mühle« der Gemeinschaft aussetzt – so wie Jesus die Jünger, die er zu sich rief, auch gleich einander »zumutete«: Raum, in dem aus der Zugehörigkeit zu Jesus die Zusammengehörigkeit untereinander erwächst. Raum, in dem Gemeinschaftsfähigkeit, das heißt Mitteilung, gegenseitige Korrektur und Wertschätzung, konkrete Verantwortlichkeit usw. eingeübt werden; Raum für Glaubens- und Schriftgespräch; Raum für gemeinsame geistliche Entscheidungsfindung...

Eine »Regelstudienzeit« für alle läßt sich noch recht leicht festlegen. Wie aber sieht die Zeitfrage bei persönlichen Entscheidungsschritten aus? Bei Fragen menschlichen Wachsens und Reifens? – Jeder Vergleich, sagt man, hinkt, aber vielleicht hilft doch die Frage ein wenig: Wie würde man reagieren, wenn für alle Mitteleuropäer das Heiratsalter auf 20 oder 26 Jahre festgelegt würde? In welches System würde da menschliches Begegnen und Entscheiden gepreßt! Ein wenig ironisch gefragt: Wie kommen wir eigentlich dazu, aufgrund unseres Schulsystems und verschiedener anderer Faktoren dem Heiligen Geist vorzuschreiben, daß er die Amtsgnade vornehmlich für 26jährige junge Männer auszugießen habe? Gerade wenn man die Geschichte von Heiligen und Ordensgründern anschaut, sieht man, daß »Regelzeiten« da eher die Ausnahme sind. Man kann natürlich sagen, daß Heilige eben auch eher die Ausnahme als die Regel sind und wir getrost für den Normalfall Regelzeiten festlegen dürfen. Das ist nicht einmal ganz abwegig gedacht. Feste Zeiten haben auch als Herausforderung einen Sinn. Aber trotzdem bleibt die Frage nach einer elastischeren Handhabung. Allein wenn man die Ängste bedenkt, die man bei einer Reihe von Priesteramtskandidaten beobachten kann, wenn ihnen Aufschub vom Regens verordnet und vom Spiritual angeraten wird, dann stellt sich die Frage: Wie groß ist die innere Freiheit der betreffenden Studenten, und wie hilfreich ist der objektive Zeitdruck für das geistliche Entscheidungsgeschehen? Gibt es neue Wege, das Problem zu lösen? Könnte man nicht auch im Bereich der Priesterausbildung nach Alternativmöglichkeiten Ausschau halten, diese an einigen Orten »kontrolliert« durchführen und so Lernerfahrungen machen?

Lassen wir uns erinnern: »Ich rufe dir ins Gedächtnis: Entfache die Gnade Gottes wieder, die dir durch die Auflegung meiner Hände zuteil geworden ist. Denn Gott hat uns nicht einen Geist der Verzagtheit gegeben, sondern den Geist der Kraft, der Liebe und Besonnenheit« (2 Tim 1,6f).

W. Lambert S.J.

In der Nähe des Römischen Königs

Die Gründung des Jesuitenkollegs in Wien

Johannes Wrba, Wien

Die religiöse und kirchliche Lage in der Hauptstadt der habsburgischen Erblande war um die Mitte des 16. Jahrhunderts mehr als verworren. Die Bischöfe Johann Fabri (1530–1541) und Friedrich Nausea (1541–1552) zählten zu den führenden Kontroverstheologen des deutschen Sprachraumes. Sie waren persönlich integer und humanistisch gebildet und versuchten den Verunsicherten Halt zu bieten und Mißstände zu bekämpfen. Fabri meinte, sich für den Laienkelch und die Abschaffung des Zölibats einsetzen zu sollen, Nausea versuchte Klerus und Laien zu bilden, und beide warteten vergebens auf das allgemeine Konzil. Ihr Einsatz in Wien blieb ohne Erfolg: Es fehlte ihnen in diesem kleinen und eher armen Bistum an Einfluß und an finanziellem Rückhalt gegenüber den Ständen.[1] Der Großteil der Pfarreien war unbesetzt oder hatte ungeeignete Seelsorger. Zwischen 1530 und 1550 kam kein einziger Wiener Student zur Priesterweihe.[2]

Der Adel, aber auch viele Bürger bekannten sich offen zum Luthertum oder waren nur dem Namen nach katholisch. Überhaupt hatte der Adel entscheidenden Einfluß auf die Ausbreitung des Protestantismus in Wien und Österreich. Selbst König Ferdinands Sohn Maximilian sympathisierte mit der neuen Lehre und begünstigte einen protestantisierenden Prediger. 1541 hatten 24 Adelige und 10 Bürger in Wien vom König die Erlaubnis für das »neue Evangelium« verlangt. Ferdinand verweigerte sie zwar, sein Verbot blieb jedoch ohne Wirkung. Er versuchte immer wieder mit Verordnungen einzugreifen. So schärfte er 1554 das Kirchengebot der jährlichen Beichte und der Osterkommunion sowie das Verbot der Kelchkommunion ein, was sofort einen Protest der oberösterreichischen Stände hervorrief. Die Kirchenvisitationen, die er durchführen ließ, machten den verheerenden Verfall in Pfarreien und Klöstern und den katastrophalen Priestermangel offensichtlich. Verrohung und Sittenlosigkeit nahmen rasch zu, was sowohl katholische Priester wie protestantische Prediger beklagten. Da Ferdinand mit Gewalt und dem Einsatz seiner Autorität nichts ausrichten konnte, versuchte er die religiösen Gegensätze wenigstens zu mildern.[3]

Die große Hoffnung, die König Ferdinand auf das so lang erwartete und endlich 1545 in Trient beginnende Konzil setzte, wurde bitter enttäuscht. Die erste Tagungsperiode ging ohne wesentliche Ergebnisse schon 1548 zu Ende. Ja, der Einfluß der Protestanten nahm nach 1550 in den Erblanden noch zu.

Allmählich kam der König zur Ansicht, daß nur zweierlei helfen würde: eine gründliche Ausbildung der Theologiestudenten durch vorbildliche, untadelige Priester und Lehrer sowie eine geistige, religiöse Bildung und christliche Erziehung der Jugend. Das bewog ihn schließlich, die Jesuiten nach Wien zu rufen; auf die einst so berühmte humanistische Universität Wien konnte er nicht zählen.

Die Türken standen vor den Toren Wiens. Der Großteil Ungarns war in ihrer Hand, und die militärische Grenzsicherung erforderte Unsummen von Geld, das Ferdinand weitgehend in seinen Ländern aufbringen mußte. Diese politischen Umstände nötigten ihn zu Kompromissen und Zugeständnissen gegenüber den Landständen; für die Eintreibung der Türkensteuer war er auf ihre Zustimmung angewiesen.

König Ferdinands erste Begegnung mit Jesuiten

Ob sich König Ferdinand an Iñigo de Loyola noch erinnerte, den er in der Familie des Großschatzmeisters Juan Velázquez de Cuéllar

Ferdinand I.
(1503–1564)

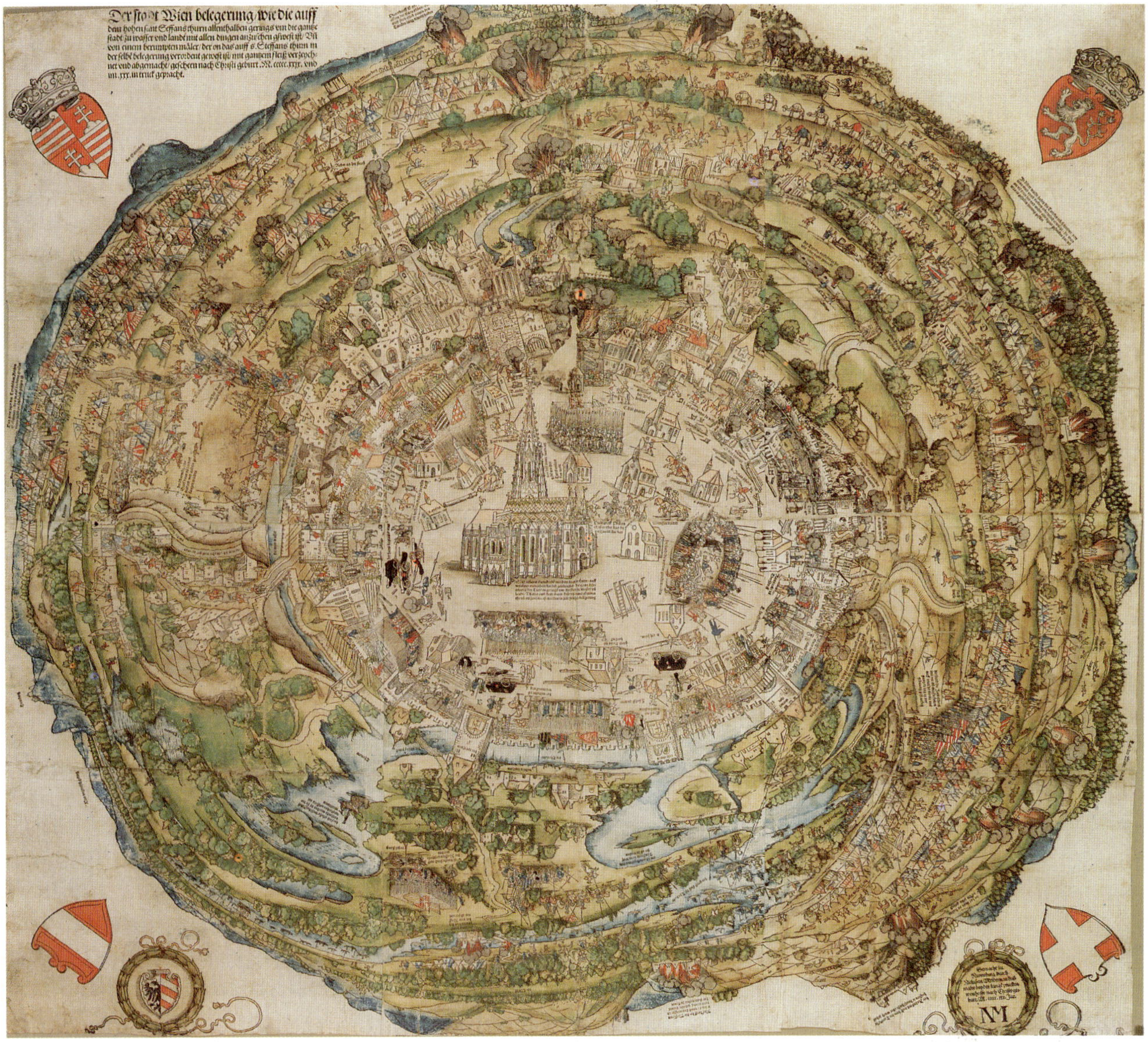

Rundansicht der Stadt Wien zur Zeit der ersten Türkenbelagerung 1529

in Arévalo vor Jahren getroffen haben mochte? Jedenfalls hatte der junge Prinz in der Zeit, da Iñigo seine Lehre beim kastilischen Großschatzmeister in Arévalo machte, dort in den Jahren 1508, 1510, 1511 und 1515 mehrere Tage, bisweilen Wochen verbracht.[4] Ob Ferdinand später von Iñigos Weg und Entwicklung gehört hatte? Jedenfalls hatte König Ferdinand während des Reichstages von Speyer im Jahre 1542 Gelegenheit, Gefährten des Basken Iñigo de Loyola kennenzulernen: *Nicolás Bobadilla* und *Claude Jay*. Beide hatten den päpstlichen Legaten Giovanni Morone zu diesem Reichstag begleitet.

Während Jay danach nach Regensburg geschickt wurde, zog *Nicolás Bobadilla* mit dem päpstlichen Legaten im Gefolge König Ferdinands südwärts. Morone reiste unverzüglich über die Alpen in seine Bischofsstadt Modena. Der König traf in Innsbruck seine Gemahlin und seine Söhne Maximilian und Ferdinand. Und Bobadilla wartete in Innsbruck auf Nachricht aus Rom: König Ferdinand hatte Morone gebeten, Bobadilla nach Wien zu senden – eine Bitte, die Morone nicht ohne weiteres gewähren konnte. Bobadilla, der in Speyer vor dem Römischen König in spanischer Sprache eindrucksvoll gepredigt hatte[5], sollte ins Heerlager nach Ungarn ziehen, dort die Prediger der Lutheraner in die Schranken weisen und die Soldaten ermutigen, für Christus zu streiten und selber christlich zu leben. Überdies würde seine Anwesenheit im Lager den italienischen Soldaten und den katholischen Feldgeistlichen guttun. So hat Morone in einem Brief an Gasparo Contarini vom 21. Mai 1542 die Mission Bobadillas am königlichen Hof in Wien begründet.[6] In seiner Autobiographie erwähnt Bobadilla nichts davon, wenngleich er sich innerlich dafür bereit gemacht und von seiner heldenhaften Gesinnung schon aus Innsbruck nach Ferrara und Rom geschrieben hatte.[7]

Im Juni 1542 traf er in Wien ein. Obwohl ihn angesehene Persönlichkeiten wie der Nuntius Girolamo Verallo zu sich eingeladen hatten, bezog er wenigstens anfangs im öffentlichen Hospiz Quartier.[8] Nach seiner eigenen Darstellung scheint er dann doch beim Nuntius gewohnt zu haben. Bobadilla verkehrte vorwiegend in höfischen Kreisen und begleitete den König nach Prag sowie zu verschiedenen Reichstagen. Schon am 16. September 1542 schrieb er den Gefährten in Rom von der Wertschätzung, die ihm in Wien entgegengebracht wurde, und von seinen Predigten an Sonn- und Feiertagen, von seiner Tätigkeit im Beichtstuhl und seinen geistlichen Gesprächen: »Täglich ruft mich der König, um mit mir geistliche Belange und Dinge der Religion zu besprechen.«[9] Einige Bekehrungen von Priestern und angesehenen Leuten sowie eine aufsehenerregende Disputation hoben sein Ansehen bei Hof und beim König.[10] Im Januar 1545 mußte er im Auftrag des Papstes Nuntius Verallo an den kaiserlichen Hof folgen. Mit seinem heftigen Protest gegen das Augsburger Interim im Jahre 1548 verscherzte sich Bobadilla das Wohlwollen der beiden Mächtigen aus dem Hause Habsburg, von Kaiser Karl und König Ferdinand, und zog über die Alpen nach Italien.

Der Jesuit, den Ferdinand besonders schätzen lernte, war *Claude Jay*. Bei der ersten Begegnung mit dem König in Speyer mag er im Schatten von Bobadilla gestanden haben. König Ferdinand hat ihn dann erst in Worms, wo er sich anläßlich des Reichstages 1545 aufhielt, italienisch predigen hören und war ebenso wie sein Bruder, Kaiser Karl V., tief beeindruckt.

So überrascht es nicht, daß König Ferdinand ihn am 21. August 1546 durch seinen Beichtvater Urban Textor, den Bischof von Laibach, zur Annahme des vakanten Bischofssitzes Triest bewegen wollte; übrigens hatte König Ferdinand diesen offenbar zuvor Bobadilla angeboten. Mit dem Hinweis auf die Berufung der Gesellschaft Jesu zur Armut hatte dieser das Angebot abgelehnt.[11]

Das Angebot an Jay wurde mit großem Nachdruck vorgebracht, und die Verhandlungen zogen sich über Monate hin. Aus persönlichen Gründen, aber auch weil es der Eigenart und Zielsetzung der Gesellschaft Jesu widerspreche, ersuchte Jay im Dezember König Ferdinand und Papst Paul III., von diesem Vorhaben abzusehen: Möglicherweise könnte diese Ernennung für einige während kurzer Zeit von Nutzen sein. Der Nachteil für die gesamte Gesellschaft Jesu und ihr gedeihliches Wirken sei jedoch unausweichlich; es werde heißen, die Jesuiten strebten doch nach Ehrenämtern, Würden und Pfründen.[12] Wohl dank des guten Einvernehmens und der Hochschätzung, die König Ferdinand und Ignatius füreinander hatten, konnte dieser im Dezember 1546 den König ersuchen, seinen Plan fallen zu lassen: Er würde dem Ruf und auch dem fruchtbaren Wirken der gesamten Gesellschaft Jesu sicherlich Schaden zufügen, wenn er sein Interesse durchsetzte. Sobald sich die Gesellschaft Jesu darauf einlasse, Würden und Pfründen anzunehmen, verliere sie an Glaubwürdigkeit.[13] Was im einzelnen als Vorteil erscheint, muß sich auch im ganzen als vorteilhaft erweisen, wenn es in Wahrheit von Vorteil sein soll! Das ist ein bedeutender Grundsatz ignatianischer Spiritualität. Der König verstand den Gedankengang des Heiligen und unterließ in dieser Sache weitere Schritte.

Um ähnlichen Versuchen und gewiß auch Versuchungen vorzubeugen, verfügte Ignatius, daß die Professen das Gelübde abzulegen hätten, auf alle kirchlichen Ehrenämter zu verzichten. Er wollte alle Ehrsucht von der Gesellschaft Jesu ausgeschlossen wissen. »... ein jeder soll darauf sehen, den Seelen gemäß unserer Berufung der Demut und Niedrigkeit zu dienen und daß die Gesellschaft nicht die Personen verliert, die ihr für ihr eigenes Ziel notwendig sind.« (S 817)

Als Urban Textor das Bistum Triest Claude Jay anbot, machte dieser den Vorschlag, der König solle, wenn er sich der Gesellschaft Jesu bedienen wolle, diese einladen, ein Kolleg zu gründen. So werde dem König besser geholfen, als wenn einer von den Jesuiten Bischof werde. Offenbar ließ sich Urban Textor von dieser Idee begeistern; Wien schien ihm dafür sehr geeignet zu sein. Anderwärts war so etwas wie ein Kolleg schon mehr als eine bloße Idee: Franz Xaver hatte bereits 1542 in Goa die Gründung eines Kollegs in die Wege geleitet und davon nach Rom berichtet. Der betreffende Brief lag gedruckt vor, und Claude Jay sollte diesen Urban Textor schicken.[14]

Claude Jay war 1550 mit Kardinal Otto Truchseß als dessen theologischer Berater beim Reichstag in Augsburg. Urban Textor vermittelte eine Begegnung mit König Ferdinand. Dabei hatten die beiden Prälaten offenbar die Absicht, die Gründung eines Jesuitenkollegs in Wien zur Sprache zu bringen. Und Ferdinand erklärte sich bereit, ein Kolleg in seiner Residenzstadt zu gründen.[15] Das konnte Jay am 12. September 1550 an Ignatius berichten.

Zunächst wünschte der König zwei Theologen für Vorlesungen an der Universität und zu den nötigen Vorbereitungen für ein Kolleg. Jay hatte den Kanzler mit diesem Anliegen an den Papst und Ignatius selber verwiesen und zugleich seinerseits Ignatius zwei Dinge vor Augen gestellt: Die beiden, die man schicken wolle, würden nur geachtet, wenn sie in Fremdsprachen – Latein, Griechisch und Hebräisch – bewandert seien und einen untadeligen Lebenswandel führten. Ignatius möge jedoch nicht ihn selbst als Professor bestellen, denn er sei nicht imstande, jeden zweiten Tag eine Vorlesung zu halten. Er ziehe es vor, als Diener seiner Mitbrüder tätig zu sein.[16] Am 14. Oktober 1550 antwortete Ignatius, man werde so schnell wie möglich handeln. Die Verzögerung der Kollegsgründung in Ingolstadt begünstigte das Vorhaben in Wien.[17]

Am 11. Dezember 1550 ging ein dringender Brief König Ferdinands an Ignatius: »... das beinahe einzige Mittel, die täglich von neuen Übeln und Irrtümern bedrängte Religion zu stützen«, sehe er darin, »daß die Erziehung der Jugend von Männern geleitet werde, die in ihrer Lehre und ihrem Lebenswandel tadellos und einwandfrei seien.«[18] Daher wolle er in Wien bald »sowohl für die Mitglieder des Ordens als auch für die studierende Jugend« ein Kolleg gründen. Schon vor Errichtung des Kollegs sollen zwei Jesuiten Vorlesungen an der Universität halten, und dafür wollte er neben irgendeinem anderen Jesuiten vor allem Claude Jay haben, den er als ausgezeichneten Theologen und als ebenso unbescholtenen wie bescheidenen Mann kenne und schätze. Er habe in dieser Sache auch an den Papst geschrieben.[19]

Jay betonte am 16. Dezember 1550 nochmals die Bedeutung dieser Gründung: Der gute Anfang des Kollegs in Wien lasse *die Gründung*

Ignatius sendet Franz Xaver 1540 nach Indien.

Das chinesische Festland vor Augen, stirbt Franz Xaver (1506–1552) auf der Insel Sancian.

Auszug aus dem Brief des Franz Xaver an die Väter der Gesellschaft zu Rom, Cochin, 15. 1. 1544.

Ich schrieb Ihnen schon im vorigen Jahr, daß in der Stadt Goa ein Kolleg im Entstehen begriffen sei; die Mehrzahl der Gebäude ist bereits fertiggestellt. Dort sind nun schon viele Schüler der verschiedensten Stämme eingezogen, alle aber heidnischer Herkunft. Die meisten von ihnen studieren Latein, andere lernen Lesen und Schreiben. Misser Paulo wohnt mit diesen Schülern zusammen; er liest ihnen täglich die heilige Messe, hört ihre Beichten und erteilt ihnen Christenlehre. Im übrigen befaßt er sich auch mit den äußeren Bedürfnissen der Schüler. Das Kolleg ist sehr groß; es kann über fünfhundert Schüler aufnehmen und verfügt über genügende Mittel. Es empfängt von allen Seiten zahlreiche Einkünfte und wird auch vom Herrn Gouverneur in freigiebiger Weise unterstützt. Alle Christen sollten Gott, unserem Herrn für die fromme Stiftung dieses Hauses Dank sagen; es trägt den Namen: Kolleg vom hl. Glauben (Santa Fé).

König Ferdinand I. stellte, angeregt von Magister Claude Jay, die Errichtung eines Jesuitenkollegs in Wien in Aussicht. In dieser Sache schrieb er zuerst an Papst Julius III., er möge zwei Theologen senden, damit sie das Kolleg begründen. Danach wandte er sich an Ignatius, dem er die Bedeutung des Vorhabens und das, was es erhoffen ließ, darlegte. Zuerst sollten zwei Patres den Boden bereiten und danach weitere Professoren kommen. Vermutlich traf das Antwortschreiben des Ignatius in Wien ein, als die ersten zwei Jesuiten schon von Ingolstadt nach Wien unterwegs waren, im April 1551.

Durchlauchter König:

Die höchste Gnade und Liebe Jesu Christi, unseres Herrn, behüte stets Eure Majestät und vollende Euch durch den unaufhörlichen Reichtum seiner Gaben.

Wohl nichts ist in dieser Sache von größerer Bedeutung und gereicht mehr zu Ruhm und Ehre, als daß sich christliche Fürsten mit Sorgfalt und Eifer der Verteidigung und Verbreitung der christlichen Religion zuwenden. So denkt Eure Majestät und Durchlaucht, der König, mit Recht daran, diese so verfallene und bedrohte Religion aufzurichten und zu stützen, und bemüht sich, soweit das möglich ist, dafür geeignete Mittel einzusetzen. Dafür danken wir alle Gott, dem Urheber alles Guten, und bitten ihn inständig, daß er diese vorzügliche Haltung, die Er Eurer Majestät geschenkt hat, stets erhalte, sie mehr und mehr zum brennenden Verlangen nach seiner Ehre und zur Rettung der Seelen entfache und die Kraft gebe, diese Pläne zu verwirklichen. Unter den vielen Mitteln, die gegen das so weit verbreitete Übel in Deutschland einzusetzen sind, gilt es vor allem das zu ergreifen, daß an die Universitäten Männer berufen werden, die durch das Beispiel des religiösen Lebens und durch die gesunde katholische Lehre Hilfe für die Nächsten garantieren und sie zum Guten anleiten. Das ist also nicht bloß ein kluger und nützlicher Gedanke, es ist geradezu notwendig und offenbar von Gott eingegeben. Gott geb's, daß das zum Teil mit Gottes Gnade durch das Kolleg unserer Gesellschaft verwirklicht werden kann, das Eure Majestät gemäß Eurem Schreiben in Wien errichten werden. Zuversichtlich erhoffen wir von Gottes Güte, daß es zustande kommt, und wir wollen sorgen, daß wir im Maß unserer bescheidenen Kräfte den Einsatz Eurer Majestät gehörig unterstützen.

Wir werden sobald als möglich zwei Theologen nach Wien schicken und auch einige Scholastiker, die mit ihrem Eifer für die Wissenschaft und durch das Beispiel ihres Lebens zu diesem Werk beitragen können, wie es dem Gesandten Eurer Majestät vorschwebt. Unterdessen wird Magister Claude Jay, wenn es sich etwa zeigt, daß er vorausgehen soll, bereitwillig Eurer Majestät zur Verfügung stehen, wie wir alle dazu ganz und gar bereit sind in unserem Herrn Jesus Christus. Sein grenzenloses Erbarmen gewähre Eurer Majestät in allem, seinen gnädigen und vollkommenen Willen zu erkennen und ihn zu seiner Ehre und zum allgemeinen Nutzen der christlichen Welt zu erfüllen. Amen.

Rom 1551.

Christi und der Majestät stets demütiger Diener im Herrn

Ignatius

anderer Kollegien in Deutschland erhoffen, ein gutes Beispiel könne andere mehr als sonst etwas überzeugen.[20]

Ignatius war von der Idee eines Kollegs in Wien begeistert; »denn er weiß in seiner scharf blickenden Strategie, daß er hier in Wien ins Zentrum der religiösen Belange vordringen kann«[21]. Die Beziehung der königstreuen Loyolas zum Hause Habsburg, besonders zur spanischen Linie, mochte dabei auch eine Rolle spielen. Immerhin war König Ferdinand der Edelmut der Loyolas bekannt, war doch ein Bruder Iñigos als Hauptmann im Kampf gegen die Türken vor acht Jahren gefallen.[22]

Ignatius antwortete Ferdinand im Januar 1551, seine Idee sei eine Eingebung Gottes; daher könne er nur zustimmen. Er werde zwei Theologieprofessoren und einige Scholastiker so bald wie möglich nach Wien schicken. Vorläufig werde Magister Claude Jay nach Wien kommen.[23]

Vom vorläufigen zum endgültigen Kolleg

Am 21. April 1551 brachen Jay und Peter Schorich von Ingolstadt mit dem Schiff nach Wien auf, wo sie am 25. April eintrafen. Schon am folgenden Tag empfing sie König Ferdinand. Er hatte einige Räte, unter anderen den Bischof von Laibach und den Superintendenten der Universität, beauftragt, einen geeigneten Platz für das Kolleg zu suchen. Ein einziger Bau bot sich an: das ehemalige Gästehaus der Dominikaner, das in der Nähe ihres Klosters stand, mit einer Kapelle – alles in einem völlig verwahrlosten Zustand. Als ein Teil des Dominikanerklosters abgetragen wurde, um Material für die Befestigung der Stadt zu gewinnen, waren die Mönche allmählich aus dem teilweise verwüsteten Kloster weggezogen; nur wenige blieben zurück. Diese hatten ihr früheres Gästehaus an Handwerkerfamilien vermietet. Hier sollten die Jesuiten vorübergehend einziehen. Jay wollte nur dann dieser Unterbringung zustimmen, wenn die Dominikaner damit einverstanden wären; er betrachtete sich selbst und die anderen als Gäste für kurze Zeit. Der König kam für die Miete auf. Der spätere Plan Ferdinands, mit Hilfe des Nuntius Martinengo das ganze Kloster an die Jesuiten zu übertragen, scheiterte an Jays Widerstand. Es sollte bei anderen Ordensleuten kein böses Blut entstehen. Überdies war der Platz vor dem Kloster zu eng und knapp, um dort eine Kirche bauen zu können. Jays Zurückhaltung vermochte den Dominikanern jedoch nicht die Furcht zu nehmen, daß sie ihr Kloster an die Jesuiten verlieren würden.[24]

Der Botschafter des Königs in Rom, Diego Lasso de Castilla, konnte Ende April 1551 berichten, die für Wien bestimmten Jesuiten, angeführt von Nikolaus Lanoy, seien von Rom abgereist. Am 27. Mai bestiegen sie in Hall in Tirol das Schiff und kamen am 31. Mai in Wien an[25]: drei Niederländer, zwei Spanier, zwei Franzosen, vier Italiener. Sie sprachen sofort beim Gouverneur von Wien, beim dortigen Bischof Friedrich Nausea und beim Beichtvater des Königs, Bischof Urban Textor, vor; bei ihm trafen sie auch mit Claude Jay und Peter Schorich zusammen. Der Bischof brachte sie in verschiedenen Häusern unter, bis die Räume im Gästehaus der Dominikaner fertiggestellt wären. Am folgenden Tag empfing sie der König mit großer Herzlichkeit und »reichte jedem die Hand«. Dankbar für ihre Ankunft befahl er, sie mit allem zu versorgen. »Es zeigte sich, welches Ansehen Jay beim König hatte, und dieser erklärte, er habe niemals einen gelehrteren Prediger gehört.«[26]

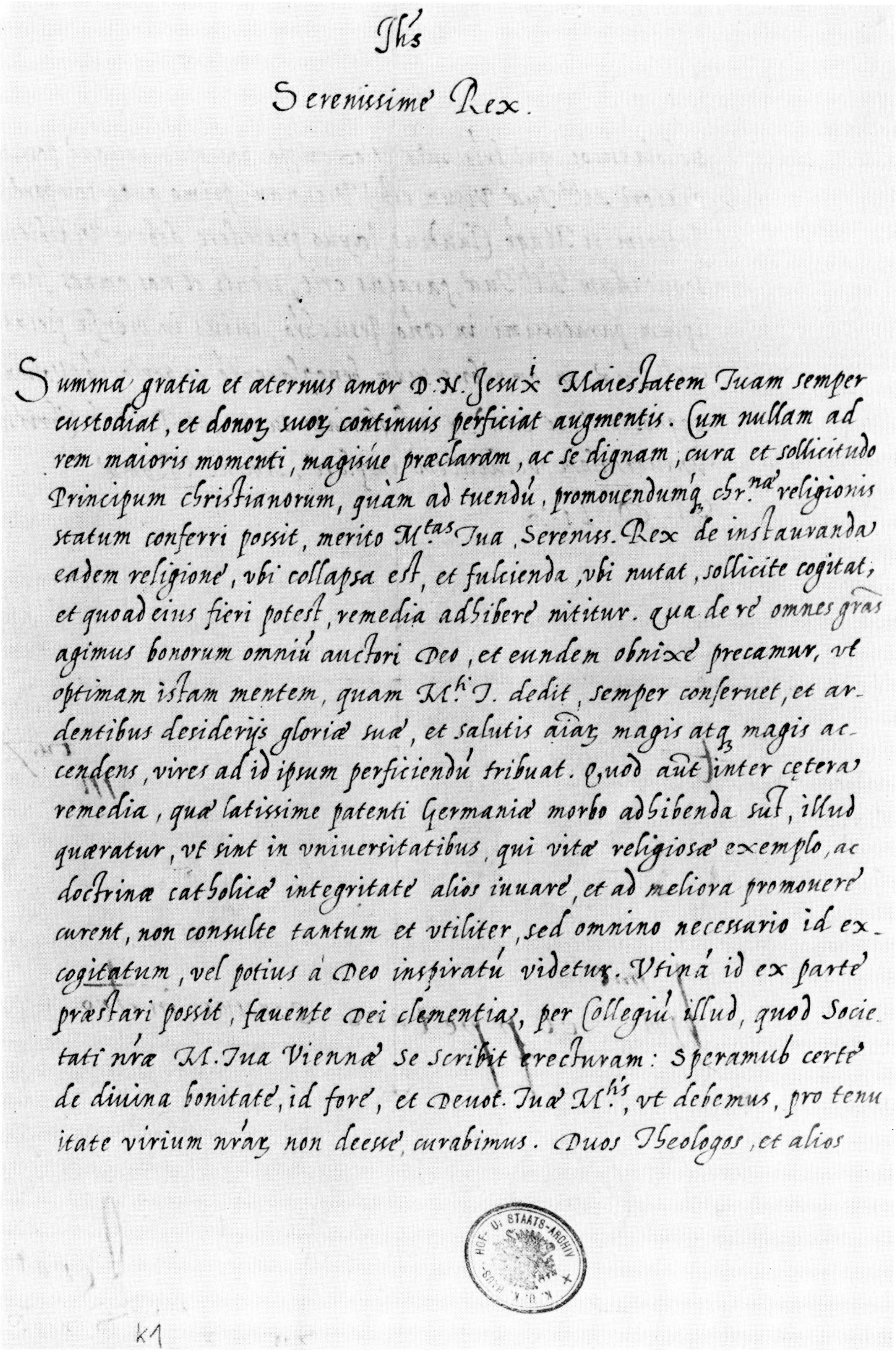

Ihs

Serenissime Rex.

Summa gratia et aeternus amor D. N. Jesu X.i Maiestatem Tuam semper custodiat, et donorum suorum continuis perficiat augmentis. Cum nullam ad rem maioris momenti, magisue praeclaram, ac se dignam, cura et sollicitudo Principum christianorum, quàm ad tuendu', promouendumq. chr.nae religionis statum conferri possit, merito M.tas Tua, Sereniss. Rex de instauranda eadem religione, vbi collapsa est, et fulcienda, vbi nutat, sollicite cogitat, et quoad eius fieri potest, remedia adhibere nititur. qua de re omnes gras agimus bonorum omniu' auctori Deo, et eundem obnixe precamur, vt optimam istam mentem, quam M.ti T. dedit, semper conseruet, et ardentibus desideriys gloriae suae, et salutis aiarum magis atq. magis accendens, vires ad id ipsum perficiendu' tribuat. Quod aut' inter cetera remedia, quae latissime patenti Germaniae morbo adhibenda sut, illud quaeratur, vt sint in vniuersitatibus, qui vitae religiosae exemplo, ac doctrinae catholicae integritate alios iuuare, et ad meliora promouere curent, non consulte tantum et vtiliter, sed omnino necessario id excogitatum, vel potius à Deo inspiratu' videtur. Vtina' id ex parte praestari possit, fauente Dei clementia, per Collegiu' illud, quod Societati nrae M. Tua Viennae se scribit erecturam: Speramus certe de diuina bonitate, id fore, et Deuot. Tuae M.tis, vt debemus, pro tenuitate virium nrarum non deesse, curabimus. Duos Theologos, et alios

Ignatius an König Ferdinand, Rom, 1551.

scholasticos, qui lrīs suis, et exemplo hoc opus iuuare possint (prout oratori Mtis Vrae visum est) Viennam primo quoq; tempore mittemus. Interim si Magr Claudius Jayus praecedere debere videbitur, ad obsequendum Mti Vrae paratus erit, sicuti et nos omnes sumus ad id ipsum paratissimi in dno Jesu chro, cuius immensa pietas prestet Mti Vrae in omnibus suam beneplacentē et perfectā voluntatem cognoscere, et eandem ad gloriam suam, et Reipub. Christianae vniuersalem vtilitatem implere, Amen. Romae

M. D. LI.

Vrae Mtis

Humus et ppetuus seruus in dno

Ignatius

Die Gruppe der Jesuiten wurde allmählich größer. Aus Ingolstadt wurden drei Novizen geschickt, darunter der achtzehnjährige Lambert Auer aus Tirol. So gab es Ende 1551 in Wien 18 Jesuiten, darunter drei Patres und fünf Novizen[27]; zehn von ihnen hatten das Studium noch vor sich.

König Ferdinand hatte den Herzog von Bayern gedrängt, die Gründung des Kollegs in Ingolstadt zu forcieren. Da aber nichts unternommen wurde, bat der König den Generaloberen der Jesuiten – wohl auf Anraten des Bischofs von Laibach –, die beiden Patres Canisius und Goudanus nach Wien zu schicken, um hier die Reform der Universität voranzutreiben.[28] Am 12. Februar 1552 konnte Ignatius die Bitte König Ferdinands um diese zwei Theologen für Wien mit einer Zusage beantworten, nachdem der Papst dieser Versetzung zugestimmt hatte. Ignatius war darauf bedacht, Herzog Albrecht V. von Bayern dadurch nicht zu verstimmen und die Universität Ingolstadt wie ihren Kanzler um Verständnis zu bitten. Am 28. Februar 1552 reisten Canisius und Goudanus mit dem Schiff ab und trafen am 9. März in Wien ein. Mit ihnen kamen auch zwei Novizen an.[29]

Wenige Monate später mußten die Jesuiten in Wien mit dem Tod von Claude Jay einen schmerzlichen Verlust hinnehmen. Am 6. August 1552 starb ihr Oberer an Fieber. Die zahlreiche und illustre Trauergemeinde machte offenkundig, welch großes Ansehen er genossen hatte. Er wurde in der (jetzt nicht mehr existierenden) St. Niklaskirche in der Singerstraße bestattet. Canisius hielt die Traueransprache.

Wenige Wochen später wurde Nikolaus Lanoy als neuer Oberer der Wiener Jesuitenniederlassung von Ignatius bestätigt.[30]

Ein Blick in die Liste derer, die während der Jahre 1551–1558 in Wien in die Gesellschaft Jesu eingetreten sind oder der Studien wegen aus anderen Kollegien nach Wien geschickt wurden, zeigt ein ständiges Kommen und Gehen von Männern aus aller Herren Länder, die sich der Gesellschaft Jesu anschließen wollten, die dort eine Zeitlang studierten oder, schon ausgebildet, in Wien Monate, selten Jahre wirkten.[31] Nicht wenige von ihnen wurden nach Rom weitergeschickt, um dort ihre Formung durch Ignatius zu erhalten und die Lebensweise der Gesellschaft Jesu kennenzulernen.

Es dauerte eine gewisse Zeit, bis die Jesuiten im zugewiesenen Gästehaus des Dominikanerklosters, einigermaßen getrennt von den dort wohnenden Familien der Handwerker, ein geordnetes Leben führen konnten. Am 21. Juli 1551, sieben Wochen nach der Ankunft der Gruppe aus Rom, meldete Claude Jay nach Rom, daß alle immer noch mit dem Säubern und Ordnen der Räume des »Kollegs« beschäftigt seien. Man müsse Türen, Fensterrahmen und Fensterscheiben, Betten, Bänke, Tische und ähnliche Dinge beschaffen.[32]

Auch wenn 1552 ein Teil des Dominikanerklosters zusätzlich angemietet wurde, so daß die Jesuiten für sich und ihre Schule mehr Raum zur Verfügung hatten, baten sie trotzdem König Ferdinand um einen passenderen Ort für das Kolleg. Das Dominikanerkloster lag zu sehr am Rande der Stadt und zu nahe an der Stadtmauer. Bei der allgemeinen Notlage wollte man aber nicht ungeduldig drängen; in der Stadt war die Pest ausgebrochen, und die Sicherung der Grenzen im Osten forderte viel Zeit und Geld. Hinzu kamen die Widerstände derer, die ein Jesuitenkolleg für eine nutzlose Verschwendung hielten.[33] Die Suche nach einer endgültigen und passenden Bleibe wurde fortgesetzt. Vor allem dem königlichen Beicht-

vater war daran gelegen, daß sie gefunden wurde und die Jesuiten das erhielten, was ihnen versprochen worden war.
Man wurde auf das Karmeliterkloster im Zentrum der Stadt aufmerksam, in dem ein einziger Karmelit als Prior lebte. Angesichts der geringen Zahl der Karmeliten in der übrigen Provinz war nicht zu vermuten, daß das Wiener Kloster je wieder aufleben würde. Dem Prior wurde eine Pfarrei in der Nähe Wiens angeboten. Als dieser darauf einging und so seiner Aussiedlung zustimmte, stand mitten in der Stadt ein verwaistes Kloster mit einer stattlichen Kirche für die Jesuiten zur Verfügung. Vor allem für die königlichen Räte war klar, daß das verwaiste Kloster an den Stifter zurückfiel und König Ferdinand als Erzherzog von Österreich darüber neu verfügen konnte, zumal die Stiftungsmasse wieder einer Ordensgemeinschaft und ihrer Zielsetzung dienen sollte. Der Karmelitenprovinzial wie auch Ignatius und dessen Ratgeber in Rom wollten dagegen einer solchen Übertragung nur zustimmen, wenn sie im Einvernehmen mit dem betreffenden Generaloberen geschehe und der Papst sie billige. Die Jesuiten in Wien drängten in diesem Punkt immer wieder, bis der König im August 1554 endlich doch in Rom um die Bestätigung der Übertragung ersuchte. Die Verhandlungen fanden erst 1569 unter Kaiser Maximilian II. ihren Abschluß. Ohne Rücksicht auf eine allgemein anerkannte Klärung der Rechtslage wurden vor der Fastenzeit 1554 trotz heftigen Protestes der Jesuiten die im Karmeliterkloster lebenden Familien ausquartiert.[34]
Am 30. April 1554 bezogen die Jesuiten das definitive Kolleg – wiederum ein baulich herabgekommenes Kloster. Die Kirche und Teile des Klosters dienten zur Zeit der Übernahme als Lagerräume für Heu und andere Vorräte. In der Sakristei gab es einen einzigen Kupferkelch und einige Priestergewänder, sonst nichts. Von neuem begann das Reparieren und Herrichten. Schließlich mußte man Wohnraum für mehr als zwanzig Jesuiten, Platz für die Bücher sowie Klassenräume für 120 Schüler[35] schaffen. Die Raumprobleme hinderten die Jesuiten jedoch nicht, weitere Schüler aufzunehmen. Ende 1554 kamen 300 Schüler ins Kolleg; im April 1556 besuchten mehr als 300 Schüler den Unterricht, den zehn Lehrer zu bewältigen hatten.[36]
Die Fundation für den Lebensunterhalt von dreißig Jesuiten wurde schon Anfang Juni 1551 bei der Ankunft der Gruppe aus Rom in Aussicht gestellt. Als der König mit einigen Hofräten um die Jahreswende 1551/52 die Jesuiten im Gästehaus der Dominikaner besuchte und ihre Räume besichtigte, dankte Claude Jay für die kostbaren Meßgewänder und für die angewiesene Geldsumme. Doch damit war die laufende Zahlung des jährlich zugesicherten Betrages noch nicht geregelt.[37] Erst am 18. August 1554 wurde dem Rektor des Kollegs das Schreiben übergeben, mit dem den Jesuiten für den Unterhalt von 31 Personen jährlich 1200 Gulden aus dem erzherzoglichen Vermögen zugesichert wurden; in jedem Quartal konnte damit über 300 Gulden verfügt werden. Solange weniger als 31 Personen im Kolleg lebten, sollte der Überschuß für Reparaturen verwendet werden. Damit wurde König Ferdinand in den Augen des Canisius »in Wahrheit Gründer und Patron des ersten Kollegs«[38]. Außerdem zahlte die Universität das Stipendium für zwei Theologieprofessoren, jährlich 280 Gulden.[39]
In den ersten Monaten und Jahren war das Leben der Jesuiten in Wien mehr als ärmlich. Abgesehen von der schlechten Unterbringung fehlte ihnen auch sonst oft das Notwendigste.

Um die Not zu lindern, bauten sie im Garten ihrer ersten Niederlassung etwas Getreide an.[40] Trotzdem blühte das geistliche Leben, und Claude Jay rühmte die Einfachheit, den Gehorsam, die Liebe und die Lauterkeit aller.

Bildung und Formung der Jugend

Wenige Tage nach seiner Ankunft begann Claude Jay an der Wiener Universität eine Vorlesungsreihe über den Römerbrief, die bald Anklang fand. Mit Geschick brachte er die Argumente vor, mit denen er die Auslegung der Lutheraner kritisierte. Nikolaus Lanoy, der fünf Wochen später aus Rom eingetroffen war, bot sogleich Vorlesungen zum Sentenzenkommentar des Petrus Lombardus an, hatte aber wenig Zulauf. Die scholastische Lehre war verpönt, und Lanoys Vortrag eher langsam und zu lehrhaft. So schlug Claude Jay dem Ignatius vor, einen anderen Theologen zu schikken und Lanoy seinem Talent entsprechend mit Leitungsaufgaben zu betrauen.[41]
Die noch auszubildenden Jesuiten – gewöhnlich nannte man sie Scholastiker –, die mit Lanoy in Wien angekommen waren, wurden zunächst zu den Vorlesungen an die theologische Fakultät geschickt. Doch bald ergaben sich verschiedene Schwierigkeiten. Teilweise fehlten ihnen die philosophischen Grundlagen. Einige Lektoren konnte man schwerlich katholisch nennen. Schließlich wollte man vermeiden, daß die Scholastiker den Ruf der Jesuiten, in Sprachen und Philosophie gut gebildet zu sein, schmälerten. Daher wurde im Kolleg ein Privatstudium für die Scholastiker eingerichtet. Sie wurden in Dialektik, Griechisch, Rhetorik und Grammatik unterrichtet und hatten sich an den täglichen Repetitionen und an den wöchentlichen Disputationen zu beteiligen. Teilweise hatten ihre Lehrer selber Vorlesungen an der Universität zu besuchen. Zu diesem privaten Studienbetrieb wurden auch einige auswärtige Studenten zugelassen, ohne ihn aber allgemein zugänglich zu machen.[42] Der große Nachteil des Privatstudiums lag darin, daß die Hörer keinen öffentlich anerkannten Studienabschluß erlangen konnten.
Trotzdem interessierten sich immer mehr externe Hörer für das Studium bei den Jesuiten. Nicht zuletzt ihretwegen mußten sich die Jesuiten um die öffentliche Anerkennung ihres Unterrichtes bemühen. Dafür war die Universität zuständig. Außerdem drängte Ignatius darauf, die Schule öffentlich zugänglich zu machen, wie es in Sizilien gehalten wurde, entsprechend den Privilegien, die der Papst den Jesuiten gewährt hatte.
So wandte sich der Obere des Jesuitenkollegs mit diesem Anliegen an das Konsistorium der Universität. Zunächst antwortete man ausweichend: Die Jesuiten sollten von der Errichtung einer öffentlichen Schule absehen, bis die Sache von der Regierung behandelt worden sei. Tatsächlich ging es der Universität aber darum, die Jesuiten an der Durchführung ihres Vorhabens zu hindern, wie sie von einem ihnen gewogenen Mitglied der Universität erfuhren.[43]
Dieser Freund gab den Rat, den Bischof von Laibach einzuschalten. Im April 1553 brachten die Jesuiten das Anliegen vor die Regierung, die die Eröffnung der Schule entsprechend dem Willen des Königs anordnete. Nach Ansicht der Regierung waren die Jesuiten berechtigt, in der Organisation ihrer Schule dem Modus Parisiensis (Vorlesungen im Kolleg, tägliche Wiederholungen und wöchentliche Disputationen) zu folgen. Die Universität sollte ihren Hörern nach den bestandenen Prüfungen mit den anderen Studenten den Magistergrad

verleihen. Dieser Regelung widersetzte sich die Universität, weil sie ihre Privilegien antastete. Sie nahm zwar die Eröffnung der öffentlichen Schule der Jesuiten hin, weigerte sich aber, den Studenten der Jesuiten die akademischen Grade zu verleihen, wenn sie nicht auch bei einem Professor der Universität ihr Studium absolviert hatten.[44]

Am 1. September 1553 konnten die Jesuiten den Unterricht in ihrem Kolleg im Rang und Rahmen einer öffentlichen Schule fortführen. Die Universität bestand aber darauf, nur solche Studienabschlüsse anzuerkennen, die »auf förmlichen, vom Papste sowohl als vom Kaiser instituierten Universitäten erteilt« wurden.[45] Damit beharrte sie auf dem in der Stiftungsurkunde von 1348 verbrieften Privileg, nach dem in Wien niemand Schulen ohne Zustimmung der Universität errichten durfte. Daher ließ sie Absolventen des Jesuitenkollegs nur unter der erwähnten Bedingung zu den akademischen Graden zu. Diese Rivalität dauerte bis 1623, als die Befugnisse der Jesuiten an der Wiener Universität in der »Sanctio pragmatica« definiert wurden, eine Regelung, die mehr als hundert Jahre andauern sollte.[46] Die tieferen Ursachen für den Widerstand der Universität waren vielfältig: konfessionelle Gegensätze, Neid, Angst vor Konkurrenz, vor allem aber die Sorge, das Bildungsmonopol und ihre Autonomie zu verlieren. Trotzdem stieg das Interesse an der Schule der Jesuiten sprunghaft an, zumal der Unterricht kostenlos erteilt wurde.

Reform der Studien

Als die ersten Jesuiten nach Wien kamen, lehrten an der theologischen Fakultät der Universität dieser Stadt drei Professoren. Sie hatten zusammen etwa zehn Hörer, die wegen ihrer mangelhaften Voraussetzungen für die Studien den Vorlesungen kaum zu folgen vermochten. König Ferdinand bemühte sich um eine *Erneuerung der theologischen Studien* an seiner Universität; vor allem dafür hatte er die Jesuiten nach Wien gerufen. Aus dem Brief Claude Jays vom 21. Juli 1551 an Ignatius sind die Reformpläne des Königs klar ersichtlich.[47]

In einer Sitzung der Gouverneure der königlichen Erblande wurde beschlossen, jede Provinz habe für eine bestimmte Anzahl Studenten zu sorgen, die Theologie studieren und Priester werden sollten, damit man so Seelsorger für die Pfarreien bekomme. Zweitens wollte man die Verpflichtung eingehen, laufend für 30 Scholastiker der Gesellschaft Jesu den Lebensunterhalt aufzubringen. Schon ihretwegen würden dann Professoren der Theologie und Scholastik in Wien sein. Außerdem rechnete man mit dem guten Beispiel der auszubildenden Jesuiten.

Aus Jays Darstellung von Ferdinands Plänen geht hervor, daß der König in Wien die Theologie in der Weise wie in Paris und vielfach in Spanien üblich vermitteln lassen wollte; d.h. er dachte daran, den Modus Parisiensis[48] mit zahlreichen Übungen, Wiederholungen und Disputationen einzuführen. Die öffentlichen Vorlesungen, die Jay und Lanoy gleich nach ihrer Ankunft an der Wiener Universität zu halten begonnen hatten, sah der König als Beginn dieser Reform an. Eine besondere Chance für deren Verwirklichung sah Jay in dem Umstand, daß die bisherigen Lektoren der Theologie – zwei Doktoren des Domkapitels und ein Bakkalaureus aus dem Dominikanerorden – ihr Amt niederlegen wollten.

Ignatius hatte gegenüber dem Plan König Ferdinands Vorbehalte und entwickelte einen eigenen Vorschlag für die Reform der theologischen Studien in Wien.[49] Zwei Gründe spra-

Universitätsviertel Wien (1547), Ausschnitt aus dem Plan von Bonifaz Wolmuet.

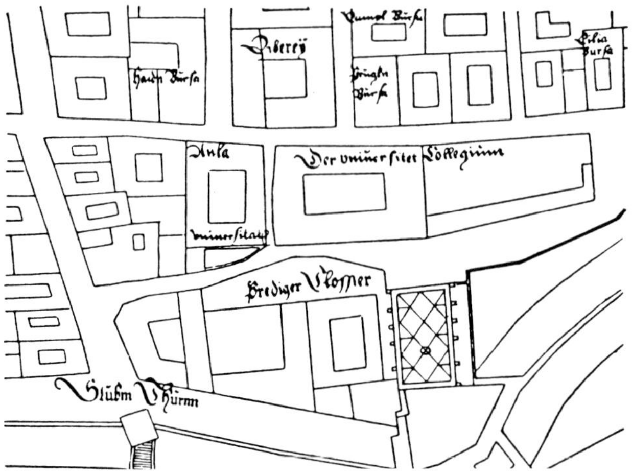

chen gegen den Plan des Königs. Nach der Meinung des Ignatius hatten die Deutschen für dieses Studium wenig Neigung, zumal für die scholastische Theologie; zum anderen fehlten die Voraussetzungen der Sprachen, der Rhetorik und der Philosophie. Selbst wenn es möglich wäre, gleich 30 Jesuitenscholastiker zu schicken, wäre es doch nicht ratsam, es zu tun. Es würde bloß der Eindruck erweckt, das Studium der Theologie sei eben doch Sache der Ordensleute. Außerdem würde man die nicht einlösbare Hoffnung wecken, Jesuiten könnten die vakanten Pfarreien betreuen.

Als zweite Möglichkeit erörterte Ignatius folgende Variante zum Plan des Königs: Die Studenten, die für das Theologiestudium ausgesucht werden, sollten zuerst Latein, Griechisch und Hebräisch lernen. Mit diesen Voraussetzungen könnten sie zu den Humaniora (vor allem das Studium der lateinischen Klassiker und Rhetorik) zugelassen werden. Danach seien sie fähig, an der Artistenfakultät Philosophie zu studieren und schließlich die theologischen Studien zu beginnen. Aber selbst wenn es gelingen sollte, im ganzen Bildungsgang die Ausrichtung auf die Theologie beizubehalten, würden sich bei diesem Vorgehen doch drei erhebliche Nachteile ergeben: Die Abwicklung dieses Programmes dauerte vier bis sechs Jahre. Nach dem gründlichen Philosophiestudium würden viele eher andere Fakultäten als die theologische besuchen. Schließlich sei es unvorstellbar, an einer Universität wie der Wiener jahrelang nur an den Voraussetzungen der Universitätsstudien zu arbeiten und die akademischen Vorlesungen einfach auszusetzen.

Als dritten Weg entwickelte Ignatius eine Vorgangsweise, die die genannten Unzulänglichkeiten vermied: Philosophie und Theologie sollten wie bisher unterrichtet werden. Es sei aber darauf zu achten, daß für ein künftiges Theologiestudium durch einen gediegenen Unterricht der Sprachen ein solides Fundament gelegt werde. Ebenso gründlich seien alle, nicht bloß künftige Theologiestudenten, in den Humaniora und der Philosophie auszubilden. Seien einmal diese Vorbedingungen geschaffen, könne der Modus Parisiensis mit den öffentlichen Übungen und Disputationen eingeführt werden. Immer aber sollten die Lehrer den Studenten das Interesse an der Theologie vermitteln. Bei diesem Prozeß der Erneuerung der theologischen Studien in Wien sah Ignatius die erste Aufgabe der Jesuiten darin, für alle Studienabschnitte geeignete, vor allem persönlich integre Lehrer zu stellen und durch sie für eine allseitige Formung zu sorgen.

Gegen diesen Weg sah Ignatius keine Einwände. Eine gewisse Verzögerung im Studienablauf sei tragbar, da die Vorlesungen an der Universität nicht ausgesetzt würden. Lektoren aus dem Jesuitenorden könnten zudem an der Universität Vorlesungen über die Hl. Schrift halten, Gewissensfälle vortragen und, wenn die Voraussetzungen gegeben seien, scholastische Theologie dozieren. Nach Ignatius' Ansicht hing also die gedeihliche Entwicklung einer Fakultät sowohl an der Qualität der Professoren als auch an der didaktisch klugen Organisation des Studienverlaufs.

In einem wenige Tage später folgenden Brief (25. August 1551) schlug Ignatius vor, alle Lektoren, die vom wahren Glauben abweichen, auszutauschen, da sie für die Jugend ungeeignet seien. Der königliche Kanzler Dr. Jonas hielt es jedoch für unzumutbar, die Lektoren zu entlassen und sie durch Jesuiten zu ersetzen. Man solle vielmehr die Lehrer zur gesunden Lehre zurückführen; der König werde ihre Rechtgläubigkeit überprüfen lassen und sie, wenn sie das verweigerten, allmählich aus dem Amt entfernen.[50] Unterdessen sollten die Humaniora und die Philosophie von den Jesuiten in ihrem Kolleg unterrichtet werden. Das könne für die weltlichen Professoren ein Ansporn sein.

Solche Absichten und Gedanken blieben nicht verborgen und nährten die Spannungen zwischen der Universität und den Jesuiten. Dieser Briefwechsel hat bei den Jesuiten in Wien dazu geführt, daß sie in ihrem Hausstudium ernsthaft an den Voraussetzungen der theologischen Studien arbeiteten. Im Frühjahr 1552 ordnete der König wohl im Einvernehmen mit Claude Jay an, an der theologischen Fakultät seien im Rhythmus von sechs Jahren Altes und Neues Testament vorzutragen. Claude Jay las schon den Römerbrief, und Nikolaus Goudanus begann mit seinen Vorlesungen zur Genesis.[51]

1553 wurde Canisius beauftragt, mit dem Bischof von Triest und einigen Hofräten einen Reformplan für *alle Fakultäten* der Universität wie auch für die Studentenheime zu entwerfen. Dem ging eine Visitation voraus, die drei Wochen dauerte. Einige Mitglieder dieser Kommission wollten ohne Bedenken auch häretische Professoren an allen Fakultäten zulassen, wenn sie nur gelehrt waren und in ihren Vorlesungen nichts gegen den katholischen Glauben vorbrächten. Canisius dagegen konnte dem nicht zustimmen, weil auf diese Weise der Sache des Glaubens und der Religion wenig gedient sei.[52]

Die königliche Verordnung zur Universitätsreform[53] wurde am 1. Januar 1554 erlassen. An der theologischen Fakultät wurden die Lehrkanzeln für Altes und Neues Testament sowie für systematische Theologie nach Petrus Lombardus belassen. Im Rahmen der systematischen Theologie wurden auch Moral, Liturgie und Kontroverstheologie vorgetragen. Neu zu bestellende Professoren mußten katholisch sein. Das Tun und Treiben in den Studentenquartieren sollte überwacht werden. Neue Bücher mußten der Dekan der theologischen Fakultät und der Rektor der Universität approbieren. Kirchliche Feiern sollten wieder abgehalten werden. Für die Universität waren diese Maßnahmen völlig ungewohnt, da sie teilweise ihre Autonomie einbüßte und Verordnungen der Regierung folgen mußte.[54]

Schon im Brief vom 25. August 1551 hatte Ignatius König Ferdinand den Weg zur Reform der theologischen Studien aufgezeigt, indem er den Blick vom einzelnen, der Verbesserung der theologischen Studien, auf das Allgemeine, die Förderung der Bildung überhaupt, lenkte. Darin ist ein Beispiel seiner Strategie gegeben: einzelne Dinge im Zusammenhang des übergeordneten Ganzen zu sehen und zu behandeln. König Ferdinand war sich bewußt, daß er die Reform mit Nachdruck betreiben müsse, wenn er die Jesuiten in Wien nicht verlieren wollte. So konnte durch intensive Zusammenarbeit in kurzer Zeit viel in die Wege geleitet werden.

Für die Reform der theologischen Studien waren gediegene *Lehrbücher* ebenso bedeutsam wie tüchtige Lehrer und die Organisation eines methodisch und didaktisch guten Unterrichtsbetriebes. Darüber war sich König Ferdinand im klaren. So gab er schon 1551 dem Konsistorium der Universität den Auftrag, einen Theologen zu benennen, der nach dem Beispiel der Löwener Universität ein Kompendium der christlichen Lehre verfassen sollte. Claude Jay wurde dafür vorgeschlagen. Dieser verwies auf das Buch des kaiserlichen Beichtvaters Petrus de Soto und auf das von Johannes Gropper aus Köln. Der König wollte jedoch eine umfangreichere Darstellung der katholischen Lehre haben, in der die strittigen Glaubenssätze ausführlich behandelt werden sollten. Alles sollte darin enthalten sein, was ein guter Christ wissen mußte. Außerdem war dieses Buch als allgemeiner Leitfaden der Lehrer für den Unterricht in den österreichischen Erblanden vorgesehen. Die königliche Regierungskommission, die mit der Reform der Universität betraut war, äußerte auch ihre Erwartungen an das Kompendium: In der Disposition des Stoffes sollte es dem Sentenzenkommentar des Petrus Lombardus folgen. Die Beweise für die Glaubenslehre waren mit Rücksicht auf die Andersgläubigen der Hl. Schrift und den Vätern zu entnehmen. Die künftigen Seelsorger, die die Theologie nicht an einer Universität studieren konnten, müßten daraus hinreichende Informationen schöpfen können. Metaphysische Fragen sollen beiseite bleiben; nur theologische Fragen seien zu behandeln.[55] Jay versuchte, Ignatius zu bewegen, diese Aufgabe, der man sich nicht entziehen konnte, Diego Laínez, einem gewandten, ausgewogenen und verständnisvollen Theologen unter den ersten Gefährten, zu übertragen. Juan de Polanco erwiderte Jay im Auftrag des Generaloberen, er dürfe sich in dieser Sache keine Hoffnungen machen. Laínez sei als Konzilstheologe reichlich ausgelastet. Er solle selber sehen, wie er, Canisius oder Goudanus das »Kompendium der Theologie für Deutschland« zustande brächten.

Tatsächlich waren Teile des Handbuches – offensichtlich hatte man sich gleich an die Arbeit gemacht – schon vor dem 7. Mai 1552 erarbeitet. Das läßt sich aus der Mitteilung Polancos an Claude Jay erschließen, Ignatius sei damit einverstanden, daß sie »das schon ausgearbeitete Handbuch in Wien vorläufig verwendeten«. Außerdem weiß Polanco zu berichten, daß der Inhalt und dessen Disposition weitgehend von Jay und Goudanus stammten. Die stilistische Gestaltung gehe auf Canisius zurück.[56] Ein weiterer Hinweis zeigt, daß dieses Gemeinschaftswerk schon 1552 von Canisius in den Vorlesungen verwendet und von den Hörern gut aufgenommen wurde.[57] Im gleichen Schreiben erinnert Polanco daran, daß das Handbuch der Leitung der Gesellschaft Jesu zur Approbation vorzulegen sei, ehe es gedruckt werde.

Mit Jays Tod im August 1552 ist die Hoffnung auf die Fertigstellung dieses Buches durch die Jesuiten in Wien geschwunden. Seine Abfassung müsse man im wesentlichen wohl Diego Laínez oder Martin Olave in Rom anvertrauen, schrieb Polanco am 29. November 1552 an Rektor Lanoy; offenbar hatte man diese Sache wieder an Ignatius herangetragen. Von Laínez war allerdings ein umfangreiches, gelehrtes und genau gearbeitetes Werk zu erwarten, was seine Zeit brauche.[58] Wie die Ordensleitung in Rom das Drängen um das theologische Kompendium tatsächlich einschätzte, zeigt ein Brief vom Februar 1554: Bei dem geringen Interesse am Studium der Theologie in Wien ist es unerheblich, welches katholische Buch für die Vorlesungen verwendet wird; die Zahl der Hörer wird nicht steigen. In Rom wie anderswo ist an den wissenschaftlichen Voraussetzungen für das Theologiestudium zu arbeiten; ohne sie werden sich Hörer nie für die scholastische Theologie eignen. In dem Maße, in dem das allgemeine Bildungsniveau in Rhetorik und Philosophie steigt, wird es mehr und auch geeignetere Theologen geben.[59] Ob dieser Brief zum Teil als Reaktion auf die drängende persönliche Bitte König Ferdinands um das

Handbuch der Theologie zu verstehen ist, die dieser wenige Wochen vorher brieflich vorgebracht hatte?

Während Ferdinand der Ansicht war, daß ein und dasselbe Handbuch die Bedürfnisse der Laien und der Kleriker, der Dozenten an den Universitäten und der Pfarrer gleichermaßen abdecke, deutete Ignatius an, daß je nach den Zielgruppen verschiedene Kompendien zu verfassen seien. Canisius muß vom Inhalt dieses Briefwechsels Kenntnis bekommen haben. Jedenfalls setzte er Polanco im August 1554 einen Termin: Bis zum Jahresende wollte er zwei Kompendien haben – ein eher wissenschaftliches zum Gebrauch an der Universität und ein anderes für die Pfarrer und Kleriker. Vermutlich nach einer weiteren dringlichen Anfrage bekam Canisius einen Verweis aus Rom: »Ihr Gejammer wegen dieser ausständigen Bücher läßt einen meinen, Sie hätten es vergessen, daß wir in Rom auch noch anderes zu erledigen haben. Bitte, nehmen Sie zur Kenntnis, daß André des Freux seit einigen Monaten so intensiv daran arbeitet, daß er seine Vorlesungen an unserem Kolleg ausfallen lassen muß.« In Zukunft möge Canisius mit Versprechungen auf Kosten anderer zurückhaltender sein, zumindest solle er vorher bei Ignatius rückfragen. »An dem, was Sie der Katechismus an Mühe gekostet hat, können Sie ermessen, was ein viel schwierigeres Werk erfordert.« Das hatte Polanco im Auftrag des Ignatius dem von diesem so geschätzten Canisius zu schreiben.[60] In der Chronik der Gesellschaft Jesu aus der Feder Polancos ist zu lesen, daß man 1555 in Wien aufgehört hat, auf diese zwei Kompendien aus Rom zu hoffen und zu warten.[61]

Als sich im Sommer 1553 abzeichnete, daß die Abfassung des theologischen Kompendiums lange dauern werde, trug König Ferdinand den Jesuiten in Wien auf, doch wenigstens einen *kurzen Katechismus* für die einfachen Leute zu verfassen. Canisius wollte zwar diese Aufgabe auf andere Jesuiten abwälzen, nahm schließlich aber doch den Katechismus selbst in Angriff, nachdem der König es ihm aufgetragen hatte.[62] Anfang 1554 konnte er den ersten Teil dem König vorlegen, der voll des Lobes war, ihn zur Fortführung ermutigte und bat, »sobald als möglich den gesamten Katechismus (zu) übersenden. Denn wir sind fest entschlossen, diesen Deinen Katechismus ins Deutsche übertragen und in beiden Sprachen drucken zu lassen, damit er in allen lateinischen und deutschen Schulen unserer fünf Niederösterreichischen Länder und der Grafschaft Görz der Jugend öffentlich vorgetragen und erklärt werde«.[63] Als die Abfassung des Katechismus schon ziemlich weit gediehen war, regte die Ordensleitung an, ihn so auszudehnen, daß er den Pfarrern ebenso wie der Jugend diene. Canisius beharrte jedoch darauf, daß seine *Summa doctrinae christianae* neben den beiden damals noch erwarteten Kompendien ein eigenständiger dritter Teil sei, »welcher sozusagen als erste Grundlage dienen ... soll«.[64] Am 25. März 1555 konnte Canisius nach Rom melden, der Katechismus sei »beinahe vollendet«. Einen Monat später wurde er ausgeliefert.[65]

Aus der Vereitelung des sehr speziellen Wunsches nach einem anspruchsvollen Handbuch der Theologie für einige wenige ergab sich ein bescheidenes, aber für die breite Basis grundlegendes Buch, das zum Leitfaden der katholischen Reform der Neuzeit wurde. Hierin kommt nochmals jenes ignatianische Prinzip zum Tragen, durch das das Besondere ins Allgemeine rückgebunden wird; so wird vermieden, daß über dem Zufälligen das Grundsätzlichere übersehen wird.

Praxis katholischen Lebens unter den Studenten

Gemessen am Ziel, das König Ferdinand mit der Berufung der Jesuiten nach Wien erreichen wollte, ist neben der Neuordnung der Studien und der Sorge um gute Lehrbücher die Anleitung der Studenten zur religiösen und kirchlichen Praxis für die Reform der theologischen Studien und damit für die katholische Erneuerung bedeutsam geworden. Von Anfang an legten die Jesuiten den Besuchern ihrer Schule die allgemein geltenden Regeln vor. Dadurch wurde die religiöse Formung der Schüler ebenso geordnet wie ihr Unterricht in den einzelnen Fächern.[66]

In der religiösen Unterweisung ging es zunächst um die Einführung in religiöse Vollzüge. Man brachte den Studenten die üblichen Gebete bei, etwa das »Vaterunser« oder das »Gegrüßt seist du Maria«. Sie lernten das Glaubensbekenntnis und die Zehn Gebote. Bald wurden sie auch zur Beichte hingeführt. Bereits 1556 gehörte die monatliche Beichte zur allgemeinen Praxis, in der die Schüler entgegen der herrschenden Gewohnheit des bloß allgemeinen Schuldbekenntnisses die einzelnen Sünden bekannten. Auch mit der Feier der Eucharistie wurden sie vertraut gemacht und zum Empfang der hl. Kommunion angeleitet.[67] Die Wirkung dieses Beispiels auf jung und alt blieb keineswegs aus. Die Anleitung zu dieser Praxis konnten die wenigen Priester unter den Jesuiten nicht allein bewältigen; sie wurden darin von Scholastikern unterstützt.

Neben dem, was sozusagen täglich geschah, gab es jeden Freitag im Kolleg den Katechismusunterricht[68], in dem die katholische Glaubenslehre vermittelt wurde. Die Jugendlichen, die schon Latein verstanden, unterwies vorwiegend Petrus Canisius, indem er seiner Methode von Frage und Antwort folgte. Die Jugendlichen hatten die Antworten zu den Fragen auswendig zu lernen. Nach dem Katechismusunterricht zogen Katecheten und Schüler in einer feierlichen Prozession oder in einem Bittgang durch die Stadt zum Dom, was die Bevölkerung nicht wenig erbaute. Es gab jedoch auch solche, die das mitleidig belächelten oder die Schüler verspotteten, weil sie zu den Jesuiten hielten.

An Sonn- und Feiertagen erklärte man den Studenten des Kollegs eine Stunde lang das Evangelium des Tages. Bisweilen wurde nach der Erklärung des Evangeliums unter der Leitung des Katechisten von begabten Schülern der deutsche Katechismus in der Kirche vorgetragen. Zwei Personen – eine, die Fragen aus einem Abschnitt stellte, und die andere, die sie zu beantworten hatte – standen auf erhöhten und dekorierten Plätzen in einigem Abstand voneinander, so daß sie gut gesehen und gehört werden konnten. Gegen Ende stellte der Katechist von der Kanzel aus noch einige Fragen an denjenigen, der die Rolle des Antwortenden hatte, und verdeutlichte dessen Aussagen. Das war ein gern gesehenes Schauspiel, das viel Anklang fand. Mit der Katechese hatten die Jesuiten eine vielfach geübte Methode aufgegriffen. Wer aber die Katechese bei ihnen besuchte, konnte das nicht tun, ohne sich auch auf eine klar umschriebene Praxis des christlichen Lebens einzulassen. Durch den Umgang und Austausch mit den Jesuiten wurde so die christliche Formung der Jugend unterstützt.

Dieser Stil, die Schüler zu einer christlichen Lebensführung anzuleiten, ist keine Besonderheit des Wiener Kollegs. Vielmehr wurde er nach und nach für alle Kollegien der Gesellschaft Jesu eingeführt aufgrund der Erfahrungen, die man in Messina gemacht hatte. Dort

Dreifaltigkeit Gottes. Holzschnitt aus dem Katechismus des Petrus Canisius (1563) zu Kap. 1 »von dem Glauben und den zwölff Artickeln des Apostolischen glaubens«.

war 1548 das erste Kolleg der Gesellschaft Jesu eröffnet worden, zu dem ortsansässige Schüler von Anfang an Zutritt hatten.[69] Da Petrus Canisius der Gruppe der Gründer des Kollegs in Messina angehört hatte, fiel es ihm nicht schwer, den Erfahrungshintergrund der Weisungen aus Rom zu erfassen und sie, den Wiener Verhältnissen angepaßt, umzusetzen.

Nach den Vorstellungen der Ordensleitung hatte ein Kolleg wie das in Wien auch noch Seelsorgsarbeiten, vorwiegend für die Bevölkerung der Stadt, zu übernehmen; die Ausbildung der Scholastiker in den verschiedenen Kollegien wird ab 1551 oft erst an dritter Stelle unter den Aufgaben eines Kollegs genannt[70], während sie im ursprünglichen Plan der Kollegien den ersten Rang einnahm.

Seelsorgsarbeiten der ersten Jesuiten in Stadt und Land

In erster Linie ging es den Jesuiten der Gründergeneration um die Verkündigung des Wortes Gottes in der Predigt und um die Spendung der Sakramente, insbesondere des Bußsakramentes. Insgesamt meinten sie mit Seelsorge auch »alle anderen geistlichen Dinge«[71] im Dienste des Nächsten. Schon in ihren Beratungen in Vivarolo (1537) haben Ignatius und seine Gefährten ihr Verständnis von Seelsorge umschrieben. Entsprechend ihrem Verlangen, mit der ganzen Kraft ihres Herzens den Seelen zu helfen, entschlossen sie sich für folgende Dienste: Predigten, Vorlesungen über die Hl. Schrift, geistliche Gespräche, Exerzitien, Unterweisung der Kinder und einfachen Leute, Krankenbesuche, Sorge für die Armen, Verantwortung für das sittliche Niveau des öffentlichen Lebens, Versöhnung von Zerstrittenen und Feinden, Besuch von Gefangenen, insbesondere Einsatz für den häufigen Empfang des Bußsakramentes und der hl. Kommunion, verbunden mit einer Anleitung zum Gebet und zu guten Werken. Das alles sollte mit Erlaubnis des Ortsbischofs geschehen, ohne dafür ein Entgelt zu nehmen.[72] Das gehörte nach ihrer Überzeugung zur »Hilfe für die Seelen«, zur Seelsorge. Liest man die Berichte und Aufzeichnungen über das Wirken der Jesuiten in Wien zu Lebzeiten des Ignatius, kann man für alles, was eben aufgezählt wurde, Beispiele finden, von denen einige andeutungsweise erwähnt seien.

Auf einzelne Bereiche dieses Programms

wirkte es sich aus, daß die ersten Jesuiten in Wien überhaupt nicht oder nur mangelhaft deutsch sprachen. So war es ein Ereignis, als Canisius am 25. März 1552 erstmals in der Muttersprache vor der ansässigen Bevölkerung predigte.[73] Sooft einer der Ausländer im Sprachstudium so weit fortgeschritten war, daß er sich auf die Kanzel wagen konnte, haben sich alle mit ihm gefreut, wenn ihm zugehört wurde.[74] Da in Wien vor allem bei Hof viele Spanier und Italiener als Arbeiter lebten, konnten diese den Vorteil von Seelsorgern, die ihre Sprache verstanden, nutzen.

Nach und nach wurden in verschiedenen Kirchen Wiens an Sonn- und Feiertagen Predigten gehalten, die häufig den Stil von Volksmissionen hatten, um die Bevölkerung zum katholischen Glauben zurückzuführen. Als die Jesuiten das verlassene Karmeliterkloster bezogen, stand ihnen auch die stattliche Kirche Am Hof zur Verfügung, die ehemalige Karmeliterkirche. So wurden sie mit dem Brauch, täglich im Hochamt zu singen und das Orgelspiel zu pflegen, konfrontiert. Diesen Brauch hatten sie, gedrängt von den königlichen Hofräten, fortzuführen. Man einigte sich darauf, an Sonn- und Feiertagen eine Art Hochamt zu feiern. Bisweilen haben die Scholastiker auch Laudes und Vesper rezitiert. Wenngleich das den Satzungen der Jesuiten und den Gepflogenheiten ihrer Kollegien nicht entsprach, stimmte Ignatius der maßvollen Fortführung dieses Brauches zu, so wie es dem Rektor angemessen zu sein schien. Vor allem sollten die acht Bruderschaften, die sich bei der Kirche Am Hof angesiedelt hatten, nicht vor den Kopf gestoßen werden. Auf Geheiß des Ignatius hatten die Wiener Jesuiten schon wenige Jahre später für diese Hochämter in der Weise zu sorgen, daß sie dafür einen Priester, der nicht ihrem Orden angehörte, ausfindig machten.[75]

Das seelsorgliche Wirken der Jesuiten reichte weit über die Stadt hinaus. Es gab ja rund um Wien viele unbesetzte Pfarreien. Soweit es ihnen möglich war, betreuten die Jesuiten solche Pfarreien, und ihre Scholastiker hielten dort Christenlehre, sofern sie einigermaßen Deutsch konnten. Unter dem Eindruck der Ärgernisse, der Trübsal und des Elends, die er in den Dörfern Niederösterreichs antraf, hegte Canisius die Hoffnung, »daß eines Tages viele unserer Väter hinausziehen und den Dörfern Österreichs große Hilfe bringen würden.«[76] Der Besuch von Kranken, Verwundeten aus den Türkenkriegen sowie Gefangenen war ungewöhnlich und erregte Aufsehen. Gewiß ging es dabei vor allem darum, diesen das Wort Gottes zu verkünden und sie durch die Sakramente im Namen der Kirche zu trösten. Oft fehlten aber Nahrung, Kleidung, Medikamente und Unterkunft.[77] Da war es nach der Ansicht der Jesuiten der ersten Generation eben auch Sache des Seelsorgers, diese Dinge aufzutreiben.

1553 regte Petrus Canisius die Errichtung eines Konviktes für Adelige und angesehene Bürger in einem dem Kolleg benachbarten Hause an. Die Jesuiten sollten die Leitung übernehmen. Ziel dieses Unternehmens war es, »die Eltern zu gewinnen, unsere Schulen zu unterstützen und die Jugend im Glauben zu bewahren; mit der Schule allein war das nicht zu erreichen«. Im Jahr darauf wurde dieses Konvikt mit vier Söhnen einer Familie eröffnet.[78] Auf Drängen des Bischofs von Laibach übernahm der Rektor des Jesuitenkollegs 1555 die Leitung der Goldberg-Burse, eines von den zahlreichen Studentenquartieren, die teils in Bürgerhäusern eingemietet waren, teils in Gebäuden untergebracht waren, die akademischen Körperschaften und Stiftungen gehörten.[79] Die Studenten, die in den Bürgerhäusern lebten, er-

bettelten vielfach ihren Lebensunterhalt von Tür zu Tür. Von den Jesuiten bekamen sie dabei Hilfe und Unterstützung.[80]
In der Gründungsgeschichte des Wiener Jesuitenkollegs trifft man immer wieder auf König Ferdinands Eifer und Einsatz für die katholische Reform, aber auch darauf, daß er die Jesuiten für die Erfüllung der Aufgaben heranzog, die er als Römischer König für die katholische Kirche wahrzunehmen hatte. Diese Dienste, die im Rahmen einer vorgegebenen Struktur unmittelbar dem Regenten erwiesen wurden, erforderten viel Klugheit und Diskretion. Als überzeugter Katholik wollte König Ferdinand in seiner Position den »Abfall vom wahren Glauben« nicht einfach hingehen lassen. Das wurde in der Kirche wie in der Gesellschaft gemäß dem damals noch geltenden Recht der römischen Kaiserzeit als Verbrechen angesehen, schlimmer als eine Majestätsbeleidigung. Nach der Ansicht der Katholiken wie auch der Lutheraner, Calvinisten und Anglikaner war dieses Vergehen mit harten Strafen zu belegen: Konfiskation der Güter, Landesverweisung, unter Umständen sogar mit der Todesstrafe – eine Maßnahme, die König Ferdinand I. zu Beginn seiner Regierungszeit gegen die Wiedertäufer und Protestanten getroffen hatte. Diese Härte des Vorgehens ist mehr seinen Ratgebern als dem Stil und Charakter des Königs zuzuschreiben.[81] Dreißig Jahre später, um die Mitte des 16. Jahrhunderts, stellte sich die Frage, wie mit den Andersgläubigen umzugehen sei, für den Regenten von Österreich in einem neuartigen Zusammenhang: Der Kronprinz Maximilian sympathisierte mit den Protestanten. In dieser Situation empfahl Canisius 1554 dem König, sich beraten zu lassen, was er im Interesse der katholischen Religion in seinem Hoheitsbereich tun könne.
Da der König selber der Meinung war, daß es um die Sache der Religion schlecht bestellt sei, setzte er eine Kommission ein, die nach Wegen suchen sollte, die katholische Religion zu fördern. Außer zwei gut katholischen Hofräten gehörten ihr der Rektor des Wiener Jesuitenkollegs und Canisius an. Die Frage nach der Bestrafung der Andersgläubigen erzeugte bei den Politikern Angst vor einem Aufstand.
Canisius hatte bei der Ordensleitung angefragt, wie sie in den gegebenen Verhältnissen vorgehen könnten.[82] In der Antwort wurde ein umfassendes Reformprogramm entwickelt, in dem an erster Stelle darauf hingewiesen wurde, daß der König die Andersgläubigen in der damals gängigen Weise bisweilen auch mit dem Tode bestrafen solle. Deswegen wurde dieses Dokument Ignatius wie Canisius und auch den Jesuiten oft übelgenommen. Die Empfehlung des Briefes, die Ratschläge entsprechend den Umständen zu verwenden und dem König zu unterbreiten, wurde von seinen Kritikern kaum wahrgenommen. Ebenso las man darüber hinweg, daß Ignatius »die strengste Strafe und die Einführung der Inquisition nicht erwähnen (wollte), weil das über die Begriffe der Deutschen gehen würde, wenigstens wie sie jetzt gestimmt sind«[83].
Wie immer man diesen Brief beurteilen mag, Canisius zögerte, ihn zu verwenden, und wartete Wochen später immer noch eine passende Gelegenheit ab, um die Vorschläge als kluge und hilfreiche Maßnahmen weiterzureichen.[84]
Immerhin hatte Canisius besonders als Dekan der theologischen Fakultät an der Bücherzensur mitzuwirken, sich an der Visitation der Universität und der Bursen zu beteiligen und wiederholt die Rechtgläubigkeit einzelner Personen zu überprüfen[85], eine Aufgabe, der sich schon Claude Jay 1551 auf Geheiß des Königs trotz innerer Widerstände unterziehen mußte.[86] Wenn sich der Verdacht der Häresie

bestätigte, wurden die Betreffenden meist des Landes verwiesen.

»In manchen Kreisen hatte man erwartet, daß Kaiser Maximilian II. (1564–1576) nach dem Tod des Vaters offen zum Protestantismus übertreten würde. Maximilian hatte aber Ferdinand gelobt, dem katholischen Bekenntnis stets treu zu bleiben. Rücksicht auf die spanischen Habsburger muß mitgespielt haben.«[87] Dieser Einfluß war der ältesten Tochter Kaiser Karls, Infantin Maria, zu verdanken, die am 14. September 1548 mit ihrem Vetter Maximilian in Valladolid vermählt wurde. Durch ihre Aya Doña Leonor Mascarenhas hatte sie eine katholische Erziehung erhalten, an der Iñigo de Loyola indirekt beteiligt war. Seit Iñigos Studienjahren in Spanien verband ihn mit Doña Leonor eine »in Gott gegründete Freundschaft«[88]. Persönlich hatte Maria in Ocaña Antonio Araoz, den sie zeitlebens am meisten schätzte, sowie Peter Faber kennengelernt. Ihr ist es zu danken, daß in den österreichischen Erblanden eine für die katholische Reform günstige Atmosphäre verbreitet wurde. Marias »Gestalt geht wie ein guter Geist auch durch die Welt der Ignatiusbriefe. Sie ist die tapfere Schutzfrau der Jesuiten in Wien. Ihr ist es zu verdanken, daß Kaiser Maximilian seine schwankende Haltung in der Konfessionsfrage nicht in Abfall umwandelt ... Man weiß, daß dies für die Geschichte Europas von entscheidender Bedeutung war«[89]. Was die Kaiserin Maria für die Jesuiten in Wien war, mag eine Eintragung in der Ordenschronik ahnen lassen: »Die Königin von Böhmen, die später Kaiserin wurde, begünstigte die Gesellschaft Jesu mit herzlicher Zuneigung, und so war auch König Maximilian den Patres gutgesinnt, und die hohen Herren bei Hof machten es ihm darin nach.«[90]

Die Annalen der Gründungszeit des Wiener Kollegs berichten viel über Petrus Canisius, der nach Claude Jay die überragende Gestalt unter den ersten Jesuiten in Wien war. Die tägliche und gewöhnliche Arbeit wurde aber von vielen getan. 1556 waren 320 Schüler in sechs Klassen zu unterrichten und zu betreuen. Dafür und für die anderen Dienste am Nächsten standen außer Canisius vier Patres und acht Scholastiker zur Verfügung, die überwiegend in der Schule tätig waren. Inwieweit die zwölf Novizen im Aufgabenbereich des Kollegs eingesetzt wurden, ist kaum festzustellen. Sieben Laienbrüder haben das Werk der Jesuiten in Wien mitgetragen.[91]

Das Wiener Modell

Der Ruf und das Ansehen der Gesellschaft Jesu ging dank ihrer Gründung in Wien weit über Österreich hinaus. Sie waren aber keineswegs allgemein akzeptiert und hatten vielfach üble Nachrede und Anfeindungen auszuhalten, ließen sich aber dadurch nicht beirren.

Wenige Wochen vor seinem Tod hat Ignatius die Oberdeutsche Provinz gegründet und Canisius zu ihrem ersten Provinzial bestellt. Diese weitgehende Delegation der Leitung war nötig geworden, weil nördlich der Alpen der Wunsch nach Gründungen von Kollegien von verschiedenen Seiten an den Orden herangetragen wurde: In Olmütz, Tyrnau und Wilna sollten weitere Gründungen erfolgen. Während der Gründung in Prag erfuhr Canisius dort seine Ernennung zum Provinzial. Herzog Albrecht V. von Bayern konnte man aber nicht länger vertrösten; so mußte Canisius nach Ingolstadt übersiedeln und hatte von dort aus die Geschicke der Jesuiten in Bayern, Österreich und Böhmen zu lenken. Für König Ferdinand war diese Versetzung schmerzlich,

Petrus Canisius (1521–1597). »Ruhmesblatt« für seine Verdienste als theologischer Schriftsteller. Hervorgehoben oben rechts sein Catechismus »Viеñae A°.«

zumal das neu begonnene Kolleg in Prag in seiner Existenz noch wenig gesichert war, während die Gründung in Wien auf festem Boden stand.
Die Kollegien in Wien und Prag haben gewiß viel zur katholischen Reform in den habsburgischen Erblanden Österreichs beigetragen. Bedeutungsvoll wurden diese Gründungen auch dadurch, daß sie in den östlichsten Metropolen des halbwegs katholischen Europas der damaligen Zeit angesiedelt waren, das vielfach von den Osmanen und damit vom Islam bedroht wurde.
Das Wiener Jesuitenkolleg war die erste Gründung des jungen Ordens nördlich der Alpen, in der es vorwiegend um die allseitige Formung der Jugend ging – ein Anliegen, das über die Grenzen Wiens hinaus aufgegriffen und unterstützt wurde. Durch die Hebung des allgemeinen Bildungsniveaus wollte man die Voraussetzungen für die katholische Reform schaffen. Der Modellcharakter des Wiener Kollegs liegt nicht zuletzt darin, daß Canisius, der dessen Anfänge prägend mitgestaltete, die Gründung weiterer Kollegien in Prag, Ingolstadt, München, Innsbruck, Dillingen, Würzburg und Freiburg in der Schweiz unmittelbar zu betreuen hatte und dabei auf die Erfahrungen mit dem Wiener Kolleg zurückgreifen konnte. Außerdem leitete er die Errichtung von fast 30 weiteren Kollegien im süddeutschen Raum in die Wege.
So sehr die Fragen und Probleme, die in diesem Überblick gestreift wurden, der Vergangenheit angehören, der Jesuitenorden scheint dabei doch gelernt zu haben, daß die Vermittlung von Bildung im Programm des Ordens einen hohen Rang hat. Im Brief vom 14. Februar 1990 setzt sich der jetzige Generalobere der Gesellschaft Jesu, Peter-Hans Kolvenbach, mit der Lage des Flüchtlingsdienstes der Jesuiten rückblickend und vorausschauend auseinander. In der wachsenden Zahl der Flüchtlinge und der weitverbreiteten Verletzung ihrer grundlegenden Menschenrechte sieht er einen Problembereich, den die Gesellschaft Jesu auf keinen Fall übergehen darf. Die Jesuiten werden auf die sozial Schwachen unter den Flüchtlingen verwiesen: Frauen, Kinder und Behinderte. Vor allem aber erwartet er von den Jesuiten den Einsatz für die Weiterbildung der Flüchtlinge als einzigartigen Beitrag, den die Gesellschaft Jesu leisten kann. »Die meisten Flüchtlinge sind junge Leute. Indem sie ihre Länder, ihre Heimat, Familien und Freunde aufgeben, verlieren sie ebenso die

wichtigste Gelegenheit zur menschlichen Reifung, die Bildung«, ein Gut, das geeignet ist, Hoffnung und Selbstvertrauen zu geben, wenn es zugänglich wird. »Die Einrichtungen der Gesellschaft Jesu für höhere Bildung sind in der privilegierten Lage, über die notwendigen Ressourcen zu verfügen, um in diesem Bereich einen besonderen Beitrag zu leisten.« Wenn solche Einrichtungen dieses Anliegen aufgreifen könnten, würden die Jesuiten einen ihrer »größten Schätze mit einigen der Ärmsten teilen«. Jedenfalls »können Jesuiten« – das ist heute die Meinung ihres Generaloberen – »sich nicht vorstellen, den wirklich Armen zu Hilfe zu kommen, ohne sich auch um deren Bildung und Erziehung zu kümmern«.

Anmerkungen

[1] J. Wodka, Kirche in Österreich. Wegweiser durch ihre Geschichte. Wien 1959, 100. 205. F. Loidl, Geschichte des Erzbistums Wien. Wien 1983, 44–49.

[2] A. Socher, Historia Provinciae Austriae S. I. Viennae 1740, 17. J. Wodka (s. Anm. 1) 206.

[3] Vgl. zu diesem Absatz: A. Socher (s. Anm. 2) 18. F. W. v. Bucholtz, Geschichte der Regierung Ferdinands des Ersten ... Aus gedruckten und ungedruckten Quellen. Bd. 8. Wien 1838, 19. J. Wodka (s. Anm. 1) 196, 202. E. Tomek, Kirchengeschichte Österreichs. 2. Teil: Humanismus, Reformation und Gegenreformation. Innsbruck 1949, 320.

[4] J. I. Tellechea Idígoras, Ignacio de Loyola. Solo y a pie. Madrid 1986, 61.

[5] M *Bob* 620 (n. 22).

[6] Zit. in M *Bob* 33².

[7] Ebd. 31f, 33f.

[8] *Chronicon S. I.* I, 100. M *Bob* 621 (n. 24). F. W. v. Bucholtz (s. Anm. 3) 181.

[9] M *Bob* 39.

[10] F. W. v. Bucholtz (s. Anm. 3) 182.

[11] MHSI *Epp. Broëti* 390. M *Bob* 104f.

[12] MHSI *Epp. Broëti* 327–329, 329–332. Vgl. dazu die vorausgehende Stellungnahme Jays in seinen Briefen an Ignatius, König Ferdinand und André des Freux; ebd. 311–320. 322–327.

[13] MI *Epp.* I, 450–453.

14 MHSI *Epp. Broëti* 320.
15 Litterae Annuae [Ms. im Archiv der Österreichischen Provinz S. J., Wien] 1r. F. W. v. Bucholtz (s. Anm. 3) 179.
16 MHSI *Epp. Broëti* 356f.
17 MHS *Epp. Broëti* 286. MI *Epp.* III, 205f. B. Duhr, Geschichte der Jesuiten in den Ländern deutscher Zunge. Bd. 1. Freiburg 1907, 54f.
18 F. W. v. Bucholtz (s. Anm. 3) 186.
19 *Chronicon S. I.* II, 67, 254.
20 MHSI *Epp. Broëti* 366.
21 H. Rahner in einem Vortrag, den er in Wien gehalten hatte und dessen Vorlage im Archiv der Österreichischen Provinz S. J. in Wien verwahrt wird.
22 *Chronicon S. I.* II, 267.
23 MI *Epp.* III, 401f.
24 Zur Ankunft der Jesuiten in Wien vgl. Historia Domus Professae Viennae [Ms. im Archiv der Österreichischen Provinz S. J., Wien] 1r. *Chronicon S. I.* II, 266–274. PCE I, 447. B. Duhr (s. Anm. 17) 25, 46, 386.
25 F. W. v. Bucholtz (s. Anm. 3) 186.
26 *Chronicon S. I.* II, 269.
27 B. Duhr (s. Anm. 17) 48.
28 *Chronicon S. I.* II, 277.
29 MI *Epp.* IV, 84f. 88. *Chronicon S. I.* II, 565.
30 MI *Epp.* IV, 391f.
31 MHSI *Catalogi* I, 1–4.
32 MHSI *Epp. Broëti* 371.
33 *Chronicon S. I.* II, 272f, 570.
34 *Chronicon S. I.* III, 258f; V, 253. PCE I, 446f. B. Duhr (s. Anm. 17) 387.
35 Historia Domus (s. Anm. 24) 4r.
36 MHSI *Litt. Quadr.* III, 208. 562. *Epp. mixtae* III, 166. E. Tomek (s. Anm. 3) 326.
37 Vgl. *Chronicon S. I.* II, 267. 269. 273. III, 258.
38 PCE I, 499.
39 *Chronicon S. I.* IV, 252. – B. Duhr (s. Anm. 17) 49.
40 L. Maggio, Historia collegii Viennensis ab anno 1550 usque ad annum 1567 [= Ms.-Kopie im Archiv der Österreichischen Provinz S. J., Wien] 14.
41 *Chronicon S. I.* II, 269. 271. A. Socher (s. Anm. 2) 25.
42 MHSI *Litt. Quadr.* II, 249. *Chronicon S. I.* II, 270.
43 *Chronicon S. I.* III, 241f.
44 R. Kink, Geschichte der kaiserlichen Universität Wien. Bd. 1. Wien 1854, 22. 205.
45 Ebd. Bd. 2, 323–332. Zit. in: B. Duhr (s. Anm. 17) 278.
46 J. Wrba, Hundertfünfzig Jahre von den Jesuiten geprägte Universität, in: G. Hamann, K. Mühlberger, F. Skacel (Hg.), Das Alte Universitätsviertel in Wien (= Schriftenreihe des Universitätsarchivs der Universität Wien. 2. Bd.). Wien 1985, 52–74, hier 55f.
47 MHSI *Epp. Broëti* 369–371.
48 Vgl. den Beitrag von K. Mertes in diesem Band 299–310.
49 Brief vom 8. August 1551: MI *Epp.* III, 602f.
50 *Chronicon S. I.* II, 276f.
51 *Chronicon S. I.* II, 567f.
52 Wiedergabe von Canisius' Brief an Ignatius vom 24. August 1553 nach der Zusammenfassung in: *Chronicon S. I.* III, 252.
53 R. Kink (s. Anm. 44) Bd. 2, 373–401.
54 E. Tomek (s. Anm. 3) 300.
55 *Chronicon S. I.* II, 569.
56 Ebd.
57 Ebd. 574.
58 Polanco an Canisius am 27. 6. 1553. Nach *Chronicon S. I.* III, 257².
59 Polanco an Goudanus am 27. Februar 1554. Nach *Chronicon S. I.* IV, 235¹.
60 Vgl. die Zusammenfassung dieses Briefwechsels in: *Chronicon S. I.* IV, 255¹.
61 Ebd. V, 670.
62 Ebd. III, 257.
63 PCE I, 454f. Zit. nach A. Kröß, Der selige Petrus Canisius in Österreich. Wien 1898, 56.
64 PCE I, 474.
65 A. Kröß (s. Anm. 63) 59. Vgl. auch den Beitrag von P. Begheyn in diesem Band 267–284.
66 *Chronicon S. I.* III, 242.
67 Ebd. VI, 339f; vgl. auch II, 576. IV, 249.
68 Ebd. II, 575; III, 243. 252; V, 226; VI, 341.
69 Vgl. den Beitrag von K. Mertes in diesem Band (s. Anm. 48) und L. Lukács, De origine collegiorum externorum deque controversiis circa eorum paupertatem obortis. Pars prior: 1539–1556. In: AHSI 29 (1960) 227f.
70 Vgl. L. Lukács (s. Anm. 69) 232, 235.
71 Juan de Polanco im Auftrag des Ignatius am 1. Dezember 1551. Zit. nach L. Lukács (s. Anm. 69) 232.
72 FN II, 84.
73 A. Socher (s. Anm. 2) 29. F. W. v. Bucholtz (s. Anm. 3) 186.
74 *Chronicon S. I.* II, 570.
75 Ebd. IV, 233. 261f; VI, 353.
76 PCE I, 421f.
77 MHSI *Litt. Quadr.* II, 114. 117. *Chronicon S. I.* II, 575. 578f. A. Socher (s. Anm. 2) 38f.
78 PCE I, 437f. *Chronicon S. I.* IV, 250; VI, 344. Historia Domus (s. Anm. 24) 5r.
79 F. W. v. Bucholtz (s. Anm. 3) 188. Vgl. R. Perger, Universitätsgebäude und Bursen vor 1623. In: G. Hamann u. a. (s. Anm. 46) 75–102, hier 76.
80 B. Duhr (s. Anm. 17) 316.
81 E. Zöllner, Geschichte Österreichs. Von den Anfängen bis zur Gegenwart. Wien ⁶1979, 192. – F. Loidl (s. Anm. 1) 36. – W. Hilger, Ikonographie Kaiser Ferdinands I. (1503–1564). Wien 1969, 125.
82 *Chronicon S. I.* IV, 259f.
83 MI *Epp.* VII, 398–404. Zit. nach San Ignacio de Loyola, Obras completas. Edicion manual (Biblioteca de Autores Cristianos 86) Madrid ⁴1982, 928.
84 PCE I, 502. *Chronicon S. I.* IV, 264.
85 Vgl. J. Broderick, Petrus Canisius. 1521–1597. Bd. 1. Wien 1950, 291–299.
86 *Chronicon S. I.* II, 276.
87 E. Zöllner (s. Anm. 81) 196.
88 H. Rahner, Ignatius von Loyola. Briefwechsel mit Frauen. Freiburg 1956, 502. 488.
89 Ebd. 40f.
90 *Chronicon S. I.* II, 571; vgl. auch V, 229.
91 L. Lukács (s. Anm. 69) 243.

Auszug aus dem Brief des Ignatius an die Ordensstudenten in Coimbra. Rom, 7. Mai 1547.

Die Gnade und ewige Liebe Christi, unseres Herrn, sei immer zu unserer Gunst und Hilfe. Amen.

Durch Briefe von Magister Simón und auch von Santacruz erhalte ich ständig Nachrichten von allen. Und Gott, von dem alles Gute herabsteigt, weiß, wieviel Trost und Freude ich empfange, da ich erfahre, was er Euch sowohl beim Studium der Wissenschaften wie bei dem der Tugenden hilft ...

So schaut also auf Eure Berufung, um einerseits Gott sehr Dank zu sagen für eine so große Wohltat und ihn anderseits um besondere Gunst zu bitten, um ihr entsprechen zu können und Euch mit vielem Mut und Eifer zu helfen, der Euch sehr notwendig ist, um solche Ziele zu erreichen. Und die Schlaffheit und Lauheit und den Überdruß am Studium und den anderen guten Übungen um der Liebe zu unserem Herrn Jesus Christus willen: erkennt sie als die aufgestellten Feinde Eures Ziels.

Ein jeder stelle vor sich, um Mut zu gewinnen: nicht, die nach seiner Auffassung für weniger taugen, sondern die Energischsten und Tüchtigsten. Stimmt dem nicht zu, daß die Kinder dieser Welt Euch übertreffen, indem sie die zeitlichen Dinge mit mehr Sorgfalt und Eifer suchen als Ihr die ewigen. Seid beschämt, daß sie mit mehr Bereitwilligkeit zum Tod laufen als Ihr zum Leben. Haltet Euch für wenig wert, wenn ein Höfling mit mehr Wachsamkeit dient, um die Gnade eines irdischen Fürsten zu haben, als Ihr für die des himmlischen; und wenn ein Soldat um der Ehre des Siegens und einiger Beute willen sich mutiger bereitet und kämpft als Ihr für den Sieg und Triumph über die Welt, den Teufel und über Euch selbst, zusammen mit dem Reich und der ewigen Herrlichkeit.

So seid also um der Liebe Gottes willen nicht nachlässig noch lau. Denn wie es heißt: »Wenn den Bogen die Spannung bricht, so die Nachlässigkeit den Mut« und umgekehrt nach Salomon: »Die Seele derer, die arbeiten, wird Gedeihen empfangen.« Sucht den heiligen und klugen Eifer aufrechtzuerhalten, um Euch im Studium sowohl der Wissenschaften wie der Tugenden zu mühen. Denn bei dem einen wie bei dem anderen ist ein intensiver Akt mehr wert als tausend nachlässige. Und was ein Schlaffer in vielen Jahren nicht erreicht, pflegt ein Eifriger in kurzer Zeit zu erreichen.

In den Wissenschaften ist der Unterschied zwischen dem Eifrigen und dem Nachlässigen deutlich zu sehen. Es besteht aber der gleiche darin, die Leidenschaften und Schwächen zu besiegen, denen unsere Natur unterworfen ist, und die Tugenden zu erlangen. Denn es ist gewiß, daß die Nachlässigen deshalb, weil sie nicht gegen sich kämpfen, spät oder niemals zum Frieden der Seele gelangen und dazu, irgendeine Tugend gänzlich zu besitzen, wo die Tüchtigen und Eifrigen in kurzer Zeit sehr weit in dem einen und dem anderen vorankommen.

Denn die Erfahrung zeigt, daß die Zufriedenheit, die man in diesem Leben haben kann, sich nicht bei den Schlaffen findet, sondern bei denen, die voll Eifer im Dienst Gottes sind. Und mit Recht: Denn indem sie sich von ihrer Seite bemühen, sich selbst zu besiegen und die Eigenliebe aufzuheben, nehmen sie mit ihr die Wurzeln der Leidenschaften und allen Verdrusses weg und kommen auch dadurch, daß sie die tugendlichen Gewohnheiten erlangen, natürlicherweise dazu, ihnen gemäß leicht und fröhlich zu handeln. Denn von der Seite Gottes, des freundlichsten Trösters, stellen sie sich eben damit darauf ein, seine heiligen Tröstungen zu empfangen, denn: »Dem, der siegt, werde ich das verborgene Manna geben.«

In Böhmen

Die Gründung des Prager Jesuitenkollegs

Philipp Überbacher, Frankfurt am Main

Eine Kollegsgründung im politischen Konzept der Zeit

Die Siedlung Prag wird im 10. Jahrhundert als Burg und Marktort im alten Siedlungsland an der Moldaufurt erstmals erwähnt. Deutsche, romanische und jüdische Kaufleute machten den Sitz slawischer Fürsten und der Bischöfe von Prag zum bedeutendsten Handelsplatz zwischen West- und Osteuropa. Als Hauptort der böhmischen Länder stieg Prag unter die großen Städte des Reiches auf. Es wurde kaiserliche Residenzstadt und im Jahre 1344 Erzbischofssitz. 1348 erhielt Prag die erste Universität Mitteleuropas. Prag nahm so an allen großen geistigen Bewegungen, wirtschaftlich-gesellschaftlichen Krisen und politischen Auseinandersetzungen Europas teil.

Das Erstarken des Tschechentums führte zu der von Jan Hus vorangetriebenen sozialen, nationalen und religiösen Bewegung, in deren Verlauf es dann zum allgemeinen Aufstand gegen die deutsche Oberschicht kam. Im ersten Prager Fenstersturz (30. 6. 1419) stürzten empörte Bürger die Ratsherren aus den Fenstern des Neustädter Ratshauses auf die Straße. Trotz der Prager Kompaktaten[1], eines Vertrags zwischen dem böhmischen Landtag und den Vertretern des Basler Konzils über die Wiedervereinigung der Hussiten mit der Kirche (30. 11. 1433), blieb Prag ein Herd antikatholischer und antikaiserlicher Regungen.[2]

Vor diesem Hintergrund zeugt folgendes Schreiben von großem Mut und entschiedenem Willen zur Reform.

Wien, 17. Oktober 1554:

»Wir haben uns gnädiglichen entschlossen, ein Anzahl der Ordensleut de societate Jesu gen Prag zu verordnen und allda zu unterhalten. Dieweil wir dann erachten, solche Ordensleut seien und werden an keinem Ort bequemblicher und besser mit ihrer Wohnung und Verrichtung des Gottesdienstes als in dem Kloster St. Clementen daselbst zu Prag unterzubringen sein; und aber auf diesmal, wie wir bericht, etliche Ordensleut in demselben Kloster sein sollen, so empfehlen wir euch und wellen, daß ihr samentlichen mit ernennten Ordensbrüdern und Inhabern angeregten Klosters zu St. Clementen von unseretwegen alles Fleiß handlet und sie in alweg dahin beweget, auf daß sie berührtes Kloster aus obvermelten Ursachen und uns zu gnädigsten Gefallen gehorsamlichen und gutwillig abtreten und gen Pilsen in ihr Kloster ziehen.«[3]

Kein Geringerer als König Ferdinand I., Bruder Kaiser Karls V., schrieb diese Verordnung an seinen Sohn und Statthalter Erzherzog Ferdinand in Prag. Bereits sieben Jahre früher, am 31. August 1547, war Ferdinand I. nach seinem siegreichen Einzug in Prag vom dortigen Domkapitel gebeten worden, die katholische Hochschule in Prag zu erneuern. Aber der Widerstand der einflußreichen utraquistischen Stände ließ alle Bemühungen der Katholiken zunichte werden. Als einzige Hoffnung blieb der Gedanke, in Prag eine eigene katholische Institution zu gründen. Wie, wo und womit dies geschehen könnte, stand vorerst noch nicht fest.

Ein Hoffnungsstrahl kam bald aus Ingolstadt, wo zur allgemeinen Begeisterung zwei Jesuitenpatres das Niveau der Studien an der Universität wesentlich angehoben hatten. Sollte dieses Beispiel nicht auch in Prag zum Erfolg führen? Und, so fragte man sich, hatte nicht der König persönlich zwei Lehrstühle an der Wiener Universität mit Jesuitenprofessoren besetzt? Was sollte ihn daran hindern, dasselbe auch in Prag, der Hauptstadt des Königreiches Böhmen, zu wagen?

Zudem setzte sich Ferdinand I., der 1521 das

österreichische und 1526 das böhmische Erbe angetreten hatte und seit 1531 römischer König war, dafür ein, die katholische Religion in seinen Erblanden konsequent zu erneuern.
Diese vielversprechenden Zeichen haben dem Prager Domkapitel wohl vollauf genügt. Im Jahre 1552 sandte es den Dompropst Heinrich Scribonius mit dem Archidiakon Johannes nach Wien, um den König nochmals um die Besetzung des verwaisten Erzbistums und Gründung einer theologischen Studienanstalt zusammen mit einem Jesuitenkolleg zu bitten. König Ferdinand nahm die Abordnung freundlich auf und bezeugte ihr sein Wohlwollen.[4]
Die politischen Wirren der kommenden zwei Jahre verhinderten jedoch die möglichst rasche Ausführung des vorgetragenen Ansuchens. Moritz von Sachsen hatte sich nämlich an die Spitze einer geheimen Fürstenrebellion gestellt, um durch einen kühnen Schlag dem Kaiser die Reputation im Reiche zu nehmen. Durch den Vertrag von Chambord von 1552 mit dem Franzosenkönig Heinrich II. verbündet, nötigte Moritz Kaiser Karl V. zu einer überstürzten Flucht von Innsbruck nach Villach. Die Nachricht davon ließ das Konzil von Trient in Panik auseinandergehen. Ferdinand I. gelang es, im Passauer Vertrag die rebellierende Fürstenopposition zu sprengen. Somit gewann er für den Kaiser neuen Spielraum, um die vorgerückten französischen Heere aus Metz, Toul und Verdun zu vertreiben. Doch Kaiser Karl V. gelang dieses Unternehmen nicht mehr. Verbittert dankte er 1556 ab. Kaiser sollte sein Bruder Ferdinand I. werden.
Als dieser im August 1554 nach Böhmen kam, waren die Pläne zur Errichtung eines Jesuitenkollegs bereits soweit gereift, daß man schon über Standortfragen und Fundationen beratschlagte. Der Beichtvater Ferdinands I., der Weihbischof von Laibach, Urban Textor, schlug vor, das heruntergekommene, verlassene und entlegene Cölestinerkloster Oybin bei der Stadt Zittau der Gesellschaft Jesu als Studienanstalt zu übergeben. Wie sehr er mit diesem Vorschlag einen empfindlichen Nerv des reformfreudigen jungen Ordens berührte, sollten sowohl der Weihbischof als auch der König in den kommenden Wochen zu spüren bekommen.[5]

Wo wird das neue Kolleg errichtet?

Petrus Canisius war bereits 1552 von Ingolstadt nach Wien berufen worden. Dort erreichte ihn der Brief des Weihbischofs Textor, in welchem Canisius über das Vorhaben, bei Zittau ein Jesuitenkolleg zu errichten, informiert wurde. Was Canisius von diesem Plan hielt, geht deutlich aus seinem unmittelbaren Antwortschreiben an Weihbischof Urban Textor hervor. Canisius wünscht darin näheren Aufschluß über die Lage des Klosters und warnt den Bischof vor einer Verlegung des Kollegs an einen einsamen Ort. Es wäre zur größeren Ehre Gottes und zur Erbauung des Nächsten viel vorteilhafter, das Kolleg in der Hauptstadt eines Landes zu errichten, weil man dort für das Seelenheil des Nächsten mehr tun könne.
Dieselbe Antwort teilte Canisius am 14. Oktober 1554 auch Ignatius mit. Er berichtet seinem Generaloberen weiterhin, daß er über die problematische Lage des Kollegs auch mit König Ferdinand I. gesprochen habe. Dieser sei darauf von jener Idee abgerückt und auf seinen früheren Plan, direkt in Prag ein Kolleg zu gründen, zurückgekommen. Canisius fügte hinzu, »... daß man wirklich sehr große Erbauung und größten Nutzen erhoffen könne, wenn die Unseren in Prag eingezogen sein wer-

Mitteleuropa
(1548)

den. Dort befindet sich das Oberhaupt und der Metropolit der böhmischen Kirche. Von dort sind auch die ersten Wurzeln dieser Häresien nach Deutschland gedrungen. Und wisse, Hochwürdige Paternität, daß wir in Prag gute Freunde haben. Gott sei dafür gelobt. Diese haben der Majestät Vorschläge unterbreitet, die Unseren zu unterstützen, noch bevor wir irgendwie erwogen haben, dort ein Kolleg zu errichten.«[6]

Spätestens mit diesem Schreiben war die Diskussion über den Standort des Kollegs beendet. Man entschied sich für die Hauptstadt Böhmens, und zwar für ein zentralgelegenes Gebäude Prags. In dem Brief des Canisius an Ignatius vom 15. Juli 1555 lesen wir:

»Prag ist ja eine Stadt wie Rom. Sie ist sehr bevölkert und edel. Es gibt hier keinen deutschen oder böhmischen Prediger, außer manchmal einen unter vielen anderen Häretikern, Hussiten, Schismatikern und Juden.

Aber um wieder vom Kolleg zu sprechen, das im Kloster des Hl. Klemens sein soll: Der Ort hat uns sehr gefallen, weil er sich fast in der Stadtmitte befindet. Das ist sehr bequem für die Jugendlichen. Das Kloster enthält genügend Plätze für Schulen und Klassen, für Wohnungen und Zimmer und für einen ziemlich großen Garten. Mit wenig Geld kann alles renoviert werden. So kann eine gute Wohnung für das erste Jahr geschaffen werden.«[7]

Die Einsicht des Königs in die größere Effizienz des Kollegs inmitten der Hauptstadt Böhmens mag letztlich wohl für seinen raschen Entschluß ausschlaggebend gewesen sein. Das Dominikanerkloster St. Klemens sollte dem Jesuitenorden übertragen werden. Das Kloster war nur noch von fünf Mönchen bewohnt. Diese sollten mit dem Klarissenkloster St. Agnes entschädigt werden, welches sogar komfortabler war und seit längerem leerstand.

Nachdem diese praktischen Dinge geklärt schienen, schritt Ferdinand I. sofort zur Tat. Er ließ innerhalb von drei Tagen zwei wichtige Briefe schreiben: einmal den eingangs zitierten Brief an seinen Sohn Erzherzog Ferdinand in Prag und dann am 20. Oktober den Brief an Ignatius in Rom. Beide Dokumente beweisen in einmaliger Weise, wie sehr König Ferdinand I. sich der Kollegsgründung in Prag annahm. Die persönliche Bitte des zukünftigen Kaisers an den Generaloberen des jungen Ordens um Freistellung von Patres und Fratres für das neue Kolleg in Prag verdient gelesen zu werden[8] (siehe Seite 363).

Einen Monat später, am 22. November, setzte Ignatius bereits das Antwortschreiben an König Ferdinand I. auf. Darin teilt der Generalobere der Gesellschaft Jesu unter anderem mit, daß »obwohl seit September beinahe 50 unserer Mitbrüder aus der Stadt teils nach Äthiopien, teils in unsere neuen Kollegien in Italien und Sizilien, teils in zwei neue Niederlassungen, von denen die eine in Genua gegründet, die andere bei dem Hl. Hause Unserer lieben Frau zu Loreto noch zu gründen ist, entsendet worden sind, und wir daher nicht wenig erschöpft sind; so sind wir doch bereit, noch innerhalb dieses Jahres mit Gottes Hilfe jene zwölf, von denen zwei Doktoren der Theologie sind, ganz nach dem Wunsch Eurer Majestät zu schicken.«[9]

Ferdinand I. war mit dieser Zusage hochzufrieden, auch wenn er sich in der Erfüllung seines Wunsches noch etwas vertrösten lassen mußte, und er dankte Ignatius in einem späteren Schreiben dafür. Trotz der raschen Zusage und der Eile des Königs sollte bis zur endgültigen Ankunft der ersten Jesuiten aus Rom nochmals mehr als ein Jahr vergehen.

Canisius in Prag

Alle Bemühungen von seiten des Königs, des Erzherzogs und des Prager Domkapitels, die Wege für eine rasche Kollegseröffnung in Prag zu ebnen, fruchteten nichts, solange die Angelegenheit nicht von einem eigens dafür bestimmten Verantwortlichen verfolgt wurde. Diese Aufgabe wurde im Sommer 1555 Petrus Canisius durch P. Jerónimo Nadal übertragen, der den päpstlichen Delegaten zum Augsburger Reichstag begleitet hatte und anschließend als »Visitator« im Auftrag des Ignatius nach Wien kam, um die Ordenssatzungen zu promulgieren. Von Augsburg kommend, traf Canisius im Hochsommer in Prag ein. Er wohnte im Spital der Kreuzherren mit dem roten Stern. Erzherzog Ferdinand sowie Vertreter der Gründungskommission hießen ihn willkommen. Hören wir Canisius selbst, wie er Ignatius seinen ersten Eindruck von Prag schildert: »Der Vater des Himmels und der Erde sei gepriesen, daß er mich gesund nach Prag geführt und in besonderer Weise geholfen hat, den Auftrag unseres Hochw. P. Nadal zu erfüllen. Eure Hochw. Paternität möge also wissen, daß die Herren vom Hof und der Prager Klerus mich mit großer Liebe aufgenommen und um-

Brief von Ferdinand I. an Ignatius: »Gegeben in unserer Bürgerschaft Wien, am 20. Oktober 1554. Im 24. Jahr unserer römischen und im 28. unserer anderen Herrschaft.«

Wir wissen durch eigene Erfahrung recht gut, daß die Angehörigen Deiner Gesellschaft in dieser unserer Stadt Wien und in den anderen benachbarten Orten durch Wort und gutes Beispiel unsere Untertanen ehrlich, recht und heilsam führen und sowohl das Volk durch Verkündigung des Wortes Gottes als auch die Jugend durch Unterricht in den Schulen wirklich mit glücklichem Erfolg vorwärtsbringen. Es ist ohne Zweifel, daß durch den helfenden Gott auch in Zukunft ihre Arbeiten mehr und mehr fortschreiten werden.

Niemand kommt nämlich schneller vorwärts, als jener, der Tag und Nacht in der Arbeit im Weinberg des Herrn beschäftigt ist. Und da wir fürwahr ihren Fleiß und Fortschritt selbst erfahren haben, trachten wir danach, diesen heiligen Orden auch in anderen Reichen und Provinzen zu begünstigen und zu verbreiten. Wir haben nämlich große Hoffnung, daß diese frommen katholischen Männer auch anderswo hundertfältige Frucht bringen werden. Vor allem möchten wir daher in der Hauptstadt Prag unseres Königreiches Böhmen ein Kolleg errichten.

Damit wir uns aber nicht umsonst mit der Vorbereitung einer passenden Wohnung und Beschaffung der nötigen Jahreseinkünfte abgeben, so fanden wir es für gut, vor allem Dir unseren Entschluß mitzuteilen, um zu erfahren, ob Du uns zu diesem Zwecke zwölf Mitbrüder schicken könntest, unter denen mindestens zwei Theologieprofessoren sein müßten.

Wenn nämlich das von Dir gemacht werden kann, werden wir uns vornehmen, für die Unterbringung, für den Standort des Kollegs und für den Unterhalt der Patres Sorge zu tragen. Wir wollen für die Reise der zwölf Patres alles Notwendige aufbringen. Und wie es sich für einen christlichen und frommen König geziemt, werden wir sie mit der ganzen Würde unseres Hofstaates umarmen.

Und daher bitten wir Dich, daß Du von Deiner Seite her unseren Vorschlag, der den Ruhm des Allmächtigen mehrt und das Heil vieler Seelen fördert, weiterverfolgst. Es versteht sich, daß durch Auswahl und Einschätzung solche zwölf Deiner Patres aus der Gesellschaft gefragt sind, von denen mindestens zwei etwas von der Hl. Theologie verstehen, damit auf diese Weise das Werk und die Strebsamkeit dieses Hl. Ordens auch in unserem Königreich die Häretiker vertreibe und vernichte. Wir sind mit jenen im besagten Königreich schon seit vielen Jahren in Auseinandersetzungen verwickelt.

Durch ihr Werk kann dort die gesunde Lehre, unsere rechtgläubige und katholische Religion begünstigt und vorangebracht werden. Wir versprechen uns sehr viel von Deiner Güte. Denn sobald Du unserem Antrag nachkommst, wird uns an nichts mehr gelegen sein, als daß der Ort und die Wohnung für jene bequem sei und für deren Unterhalt gesorgt werde.

So erreichst Du auch, daß der Sache vor allem durch den allmächtigen Gott im besagten Königreich viel Heil, durch Deine Güte mehr Würde, und schließlich durch uns mehr Gnade zuerkannt wird. Daher wird vor allem Dir und Deiner Hl. Gesellschaft die königliche Dankbarkeit ausgedrückt.

fangen haben. Sie gewährten mir alle Vorteile und Hilfen, um das Kolleg zu beginnen. Alle katholischen Männer sind überzeugt, daß die Unseren durch ihre Schulen in ganz Böhmen große Erfolge erzielen werden. In der Tat habe ich weder in Bayern noch in Österreich alles so gut vorbereitet gefunden wie hier, um die Schismatiker zur katholischen Einheit zurückzuführen.
Denn erstens ist das gemeine Volk, welches die Kommunion unter zwei Gestalten empfängt, nicht gegen die Gebräuche, Übungen und Gebote der Kirche eingenommen, ja es hält die Fastengebote und die äußeren Zeremonien sogar besser als die Deutschen insgesamt. Zweitens sind die Häupter des Klerus, obwohl im ganzen Königreich Böhmen weder ein Bischof noch ein Erzbischof ist, eifriger und fleißiger zur Wiederbelebung der Religion.
Drittens sind die Hussiten jetzt untereinander uneinig und haben wenige Gelehrte und Priester. Wenn also hier eine Anzahl böhmischer Prediger wäre, so würde man gewiß viel Frucht ernten, trotzdem es so viele Sekten gibt und der Adel so vollständig verdorben ist und kaum drei oder vier Städte sich zum Katholizismus bekennen. Alle übrigen feiern mit großer Festlichkeit den Tag, an dem Jan Hus auf dem Konzil von Konstanz verbrannt worden ist.
Was die Lebensmittel anbelangt, so gibt es nach meiner Ansicht kein Land im Reiche, das soviel Überfluß an zeitlichen Gütern hätte und wo alles so billig ist wie hier in Böhmen.«[10]
Canisius selbst merkte bald, daß das St. Klemenskloster die ersten Mitbrüder noch nicht beherbergen konnte. Die Finanzen mußten größtenteils noch geregelt werden, die Bauarbeiten waren erst am Anfang, und zudem waren die Dominikanermönche noch nicht aus-

Petrus Canisius (1521–1597)

gezogen. Dies veranlaßte Canisius, Ignatius mitzuteilen, mit der Entsendung der Mitbrüder aus Rom noch zu warten. Damit kam er Ignatius sehr entgegen, da es für diesen nicht einfach war, die geeigneten Personen für Prag zu finden. Er hatte sich über die böhmischen Zustände in religiöser, kultureller und politischer Hinsicht durch die Berichte des Canisius ein genaues Bild machen können. Nach Canisius' Empfehlung sollten Patres gesandt werden, »unter denen zwei seien, die Griechisch können, und weitere gute Humanisten sind. Zum größeren Teil sollten es Deutsche sein und darunter wenn möglich auch ein deutscher Prediger, wenigstens wie Magister Martin oder Magister Lambert in Wien. Es würde gut sein, die Unseren gleich anfangs predigen zu lassen...
Was die Theologen angeht, so wäre darauf zu achten, daß sie wirklich stark genug seien, auf die verschiedenen häretischen Ansichten zu

antworten, welche hier sich täglich ausbreiten und aus dem Hasse gegen die katholische Wahrheit hervorgehen.
Außer den gewöhnlichen Häresien gibt es hier Waldenser, Picardisten, Zwinglianer, Anhänger des Andreas Osiander, und Schwenkfeldianer. Alle diese treten unter der Fahne des Utraquismus auf, wie sie selbst zu sagen pflegen.«[11]
In einem anderen Schreiben rät Canisius Ignatius bezüglich der notwendigen Eigenschaften der Patres, die nach Prag kommen:
»Ich wünsche, daß alle jene, welche zur Gründung dieses Kollegs zu kommen haben, wohl bewährt seien in Geduld und großem Eifer, nicht nur um zu disputieren, sondern um zu leiden und dieses Land mehr durch ihre Taten als durch Worte zu erbauen, so daß sie, wenn sie in Tränen gesät haben, mit Freuden ernten und ihre Garben einbringen.«[12] Prag bedeutete also für die Neuen kein leichtes Pflaster. Zwar wurden sie von einigen heiß erwartet, doch begegnete ihnen von allem Anfang an der kühle Gegenwind reformierter Kreise. Wie die allgemeine Stimmung angeheizt war, als das Eintreffen von Jesuiten in Prag bekannt geworden war, läßt ein Spottvers auf Petrus Canisius erahnen: »Hinc procul esto canis, pro nobis excubat anser.« (Weg, von hinnen, Du Hund (Canisius), für uns hält Gänserich (Hus) Wache.)
Canisius soll darauf allerdings gelassen geantwortet haben: »At qui canem odere, haud oves sunt sed lupi.« (Wer feind dem Hund, heißt nicht Schaf, sondern Wolf.)[13]
Die feindselige Umgebung veranlaßte Canisius, das neue Kolleg materiell möglichst gut abzusichern. So war er auch während seiner Aufenthalte in Prag vor allem damit beschäftigt, die vom König gewährte Fundation des Kollegs sicherzustellen. In zähen Verhandlungen mit Abgesandten aus der Stadt Zittau erreichte Canisius auf den Vorschlag des Königs hin, daß der Hauptteil der Geldeinnahmen vom Kloster Oybin kommen sollte. Das Jesuitenkolleg bekam das Eigentumsrecht, die Stadt sollte hingegen die Verwaltung übernehmen. Der Stadtrat verpflichtete sich, jährlich 1400 Taler an den Kollegsrektor in zwei Raten zu zahlen. Zudem mußte die Stadt die Gebäude erhalten. Die Oberaufsicht in den geistlichen Belangen behielten sich die Jesuiten vor.
Wie gewissenhaft Canisius die Angelegenheit verfolgte, beweist die genaue Schilderung der Inventaraufnahme an Ort und Stelle: »Um das ganze Kloster in gutem Zustand zu erhalten, haben sich die drei Delegaten mit mir große Mühe gegeben. Wir schritten die Grenzen der Felder ab und machten eine recht genaue Bestandsaufnahme von allem, was wir finden konnten. Häuser, Tiere, Fischteiche, Wälder, Geräte usw. Für alle diese Kleinigkeiten, die wir den Herrn in Zittau übersandten, benötigten wir vierzehn Tage.
Gott sei Dank, der uns die Geduld und den guten Willen schenkte, alles detailliert auszuführen und alles zu Fuß auch durch viele rauhe Orte, Wildnis und Gebirge abzugehen.
Das Kloster steht nämlich auf einem hohen Berg, der Paraklet genannt wird und selbst mitten in anderen Gebirgen und Wäldern liegt, so daß es sich bestens für ein Eremitenleben eignet. Im Winter herrscht übergroße Kälte und der ganze Ort ist schauerlich und sehr unansehnlich...«[14]
»Diese Vereinbarung (mit dem Stadtrat von Zittau) war ungefähr der schwerste Mißgriff, den der Heilige (Canisius) in seinem Leben gemacht hat. Zu leichtgläubig, hielt er es für ausgemacht, daß seine Zittauer Pächter, die fast alle Lutheraner waren, anständige Menschen seien. In Wirklichkeit waren sie Diebe, und Oybin wurde für Canisius und seine Mitbrü-

Jesus Christus, A und O, Anfang und Ende, Sohn Gottes und Sohn des Menschen, Heiland der Welt, König des Himmels und der Erde, Erstgeborener aller Geschöpfe, Herr der Herrscher, König der Könige, Gott über den Göttern, Friedensfürst, Künder des Vaters, Spender des Geistes, Mittler zwischen Gott und den Menschen, Stifter des neuen und ewigen Bundes, Haupt der Kirche, Krone aller Heiligen, Sohn Davids, Geistgesalbter, Lamm Gottes, Guter Hirt, Gottesknecht, Schmerzensmann, Unser Lamm, das geschlachtet wurde, Versöhnung für die Sünden, Hoherpriester, Quell der Weisheit, Prophet, groß und mächtig in Tat und Wort, mehr als ein Prophet, Sieg über den Tod, Bezwinger der Unterwelt, Überwinder Satans, Erfüllung des Judentums, Zerstörer des Heidentums, Vernichter des Antichrist, Richter der Lebenden und der Toten, Schönster unter den Menschenkindern, dessen Antlitz die Engel schauen wollen, Bräutigam, Bruder und Freund, unser Fürsprecher, Weg, Wahrheit und Leben, Gerechtigkeit, Erlösung, Auferstehung, Trost, Kraft, Freude und Wonne für uns, unser Gesetzgeber, unser Lehrer, Erquikkung unserer Seelen, Geistlicher Trank, Brot des Lebens, Licht der Welt, Heiliger der Heiligen, Göttlicher über den Göttlichen, Lehrer der Lehrer, zweiter Adam, Eckstein, Funda-

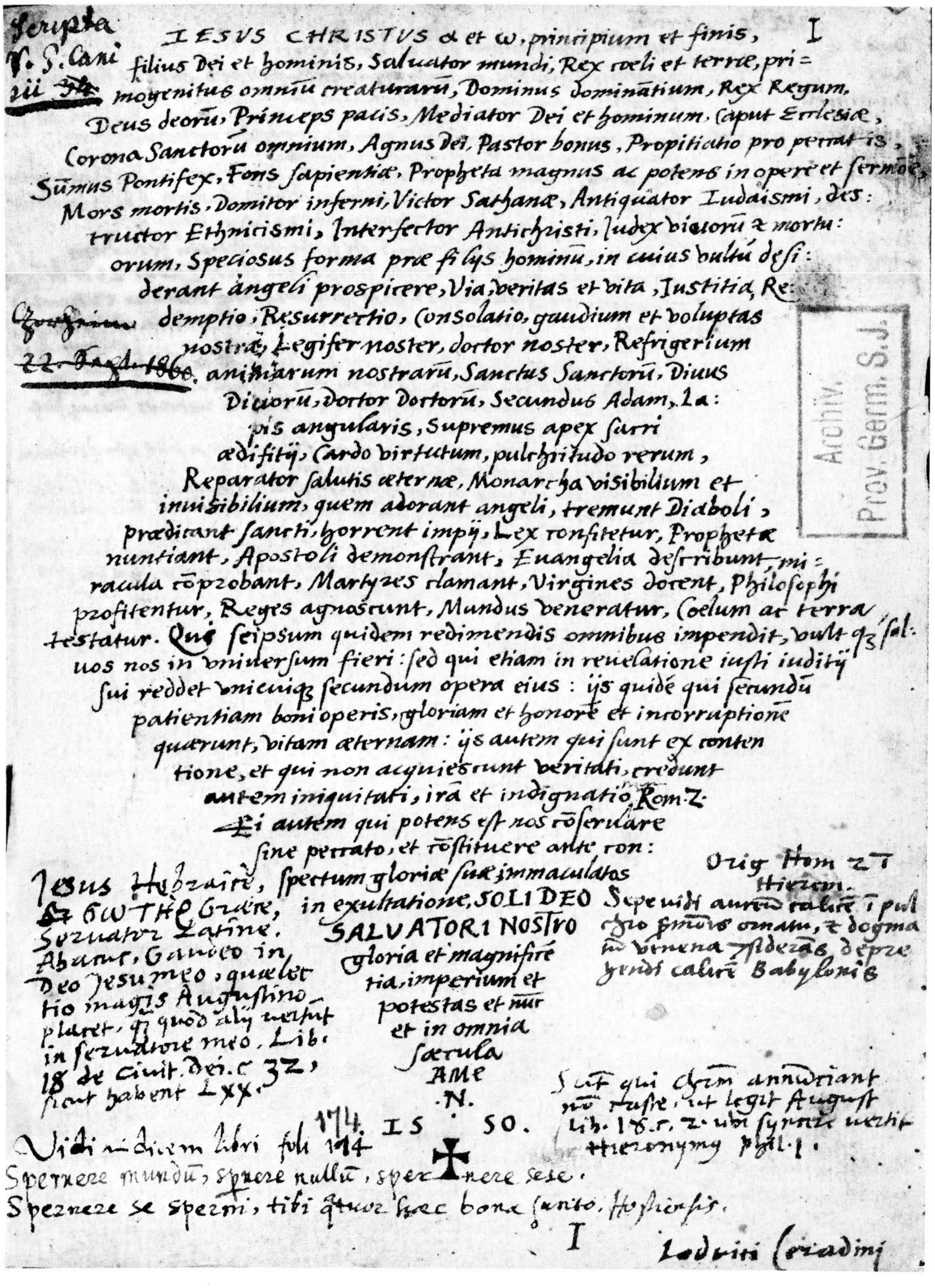
Scripta P. S. Canisii

IESVS CHRISTVS α et ω, principium et finis, I
filius Dei et hominis, Saluator mundi, Rex coeli et terrae, pri=
mogenitus omniū creaturarū, Dominus dominatium, Rex Regum,
Deus deorū, Princeps pacis, Mediator Dei et hominum, Caput Ecclesiae,
Corona Sanctorū omnium, Agnus Dei, Pastor bonus, Propitiatio pro peccatis,
Sūmus Pontifex, Fons sapientiae, Propheta magnus ac potens in opere et sermōe,
Mors mortis, Domitor inferni, Victor Sathanae, Antiquator Iudaismi, des:
tructor Ethnicismi, Interfector Antichristi, Iudex viuorū et mortu:
orum, Speciosus forma prae filijs hominū, in cuius vultū desi:
derant angeli prospicere, Via, veritas et vita, Iustitia, Re:
demptio, Resurrectio, Consolatio, gaudium et voluptas
nostra, Legifer noster, doctor noster, Refrigerium
animarum nostrarū, Sanctus Sanctorū, Diuus
Diuorū, doctor Doctorū, Secundus Adam, La:
pis angularis, Supremus apex sacri
aedifitij, Cardo virtutum, pulchritudo rerum,
Reparator salutis aeternae, Monarcha visibilium et
inuisibilium, quem adorant angeli, tremunt Diaboli,
praedicant sancti, horrent impij, Lex confitetur, Prophetae
nuntiant, Apostoli demonstrant, Euangelia describunt, mi:
racula cōprobant, Martyres clamant, Virgines docent, Philosophi
profitentur, Reges agnoscunt, Mundus veneratur, Coelum ac terra
testatur. Qui seipsum quidem redimendis omnibus impendit, vult q3 sal:
uos nos in vniuersum fieri: sed qui etiam in reuelatione iusti iuditij
sui reddet vnicuiq3 secundum opera eius: ijs quidē qui secundū
patientiam boni operis, gloriam et honorē et incorruptionē
quaerunt, vitam aeternam: ijs autem qui sunt ex conten
tione, et qui non acquiescunt veritati, credunt
autem iniquitati, ira et indignatio. Rom. 2.
Ei autem qui potens est nos cōseruare
sine peccato, et cōstituere ante con:
spectum gloriae suae immaculatos
in exultatione, SOLI DEO
SALVATORI NOSTRO
gloria et magnificē
tia, imperium et
potestas et nūc
et in omnia
saecula
AME
N.

Jesus Hebraice, ΣΩΤΗΡ Graece, Seruator Latine. Abacuc, Gaudeo in Deo Jesu meo, quae lectio magis Augustino placet, q quod alij vertunt in saluatore meo. Lib. 18 de ciuit. dei c. 32, sicut habent LXX.

174. IS SO.

Spernere mundū, spernere nullū, spernere sese.
Spernere se sperni, tibi quatuor haec bona sunto.

Archiv. Prov. Germ. S.J.

Christushymnus von Petrus Canisius, eigenhändig geschrieben.

ment und Schlußstein des heiligen Gebäudes, Angelpunkt der Tugenden, Schönheit der Dinge, Wiederbringer des ewigen Heils, Alleinherrscher über das Sichtbare und Unsichtbare, den die Engel anbeten, vor dem die Teufel erzittern, den die Heiligen lobpreisen, vor dem die Gottlosen schaudern, den das Gesetz bekennt, die Propheten ankünden, die Apostel bezeugen, die Evangelien beschreiben, Wunder bestätigen, Martyrer anrufen, Jungfrauen lehren, Philosophen bekennen, Könige anerkennen, die Welt verehrt, Himmel und Erde bezeugen. Der eben sich selber hingab, alle loszukaufen, und will, daß wir insgesamt gerettet werden, der aber auch in der Offenbarung seines gerechten Gerichts einem jeden nach seinen Werken vergelten wird: denen, die durch Ausdauer in Gutem nach Herrlichkeit, Ehre und Unvergänglichkeit streben, mit ewigem Leben; denen aber, die widerstreben und nicht der Wahrheit gehorchen, sondern der Ungerechtigkeit folgen: mit Zorn und Grimm. Ihm aber, der mächtig ist, uns ohne Fehl zu bewahren und makellos uns hinzustellen vor das Antlitz seiner Herrlichkeit in Jubel, dem alleinigen Gott, unserem Heiland sei Ehre und Herrlichkeit, Macht und Gewalt vor aller Zeit und jetzt und in alle Ewigkeit.

Amen.

der das schwerste Kreuz oder, besser gesagt, ein Mühlstein um den Hals.«[15]

Die große Bereitwilligkeit des Erzherzogs in Prag, möglichst rasch das Kolleg zu eröffnen, änderte nichts an der Tatsache, daß die Bauarbeiten nur sehr zaghaft voranschritten. Wegen der einsetzenden Winterkälte, insbesondere aber wegen Geldmangels stockten bald alle begonnenen Initiativen. An der Zusage der Geldmittel fehlte es beim König nicht, der sich ja verpflichtet hatte, für die Gründung des Kollegs und den Unterhalt der Jesuiten aufzukommen. Doch seine große Familie und die Türken an den Grenzen des Reiches erschöpften seine Möglichkeiten. Zudem hatten die königlichen Finanzbeamten, die nicht wußten, wie sie mit den vorhandenen Geldern auskommen sollten, wenig Sinn für das Anliegen der Schulen. Alles andere schien ihnen wichtiger zu sein.[16]

Canisius kehrte erst im Frühjahr 1556 von Deutschland nach Prag zurück. Als er dort ankam, war weder das Kloster St. Agnes, in das die Dominikaner übersiedeln sollten, bezugsfertig, noch das zukünftige Kolleg auch nur annähernd beendet. Zudem erfuhr er, daß die Mitbrüder von Rom bereits aufgebrochen seien. So blieb Canisius nichts anderes übrig, als die Werkmeister wegen drastischen Geldmangels mit Geldversprechungen zu vertrösten. Nur so erreichte er, daß die dringenden Arbeiten zügiger vorangingen. Schließlich wollte er auf keinen Fall riskieren, die Neuen aus Rom in einem Rohbau unterzubringen. Sehr vieles wurde oberflächlich und mit mangelnder Gründlichkeit ausgeführt. Daher berichtete ein Jahr nach dem Einzug der erste Rektor des Hauses, P. Ursmar Goisson, an Kaiser Ferdinand I. über die äußerst schlechten Bedingungen im Hause: »Das Gebäude ist so unbequem, daß es nach meiner Meinung Eurer Majestät nicht gefallen kann. Der Bauplan rührt von Leuten her, welche von unserem Institut wenig zu verstehen scheinen.

Dr. Canisius hielt es seinerzeit nicht für geraten, ihnen viel einzureden. Die Leiter des Baues haben, wie ich sicher glaube, nicht aus Bosheit so gehandelt. Aber wir haben hier in diesem Kolleg keine Bequemlichkeiten für die Kranken und überhaupt außer dem Speisesaal keinen heizbaren Raum, in welchem unsere Leute im Winter entweder einzeln oder alle zusammen studieren könnten. Die Zimmer sind sehr kalt...

Das Dach im Schlafsaal wurde nach meiner Überzeugung gar nicht ausgebessert. Voriges Jahr schliefen die Mitbrüder in Schnee und Regen. Auch heuer halten sich alle bereit, dasselbe zu tun, wenn es auch noch schlimmer und ärger werden sollte...

Die Kirche ist allzu klein und außerdem unbequem und dunkel; sie ist auch sehr unregelmäßig gebaut und, was noch schlimmer und schwieriger ist, sie droht einzustürzen, so daß man fürchten muß, ein guter Teil derselben werde im nächsten Winter zu nicht geringer Gefahr der Besucher zusammenfallen.«[17]

P. Juan de Polanco, der Sekretär des Generaloberen, hat mit seinem Vermerk über die Unterkunft der ersten Jesuiten in Prag wohl nicht ganz unrecht gehabt, wenn er meinte: »...Sie lebten daher in Prag in den ersten Wochen fast wie in einem armen Missionsland...«[18]

Die ersten Jesuiten im Kolleg

Die informationsreichen Briefe von Canisius an Ignatius aus den deutschen und böhmischen Landen ließen diesen äußerst umsichtig bei der Auswahl der Patres vorgehen[19]. Er berücksichtigte einerseits die Qualitäten der einzelnen und achtete andererseits darauf, diese am richtigen Ort einzusetzen. Am deutlichsten erfahren wir dies in der »Einzelunterweisung für die Personen, die nach Prag gehen«, die Ignatius am 12. Februar 1556 verfaßt hat:[20]

1. Der Rektor soll Magister Ursmar[21] sein; und er soll sich der Leitung des Kollegs widmen und zusehen, daß jeder sein Amt ausführt.
2. Er soll einen Minister nehmen, wie er ihm gut scheint, eine Person, die sich einsetzen kann und dieses Amt auszuführen weiß.
3. Er soll die Unterweisungen gesehen haben und dafür sorgen, daß jeder das tut, was ihn betrifft.
4. Er soll sich darum bemühen, ein guter Lateiner zu werden, indem er sich übt, einige Bücher zu lesen und bei einigen privat Texte zu schreiben und zu lesen. Er kann sich dazu von Magister Heinrich[22] oder Magister Pietro Silvio helfen lassen.
5. Er soll sich bemühen, die Hauptzitate und die kontroversen Stoffe gegen die Häretiker gut zu verstehen und im Gedächtnis zu behalten. Zum Disputieren wird es besser sein, seine Doktoren einzusetzen, um die eigene Autorität zu bewahren, außer gegenüber jemanden, wo er klar weiß, daß er ihm selber entsprechen kann.
Aus guten Gründen sei er nicht leichtsinnig, alles zu zeigen, was er weiß.
6. Er soll sich bemühen, die böhmische Sprache zu verstehen, um Gespräche zu führen. Falls er sie beherrscht, kann er Beichte hören und predigen.
7. Er wird auf lateinisch, französisch und italienisch die Beichten derer, die kommen, hören können.
8. Er soll sich um die Freundschaft und das Wohlwollen derjenigen bemühen, die dem Werk Gottes nützen.
9. Er wird die Übungen auf Latein geben können.
10. Er finde heraus, wie man mit dem König sprechen solle, auf französisch, oder auf lateinisch. Er bespreche dies mit den Unseren oder mit wem es ihm gut erscheint.
11. Er sehe zu, sich außerhalb des Hauses frommen Werken zu widmen, die ihm möglich sind.

Ähnliche, ins einzelne gehende und auf ihren Aufgabenbereich zugeschnittene Anweisungen erhielten Magister Broghelmans[23], Doktor Heinrich Blyssem, Doktor Tilia[24], Magister Wilms[25] und Magister Pietro Silvio[26]. Gonsalvo, Florian, Baltasar, Kasper, Bartholomeo und Ruggiero – Jesuiten, die ihre Ausbildung noch nicht abgeschlossen hatten[27] – sollten sich dem Studium widmen. Neben dem Unterricht sollten alle, soweit sie nicht in der Ausbildung standen, predigen, in Gesprächen helfen, Christenlehre halten, Beichte hören, Exerzitien geben, fromme Werke tun und vor allem die Landessprache lernen. Darin kehren fast alle Elemente jenes Beschlusses wieder, den Ignatius und seine ersten Gefährten in den Beratungen von Vivarolo (1537) gefaßt hatten, um »mit der ganzen Kraft ihres Herzens den Seelen zu helfen«[28], und die auch schon in den ersten Entwurf der Ordenssatzungen eingegangen sind.
Außer diesen fast kleinlich anmutenden Einzelunterweisungen befaßt sich eine ausführliche Instruktion auch mit Grundsätzlichem. Sie entspricht der allgemeinen Vorlage, die für ähnliche Unternehmungen von Polanco ausgearbeitet worden war, enthält aber doch bemerkenswerte Ergänzungen mit Rücksicht auf die besonderen Aufgaben, die sich aus der Begegnung mit Andersgläubigen ergeben würden. Kurzum, diese Instruktion ist eines jener Dokumente des Ignatius, »die zu den fundamen-

talen Zeugnissen der Geschichte der wahren Kirchenreform gehören«[29]:

Das Ziel der Sendung nach Prag ist die religiöse Förderung von Stadt und Königreich. Die Erreichung des Zieles hängt davon ab, daß dahin gesandte Jesuiten im geistlichen Leben und in ihrer wissenschaftlichen Ausbildung vorankommen und ihre Zahl zunimmt. Die Sicherung des äußeren Kollegsbestandes ist für beides Vorbedingung. Im Interesse der katholischen Sache ist der Nachdruck nicht auf die Widerlegung der Gegner, sondern auf die Begründung und Befestigung des katholischen Glaubenslebens zu legen. »In allem lasse man die Zuhörer seine Liebe und das Verlangen auch für das Heil der Andersgläubigen erkennen und hüte sich vor Streitereien.«[30] Solches Vorgehen erfordert, daß sie nur suchen, was Jesu Christi ist, daß »sich ein jeder mit wahrer Verleugnung seines eigenen Willens und Urteils in die Leitung Gottes, die ihm der Gehorsam bietet«, fügt.[31]

Mit einer klaren Umschreibung ihres Aufgabenbereiches versehen, wurden die zwölf Jesuiten am Tag vor ihrer Abreise aus Rom von Polanco zu Papst Paul IV. gebracht. Sie baten ihn um den päpstlichen Segen für die Reise und für das wichtige Unternehmen. Der Papst war sehr erfreut, die zwölf »Grundsäulen« des neuen Kollegs zu sehen. Er ermahnte sie, alle ihre Kräfte und, wenn es nötig sein sollte, auch ihr Leben für die Ehre Gottes einzusetzen.

Die Reiseroute führte über Loreto nach Ancona, wo sie sich nach Triest einschifften. Auf ihrem Wege durch Krain und Kärnten hatten sie teils wegen ihrer Mäntel, die dem Volk ganz ungewohnt waren, und wegen der häretischen Gesinnung vieler Leute große Beschwerden zu ertragen. In manchen Häusern verspottete man sie wegen ihrer Gewissenhaftigkeit bei der Wahl der Fastenspeisen. In Polancos Chronicon lesen wir, wie sie in Villach vom Grafen aufgefordert wurden, alle vor ihm zu erscheinen.

»Und sehr streng redete er mit ihnen, indem er sie befragte, welche Art von Menschen sie wohl seien. Und weil sie durch einen Dolmetscher ihm zu verstehen gaben, daß sie als Gerufene des römischen Königs kämen, verlangte jener die Briefe des Königs. Aber wie P. Ursmarus sagte, daß eine Gerichtsbarkeit des Königs für den Durchzug für sie nicht notwendig sei, und daß sie von ihrem Superior, der der Generalobere der Gesellschaft Jesu sei, ein Zeugnis hätten, begann jener mild und liebenswürdig zu werden. Er gestattete ihnen, frei durch die ganze Provinz zu gehen. Und jenen, die hungrig waren, gab er zu essen und zu trinken.«[32]

Der Weg ging über Bruck an der Mur nach Wiener Neustadt. Von dort fuhren sie mit einem Wagen nach Wien. Dort mußten sie vor den Toren lange auf Einlaß warten, weil man in Wien gegen die Jesuiten aufgebracht war.[33] Über Ostern blieben sie in Wien und reisten am 16. April durch Mähren nach Prag weiter. Ihre auffallenden Mäntel hatten sie inzwischen gegen einfachere Kleider getauscht. Nach einer Reise von fünf Tagen durch Mähren kamen sie am 21. April in Prag an. Ein Hussit beschreibt ihre Ankunft folgendermaßen: »Über den Markt bewegten sich die Älteren zu Wagen, die Jüngeren aber in einem schwärzlichen längeren Kleide, darüber ein kurzes Mäntelchen, schritten zu Fuß mit niedergeschlagenen Augen, jeder einen Reisestab in der Hand, über den Markt der Altstadt in der Richtung auf das Kloster zum Hl. Klemens bei der Brücke.«[34]

Einige erkannten sie sofort als Jesuiten und verbreiteten die Nachricht von ihrer Ankunft in der Stadt. Im Klemenskloster wohnten noch

immer die Dominikaner, die ihnen freundlich entgegenkamen und die engen Räume mit ihnen teilten. Küche und Speisesaal mußten sie mit ihnen abwechselnd benutzen, weil sie nicht für beide Teile zugleich ausreichten.
In den ersten Tagen hielten sich die Neuen noch sehr zurück und vermieden es, auf die Straßen zu gehen, um möglichst kein Aufsehen zu erregen. Gegen Ende Juni, nachdem die Dominikaner umgesiedelt waren, war auch der neue Speisesaal vollendet, so daß die Jesuiten am Fest Peter und Paul ein Familienfest veranstalten konnten. Die Eröffnung des Kollegs am 8. Juli wurde dann im Rahmen einer größeren Feier vorgenommen.[35]

Prag

Die Arbeit und die ersten Erfahrungen der Jesuiten in Prag

Canisius und der König wünschten einen möglichst stillen Anfang. Trotzdem wagte es der Dompropst von Prag, alle Prediger der Stadt aufzufordern, in ihren Kirchen die Eröffnung des Kollegs der Gesellschaft Jesu zu verkünden: »Alle und jede, welcher Nation, wessen Alters und Standes sie auch immer sein mögen, dürfen die Vorlesungen im Kolleg oder in der königlichen und katholischen Schule hören, können da umsonst Unterricht und Erziehung erhalten und an den Disputationen und Übungen der Schule teilnehmen. Alle Fächer und Sprachen, welche daselbst vorgetragen werden, könne man frei besuchen. Bindende Vorschriften beständen nicht.«[36]
Zu Beginn herrschte im Kolleg ein gewaltiger Andrang an Schülern. Canisius hatte die Anstalt auf Anraten des Königs für alle Konfessionen offengehalten. Das Dringlichste war, dem Ansturm Herr zu werden. Zwar hatte Ignatius einen genauen Studienplan vorgelegt. Nach seinem Dafürhalten hätte es zu Beginn genügen müssen, drei Klassen einzurichten: Eine für die Mittleren, die bereits so weit sind, daß sie einen lateinischen Vortrag verstehen können, eine weitere für Fortgeschrittene, die Rhetorik und Klassiker hören sollten, sowie eine dritte für Griechisch und Hebräisch. Da den Studenten die Grundkenntnisse fehlten, mußte der vorgeschlagene Lehrplan den Gegebenheiten angepaßt werden, was von Ignatius stets erwartet wurde, wenn er konkrete Anweisungen gab. Dabei machte sich Canisius den Rat und das Urteil einheimischer Gelehrter und des Dompropstes Scribonius zunutze. An Vorlesungen aus scholastischer Theologie war vorerst nicht zu denken. Ob sich Dr. Tilia, Professor der scholastischen Theologie, damit abfinden würde, andere Fächer zu unterrichten, nachdem er schon vor Beginn der Vorlesungen über seine angeschlagene Gesundheit klagte und auch eine ärztliche Empfehlung für einen Kuraufenthalt in einem Bad bekommen hatte?[37] Die Bedenken des Canisius waren offensichtlich nur zu berechtigt. Wenige Monate nach seiner Abreise aus Prag klagte der Rektor Ursmar Goisson: »Im Prager Kolleg wird P. Ti-

lia fast unerträglich. Unter dem Vorwande, daß er kränklich sei, gestattet er sich alle möglichen Ausnahmen. Seine Klagen nehmen kein Ende und sein Beispiel könnte leicht andere zur Verachtung des Rektors führen.«[38]

Trotz einer erschwerten Zusammenarbeit der Jesuiten in Prag wurde der Unterricht von den vorhandenen Lehrern mit der folgenden Aufteilung der Fächer begonnen:[39]

– Dr. Heinrich Blyssem las über den Brief des hl. Paulus an die Römer täglich um 8 Uhr. Nachmittags um 4 Uhr erteilte er Hebräisch nach der Grammatik von Nikolaus Clenardes. Nach der Überwindung der ersten Sprachschwierigkeiten der Hörer ging er zur Psalmenauslegung über.

– Dr. Johann Tilia hatte Unterricht in Philosophie zu übernehmen. Er las um 7 Uhr die Isagoge von Porphyrius und die Logik des Aristoteles. So sollten die Hörer auf die höheren Fächer wie Ethik, Politik, Ökonomie, Physik und Metaphysik vorbereitet werden. Nachmittags trug er Griechisch nach der Grammatik von Clenardes vor. Auch Mathematik lehrte er.

– Der Professor für Rhetorik, Wilm, zeigte die Anwendung der Regeln der Rhetorik an der Rede des Cicero »Pro Milone« auf.

– Peter Silvius leitete die unteren Klassen. Die Studenten wurden in Humanwissenschaften und klassischen Autoren unterrichtet.[40]

Trotz der Werbung für die neue Schule durch den Dompropst[41] ließ der anfängliche Zulauf, der wohl auf mehr Neugier als Interesse schließen läßt, bald nach. Vor allem in der obersten Abteilung, in der Hl. Schrift und Philosophie gelesen wurden, ging die Hörerzahl rasch zurück, während in der untersten Abteilung die Anzahl der Schüler von hundertzwanzig auf zweihundert anstieg.

Für den Ruf des neuen Kollegs war es wichtig, hohe Besucherzahlen vorweisen zu können. Daher versuchte man die Schüler durch vielfältige Aktivitäten wie Spiele und Sportveranstaltungen zu begeistern. P. Peter Silvius begeisterte seine Schüler so sehr, daß diese selbst neue Schüler warben und Bekannte in der Stadt einluden, ins Kolleg zum Unterricht zu kommen. Im Interesse der katholischen Sache und auf Drängen des Adels hin erwog Canisius ernsthaft, ein Konvikt im Kolleg zu errichten. Diese Maßnahme glaubte er auch deswegen treffen zu sollen, »weil rings um uns alles hussitisch ist und wir nicht viele Freunde haben. Sie können in den jungen Leuten mehr zerstören als wir aufbauen, weil sie mitten unter ihnen leben«[42], wenn sie nicht in einem Konvikt unterkommen könnten.

Im August 1555 hatte Canisius dem Ignatius die Lage der Katholiken beim Augsburger Reichstag zusammenfassend und auf Ez 13,5 anspielend so geschildert: »Es gibt niemand, der sich als Mauer vor das Haus Israel hinstellte.«[43] In Prag, wo es fast alle Arten von Gegnern der Katholiken gab[44], sollten die Jesuiten alsbald am eigenen Leib erfahren, wie sehr dieses Prophetenwort auf sie zutraf: »Es geschah, als P. Canisius auf dem Hauptaltar Messe zelebrierte, daß er durch einen Stein, der durch das Fenster flog, begrüßt wurde; und später, als am Fest der Himmelfahrt des Herrn, P. Cornelius Broegelmans die Messe zelebrierte, ein Böhme nach der Konsekration zu ihm kam und ihn mit schlechten Worten zu beschimpfen begann und sein Tun als Idolatrie empfand. Und als der genannte Pater fortfuhr mit der Meßfeier und schwieg, sagte jener auf böhmisch: Antwortest du mir nicht?

Und er erhob die Hand, um ihm damit einen Faustschlag zu versetzen. Aber durch die Gnade des Herrn kam einer namens Gaspari, der zu uns hielt und auch der Messe beiwohnte, dazwischen. Er und andere sechs, die anwesend waren, erreichten, daß dieser Mann vom Altar fortgeschafft wurde. Indem er vor sich hinmurmelte, wurde er aus der Kirche hinausgeführt.«[45] Nicht grundlos hatte Canisius ein Jahr zuvor Gott gebeten, Er möge ihnen unbesiegbare Stärke des Herzens gewähren, um die drohenden Verfolgungen Seiner Kirche mit Gleichmut zu ertragen.[46]

Zwar hatte Ferdinand I., der König von Böhmen, Canisius aufgetragen, Prag nicht zu verlassen, ehe der Unterricht an der Schule geordnet, die Bauarbeiten abgeschlossen und die Tilgung der Schulden gesichert seien.[47] Ungeachtet dieser berechtigten Wünsche berief Ignatius mit einem Schreiben vom 7. Juni 1556 Canisius von Prag ab und setzte ihn als ersten Provinzialoberen der Oberdeutschen Provinz ein, zu der damals Böhmen, das Erzherzogtum Österreich und das Herzogtum Bayern gehörten.[48] Um die Zeit, da Canisius die Reise nach Ingolstadt antrat, richtete Erzherzog Ferdinand, der Regent von Böhmen, ein Schreiben voll des Lobes über Petrus Canisius an Herzog Albrecht V. von Bayern: »Nachdem der Ersam hochgelert vnser getrewer lieber Petrus Canisius des Ordens Jesuiticj vnd der heyligen schrifft doctor, sich in ordentlicher aufrichtung aines Neuen Colegiumbs seines Ordens dermassen arbeitsam vleissig vnnd Erbar verhallten dasselb in das werch geypracht vund ainen sollichen guten anfang gemacht. Dardurch sich Got zu Lob vnd Ehre vil Christliches vnd guts ausszurichten gewislichen zuuerhoffen ist, vnnd sich numeer zu E. L. Stat Ynglstat zu aufrichtung aines sollichen Collegiums daselbsten hiemit verfuegen thut. So haben wir Jne in ansehung desselben seines loblichen vnd Christlichen verhalltens gegen E. L. auch zu beruemen nit vnderlassen wellen.
Datum Prag den 24. Julij. Anno etc. jm .56. ten«[49]

Auch wenn die Jesuiten in Prag nun in Canisius ihren Provinzialobern hatten, mußten sie mit den im eben gegründeten Kolleg auftauchenden Problemen im wesentlichen allein zu Rande kommen. Neben der Leitung der Provinz hatte Canisius zunächst das Kolleg in Ingolstadt zu gründen. Nach mancherlei Schwierigkeiten gelang ihm dies.

Eine Woche vor seinem Tod berichtete Ignatius in einem Brief an alle Mitglieder der Gesellschaft Jesu über die Vorgänge in jenen Teilen Europas, in denen Jesuiten tätig waren, um seine Gefährten zu trösten und zu ermuntern. Von den Ereignissen in Prag teilte er kurz jene Belästigungen mit, die seine Mitbrüder bei der Feier der hl. Messe hinnehmen mußten, stellte aber zugleich ihren Dienst und Einsatz in das Licht der apostolischen Sendung von Gefährten Jesu zum Wohl der Menschen: »Einerseits haben sie viel Gelegenheit, reiche Frucht zu bringen, andererseits aber auch die Gelegenheit, nicht bloß Schmähungen, sondern auch den Tod für die christliche Religion zu erleiden ... Hoffen wir, daß Gott unser Herr, dieser Nation durch die Gesellschaft (Jesu) zu Hilfe komme.«[50] Von sich selber sagte er in diesem letzten Brief an die ganze Gesellschaft Jesu nur das: »Dem Gebet von Euch allen empfehle ich mich inständig.«[51] Er mochte aber doch wohl froh darüber sein, sich Gefährten verbunden zu wissen, die ähnlich eingestellt sein mochten wie er. Angesichts größter Entbehrungen hatte er wenige Wochen zuvor aus Prag berichtet: »Trotz allem finden wir Freude im Herrn und können Gottes Vorsehung und Güte nicht in Zweifel ziehen. Diese hat einige Herren bewogen, uns Wein und Bier, Fleisch und Fisch zu schicken.«[52] Gottes Güte erweist sich im konkret Menschlichen. Das war die feste Überzeugung des Ignatius und seiner Gefährten.

Anmerkungen

1 Grundlage für den Vertrag waren die vier Prager Artikel von 1420: die freie Predigt, der Laienkelch, Verzicht des Klerus auf Besitz und Herrschaft, Bestrafung der Todsünder. Die Prager Kompaktaten erlaubten nur den Laienkelch.

2 Vgl. Art. Prag, tschech. Praha, in: Brockhaus-Enzyklopädie in zwanzig Bänden. Bd. 15. Wiesbaden [17]1972, 80–83, hier 82.

3 Zit. nach A. Kroess, Geschichte der böhmischen Provinz der Gesellschaft Jesu. Bd.I. Geschichte der ersten Kollegien in Böhmen, Mähren und Glatz. Von ihrer Gründung bis zu ihrer Auflösung durch die böhmischen Stände. 1556–1619. Wien 1910, 18.

4 A. Kröß, Der selige Petrus Canisius in Österreich. Wien 1898, 81.

5 Ebd.

6 PCE I, 495–497.

7 Ebd. 548–549.

8 MI *Epp.* VIII, 79–80.

9 Ebd. 78–79.

10 PCE I, 545f.

11 Ebd. 550–551.

12 Ebd. 498–499.

13 A. Kröß, (s. Anm. 4) 96.

14 PCE I, 627.

15 J. Brodrick, Petrus Canisius. 1521–1597. Bd. 1. Wien 1950, 381.

16 Vgl. PCE I, 612f.

17 Ebd. 767. Es handelt sich um einen Brief, der zwischen 1556 und 1557 an Kaiser Ferdinand I. geschrieben wurde.

18 Vgl. dazu auch A. Kroess (s. Anm. 3) 27.

19 Canisius hatte Ignatius unter anderem wissen lassen, daß Spanier und Italiener bei den Böhmen nicht so beliebt seien. Da die neun Tschechen, die in Rom in die Gesellschaft eingetreten waren, eben erst ihr Noviziat und ihre Studien begonnen hatten, konnte Ignatius von ihnen niemand schicken. Er wählte daher hauptsächlich Niederländer und Deutsche aus. Vgl. A. Kroess (s. Anm. 3) 24.

20 MHSI *Catalogi* I, 6–7.

21 Ursmar Goisson: Er wurde 1524 in Bellomontio (Beaumont) geboren. Er war vor seinem Eintritt in den Orden Kanonikus von Thuin in Belgien. Ab 1553 hatte er in Rom unter der Aufsicht des Ignatius verschiedenste Ämter inne. Von 1556–1558 war er Rektor des Prager Jesuitenkollegs. 1565 wurde er Superintendant des röm. Kollegs. Er war lange zuständig für diejenigen, die zu den Weihen zugelassen werden sollten. 1578 starb er in Löwen. Vgl. dazu PCE I, 622.

22 Heinrich Blyssem: Er wurde 1526 in Bonn geboren. Durch P. Leonhard Kessel kam er 1552 nach Rom ins Collegium Germanicum. Dort trat er in die Gesellschaft Jesu ein. Wie P. Tilia war auch er von P. Olave zum Doktor der Theologie befördert worden. Er war in Prag Katechet in der Domkirche und Hofprediger des Erzherzogs Ferdinand. Er war Oberer des Kollegs von 1561–1570. Von 1570–1575 war er in Graz tätig, wo er am 24.4. 1586 verstarb. Vgl. dazu PCE I, 619 Anm.

23 Cornelius Broghelmans oder Broegelmans wurde 1513 in Bruges in Belgien geboren. »Er hat 1545 mit den Unseren in Löwen zusammengewohnt. In Rom ist er 1546 in die Gesellschaft Jesu eingetreten.« Vor der Abreise ließ Ignatius ihn zusammen mit Johann Tilia in Rom zu Priestern weihen und erlaubte ihnen, nach ihrer Ankunft in Wien die Primiz zu feiern. In Prag ist er Minister und Hausbeichtvater gewesen. Nachdem er 1561 ins Wiener Kolleg kam, wurde er dort Hausbeichtvater und Kirchenpräfekt. 1565 war er Delegat der österreichischen Provinz bei der Generalkongregation. 1578 starb er im Alter von 65 Jahren. Vgl. dazu auch PCE I, 272 Anm. sowie *Chronicon S.I.* VI, 365.

24 Jaime de Tilla oder Johannes Tilianus (de Tilia, van der Linden) aus Geldern. In Rom wurde er zum Doktor der Theologie promoviert. Er war gelehrt in Philosophie und in der Grammatik des Nicolai Clenardi sowie in Mathematik. 1559 ist er in Loreto gestorben. Vgl. PCE I, 619.

25 Wilhelm von Geldern.

26 Peter Silvius hatte die Philosophie beendet und den Magistergrad erworben.

27 Bruder Gonsalvus stammte aus Kalabrien. Florian, der Italiener, besaß erst die notwendigen Kenntnisse, um in Grammatik Unterricht zu erteilen. Balthasar Sarum oder Sammarayer war aus Pfarrkirchen in Bayern. Für ihn galt dasselbe wie für Florian. Kasper Konger oder Griegher oder Kinger stammte aus Laibach und hatte dieselbe Ausbildung wie Florian und Balthasar. Bruder Bartholomäus stammte aus der Schweiz. Bruder Roger war aus Flandern.

28 P. Hieronymi Nadal, Apologia ... n. 81, in: FN II, 84.

29 H. Rahner, Ignatius als Mensch und Theologe. Freiburg 1964, 395.

30 MI *Epp.* X, 689–697. Teilweise übersetzt in: Ignatius von Loyola. Geistliche Briefe. Übertr. und eingel. von O. Karrer. Neu durchges. und vermehrt von H. Rahner. Einsiedeln 1942, 252–256, hier 253.

31 Ebd. 256.

32 *Chronicon S.I.* VI, 363.

33 Es drehte sich um Streitigkeiten zwischen Befürwortern und Gegnern des Laienkelches. Vgl. A. Kröß (s. Anm. 4) 76ff.

34 A. Kröß (s. Anm. 4) 93.

35 A. Kroess (s. Anm. 3) 29–30.

36 A. Kröß (s. Anm. 4) 95.

37 Vgl. PCE I, 620.

38 Vgl. PCE II, 28.

39 A. Kroess (s. Anm. 3) 30ff.

40 Ebd. 31–33.

41 Zit. nach A. Kroess (s. Anm. 3) 95.

42 Ebd. 99.

43 PCE I, 554.

44 Ebd. 551.

45 *Chronicon. S.I.* VI, 368–369.

46 Ebd. 554.

47 Ebd. 620.

48 Ebd. 552f.

49 Erzherzog Ferdinand an Albrecht V. von Bayern, Prag am 24. Juli 1556. In: PCE I, 769–770.

50 MI *Epp.* XII, 178f.

51 Ebd. 180.

52 PCE I, 617.

Bühnenprospekt: An den Kollegien wurden große »Jesuitentheater« aufgeführt.

Jesuitische Erziehung

Über 400 Jahre lang war die Erziehung der Jugend in den Kollegien eine Aufgabe, der die Gesellschaft Jesu mit viel Phantasie und Hingabe einen Gutteil ihrer Kräfte gewidmet hat. Niemand wird bezweifeln, daß es viel zu erzählen gibt. Die Archive sind voll. In der Erinnerung dämmern die Bilder glorreicher Institutionen, in denen Knaben höherer Abkunft mit dem hohen Anspruch aristokratischer Gesinnung im Dienst für Kirche und Staat konfrontiert wurden.

Aber vielleicht war es gar nicht so großartig? Vielleicht zeigt sich auch hier, daß die Glorie um so leuchtender wird, je weiter man sich vom Träger des Glanzes entfernt?

Können die Charakteristika jesuitischer Erziehung bewahrt werden, wenn die Zahl der in den Schulen heute tätigen Jesuiten immer mehr zurückgeht? Ist die Schule noch ein Ort, an dem Erziehung aus dem Geist glaubender Weltverbundenheit möglich ist? Verwandeln sich Schulen nicht immer mehr von Bildungs- zu Ausbildungsstätten, an denen der Leistungsdruck ein Bewußtsein der Verantwortung für größere Zusammenhänge gar nicht mehr aufkommen läßt?

Die Fragen gelten nicht den Schulen als Schulen. Sie gelten vielmehr dem Einsatz von Jesuiten in einem Bereich, der scheinbar immer weniger aus dem Geist des Ordens gestaltbar ist. Wird also von ihnen eine Sache angesprochen, die nur den Orden betrifft und außerhalb eines Sympathiesantenkreises irrelevant ist?

Die Gesellschaft Jesu steht, von Ignatius und seinen Gefährten her kommend, in der Tradition einer Geistigkeit, die um das Individuum, die Person des einzelnen, unverwechselbaren Menschen als den Inbegriff des Ganzen weiß. Die Zeit um 1500 ist im Abendland der geschichtliche Ort

einer für die Welt gänzlich neuen Erfahrung gewesen: Der einzelne Mensch wurde in seiner Einzigartigkeit als Repräsentant eines weit über ihn hinausgreifenden Zusammenhangs erkannt. In dieser Einsicht gründen Freiheit und Verantwortung des modernen Menschen. Ignatius und seine Gefährten erfuhren in der ganz persönlichen Beziehung zu Gott jene höchste Freiheit, die sie zur innigsten Verpflichtung im Dienst in der Kirche befähigte. Von diesem Ursprung her kommend ist die Gesellschaft Jesu durch die Geschichte hin für die Menschen innerhalb und außerhalb der Kirche Exponent einer Geistigkeit gewesen, welche dem Leben auf der Erde ganz neue Horizonte eröffnet hat.

In einer Zeit, in der dem Denken die Zusammenhänge immer mehr zersplittern in isolierte Teilbereiche, in der die zur Verantwortung befreite Person immer mehr in Gefahr ist, vom Sog einer Massenkultur mitgerissen, im Mechanismus sogenannter Sachzwänge versklavt zu werden, in einer solchen Zeit ist die Frage nach der Möglichkeit ignatianisch inspirierter Erziehung weit davon entfernt, nur ordensintern von Belang zu sein. Es geht um die Treue zu einer Geistigkeit, deren Erbe zum Kostbarsten gehört, was das Christentum der Menschheit anvertrauen konnte. Diese Treue kann der Orden selbst nur leisten in der Zusammenarbeit mit Laien, mit Männern und Frauen, die aus innerster Freiheit heraus sich verantwortlich wissen für andere. Mit P. V. J. Duminuco S.J. können wir fragen: Wie können wir dem heranwachsenden Menschen den Weg zwischen den Extremen von Fundamentalismus auf der einen Seite und säkularisiertem Neuheidentum auf der anderen Seite weisen? Was sind aktuelle Ansprüche an jesuitische Erziehung?

G. Schörghofer S. J.

V. Das Testament des Ignatius

Die Satzungen der Gesellschaft Jesu

Das »innere Gesetz«, »unsere Weise voranzugehen« und die »Satzungen«

Peter Knauer, Frankfurt am Main

In der Verfassungstheorie gibt es die Unterscheidung zwischen »Bewußtseinsverfassung«, »Gesellschaftsverfassung« und »geschriebener Verfassung«. Das den drei Begriffen gemeinsame Wort »Verfassung« meint die alle einzelnen Entscheidungen und Handlungen, welche das Zusammenleben betreffen, ermöglichende und tragende umfassende Grundhaltung und -ordnung. »Verfassung« will gemeinschaftliche zukünftige Entscheidungen nicht vorwegnehmen, sondern durch verläßliche Rahmenbedingungen ermöglichen. Sie ist der Grammatik einer Sprache vergleichbar, ohne welche die Sprache nicht zur Klarheit kommt.

Mit »Bewußtseinsverfassung« ist die Weise gemeint, wie im Bewußtsein der einzelnen ihr Zusammenleben mit anderen Menschen verfaßt ist, also etwa welche Bedeutung anderen Menschen im Bewußtsein der einzelnen zukommt, wie sie darin gleichsam repräsentiert sind. Man kann das Bewußtsein eines jeden einzelnen Menschen als eine Art inneres Parlament verstehen, in dem die anderen Menschen in einer Weise repräsentiert sind, daß ihnen ein Mitspracherecht zukommt. »Gesellschaftsverfassung« wird daraufhin die grundlegende Weise genannt, wie das tatsächliche Zusammenleben vor sich geht. Sie ist die Sache, um die es eigentlich geht. Die »geschriebene Verfassung« schließlich ist als eine Hilfe zu verstehen, eine gewünschte »Gesellschaftsverfassung« durch die Einwirkung auf die »Bewußtseinsverfassung« der einzelnen fortzuschreiben und verläßlich zu machen.[1]

Zwischen der »Bewußtseinsverfassung«, »Gesellschaftsverfassung« und »geschriebener Verfassung« besteht also Wechselwirkung. Ohne wenigstens einen Ansatz der rechten Bewußtseinsverfassung der einzelnen wird das tatsächliche Zusammenleben kaum gelingen, und die geschriebene Verfassung wird erst recht Papier bleiben. Aber wo das Verlangen nach einer Bewußtseinsverfassung besteht, in der die anderen Menschen aufrecht repräsentiert sind, kann die »geschriebene Verfassung« Informationen über die Wirklichkeit der »Gesellschaftsverfassung« bieten, die durch die Vermittlung des Bewußtseins in diese Wirklichkeit zu ihrer Förderung wieder eingespeist werden.

Im »Vorwort zu den Satzungen« der Gesellschaft Jesu (S 134 [Vorw.]) finden wir die dieser Terminologie entsprechenden Sachverhalte wieder.

Da ist zum einen im Sinn der Bewußtseinsverfassung die Rede von dem »inneren Gesetz der Liebe und Güte, welches der Heilige Geist in die Herzen schreibt und einprägt«.

Der Bewußtseinsverfassung entspricht als die Gesellschaftsverfassung der reale »heilige Dienst«, in dem die Gesellschaft Jesu von Gott bewahrt, geleitet und vorangeführt werden muß. Diese Gesellschaftsverfassung ist die grundlegende Weise, »gemäß unserem Institut auf dem begonnenen Weg des göttlichen Dienstes voranzugehen«.[2]

Die geschriebene Verfassung schließlich besteht in den »Satzungen« selbst, die als eine Hilfe für die Gesellschaftsverfassung gemeint sind.[3] Die »Satzungen der Gesellschaft Jesu« und ihre Erläuterungen beziehen sich »auf unveränderliche Dinge und müssen allgemein beachtet werden« (S 136 [Vorw.]). Deshalb kommt ihnen (und nicht nur der *Formula Instituti*) in der Gesellschaft Jesu tatsächlich der Rang einer geschriebenen Verfassung zu. Eine geschriebene Verfassung ist der Versuch, die prozeßhafte gesellschaftliche Situation in einer möglichst dauerhaften und sich selbst erfüllenden Weise zu definieren.[4]

Im folgenden wollen wir den verschiedenen Aspekten von »Verfassung« nun nachgehen.

»Bewußtseinsverfassung« in der Gesellschaft Jesu: »das innere Gesetz«

Als Ignatius und seine Pariser Gefährten unterwegs nach Rom waren, um sich dem Papst zur Verfügung zu stellen, begannen sie, sich »die Gesellschaft Jesu« zu nennen. Nadal berichtet darüber: »Der Name ist ›die Gesellschaft Jesu‹, und dieser Name wurde angenommen, bevor sie nach Rom kamen. Als sie unter sich besprachen, wie sie sich gegenüber jemandem nennen sollten, der sie fragen würde, was für eine diese ihre Gemeinschaft sei, die aus neun oder zehn Personen bestand, begannen sie damit, sich dem Gebet zu widmen und nachzudenken, welcher Name der angebrachteste wäre. Und angesichts dessen, daß sie untereinander kein Haupt hatten und keinen anderen Oberen als Jesus Christus, dem allein sie zu dienen wünschten, schien ihnen, sie sollten von demjenigen den Namen nehmen, den sie als Haupt hatten, und sich ›die Gesellschaft Jesu‹ nennen.«[5] So beginnt die Gruppe sich als Gruppe zu verstehen.

Als dann in Rom selbst der Papst begann, die ersten von ihnen auszusenden, entstand für die Gefährten dieses Problem: »Müssen wir für jene, die dorthin aufbrechen, Sorge tragen, oder sie für uns, und sollen wir voneinander Kenntnis haben, oder sollen wir uns vielleicht um sie nicht mehr kümmern als um die, welche außerhalb der Gesellschaft sind?« Das Ergebnis ihrer Beratungen war: »Schließlich entschieden wir positiv: nachdem der gütigste und liebevollste Herr sich gewürdigt hat, uns so schwache Menschen und die wir aus so verschiedenen Gegenden und Sitten stammen, miteinander zu einigen und zu versammeln, daß wir die Einigung und Versammlung Gottes nicht spalten dürften, sondern eher von Tag zu Tag bestätigen und festigen müßten. Wir sollten zu einem Leib werden, und die einen sollten für die anderen Sorge tragen und um sie wissen zum größeren Gewinn für die Seelen.«[6] Die Bewußtseinsverfassung der Mitglieder der Gruppe besteht hier in der Überzeugung, »Gottes Einigung und Versammlung« zu sein und deshalb für die ganze Gruppe und für ihre einzelnen Mitglieder Verantwortung tragen zu müssen.

Später in den Satzungen selbst findet diese Überzeugung der Gefährten, daß ihre Gemeinschaft von Gott zusammengeführt worden sei, ihren Ausdruck z. B. in der Einleitung zum zehnten Teil: »Weil die Gesellschaft, die nicht mit menschlichen Mitteln errichtet worden ist, mit ihnen weder bewahrt noch gemehrt werden kann, sondern nur durch die allmächtige Hand Christi unseres Gottes und Herrn ...« (S 812 [X]) Deshalb muß auch alles rechte Handeln von der Gemeinschaft mit Gott, die Ignatius »Vertrautheit mit Gott unserem Herrn« nennt (S 813 [X]), herkommen.

Die Bewußtseinsverfassung gegenüber den einzelnen Mitgliedern der Gesellschaft wird am prägnantesten in den Satzungen formuliert: »Sie sollen sich in allem darum bemühen und wünschen, den anderen den Vorrang zu geben, indem sie in ihrer Seele alle schätzen, als stünden sie über ihnen (*como si les fuesen superiores* = als wären sie für sie Obere [?]), und ihnen im Äußeren in religiöser Einfachheit und Schlichtheit die Ehrfurcht und Ehrerbietung erweisen, die der Stand eines jeden zuläßt, so daß sie, indem sie einander ansehen, in der Frömmigkeit wachsen und Gott unseren Herrn lobpreisen, den jeder im anderen als in seinem Bild wiederzuerkennen sich bemühen soll.« (S 250 [III])

Während sonst in den Satzungen immer wieder darauf hingewiesen wird, daß der Obere an der Stelle Christi steht, wird hier als umfassen-

dere Aussage formuliert, daß man überhaupt alle Mitbrüder als Christus ansehen soll. Dieses Verständnis ist eine Voraussetzung für den wahren Gehorsam, da dieser ja »nicht darauf sieht, wem man ihn leistet, sondern um wessentwillen man ihn leistet. Leistet man ihn allein um unseres Schöpfers und Herrn willen, so gehorcht man dem Herrn aller selbst. Deshalb darf man überhaupt nicht darauf sehen, ob er Koch des Hauses oder Hausoberer ist oder ob es dieser oder jener ist, der befiehlt. Denn man leistet – wenn man es in gesundem Verständnis nimmt – nicht ihnen noch um ihretwillen irgendeinen Gehorsam, sondern allein Gott und allein um Gottes unseres Schöpfers und Herrn willen.« (S 84 [Exam.])
Auf der anderen Seite wird in dem obigen Text (S 250 [III]) ausdrücklich zwischen der allen gegenüber gleichen inneren Haltung (»in der Seele«) und dem Verhalten »im Äußeren« unterschieden, wo durchaus auch der »Stand eines jeden« anerkannt wird.[7]
Mit solchen Standesunterschieden richtig umgehen und mit der eigenen Stufe zufrieden sein kann man überhaupt nur unter der Bedingung, daß man für sich selbst darum weiß und daran glaubt, »daß vor unserem Schöpfer und Herrn diejenigen mehr Verdienst haben, die mit größerer Güte aus Liebe zu seiner göttlichen Majestät allen helfen und dienen, ob nun in den bedeutenderen Dingen oder in den übrigen, eher niedrigen und demütigen«. (S 13 [Exam.])
Dieser Glaube wird im »Examen« dahingehend konkretisiert, daß man im Wissen um die Möglichkeit, auch »innerhalb des Hauses« Unrecht zu erleiden, danach verlangt, dem Gekreuzigten ähnlich zu werden und »also niemandem Böses mit Bösem, sondern Böses mit Gutem vergelten zu wollen«. (S 101f [Exam.])

Die »Gesellschaftsverfassung« des Ordens: »unsere Weise, in unserem Herrn voranzugehen«

In den Überlegungen der Exerzitien für eine »gesunde, gute Wahl« begegnet die Empfehlung, die eigenen Entscheidungen in der folgenden Weise zu objektivieren: »Einen Menschen anschauen, den ich nie gesehen noch gekannt habe, und, indem ich nun seine ganze Vollkommenheit wünsche, erwägen, was ich selbst ihm sagen würde, das er zur größeren Ehre Gottes unseres Herrn und zur größeren Vollkommenheit seiner Seele tun und erwählen solle. Und indem ich es ebenso mache, die Regel einhalten, die ich für den anderen aufstelle.« (EB 185)
Indem dieser Geist der Exerzitien sich in der Gesellschaft Jesu einen Leib schafft[8], entsteht eine Gemeinschaft, in der die Objektivierung der eigenen Entscheidungen sich nicht mehr nur im eigenen Kopf des einzelnen abspielt, sondern in der äußeren Realität selbst. Dafür ist bereits die Beratung der ersten Väter über die Gründung des Ordens das herausragende Beispiel: Anstatt daß jeder nur den eigenen Standpunkt darlegte, wollten die an der Beratung Beteiligten sich darum bemühen, daß ein jeder überhaupt alle ihm zugänglichen Gründe für und wider die Ordensgründung auch den anderen zugänglich machte. Diese sehr zeitaufwendige Methode wird später für den Alltag durch den Dialog mit dem Oberen ersetzt.
Für die Gesellschaftsverfassung des neuen Ordens ist der personale Gehorsam gegenüber dem unmittelbaren Oberen konstitutiv. Dieser Gehorsam stellt die flexibelste Weise dar, auf die sich ständig verändernde geschichtliche Lebenssituation einzugehen.[9] So tritt er an die Stelle der sonst weithin üblichen allgemeinen Regelungen und Vorschriften, die leicht zu

Siegelstock des Ignatius von Loyola, des ersten Generaloberen der Gesellschaft Jesu: SIGILLUM PREPOSITI SOCIETATIS IESU

Einengungen führen. Luis Gonçalves da Câmara erläutert dies im Memoriale: »Denn allgemein gesagt, war es nicht der Geist unseres Vaters, für Einzelübel universale Gesetze aufzustellen, [...] die die Guten binden und behindern« (n. 45). Tatsächlich verstehen auch die Satzungen selbst den Gehorsam in der Weise, daß »alle für das Wohl alle Macht haben« sollen und nur, »wenn sie schlecht handeln, alle Unterwerfung einzuhalten haben«. (S 820 [X])
Nach Satzungen 547 sollen wir »unsere ganze Absicht und alle Kräfte im Herrn aller darauf legen, daß der heilige Gehorsam in bezug auf die Ausführung, in bezug auf den Willen und in bezug auf den Verstand stets in allem vollkommen sei, indem wir mit großer Bereitschaft, geistlicher Freude und Ausdauer alles tun, was uns aufgetragen wird.« Dabei wird der größte Wert darauf gelegt, daß die Absicht und der Zweck, zu dem einer gesandt wird, »vollständig erläutert werde« (vgl. S 612 [VII]). Es handelt sich also um einen im höchsten Maß verstehenden und deshalb »lebendigen Gehorsam«. Damit ist unvereinbar die Vorstellung von einem Gehorsam ohne Verstand.[10]

Von seiten der Oberen soll den Untergebenen für die ihnen anvertrauten Aufgaben Rat und überhaupt jede mögliche Hilfe gegeben werden.[11] Damit die Oberen »mit um so mehr Eifer, Liebe und Sorgfalt« ihren Untergebenen »helfen und ihre Seelen vor verschiedenen Schäden und Gefahren, die einmal eintreten könnten, schützen können«, ist es allerdings »nicht nur sehr, sondern in höchstem Maß wichtig« – eine der stärksten Betonungen, die in den Satzungen vorkommt –, daß sie um deren Stärken und um die Schwächen wissen und sie völlig kennen, »um sie dementsprechend besser auszurichten, ohne sie über ihr Maß in größere Gefahren oder Mühen zu bringen, als sie in unserem Herrn in Liebe tragen können«. (S 92 [Exam.])

So soll die Gesellschaftsverfassung des Ordens letzten Endes darin bestehen, daß alle einander helfen. Die Aufgaben des Ordens sind solcherart, daß bei den Aussendungen, »wenn es möglich ist, nicht einer allein, sondern wenigstens zwei gehen, sowohl damit sie sich gegenseitig in den geistlichen und leiblichen Dingen mehr helfen, wie damit sie für diejenigen, für die sie gesandt werden, nützlicher sind, indem sie untereinander die Mühen im Dienst der Nächsten aufteilen«. (S 624 [VII])[12]

Die Gesellschaft Jesu würde dann ihrem Wesen am besten entsprechen, wenn jedem Mitglied noch mehr als am Gelingen der eigenen Arbeit daran läge, zum guten Gelingen der Arbeit des ihm zugeordneten Mitbruders beizutragen und zu helfen. In einer Gesellschaft von Menschen mit Fehlern und Schwächen, Eigeninteressen und Absichten gelingt das in der Praxis, wie zu erwarten, weithin nur teilweise.

Siegelabdruck

Die »Satzungen der Gesellschaft Jesu« als ihre »geschriebene Verfassung«

Das Ziel der Satzungen ist, »dem ganzen Leib der Gesellschaft und deren einzelnen Mitgliedern zu ihrer Bewahrung und Mehrung zur göttlichen Ehre und zum Wohl der gesamten Kirche zu helfen«. (S 136 [Vorw.]) Sie tun dies, indem sie die Erfahrungen der realen Gesellschaftsverfassung des neuen Ordens ausdrücklich schriftlich fixieren, aber auch durch die Angabe von Motivationen die dafür erforderliche Bewußtseinsverfassung zu fördern suchen. Die Satzungen ordnen ihre eigene regelmäßige Lesung an. (S 825 [X])

Die Satzungen bestehen zumeist nicht aus einfachen Vorschriften, sondern motivieren diese. Deshalb schreiben sie auch etwa dem Rektor mit der Vollmacht seiner Vorgesetzten die Aufgabe zu, von den Satzungen zu dispensieren, »wenn er bei einem einzelnen nach den Gegebenheiten und Notwendigkeiten und im Hinblick auf das größere gemeinsame Wohl glaubt, dies sei die Absicht dessen, der sie aufgestellt hat«. (S 425 [IV]) Erst recht kommt diese Aufgabe dem General selbst zu, der dabei auf das Ziel der Satzungen sehen soll, »das der größere göttliche Dienst und das Wohl derer ist, die in diesem Institut leben«. (S 746 [IX])

Dem entspricht auch, daß – abgesehen von den Gelübden – weder die Satzungen mit ihren Erläuterungen (die geschriebene Verfassung) noch die Lebensordnung (Gesellschaftsverfassung) »unter Todsünde oder läßlicher Sünde verpflichten können, wenn es der Obere ihnen nicht im Namen Christi unseres Herrn oder kraft des Gehorsams befiehlt, was bei den Dingen oder Personen geschehen kann, wo man glaubt, es sei für das Wohl eines jeden einzelnen oder das allgemeine Wohl sehr angebracht«. (S 602 [VI]) Damit sind die einzelnen Vorschriften der Satzungen in ihrer Verpflichtungskraft dem Urteil der Oberen unterstellt.

In den Satzungen begegnet häufig die Formulierung, eine bestimmte Anordnung gelte »im Regelfall (*por ordinario*)«. Damit ist nicht gemeint, es solle in der Mehrzahl der Fälle so gehalten werden, sondern es handelt sich nur um eine Art Beweislastregelung. Ein Vorangehen nach dem für den Regelfall Vorgesehenen bedarf keiner weiteren Begründung; wer von dem Vorgesehenen abweichen will, muß eine einsichtige Begründung haben. Eine solche könnte sogar in allen konkreten Fällen gegeben sein. So ist es auch typisch für die Satzungen, daß sie darin einüben, möglichst viele Handlungsalternativen zu bedenken, um dann die entsprechendste zu wählen.[14]

Durch welche Regelungen vor allem dienen die Satzungen der Bewahrung, Festigung und Förderung der bereits beschriebenen Bewußtseins- und Gesellschaftsverfassung? Von größter Bedeutung erscheint die Grundregelung, daß niemand in der Gesellschaft Jesu ein Oberenamt anstreben darf (wo ihm solches Streben nachgewiesen werden kann, erklärt ihn das Recht als unfähig zu einem solchen Amt).[15] Von der guten Auswahl der Oberen hängt der gute Stand des ganzen Ordens ab: »Denn wie diese sind, so werden übereinstimmend die Untergebenen sein«; ebenso hängt dieser gute Stand davon ab, daß die jeweils unmittelbaren Oberen große Vollmacht haben. (S 820 [X]) Es wird die Forderung aufgestellt, daß »man nicht eine Masse oder Personen, die für unser Institut nicht geeignet sind, zulassen darf« (S 819 [X]), »denn wie die große Menge von in ihren Lastern nicht gut abgetöteten Personen keine Ordnung erträgt, so auch keine Einheit, die in Christus unserem Herrn so notwendig ist, um den guten Stand und das gute Vorangehen dieser Gesellschaft zu bewahren«. (S 657 [VIII]) Die Kriterien zur Aufnahme in den Orden (S 147–162 [I]) haben eine überraschende Ähnlichkeit mit den Kriterien für die Generalswahl. (S 723–735 [IX]) Sodann regeln die Satzungen auch, wie man mit eventuellen Konflikten umgeht. Dafür sei auf die erstaunlich »liberale« Regelung der einvernehmlichen Aufstellung von Schiedspersonen (S 48f [Exam.]) verwiesen. Die Satzungen bekunden das große Interesse des Ordens, daß in allem mit gegenseitiger Klarheit und möglichst auch gegenseitiger Zufriedenheit vorangegangen werde, damit alle »desto beständiger und fester im göttlichen Dienst und in ihrer ursprünglichen Berufung verharren«. (S 18 [Exam.])

Anmerkungen

[1] Vgl. zu dieser Terminologie Dieter Suhr, Bewußtseinsverfassung und Gesellschaftsverfassung, Berlin 1975. Zur rechten Bewußtseinsverfassung gehört die »aufrechte« im Unterschied zur »verkehrten« Repräsentation anderer Menschen. »Aufrecht« repräsentiert sind andere Menschen im Bewußtsein, wenn man sich gemäß Röm 12,15 an ihrer Freude mitfreut und an ihrem Leid mitleidet; »verkehrt« sind sie repräsentiert, wenn man sich über ihre Freude ärgert und über ihr Leid triumphiert (vgl. ebd. 292–296).

[2] In den Satzungen selbst begegnet für die reale Gesellschaftsverfassung der Gesellschaft Jesu immer wieder der Ausdruck »unsere Weise, in unserem Herrn voranzugehen« oder auch »unsere Lebensweise«. Vgl. Exam. 92; S 152 (I); 216 (II); 321, 398 (IV); 547, 589 (VI); 624 (VII); 680 (VIII); zum Ausdruck »Lebensweise« vgl. S 527 (V), gleichbedeutend »Lebensordnung«, S 602 (VI).

[3] Man könnte das Verhältnis »unserer Weise voranzugehen« zu den »Satzungen« mit dem Verhältnis von Tradition und Schrift in der Kirche vergleichen: Der Sinn der Schrift besteht in der Tradition als der realen Weitergabe des Glaubens. In der Tradition überliefert die Kirche »alles, was sie ist, alles, was sie glaubt« (2. Vatic., Dei Verbum 8,2). Demgegenüber wäre der Glaube selbst die »Bewußtseinsverfassung« der Glaubenden.

[4] Vgl. D. Suhr (s. Anm. 1) 234.

[5] Vgl. FN 1, 203f.

[6] Vgl. MI *Const.* I, 3.

[7] In seinem »Bericht des Pilgers« (PB 52) hatte Ignatius erzählt, daß er eine Zeitlang gemeint hatte, niemanden mehr mit den ihm zukommenden Titeln anreden zu sollen; das Briefkorpus beweist, daß er in der Zeit seines Generalats von diesem mißverständlichen Verhalten völlig Abstand genommen hat.

[8] Vgl. Dominique Bertrand, Un corps pour l'Esprit – Essai sur l'expérience communautaire selon les Constitutions de la Compagnie de Jésus, Paris 1974.

[9] In einem »Weise, mit irgendeinem Oberen umzugehen oder zu verhandeln« überschriebenen Text sagt Ignatius, daß man auch nach ein- oder zweimaliger Entscheidung des Oberen verbleibende Gegengründe nach Ablauf etwa eines Monats erneut darstellen könne: »Denn die Erfahrung deckt mit der Zeit viele Dinge auf; und mit der Zeit verändern sie sich auch« (MI *Epp.* IX, 90f).

[10] Wenn es in S 547 (VI) weiter heißt, man solle sich im Gehorsam »wie ein toter Körper, der sich wohin auch immer bringen und auf welche Weise auch immer behandeln läßt« verhalten, dann ist damit wohl nicht der Vergleich mit einem »Leichnam« gemeint (wie die lateinische Übersetzung der Satzungen es nahelegt); »*cuerpo muerto*« kann jeden leblosen Gegenstand bezeichnen (vgl. auch »*como una cosa muerta*« in MI *Epp.* XI, 276). Der Gehorsam ist »blind« und »leblos« nur gegenüber dem Eigenwillen.

[11] Vgl. S 612–614 und 629–631 (VII).

[12] Wie anders lautet diese Regel als das, was Ignatius im Bericht des Pilgers (PB 35) von seiner ursprünglichen Auffassung erzählt, daß sich von anderen helfen lassen ein Mangel an Gottvertrauen sein könnte.

[13] Vgl. z. B. S 575 (VI): »... soll in Häusern der Gesellschaft im Regelfall für kein Mitglied der Gesellschaft selbst, weder einen Oberen noch einen Untergebenen, ein Reittier gehalten werden«, und die humorvolle Erläuterung: »Denn dann ist mehr auf das allgemeine Wohl und die Gesundheit der einzelnen zu achten als auf begrenzte oder immerwährende Dauer, und mehr als darauf, ob man auf eigenen oder fremden Füßen geht« (S 576 [VI]).

[14] Als Beispiele sei insbesondere auf die Erläuterungen zum Kapitel »Die Aussendungen durch den Oberen der Gesellschaft« (S 618–632 [VII]) sowie auf die Aufzählung der Möglichkeiten hingewiesen, wie die Vollmacht des Sekretärs des Generals umschrieben werden kann (S 801 [IX]).

[15] Vgl. bezüglich des Generals S 694–696 (VIII); sonst S 817 (X).

Die Korrespondenz des Ignatius

Zur gesellschaftlichen Dynamik eines Lebensprogramms*

Dominique Bertrand, Lyon

Die Korrespondenz des Ignatius von Loyola ist bisher nur wenig ausgewertet worden. Die Beschäftigung damit ist belastet von Mythen – sowohl im Blick auf den Gründer der Gesellschaft Jesu als auch, in der Folge, im Blick auf die Jesuiten und so grundsätzlich hinsichtlich des Verhältnisses von Politik und Glaube.

Die Korrespondenz des Ignatius wird tatsächlich verkannt, wenn wir dieses Wort »verkennen« in seinem exakten Sinn verstehen, das zwar eine gewisse Kenntnis einschließt, aber eine sachgerechte Beurteilung, die auf Vertrautheit mit den Briefen beruhen muß, verneint. Man kann dies ganz allgemein von allen Briefwechseln des 16. Jahrhunderts sagen – besonders wenn sie umfangreich sind. Gewiß kennt man seit den großen kritischen Ausgaben, die dem 19. und dem Anfang des 20. Jahrhunderts zur Ehre gereichen, diese voluminösen öffentlichen und privaten Sammlungen; man braucht nur an Namen wie Erasmus, Michelangelo, Luther, Calvin usw. zu denken. Sie dienen zwar als »Steinbrüche«, aus denen sich viele Auskünfte über Daten, Orte und auch »Psychologie« gewinnen lassen; man untersucht sie aber selten um ihrer selbst willen.

Dies gilt in ganz besonderer Weise von der Korrespondenz, mit der sich unsere umfangreiche Veröffentlichung[1] befaßt. Wenn man vom Brief über den Gehorsam (von 1553) und von den Anthologien absieht, tritt die erwähnte Korrespondenz – obwohl sie schon seit 1894 in den *Monumenta Historica Societatis Iesu* zugänglich ist – in den Bibliographien kaum auf. Diese Feststellung gilt sowohl für die Jesuiten-Autoren als auch – mit mehr Grund – für andere Historiker. M. Delumeau zitiert sie in seinen historischen Arbeiten über die Reformation ein einziges Mal nach der Auswahl, die in der *Collection Christus* herausgegeben wurde.[2] Erst M. Chaunu hat 1981 – und er sagt, daß es nicht ohne Einfluß meinerseits geschehen ist – eine entsprechende Rehabilitation in seinem Werk *Eglise, culture et société – Essais sur Réforme et Contre-Réforme: 1517-1620* geleistet. Die Korrespondenz des Ignatius hat wohl aufgrund des Zusammentreffens von drei Tatsachen Aufmerksamkeit gefunden: der Entdeckung einer quantifizierenden Methode der Geschichtsschreibung, der Verwirrung der politischen Ideologien[3] und der – ich möchte sagen: ökumenischen – Neubewertung, die Ignatius von Loyola und sein Werk allgemein gefunden haben.[4]

Ein wachsendes Netz von Adressaten und Anliegen

In einem ersten Schritt wollen wir skizzenhaft nachweisen, warum die Korrespondenz des Ignatius geeignet ist, diesen Mann zu entmystifizieren und, als Folge davon, eine gültigere Betrachtung seiner politischen Rolle zu fördern – was durchaus keine Vereinfachung dieser seiner Rolle und, allgemeiner gesagt, der politischen Verantwortung bedeutet, im Gegenteil. Wir zeigen dies in vier Schritten. Damit machen wir uns nicht nur vertraut mit dem Briefkorpus des Ignatius, sondern erhalten auch die Möglichkeit, sein politisches Anliegen genuin zu erfassen. Mit dem Ausdruck »politisches Anliegen« meine ich eine Wirklichkeit, die einfacher und deshalb weniger greifbar ist als das, was wir sonst unter »Politik« verstehen: Schon diesseits von Optionen und konkretem Engagement steht der Mensch mit seinem Leben als gesellschaftliches Wesen in einem Netzwerk von Tätigkeiten, die dem Wohl der menschlichen Gesellschaft dienen oder schaden.[5]

Das erste Kennzeichen, das die Korrespondenz

Wappen der Loyola über dem Schloßportal. Das alte baskische Adelswappen (14. Jh.) zeigt einen Kessel an einer Kette hängend, rechts und links zwei steigende Wölfe.

des Ignatius befähigt, sein politisches Anliegen auszudrücken, ist ihre Fülle. Sie hat sicherlich von allen edierten Briefwechseln des 16. Jahrhunderts den größten Umfang. Nimmt man alle abgesandten und empfangenen Briefe zusammen – also das, was man die aktive und die passive Korrespondenz nennen darf –, so kommt man auf 9178 Dokumente; davon sind allein 6815 von Ignatius abgesandte Briefe.[6] Um nur ein vergleichbares Beispiel zu erwähnen: Luther hat uns insgesamt 4337 Schriftstücke hinterlassen, von denen 3141 auf die aktive Seite gehören.[7] Es ist undenkbar, daß eine solche Fülle nicht auch politische Aussagekraft hätte. Dank dessen, was wir sonst über Ignatius wissen, wird diese Vermutung zur Gewißheit.

Erhärtet wird diese Gewißheit durch die unterschiedliche gesellschaftliche Stellung ihrer Empfänger. Das Bezugssystem dieser Korrespondenz erweist sie nicht als Austausch von Ideen mit Freunden oder als Sammlung mannigfacher Schmähreden gegen ausgesuchte Gegner, wie es bei Erasmus der Fall ist, sondern als Netzwerk von Beziehungen, das sich im Laufe der Entwicklung immer mehr erweitert. Die 26 uns erhaltenen Briefe, die vor der Gründung der Gesellschaft Jesu (durch die Bulle *Regimini Militantis Ecclesiae* vom 27. September 1540) datiert sind, umschreiben von Barcelona über Paris und Venedig bis Rom den europäischen, aber auch gesellschaftlichen Raum einer Brieffreundschaft, in dem Bürger, Adelige, Mitglieder des hohen und niederen Klerus und schließlich auch ein Gemeinwesen, nämlich seine Heimat Azpeitia, zu finden sind. Schon diese wenigen Briefe sind weit gestreut. Diese Streuung wird wachsen mit dem Wachstum der Gesellschaft Jesu: Ignatius wird an den Negus schreiben[8], an den Kanzler der Universität Löwen, an die adelige Mutter eines Gefährten, die ihren Gatten verloren hat[10], an einen Bürger von Venedig, der sich mit der Ausführung von testamentarischen Verfügungen seines in der Gesellschaft Jesu gestorbenen Bruders plagt[11] usw. Man ersieht aus den letzten Beispielen: Die Aufgaben, die auf Jesuiten zukommen, werden immer vielfältiger. Und auch die Mitbrüder, die Empfänger von 5301 Briefen aus der gesamten aktiven Korrespondenz des Ignatius, sind Vermittler, die das Netz der Beziehungen weiterspannen. Durch sie wird die Streuung verdoppelt, um es zurückhaltend zu sagen.

Ein weiteres Kennzeichen dieser Korrespondenz macht sie besonders geeignet, die Verwirklichung des politischen Anliegens zu bezeugen. Die Anthologien gaben ein täuschendes Bild davon wieder. Man wählte z.B. etwa zweihundert Briefe aus, die in besonderer

Kopfbüste des Ignatius unmittelbar von der Totenmaske in Gips abgenommen.

Weise das spirituelle Anliegen betreffen.[12] Wir wollen den Wert solcher Ausgaben keineswegs leugnen, und ihre Bedeutung wird noch augenscheinlicher, wenn wir die Frucht dieser Spiritualität ermessen, nämlich Wirken und Einfluß des Jesuitenordens. Man erlebt hier das Wachsen des Senfkorns. Der größere Teil der erwähnten Briefe aus der Zeit vor 1547 zeigt all das auf, was diese umherziehenden Vorkämpfer der katholischen Reform, die die ersten Jesuiten waren, geleistet haben. Nach 1547 geben sie in wachsendem Maße Zeugnis von dem außerordentlichen kulturellen und religiösen Werkzeug, zu dem die Bildungseinrichtungen des Ordens geworden sind: die Kollegien von Messina, Ferrara, Bologna, Rom, Wien bis Billom in der Auvergne, dem ersten Jesuitenkolleg in Frankreich (1556), bis Ingolstadt in Bayern, dem ersten Jesuitenkolleg in Deutschland (1556).
Am auffälligsten aber ist ein letztes, das die *Briefe und Instruktionen* – unter diesem Titel ist die aktive Korrespondenz in den *Monumenta Historica Societatis Iesu* herausgegeben – dokumentieren: Sie streiten nicht über Ideen; sie beschränken sich nicht auf eine Ideologie – nicht einmal auf diejenige, zu der auch der Glaube werden kann –, obwohl sie eben ein spirituelles Geheimnis bergen. Man kann zwar in der Fülle mühelos hundert Dokumente ausmachen, die in ihrem Gedankengang und durch ihre Zielsetzung eher theoretischer Natur sind. Ignatius behandelt Probleme der Erziehung, der Führung in Staat, Kirche und Orden, der Quellen von finanziellen Mitteln.[13] Aber man muß auch bei ihnen zwei Dinge beachten: Erstens fehlt in keinem dieser allgemein recht langen Dokumente die Sorge um ein unmittelbar praktisches Ziel – auch der berühmte Brief über den Gehorsam (1553) bildet da keine Ausnahme –, und zweitens bergen selbst die Geschäftsbriefe, die den Hauptteil der Sammlung ausmachen, immer auch Spuren dessen, was hundertmal als Grundthematik aufscheint. Hier liegt also der Schwerpunkt: *Briefe und Instruktionen* empfehlen sich vor allem dadurch, daß sie die Artikulation der Spiritualität und ihrer Themen verbinden mit der Praxis, der Durchführung aller Unternehmungen der werdenden Gesellschaft Jesu, die sich an der sie umgebenden Gesellschaft reibt und darin ihr Werk vollbringt.

Eine Methode, das Briefkorpus zu durchleuchten

Diese Feststellung ist von offensichtlichem Interesse für die Reflexion auf das politische Anliegen; die Verknüpfung von Theorie und Praxis ist ja – seit den Tafeln des Gesetzes vom Sinai, die dem goldenen Kalb der Hebräer entgegengestellt wurden; seit dem Streit des Sokrates mit den Sophisten bis zum gegenwärtigen Kampf liberaler und sozialistischer Ideolo-

Brief des Ignatius an Isabel Roser

Es ist mehr als ein Jahr her, daß wir – drei von der Gesellschaft – hier in Rom angekommen sind, wie ich mich erinnere, Euch geschrieben zu haben. Die beiden anderen begannen gleich, *umsonst* in der Schule der Sapienza zu lesen, der eine positive, der andere scholastische Theologie, und dies auf Geheiß des Papstes. Ich setzte mich ganz ein, anderen Geistliche Übungen zu geben und mitzuteilen, sowohl außerhalb wie in Rom. Darin waren wir übereingekommen, weil es von unserer Seite einige wissenschaftliche Gebildete oder Hervorragende gab, oder besser gesagt auf der Seite und zu der Ehre und dem Ruhm Gottes unseres Herrn, denn unsere Seite ist nichts anderes als Lob und Dienst für seine göttliche Majestät. Wir wollten so bei den Weltleuten keinen so großen Widerstand finden und danach freier ein heiligstes Wort verkünden können. Denn das Land roch danach, so trocken an guten Früchten und überfließend an schlechten zu sein.
Nachdem wir so durch diese Geistlichen Übungen (indem Gott unser Herr wirkte) einige zu unserer Gunst und Auffassung gewonnen hatten, und zwar Personen von großer wissenschaftlicher Bildung und großem Ansehen, dachten wir vier Monate nach unserer Ankunft, uns alle von der Gesellschaft in dieser selben Stadt zusammenzufinden. Und gleich bei unserer Ankunft bemühten wir uns, die Erlaubnis zum Predigen, Ermahnen und Beichthören zu erhalten. Der Legat gab sie uns sehr reichlich; doch in der Zwischenzeit gab man viele schlechte Informationen über uns an seinen Vikar, die die Ausfertigung dieser Erlaubnis behinderten ...
Gleichwohl wollten der Legat und der Gouverneur, welcher eine sehr gute Meinung von uns hatte, daß die Sache sowohl in bezug auf sie als auch in bezug auf uns in Schweigen verbliebe. Wir aber erbaten, wie wir es als gerecht ansahen – und viele Male –, daß schriftlich gegeben werde, was an unserer Lehre schlecht oder gut ist, damit das Ärgernis beim Volk aufgehoben werde. Wir konnten dies jedoch von ihnen nie erreichen, weder um der Gerechtigkeit noch um des Rechtes willen.
Von hier an wurden aufgrund des Schrekkens, der von der Justiz ausging, nicht mehr die Dinge über uns gesagt wie zuvor, zumindest nicht mehr so in der Öffentlichkeit. Und da wir nie durchbringen konnten, daß ein Urteil oder eine Erklärung in unserer Sache erging, sprach ein Freund von uns mit dem Papst, nachdem er aus Nizza zurückgekommen war. Er bat ihn, es solle eine Erklärung in der Sache ergehen. Und da der Papst es ihm bewilligte, es aber nicht ausgeführt wurde, sprachen auch zwei von unserer Gesellschaft mit ihm. Und da er danach von Rom nach einer Burg aufbrach, die sich in der Comarca befand, ging ich dorthin und sprach mit Seiner Heiligkeit allein in seinem Zimmer, ungefähr eine Stunde lang. Indem ich dort mit ihm ausführlich über unsere Vorhaben und Absichten sprach, erzählte ich ihm klar alle die Male, die man in Spanien und in Paris gegen mich einen Prozeß geführt hatte; ebenso die Male, die ich in Alcalá und Salamanca ge-

Vicenzo Carafa, Kardinal-Legat der Stadt Rom, erteilt Ignatius und seinen Gefährten am 3. Mai 1538 auf Lebenszeit die Erlaubnis, überall zu predigen und Sakramente zu spenden. Es handelt sich u. a. um Peter Faber, Diego Laínez, Nicolás Bobadilla, Simon Rodrigues, Paschasius Broët, Alonso Salmerón, Claude Jay und Jean Codure.

fangen war. Und dies zu dem Ziel, daß niemand ihn noch mehr informieren könnte, als ich ihn informiert habe, und damit er mehr bewogen werde, über uns eine Untersuchung durchzuführen, damit auf alle Fälle ein Urteil oder eine Erklärung über unsere Lehre ergehe.

Obwohl der Papst bei dem, was ich ihm sagte, Anlaß zu Verdacht hatte, nahm er es sehr gut auf. Er lobte unsere Fähigkeiten und ihre Anwendung auf gute Dinge. Und nachdem er eine Zeitlang gesprochen und uns ermutigt hatte (und gewiß mit Worten wie von einem wahren und geraden Hirten), befahl er also mit großem Nachdruck dem Gouverneur, welcher Bischof und sowohl im kirchlichen als auch im weltlichen Bereich Leiter der Justiz in dieser Stadt ist, er solle sogleich in unserer Causa tätig werden.

Und dieser führte von neuem einen Prozeß und bemühte sich eifrig. Und als der Papst nach Rom kam und da er viele Male öffentlich zu unseren Gunsten sprach, und zwar auch vor der Gesellschaft, weil sie gewohnt sind, vierzehntäglich zu gehen und beim Essen Seiner Heiligkeit zu disputieren, so hat dies einen großen Teil des Sturms gegen uns in die Flucht gejagt, und jeden Tag kommt besseres Wetter. So gehen also nach meinem Urteil die Dinge sehr, wie wir sie wünschen, zum Dienst und Ruhm Gottes unseres Herrn. Und wir werden bereits von den einen und anderen Prälaten bedrängt, wir möchten in ihren Gebieten (indem Gott unser Herr wirkt) Frucht bringen. Wir verhalten uns ruhig, um bessere Gelegenheit zu erwarten.

Jetzt hat es Gott unserem Herrn gefallen, daß in unserer Causa ein Urteil und eine Erklärung ergangen sind. Dabei geschah hier eine Sache, nicht ganz außerhalb von Verwunderung, und zwar: Über uns war ja hier gesagt oder veröffentlicht worden, wir seien Flüchtlinge aus vielen Ländern, und insbesondere aus Paris, aus Spanien und aus Venedig. Zur gleichen Zeit nun, in der das Urteil oder die Erklärung über uns ergehen sollte, befanden sich hier in Rom neu angekommen der Regent Figueroa, der mich einmal in Alcalá gefangengesetzt und zweimal einen Prozeß gegen mich geführt hat, und der Generalvikar des Legaten in Venedig, der auch einen Prozeß gegen mich geführt hat, nachdem wir angefangen hatten, im Herrschaftsgebiet von Venedig zu predigen, und Dr. Ory [= Dr. Ortiz], der ebenfalls in Paris einen Prozeß gegen mich geführt hat, und der Bischof von Vicenza, wo drei oder vier von uns eine Zeitlang gepredigt haben. Und so gaben sie alle Zeugnis über uns. Ebenso sandten die Städte Siena, Bologna und Ferrara ihre amtlichen Zeugen hierher. Und der Herzog von Ferrara sandte nicht nur Zeugnisse; er nahm sich sehr persönlich der Sache an wegen der Unehre, die Gott unserem Herrn an uns angetan wurde. Er schrieb mehrmals an seinen Gesandten und an unsere Gesellschaft und nahm die Sache als seine eigene. Denn er sah die Frucht, die in seiner Stadt entstanden war, und ebenso auch in anderen Städten, durch die wir gegangen sind (in dieser hier [gemeint ist Rom] ist es nicht wenig gewesen, daß wir uns bewahren und durchhalten konnten).

Und dafür sagen wir Gott unserem Herrn Dank: Seit wir begannen, haben bis zum

Immer wieder hatte Ignatius Schwierigkeiten mit der Inquisition. Wie er in seinem Brief an Isabel Roser schreibt, war er in Alcalá und Salamanca im Gefängnis.

gegenwärtigen Zeitpunkt niemals zwei oder drei Predigten an jedem Fest gefehlt, ebenso jeden Tag zwei Vorlesungen; andere befassen sich mit Beichthören und andere mit Geistlichen Übungen. Jetzt, da das Urteil ergangen ist, hoffen wir, an Predigten zuzunehmen und auch in der Unterweisung von Knaben. Und obwohl die Erde unfruchtbar und trocken ist und der Widerstand, den wir hatten, so groß war, können wir wahrheitsgemäß nicht sagen, daß wir nichts zu tun gehabt hätten und daß nicht Gott mehr gewirkt hat, als unser Wissen und Verstehen erfassen kann ...

Aus Rom, 19. Dezember 1538.
An Güte arm,

IÑIGO

gien – der Königsweg, um ein »politisches« Anliegen recht zu orten. Es lohnt sich deshalb die Mühe, näher zu bestimmen, wie die *Briefe und Instruktionen* die ignatianische Spiritualität in den Dienst an den gesellschaftlichen Problemen stellen, deren Lösung im 16. Jahrhundert ebenso schwierig war wie in unserer Zeit, wie Fragen um den Katechismusunterricht und die Wallfahrtspflege, vom Unterrichtswesen ganz zu schweigen.

Drei Grundregeln ermöglichten es, die Fülle der zwölf »Quartbände« zu meistern und sich nicht in Spekulationen zu verlieren. – Die erste fordert die Umkehrung einer verbreiteten Tendenz, nach der man die Korrespondenzen für ihnen fremde Zwecke »ausschlachtet«: *Briefe und Instruktionen* sind also nicht (nur) dazu da, die Exerzitien, die Konstitutionen oder die Autobiographie zu erklären. – Die zweite Regel sagt: Um nicht aus einem Text weggetrieben zu werden, der schon von selbst ständig über sich hinausweist, muß man sich zweifach absichern: Den ersten Anker bilden die Sammlungen von einzelnen Stücken, die auf die gleiche exakte Frage antworten; die andere Sicherung ist uns gegeben durch den Computer. Ich habe mit meiner Arbeit zu früh begonnen und bin darum nicht durch seine »Zucht« gegangen; trotzdem habe ich von Hand die 33980 Fundorte von 398 Wörtern mit gesellschaftlichem und politischem Gehalt gesammelt – eine Sortierarbeit von Jahren. – Die dritte Regel lautet: Man darf von den Wörtern nicht das gleiche wie von den Texten verlangen. Wörter lassen eine Hypothese entstehen; aber erst die Texte selbst können diese Hypothese bestätigen.

Es ist nützlich, diesen »modus procedendi« (Weise des Vorgehens) zu erwähnen – nicht nur weil die Sorge um die Methode typisch ignatianisch ist[14], sondern weil sie bei der Bearbeitung anderer Briefsammlungen helfen kann und zeigen soll, daß das, was im folgenden dargelegt wird, nicht den *Briefen und Instruktionen* übergestülpt worden ist. Wir wollen diese vielmehr kennenlernen in ihrer eigenen Bewegung während der langen Lehrzeit, durch die Ignatius fähig geworden ist, einige Dinge zu schaffen, die »nicht ganz nutzlos« waren für die Gesamtgesellschaft. Mit Absicht verwende ich hier eine bescheidene Formulierung für eine Sache, in der sich sowohl die Verfolgung der Gegner als auch die Verehrung der Jünger durch die hochtrabenden Worte eines Mythos fehlleiten ließen. Man erzählte schon in Rom um das Jahr 1545, die Gesellschaft Jesu, die damals noch keine hundert Mitglieder zählte, »wollte die ganze Welt reformieren«[15]. Auch heute, wo sie über 24000 Mitglieder zählt, hätte Ignatius allen Grund, von ihr zu sagen: »Sie ist eine ganz kleine Realität« in der Kirche und in der Welt.[16] Ich weiß nicht, ob das Wort »small is beautiful« Gültigkeit hat; aber ich bin mit Ignatius überzeugt, daß, wer sich groß glaubt, sich unfähig macht zur Führung wichtiger Geschäfte.[17] »Der Feind der menschlichen Natur«, der auch der Feind der Jesuiten ist, weiß dies sehr gut.[18]

Das unbedingte Ziel und die Relativität der Mittel

So nimmt Ignatius von Loyola in dem Jahrhundert, in dem »die politische Philosophie ihren Aufschwung« erlebt (Pierre Mesnard)[19], einen Platz ein, dessen Originalität vielleicht noch stärker aus der Korrespondenz als aus großen Werken aufleuchtet. Als ebenso großer Realist wie Machiavelli und ebenso durchdrungen von Gottes Herrschermacht wie Savonarola lebt der Heilige einen Glauben, der zugleich entschieden anti-utopisch wie von der Sorge getrieben ist, Gott zu suchen und zu finden – nicht in einem Ideal, sondern in allen Dingen, die Dinge der Politik mit einbegriffen.[20] Drei Perspektiven mögen diese Originalität aufleuchten lassen und damit zum entscheidenden und persönlichsten Punkt hinführen.

Erstens: Die Korrespondenz wächst offensichtlich mit den Jahren. In quantitativer Sicht führt dieses Wachstum bis zu durchschnittlich drei Briefen pro Tag in der letzten Periode.[21] Aber auch ein qualitatives Wachstum, das heißt die Verbreiterung der Beziehungen, läßt sich feststellen. Dank der Auszählung der Stichworte kann man die Etappen dieser gesellschaftlichen Verdichtung verfolgen. Von 1524 bis 1537 (Ankunft in Rom) pflegt Ignatius seine Freundschaften. Ab 1537 kommt dazu der Kontakt mit dem kirchlichen Apparat, vom hohen bis zum niederen Klerus; ab 1540 knüpft er Beziehungen mit der Welt der Regierenden, und ab 1547 beginnt seine Beschäftigung mit dem Schulwesen. In Verbindung damit gerät er in den Strom des Geldes, das durch die Hochfinanz von der iberischen Halbinsel nach Italien über Medina del Campo und Genua, Neapel, usw. beherrscht wird. Die Kollegien und Universitäten haben einen Riesenhunger nach Gulden und Dukaten.

Dazu kommen in den letzten Jahren wegen der Lasten der Kollegien noch die Handwerker und auch die Bauern, deren Arbeit die unentbehrlich gewordenen Pfründen immer notwendiger macht. Diese Linie umschreibt die Verflechtung mit der gesamten Gesellschaft. Zwar treten nicht alle Schichten gleichermaßen in Erscheinung, aber alle begegnen uns. Es werden alle Bereiche der Gesellschaft durchschritten, und jedes neu entdeckte Milieu öffnet sich zu weiteren Gesellschaftsschichten.

Das ist der zweite Punkt. Ignatius ist vorbehaltlos im Blick auf die ganze Gesellschaft, die weiter reicht als verschiedene Kreise und Stände. Keine Beziehung bekommt ein solches Gewicht, daß nicht auch eine andere, die neue gesellschaftliche Räume erschließt, ihren Platz erhält. Das gilt auch vom Kreis der kirchlichen Würdenträger, durch die Ignatius, als er sich in Rom niederläßt, Zugang in neue gesellschaftliche Schichten findet, und es wird sich in allen anderen Beziehungen bestätigen.

Hier wird eine wichtige Unterscheidung sichtbar – und sie ist der Motor allen politischen und gesellschaftlichen Wirkens bei Ignatius: die Unterscheidung von Ziel und Mitteln. Die Korrespondenz liefert dafür den Nachweis, den die Exerzitien und die Satzungen bestätigen. Ignatius hat bedingungslos die Kirche zum »Ziel«, was sich – eben in der Sicht des Zieles – verbindet mit der Gesellschaft als »Ziel«. Es geht um die gesamte Menschheit, die sich nach einem Ausdruck, der den ersten Gefährten teuer war, aus »Gläubigen und Ungläubigen« zusammensetzt. Hieran mißt sich die »Mission«. Alles andere – unter Einschluß der kirchlichen Hierarchie – gehört in die Ordnung der Mittel. Die politische und gesellschaftliche Klugheit des Gründers der Gesellschaft Jesu schwankt nie im Blick auf das Ziel, aber sie wandelt sich bei der Abwägung der Mittel, zu denen schließlich auch die verschiedenen Bereiche der Gesellschaft gehören. In dieser Sicht ist selbst der Papst, dem die Jesuiten als Körperschaft durch ein besonderes Gelübde verbunden sind, in keiner Weise ein absoluter Fixpunkt angesichts der missionarischen Sendung. Auch der Papst ist ein Mittel, das verhindern hilft, daß man sich in selbstgesteckten Zielen der Mission festbeißt.[22]

Ignatius steht zwischen Machiavelli und Savonarola. Das Abwägen der Mittel und der

Unterschrift des Ignatius von Loyola

menschlichen Beziehungen, also aller gesellschaftlichen Kräfte (Machiavelli), ist um so notwendiger, als einzig das Ziel einer immer größeren Verherrlichung Gottes im Menschen erstrebt wird (Savonarola).
Das führt zur dritten Perspektive. In jenem Abschnitt seines Lebens, der für die Geschichte zählt, also die Zeit seiner Bekehrung, wurde für Ignatius ein gesellschaftliches Milieu nur wichtig, wenn er in ihm über Ereignisse und eigenes Suchen die positive Kraft einer Macht, eines irgendwie gearteten Einflusses erfuhr. Solange ein Milieu nicht zu einer zwar begrenzten, aber echten und wirksamen »Macht« zurückgeführt ist, das heißt, solange es nicht als gesellschaftlich und zwischenmenschlich bedeutsam erfahren wird, kann es nur die »Eitelkeit« hervorbringen – ein ignatianisches Wort, das die gesellschaftliche Unfruchtbarkeit bezeichnet.[23] Nur durch die Macht, die ihm eigen ist, kann ein Milieu als ein wirkliches Mittel für das Ziel gelten. Macht, die Einfluß und aktive Kommunikation ermöglicht, ist für sich allein gesehen gut. Nichts geschieht ohne sie, mag es sich um den Papst, die Könige, die Universitäten, die Handelsleute, das arbeitende oder rebellierende Volk handeln. Und sie bildet, wenn man sie ihres Glanzes, der einzig dem Ziel zukommen darf, entkleidet, den Gegenstand täglicher Wachsamkeit und Klugheit. Schließlich ist jede Macht, wenn sie auf den bescheidenen, ihr zukommenden Platz zurückgeführt wird, Bild des Schöpfers und Herrn, der sie schenkt und zum Dienst bestimmt.[24]

Je realistischer im Glauben ...

Diese drei Perspektiven, die wir zu zeichnen versuchten, weisen einerseits auf die kleinen und großen Entscheidungen hin, aus denen die Unternehmungen der werdenden Gesellschaft Jesu geboren sind. Sie führen aber auch zurück zur Bekehrung des Ignatius. In der Kammer des Rekonvaleszenten von Pamplona ereignete sich der Übergang von der »Eitelkeit« zur Wirklichkeit. Die späteren Entscheidungen sowohl im psycho-spirituellen als auch im sozial-spirituellen Bereich haben hier ihren Ursprung. Gott machte es dem Jüngsten der Familie, dem zweimal im Leben ein schlechter Start widerfuhr[25], möglich, sich von seinem langen, unfruchtbaren Traum zu befreien und einen weiten Weg zu beginnen, der endlich zum Ziel führte. Indem Ignatius seine Ritterträume und seine unwirklichen Heldentaten in einem harten Ringen, von dem die Autobiographie einen exakten Bericht gibt[26], austauschte gegen das, was der Schöpfer und Herr Tag für Tag schenkt, hat Ignatius jene Bedeutung erlangt, die ihm ein jeder – wohl oder übel – zuerkennen muß.
Wenn wir die Ursprünglichkeit der praktischen Vorstellungen des Ignatius von Loyola auf dem Feld der Politik betrachten, führen uns die erwähnten Perspektiven zu folgender

Formulierung: Wir begegnen einem Wirklichkeitssinn, der immer mehr von (Sach-)Ehrfurcht gegenüber allem erfüllt wird, je mehr der Glaube seine Einheit findet im Ursprung, dem einzigen Schöpfer und Herrn, und damit im Ziel, nämlich der einen Menschheit, die noch geschieden ist in Gläubige und Ungläubige, in der aber schon für die Arbeiter des Weinbergs eine Rebe zu reifen beginnt.[27]

Die Inventur eines Briefmonuments machte es möglich, einen Mythos auf die ihm zugrunde liegende Realität zurückzuführen. Im Hintergrund stand das 16. Jahrhundert, das einen, wenn nicht sogar den Mutterboden der großen gesellschaftlichen Ideologien von heute bildet. Dabei ging es um das Verständnis eines Mannes, in dem sich Ideal (der je größere Gott) und Wirklichkeit (politischer Einfluß und gesellschaftliche Macht) verbanden, ohne sich gegenseitig aufzuzehren oder zu paralysieren. Bescheidener gesagt: Es ging um die unbeschwerte und nützliche Erkenntnis des Beitrags, den Ignatius und seine Gefährten und Nachfolger dem europäischen Menschen erwiesen haben zu der Zeit, als dieser sich selbst bewußt wurde.

Anmerkungen

* Dieser Beitrag geht auf ein Referat des Verf. zurück, das er am 19. April 1985 in Clermont gehalten hat. Die dt. Fassung von J. Sudbrack u. J. Stierli erschien in: GuL 59 (1986) 261–269.

1 D. Bertrand, *La Politique de saint Ignace de Loyola. Analyse sociale.* Paris 1985; schon 1966 schrieb der Verf. in dem Beitrag *Pour un politique méditerranéenne* über den Brief des Ignatius vom 6. August 1552, in: Christus 13 (1966) 538–553.

2 *Naissance et affirmation de la Réforme,* Paris 1965, 166f, n.2.

3 Vgl. neuestens P. Valadier, *Libéralisme. Notre avenir radieux,* in: Etudes 362 (1985) 159–173.

4 Vgl. J. Delumeau, (Anm. 2), 295.

5 Vgl. Aristoteles *Politik* III, IV.

6 Vgl. D. Bertrand (s. Anm. 1) 38f (Tabellen a und b).

7 Ebd. 39 (Tabelle b).

8 Vgl. MI *Epp.* VIII, 460–477.

9 Vgl. ebd. I, 675–679.

10 Vgl. ebd. X, 54f.

11 Vgl. ebd. IX, 657f.

12 In den *Obras completas de S. Ignacio de Loyola,* Madrid [4]1982, haben I. Iparraguirre und C. de Dalmases ihre Auswahl von 177 Briefen noch mehr aufgegliedert.

13 Vgl. D. Bertrand (s. Anm. 1) 91 (Tabelle e).

14 Vgl. P. Arrupe, El modo nuestro de proceder, in: ARSI 17 (1979) 653–690.

15 Ml *Epp.* I, 447.

16 Dieser Ausdruck, der Ignatius teuer war, findet sich im ersten Satz des Prologs zu den *Satzungen.* (S 134).

17 Vgl. dazu das 1. Kapitel des 4. Teiles von *La Politique de saint Ignace de Loyola* (s. Anm. 1) 473–547.

18 Vgl. dazu die letzten drei Regeln zur Unterscheidung der Geister in der Ersten Woche der Exerzitien, EB 325–327.

19 *L'Essor de la philosophie politique au XVIe siècle.* Paris 1936.

20 »Gott suchen und finden in allen Dingen« ist ein Ausdruck, der bei Ignatius oft wiederkehrt; vgl. dazu J. Stierli, *Ignatius von Loyola »Gott suchen in allen Dingen«,* Olten [2]1985.

21 Vgl. D. Bertrand (s. Anm. 1) 38 (Tabelle a).

22 Vgl. D. Bertrand, *Un corps pour l'Esprit,* Paris 1974, 137–141.

23 Mit diesem Ausdruck beginnt die Autobiographie; vgl. PB 1.

24 Vgl. dazu den vierten Punkt in der Exerzitienbetrachtung: »Um Liebe zu erlangen«, EB 234.

25 1515 war Ignatius in einen noch wenig aufgehellten Prozeß verwickelt; 1521 wurde er, als ihm das Glück wieder zu lächeln schien, endgültig aus der Bahn der weltlichen Karriere geworfen.

26 Vgl. D. Bertrand (s. Anm. 1) 45–49.

27 Öfters spielt Ignatius auf das Gleichnis von den Arbeitern im Weinberg (Mt 20, 1–16) an, z.B. S 135.603.

»Den Seelen helfen.«

Dieser Ausdruck findet sich ungezählte Male in den Schriften des Ignatius. Und dieses Motiv hat ihn auch zum Motor einer katholischen Reformation gemacht, die mit dem Wort »Gegenreformation« nur zum Teil gekennzeichnet ist. Erneuerung im Glauben und in der christlichen Lebensführung bei »Klerus und Volk« war Ziel seiner Bemühungen in Spanien und in Italien und zunächst auch in den Ländern nördlich der Alpen. Und nur, weil dort zur selben Zeit und in ganz ähnlicher Einschätzung der Verhältnisse andere Versuche einer Reform der Kirche diese Kirche selbst in Frage gestellt haben und damit die innere Einheit christlicher Staaten zu bedrohen schienen, hat die »katholische Erneuerung« kämpferische Züge erhalten. Daß aber, was man heute »Gegenreformation« nennt, nicht einfach Ablehnung jeder Reformation war, sondern eine wirkliche Reformation dieser Kirche und der Menschen in ihr zum Ziel hatte, das läßt sich ebenfalls aus vielen Briefen und Anordnungen des Ignatius erkennen. So etwa schreibt er noch im Februar 1556, einige Monate vor seinem Tod, an die Patres in Prag, daß sie in ihren Predigten (zunächst in deutscher oder lateinischer Sprache – bis es auch auf böhmisch geht!) vor allem auf die Begründung und Befestigung der katholischen Glaubenswahrheiten bedacht sein sollen, und er fügt hinzu: »In allem lasse man die Zuhörer seine Liebe und das Verlangen für das Heil auch der Andersgläubigen erkennen und hüte sich vor Streitereien ...« Wenn es nach ihm gegangen wäre, hätte er wahrscheinlich sein ganzes Leben im Heiligen Land zugebracht. Darum ist er unter vielen Schwierigkeiten auch dorthin gepilgert, um die Heiligen Stätten zu besuchen und den Seelen zu helfen, ganz als der einfache Laienchrist, der er war. – Erst als man ihn von dort unter Androhung der Exkommunikation wieder heimschickt, kommt er schließlich immer mehr zur Überzeugung, daß er eine Zeitlang studieren soll, wieder aus dem einen und einzigen Grund, um den Seelen besser helfen zu können! Zwei Jahre büffelt er in Barcelona Latein. Als Freizeitbeschäftigung kennt er wieder nur die Seelenhilfe und beginnt ernsthaft daran zu denken, einige Männer zu einem »Bund« zu vereinigen, die dann gleichsam die »Trompeten Christi« sein könnten, wie er selbst es ausdrückt. Mit der bestandenen Reifeprüfung in der Tasche, dreiunddreißigjährig bereits, geht er nach Alcalá und Salamanca, dann nach Paris, um dort philosophisch-theologische Vorlesungen zu hören.
So wird Ignatius und werden die Gefährten, die dann bei ihm bleiben, schließlich »Magistri« der Pariser Universität und lassen sich auch zu Priestern weihen, einfach, weil anders der größere Dienst Gottes und die Hilfe an den Seelen offenbar nicht zu leisten ist in dieser Kirche, die sie lieben und für deren Reform sie sich einsetzen wollen.
Seit seinen eigenen Exerzitien steht ihm dabei ein Bild vor Augen: das des um die Menschen bemühten Christus.

L. Wallner S.J.

Im Banne des Orients

Werdegang und Zukunftsorientierung des hl. Ignatius von Loyola

Edward Farrugia, Rom

Iñigo wurde im Jahre 1491 geboren, ein Jahr bevor Christoph Kolumbus die Neue Welt entdeckte. Aber das Kreuz, das dieser auf der Brust trug, erinnerte an die alte Idee der Kreuzzüge, und das wies in Richtung Orient.[1] Ein Jahr nach der Geburt des Iñigo wurde die *Reconquista,* die Rückeroberung der alten spanischen Heimat aus der Herrschaft der Muslimen, abgeschlossen, die das Schicksal der spanischen Halbinsel für mehr als 700 Jahre bestimmt hatten. Damit fiel das Tor hinter einer untergehenden Welt zu, und zugleich tat sich ein anderes zu einer neuen Welt auf, durch die Kirche und Staat zunächst einmal überfordert zu sein schienen. Dem hl. Ignatius gelang es in origineller Weise, Altes und Neues zu verbinden. Aber der »Stern«, nach dem er sich richtete, blieb für ihn in allem, was er lebte, derselbe: der Orient.

Lebensorientierung

Das erste geistliche Erwachen Iñigos, als er noch auf dem Krankenbett in Loyola lag, fiel mit einem geradezu existentiellen Interesse am Orient zusammen. Damals begann er, Ausschau zu halten nach Modellen, nach denen er sein Leben hätte ordnen können. Eines von ihnen war der hl. Onophrius, ein Einsiedler in der ägyptischen Thebais, der wohl gegen Ende des vierten oder am Anfang des fünften Jahrhunderts starb.[2] Er ernährte sich lediglich von Kräutern und zog praktisch nackt umher. Sein Einfluß auf Iñigo war nachhaltig: Dieser fastete, bis er seine Gesundheit zugrunde gerichtet hatte, schnitt sich die Nägel nicht, rasierte sich halbseitig und auf seinem Programm standen nur noch »heilige Torheiten«. So ahmte Iñigo jene Art von Heiligen nach, die im Osten in eine Sonderkategorie gehört und die auf griechisch *salos* und auf russisch *yurodivy* genannt werden: der Narr um Christi willen.[3] Freilich stand Onophrius nicht allein: Mit ihm wirkten auf Iñigo u.a. die Heiligen Franziskus und Dominikus. Aber als er noch während seiner Genesung durch verschiedene Geister hin und her getrieben wurde, fand Iñigo beständigen Trost im Gedanken, »barfuß nach Jerusalem zu gehen und nur noch wilde Kräuter zu essen und alle anderen Kasteiungen auf sich zu nehmen«. (PB 8) Aus dem heillosen Durcheinander seines sündhaften Lebens fand er heraus, indem er sich dem Orient zuwandte.

Das Jerusalem des Ignatius

Aus Jerusalem zurückgekehrt, faßte Ignatius den Entschluß, sich auszubilden, um den Seelen helfen zu können. Daß ihm Jerusalem aber immer noch als Ideal vorschwebte, zeigt das Gelübde, das Ignatius und seine Pariser Gefährten am 15. August 1534 auf dem Montmartre ablegten: Sollten sie eine Fahrgelegenheit in den Nahen Osten finden, dann wollten sie in Jerusalem für den Rest ihrer Jahre dort pastoral tätig sein. Daß ihr Weg sie dann nach Rom führte, hatten sie am Montmartre zwar als Möglichkeit erwogen, diese aber von Anfang an als »Notlösung« im Hinblick auf ihren Plan, den Seelen zu helfen, angesehen. Schon die Zeitgenossen des Ignatius empfanden es aber als erstaunlich, daß der Verkehr mit dem Hl. Land in einer Zeitspanne von mehreren Jahrzehnten einzig in jenem Jahr, da die Pariser Magistri so sehnsüchtig auf ein Pilgerschiff warteten (1537/38), aufgrund des Krieges zwischen Venedig und der Türkei völlig zusammenbrach.[4]

Nach seiner Priesterweihe in Venedig schob Ignatius die Primiz um ein Jahr auf, da er wohl

damit gerechnet hatte, seine Erste Messe im Hl. Land feiern zu können. Als das hinfällig geworden war, wartete er noch sechs Monate, um diese an Weihnachten am Krippenaltar der römischen Basilika Santa Maria Maggiore zu zelebrieren. Für die römische Liturgie galt diese Kirche praktisch ebensoviel wie Bethlehem selber. In ihrer jetzigen Grundform unmittelbar nach dem Konzil von Ephesus (431) erbaut – nach jenem Konzil, das als Folge der personalen Einheit von Gott und Mensch in Jesus seiner Mutter den Titel Theotokos (Gottesgebärerin, Mutter Gottes) zuerkannte – wurde die Basilika schon im sechsten Jahrhundert »Sancta Maria ad Praesepe« genannt. Von dieser Basilika rühmte man, daß sie nicht nur mit die ältesten Mosaiken der Christenheit besaß, sondern auch die Krippe von Bethlehem und noch vieles, was an das Hl. Land und an den Orient erinnerte. Deshalb feierten die Päpste die Weihnachtsmette in Santa Maria Maggiore, eine Praxis, die bis 1075 dauerte, als Gregor VII. während der Weihnachtsliturgie vom Pöbel gefangengenommen wurde. In dieser Basilika hatten die Slawenapostel Cyrill und Method Ende 867 oder Anfang 868 die von ihnen ins Slawische übertragenen Bücher gelassen, als sie in Rom die Unterstützung des Papstes für ihre Mission suchten und fanden. Kurz, die Basilika Santa Maria Maggiore ist eine traditionsreiche Brücke zum Orient.[5]
Man wird bei der ignatianischen Andacht für das Hl. Land unwillkürlich an die östliche Verehrung für die Ikone erinnert. In ihr sucht man dem Durchgang des Herrn in der Zeit auf die Spur zu kommen, um sich möglichst ganzheitlich mit ihm zu identifizieren. Es ist wie bei jedem tiefen, aber vereitelten Verlangen: Je schwieriger seine Erfüllung sich erweist, umso mehr äußert es sich im Ersatzhaften. Jerusalem war nunmehr die Hl. Stadt seiner Träume, die es unbedingt wiederzuerobern galt. Man denke etwa an den berühmten Flottenplan des Ignatius, den er Kaiser Karl V. unterbreitete. In diesem Zusammenhang sind auch die vom Kreuzzugsgedanken geprägten Betrachtungen vom Ruf des Königs und den Zwei Bannern in den Exerzitien zu verstehen.[6] Die Kreuzzüge waren abendländische Wallfahrten, als Waffengang gestaltet.[7] Auch die Sorge um die heiligen Stätten, an denen Jesus gelehrt und gewirkt hat und die durch sein Leiden und Sterben im Licht der Auferstehung eine besondere Weihe erhielten, findet bei Ignatius in den Exerzitien einen Widerhall. »Die Zusammenstellung, indem man den Ort sieht« (EB 47 u. ö.), ist fester Bestandteil seiner Übungen. Dadurch möchte er den Exerzitanten mit Hilfe der Vorstellungskraft an die Orte des Geschehens heranführen. Faktisch wird er auf den Orient hin ausgerichtet und bekommt Anteil an Ignatius' Hochschätzung »der Synagogen, Flecken und Burgen ..., durch die hin Christus, unser Herr, predigte« (EB 91).
Ja, noch mehr! Jerusalem ist nun überall dort, wo Jesus das Banner des guten Willens hochhält; im Gegensatz dazu ist Babylon dort, wo Satan das Banner der verwerflichen Wahl wehen läßt.[8] Jerusalem wird damit spiritualisiert: Jeder Ort, wo Menschen danach trachten, »das zu wünschen und zu erkennen, was seiner göttlichen Güte wohlgefälliger ist« (EB 151), hat an dem teil, was Jerusalem ausmacht.
Nachdem der Plan mit Jerusalem im eigentlichen Sinn vereitelt worden war und Santa Maria Maggiore wie Rom als Ersatzlösungen ihren Dienst getan hatten, eröffnete sich Ignatius und seinen Gefährten die ganze Welt – ob ihre Bewohner Häretiker oder Schismatiker, Gläubige oder Ungläubige waren, spielte keine Rolle[9] – als Jerusalem im geistlichen Sinn. Aus der *stabilitas* am geheiligten Ort Jerusalem

S. Maria Maggiore (um 1600)

wird die *mobilitas* in der Heiligkeit apostolischen Lebens, wo immer es sich ereignen würde. Möglicherweise stand für die Welt in ihrer Vielfalt am Anfang Jerusalem selbst, das mit seinen Muslimen, Orientalen und Pilgern aus dem Abendland so pluralistisch war wie kaum ein anderer Ort der Welt.[10]

Das andere Jerusalem

Anfang 1551, als Ignatius mit Fieber im Bett lag, besuchte ihn ein griechischer Bischof und unterbreitete ihm seinen Plan, junge Griechen nach Rom zu schicken, damit sie nach Jahren als ausgebildete Apostel in die Heimat zurückkehren könnten. Es war der erste Kontakt des Generaloberen der Gesellschaft Jesu mit dem europäischen Orient. Ignatius war im Prinzip einverstanden, und auch wenn aus dem Plan nichts wurde, so haben wir hier doch ansatzweise schon die Idee, die sich später im *Collegium Germanicum*, gegründet am 31.8.1552, verwirklichen sollte.
Eine andere Idee wird ebenso an seine Vorliebe für die Hl. Stadt, für Jerusalem, gerührt haben. Ein Landsmann und Freund des Ignatius, Don Pedro de Zárate, Großmeister der Ritter des Hl. Grabes und seit 1552 Mitglied der kaiserlichen Botschaft in Rom, besuchte oft den hinkenden Basken in Rom. Von der Misere der heiligen Orte bewegt, versuchte Zárate, Ignatius für seinen Plan zu gewinnen, an drei für die Christenheit strategischen Punkten je ein Kolleg zu bauen: in Jerusalem, auf Zypern und in Konstantinopel. Ignatius wollte zwar das Recht auf diese Gründungen nicht für sich beanspruchen, aber als Papst Julius III. die Bulle *Pastoralis Officii* am 16.12.1553 veröffentlichte, die nicht nur die Erzbruderschaft des Heiligen Kreuzes begründete, sondern auch der Gesellschaft Jesu das entsprechende Gründungsrecht einräumte, nahm Ignatius sich der Sache an. Den Franziskanern in Jerusalem versicherte er, daß eine eventuelle Präsenz der Jesuiten ihnen nur zugute kommen würde. Er faßte auch die Möglichkeit der Gründung eines Kollegs auf Zypern ins Auge: nicht zuletzt wegen der Zerwürfnisse zwischen Lateinern und Griechen wurde daraus aber nichts. Schließlich war er drauf und dran, ein Kolleg in Pera (Konstantinopel) zu gründen, aber nach dem Tod von Julius III. (1555), der Abdankung von Karl V. (1555) und nach dem

Tod von Zárate (1563) sieben Jahre nach Ignatius' Tod wurde dieser Traum wieder vergessen.[11]

Mit einem anderen Projekt mochte er erneut etwas verfolgt haben, was ihm vor Jahren in Jerusalem, dieser Welt en miniature, greifbar nahe gekommen war: die Überwindung der befürchteten Einengung der Christenheit durch die Muslimen. 1553 lud der Bischof von Malta, Cubelles, Ignatius ein, auf Malta ein Kolleg zu eröffnen. Ignatius reagierte positiv, da er hoffte, dort, wo eine Sprache gesprochen wurde, die mit dem Arabischen verwandt ist, Leute für die Arbeit mit den Muslimen vorzubereiten, um sie dann nach Jirba in der Nähe von Tripolis zu schicken. 1554 hatte Ignatius vor, Nicolás Bobadilla nach Malta zu entsenden. Der Traum von diesem Kolleg ging jedoch nur teilweise und erst 1592 in Erfüllung, als Bischof Gargano von Malta den Jesuiten die Erlaubnis erteilte, ein Seminar für die Priesterausbildung im Geiste des Konzils zu errichten. Der erste Rektor war P. Leonardo Caspano. Dieses Kolleg wurde der Universität in Malta einverleibt als sie 1769 von Clemens XIV. gegründet wurde.[12]

Im Jahre 1552 starb der »nestorianische« Patriarch, und sein Amt wurde seinem achtjährigen Neffen übertragen. Daraufhin kam es zu einer offenen Revolte ... Klerus und Volk wählten statt dessen den Archimandriten Simon Sulakas und schickten ihn nach Rom, damit er sich vom Papst weihen lasse. Da er den Primat anerkannte, konnte Julius III. ihn 1553 als Patriarchen von Mosul und der ganzen »nestorianischen« Hierarchie einsetzen. Obwohl in der Bulle nichts davon steht, sagte der Papst im offenen Konsistorium – jedenfalls nach dem Bericht des Juan de Polanco –, er habe vor, dem neuen Patriarchen einige Jesuiten zum Geleit mitzugeben. Ignatius dachte daran, ihm einige aus der Residenz in Hormuz an der Mündung des persischen Golfes zur Verfügung zu stellen. Von Hormuz aus konnte man verhältnismäßig leicht mehrere Hauptstädte des Ostens erreichen. Das Jesuitenhaus dort ging auf die Initiative von Franz Xaver zurück, der 1549 P. Gaspar Barzeo dahin geschickt hatte. Dieser sollte bei den dortigen Portugiesen als Seelsorger wirken. Zwar träumte Barzeo davon, in Hormuz ein Kolleg zu eröffnen, aber er mußte aufgrund der wiederholten türkischen Einfälle die jungen Leute nach Indien schicken, damit sie im Kolleg São Paolo in Goa eine Ausbildung erhielten.[13]

Viel verheißungsvoller für die Sache der Kirche schien der Plan mit Äthiopien zu sein. Angesichts der Bedrohung durch die Muslimen verlangte der Negus Claudius vom portugiesischen König Johann III. zu erwirken, daß der Papst einen Patriarchen für Äthiopien ernenne. Von Johann III. um Hilfe gebeten, bot Ignatius in der Antwort vom Oktober 1546 sich selbst als Missionar an. Der König bestand aber darauf, daß ein Jesuit der Patriarch sei. Nachdem Ignatius und seine Mitbrüder Skrupel angesichts der ihnen angetragenen Würden überwunden hatten, dachte er zunächst an Peter Faber, der aber bald darauf starb. 1555 wurde Juan Nuñez Barreto zum Patriarchen sowie Melchiore Carneiro und Andrea Oviedo, ebenfalls Jesuiten, zu dessen Weihbischöfen geweiht. Als sie wenige Monate vor dem Tod des Ignatius am 15. März 1556 abreisten, ahnten sie kaum, welche Enttäuschungen auf sie warteten. Von diesen dreien erreichte nur Oviedo 1557 Äthiopien, wo er 1590 nach einem Leben voller Entsagungen starb. Auch später blieben die Enttäuschungen nicht aus: Zwar bekehrte Pedro Paez Negus Za Denghal und später, im Jahre 1622, Negus Socinus. Das Land war aber durch Revolten aufgewühlt,

und teilweise schob man den Jesuiten die Schuld an den Unruhen zu, so daß sie schließlich verboten wurden.[14]
Insgesamt beschäftige Äthiopien Ignatius während der ganzen letzten Periode seines Lebens. Er richtete einige Briefe an den Negus wie auch an die Jesuiten in Äthiopien, die viel von seinem Enthusiasmus für den Orient, aber auch von seinen latinisierenden Methoden verraten. Philip Caraman bringt die Sache auf diesen Nenner: »Es ist fraglich, ob die Jesuiten, den Methoden überlassen, welche Ignatius befürwortete und Paez verfolgte, einen dauerhaften Erfolg gehabt hätten. Unzweifelhaft hingegen ist die selbstlose Hingabe an Äthiopien.«[15]

Denkorientierungen

Wie schon erwähnt, lebte Ignatius am Anfang seiner Bekehrung wie ein Narr um Christi willen, eine Lebensform, die im Osten mehr zu Hause ist als im Westen, obwohl sie auch hier durchaus bekannt ist. Man kann sagen: Indem Ignatius sich in seiner Lebensorientierung nach der Vision von La Storta endgültig von der Erwartung der Gnade aus dem geographischen Osten abwandte und fortan ganz die Gnade des Dienstes unter dem Kreuz in Rom im Mittelpunkt stand, setzte zugleich damit ein Prozeß ein, der ihn von der augenfälligen Askese des Orients wegführte. Diese Abkehr sollte ihre erste Frucht in dem *Ersten Grundriß der Satzungen der Gesellschaft Jesu* haben, wo Ignatius sowohl die exzentrische Askese des Narren als auch vieles andere, was man bisher mit dem Ordensleben (z.B. das Chorgebet, bestimmte Bußübungen, ein eigenes Ordenskleid usw.) in Verbindung gebracht hatte[16], aufgab.

»Ohne Anlaß dazu zu geben ...«

Unmittelbar bevor sich die ersten Gefährten entschlossen, den Papst zu bitten, ihre Gruppe als neuen Orden anzuerkennen, zogen sie sich 1539 zurück, um die Art und Weise ihres Zusammenlebens gemeinsam zu beraten. Wenn man an das Ergebnis denkt, fällt sofort auf, daß es auf eine Absage an vieles von dem hinauslief, was Ignatius früher als trostreich empfand und noch während der Studienzeit in Paris praktiziert hatte; so schien es den Kardinälen, die den Entwurf der Ordenssatzungen zu prüfen hatten, untragbar, daß Ignatius keinen Platz für Kasteiungen und dergleichen vorgesehen hatte. Aber daß diese Besonderheit hingenommen wurde, wollte Ignatius nicht als Zugeständnis verstanden wissen; vielmehr sah er gerade darin ein besonderes Kennzeichen des neuen Ordens.[17]
Der Abschied von altehrwürdigen Idealen orientalischer Spiritualität kommt in den Schriften des Ignatius wiederholt zum Ausdruck. Einerseits stellt er den Jesuiten das Ideal des dritten Grades der Demut vor Augen, die nach seinem Verständnis darin besteht, sich zu freuen, wie ein Narr behandelt zu werden; andererseits fügt er hinzu: »ohne Anlaß ... dazu zu geben.«[18] Hierzu braucht man nur einen Vergleich mit einem Heiligen anzustellen, der zur selben Zeit in Rom wirkte, um zu sehen, was im Leben des Ignatius vom Narr geblieben war und wie ernst er diese Eingrenzung »ohne Anlaß dazu zu geben« nahm. In seiner Heiterkeit blieb Filippo Neri auch im Äußeren ein Narr um Christi willen; Ignatius hingegen gab »die heiligen Torheiten« völlig auf. Diese Rückkehr hat er selbst als »die Andacht zum gewöhnlichen Gewand« bezeichnet – eine Rückkehr zum Alltag des treuen Dienstes. So konnte Joseph de Guibert mit Recht das zen-

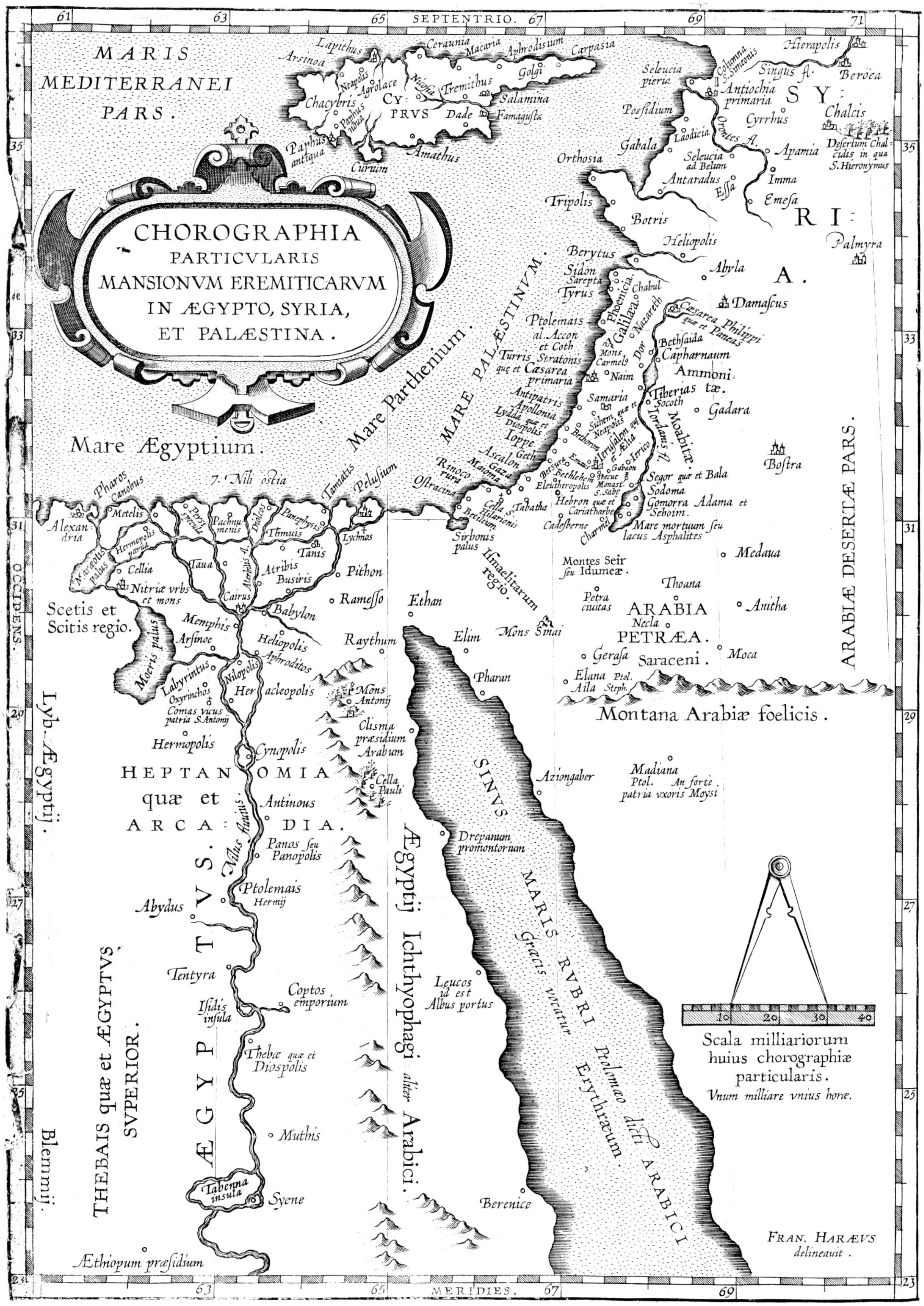

Karte der Einsiedeleien in Ägypten, Syrien und Palästina (1628)

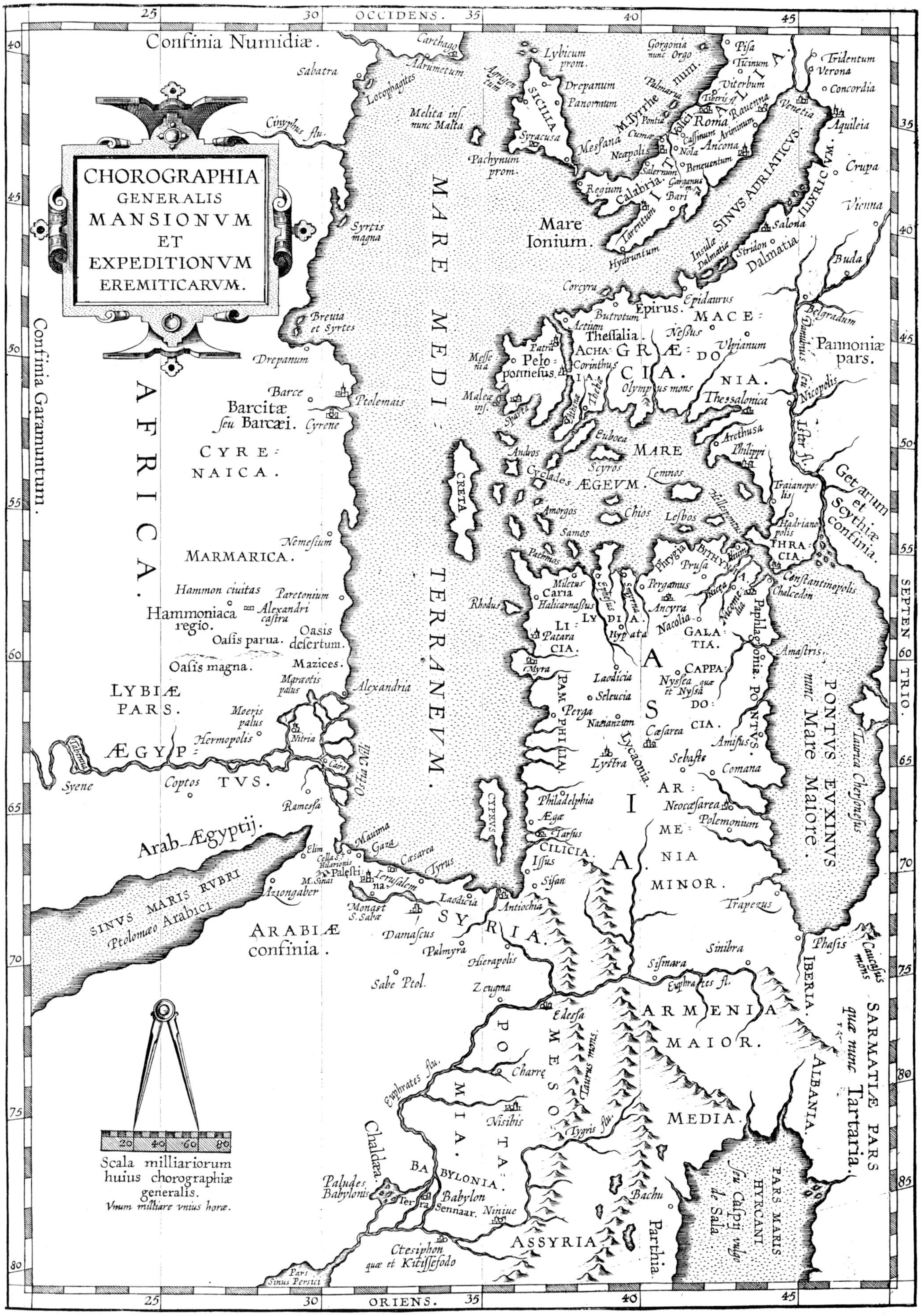

Allgemeine Karte der Niederlassungen und Ausbreitung der Einsiedeleien (1628)

Quoties diem illum conſide-
ro, toto corpore contremiſco.
Siue enim comedo, ſiue bibo,
ſiue aliud aliquid facio, ſemper
videtur mihi tuba illa terribilis
ſonare in auribus meis: Surgite
mortui, venite ad iudicium.

Seite aus der Auswahl der Schriften des hl. Hieronymus, die Petrus Canisius herausgegeben hat.

trale Anliegen ignatianischer Spiritualität auf die kurze Formel von der Mystik des Dienstes bringen.[19]

Es bleibt allerdings zu fragen, ob damit der Spiritualität des Ostens wirklich eine Absage erteilt wurde. Waren denn alle Heiligen des Ostens in ihrem äußeren Erscheinen Narren? Man hat z.B. in der Spiritualität des hl. Basilius frappierende Ähnlichkeiten mit der des hl. Ignatius gesehen. Beide legen großen Wert auf Milde, Weltoffenheit und Dienstbereitschaft, nicht zuletzt in der Form sozialen Engagements. Vor allem aber darf man das Gemeinsame nicht in isolierten Zügen suchen, sondern in der wohl größten Errungenschaft östlicher Spiritualität, in der *Unterscheidung der Geister,* die im Zusammenhang mit geistlicher Begleitung gesehen werden muß. Um einen modernen Ausdruck aufzugreifen: Ignatius hat das einseitige Verständnis von Buße entmythologisiert; an die Stelle des exzentrischen Opfers tritt der Gehorsam, den er als das genuin biblische *holocaustum* oder Ganzopfer wieder zur Geltung brachte.[20]

Trost ohne Ursache

Es gibt jedoch ein anderes Moment, in dem die ignatianische Spiritualität mit der orientalischen unverträglich zu sein scheint. Wie Experten der orientalischen Spiritualität betonen, geschieht inneres Gebet erst dann von selbst, wenn man alle Bilder hinter sich läßt und ausschließlich mit dem All-Einen kommuniziert. Hier scheint Ignatius ganz und gar anderer Ansicht zu sein.[21] Bei den einzelnen Übungen rät er den Schritt der »compositio loci«, in der mit Hilfe der Vorstellungskraft der »Raum« dessen, was betrachtet wird, geschaut werden soll, um die passende Einstellung zu dem zu betrachtenden Gegenstand zu finden. Außerdem (ab der Zweiten Woche) empfiehlt er in den Exerzitien die Anwendung der Sinne als letzte Übung des Tages. Es scheint also, daß Ignatius den Bereich des Vorstellbaren nicht verläßt – im Gegensatz zu dem bildlosen inneren Gebet östlicher Schulen des Christentums. Ist dieser Gegensatz wirklich gegeben?

Zunächst einmal ist auf die Terminologie zu achten. Ignatius knüpft hier an die alte patristische Lehre von den geistlichen Sinnen an. Diese Lehre wurde wohl zunächst von Origines ausgebildet und von anderen, insbesondere den griechischen Vätern entwickelt, aber auch von den lateinischen übernommen und weitergeführt. In seiner Übung der Anwendung der Sinne leitet Ignatius vor allem in der Zweiten Woche der Exerzitien dazu an, den »Ort« zu schaffen, den man in der Vorstellung

PETRI CANISII THEOLOGI, AD FLOrentis Academiæ Dilinganæ Rectorem, Professores & studiosos, Præfatio.

ETSI *nihil hoc noui est, vt quidã interpretabuntur, quod ad vos mitto, vestroque nomini nuncupatum & iam recognitum in publicũ edo, cœtus ornatissime: tamen ob auctoris summam auctoritatem, ob raram operis elegantiam, ob singularem lectionis vtilitatem, ac demum ob nouam huius editionis & recognitionis commoditatem id fore confido, meum vt studium (quæ vestra est æquitas & prudentia) boni consulatis. Ac sane auctorem commendare nec disertissimus queat satis: tam spectata* HIERONYMI *fuit, & est eritque semper laus ac dignitas in Ecclesia Dei. Qui sublimem ac prope inimitabilem doctrinam, vt nihil attingam de admiranda vitæ Hieronymianæ sanctimonia, cum pari elo-*

ã ij

Aus dem Vorwort der Hieronymus-Ausgabe des Petrus Canisius. Diese Ausgabe erlebte 40 Auflagen.

einnehmen muß, um dem Herrn physisch nahe zu kommen. Ansatzweise findet sich diese Übung schon in der Ersten Woche der Exerzitien, steht dort aber doch in größerer Nähe zur Meditation, in der das diskursive Element überwiegt, während in den Kontemplationen der Zweiten Woche einfachere Mittel der Intuition eingesetzt werden. In der Ersten Woche, in der die Welt des Übenden selbst der »Ort« der Betrachtung sein soll – seine Geschichte der Erwählung, seine Sünden usw. – werden vorwiegend die drei Seelenkräfte (Gedächtnis, Verstand und Wille) zum Einsatz gebracht. In allen Übungen geht es darum, sich von einem Anfangsstadium auf eine höhere Stufe des Betens hinzubewegen, damit »das Gebet genehm« (EB 238), d.h. dem Beter angemessen sei. Beim Beten sollen alle dem Menschen verfügbaren Fähigkeiten und Kräfte zum Einsatz kommen, die, in der je einen Person geeint, ein ganzheitliches Beten begünstigen. Im »Nehmt, Herr, und empfangt meine ganze Freiheit ...«, jenem Gebet, in das die Exerzitien einmünden, tritt dieser Zug ignatianischen Betens, in dem alle Lebensbereiche des Beters einbezogen sind, deutlich zutage.[22]

Diese vielfältige, aber doch geeinte Totalität der menschlichen Person nennen die griechischen Väter Herz. Und nicht umsonst sprechen sie gern vom Gebet des Herzens. Ignatius geht es in seinen Exerzitien um eine Formung aller menschlicher Fähigkeiten im Dienste des Gebetes, um eine Kultur des Herzens, um eine theologia cordis. Was immer für dieses Ziel eingesetzt wird, hat dabei eine Dienstfunktion.

Durch die Schulung der ganzen Persönlichkeit mit ihren Kräften und Sinnen soll ihre größere Offenheit für Gottes Gnadenwirken erreicht werden. So ist das Gebet des Ignatius mit dem der Orientalen in seiner Zielsetzung eins.[23] Unterschiede brauchen allerdings nicht unterschlagen zu werden, ist doch ein gesunder Pluralismus schon Kennzeichen biblischer Gebetsweisen und ebenso eine Besonderheit der Orientalen mit ihren zahlreichen Nuancen beim Verständnis des Gebetes.

Aus der persönlichen Praxis des Ignatius haben wir dafür ein beredtes Zeugnis in seinem geistlichen Tagebuch. Wenn man es liest, wird man an die Spiritualität des Ostens erinnert. Es fällt sofort auf, wie sehr Ignatius dort eine trinitarische Mystik vertritt. Seite um Seite ist zu sehen, wie er sich an die einzelnen Personen des dreifaltigen Gottes wendet – auf eine Weise, die einen unwillkürlich an die Dreifaltigkeitslehre erinnert, wie sie in der östlichen Theologie erläutert wird. Ein wesentlicher Unterschied zur westlichen Darstellung der Trinitätslehre bestünde ja darin, daß die westlichen

Mosaikbild Mariens aus dem 13. Jh. in St. Paul vor den Mauern. Vor diesem Bild, bei der ersten Station ihrer Wallfahrt zu den sieben Hauptkirchen Roms, legten am 21. April 1541 Ignatius und einige seiner Gefährten ihre Profeßgelübde ab.

Theologen bei der göttlichen Natur ansetzen, um von da aus zu den drei göttlichen Personen zu gelangen. Stattdessen sollte man nach der Meinung der Griechen umgekehrt vorangehen und den Weg von den Personen zu der Natur nehmen. Man braucht nur zu verfolgen, wie Ignatius seine Gebete direkt an die verschiedenen göttlichen Personen richtet, um festzustellen, daß Ignatius nicht von der »westlichen« Trinitätslehre ausgeht.[24] Das ist gar nicht verwunderlich, da solche Unterschiede eher in der systematischen Ordnung von Handbüchern herausgestellt werden und sich weitaus weniger auf die Praxis mystisch begnadeter Heiliger beziehen. In der gelebten Mystik verlieren sich solche Unterschiede fast ganz.

Ignatius' Nähe zur orientalischen Mystik wird nochmals bestätigt, wenn wir einzelne Gaben des Geistes und seinen Umgang mit ihnen bedenken, etwa die Gabe der Tränen, die Ignatius in einem außerordentlichen Maß geschenkt war.[25] Als die Ärzte befürchteten, daß seine Augen Schaden leiden würden, wenn er sich den Tränen widerstandslos überließe, distanzierte sich Ignatius von dieser Gabe. War das eine endgültige Absage an das Narrentum Christi? Ist es nicht eher jene *discretio* oder Unterscheidung der Geister, die ihre Wurzeln in der orientalischen Spiritualität hat? Diese Distanz, die Ignatius nach und nach erlernte, mündet in eine Haltung der Sprachlosigkeit oder, wenn man die Begriffe der negativen Theologie der Orientalen wählen will, des Schweigens vor dem Geheimnis.

Diese Sprachlosigkeit besagt zugleich einen hohen Respekt vor dem Mysterium der Gnadenführung Gottes. Die Erfahrung von Gottes Begnadung kann ebensowenig erwirkt werden wie die der ignatianischen Spiritualität eigentümliche Mystik des Dienstes. Man kann sich lediglich dafür bereiten, das eine wie das andere zu empfangen. Die Erfahrung eigentlicher Tröstung hat in der Tat keine geschöpfliche Ursache und ist in diesem Sinn auch nicht erklärbar.[26] Alles bleibt dem freien Walten der Gnade überlassen. Hier wird man erinnert an das Zusammenwirken von Gott und Mensch, das aber noch einmal von der Gnade Gottes umfangen ist. Dieses Zusammenwirken wird in der orientalischen Theologie Synergismus genannt.

Dieses eben beschriebene Zusammenwirken von Gott und Mensch, das im Leben des Ignatius eine starke Ausprägung erfahren hat, fand in der Tradition seiner Spiritualität eine Formulierung, die immer neu zur Auseinandersetzung herausfordert: »Vertraue so auf Gott, als ob der Erfolg deiner Arbeit ganz von dir und nicht von Gott abhinge; wende aber darauf allen Fleiß an, als ob du nichts und Gott allein alles vollenden würde.«[27] Damit will Ignatius nach Hugo Rahners Deutung sagen, »man müsse sich bei aller Mitarbeit dennoch bewußt bleiben, daß Gott alles tut, und man darf auch beim höchsten Gottvertrauen nicht vergessen, selber mitzutun ... das typisch Ignatianische besteht darin, daß man sagt: in eben dem Vertrauen auf Gott liegt es begründet, daß man alles Eigene einsetzen muß; aber im Mittun muß man innerlich so frei bleiben, daß man doch alles in die Hände Gottes gibt.«[28]

Ausblick

Unter dieser doppelten Gratuität – von oben und von unten – in dem, was die Gnade anging und was von menschlichem Einsatz abhing, steht die ganze Existenz des Ignatius. Konkrete Abhängigkeiten vom christlichen Osten in einzelnen Punkten, die es zwar gibt und die z.T. auf unmittelbar Erlebtes bei Ignatius zurückzuführen sind, machen noch nicht das Entscheidende aus.[29] Das liegt eher darin, daß eine Scheidung zwischen Ost und West, die jurisdiktionell formuliert im Schisma sich ausdrückt, auf der konkret erlebten Ebene der Existenz eigentlich nie ganz vollzogen wurde. So ist dem Osten nichts willkommener als der Brückenschlag eines westlichen und ebenso östlichen Heiligen. Wie ein Künstler manchmal gerade in dem, worin er genuin ist, die beste Predigt halten kann, so vermag auch ein Mystiker Wesentliches zu sagen; er hat eben einen wachen Sinn für das, was das Ganze des Christentums ausmacht: alle zusammen vermögen den *sensus communis* der Christenheit zu repräsentieren. Ein Heiliger wie Ignatius, von dem gesagt worden ist, er habe ein Herz, groß genug, um die ganze Welt zu umfassen, hat daran in besonderem Maß teil.

Anmerkungen

1 Vgl. Hans Wolter, Elemente der Kreuzzugsfrömmigkeit in der Spiritualität des hl. Ignatius, in: F. Wulf (Hg.), Ignatius von Loyola. Seine geistliche Gestalt und sein Vermächtnis. Würzburg 1956, 111–150, hier 120. 125.

2 Seine stark legendäre Vita wurde durch seinen Schüler Paphnutius auf Griechisch verfaßt und später ins Lateinische übersetzt. Vgl. in: PL 73, 211–222. Vgl. P. Leturia, El influjo de San Onofre en San Ignacio a base de un texto inédito de Nadal, in: Manresa 2 (1926) 224–238.

3 Vgl. John Saward, Perfect Fools, Folly for Christ's sake in Catholic and Orthodox Spirituality. Oxford 1980, 12.

4 Vgl. Anm. zu PB 94.

5 Vgl. Noële Maurice Denis et Robert Boulet, Romeé ou le pèlerin moderne à Rome. Paris ³1950, 351–383.

6 Vgl. H. Wolter (s. Anm. 1), 130. Natürlich gibt es diesbezüglich auch andere Berührungspunkte mit dem Orient; vgl. V. Poggi, St. Jean Climaque et St. Ignace de Loyola, in: Proche-Orient Chrétien 32 (1982) 62–67. Für den Flottenplan vgl. H. Wolter (s. Anm. 1) 142.

7 Vgl. H. Wolter (s. Anm. 1) 117–119. 137.

8 EB 138. – H. Bacht, Die frühmonastischen Grundlagen Ignatianischer Frömmigkeit, in: F. Wulf (s. Anm. 1) 223–262, hier 249.

9 Form. Inst. 3. In: S. – Für Ignatius schien der Islam eine viel größere Gefahr darzustellen als der Protestantismus. Vgl. dazu A. Ravier, Quand dix étudiants parisiens décident de suivre ensemble Jésus Christ sur la route des hommes. Paris 1987, 27; das Image des Ignatius als des Anti-Luthers ist längst in Frage gestellt worden; vgl. J. E. Vercruysse, Jesuit Contribution to Church Unity. A Historical Overview, in: CIS 20 (1989) 15–40, hier 16–18.

10 Vgl. I. Ortiz de Urbina, San Ignacio y los Orientales. Madrid 1950, 11.

11 Vgl. ebd. 12f. Ignatius war nicht nur bereit, Griechen in die Gesellschaft Jesu aufzunehmen, sondern hoffte auch, auf der Insel Chios ein Kolleg zu eröffnen – ein Traum, den er bis 1554 hegte. 1555 gab es im Römischen Kolleg eine Ausbildungsmöglichkeit für solche, die in den Orient gesandt wurden; unter ihnen befanden sich auch manche Griechen und Dalmaten. 1556 spricht Ignatius von einem Kolleg für Orientalen in Ragusa, das sich erst nach dem Tod des Gründers verwirklichen ließ.

12 A. Ravier, Ignatius von Loyola gründet die Gesellschaft Jesu. Dt. Bearb. von J. Stierli. Würzburg 1982, 203. Vgl. auch I. Ortiz de Urbina (s. Anm 10) 27.

13 I. Ortiz de Urbina (s. Anm. 10) 13–16.

14 Vgl. Ph. Caraman, The Lost Empire. The Story of the Jesuits in Ethiopia. Notre Dame 1985, 13; W. V. Bangert, A History of the Society of Jesus. St. Louis 1972, 161f. 252f.

15 Ph. Caraman, (s. Anm. 14) 158.

16 Vgl. A. Ravier (s. Anm. 12) 113; H. Rahner, Ignatius von Loyola und Philipp Neri, in: F. Wulf (s. Anm. 1) 66–73.

17 R. García-Villoslada, San Ignacio de Loyola. Nueva Biografía. Madrid 1986, 465f.

[18] Diese Formel kommt mehrmals vor. In den Exerzitien (EB 168) kommt diese Einschränkung anders formuliert vor: »wofern nur dabei der Dienst und das Lob seiner göttlichen Majestät gleich oder größer ist«. Im Direktorium der Exerzitien von 1599 fehlt die Einschränkung auch, dafür aber gibt es die Paraphrase: »ohne Gott zu beleidigen und dem Nächsten zu schaden...«; s. MI *Dir* 298 (Nr. 23). Auf die Ehre Gottes und den Dienst am Nächsten kommt es also an. Im *Examen Generale* findet sich die ganze Formel: das Verlangen zu haben, »für Narren gehalten und angesehen zu werden, ohne selbst irgendeinen Anlaß dazu zu geben.« Ex. IV, 44. In: S 101.

[19] Vgl. J. de Guibert, La spiritualité de la Compagnie de Jésus. Rom 1953, 41f.

[20] H. Rahner, »Werdet kundige Geldwechsler.« Zur Geschichte der Lehre des hl. Ignatius von der Unterscheidung der Geister, in: F. Wulf (s. Anm. 1) 301–342, hier 303. 316.

[21] Vgl. Olivier Clément, Función icónica del monacato oriental, in: Vida religiosa 66 (1989) 182.

[22] Vgl. T. Špidlík, La Spiritualité de l'Orient chrétien. II. La prière. Rom 1988, 155–157; K. Ware, The Orthodox Way. St. Vladimir's Orthodox Seminary. New York 1979, 162–166. 175; L. Claßen, Die »Übung mit den drei Seelenkräften« im Ganzen der Exerzitien, in: F. Wulf (s. Anm. 1) 263–300, hier 275. 291f; J. Stierli, Das Ignatianische Gebet »Gott suchen in allen Dingen«, in: F. Wulf (s. Anm. 1) 151–182, hier 153. 182.

[23] EB 121–126. S.a. J. Maréchal, L'application des sens, in: DSAM I, 810–828.

[24] Für den Vorwurf gegen die lateinische Theologie vgl. Th. de Régnon, Théologie positive sur la sainte Trinité. Bd. 1. Paris 1892, 433. Für die trinitarische Mystik des Ignatius vgl. A. Haas, Die Mystik des heiligen Ignatius nach seinem geistlichen Tagebuch, in: F. Wulf (s. Anm. 1) 183–222.

[25] R. Solzbacher, Mönche, Pilger und Sarazenen. Altenberge 1989, 100f.

[26] Vgl. L. B. Bakker, Freiheit und Erfahrung. Redaktionsgeschichtliche Untersuchungen über die Unterscheidung der Geister bei Ignatius von Loyola. Würzburg 1970, 87–118.

[27] Diese Formulierung geht auf G. Hevenesi, einen ungarischen Jesuiten aus dem 18. Jahrhundert zurück (Scintillae Ignatianae. Wien 1705, 2). Vgl. dazu H. Rahner, Das Charakterbild des Ignatius nach den Konstitutionen, in: ders., Ignatius als Mensch und Theologe. Freiburg 1964, 142–167, hier 150f. – Dieses Ignatius zugeschriebene Wort wird hier in der Übersetzung von H. Rahner wiedergegeben.

[28] H. Rahner (s. Anm 27) 151.

[29] Für die Annahme H. Rahners, daß Iñigo aus Verehrung für den hl. Ignatius von Antiochien seinen Namen änderte und sich Ignatius nannte (Ignatius von Loyola und das geschichtliche Werden seiner Frömmigkeit. Graz ²1949, 63), bieten sich keine Anhaltspunkte; sie läßt sich aber auch nicht ausschließen; s. dazu R. García-Villoslada (s. Anm. 17) 59f. Die Verehrung für den hl. Ignatius von Antiochien ist belegbar: Ihm gegenüber »habe ich oder möchte ich wenigstens eine tiefe Ehrfurcht und Andacht haben«, schrieb er 1547 an Franz Borgia (MI *Epp.* I, 529). – Vielmehr als durch punktuelle Entsprechungen mit den griechischen Kirchenvätern, die z.T. dank der Belesenheit von Juan de Polanco und Jerónimo Nadal nachträglich hergestellt wurden, ist bei Ignatius der spontane »Gleichklang« mit der Bibel und der Tradition das Wunderbare. Vgl. H. Bacht, Die frühmonastischen Grundlagen Ignatianischer Frömmigkeit, in: F. Wulf (s. Anm. 1) 227. 231; H. Rahner, »Werdet kundige Geldwechsler.«, in: F. Wulf (s. Anm. 1) 304.

Die Muslime

Geschichtliche Aspekte ignatianischer Spiritualität

Arij A. Roest Crollius, Rom

Um die Berührungspunkte zwischen Ignatius von Loyola und der von ihm gegründeten Gesellschaft einerseits sowie den Muslimen seiner Zeit andererseits in einen historischen Rahmen zu stellen, muß hauptsächlich drei Tatsachen Rechnung getragen werden. Eine erste ist die Präsenz von Muslimen im Geburtsland des hl. Ignatius in einer Geschichte, in der Eroberung und Wiedereroberung sich abwechseln. Die zweite ist die Herrschaft der ottomanischen Türken im Hl. Lande. Und drittens sind die Raubzüge muslimischer Korsaren im Mittelmeerraum zu nennen. Auf verschiedene Weise haben diese von Spannungen und Konflikten erfüllten Umstände die Geschichte des hl. Ignatius mitbestimmt.

Ignatius von Loyola und die Muslime in Spanien

Genau ein Jahr nach der Geburt Iñigos in Loyola war die Wiedereroberung Spaniens aus den Händen der Muslime mit dem Fall von Granada 1492 abgeschlossen. Schon im Jahre 1501 wurden die Muslime in Kastilien und León vor die Wahl gestellt, sich entweder zum Christentum zu bekehren oder Spaniens Boden zu verlassen. Ähnliche Maßnahmen gab es auch in anderen Teilen Spaniens, bis Philipp III. mit dem Ausweisungsdekret von 1609, wovon schätzungsweise eine halbe Million Muslime betroffen waren, alle Muslime aus Spanien entfernte. Zur Zeit des hl. Ignatius gab es also noch viele Muslime in Spanien, welche als »moriscos« bezeichnet wurden und oft nur im Geheimen ihre Religion ausüben konnten.
Bei der Begegnung und der Diskussion zwischen Ignatius und einem Muslim auf dem Wege nach Montserrat (1522) handelte es sich um einen »moro«, der sich als Muslim zu erkennen gab. Ihr Gespräch drehte sich um die Jungfräulichkeit der Mutter des Herrn. Da die Jungfräulichkeit Mariens im Islam zwar vor der Geburt Jesu, aber nicht nach der Geburt anerkannt wird, kam es zu einer Diskussion, wobei Ignatius vergeblich versuchte, den Muslim zur Änderung seiner Meinung zu bewegen. Nachdem ihre Wege sich wieder getrennt hatten, überkamen Ignatius Zweifel, ob er nicht notfalls mit Gewalt die Ehre der Mutter des Herrn hätte verteidigen sollen. Als er sich so vor einem unüberwindlichen Dilemma sah, nämlich den Mann in Frieden ziehen zu lassen oder ihn zum Kampf herauszufordern, überließ er die »Entscheidung« seinem Maultier, je nachdem ob dieses dem Moro nachgehen würde oder nicht. Als das Maultier dann einen anderen Weg als der Muslim einschlug, erkannte Ignatius darin den Willen Gottes. (PB 15f)
Die islamische Präsenz auf der iberischen Halbinsel war damals noch nicht zu Ende, und die Zeit eines fruchtbaren Kulturaustausches, der zum europäischen Geistesgut viel beigetragen hat, lag noch nicht lange zurück. Es ist nicht sicher, ob es in der innerlichen Prägung Ignatius' direkte Einflüsse gegeben hat, deren islamischer Ursprung noch wiedererkannt werden könnte. Gewisse Ähnlichkeiten zwischen der ignatianischen Geisteshaltung und einer vom Islam inspirierten Spiritualität ließen sich wohl aufweisen. Diese sind nicht weniger beachtenswert als Übereinstimmungen, die aus geschichtlich belegbaren Kontakten resultieren. Zwischen verschiedenen Religionen und Kulturen wie zwischen Personen unterschiedlicher religiöser oder kultureller Prägung kann es Affinitäten geben, die zu einer tieferen geistigen Verwandtschaft führen, als es auf dem Wege geschichtlich belegbarer Kontakte möglich wäre. Im folgenden wird kurz auf ei-

nige jener geistig-geistlichen Affinitäten zwischen ignatianischer und islamischer Spiritualität hingewiesen, ohne die Frage nach einer direkten Beeinflussung zu beantworten.
An erster Stelle ist der ignatianische Dynamismus zu erwähnen, der unter dem Stichwort »zur größeren Ehre Gottes« bekannt geworden ist. Durch die Steigerungsstufe des Eigenschaftswortes wird auf eine göttliche Transzendenz hingewiesen, die immer jenseits menschlichen Tuns und Begreifens liegt. Eine ähnliche Spannung liegt in der islamischen Glaubensaussage *Allâh akbar,* »Gott ist (immer) größer.« Das Immer-größer-Sein der göttlichen Majestät relativiert auf der einen Seite alles, was nicht Gott ist, und auf der anderen Seite hält es den Menschen dazu an, sich nie zufriedenzugeben mit dem, was er im Dienste Gottes erreicht oder geleistet hat. Im Dienst des immer größeren Gottes hört der Anspruch (*jihâd*), das zu wählen, was mehr zur göttlichen Ehre gereicht, nie auf. Dieser dynamische Theozentrismus charakterisiert sowohl die islamische als auch die ignatianische Geisteshaltung.
Auch auf gewisse Akzente im Jesusbild der Geistlichen Übungen könnte hingewiesen werden, besonders wo die Menschheit Jesu betrachtet wird. In der islamischen Tradition wird die Menschheit Jesu meditiert, und es werden sein Gehorsam und seine Armut als Vorbild hingestellt. Auch der Messianismus des gerechten Königs der Exerzitien (und man könnte hinzufügen: des 4. Dekrets der 32. Generalkongregation der Gesellschaft Jesu) läßt sich mit den Anfängen der koranischen Predigt vergleichen, in der die soziale Gerechtigkeit ein zentrales Anliegen ist. Es liegt auf der Hand, daß beide Traditionen, die ignatianische und die islamische, nur im Lichte des biblischen Monotheismus verständlich sind, wo Theozentrismus und Anthropozentrismus einander nicht ausschließen, sondern sich ergänzen in der Erfahrung und Lebensgestaltung des Menschen, der vom Schöpfer und Erlöser in der Offenbarung angesprochen wird.
In der islamischen Frömmigkeit gibt es verschiedene Elemente, zu denen in den Anweisungen des hl. Ignatius Entsprechungen gefunden werden können. So im *agere contra,* der Kurzformel für die Anstrengung, gegen die eigene Schwäche und Begierde anzugehen; ähnlich sprechen die Sufis von *al-jihâd al-akbar,* »der größten Anstrengung«. Beiden Ausdrükken ist die Idee des Kampfes nicht fremd. Bei den Sufis finden wir auch die Betonung der geistlichen Führung, des Gehorsams dem geistlichen Führer gegenüber, der Notwendigkeit, sich regelmäßig für geistliche Übungen in die Einsamkeit zurückzuziehen usw. Eine besondere Übereinstimmung gibt es zwischen der Gebetsmethode des islamischen *dhikr* und der sogenannten »Dritten Weise des Betens« in den Geistlichen Übungen.
Diese Liste ließe sich noch erweitern. Es geht nicht darum, eine Abhängigkeit der ignatianischen Geisteshaltung vom islamischen Gedankengut nachzuweisen. Die hier erwähnten Elemente können aber auf eine geistige Verwandtschaft hinweisen, deren Zustandekommen die jahrhundertelange Präsenz des Islam auf spanischem Boden erklären mag.

Ignatius und die Muslime im Hl. Lande

Seit 637 – mit einer Unterbrechung zwischen 1099 und 1187, zur Zeit der Kreuzzüge – war Jerusalem unter islamischer Herrschaft. 1517 hatten die ägyptischen Mamelucken dort den türkischen Ottomanen den Platz räumen müssen. Die islamische Herrschaft über Jerusalem

Der hl. Jakobus als Patron der Pilger und »Maurentöter«.

und das Hl. Land wurde von der europäischen Christenheit meist nicht als an sich unrechtmäßig empfunden, doch wegen der oft von den jeweiligen islamischen Herrschern verursachten Erschwernisse der Pilgerfahrten für fast unerträglich gehalten. Zu der Zeit, als Ignatius die Pilgerfahrt unternahm, war es nur der Republik Venedig erlaubt, eine einzige Pilgerfahrt im Jahr zu organisieren. Und 1523 gab es nicht mehr als einundzwanzig Pilger, da viele es nicht wagten, die Reise anzutreten, nachdem im Jahr zuvor Rhodos von den Türken erobert worden war.

Als Ignatius in Jerusalem war, faßte er »den festen Entschluß« (PB 45), dort zu bleiben. Dabei wurde er von zwei Beweggründen geleitet: die hl. Stätten immer besuchen zu können und um »den Seelen zu helfen«. Dieser letzte Ausdruck wird von Ignatius oft gebraucht, um den Dienst am Evangelium anzudeuten, was sowohl die Glaubenserziehung der Christen als auch die Glaubensverkündigung an Nichtchristen beinhaltet. Und daß hier die Glaubensverkündigung an Muslimen gemeint war, wird aus den Berichten der Gefährten der ersten Stunde, Diego Laínez und Juan de Polanco, deutlich.[1] Das erste konkrete apostolische Vorhaben war für Ignatius, unter den Muslimen im Hl. Land für das Evangelium zu arbeiten und, so Gott will, auch zu sterben.

Dieses Vorhaben hat sich nicht realisieren lassen, da der Guardian der hl. Stätten ihm verbot, sich länger als die anderen Pilger in Jerusalem aufzuhalten. Und in diesem Verbot sah Ignatius den Willen Gottes. Aber diese erste apostolische Ausrichtung auf Jerusalem und auf das »den Seelen helfen« unter den Muslimen in Palästina bleibt in seiner Seele lebendig während der Jahre der Studien in Barcelona, Alcalá, Salamanca und Paris, wo es ihm auch gelang, feste Gefährten zu finden; in dem bekannten Gelübde von Montmartre stand die Wallfahrt nach Jerusalem im Mittelpunkt ihrer Zielsetzung, von der sie nicht leichthin zurücktraten, als sich dagegen Schwierigkeiten erhoben.

Am 13. September 1537 schloß die Republik Venedig eine Allianz mit dem Kirchenstaat gegen die Türken. Unter diesen Umständen war es ausgeschlossen, ein Pilgerschiff von Venedig nach Palästina auslaufen zu lassen. Knapp drei Monate zuvor hatten Ignatius und seine »Freunde im Herrn«, soweit sie noch nicht Priester waren, in Venedig die Priesterweihe empfangen. Die Gruppe der Gefährten, die sich damals in der Umgebung von Vicenza aufhielt, ließ geraume Zeit zugunsten der Jerusalemfahrt verstreichen, ehe sie an die Realisierung der Alternative gingen und nach Rom zogen, um ihre Dienste dem Papst anzubieten. Jerusalem war also ihre erstrangige geistliche und apostolische Orientierung. Noch ehe sie in Rom ankamen, hatten sie auch beschlossen, sich als Mitglieder einer Gruppe vorzustellen, für die sie den Namen »Compagnia di Gesù«

والقرآن العظيم الذي أعطيتم وقال بعضهم السبع المثاني هي السبع الطوال البقرة وآل
عمران والخمس التي بعدهما وقال أكثر أهل العلم هي سورة فاتحة الكتاب وإنما سميت السبع لأنها
سبع آيات وإنما سميت المثاني لأنها تثنى بقراءتها في كل صلاة حدثنا أبي قال حدثنا أبو
عبد الله محمد بن حامد قال حدثنا علي بن إسحاق قال حدثنا محمد بن مروان عن محمد بن السائب الكلبي
عن أبي صالح مولى أم هانئ عن ابن عباس في قوله عز وجل الحمد لله قال الشكر لله و
معنى قول ابن عباس الشكر لله يعني به الشكر لله على نعمائه كلها وقد قيل الحمد لله يعني
الوحدانية لله وقد قيل الألوهية لله وروي عن قتادة أنه قال معناه الحمد لله الذي
لم يجعلنا من المغضوب عليهم ولا الضالين ثم معنى قوله الحمد لله قال بعضهم قل فيه مضمر يعني
قل الحمد لله وقال بعضهم حمد الرب نفسه ليعلم عباده فيحمدونه وقال أهل
اللغة الحمد هو الثناء الجميل وحمد الله الثناء عليه بصفاته الحسنى وبما أنعم على عباده ويكون
في الحمد معنى الشكر وفيه معنى المدح وهو أعم من الشكر لأن الحمد يوضع موضع الشكر ولا يوضع
الشكر موضع الحمد وقال بعضهم الشكر أعم لأنه باللسان وبالجوارح وبالقلب والحمد يكون باللسان
خاصة وروي عن ابن عباس أنه قال الحمد لله كلمة كل شاكر وذلك أن آدم عليه السلام قال حين
عطس الحمد لله فقال الله تعالى يرحمك الله فسبقت رحمته غضبه وقال الله تعالى لنوح فقل الحمد
لله الذي نجانا من القوم الظالمين وقال ابراهيم عليه السلام الحمد لله الذي وهب لي
على الكبر اسمعيل واسحق وقال في قصة داود وسليمان الحمد لله الذي فضلنا على كثير من عباده
المؤمنين وقال لمحمد عليه السلام وقل الحمد لله الذي لم يتخذ ولدا وقال أهل الجنة الحمد لله الذي أذهب
عنا الحزن وهي كلمة كل شاكر قوله تعالى رب العلمين قال ابن عباس سيد
العالمين وهو رب كل ذي روح دب على وجه الأرض ويقال معنى قوله رب العالمين خالق
الخلق ورازقهم ومربيهم ومحولهم من حال إلى حال من نطفة إلى علقة ثم إلى مضغة والرب
في اللغة هو السيد قال الله تعالى ارجع إلى ربك يعني إلى سيدك والرب هو المالك يقال رب الدار
ورب الدابة والرب هو المربي من قولك ربى يربي وقوله العالمين كل ذي روح ويقال كل
من كان له عقل يخاطب مثل بني آدم والملائكة والجن ولا يقع على البهائم ولا على غيرها وروي عن
صفة من

Unveröffentlichter Koran-Kommentar aus dem 13. Jh.

وغضب اذا استلاء غضبا فلهذا سمي نفسه رحمن لانه رحمته وسعت كل شيء فلا يجوز ان يقال
لغير الله الرحمن لان هذا الوصف لا يوجد لغيره واما الرحيم فالرفيق بالمومنين خاصة يستر
عليهم ذنوبهم في الدنيا ويرحمهم في الاخرة ويدخلهم الجنة وقيل ايضا انما سمي نفسه رحيما
لانه لا يكلف عباده جميع ما يطيقون وكل ملك يكلف عبيده جميع ما يطيقون فليس برحيم
وروي عن علي بن ابي طالب رضه انه قال في قوله بسم الله قال اسمه شفاء من كل داء وعون على كل
دواء واما الرحمن فهو عون لكل من آمن به وهو اسم لم يسم غيره به واما الرحيم لمن تاب وآمن
وعمل صالحا وقد فسره بعضهم على الحروف روي عبد الرحمن المديني عن عبد الله بن عمر انه عن
من سأل رسول الله صلعم عن تفسير بسم الله الرحمن الرحيم فقال اما الباء فبلاء الله وروحه و
نصره وبهاؤه واما السين فسناء الله واما الميم فملك الله واما الله فلا اله غيره واما
الرحمن فالعاطف على البر والفاجر من خلقه واما الرحيم فالرفيق بالمؤمنين خاصة وروي
عن كعب الاحبار انه قال الباء بهاؤه والسين سناؤه فلا شيء اعلا منه والميم ملكه وهو على كل
شيء قدير فلا شيء يعازه وقد قيل ان كل حرف هو افتتاح اسم من اسمائه فالباء مفتاح
اسمه بصير والسين مفتاح اسمه سميع والميم مفتاح اسمه مليك والالف مفتاح اسمه الله واللام
مفتاح اسمه لطيف والهاء مفتاح اسمه هادي والراء مفتاح اسمه رازق والحاء مفتاح اسمه
حليم والنون مفتاح اسمه نور ومعنى هذا كله دعاء لله تعالى عند افتتاح كل شيء والله اعلم
سورة الفاتحة بسم الله الرحمن الرحيم روي عن مجاهد
انه قال فاتحة الكتاب مدنية وروي ابو صالح عن ابن عباس انه قال هي مكية ويقال
نصفها نزلت بالمدينة ونصفها بمكة حدثنا الحاكم ابو الفضل محمد بن الحسن الحدادي قال
حدثنا ابو حامد المروزي قال حدثنا ابراهيم بن مرزوق قال حدثنا عمر بن يونس قال حدثنا جهضم
بن عبد الله عن العلاء بن عبد الرحمن عن ابيه عن ابي هريرة قال قال رسول الله صلعم ان في
كتاب الله لسورة ما انزل الله على نبي مثلها فسأله ابي بن كعب عنها قال اني لارجو ان لا
تخرج من الباب حتى تعلمها فجعلت اتبطأ ثم سأله ابي عنها فقال كيف تقرأ في صلاتك قال بام
الكتاب قال والذي نفسي بيده ما انزل في التورية والانجيل والفرقان مثلها وانها السبع المثاني

Im Namen Allahs,
des Erbarmers
des Barmherzigen!

Lob sei Allah,
dem Weltenherrn,
dem Erbarmer,
dem Barmherzigen,
dem König am
Tag des Gerichts!
Dir dienen wir, und
zu dir rufen
um Hilfe wir;
leite uns den
rechten Pfad,
den Pfad derer,
denen du gnädig
bist, nicht derer,
denen du zürnst,
und nicht
der Irrenden.

Koran,
Erste Sure.

gewählt hatten, »da sie keinen anderen Oberen hatten als Jesus Christus«.[2]
Die ursprüngliche Ausrichtung der ersten Jesuiten auf Jerusalem und auf den Dienst am Evangelium unter den Muslimen in Palästina wurde jetzt auf Rom und auf den Dienst in der Weltkirche übertragen. Und es waren die Muslime selber bzw., genauer gesagt, politische Verhältnisse, die vor allem die islamischen Türken verursacht hatten, die diese »Romanisierung« der jungen Gesellschaft Jesu veranlaßt haben. So haben islamische Elemente auch hier auf mittelbare Weise die Identität der Gesellschaft Jesu mitbestimmt.
Die Priorität der apostolischen Arbeit unter Muslimen wurde darum aber nicht in den Hintergrund gerückt. Ausdrücklich wird die Möglichkeit einer päpstlichen Sendung der Jesuiten »zu den Türken« an erster Stelle genannt, wenn in der eben erwähnten Bulle die Rede ist vom besonderen Gehorsamsgelübde der Mitglieder der Gesellschaft Jesu gegenüber dem Papst in allem, was »zum Fortschritt der Seelen und der Glaubensverbreitung gehört.«[3]

Der Generalobere Ignatius und die Muslime im Mittelmeerraum

In der ersten Hälfte des 16. Jahrhundert kamen fast alle islamischen Staaten im östlichen und südlichen Mittelmeerraum unter die Herrschaft der türkischen Ottomanen. Sultan Salîm I. (1512–1520) eroberte in der kurzen Zeit seiner Herrschaft Syrien, Palästina, Irak und Ägypten. In Nordafrika waren es zwei ottomanische Piraten griechischer Herkunft, Khayr-al-Dîn Barbarossa und sein Bruder, die dort Gebiete im Namen des Sultans besetzten und spanische Besitzungen eroberten. Khayr-al-Dîn stellte auch eine Flotte zusammen, deren Besatzung zum größten Teil aus abtrünnigen Christen italienischer und griechischer Herkunft bestand. Ab 1534 wurde das Meer von diesen Piraten verunsichert und die Küsten Italiens, besonders in Sizilien und Kalabrien, regelmäßig von ihnen heimgesucht.
Der Kaiser des Heiligen Römischen Reiches, Karl V., wurde zu einem Waffenstillstand gezwungen, welcher von 1545 bis 1550 einigermaßen hielt. Wegen der unablässigen Aktionen vor allem der Korsaren entschloß sich Karl V. 1550 zu einer Expedition nach Nordafrika. In die daraus resultierende Kriegssituation wurde auch die junge Gesellschaft Jesu hineingezogen. Reaktionen und Entscheidungen des Generaloberen Ignatius gehören zu der konkreten, historischen Gestaltung des Verhältnisses von Ignatius zum Islam und zu den Muslimen.
Einer der ersten Gefährten, P. Diego Laínez, wurde vom Vizekönig Siziliens, Juan de Vega, gebeten, die Flotte nach Nordafrika zu begleiten. Nach einigem Zögern genehmigte Ignatius dies. Auf verschiedene Weise zeigte Ignatius, welches Gewicht er dieser Expedition beimaß. So bekam er vom Papst die Privilegien des Heiligen Jahres (1550) für alle, die an »diesem heiligen Unternehmen« und »gerechten Krieg«[4] teilnahmen. Auch wurde die ganze Gesellschaft Jesu aufgefordert, für den Erfolg des Krieges zu beten »zur Ehre des Herrn, zur Rettung jener Seelen und zur Verherrlichung des heiligen Glaubens«.[5] In einem Brief an den Vizekönig, mit welchem Ignatius ihm zur Einnahme einer kleinen Stadt in Nordafrika gratulierte, schreibt er: »Man möchte hoffen, daß dies der Anfang sein wird von vielem Guten für die Verbreitung des heiligen Glaubens und zur Niederlage von dessen Feinden.«[6]
Der »Sieg« der Christen in diesem »Türkenkrieg« wurde in Rom angeblich nicht richtig

beurteilt. Es handelte sich um die Eroberung einer kleinen Festung im heutigen Tunesien, nicht weit von Monastir, »Africa« genannt. Sie diente den Korsaren als Stützpunkt, und die Einnahme des kleinen Hafens war wichtig, um diesen Seeräubern einen Schlag zu versetzen. Keineswegs bedeutete dies, daß Karl V. Sultan Sulaymân dem Prächtigen (1520–1566) den Krieg ansagen wollte. Nichtsdestoweniger wurde diese Expedition vom Sultan als Vorwand für eine Kriegserklärung benützt, und im August 1551 wurde Tripolis von den Türken eingenommen, nachdem die Stadt erst 1510 von den Spaniern erobert worden war. Das kleine Africa wurde daher als Garnisonsplatz für die kaiserlichen Truppen bedeutsam. Juan de Vega bat um einen Jesuiten als Militärseelsorger, und P. Jerónimo Nadal wurde hingesandt und blieb dort vier Monate.

Im nächsten Jahr, als Nadal wieder nach Sizilien zurückgekehrt war, schrieb ihm Ignatius drei Briefe. Alle drei tragen das Datum des 6. August 1552. Im ersten Brief erwähnt er, daß die türkischen Korsaren nicht nur den christlichen Ländern viel materiellen Verlust zufügen, sondern daß auch die Gefangenen in Gefahr sind, ihren christlichen Glauben zu verlieren. Darum sollte der Kaiser eine große Flotte zusammenstellen, um der türkischen Bedrohung ein Ende zu machen. Ignatius ist nicht sicher, ob dieser Plan Gottes Willen entspricht, und er bittet Nadal um seine Meinung.[7] – Im zweiten Brief werden der Plan der »Armada« weiter ausgearbeitet und neun Gründe für dieses Unternehmen aufgeführt. An erster Stelle ist der Schaden erwähnt, der dem christlichen Glauben zugefügt wird: »Wenn Christen, groß und klein, von so vielen Orten verschleppt werden, und unter den Ungläubigen leben müssen, so wissen wir aus eigener Erfahrung, wieviele von ihnen den Glauben verlieren.«[8] Der zweite Grund, der von Ignatius angeführt wird, ist die Verantwortung, die die christlichen Fürsten am Tag des Jüngsten Gerichtes abzulegen haben für das, was sie getan oder unterlassen haben für das Heil ihrer Untertanen an Leib und Seele. Die übrigen Gründe sind mehr politischer Art. Unter anderem wird gesagt, daß das, was Tripolis zustieß, auch das Los anderer Städte an den Mittelmeerküsten sein könnte. Zugleich spricht der Brief auch von der Möglichkeit, die Türken zu bekehren, wenn die Gebiete unter christliche Herrschaft kämen. – Im dritten Brief wird Nadal gebeten, den Plan dem Vizekönig Juan de Vega zu unterbreiten.[9]

Obwohl sich Juan de Vega von diesem Plan angetan zeigte, hielt er doch dessen Realisierung unter den gegebenen Umständen für unmöglich. Tatsächlich dauerte es noch fast zwanzig Jahre, bis die christlichen Fürsten eine Flotte zusammenbrachten, mit der die türkische Flotte am 7. Oktober 1571 bei Lepanto vernichtend geschlagen wurde.

Der Plan und das Vorhaben eines solchen Seekrieges war für Ignatius nur insofern wertvoll, als beides von Gott gewollt war. Darum bat er Nadal, dafür zu beten, »daß Gott, die ewige Weisheit, Sr. Majestät [dem Kaiser] und allen in allen Dingen das Licht gebe, um seinen heiligsten Willen zu erkennen, und die Gnade, ihn vollkommen auszuführen.«[10] Aus der Korrespondenz mit Nadal über diesen Plan geht auch hervor, daß Ignatius auf der Grenzlinie zweier Welten lebte: Einerseits gehörte er noch dem Mittelalter mit seinen Kreuzzügen an, andererseits lebte er schon in der Neuzeit, welche Studium und geistige Annäherung an Andersgläubige für eine geeignetere Methode im Dienst des Evangeliums hält. In gewissem Sinn war das Dilemma, das sich bei der Begegnung mit dem Muslim auf dem Weg nach

Montserrat zeigte, dreißig Jahre später noch nicht überwunden.
Tatsächlich finden wir ein Jahr später eine ganz andere Verhaltensweise bei Ignatius. Als ein islamischer Herrscher in Nordafrika, der Sheikh der strategisch wichtigen Insel Jerba bei Tunesien, dem Vizekönig von Sizilien zu verstehen gab, lieber dem Kaiser als dem ottomanischen Sultan untertan zu sein, schien sich eine Möglichkeit zu bieten, auch dort »den Seelen zu helfen«. Ignatius, der vom Provinzial von Sizilien informiert worden war, hat hier die ursprüngliche, apostolische Priorität des Ordens wiedererkannt. Er antwortete: »Dieses Anliegen darf unter keinen Umständen vernachlässigt werden, auch wenn es auf Kosten anderer Teile der Gesellschaft ginge.«[11] Jetzt wird ein Studienplan entworfen: Die arabische Sprache und der Koran sollen studiert werden, die Gründung eines Kollegs auf Malta wird ernsthaft erwogen, und beim Kolleg in Messina wird eine spezielle Residenz für junge Jesuiten eingerichtet, wo nur Arabisch gesprochen wird. Auch suchte man Kandidaten für die Gesellschaft unter den zum christlichen Glauben bekehrten Muslimen in Spanien und Italien.
Wie sehr es Ignatius am Herzen lag, unter Muslimen »den Seelen zu helfen«, zeigt am deutlichsten ein Rundschreiben des Sekretärs der Gesellschaft Jesu, in dem es heißt: »Die Nachricht [der möglichen Mission in Nordafrika] hat uns alle sehr erfreut, und hat in uns das Verlangen erweckt, zur Berberküste zu gehen. Sogar unser Vater möchte trotz seines Alters und seiner Krankheit nichts lieber, als die letzten Tage seines Lebens diesem Unternehmen zu widmen, wenn nur die Gesellschaft ihn gehen ließe.«[12]
So ist das Verlangen des hl. Ignatius gegen Ende seines Lebens im Dienste Christi identisch mit dem, das er am Anfang hatte: unter den Muslimen zu arbeiten, wenn Gott es will. In jedem Fall ist sein Verhalten gegenüber den Muslimen von der Suche nach Gottes Willen bestimmt, ob es nun einen einzigen »Moro«, dem er auf dem Wege begegnet, oder die Gründung eines Kollegs in Nordafrika, die Bildung einer Kriegsflotte oder seine eigene, letzte »Mission« betrifft. Unter den Zeichen des göttlichen Willens gibt es eine bemerkenswerte Reziprozität. Am Anfang sind es Muslime gewesen, die Ignatius und seine Gefährten den Weg nach Rom und in die Geburtsstunde der Gesellschaft Jesu gewiesen haben; am Ende dagegen sind es die Gesellschaft selber und die apostolische Arbeit in Rom, die Ignatius davon zurückhalten, sich unmittelbar der Arbeit unter Muslimen zu widmen. Im ganzen apostolischen Werdegang des hl. Ignatius gibt es kaum eine historische Gegebenheit, die für ihn eine so konstante Herausforderung gewesen wäre, sich in allem dem göttlichen Willen ganz zu unterwerfen, wie der Islam. Ist es zufällig, daß »Islam« bedeutet: »sich ganz Gott unterwerfen«?

Anmerkungen

[1] FN I, 86; ebd. II, 308.
[2] FN I, 204.
[3] Form. Inst. 3. In: S.
[4] MI *Epp.* III, 111.
[5] Ebd. 123.
[6] Ebd. 191.
[7] Ebd. IV, 353–354.
[8] Ebd. 355.
[9] Ebd. 359.
[10] Ebd.
[11] Ebd. VI, 164.
[12] Ebd. VI, 188.

Die Juden

Perspektiven ignatianischer Weltsicht*

James W. Reites, Santa Clara (Kalifornien)

Einleitung

Eine bedeutende Persönlichkeit kann auf verschiedene Weise gewürdigt werden, aber untrügliches Kennzeichen für die Größe eines Jüngers Jesu ist die Art, wie er mit den Armen, den Rechtlosen und den Ausgestoßenen der Gesellschaft umgeht. So wollen wir nun Ignatius von Loyola – 500 Jahre nach seiner Geburt – unter dem ungewöhnlichen und engen Gesichtspunkt seines Umgangs mit den Juden, der wohl am meisten an den Rand der Gesellschaft gedrängten Bevölkerungsgruppe, betrachten. Wir fragen nach seinen Erfahrungen mit dieser Gruppe und nach der Haltung, die er dabei an den Tag legte und die auch auf die Gesellschaft Jesu übergehen sollte.

Wenden wir uns zunächst dem zu, was Ignatius in seiner Zeit an herkömmlichen Einstellungen vorfand und wie er dem gegenübergetreten ist. Wir werden sehen, in welchem Ausmaß er die Ansichten und Gefühle seiner Zeit teilte, wie sehr er sich davon absetzen konnte und wie er dem Anspruch Christi folgte, den Macht- und Rechtlosen zu dienen.[1]

Stellung der Juden in Spanien zur Zeit des Ignatius

Vor 500 Jahren, als Ignatius von Loyola geboren wurde, waren die großen katholischen Monarchen Ferdinand von Aragon und Isabella von Kastilien gerade damit beschäftigt, Spaniens Einheit wiederherzustellen. Innerhalb der ersten beiden Lebensjahre Iñigos wurde Granada den Mauren entrissen und Spanien politisch geeint. Um ihr Land auch religiös zu einen, erließen die katholischen Majestäten 1492 ihr unheilvolles Verbannungsedikt, durch das alle Juden Spaniens, die sich nicht zum katholischen Glauben bekehren wollten, des Landes verwiesen wurden; 165.000 Menschen wurden von dieser Maßnahme betroffen. Diejenigen, die schließlich getauft wurden, etwa 50 000 Personen, nannte man *Nuevos Cristianos* oder *Conversos,* Neuchristen oder Konvertiten.

Dieses Edikt war das vorläufig letzte nach Jahrhunderten harter Unterdrückung der Juden in Spanien. Zweifellos die schlimmste Behandlung hatten sie erst hundert Jahre zuvor während des Pogroms von 1391 erleiden müssen, als 50 000 ihrer Glaubensbrüder den Tod fanden und sehr viele gezwungenermaßen getauft wurden.

Wie man weiß, hatte das Edikt von 1492 tragische Folgen enormen Ausmaßes. Jetzt gab es in Spanien neben den alteingesessenen Christen *Konvertiten* aus längst vergangenen Zeiten – viele von ihnen standen treu zu ihrem christlichen Glauben –, dann *Marranos,* die weiterhin ihr Judentum in unterschiedlichem Ausmaß pflegten, und jetzt diese *Neuchristen;* manche von ihnen waren überzeugt gläubig, viele ließen sich jedoch nur gezwungen taufen, um der Ausweisung aus Spanien zu entgehen. Als mit der Zeit die Abneigung gegen alle Juden wuchs, verwischte sich die Unterscheidung zwischen diesen Gruppierungen, besonders die zwischen Konvertiten–Juden und solchen, die nicht konvertierten, schien ganz bedeutungslos zu werden. Ihr »schlechtes Blut« (mala sangre), so dachten viele, machte alle Juden, ob getauft oder nicht, minderwertig und abartig. Mit der Zeit gewann *»limpieza de sangre«* – *»Reinheit des Blutes«* – mehr und mehr Bedeutung. Judaismus war nicht nur zum religiösen, sondern auch zum ethnischen Problem geworden.

Diese Auffassung war vorherrschend, als Ignatius als siebter Sohn einer alten baskischen Fa-

Abrahams Opfer (Gen 22)

Mose und das Volk Israel ziehen durch die Wüste (Ex 19ff)

Simson und der junge Löwe (Ri 14)

milie geboren wurde, knapp ein Jahr bevor das Verbannungsedikt unterzeichnet wurde. Ignatius hatte während seiner Kindheit wahrscheinlich keine Begegnung mit Juden. Die erste Erwähnung eines möglichen Kontaktes mit jüdischen Mitbürgern oder jüdischen Christen findet sich erst anläßlich seiner Befragung durch die Inquisition nach seiner Bekehrung. Hier zeigte sich vermutlich auch seine ursprüngliche Einstellung gegenüber »Judenchristen«.

Ignatius in Alcalá

Während Ignatius im Jahre 1527 in Alcalá studierte und Geistliche Übungen gab, wurde er dreimal durch die Inquisition verhört. Er und seine Freunde erregten teils durch ihre Jugend, alle aber durch ihren apostolischen Eifer und ihre Art der Kleidung einiges Aufsehen. Die ersten beiden Verhöre blieben ohne Folgen, während das dritte zu einer Gefängnisstrafe von 42 Tagen für Ignatius führte; erst nach siebzehn Tagen Haft erfuhr er, warum er festgehalten wurde. Am siebzehnten Tag wurde er vom Vikar Figueroa verhört. Da dieser an Ignatius' Abstammung zweifelte, versuchte er herauszufinden, ob er etwa ein Judenchrist sei. Ignatius sagte, dies sei nicht der Fall und fügte hinzu: »Im übrigen gibt es in meinem Land keine Juden.«[2] Es hat aber den Anschein, daß Ignatius zu dieser Zeit die Haltung der meisten seiner Landsleute teilte, die stolz darauf waren, daß in ihrer Provinz ein Jude nicht einmal über Nacht bleiben durfte. Vielleicht war er aber mit seinen Mitbürgern auch der Meinung, sie würden mehr Ansehen verdienen als selbst die »Alt-Christen« anderer spanischer Provinzen. Eine endgültige Deutung läßt sich nicht gewinnen.

Jakobs Kampf mit dem Engel (Gen 32, 23–33)

Die Eroberung Jerichos (Jos 6)

David und Goliat (1 Sam 17)

In Paris

Eine reifere Haltung nahm Ignatius allmählich während seiner Studienjahre an der Universität in Paris an. Hier traf er Diego Laínez, einen jungen Mann, der nach Beendigung seiner Studien in Alcalá im Jahre 1532 soviel über Ignatius gehört hatte, daß er ihn in Paris zu treffen hoffte. Diego wurde 1512 in der alten kastilischen Stadt Almazán geboren. Weil sein Urgroßvater Jude gewesen war, wurde er immer noch als Jude angesehen. Sicherlich hat Diego diese Information seinem Freunde während der Zeit ihrer Freundschaft anvertraut, denn die beiden waren unzertrennlich. Offenbar machte es auf Ignatius keinen Eindruck. Wenn er wirklich die allgemeine Haltung der Leute aus seiner Heimatprovinz Guipuzcoa gegenüber den Konvertiten gehabt haben sollte, bevor er Laínez traf, so deutet nichts darauf hin, daß er sie später beibehalten hätte. Es gibt keinen Anhaltspunkt dafür, daß die rassische Herkunft eines Menschen für Ignatius von Relevanz gewesen wäre.

Die Verhältnisse in Rom

Im Vergleich zu anderen europäischen Ländern waren die Juden Roms und fast ganz Italiens unter päpstlicher Herrschaft keinen Repressalien ausgesetzt. Seit Gregor dem Großen (590–604) bis zu Paul III. (1534–1549) achteten die Päpste darauf, daß Juden menschlich behandelt wurden, und im allgemeinen versuchten sie auch, ihnen ihre Rechte durch entsprechende Gesetze zu sichern. Im 15. und frühen 16. Jahrhundert gewährten mehrere Päpste den Juden große Vergünstigungen. Jüdische Ärzte und Gelehrte wurden in die päpstlichen Gesellschaftskreise aufgenommen und vom Tragen kennzeichnender Kleidung ausgenommen. Trotz dieser Toleranz waren sie jedoch keineswegs Christen gleichgestellt. Es gab häufige päpstliche Warnungen vor dem jüdischen Unglauben, und einige Päpste, unter ihnen Innozenz III. (1198–1216), Gregor X. (1271–1276) sowie Eugen IV. (1431–1447), erließen harte Verordnungen gegen die Juden. Zu ihrer Durchführung in Rom betont Cecil Roth aber: »Nirgendwo in Europa wurden diese antijüdischen Anordnungen, wie sie in den Lateran-Konzilien ausgearbeitet und dann als päpstliche Bullen verkündet wurden, weniger beachtet und mehr vernachlässigt, nirgendwo erfreute sich die jüdische Gemeinde größerer Freiheit des Lebens und des Denkens.«[3]

Mit dem Beginn der Gegenreformation und der Wahl des Gian Pietro Carafa zum Papst (23.5.1555) änderte sich jedoch die päpstliche Politik gegenüber den Juden radikal. Nur sieben Wochen nachdem Paul IV. den Stuhl Petri eingenommen hatte, erließ er die Bulle »Cum nimis absurdum«, die von jüdischen Historikern als das infamste und übelste Machwerk bezeichnet wird, das je von päpstlicher Seite erlassen wurde. Von da an bekamen die Juden Roms die harte, auf Reform bedachte Haltung der Kirche zu spüren. Was vorher von den einen als Toleranz angesehen wurde, betrachteten die anderen nun als Laxheit. Und so trat an die Stelle von Duldung strenge Einschränkung, die Jahrhunderte dauern sollte.

Ignatius kam nach Rom, als die milde päpstliche Haltung gegenüber den Juden zu Ende ging, und er starb dort, als eine völlig geänderte Einstellung sich auszubreiten begann. Zwei Dinge verraten uns seinen Standpunkt während der zwölf römischen Jahre: seine Arbeit an der Bekehrung der Juden und seine Reaktion auf die Bulle »Cum nimis absurdum«.

Ignatius und die Juden: Bettgestelle und Dienst für Gott

Als Ignatius 1537 in Rom ankam, machte er es sich zur Aufgabe, »Seelen zu helfen«, wie er sagte. Und so begann er vor allem, in Kirchen zu predigen und auf den Straßen zu unterrichten. Viel Zeit verbrachte er damit, Geld und Lebensmittel für die Armen zu erbetteln, die Kranken in den Hospitälern Roms zu besuchen und ihnen beizustehen.[4] Jedoch gründete er als guter Organisator auch Waisenhäuser sowie einen »Waisen-Verein« zur Unterstützung der elternlosen Kinder; er richtete auch das Martha-Haus ein, in dem Prostituierten die Rückkehr in die Gesellschaft ermöglicht werden sollte. Außerdem widmete er der Bekehrung von Juden viel Zeit.

Gotischer Grabstein (13. Jh.) auf dem Friedhof von Schloß Xavier

Zwangstaufe

Während seines gesamten Aufenthaltes in Rom lebte Ignatius immer sehr nahe beim jüdischen Viertel der Stadt und traf natürlich viele Juden. Wahrscheinlich wählte er die Umgebung der Via degli Astalli als Niederlassung der Jesuiten, um so den Armenquartieren Roms und damit auch dem Mittelpunkt römischen Lebens nahe zu sein.[5] Zweifellos war es seine intensive Beschäftigung mit ihrem täglichen Leben, die so viele Juden ermutigte, den christlichen Glauben anzunehmen.

In einem Brief an Peter Faber, einem der ersten Gefährten der jungen Gesellschaft Jesu, beschrieb Ignatius die Anstrengungen, die er unternahm, um ein junges Paar – der Partner war noch Jude – vor dem Gefängnis zu bewahren. Er berichtete hier von einem jungen Juden, den er begleitete und der Christ werden wollte. Kurz vor der Taufe verliebte er sich in eine Prostituierte (publicana meretrix) und zog zu ihr. Da es illegal war, daß Juden und Christen zusammen wohnten, verhafteten die Behörden die Frau, während der junge Mann sich verbergen und so dem gleichen Schicksal entgehen konnte. Als Ignatius von der Sache hörte, handelte er umgehend. Mit Hilfe einflußreicher Freunde konnte er das Mädchen aus dem Gefängnis befreien, den jungen Mann nahm er im Jesuitenhaus auf. Hier wurde er nach dem Glaubensunterricht getauft und noch am gleichen Tag getraut. Der sehr feierlichen Zeremonie wohnten mehrere Würdenträger Kaiser Karls V. bei, Diego Laínez hielt die Predigt.

In einem anderen Brief aus dieser Zeit bittet Ignatius um Geld für Vinzenz, einen Juden, der Kleidung für seine Taufe brauchte. Ein weiteres Schreiben an alle Jesuiten in Italien enthielt die erfreuliche Nachricht, er habe drei jüdischen Frauen, die Christinnen geworden waren, eine Aussteuer beschaffen können.

In dieser ersten Periode seiner Tätigkeit in Rom nahm Ignatius auch die jüdischen Katechumenen im Jesuitenhaus auf. Der Novize Pedro de Ribadeneira, der zu dieser Zeit in der Via degli Astalli lebte, erzählt, daß Ignatius trotz der Ärmlichkeit und Dürftigkeit des Hauses diese Praxis noch jahrelang fortführte.

Er unterrichtete Schüler, unterstützte sie, indem er ihren Lebensunterhalt erbettelte und ihnen später half, Arbeit zu finden.
Die Bemühungen des Ignatius richteten sich auch gegen die Praxis, jüdische Konvertiten zu zwingen, all ihr Hab und Gut mit der Taufe dem (Kirchen-)Staat zu übereignen. Dieser Brauch war ein Relikt aus dem Mittelalter. Konvertiten sollten damit zeigen, daß sie mit der Vergangenheit völlig gebrochen und alles aufgegeben hatten, was sie als Juden an materiellen Dingen erworben hatten. Natürlich war diese Gepflogenheit ein ernstes Hindernis für die Bekehrung. Um mehr Juden für den christlichen Glauben zu gewinnen, bat Ignatius den Papst, diese Vorschrift aufzuheben. Als Antwort gab Paul III. 1542 die Bulle »Cupientes iudaeos« heraus, die Konvertiten, Juden und anderen erlaubte, ihr Eigentum zu behalten, selbst wenn es durch Wucher erworben war und nicht mehr zurückgegeben werden konnte. Aufgrund dieser Bulle behielten sie außerdem alle Bürgerrechte und konnten auf ihr gesetzliches Erbe Anspruch erheben, auch wenn sie gegen den Willen ihrer Eltern konvertiert hatten und aus diesem Grund enterbt worden waren.
Ignatius' Bekehrungsarbeit in Rom gewann so viele Juden für den christlichen Glauben, daß es bald mehr Katechumenen gab, als man in dem kleinen Jesuitenhaus bei der Kirche Santa Maria della Strada aufnehmen und verköstigen konnte. Also mußte ein neues Haus für Katechumenen (casa dei catechumeni) dringend beschafft werden. Nach wiederholten Bitten des Ignatius erklärte Paul III. mit der Bulle »Illis qui« die Kirche San Giovanni del Mercato zum Sitz der neuen Casa.
In einem Brief an Franz Xaver schreibt Ignatius 1543 von seiner Freude über das Haus: »Das Werk ist wohlgelungen, wir haben Pater Juan die nötigen Bettgestelle und andere Haushaltsgegenstände für die Neubekehrten geschickt und gleichermaßen alle Almosen, die wir für diesen Zweck gesammelt haben. Hoffen wir, daß unser Herr dieses Werk, das so wohlgelungen ist und die Unterstützung des Papstes genießt, weitere Gründungen nach sich ziehe, die seiner göttlichen Majestät dienen.«[6] Sehr typisch verbindet hier Ignatius Bettgestelle und Werke, die der göttlichen Majestät dienen, in seiner erdverbundenen Spiritualität. Darin äußert sich eine tiefe Überzeugung, die auf die Zeit in Manresa zurückgeht, eine Sicht der Dinge, nach der Gott in den gewöhnlichen und alltäglichen Ereignissen des Lebens wirkt.

Die Bulle »Cum nimis absurdum«

Bis zum Jahre 1555 hatte Ignatius nur mit Juden zu tun, die den christlichen Glauben annehmen wollten. Die Veröffentlichung der Bulle »Cum nimis absurdum« mit den bis dahin nie gehörten Einschränkungen für die Juden Roms läßt die Haltung des Ignatius gegenüber den Juden erkennen, die nicht die Absicht hatten, Christen zu werden. Dieses päpstliche Dokument, das Papst Paul IV., der stets rigorose Gian Pietro Carafa, im Jahre 1555 ausstellte, spiegelt wider, was viele Theologen des 16. Jahrhunderts von den Juden hielten. Einige Zeilen der langen Präambel vermitteln einen Eindruck vom Ton und Stil der Bulle:
»Es ist höchst widersinnig und unpassend, daß Juden, deren eigene Schuld sie zur ewigen Knechtschaft bestimmt hat, zwar den Vorteil genießen sollen, dank christlicher Duldsamkeit unter Christen zu leben, aber doch gegenüber den Christen so undankbar sein dürfen,

daß sie Gnade mit Beleidigungen vergelten und, statt Unterwerfung zu zeigen, die Christen zu beherrschen suchen. Erst neulich haben wir Nachricht erhalten, sie seien in unserer geliebten Stadt Rom in ihrer Unverschämtheit so weit gegangen, daß sie es nicht nur wagen, mitten unter Christen in unmittelbarer Nähe ihrer Kirchen zu leben, ohne als Juden erkennbar zu sein, sondern sich auch erkühnen, in den vornehmsten Straßen und Plätzen Häuser zu mieten.«[7]

Um der »üblen« Macht der Juden zu begegnen, ordnete der Hl. Stuhl Maßnahmen von bisher nicht dagewesener Härte an. Erstmals wurden in Rom und anderen päpstlichen Städten Wohnquartiere errichtet, in denen die Juden von jetzt an leben mußten. Nach mehr als 1500 Jahren ununterbrochenen Aufenthalts in Rom sollten sie nun in einem Ghetto wohnen, das nur einen einzigen Zugang hatte. Alles Grundeigentum außerhalb dieses Bezirkes mußte an Christen verkauft werden. Alle Synagogen außer einer in jeder Stadt sollten zerstört werden. Alle Juden mußten von jetzt an Abzeichen tragen, die sie als solche kenntlich machten.

Die Einschränkungen, die diese Bulle für die Juden mit sich brachte, grenzten sie in dem, was sie tun und lassen durften, schwer ein. Maßnahmen ähnlicher Art waren in der Geschichte dieses Volkes zwar nicht neu, niemals zuvor waren sie jedoch so umfassend und einschneidend. Das Ghetto wurde in der erstaunlich kurzen Zeit von nur zwei Wochen errichtet und gleich darauf von einer Mauer umgeben, die die Juden auch noch selbst zu bezahlen hatten.

Die Bulle sah die Juden als von Gott verdammt an, die wegen ihrer Weigerung, den christlichen Glauben anzunehmen, und wegen ihres Festhaltens am mosaischen Gesetz zu unterjochen waren. Tertullian, Hieronymus, Ambrosius und Johannes Chrysostomus sprachen im Namen der christlichen Religion mit harten Worten von den Juden und verwendeten hierbei häufig die gewöhnlichsten bigotten Redensarten. Dieses religiöse Ressentiment gegen die Juden war zu Ignatius' Zeiten die offizielle Einstellung der hierarchischen Kirche, die in der Bulle Pauls IV. letztlich nur schriftlich niedergelegt wurde.

Heute würde jeder rechtschaffene Mensch einen solchen Standpunkt verurteilen, wie er auch von den Vätern des Zweiten Vatikanischen Konzils offiziell verworfen wurde. Die Erklärung über die Religionsfreiheit fordert von der Staatsgewalt, »daß die Gleichheit der Bürger vor dem Gesetz, die als solche zum Gemeinwohl der Gesellschaft gehört, niemals entweder offen oder auf verborgene Weise um der Religion willen verletzt wird.«[8] Im Jahre 1555 und noch lange Zeit danach verletzte der Papst als Oberhaupt des Kirchenstaates ganz offen diese Gleichheit und die menschliche Würde der Juden aus vermeintlich religiösen Gründen.

Ignatius' Einstellung zur Bulle »Cum nimis absurdum«

Als die Bulle veröffentlicht war, verteilte Ignatius Kopien mit der Weisung, sie zu lesen und an andere Niederlassungen der Jesuiten weiterzuleiten. So half er nicht nur, die Bulle zu verbreiten, sondern er schien mit ihrem Inhalt auch einverstanden zu sein. In einem Schreiben an die Rektoren der Jesuitenkollegien bemerkte er, die Bulle »contra los judíos« (gegen die Juden) sei in den Ländern dringend nötig, in denen Juden zu leben erlaubt sei.[9]

In seinem offensichtlichen Einverständnis mit

Toledo, das Jerusalem des Westens
El Greco (ca. 1548–1614)

dem Inhalt dieser ungerechten Bulle war auch Ignatius der Blindheit seiner Zeit verfallen, er ist aber damit nur bis zu einem gewissen Grad schuldig geworden. Nach seiner Überzeugung ging Ignatius in gerechter Weise vor, wenn er für den Schutz der Rechte der Christen eintrat und den einen wahren Glauben zu erhalten trachtete. Nach der Meinung seiner Zeit setzten sich die Juden, ein »per definitionem« untergeordnetes Volk, ebenso ins Unrecht, wenn sie sich Macht über ihre Herren anmaßten, wie Sklaven, die sich gegen ihren Herrn zu erheben suchten. Der Papst erließ die Bulle, um die alte Ordnung wiederherzustellen. Für einen Mann, der so ergeben »gehorchte« und die offiziellen Lehren und Anordnungen der hierarchischen Kirche »pries« (wie er es selber in seinen verbindlichen »Regeln für das wahre Gespür, das wir in der streitenden Kirche haben müssen«, forderte), ist es sicher nicht überraschend, daß er mit der Bulle tatsächlich einverstanden gewesen ist.

Ignatius war allerdings kein hoffnungsloses Opfer der Blindheit seiner Zeitgenossen. Während er mit dem Inhalt der Bulle und auch mit der Errichtung des Ghettos einverstanden zu sein schien und es nicht verbarg, aus religiösen Gründen gegen die Juden zu sein, teilte er keineswegs die Animosität seiner spanischen Landsleute, ihre Furcht und Ablehnung der Juden überhaupt, ob konvertiert oder nicht. Wenn wir zwischen Rasse und Religion unterscheiden, finden wir immerhin, daß Ignatius seiner Zeit weit voraus war: Er war wohl gegen die jüdische Religion und alle, die sie praktizierten, teilte aber nicht die Abneigung seiner Zeitgenossen gegen die Juden als Rasse. Er hielt ihnen ihre Ablehnung Christi vor, hoffte allerdings auch, daß harte Maßnahmen gegen sie ihnen Mut machen würden, in sich zu gehen und den katholischen Glauben anzunehmen.

Noch viele Jahre sollten vergehen, bis auch dieser religiöse Antisemitismus mit seinen bitteren Konsequenzen von der Kirche offiziell ad acta gelegt werden würde. Der echt christliche Widerstand gegen alle Formen des Antisemitismus mußte auf Papst Pius XI. warten. Bei einer öffentlichen Audienz am 6. September 1938 sagte er: »Durch und in Christus sind wir alle geistige Nachkommen Abrahams. Antisemitismus ist absolut unzulässig, denn geistlich gesehen sind wir alle Semiten.«[10]

Positive Aussagen des Ignatius über die Juden

Nirgendwo wird Ignatius' positive Haltung gegen die Juden als Rasse klarer als in den außergewöhnlichen Aussagen, die er gegen Ende seines Lebens machte. Pedro de Ribadeneira hat in seinen Notizen zum Leben des hl. Ignatius (Dicta et facta) eine der Antworten festgehalten, die Ignatius zur Frage der »Reinheit des Blutes« gab: »Als wir einmal mit mehreren beim Essen saßen und sich das Gespräch um ein bestimmtes Thema drehte, sagte Ignatius, er würde es als besondere Gnade unseres Herrn ansehen, wenn er als Jude geboren worden wäre: ›Stellt Euch nur vor, blutsverwandt (secundum carnem) mit Christus, dem Herrn und unserer Herrin, der Jungfrau Maria, zu sein!‹«[11]

Ignatius' tiefe Verehrung der Person Jesu wird durch seinen Wunsch offenbar, mit dem Herrn als Jude einer Rasse anzugehören; diese Sehnsucht bewegte ihn derart stark, daß er es nicht zu verbergen vermochte. Ribadeneira erzählte später, wie selten Ignatius solche Bewegungen erkennen ließ, so daß diese geschilderte Begebenheit umso bemerkenswerter erscheint.

Ribadeneira erzählt weiter, was ihm von Pedro de Zárate mitgeteilt wurde, der über Ignatius' Sympathie für die Juden verwundert war: »Als Pedro von Ignatius hörte, er wäre stolz darauf gewesen, wenn er als Jude geboren worden wäre, bekreuzigte er sich und rief: ›Was, ein Jude!‹ Bei diesem Wort spuckte er auf den Boden. Doch Ignatius sagte zu ihm: ›Señor Pedro, lassen Sie uns sachlich bleiben und hören Sie an, was ich zu sagen habe.‹ Dann nannte er ihm viele Gründe für seinen Standpunkt, so daß er Pedro von der Ehrlichkeit seines Wunsches überzeugen konnte.«[12]

Ribadeneira bemerkt noch, wie schwierig es war, Zárate, einem stolzen Basken, das glaubhaft darzutun, so daß er seine frühere Absicht änderte: »Denn es widersprach so sehr dem, was Basken als ganz natürlich empfinden, denn Zárate hatte vorher die Juden verabscheut.«

Henry Kamen, ein englischer Historiker und selbst Jude, war von der Haltung des Ignatius so beeindruckt, daß er bewegt schrieb: »Diese Anstrengungen des Ignatius zeigen, daß er sich von der in Spanien vorherrschenden Einstellung bereits so weit entfernt hatte, daß er in der Tat seinem Geist nach Semit wurde.«[13]

Diese aufgeschlossene Haltung brachte Ignatius als Gründer der Gesellschaft Jesu auch in deren Gesetzgebung ein. Als Ignatius die Satzungen der Gesellschaft Jesu abfaßte, war es eine der wichtigsten Aufgaben, Kriterien für die Auswahl geeigneter Mitglieder zu erarbeiten. Im ersten Teil der Satzungen zählt er sorgfältig die unerläßlichen Eigenschaften eines Jesuiten auf, und obwohl die Gesellschaft jedermann offen stand, mußten ihre Mitglieder doch gewisse praktische und geistliche Begabungen mitbringen, ebenso gute Gesundheit und entsprechende Reife; denn nur so war der Orden in der Lage, sein apostolisches Ziel weiter zu verfolgen. Andererseits nennt Ignatius in diesem Teil der Satzungen auch die Gründe, die eine Aufnahme in den Orden ausschließen.

In diesem Zusammenhang ist es interessant, daß ein Hindernis völlig fehlt, das viele andere Reformer des 16. Jahrhunderts mit Sicherheit aufgenommen hätten: die jüdische Abstammung. Dieser Hinderungsgrund ist jedoch nirgendwo in den Satzungen zu finden. Und so gab es denn auch in der Folgezeit viele »conversos«, Neuchristen jüdischer Herkunft, im Orden. Einige von ihnen zählten zu den höchstangesehenen, berühmtesten Mitgliedern wie z.B. Diego Laínez.

Indem Ignatius das Prinzip der »Nicht-Diskriminierung« in den Satzungen festschrieb, brachte er seine eigene Haltung gegenüber Christen jüdischer Abstammung in die Gesellschaft Jesu ein. Diese Haltung wurde zu dieser Zeit von keinem größeren religiösen Orden in Spanien geteilt.

Um die festen Grundsätze, die Ignatius in der Frage der Zulassung von Neuchristen hatte, zu verdeutlichen, wollen wir im folgenden auf das Prinzip der »Reinheit des Blutes« (limpieza de sangre) im 15. und 16. Jahrhundert eingehen. Was ist damit gemeint? Vor welchem geschichtlichen Hintergrund wurde es angewendet?

»Limpieza de sangre« – der historische Hintergrund

Als in Spanien immer mehr Juden häufig unter Zwang getauft wurden, wuchs widersinnigerweise die Abneigung gegen sie und ihre Nachkommen immer stärker. Der Ausschluß jüdischer Christen von bestimmten Berufen und der Mitgliedschaft in zahlreichen Organisationen beruhte auf der Sorge um die »limpieza de sangre«. Restriktive Klauseln zur Erhaltung der »Reinheit des Blutes« wurden bald in die Statuten vieler Organisationen aufgenommen. Conversos, von der spanischen Gesellschaft als mit Makeln behaftet angesehen, wurden wegen ihres jüdischen Erbes als zweitrangige Bürger behandelt. Obwohl sie von anderen Spaniern nicht zu unterscheiden waren, wurden sie doch rasch zur Zielscheibe der Diskriminierung, wenn ihre Herkunft bekannt wurde.

Die ersten Statuten zur »limpieza de sangre« wurden 1449 erlassen und rasch in ganz Spanien und Portugal verbreitet; bis zum beginnenden 19. Jahrhundert hielt man daran fest. Die Sorge um die »Reinheit des Blutes« erreichte 1547 ihren Höhepunkt, als die Erzdiözese von Toledo, wo der Primas von Spanien residierte, ihre Statuten verschärfte und alle Personen jüdischer Herkunft von jeglichen Ämtern in der Kirche ausschloß; dieses Vorgehen wurde von König und Papst gebilligt. Damit war in Kirche und Staat der Ton gegenüber denen angeschlagen, die jüdischer Abstammung waren. Als Ignatius für die Gesellschaft Jesu die Satzungen verfaßte, (hauptsächlich in den Jahren 1547–1556), hatten alle größeren und besonders einflußreichen Ordensgemeinschaften Spaniens bereits Klauseln gegen die Aufnahme von Personen jüdischer Abstammung in ihre Statuten aufgenommen.

Diego Laínez (1512–1565), der 2. Generalobere des Jesuitenordens

Diese Bestimmungen wurden zwar nicht immer und überall gerne angenommen, geschweige denn durchgesetzt. Die allgemeine Stimmung begünstigte sie jedoch, und Opposition gab es meist nur aus den Reihen der Neuchristen selbst. Die Annahme der Statuten durch die Kirche von Toledo (1547) und ihre Ratifizierung durch Papst Paul III. (1548) sowie Paul IV. (1555) und schließlich 1556 auch durch König Philipp II. machen den offiziellen Standpunkt von Kirche und Staat in Spanien deutlich.

Die Haltung der Gesellschaft Jesu

Der hartnäckigste Kritiker in diesem Punkt war Antonio Araoz, ein Baske wie Ignatius und Provinzial der Jesuiten in Spanien. Als blendender Prediger fand Araoz rasch Zutritt zu höfischen Kreisen, in denen er viel Zeit verbrachte. Dort traf er viele einflußreiche Leute, die strenge Verfechter der »limpieza de sangre« waren und natürlich jüdische Christen von allen Ämtern in Kirche und Staat fernhalten wollten. Araoz berichtete Ignatius häufig über die »batería«, eine Gruppe, die energisch gegen die Aufnahme von Neuchristen in die Gesellschaft Jesu protestierte. Ignatius antwortete auf alle Vorhaltungen, daß die rassische Herkunft einer Person als solche keine Rolle für die Zulassung zum Orden spiele.

Ignatius' größte Herausforderung bei der Verteidigung des Standpunktes der Gesellschaft Jesu kam vom Erzbischof Juan Martínez Guijarro; seinen Namen latinisierte er in »Siliceo«, »der Steinharte«. Siliceo stand den Jesuiten anfänglich wohlwollend gegenüber; als er aber Primas von Spanien wurde, begann er bald ihnen zu mißtrauen. Er legte große Hindernisse in den Weg, verbot ihnen zu predigen, Beichte zu hören, Sakramente zu spenden, ja sogar die Messe zu lesen. Nach mehreren Unterredungen mit Francisco Villanueva, dem Rektor des Jesuitenkollegs in der Erzdiözese Toledo, wurde klar, daß die Weigerung der Gesellschaft Jesu, seine Vorschrift der »limpieza de sangre« anzuerkennen und zu befolgen, der Grund für das Mißfallen Siliceos war.

Als Ignatius von den Schwierigkeiten mit Siliceo hörte, war er keineswegs entmutigt oder ärgerlich. Im Gegenteil, er schien darüber noch recht froh zu sein. Er war der Meinung, dieser Widerstand – ein Zeichen des Herrn, daß die Gesellschaft Jesu Ihm in Toledo dienen solle – befähige die Gesellschaft, besonders gute Ergebnisse zu erzielen. Er war auch der Meinung, daß diese Hartnäckigkeit dem Erzbischof wenig bringen würde, weil es »nicht nur im Himmel, sondern auch auf Erden einen gebe, der darüber steht und es nicht zuläßt, daß Gottes Werk durch diesen behindert werde«.[14]

Ignatius handelte wie immer, wenn er bei Autoritäten auf Widerstand stieß. Er wandte sich an alle möglichen Personen mit großem Einfluß und bat sie um unterstützende Stellungnahmen. Mit diesen Briefen ging er zu Papst Julius III. und zu bestimmten Kardinälen, besonders zu denen, die dem Erzbischof früher einmal zu Diensten waren. Außerdem richtete er viele Schreiben an Mitglieder und Freunde der Gesellschaft und legte ihnen das Problem dar. So schrieb zum Beispiel sein Sekretär Juan de Polanco auf seine Veranlassung die bezeichnenden Worte: »Es kann nicht daran gedacht werden, sich den Wünschen des Erzbischofs zu beugen und seine Vorschriften zu übernehmen. Möge er sich um seine eigenen Angelegenheiten kümmern!« (Bástele á él entender en lo que está á su cargo!)[15]

Ignatius hält also erneut an seiner Politik fest, die Satzungen nicht zu ändern, selbst auf die Gefahr hin, einen der mächtigsten Männer Spaniens zu verärgern. Im gleichen Brief betet Ignatius für Siliceo, Gott möge ihm die Gnade schenken, sich selbst zu ändern, bevor er versuche, die Kirche zu reformieren!

Der Plan war erfolgreich. Der Druck auf Siliceo von außen wurde so stark, daß er keine andere Wahl hatte als nachzugeben. Zu viele waren gegen ihn: der Königliche Rat, der päpstliche Nuntius Kardinal Poggio, viele einflußreiche Personen und sogar Prinz Philipp selbst.[16] Letztlich war es jedoch die persönliche Intervention des apostolischen Nuntius, die der Kampagne des Erzbischofs gegen die Jesuiten den Garaus machte. Während eines persönlichen Besuches bei Siliceo forderte ihn Poggio auf, damit aufzuhören, den Jesuiten ständig Steine in den Weg zu legen. Siliceo antwortete, er wünsche seine Schafe selbst zu hüten. Die Jesuiten, sagte Poggio, seien nicht seine Schafe, und wenn der Erzbischof jetzt nicht endlich nachgebe, werde er als Gefangener nach Rom gebracht werden. Nach dieser Warnung gab Siliceo auf.

Dort, wo es die Sorge um die »limpieza« nicht

Siegel der Regensburger Judengemeinde an einer Urkunde vom 8. Juni 1356. Vgl. dazu das Siegel der Gesellschaft Jesu, ebenfalls mit Stern und Halbmond (Seite 382/83)

gab, waren auch keinerlei Zugeständnisse an die zeitlichen und örtlichen Verhältnisse nötig. 1551 und 1552, auf dem Höhepunkt der Auseinandersetzungen mit dem Erzbischof von Toledo, gab Ignatius seine Zustimmung zum Ordenseintritt eines gerade erst getauften Juden, Giovanni Battista Eliano, auch Romano genannt, der der Enkel und Schüler des berühmten Rabbi Elijah Levita (ben Asher halevi Askinazi) war und selbst Rabbi werden wollte. Der 22jährige Eliano, weitgereist und sechs Sprachen mächtig, war durch André des Freux in Venedig getauft und bald danach in die Gesellschaft Jesu aufgenommen worden. Ignatius holte ihn nach Rom und setzte ihn als Lehrer im Römischen Kolleg ein. Er übte diese Tätigkeit bis 1560 aus und wurde später in den mittleren Osten geschickt. Dort arbeitete er als Missionar unter Kopten und Orthodoxen. Elianos Bekehrung zum christlichen Glauben und seine Aufnahme in den Jesuitenorden sind besonders bemerkenswert, denn bei heutigen jüdischen Historikern gilt er als herausragendes Beispiel für die offene Sympathie des Ignatius für die Juden.

Der tiefste und entscheidende Grund für die Zulassung von Neuchristen taucht in einem Brief des Ignatius an seinen langjährigen baskischen Freund Pedro de Zárate auf, geschrieben am 29. Oktober 1555, neun Monate vor seinem Tod. Zárate hatte Ignatius mitgeteilt, der Graf von Eboli, Rui Gómez de Silva, sei nicht damit einverstanden, daß die Gesellschaft Neuchristen aufnehme. Ignatius forderte in seiner Antwort äußerst bestimmt, die Jesuiten aus den Reihen der Neuchristen zu unterstützen und zu respektieren: »Das möchte ich noch sagen: in der Gesellschaft gibt es eine Reihe dieser Leute, die weder Altchristen noch Hidalgos noch Caballeros in irgendeiner Weise nachstehen, weder als gute Ordensleute noch in ihrem Wert für das Wohl der Allgemeinheit.«[17]

Bis ans Ende seines Lebens blieb Ignatius gegenüber religiöser Autorität und politischer Macht in Spanien unbeugsam. Sein Widerstand gegen das Vorurteil der »limpieza« stammte letztlich von seinen eigenen Erfahrungen mit Neuchristen, die in ihrem religiösen Einsatz für das Wohl aller anderen nicht nachstanden. Die Gesellschaft konnte sie nicht ausschließen, ohne gleichzeitig ihre universale apostolische Ausrichtung zu verraten.

Ausschluß von Neuchristen in späterer Zeit

Der Druck auf die Gesellschaft Jesu, doch noch restriktive Bestimmungen in ihre Satzungen aufzunehmen, ließ nach dem Tod des ersten Generaloberen nicht nach. Sogar zur Zeit Laínez', des zweiten Generaloberen, selbst jüdischer Herkunft, gab es neuerliche Versuche, die Aufnahme von Juden-Konvertiten in die Gesellschaft Jesu zu verhindern. Auch der dritte Generalobere, Franz Borgia, hatte dem gleichen Drängen von Befürwortern der »limpieza« in Spanien zu widerstehen. Aber erst in den Zeiten des fünften Generaloberen Claudio Aquaviva gewannen endlich diejenigen die Oberhand, die auf den Ausschluß aller, die jüdischer Herkunft waren, hingearbeitet hatten. Endgültig beseitigt wurde die bis dahin geltende ignatianische Praxis der Offenheit und

Toleranz gegenüber Neuchristen erst 1593 auf der 5. Generalkongregation des Ordens: Mit der Annahme von Dekret 52 wurde allen, die jüdische Vorfahren hatten, der Eintritt in die Gesellschaft Jesu verwehrt. Künftig konnte auch nicht der Generalobere von diesem »Hindernis« dispensieren. Die Abneigung der spanischen Elite hatte sich durchgesetzt.

Auf der 6. Generalkongregation (1608) wurde die Angelegenheit noch einmal vorgebracht und das Dekret insofern etwas gemildert, als jetzt ein Bewerber nachweisen mußte, daß seine Familie seit fünf Generationen christlich war. Dieser Hinderungsgrund für einen Eintritt wurde gewöhnlich »Hindernis der Abstammung« genannt.

Erst auf der 27. Generalkongregation im Jahre 1923 erhielt der Ordensgeneral die Möglichkeit, einen Kandidaten jüdischer Herkunft vom Hindernis der Abstammung zu dispensieren. Die 29. Generalkongregation, die 1946 so rasch wie möglich nach dem Zweiten Weltkrieg zusammentrat, beseitigte schließlich das »Hindernis der Abstammung«. Seither stimmen Gesetz und offizielle Haltung der Gesellschaft Jesu wieder mit der Zeit des Ignatius überein. Es wird aber stets beschämend für die Jesuiten bleiben, daß die Gesellschaft Jesu erst nach dem Nazi-Holocaust wieder zu den Prinzipien ihres Gründers zurückkehrte.

Ignatius im Urteil der Geschichte

Ignatius hat von hervorragenden jüdischen Historikern zahlreiche günstige Beurteilungen erfahren; wir erwähnen nur einige wenige. Der britische Geschichtswissenschaftler Cecil Roth stellt fest: »Angesichts des heftigen Widerstandes einiger Gefährten setzte sich Ignatius erfolgreich gegen rassische Vorurteile durch.«[18]

Noch mehr ist der französische Historiker Albert Sicroff voll des Lobes für Ignatius: »Wie so oft bei denen, die aus vornehmen Familien stammen, scheint Ignatius die Abneigung seiner Zeitgenossen in der Frage der ›Reinheit des Blutes‹ nicht geteilt zu haben.«[19] Auch der bekannte amerikanische Historiker Salo Baron lobt Ignatius wegen seiner Bereitschaft, jüdische Konvertiten in seinen Orden aufzunehmen. Zustimmend zitiert er die Worte des französischen Wissenschaftlers Léon Cristiani über Ignatius: »Wahrscheinlich ist kein Gründer eines Ordens mehr von seinem Jahrhundert geprägt worden, von seiner Rasse und von seiner familiären Herkunft; und doch hat er sich mehr als jeder andere auf die Ebene der Universalität und ebenso der Ewigkeit begeben.«[20]

Die Bedeutung des Ignatius heute

Wir sahen, daß für Ignatius der Dienst am Glauben und die Förderung der Gerechtigkeit Hand in Hand gehen, daß Gerechtigkeit auch bedeutet, einen Menschen an dem zu messen, was er tut, und nicht an dem, was er gilt; und was andere als Mal oder Makel an einer Person ansehen, ist von Ignatius als Zeichen besonderer Gnade erachtet worden.

Für Ignatius, anders als für viele seiner Zeitgenossen, war rassische Herkunft kein Problem. Er schrieb einmal an Antonio Araoz, man solle »jemand nicht nach seiner Rasse beurteilen«, sondern danach, ob er ein guter Mensch sei.[21] Ignatius gründete sein Urteil sowohl auf seine persönlichen Erfahrungen mit Menschen als auch auf das biblische Prinzip, »daß Gott nicht auf die Person sieht, sondern daß ihm in jedem Volk willkommen ist, wer ihn fürchtet und tut, was recht ist.« (Apg 10,34f) Wir sind alle Kinder des einen Gottes, dazu berufen, Brüder und Schwestern zu sein und einander mit Würde, in Takt und Liebe zu begegnen.

Wir haben auch gelernt, daß Christen verpflichtet sind, ihre Kultur im Lichte des Glaubens zu beurteilen und den Mut aufzubringen haben, sich notfalls auch gegen ihre eigene Kultur zu wenden, wenn sie deren Fehler und Mängel erkennen. Ignatius war einer, der das zu tun imstande war. Die Gesellschaft Jesu war hierzu allerdings nicht immer in der Lage. Beides – Vorsatz und Versagen – ist Teil der Geschichte der Jesuiten. Die Gesellschaft entfernte sich von ihren hohen Idealen, als sie dem Verlangen der iberischen Kultur nachgab und »schlechte Parteilichkeit« zeigte. Doch als sie das erkannte, kehrte sie auch wieder zu den Idealen ihres Gründers zurück. Vielleicht ist das die Lehre aus der Geschichte des Ignatius und der Juden, der Spiritualität der Exerzitien und der Bibel, auf der sie aufruhen: treu zu bleiben und mutig ihren Lehren zu folgen, frei von Menschenfurcht.

Als wir dem Verhältnis des Ignatius zu den Juden im Verlauf seines Lebens nachgingen, sahen wir ihn sich wandeln vom stolzen Basken in Alcalá, der sich brüstete, es gäbe in seiner Provinz keine Juden, zum Freund und Gefährten des Diego Laínez in Paris, zum bescheidenen Apostel für die Juden in Rom, zum starken und klugen Führer der jungen Gesellschaft Jesu, der sich weigerte, die Vorschriften der »limpieza« einzuführen, und schließlich zum Basken, der sich wünschte, von jüdischer Herkunft zu sein. Ermöglicht wurde ihm die Wandlung seiner Haltung dank der spirituellen Ausrichtung, die in seinen Schriften, besonders in den Exerzitien und Satzungen, dokumentiert ist, sowie dank der Offenheit für Gottes Willen. Das machte ihn fähig, die Engstirnigkeit seiner Zeit zu überwinden. In seinem täglichen Leben und seiner dauernden Konfrontation mit Problemen verwirklichte Ignatius das, was er in den Exerzitien als Ideal vorstellt: Christus, der König, war seine Leitfigur; dessen Sendung, die ganze Welt zu gewinnen, sein Ziel; die Unterscheidung der Geister das Mittel zu diesem Ziel – alles andere war, gemessen am Suchen von Gottes größerer Ehre und Verherrlichung zweitrangig.

Anmerkungen

* Aus dem Amerikanischen übertragen von Rosmarie und Rudolf Imhof.

[1] J. W. Reites, St. Ignatius of Loyola and the Jews. In: Studies in the Spirituality of Jesuits 13(1981) 1–48.

[2] FN II, 548; s.ebenso *Chronicon S. I.* I, 37.

[3] C. Roth, The History of the Jews of Italy. Philadelphia 1946, 177.

[4] Vgl. A. Demoustier, Les premiers jésuites et les pauvres. In: Christus 35(1988) 85–99.

[5] Dies ist die Meinung von P. Thomas Lucas SJ, der die Restaurierung der Räume des Ignatius im Kolleg an der Piazza del Gesú in Rom fachmännisch betreute. Sein Werk zur urbanen Theologie des hl. Ignatius wird in Kürze veröffentlicht.

[6] MI *Epp.* I, 268 f,

[7] Bullarium Romanum, Taurinensis Editio 1890. VI, 498f.

[8] 2. Vatic., Dignitatis humanae 6. In ähnlicher Weise verwirft »Nostra aetate« die Art Antisemitismus, die in »Cum nimis absurdum« vertreten wird.

[9] MI *Epp.* IX, 362–363.

[10] Zit. nach G. Martina, La Chiesa nell'etá dell'assolutismo, del liberalismo, del totalitarismo. Brescia ²1974, 280.

[11] Ribadeneira, Dicta et facta S. Ignatii I, 24. In: FN II, 476.

[12] Ebd.

[13] H. Kamen, The Spanish Inquisition. New York 1965, 128.

[14] MI *Epp.* IV, 64.

[15] Ebd.

[16] *Reites* (s. Anm. 1) 27.

[17] MI *Epp.* X, 61.

[18] C. Roth, Jesuits. In: Encyclopaedia Judaica. Bd. 10. Jerusalem 1971, 8–9.

[19] A. Sicroff, Les controverses de Status de »Pureté de Sang« en Espagne du XVe au XVIIe Siècle. Paris 1960, 270.

[20] S. Baron, A Social and Religious History of the Jews. Bd. 14. New York ²1969, 10.

[21] MI *Epp.* V, 335.

Mehr Trost als Trostlosigkeit

Zum spirituellen Vermächtnis des Ignatius von Loyola*

Louis Beirnaert †

Wie verläuft der Weg des Ignatius zum selbständigen »Subjekt«?[1] Auch heute haben solche Prozesse nichts an Aktualität verloren.[2]

Die Entdeckung des Ignatius von Loyola

Es hat begonnen mit dem, was ein Mensch an der Schwelle zur Neuzeit entdeckte. Ignatius von Loyola, durch eine Kanonenkugel an beiden Beinen verletzt, durchläuft einen schwierigen Genesungsprozeß im Schloß seiner adeligen Familie. Er ist knapp dem Tod entgangen und stellt sich die Frage, was aus seinem Leben wird. Bis zu diesem Zeitpunkt war er ein gewöhnlicher Christ, »den Eitelkeiten der Welt ergeben, und er vergnügte sich hauptsächlich an Waffenübung, mit einem großen und eitlen Verlangen, Ehre zu gewinnen.«[3] Eine Art Ritter und Soldat mit den üblichen Liebeständeleien, der von großen Taten träumt, die er einer bestimmten Dame zu Füßen legen wollte.[4] Auf dem Krankenlager langweilt er sich und verlangt nach Ritterromanen. Es sind keine da. So reicht man ihm eine »Vita Christi« und ein Buch über das Leben der Heiligen. Da er nichts Besseres hat, macht er sich ans Lesen und gewinnt, so schreibt er, eine gewisse Zuneigung zu dem, was da erzählt wird. (PB 6)

Verschiedene Gedankenreihen wechseln in ihm ab. So träumt er stundenlang davon, was er für seine Dame tun könnte, welche Mittel »er anwenden würde, um in das Gebiet gehen zu können, in dem sie wohnt, die Sinnsprüche und Worte, die er sagen würde, die Waffentaten, die er in ihrem Dienst ausführen würde«. (PB 6) Er denkt an die »schwierigen und schweren Dinge« (PB 7), mit denen er sich im Dienste Gottes engagieren könnte. Allein die Müdigkeit bringt ihn dazu, die eine oder andere dieser Gedankenreihen aufzugeben.

Dabei hätte er stehen bleiben können. Jedoch bemerkt er, und hierin liegt seine Entdeckung, einen Unterschied in den Wirkungen, die jene unterschiedlichen Gedanken auf einer Ebene seines Lusterlebens (jouissance[5]) hervorrufen. Das Denken an die Weltdinge ist voller Lust für ihn, doch er bleibt anschließend trocken und unzufrieden. Bei dem Gedanken, barfuß nach Jerusalem zu gehen, »alle übrigen Strengheiten auszuführen, von denen er las, daß die Heiligen sie ausgeführt hatten« (PB 8), empfindet er nicht nur momentane Lust, sondern er bleibt auch zufrieden und freudig, nachdem er sich von diesem Gedanken gelöst hat. Er wundert sich über diese Verschiedenheit der Gefühle und beginnt, über sie nachzudenken. Wenn bestimmte Gedanken ihn traurig und andere ihn freudig stimmen, dann kommen die einen vom Geist des Teufels, die anderen vom Geist Gottes. Der Zweiteilung entsprechend, die zur religiösen Konzeption seiner Zeit gehört, unterscheidet er, was vom Teufel kommt und was von Gott. Die Selbstwahrnehmung erschließt ihm die Schicht des Lusterlebens. Es geht also nicht um eine Anleihe bei einer geistlichen Doktrin, die von vornherein Handlungen in konform oder nicht konform mit dem göttlichen Willen eingeteilt hätte. Wohl hatte man vor Ignatius, namentlich bei den Mystikern, das Verhältnis zwischen dem Einswerden mit Gott und dem Lusterleben beschrieben, doch war man nie zuvor von der Ordnung des Lusterlebens ausgegangen, um zu unterscheiden, was Gott und was dem Teufel entspricht. Die durch eine Gedankenreihe hervorgerufenen Lust- oder Unlustgefühle und nicht eine kodifizierte Lehre werden zum Kriterium dessen, was Gott begehrt.

Gerade diese Umkehrung führt in der christlichen Spiritualität weiter, ohne mit der jüdisch-christlichen Rede von Gott zu brechen.

Psychoanalyse

Wie können wir in Treue zum Evangelium und zur Kirche entschieden und mutig unser Engagement in einer weitgehend säkularisierten Lebenswelt bejahen? Diese Frage bekommt heute im Kontext einer wieder zunehmenden Berührungsangst mit der «bösen Welt» eine unerwartete Aktualität, auch wenn sich die Lage der Kirche und des Jesuitenordens in den letzten Jahren gewandelt hat.

Der Jesuit Louis Beirnaert entdeckt Ignatius neu von der Praxis und Theorie Sigmund Freuds aus. Für den analytischen Psychotherapeuten oder Ausbildungskandidaten bietet sich der vom eigenen Modell unabhängige ignatianische Erfahrungsweg als Paradigma intersubjektiver Begegnung an. In seiner psychodynamischen Deutung des Exerzitienprozesses und der Entstehung des Jesuitenordens legt Beirnaert Wert auf die «Leidenschaft des Nicht-Wissens»: Weder möchte er psychologisierend «erklären», noch legt er eine «Therapie» für die in die Krise geratene Weitergabe von Erfahrung vor. Denn erst, wenn wir uns von allem vermeintlichen Wissen über den Inhalt der Erfahrung und über deren Weitergabe freizumachen versuchen, finden wir einen Zugang zur eigenen Subjektwerdung; erst dann können wir auch andere auf diesem Weg begleiten. Von der Psychoanalyse können wir lernen, daß Theoriebildung eine ständige Rückkehr zur Erfahrung erfordert, weil die Psychoanalyse je neu erfunden und theoretisch erarbeitet wird, wie Louis Beirnaert immer wieder zu sagen pflegte.

Die Aussage unseres Textes beschränkt sich auch nicht auf das gewählte Beispiel der ignatianischen Spiritualität. Hier wird vielmehr in exemplarischer Weise gefragt, wie Vertiefung und Aktualisierung des ursprünglichen Charismas gerade in einer Zeit erstarkender Traditionalismen und innerkirchlicher Konflikte gelingen können. Dies betrifft nicht nur die Orden und geistlichen Gemeinschaften der Kirche.

E. Frick S.J.

Denn Gott bleibt der nicht zu übergehende Dritte, dem er sich untergeordnet (assujetti[6]) weiß. Auf der Suche nach dem göttlichen Willen achtet er auf die Ordnung des Lusterlebens; das Abwechseln von Trost und Trostlosigkeit wird zum Unterscheidungskriterium dieses Willens. Er hat einen Weg betreten, wo notwendigerweise die Befriedigung oder Nicht-Befriedigung des eigenen Begehrens zur Frage wird.

Gott besitzt hierzu den Schlüssel. Und Gott ist insofern unvorhersehbar, als sein Wille nicht irgendwo geschrieben steht, und insofern, als die Tröstung etwas ist, was sich ereignet, eine Gnade, um die man bitten kann. Deshalb betet Ignatius von Anfang an, und das Gebet bleibt ein integrierender Bestandteil dessen, was entsteht. Er betet, um von Gott die Tröstung zu erlangen, die ihm fehlt und die außerhalb des eigenen Zugriffs bleibt. Doch genügt ihm die Tröstung nicht, um sich seines Wollens zu versichern. Er erbittet »Bestätigung«, die in ihrer Perspektive noch zum Lusterleben gehört. Es kann sein, daß er sich damit zufriedengibt. Aber zu bestimmten Zeitpunkten, wenn die Tröstung ausbleibt, tritt er in eine intensive Trostlosigkeit ein, die ihn aufhören läßt, auf die Tröstung zu warten, und gleichzeitig schreibt er, daß sich »seine Augen öffnen«, daß »die Finsternis sich auflöst«, daß er aus dem »Traum« erwacht.[7] Davon gibt in beispielhafter Weise ein Fragment seines Geistlichen Tagebuches Zeugnis, das der Zerstörung entgangen ist, die er ihm zugedacht hatte.

Wir sind im Jahre 1544. Ignatius ist dabei, die Satzungen des Ordens abzufassen, den er gründet: Wird er entscheiden, daß die Häuser der Gesellschaft Jesu keinerlei Einkünfte haben werden? Was will er, was will Gott? Seiner Gewohnheit entsprechend, betet er und bringt das vor Gott, wozu er neigt, nämlich das Vorhaben totaler Armut. Die Tröstung, die er empfindet, erscheint nirgendwo deutlicher als ein leibliches Lusterleben – er spricht von heißer, lichtvoller und rötlicher Gnade, er ist von Tränen überströmt.[8] Diese Tröstung gibt ihm das Gefühl der Bestätigung.

Aber es bleibt ein Zweifel, denn so intensiv das Lusterleben auch sein mag, es ist auch jetzt nicht reich genug.

Und dann tut sich Neues auf, und zwar auf der »Ebene Gottes«. Der Beter stellt fest, daß er sich, indem er sich an jede der Personen der Trinität wendet, zugleich an die beiden anderen wendet. Danach erscheint eine »Kugelgestalt«, aus der zunächst der Vater »hervorzugehen oder sich herzuleiten« scheint. Wenig später schaut Ignatius »alle drei Personen auf die gleiche Weise wie die erste, nämlich daß auf der einen Seite der Vater, auf einer anderen der Sohn und auf einer anderen der Heilige Geist hervorkam oder sich aus der göttlichen Wesenheit herleitete, ohne aber aus der kugelförmigen Schauung herauszutreten.«[9] Ignatius spricht von der »vorgestellten Sache«[10], die gestaltet ist und sich mit dem Auftauchen der geometrischen Gestalt verbindet. Eine Haltung und ein neues Gefühl treten zutage: die *Ehrfurcht.*[11] Bis zu dem Augenblick, in dem er anerkennt, das Gesuchte nicht zu finden, nämlich Zeichen und Garantie der Tröstung, gerät er in Bestürzung und in eine intensive Trostlosigkeit. »Ich fand mich«, schreibt er »ganz von jeglicher Hilfe verlassen und konnte keinen Geschmack bei den Mittlern und den göttlichen Personen gewinnen. Ich war so fern und so von ihnen getrennt, als hätte ich niemals irgend etwas von ihnen verspürt oder sollte in Zukunft nie mehr etwas verspüren. Statt dessen kamen mir nur Gedanken, bald gegen Jesus, bald gegen sonst jemand. In dieser Weise fand ich mich mit verschiedenen Gedanken verwirrt ...« Aus diesem Erschrecken befreit er sich diesmal nicht, indem er zu Gedankenreihen zurückkehrt, sondern dadurch, daß ihm klar wird, was ihn, *ohne daß er es wußte,* antrieb, unaufhörlich seine Bitte zu wiederholen: »Doch verspürte ich in mir den Willen und das Verlangen, der Herr möge meinem Wunsch nachgeben; ich wollte nämlich in einer Zeit aufhören, in der ich mich sehr heimgesucht fände. Doch als ich dann verspürte, was meine Neigung ist, und auf der anderen Seite, was Gott unserem Herrn gefällt, da begann ich achtzugeben und wollte dem, was Gott unserem Herrn gefällt entsprechen. Damit begann (allmählich) Schritt für Schritt die Finsternis von mir zu weichen, ...«[12]

Fassen wir das bisher Bedachte noch einmal zusammen: Weil Ignatius nicht findet, was er suchte, nämlich die Garantie der Tröstung, wird er in die Trostlosigkeit geführt, in eine Abwesenheit jeglicher Zuflucht, in eine Leere,

Neue Fassade der Wallfahrtskirche in Arantzazu. Die Heiligen werden dargestellt in ihrer Leere. Gott ist ihre Erfüllung in Trost und Mißtrost. Ignatius betete 1522 eine Nacht in Arantzazu, dem alten baskischen Marienheiligtum.

wo er sich verliert. In der Liebe und im Lusterleben gibt es keine Garantie.
Es geht ihm nicht nur darum, zu einer Folge benennbarer Gedanken zurückzufinden, sondern sich darüber klarzuwerden, was er, *ohne es zu wissen,* suchte, nämlich, daß Gott seinem Begehren entsprechen möge. Doch Gott kann nicht verführt werden.
Noch weitaus mehr: Gott bedeutet nichts für ihn. An seiner Stelle zeichnet sich das Runde, das Eine, das eine Wesen ab, aus dem drei Personen hervorgehen, also: eine vorgestellte Sache.
Angesichts dieser unzugänglichen Sache bleibt nur die Ehrfurcht. Diese Ehrfurcht bestätigt die vorausgehende Gedankenfolge, in der Ignatius seine Entscheidung in der Armutsfrage entwickelt hat. Sie beinhaltet die Anerkennung einer Schwelle, einer Grenze, die nicht überschritten wird. So gelangt er zur Gewißheit eines Wollens und einer Wahl, die beide keine andere Garantie haben, als seinem Begehren und seinem Vorhaben zu entsprechen. Die Tröstung und das Lusterleben können sich dann in der Folge wieder einstellen, doch gibt es keine Garantie mehr.

Zur Deutung der mystischen Erfahrung des Pilgers

Was heißt in dem obigen Zitat: »... was Gott unserem Herrn gefällt«? Können wir von einem Lusterleben Gottes sprechen? Zunächst weiß Ignatius von dieser Lust nur, daß sie von seiner eigenen unterschieden ist, da sie ja gerade durch seine Trostlosigkeit bestimmt ist. Sodann wird ein Gott genannt, dem etwas gefällt, der eine Lust empfindet. Dies geschieht, *nachdem* an eben der Stelle, die vorher von Gott eingenommen wurde, die beschriebene Vorstellung aufsteigt. Vor allem aber kommt die Lust Gottes nur in bezug auf das Fehlen einer göttlichen Garantie ins Spiel und *nicht* aus Anlaß dessen, was Ignatius will und entscheidet. Anders ausgedrückt: Für die Armut entscheidet er sich nicht, um Gott einen Gefallen zu tun. Doch gelangt er ohne die göttliche Garantie, d.h. aus sich selbst, zu dem, was »Gott gefällt«. Er ist auf die Einsamkeit und Zufluchtslosigkeit in der Ehrfurcht vor der vorgestellten Sache verwiesen; und so gewinnt er im *nachhinein,* durch die Gewißheit des eigenen Begehrens (désir) und in der Benennung der Lust Gottes sein eigenes Lusterleben zurück, wie es die Fortsetzung des Tagebuches zeigt (Tränen und sonstiges leibliches Erleben). In diesem gnadenhaften zweiten Schritt erscheint die Ehrfurcht klar als Wirkung jenes tiefgreifenden Wandels, den sein Gottesbild erfahren hat.
Indem Ignatius den größeren Dienst Gottes an die Stelle des Dienstes der Dame setzt, hat er ohne Zweifel das Gefühl, zu einem völlig anderen Vorhaben übergegangen zu sein. Gewiß liegt eine gehörige Veränderung in diesem Wandel vom Ritter, der sich vom Geist des Bösen inspirieren läßt, zu einem vom Geist Gottes inspirierten Heiligen. Gleichwohl: Folgt hieraus, daß sich die Struktur des Pilgers geändert hat?[13] Die Kugel, der Kreis in der Leere, aus der Vater, Sohn und Geist treten, ohne sie zu verlassen, ist die Gestalt von etwas, dessen Platz die unzugängliche Dame einnimmt. Es geht um die Gestalt des Einen, die Ignatius mit dem platonisch-plotinischen Terminus des Einzigen Wesens bezeichnet. Aus ihm kommen die drei Personen der christlichen Tradition, ohne es zu verlassen, wie Namen, die auf eine leere Seite geschrieben werden.
Was sagt nun der Bericht des *Tagebuches* über die Erfahrung von Trost und Trostlosigkeit?

Während zu Beginn der Entdeckung des Ignatius die Tröstung als Unterscheidungskriterium diente, empfindet er nun Trostlosigkeit ausgerechnet auf der Suche nach Tröstung. Er schreibt dies dem Geist Gottes zu und muß folglich seine gesamte Position neu sehen. Trost und Trostlosigkeit ändern also ihren Sinn. Ignatius wird die Falschheit des Weges klar, den er im Lusterleben verfolgte. Wenn wir erneut den Bericht des Pilgers lesen, entdecken wir diesen Prozeß mehrfach, etwa wenn er um Befreiung von seinen Skrupeln bittet und Tröstung in häufigen Beichten sucht. Er fällt schließlich in eine solche Trostlosigkeit, daß er kurz davor steht, alles aufzugeben. Doch »er erwacht wie aus einem Traum« (PB 25) und wird von seinen Skrupeln befreit, nachdem er sich entschlossen hat, seine früheren Sünden nicht mehr zu beichten. Ein weiteres Beispiel ist seine Feststellung, daß sein Hunger nach Tröstung im Gebet vom schlechten Geist kommt und ihn am Schlafen wie am Studieren hindert.[14]

Die Erfahrung der Trostlosigkeit führt also schon zu Beginn des ignatianischen Weges dazu, sich über den irreführenden Charakter der Tröstung klarzuwerden. Nicht nur das einzelne Vorhaben (projet) wird in Frage gestellt, sondern die Ordnung selbst, in der man die Verwirklichung des Begehrens (désir) verfolgt. Dieses Begehren ist bei Ignatius der Dienst Gottes in der Aktion. Nun ist die Trostlosigkeit immer Infragestellung dieses Begehrens, Ausweglosigkeit und Leere. Um nicht zu sterben, um nicht alles aufzugeben, verzichtet er auf die Verknüpfung von Tröstung und Realisierung des Begehrens, und er geht zur Entscheidung über. Der beschriebene Prozeß läuft nicht auf eine Leugnung Gottes hinaus, sondern darauf, auf jegliches Zeichen seinerseits zu verzichten. Das Subjekt wird auf sein eigenes Begehren verwiesen und auf seine eigene Arbeit. Das ignatianische Gebet besteht in der Entschnörkelung, die von dem anderen alles entfernt, was aus ihm eine imaginäre Stütze machen könnte. Was Ignatius mit diesem Vorgang beschrieben hat, ist entweder nicht gelesen worden oder durfte vielleicht nicht weitergegeben werden.

Die Weitergabe

Die Weitergabe setzt in dem Augenblick ein, wo Ignatius Subjekte[15] für seine Sache des größeren Dienstes Gottes in der Welt gewinnt. Er läßt jene, die er zusammenführen möchte, seine eigene Erfahrung durchlaufen. Er läßt sie *Exerzitien* machen. Dieser Name bezeichnet Vorgehensweisen, die aus der Erfahrung des Ignatius und seiner ersten Gefährten entstanden sind und die das Subjekt auf Tröstung und Trostlosigkeit und auf das Erkennen des eigenen Begehrens aufmerksam machen. Sie enthalten Bemerkungen zur »Unterscheidung der Geister«, die ebenfalls aus der Erfahrung des Ignatius stammen. *Exerzitien* müssen von dem Subjekt, dem sie angeboten werden, dem »Exerzitanten«, gemacht werden (so, wie man eine Analyse macht). Außerhalb des Exerzitanten bleibt das Exerzitienbuch ein toter Text. Derjenige, der Exerzitien »gibt«, ist bloß da, um vorzuschlagen, um gegebenenfalls zu deuten, was ihm der Exerzitant sagt. Er muß Platz für Gott als dritten zwischen ihm und dem Subjekt lassen, ohne diesem etwas von einem Begehren aufzudrängen, das er vielleicht hat. Die Bedingung für das »Geben« ist das »Machen«, so wie Ignatius, bevor er das Exerzitienbüchlein abfaßte, Exerzitien gemacht hatte. Die Jesuiten sind in dieser Erfahrung eine Gruppe von Menschen, die die Exerzitien ge-

macht haben und sie an allen geographischen und kulturellen Orten geben.
An dieser Stelle ist anzumerken, daß eine Praxis eine Theorie impliziert, die es jedoch bei Ignatius eigentlich nicht gibt. Er hat uns nur Berichte hinterlassen: über die ersten Jahre nach der initialen Entdeckung, das uns erhaltene Fragment des *Tagebuches,* seine Korrespondenz, sowie ein rechtliches Werk, die *Satzungen.* Wenn er über seine Erfahrungen hinausgeht und theoretisiert, greift er auf die traditionelle Theologie seiner Zeit zurück. Diesem Mangel an Theorie entspricht auf der Ebene des geistlichen Lebens ein Insistieren auf aszetischen Anstrengungen und auf dem Willen, gegen die ungeregelten Leidenschaften zu agieren. Es geht hierbei darum, sich selbst zu besiegen, um Christus nachzuahmen oder um von Gott zu erlangen, was man möchte. Die Erfahrung des Ignatius, jene, die er den Jesuiten vorschlägt, läuft dagegen *völlig anders* ab: Es kommt Unvorhersehbares ins Spiel, das sich aller Planung entzieht. Nach und nach werde ich mir der Dinge bewußt in einem Prozeß, wo man sich klar wird über das, was man bisher nicht sah, wo man einen Traum verläßt, wo die Augen auf Ungewußtes, Unwahrgenommenes aufmerksam werden. Es geht mit einem Wort um den mystischen Weg, den wir so nennen, um ihn vom aszetischen zu unterscheiden. Die mystische Erfahrung selbst wird aber nicht weitergegeben.[16]
Es ist bemerkenswert, daß Ignatius den Text des *Tagebuches,* der uns zu erschließen scheint, was mit dem zur Entscheidung führenden Begehren auftaucht, nicht weitergeben wollte.[17] Es ist weiter bemerkenswert, daß dieser Text noch heute in den Rastern einer scholastischen Theologie gelesen wird, die ihn nicht zu erhellen vermag. All das weist darauf hin, daß die ignatianische Spiritualität auf der *Nicht-Weitergabe* dessen beruht, was sie begründet. Ihr Ursprung ist nicht bloß die Weigerung weiterzugeben, sondern eine Art Deformierung, die Ignatius selbst am Inhalt der Erfahrung vornimmt, über die er gleichwohl berichtet. So können wir in den »Geistlichen Übungen, um sich selbst zu besiegen und um sein Leben zu ordnen, ohne sich durch irgendeine ungeordnete Neigung bestimmen zu lassen« (EB 21), einen konstanten Appell an die Anstrengung lesen, an das Handeln gegen die Leidenschaften, an den Willen, sich indifferent zu machen, an die minutiöse Abwägung des Für und Wider usw. Gleichzeitig bezieht er sich auf die Tröstungen und auf die Trostlosigkeiten, ohne jemals direkt jene höchste Trostlosigkeit zu bezeichnen, die sich durch ein »An-Gott-Leiden« einstellt. Allein der dauernde Aufruf zum Gebet, um von Gott zu erbitten, was man erlangen möchte, bezeichnet im Text den Stellenwert einer ganzheitlichen Erfahrung des Exerzitanten. Diese Erfahrung ist im eigentlichen Sinn mystisch, Öffnung auf einen anderen Raum hin als jenen, in dem sich die Aszese bewegt.
Diese ignatianische Erfahrung beruht also als nichtgesagte und doch gewissermaßen angekündigte auf den *Exerzitien.* In ihnen kann etwas ablaufen, das sich dem Zugriff jeglicher Anstrengung entzieht und sich unter die unvorhersehbare «Gnade» stellt. Es geht um etwas «Nichtweitergebbares», das vom Subjekt in der Diskontinuität und im Bruch mit allem Weitergegebenen voll und ganz zu wiederholen ist.
Dieser Bruch ist jedoch keineswegs so zu verstehen, daß mit dem, was weitergegeben wird, Nichtweitergebbares weitergegeben würde. Vielmehr besteht Ignatius auf möglichst weitgehendem Verzicht, auf der Übung natürlicher Fähigkeiten, die der «Gnade» keinen Platz

Die Aufnahme des hl. Ignatius von Loyola in die himmlische Herrlichkeit, den Bereich des ewigen Trostes.

zu lassen scheinen. Gerade durch ihr Scheitern öffnen sie jedoch die Leere, wo der Prozeß stattfinden kann, der weder als Ziel noch als Wollen vorgeschlagen wird. Zu Recht wollte Ignatius diese im eigentlichen Sinne mystische Erfahrungsdimension nicht in einem weiterzugebenden Text niedergelegt wissen. Dieses *Nicht-Vorschlagen als zu realisierendes Ziel* ist die Bedingung für das Zustandekommen der Erfahrung. Es impliziert einen anderen, nunmehr aszetischen Vorschlag, der die Stelle möglicher Erfahrung offenhält.

Man versteht dann auch einige Mißverständnisse, die nach unserer Auffassung die ignatianische Spiritualität selbst geprägt haben. Bisweilen beklagt man deren voluntaristischen Charakter, der auf Kosten der mystischen Dimension gehe. Oder man erfaßt diese mystische Dimension, läßt sie aber dann in dem kontemplativen Schema der Suche einer Vereinigung mit Gott untergehen, auf Kosten der Aktion in der Welt und des zur Entscheidung führenden Begehrens.[18] Beiden Orientierungen gegenüber bleibt festzuhalten: Die mystische Dimension ist bloß dazu da, sich von dem Streben nach dem Einswerden mit Gott im Lusterleben zu lösen und statt dessen zu einem Begehren zu gelangen, das zur Entscheidung und zur Aktion führt. Aber auch die aszetische Dimension hat kein anderes Resultat, als das Subjekt auf sein eigenes Begehren und auf seine eigene Entscheidung zu verweisen.

Kann man sagen, daß die Neuheit der ignatianischen Spiritualität wie ein Verdrängtes[19] funktioniert hat? Dafür spricht die Wiederentdeckung des Ignatius in der heutigen Gesellschaft Jesu. Die von uns analysierten Berichte erregen eine immer größere Aufmerksamkeit. Um den Spuren des von Ignatius erfahrenen und angestoßenen, ein Leben lang dauernden Prozesses nachzugehen, erscheint der Rahmen der Exerzitien zu eng. In der Trostlosigkeit findet das Subjekt sein eigenes Begehren, das sich durch ein Lebens-Projekt innerhalb der Gesellschaft Jesu bestätigt. Das Begehren kann aber auch anderswo liegen, so daß das Subjekt sich umorientieren muß. Schließlich erwarten viele nicht mehr von Gott die Antwort, durch die sie in der Entscheidung und in der Aktion versichert wären. Wie zu Ignatius' Zeiten erkennen sie, was zwischen ihnen geschieht, wenn ein Vorhaben aufkommt, angenommen, abgelehnt oder modifiziert wird, je nachdem, was die eigene Biographie oder der Austausch in der Gruppe erbringen. Denn der Jesuit ist nicht allein. Er gehört zu einem Leib (corps).

Die Gruppe und die Satzungen

Zu Beginn handelt es sich bloß um eine kleine Gruppe von Gefährten, die zusammenhalten im größeren Dienst Gottes. Sie durchwandern Europa und führen ein Leben im Geist des Evangeliums und der Nächstenliebe. Mit ihren Zeitgenossen verbindet sie die Sehnsucht nach dem Heiligen Land, um auf den Spuren Jesu die Menschen zu bekehren und den Armen und Kranken zu dienen. Als es sich als unmöglich herausstellt, ins Hl. Land zu gelangen, wissen sie nicht mehr, was sie tun sollen. Dieser Moment der Ausweglosigkeit und der Trostlosigkeit veranlaßt sie, sich an den Papst zu wenden, den sie als Stellvertreter Christi anerkennen. Sie stellen sich für jegliche Aufgabe, die er ihnen anvertrauen wird, zur Verfügung.[20]

Mit ihrer Entscheidung, sich einen Oberen zu geben und sich dem Papst zur Verfügung zu stellen, bilden die Jesuiten einen in die Kirche eingefügten religiösen Orden mit Satzungen, die von der Kirche anerkannt sind und die Leben, Wachstum und Aktion der Gruppe entsprechend dem gemeinsamen Vorhaben regeln.

Wie sind nun diese beiden Entscheidungsprozesse zu verknüpfen, *einerseits* die Erfahrung von Trost und Trostlosigkeit, die zur Unterscheidung des Begehrens führt, und *andererseits* der Standpunkt der Autorität, die Gehorsam verlangt? Wir wollen dies am Beispiel der Aufnahme in den Orden und der Zulassung zu den verschieden gestuften letzten Gelübden erörtern.

Die Stellung der Autorität ist in den Satzungen klar beschrieben. Letztlich entscheidet der Verantwortliche. Um ihm in seiner Wahl zu helfen, kann er sich auf einen Katalog von Eigenschaften stützen, die vom Kandidaten erwartet werden. Jedoch wird bereits von der Bitte um Eintritt in den Orden an eine Vorgehensweise in Gang gesetzt, die auf das Spiel der drei aus den *Exerzitien* bekannten Instanzen zurückgreift: das Subjekt mit seiner Bitte, der Verantwortliche und Gott. Auf jeder Etappe des Weges finden Gespräche zwischen dem Kandidaten und dem Verantwortlichen oder seinem Beauftragten statt, um ein Begehren zu entdecken, das vielleicht jenem göttlichen Dritten entspricht. Es geht darum, daß der Kandidat im Sprechen seine Intentionen und das, was in seiner Bitte steckt, herausfindet. Gleichzeitig kann der Verantwortliche sein Urteil und seine Entscheidung fundieren. Im Idealfall kommen beide zu demselben Ergebnis.

Immer wieder wird auf die Bedeutung der im Gebet zu machenden Erfahrung hingewiesen, das vom Kandidaten und vom Verantwortlichen erwartet wird, nicht um von Gott ein Zeichen zu bekommen, sondern um aus dem Zweifel herauszukommen und zur Gewißheit einer – im Prinzip gemeinsamen – Entscheidung zu gelangen. Freilich berücksichtigen die Satzungen auch mögliche Konflikte zwischen dem Begehren des Kandidaten und den Sichtweisen des Oberen, zwischen der individuellen Initiative und den Anforderungen des Gesamt-Leibes. Die Konstitutionen fordern Gehorsam von den Subjekten und sie gehen so weit, daß sie den einzelnen auffordern, er möge überzeugt sein, daß der Obere recht hat, da er am besten weiß, was dem Subjekt guttut. Diese Forderung nach dem Verstandesgehorsam[21], um Zusammenhalt und Einheit des Leibes zu gewährleisten, scheint noch über den Erfahrungen des Subjekts zu stehen. Gleichwohl: Als Ignatius mit kirchlichen Autoritäten in Konflikt geriet, die sich der Realisierung seiner Pläne widersetzten, unterwarf er sich im Verhalten, doch er fuhr fort zu denken, was ihn die Erfahrung von Trost und Trostlosigkeit lehrte. Ohne mit der Kirche seiner Zeit zu brechen, setzte er sein Werk fort, indem er die

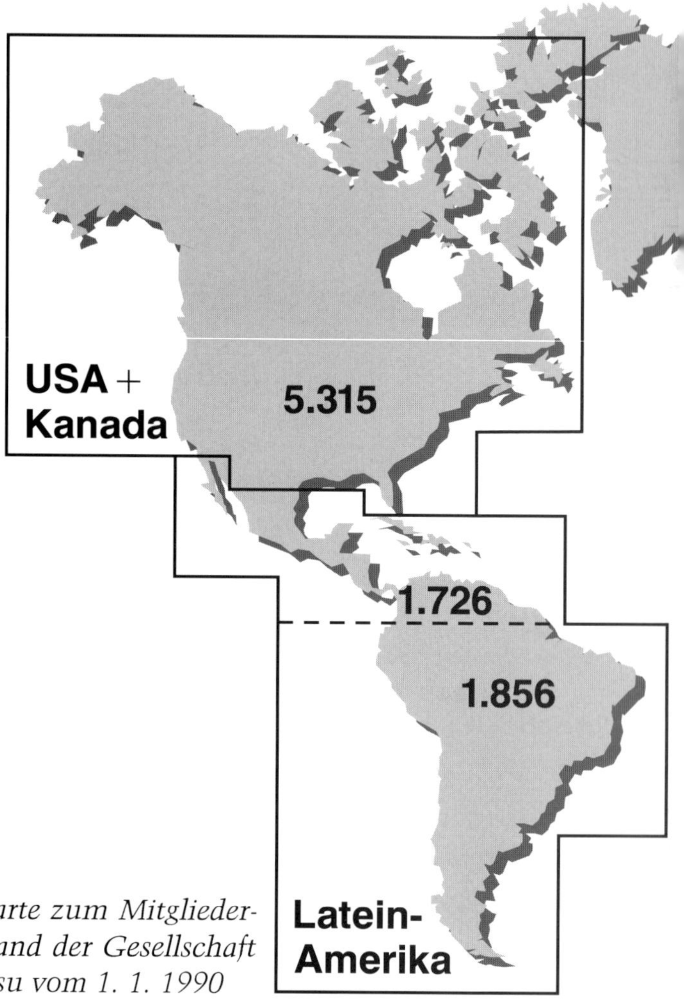

Karte zum Mitgliederstand der Gesellschaft Jesu vom 1. 1. 1990

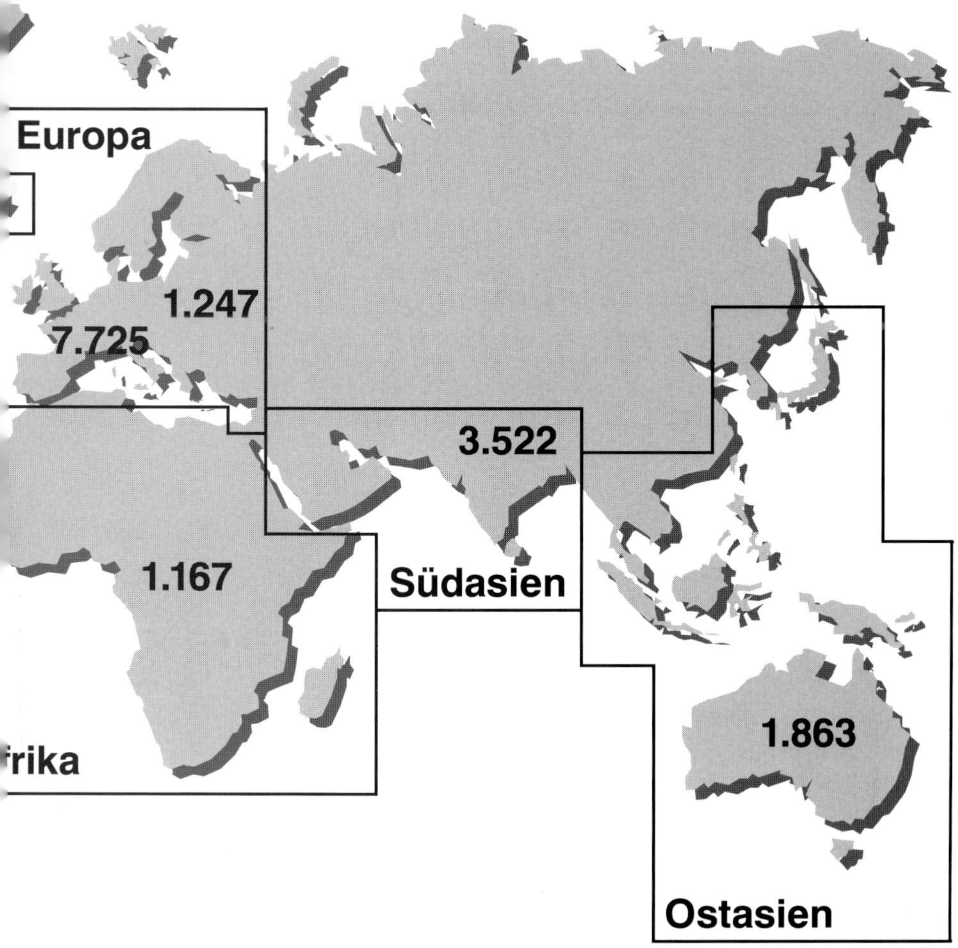

vorübergehenden Begrenzungen berücksichtigte. Dabei urteilte er nicht, daß diese Autoritäten recht hätten, sondern daß er nicht gegen die Entscheidung der hierarchischen Autorität handeln durfte, wenn er die Realisierung seines Vorhabens nicht gefährden wollte, das er als kirchlich begriff.

Nun kann es dem Jesuiten passieren, daß ein entsprechend der Lusterfahrung unterschiedenes Vorhaben nicht von der Autorität gebilligt wird. In einer derartigen Prüfung verweigert Gott das erwartete Zeichen, und das Subjekt steht an der Schwelle der Trostlosigkeit. Der einzelne kann dann entweder aufbegehren und den Gehorsam verweigern oder aber in die aufbrechende Trostlosigkeit eintreten. Er hinterfragt dann, was sein Vorhaben ursprünglich inspiriert hat, und entdeckt, was er im Grunde will. Entweder er verzichtet auf dieses sein Vorhaben, weil er eigentlich nur eine Entscheidung nach eigenem Geschmack suchte. Oder er erfährt Bestätigung, und es wird ihm klar, daß er nicht an seinem Vorhaben zweifeln kann. Wenn er im Gehorsam dessen Realisierung aufzuschieben bereit ist, so bedeutet dies nicht, daß das Subjekt auf sein ursprüngliches Begehren verzichtet, um das eines anderen anzunehmen. Es geht ihm vielmehr darum, sich nicht außerhalb der Gesellschaft und der Kirche zu verwirklichen. Dies kann den Jesuiten (nach dem Wort Teilhard de Chardins) in die paradoxe Situation bringen, daß sein Begehren sich weder mit der Kirche noch außerhalb der Kirche erfüllen kann. Auf dieses Paradox legt der Jesuit Wert, und es hält ihn. Es ist das Todessiegel, das dem Begehren durch den Akt des Gehorsams aufgeprägt ist und gleichzeitig die Ankündigung des Sterbens der Macht durch die Bestätigung des Begehrens.

Abgesehen von dem Insistieren auf dem Verstandesgehorsam weisen die Satzungen immer wieder auf den Platz einer im Gespräch erfahrenen Konfrontation hin. Diese Erfahrung eines Subjektes mit seinem Begehren und eines Oberen, der zu prüfen hat, läßt sich nicht kodifizieren. Wenn die Satzungen dem Oberen im Konfliktfall das letzte Wort geben, so verlagern sie das Wesentliche der Erfahrung in einen Bereich außerhalb des Textes, wo es um die nachfragende Rückkehr zum eigenen Begehren in der Ehrfurcht gegenüber dem Willen des Oberen geht. Weder der Nachwuchs noch Zusammenhalt und Einheit des Ordens werden durch die Verinnerlichung eines einzigen Modells gewährleistet, das ein Oberer repräsentiert, dessen Sichtweisen Gesetzeskraft haben. Doch ist der Orden ebensowenig eine Vereinigung von Subjekten, die aufgrund ihres Begehrens und entsprechend ihrer Erfahrung von Tröstung gemeinsame Vorhaben entwikkelt. Zwischen den schriftlichen Satzungen und dem nichtschriftlichen Prozeß besteht eine dialektische Beziehung, die gleichzeitig auf der Trostlosigkeit und auf der Ehrfurcht vor dem Willen des Oberen beruht. Der ausdrücklich geforderte Gehorsam ist jener Prellbock, der den Jesuiten dazu bringt, auf sein eigenes Begehren zurückzukommen. Sei es, um seine Bestimmtheit vom »bösen Geist« wahrzunehmen, sei es, um in seinem Begehren bestätigt zu werden – und mithin die Erfahrung des Gründers und der ersten Gefährten zu wiederholen –, über die Unterwerfung gegenüber einem Oberen, der befiehlt, hinaus.

Ausblick

Kann man den gegenwärtigen Augenblick des einzelnen Jesuiten und des Ordens mit dem ignatianischen Terminus der Trostlosigkeit umschreiben? Wiederholt sich der in den *Satzungen* nicht verzeichnete, in der Erfahrung der Jesuiten gleichwohl wesentliche Moment, nämlich die Rückkehr zu den Wünschen (désirs) und Vorhaben (projets)? Man erlebt heute eine Blüte individueller Vorhaben, weniger als Folge des Scheiterns eines gemeinsamen Vorhabens als durch einen Neuaufbruch des Begehrens.[22] Die Beziehung zwischen dem Subjekt und dem Oberen vollzieht sich mehr denn je im Gespräch und in der gemeinsam suchenden Unterscheidung der Wünsche.

Neben der fortbestehenden eigentlich »religiösen« Aktivität der Predigt reifen berufliche und profane Aktivitäten aller Art. Jesuiten sind Arbeiter, Krankenpfleger, Soziologen, Wissenschaftler, ja Psychoanalytiker. Ist die Zeit des Ordens vorbei? Ist der Jesuit im Grunde nur eine Übergangsform vom Ordensmann zum Laien? Einige denken so und haben sich von der Gruppe getrennt, deren historische und soziologische Abgründigkeit gerade dem im Wege zu stehen scheint, was sie in der Gesellschaft entdeckt hatten.

Andere bleiben. Warum? Diese Frage läßt wieder eine Trostlosigkeit hervortreten, die diesmal mit der Gruppe selbst zusammenhängt und mit allem, was ihr Verfehlen der angestrebten Vorhaben ausmacht. Wie Ignatius können sie die Frage nur durch das Ernstnehmen einer Anhänglichkeit und einer Treue zu etwas beantworten, was ich als symbolische Schuld Ignatius gegenüber bezeichnen möchte, jenem toten Vater, der ihnen aus der Verzweiflung über einen nicht antwortenden Gott einen Weg eröffnet hat. Dadurch bestätigen sie ihre Zugehörigkeit zu der von Ignatius gegründeten Compañia de Jesús und zu einer ihrer kleinen Kommunitäten. In ihnen lebt heute weiter, was schon die ersten Gefährten suchten, einen Dienst im Namen des Gottes, dem sie glauben. Ist es möglich, diese Erfahrung weiterzugeben? Ist es nicht bereits zuviel, diese Frage zu stellen?

Niederlassungen der Jesuiten in Deutschland, Österreich und der Schweiz

Anmerkungen

* Veröffentlicht in: Lettres de l'Ecole 25/1 (1979). Nachdruck in: L. Beirnaert, Aux frontières de l'acte analytique. La Bible, Saint Ignace, Freud et Lacan. Paris 1987, 228–242. Übersetzung aus dem Französischen samt Anmerkungen von Eckhard Frick, bereits erschienen in: GuL 63 (1989) 246–260.

[1] *Le sujet:* Wir versuchen, mit der Übersetzung »Subjekt« den Sprachgebrauch des Kongresses und gleichzeitig zwei Aspekte der ignatianischen Spiritualtität wiederzugeben: Einerseits die Subjektwerdung, die auf dem Weg geistlicher Erfahrung sich ereignet. Andererseits sind die Ausgangsbedingungen des einzelnen gemeint. »Subjekt« ist, »wer immer in unserer Gesellschaft ... unter dem Banner des Kreuzes für Gott Kriegsdienst leisten« will. Vgl. Form. Inst. Paul III., n. 1, in: S. Auch Ignatius spricht vom Exerzitanten als »subiecto« (EB 14f, 83f, 89); vgl. PB 1.

[2] Vgl. 2. Vatic., Perfectae caritatis 2.

[3] PB 1. Vgl. ferner das Urteil P. Polancos: »... satis liber in mulierum amore, ludis, et concertationibus honoris causa susceptis, vixit« (FN II, 513).

[4] Beirnaert war der Überzeugung, daß bereits die »Dame« Ergebnis eines Sublimierungsvorganges ist.

[5] La jouissance: Es geht um die Genußfähigkeit, nicht nur im Sinne des ignatianischen Verkostens, sondern auch in triebdynamischer Hinsicht. Vgl. Denis Vasse, Bedürfnis und Wunsch. Eine Psychoanalyse der Welt- und Glaubenserfahrung, Olten 1973, 72f, sowie den Begriff der *delectatio* bei

Thomas v. A. (Summa theol. IIa IIae q. 142, a.1). Der Aquinate unterscheidet klar zwischen der delectatio und der sich bloß verweigernden insensibilitas, vgl. D. Bertrand, Pour une chasteté humaine, in: Christus 17 (1970), 202–220.

[6] Assujetti: Vgl. Anm. 1 und die entsprechenden Ausführungen des Vf.s zu den Exerzitien und zum Leben der Gruppe, die er mit den Konstitutionen »Leib« nennt.

[7] PB 25. TB 199 (12. März 1544).

[8] Vgl. ebd. 263[62].

[9] TB 190 (6. März 1544).

[10] »La chose représentée«: Vgl. S. Freuds Arbeit »Das Unbewußte« (Gesammelte Werke X, London ²1949, 264–303), hier 300: »Was wir die bewußte Objektvorstellung heißen durften, zerlegt sich uns jetzt in die *Wortvorstellung* und in die *Sachvorstellung*, die in der Besetzung, wenn nicht der direkten Sacherinnerungsbilder, doch entfernterer und von ihnen abgeleiteter Erinnerungsspuren besteht. Mit einem Male glauben wir nun zu wissen, wodurch sich eine bewußte Vorstellung von einer unbewußten unterscheidet. Die beiden sind nicht, wie wir gemeint haben, verschiedene Niederschriften desselben Inhaltes an verschiedenen psychischen Orten, auch nicht verschiedene funktionelle Besetzungszustände an demselben Orte, sondern die bewußte Vorstellung umfaßt die Sachvorstellung plus der zugehörigen Wortvorstellung, die unbewußte ist die Sachvorstellung allein.«

[11] *»Le respect:* Gemeint sind acatamiento y reverencia. Vgl. TB 191f (7. März 1544); EB 114 u.ö.

[12] TB 199 (12. März 1544).

[13] Der Vf. verwendet das Bild vom Propf (das wäre der Dienst der Dame oder Gottes) und vom Mutterstock (christlicher »Boden« am Ausgang der Feudalzeit).

[14] PB 26. Dieselbe nüchterne Einschätzung spricht aus den Erinnerungen an Ignatius, verfaßt von P. Luis Gonçalves da Câmara, übersetzt von P. Knauer: »›Einem wirklich Abgetöteten reicht eine Viertelstunde, um sich mit Gott im Gebet zu vereinen.‹ Und ... daß von hundert sehr dem Gebet hingegebenen Personen neunzig in Illusion sind. Und daran erinnere ich mich sehr klar, obwohl ich unsicher bin, ob er nicht neunundneunzig gesagt hat« (Memoriale n.196, in: FN I, 644). Vgl. die in der Zweiten Woche noch weiter differenzierten Regeln zur Unterscheidung der Geister (EB 328–336), » ... bei denen, die vom Guten zum Besseren vorangehen« (EB 335).

[15] Vgl. Anm. 1.

[16] Die Warnung vor mißverständlicher Weitergabe ist ein Topos mystischer Literatur. Vgl.: Die Wolke des Nichtwissens, übersetzt von W. Riehle, Einsiedeln 1980, 29.

[17] Der Vf. zeigt, was ihm spezifisch ignatianisch erscheint: Das Untergehen zentraler mystischer Texte während mehrerer Jahrhunderte. Historische Belege, die den ursprünglichen Umfang des Tagebuches, diesbezügliche Verfügungen des Autors sowie das Schicksal des Textes betreffen, sind spärlich; vgl. PB 100; MI *Const.* I, 155.

[18] Ignatius läßt die Wahl mit den »natürlichen Fähigkeiten« entscheiden, wenn die erwartete Erfahrung ausbleibt. J. Sudbrack weist darauf hin, »... daß diese ›dritte Wahlzeit‹ nicht gleichsam eine Panne im Wahlprozeß darstellt, sondern einen Wesenszug der Exerzitientheologie verdeutlicht. Die drei ›Wahlweisen‹ stehen nicht einfach nebeneinander, sondern durchdringen sich – theologisch und praktisch. Der paradoxe Zug einer Nicht-Erfahrung als Erfahrungshöhepunkt durchzieht – in verschiedener Deutlichkeit – das ganze Exerzitiengeschehen. Er ist letztlich nur von einer Kreuztheologie zu verstehen.« Vgl. J. Sudbrack, Die »Anwendung der Sinne« als Angelpunkt der Exerzitien. In: Ignatianisch. Eigenart und Methode der Gesellschaft Jesu. Hg. von M. Sievernich u. G. Switek. Freiburg 1990, 113.

[19] *Un refoulé:* Vgl. S. Freud (s. Anm. 10) aaO. »Wir können jetzt auch präzise ausdrücken, was die Verdrängung bei den Übertragungsneurosen der zurückgewiesenen Vorstellung verweigert: Die Übersetzung in Worte, welche mit dem Objekt verknüpft bleiben sollen. Die nicht in Worte gefaßte Vorstellung oder der nicht überbesetzte psychische Akt bleibt dann im *Ubw* als verdrängt zurück.« Vgl. auch den Aufsatz »Die Verdrängung« (ebd. 248–261), in dem wir lesen, »... daß es nicht die Verdrängung selbst ist, welche Ersatzbildungen und Symptome schafft, sondern daß diese letzteren als Anzeichen einer *Wiederkehr des Verdrängten* ganz anderen Vorgängen ihr Entstehen verdanken ...» (257).

[20] Vgl. bereits PB 85; 94.

[21] Vgl. S 550: »Der Gehorsam wird in bezug auf die Ausführung geleistet, wenn die befohlene Sache erfüllt wird; in bezug auf den Willen, wenn der Gehorchende dasselbe will wie der Befehlende; in bezug auf den Verstand, wenn er dieselbe Auffassung hat wie jener, so daß ihm das Befohlene gut erscheint ...«.

[22] Vgl. etwa die Erneuerung der persönlich begleiteten Einzelexerzitien, in denen imaginative Gebetsweisen, der biographisch vermittelte Zugang zur Bibel und andere auf Ignatius zurückgehende Elemente wieder lebendig werden.

Gott erfahren

Ignatius von Loyola als Mystagoge

Vladimir Satura, Innsbruck

Die gegenwärtige intensive Auseinandersetzung mit der Mystik bringt nicht nur neue Gesichtspunkte ans Licht. Sie wirft auch neue Fragen auf – Fragen, die den Kenner der klassischen Überlieferung manchmal verblüffen. Sie scheinen falsch gestellt zu sein, aus falschen Prämissen herzurühren. Ausgesprochen unorthodox hört sich z.B. die Frage an, die man heute gar nicht so selten zu hören bekommt und die eher als Bitte anklingt: »Wo kann man praktisch in die christliche Mystik eingeführt werden? Wo findet man ein entsprechendes Zentrum?«

Diejenigen, die das fragen, wünschen keineswegs bloß einschlägige Informationen, sondern Praxis, Erfahrung. Und sie scheinen auch bereit zu sein, die nötige Zeit dafür zu opfern. Sie haben gehört, daß es bei uns im Westen Zentren – und gar nicht wenige – für islamische, buddhistische, hinduistische, schamanische und andere Mystik gibt. Es ist gar nicht schwer, an sie heranzukommen. Für diese Sucher ist daher die Frage nach einem ähnlichen christlichen Ort selbstverständlich und folgerichtig.

Man könnte dem allerdings entgegenhalten, daß hier etwas Wesentliches verkannt wird. Nach der christlichen Auffassung sind mystische Phänomene außergewöhnliche Gnaden, die Gott jenen Menschen, denen er sie schenken will, zukommen läßt. Man müßte also eher Gott dazu bringen, daß er einem Interessenten diese Gnaden erweist, als daß man die Suchenden zu ihnen hinführen kann. So scheinen die Frage und das Anliegen gegenstandslos.

Offen bleibt aber, wie jene Christen, die wir als Mystiker verehren, vorgegangen sind. Auskunft darüber finden wir in den Schriften dieser begnadeten Menschen. Wäre es nicht möglich, daß diese neben vielem anderen auch den konkreten Leitfaden beschreiben, dem sie folgten und an den man sich auch heute halten kann?

Es lohnt sich zweifellos, direkt zu den Quellen zu gehen. Dort warten auf den Leser zunächst einige Überraschungen, mit denen er nicht gerechnet hat. An erster Stelle gehört dazu die Tatsache, daß den Verfassern dieser Werke das Wort Mystik (und das Adjektiv mystisch) gar nicht geläufig war und sie es kaum erwähnen. Ausgiebigen Gebrauch davon machte die »Mystische Theologie« (Mystica theologia), genauer müßte es heißen »Theologie der Mystik«. Sie aber war nicht das Werk der Mystiker, sondern das der Theologen, die sich eben auch über die Möglichkeit der Gotteserfahrung Gedanken machten. Sie gingen deduktiv vor, leiteten ihre Meinung aus der Offenbarung und aus sonstigen theologischen Gegebenheiten ab. Dabei operierten sie mit dem theologischen Begriffsinstrumentarium, häufig auch mit einem philosophischen. Dabei haben sie (bis etwa zu Beginn des 18. Jahrhunderts) die tatsächliche Erfahrung nicht berücksichtigt. Ihre Meinungen beziehen sich eher auf die Möglichkeit der Mystik als auf die Wirklichkeit.

Jene Christen aber, die wir heute Mystiker nennen, kamen scheinbar selbst gar nicht auf den Gedanken, daß man sie so nennen könnte. Abgesehen von seltenen Ausnahmen, verwendeten sie dieses Wort weder im Titel ihrer Schriften noch in ihren Ausführungen. Ihre Schriften trugen Titel wie »Aufstieg auf den Berg Karmel«, »Seelenburg« (Castillo interior), »Büchlein von der ewigen Weisheit«, »Wisse die Wege«, »Benjamin major« oder »Über die Gnade des Schauens«, »Von der Liebe Gottes« u.ä. Manchmal haben sie ihre Gedanken eingeflochten in ihre Predigten – zum »Hohenlied« wie Bernhard von Clairvaux, zu den Evangelien wie Meister Eckhart – oder in ihre

Christus, Katalonische Romanik. Majestad Batlló

Kommentare zu einzelnen Büchern des Alten und Neuen Testaments. Systematische Darstellungen findet man bei ihnen äußerst selten (Teresa von Avila, Johannes vom Kreuz). Manchmal behandeln sie in einer Schrift einen Teilbereich der Mystik (Bernhard von Clairvaux) oder bringen ihre mystisch relevanten Gedanken in anders ausgerichteten Werken. D.h. es wird gar nicht einfach sein, einen brauchbaren praktischen Leitfaden in ihren Schriften zu finden.

Eine zweite Überraschung erwartet uns beim Studium dieser Literatur: Der Inhalt dieser Schriften liegt zum größten Teil nicht auf der Ebene mystischer Gotteserfahrung, sondern im spirituellen Bereich. Diesem Bereich galt das Hauptinteresse der Mystiker. Möglicherweise war das auch deswegen der Fall, weil hier der schwierigere Teil liegt, weil hier der Mensch am meisten gefordert ist oder zu erleiden hat, und weil nach ihrer Auffassung der spirituelle Weg die Voraussetzung für die Mystik ist. Hier vollzieht sich jene Metamorphose, jene ansatzweise Umstrukturierung der inneren Verfassung, die der mystische Aufstieg voraussetzt.

Für unsere Fragestellung führt diese Sicht zu folgender Konsequenz: Wenn eine praktische Hinführung zur christlichen Mystik versucht werden will, so ist der Weg der Spiritualität in einem bewußt gepflegten geistlichen Leben zu beschreiben. Die Anleitung zum geistlichen Leben und dessen Vollzug mögen zu mystischen Erfahrungen disponieren.

Mit einer dritten Überraschung ist beim Studium mystischer Werke zu rechnen: Unter dem Aspekt der literarischen Gattung sind sie eher heterogen.[1] Wer in ihnen etwas Bestimmtes sucht, muß wissen, was der Autor bei der Verfassung der jeweiligen Schrift vorhatte, was er in ihr niederlegen wollte.

Klar heben sich die Autobiographien von den übrigen Werken ab. Sie haben die Lebensgeschichte zum Inhalt, die äußere und die innere, von der Umkehr und dem zaghaften Probieren angefangen bis zu den mystischen Erfahrungen. Manchmal stammen sie aus der Feder der Mystiker selbst (Teresa von Avila, Gertrud die Große, teilweise Hildegard von Bingen), manchmal hat sie ein Vertrauter von ihnen redigiert (so bei Heinrich Seuse, Ignatius von Loyola, Mechthild von Hackeborn). Wer sich eine Vorstellung machen will, wie die Mystik in der Realität ausschaut, muß mit diesen Schriften beginnen. Sie haben für die Kenntnis und das Verständnis der Mystik grundlegende Bedeutung. Die Autobiographien zeigen, wie sich die spirituellen Wege der einzelnen Mystiker so stark voneinander unterscheiden, daß man ihnen unmöglich einen allgemein geltenden Leitfaden entnehmen kann, nach dem jeder vorgehen sollte. Eines der damaligen Axiome lautete: Gott führt jeden, der nach Mehr (Magis) strebt, anders. Er trägt der Einmaligkeit einer Person, ihrer Vorgeschichte und der konkreten zeit- und ortsbedingten Lebenssituation Rechnung. Darüber hinaus läßt sich der individuelle Verlauf nicht vorausahnen und umsoweniger vorausentwerfen. Der Weg ist voll von Überraschungen.

Daraus folgt eine für unsere Überlegungen wichtige Konsequenz: Ein konkretes Hinführen zu einem geistlichen Leben ist zwar möglich, aber es kann dafür kein einheitliches, allgemein gültiges Modell geben, keine Abfolge der Schritte, die, wenn sie getan werden, vorwärts kommen lassen. Es gilt, sich auf eine Entdeckungsreise einzulassen, ohne im voraus zu wissen, wohin der Weg führen wird: Erst die nächste überraschende innere Regung legt den nächsten Schritt nahe. Und wer etwas auf längere Sicht plant, hat damit zu rechnen, daß

seine Pläne durchkreuzt werden, er in eine andere Richtung gelenkt wird.
Jemanden zum spirituellen Leben anzuleiten, kann also nur heißen, ihn zur Startlinie zu bringen, mit ihm die ersten Schritte, die Anfangsgriffe einzuüben[2] und ihn mit einem Wissen über die Möglichkeiten und Gesetzmäßigkeiten, eventuelle Klippen und Gefahren, sinnvolle Reaktionen und Initiativen auszustatten. Sonst soll ihm der Seelenführer zur Seite stehen, um ihn zu beraten, aufzurichten, zu ermutigen, wenn er, an einem kritischen Punkt angelangt, keinen Rat weiß, wenn er scheitert oder stagniert.
Die zweite und umfangreichste literarische Gattung der mystischen Schriften betrifft die Mystologie, die Lehre von der Mystik. Sie macht es sich zur Aufgabe, die ganze Palette der diesbezüglichen Erfahrungen zu verbalisieren, die Fülle des Materials zu übersichtlichen Modellen zusammenzufassen, auf die Relevanz einiger Momente hinzuweisen, aber auch zu ermutigen, zu warnen, zu ermahnen.[3] Gedacht ist dieses Wissen für jene, die schon unterwegs sind. Teresa von Avila etwa wendet sich mit ihrer Lehre ausdrücklich und vorwiegend an ihre Mitschwestern. Mit Hilfe dieser Informationen sollen sie sich in all dem, was ihnen zustößt, besser zurechtfinden und nicht erst durch Probieren auf alles kommen, durch eigene Reflexion den Sinn entdecken müssen. Die Lehre nimmt sich vor, das Wissen über das Baumaterial zu vermitteln. Wenn sie die Fülle dieses Materials nach einfachen Vorstellungsmodellen ordnet, um es übersichtlicher darzustellen, handelt es sich um strukturierte Überblicke, nicht um genetische Beschreibungen, selbst wenn man die Vorstellung des Aufstieges auf einen Berg (Johannes vom Kreuz) oder die Reihung der Räume in einer Burg – von den äußeren zu den innersten – (Teresa von Avila) als ordnendes Prinzip wählt. Manche Leser der »Seelenburg« waren der Meinung, die Autorin schildere hier die Schritte in die Mystik. Sie wollten den Weg nachvollziehen, sind aber, wie sie berichten, zu ihrer Enttäuschung über die Erste Wohnung nicht hinausgekommen, suchten die Schuld dafür bei sich selbst und wurden das Opfer eines Mißverständnisses: Teresa will in der »Seelenburg« erklären, deuten, nicht beschreiben. Sie ist ein mystologisches, kein mystagogisches Werk.
Die dritte literarische Gattung dieses Schrifttums ist die mystische Lyrik. Was hierher gehört, ist klar. Welchen Inhalt haben diese Gedichte? Beim »Cherubinischen Wandersmann« von Angelus Silesius handelt es sich um Erleuchtungen von eindrucksvoller Tiefe. Im »Fließenden Licht der Gottheit« gibt Mechthild von Magdeburg ihren Erleuchtungen poetische Gestalt und bettet sie in einen breiteren Verständigungskontext ein.
Schriften dieser drei literarischen Gattungen haben nicht die Ambition, in irgend etwas praktisch einzuführen. Die Mystagogik – in diesem Zusammenhang ist die Hinführung zur Mystik gemeint – muß man in anderen Werken suchen. Was uns bei der Suche danach weiterbringt, ist der Umstand, daß man in der Vergangenheit die »contemplatio infusa« (die eingegossene Kontemplation) als Synonym für Mystik verstanden hat. Für Sandaeus ist die Kontemplation »Proprius mystici campus«, das eigentliche Feld des Mystikers.[4] Und G. B. Scaramelli beschreibt in seinem Directorium mysticum[5] die mystischen Erlebnisse in den Abhandlungen 2–4 unter der Überschrift »De contemplatione in genere et in specie«, über die Kontemplation im allgemeinen und im besonderen. Er zählt folgende Formen auf: das Gebet der Sammlung und der Ruhe, den Liebesrausch, den Schlaf des Geistes, den Liebes-

durst, die seelische Gottesberührung, die mystische Union, einfache Union in der Liebe, Ekstase, stabile und perfekte Vereinigung mit Gott, die Wunden, dreifache Visionen, übernatürliche Ansprachen, Offenbarungen und einiges mehr. Es handelt sich durchweg um innere Erfahrungen, die dem Menschen als Gnaden geschenkt werden, die nicht sein Werk sind. Hier wird deutlich, daß die Kontemplation im weitesten Sinne des Wortes, die bis zum Erleben der mystischen Vereinigung aufsteigt, mit der erworbenen Meditation und Kontemplation im heutigen Sinn beginnt.
Mit anderen Worten heißt das: In die Mystik, in die contemplatio infusa, führen jene Schriften oder jene Meister ein, die einem zeigen, wie man die »erworbene« Kontemplation lernt. Das bedeutet konkret:

- Der Schüler lernt hier, von der Aktivität, der Leistung und Selbststeuerung auf Passivität und Spontaneität umzuschalten. Er kann sich dem überlassen und sich durch das führen lassen, was in ihm spontan aufkommt.
- Er schult seine innere Sensibilität und Hellhörigkeit, um überhaupt wahrnehmen zu können, was in seinem Inneren aufsteigt.
- Er erwirbt nach und nach die besondere Hellhörigkeit für die Regungen des «guten Geistes» und kann sie aus der Masse aller sonstigen Bewegungen herausfiltern.
- Die guten Regungen rücken an seinem Selbst wie an einem zerrütteten Mosaikbild einiges zurecht, ergänzen es, bauen es aus und lassen ihn so als Abbild Gottes erstehen.
- Die Gottesferne verwandelt sich in Gottesnähe. Auch die empfundene Verbundenheit mit ihm nimmt zu.
- Die Fähigkeit, über das Erfahrene zu sprechen, nimmt meist zu.

Und gerade dazu leiten die Exerzitien des hl. Ignatius von Loyola an: zum Erwerb dieser Verfassung und dieser Sensibilität. In einem intensiven Marathonkurs – er dauert einen Monat mit vier bis fünf Übungen täglich – ist der Lerneffekt nach der heutigen Lernpsychologie wesentlich größer, als wenn dieselbe Zahl von Übungen auf mehrere Monate oder auf ein Jahr verteilt wäre. Die meisten dieser Übungen nennt Ignatius Kontemplationen. Es sind jene, die von einem Ereignis aus dem Leben Jesu ausgehen. Die anderen, zu denen er den Impuls konzipiert, nennt er Meditationen. Seine Exerzitien haben mystagogischen Charakter, weil sie konkrete Angaben machen, wie man bei der Meditation und Kontemplation vorgehen soll. Diese Hinweise sind zweifacher Art: Die erste Gruppe betrifft den Einstieg in die Übungen, die unmittelbare Vorbereitung auf sie, den Übergang vom Alltag zu Innerlichkeit, Ruhe, Sammlung, Spontaneität (Passivität), Ergriffenheit – und das alles im göttlichen Horizont. Ignatius empfiehlt zu «erwägen, wie mich Gott anschaut», und mich an ihn mit einem kurzen Gebet zu wenden. Dann läßt er probierend jene Körperhaltung suchen, die mir beim Meditieren am besten zusagt. Anschließend rät er jene Stelle der Schrift in Erinnerung zu rufen, von der man ausgeht. Dann folgt die «compositio loci», der Aufbau des Schauplatzes, den die betreffende Bibelstelle schildert. Dann läßt er in einer Bitte bewußt machen, wozu diese Übung da ist (»ihn mehr lieben und ihm nachfolgen«). Die eigentliche Kontemplation beginnt damit, »die Personen (zu) sehen«, von denen an der betreffenden Bibelstelle die Rede ist, und sich mitten drinnen zu sehen, »als wäre ich gegenwärtig«: hören, was sie reden, und schauen, was sie tun; bei dem verweilen, was anspricht, wo »Genugtuung zu finden« ist.[6]

Die zweite Gruppe seiner praktischen Anweisungen hat den Charakter von Paradigmata. Es sind Informationen, verstreut in den Anweisungen, Zusätzen und Bemerkungen zur Eigenart der Meditation bzw. Kontemplation, zu dem, was sich dort unterschwellig abspielt, wie man sich sinnvollerweise dabei verhält. Es ist gut, wenn der Exerzitant darüber Bescheid weiß und wenn dieses Wissen am Grunde seiner Seele gegenwärtig bleibt.

Für die Kontemplation wählt Ignatius jene Stellen der Bibel aus, die er für geeignet hält und von denen er überzeugt ist, daß sie den Exerzitanten innerlich formen, neu strukturieren. Interessanterweise sind es durchweg Berichte über verschiedene Begebenheiten aus dem Leben Jesu, nichts von seinen Lehren (außer einer), Predigten, Ermahnungen, Polemiken, Forderungen. Eben diese konkrete Beantwortung der Frage nach dem »Wie« der Gestaltung geistlichen Lebens ist in der spirituellen und mystischen Literatur Mangelware – vor allem als einheitliches Konzept, nicht so sehr als diese oder jene Empfehlung oder Aufzählung einer unendlichen Reihe von verschiedenen Möglichkeiten. Die Frage nach einer angemessenen Mystagogie ist höchst aktuell.

Es geht nicht darum, Ignatius als einzigen Mystagogen hinzustellen. Zweifellos haben ihn das »Exercitatorium spirituale« von Abt García Jiménez de Cisneros sowie »Methodus quo meditanda est vita Jesu Christi« (Methode zur Betrachtung des Lebens Jesu Christi) von Ludolf von Sachsen[7] in der Komposition seiner Exerzitien inspiriert. Aber gerade wer die beiden kennt, weiß die Originalität des Konzeptes von Ignatius zu schätzen.

Und selbstverständlich liegt es mir fern, seine Mystik auf eine Mystagogik zu reduzieren. Ignatius war darüberhinaus auch Erfahrungsmystiker. Sicher hat seine persönliche Erfahrung bei der Erstellung seiner praktischen Anleitungen den Ausschlag gegeben.

Sein Konzept läßt sich heute nicht buchstabengetreu verwenden. Es muß neu durchdacht und teilweise modifiziert werden. Aber wer sich fragt, wie er Anwärter in einem potentiellen Zentrum für christliche Mystik führen könnte, kommt an dem »Wie«, das Ignatius entwickelt hat, nicht vorbei.

Anmerkungen

[1] Vgl. A. M. Haas, Sermo mysticus. Studien zur Theologie und Sprache der deutschen Mystik. Freiburg/Schweiz 1979, 137.

[2] Vgl. J. Cassianus, Coll. 10, c. 8 und Meister Eckhart, Reden der Unterscheidung, c. 6.

[3] Mehr darüber in meinem Artikel »Denkraster der Mystologie« in: Meditation 1986, H. 2, 49ff.

[4] M. van der Sandt (Sandaeus), Pro theologia mystica clavis... Köln 1640. Heverlee – Löwen 1963 (Reprint), art. Contemplatio.

[5] G. B. Scaramelli, Direttorio mistico. Venedig 1754. Ders., Geistlicher Führer auf dem Wege der Mystik. Dt. Neubearb. von M. Schmid. Leutesdorf 1937.

[6] Vgl. zur Methode des Betrachtens EB 46. 75. 101–117.

[7] Vgl. Ludolf von Sachsen, Das Vorwort zum »Leben Jesu Christi«, in: GuL 61 (1988) 265–284, hier 277 (n. 11).

Das Exerzitienbuch

Ein Wegzeichen moderner Spiritualität

Josef Sudbrack, München

Zum Jubiläum des Todestages des Ignatius im Jahre 1956 schrieb Karl Rahner[1]: Trotz der »Leistungen der großen Kommentatoren der Exerzitien des heiligen Ignatius (sei) die eigentliche Theologie der Exerzitien immer noch ein Desideratum«. In den Exerzitien sei etwas gesagt, »was in einer ganz urtümlichen Weise exemplarisch ist für eine Zeit, die erst am Kommen ist«. In ihnen sei eine noch unerschlossene Quelle christlicher Lebensweisheit zu erschließen – »nicht so wie Schrift und kirchliches Lehramt, wohl aber in dem Sinn, daß alles, was konkreter und aus den abstrakten Prinzipien der Theologie allein nicht adäquat ableitbarer Vollzug des Christentums ist, der Theologie etwas zu sagen hat, was sie sonst nicht erkennen kann«. Dem sei im folgenden auf eher historischer als spekulativer Basis nachgegangen.

Die Unterscheidung der Geister

Nach Karl Rahner ist das Herzstück der ignatianischen Exerzitien, die »Unterscheidung der Geister«, wohl erst im theologisch-philosophischen Klima des späten 20. Jahrhunderts recht zu verstehen und zu bewerten. Mit Hilfe seiner existential-transzendentalen Theologie hob er aus dem schlicht erscheinenden Text der Exerzitien (im Zusammenhang mit der Lebenserfahrung des Ignatius) eine »Logik der existentiellen Erkenntnis« ans theologische Tageslicht.

Den Zugang bildet die Fragestellung: Wie findet der Mensch – besser gesagt: wie finde »ich« – das, was Gott ganz konkret »von mir« will. Dieser von Rahner so benannte Individual-Wille Gottes läßt sich nicht allein mit Vernunft-Einsichten und in greifbar-klarer Logik aus prinzipiellen Wahrheiten deduzieren. Gott spricht den Menschen jenseits der allgemeinen Normen der Moral und der vernünftigerweise abschätzbaren Verstandes-Einsichten an. Dennoch verlangt Gott kein blindes Ja, kein normenloses Sich-Entscheiden, wie es der Nachkriegsversuch einer Situationsethik zu unterstellen schien. Gott spricht den Menschen stets als Geist-Wesen und als soziales Geschöpf an. Rahner entdeckte nun mit Hilfe seines »transzendentalen« Denkansatzes in den Exerzitien die Mitte zwischen a-personaler Gesetzesethik und gesetzesloser Existenzethik[2]: »Das Erkenntnis- und Bejahungs(=Liebe)-Vermögen (Wille) des Menschen« ist noch vor jedem ausdrücklichen Erkennen und Bejahen »transzendental« auf die Unendlichkeit Gottes ausgerichtet und zieht aus dieser Ausrichtung die Kraft, die »kategorialen« Einzelheiten des Alltags zu erkennen, zu warten und in ihrem Feld sich zu entscheiden. Das bewußte und wollende Leben des Menschen gründet »unausdrücklich auf dem mitbewußten, unthematischen Wissen um das Sein schlechthin, in welchem ein Wissen um Gott, um Geist und Freiheit und so um das Geheimnis über uns und in uns schon eingeschlossen ist.« Die sittliche Handlung in ihrer Vollform, das Handeln nach dem Willen Gottes muß also aus dieser Tiefe heraus, in der der Mensch immer schon vom lebendigen Gott bestimmt ist (= »transzendental«), geleitet sein – auch wenn ihm dieses »Bestimmtsein« nicht ausdrücklich (= »kategorial«) bewußt ist.

Die ignatianischen Exerzitien mit der Unterscheidung der Geister bilden nach Rahner ein Instrument, sich von der »kategorialen« Oberfläche des Alltags zurückzutasten zur »transzendentalen« Grundausrichtung des Menschen auf Gott, von woher die Entscheidung ihren sittlichen Wert erhält. Sie sind ein Instrument, mit dem »ich«, der Exerzitant, er-

kennen, erfahren soll, was Gott von »mir« will. Man kann ohne allzu große Mühe das gesamte Lebenswerk Rahners um diesen seinen spirituellen, jesuitischen Ansatz herum gruppieren.[3] Seine vieldiskutierte Theologie des »anonymen Christen«, der auf der »transzendentalen« Ebene im Willen Gottes lebt, obgleich er »kategorial« ihn nicht kennt, hat z.B. hier ihren Ursprung. Das theologische Für und Wider[4] ist hier nicht abzuwägen. Doch die maßgebende Fachwelt ist sich darüber einig, daß Rahners Theologie einen genuinen (und auch genialen) Ansatz bietet, um die Exerzitien recht zu verstehen. Leo Bakker[5], der an Rahners philologischer Analyse des »Trostes ohne Ursache« scharfe Kritik übt, meint dennoch, daß er »sozusagen auf exegetisch krummen Zeilen theologisch gerade« schrieb.
Ein geschichtlicher Rückblick kann die Berechtigung von Rahners Behauptung untermauern, daß heute erst die Zeit gekommen ist, den ignatianischen Ansatz recht zu verstehen, auch wenn die Unterscheidung der Geister tief in der christlichen Tradition verankert ist und schon für das frühe Mönchtum Basisthema des aszetisch-mystischen Lebens war[6]. Im Mittelalter ging diese Discretio spirituum fast verloren. Thomas von Aquin erwähnt sie nur am Rande. Die Autoren, die im 15. Jahrhundert darüber schrieben[7] – Heinrich von Friemar, Jean Gerson, Heinrich von Langenstein, Dionysius der Kartäuser – beschäftigen sich nur mit »groben« Angelegenheiten, wie man z.B. echte und falsche Visionen, Teufelsbesessenheiten usw. unterscheiden könne. Das feinfühlige Instrumentarium für die »Gezeiten der Seele« war bei Theologie und Lehramt in Vergessenheit geraten und wurde höchstens am Rande der kirchlichen Verkündigung weitergegeben – bei Bernhard von Clairvaux und Johannes Tauler oder in der eben neu übersetzten Ps.-Tauler-Schrift, dem »Buch von der geistigen Armut« und ein wenig auch in der wohl aus kartäusischen Kreisen stammenden und von Thomas von Kempen nur schluß-redigierten »Imitatio Christi«.
Ignatius hat also die Unterscheidung der Geister neu aufgespürt. Bücher, Predigten, Vorlesungen in Paris konnten ihm gemäß der damaligen Mentalität keine Wegweisung dazu bieten. Hugo Rahners unvergleichlich schönes, leider vergriffenes Buch »Ignatius von Loyola und das geschichtliche Werden seiner Frömmigkeit«[8] beschreibt, wie dieses Gespür für die »Gezeiten der Seele« aus seiner Lebenserfahrung erwachsen ist.
Auch die jesuitische Weitergabe kam mit der genuin-ignatianischen Unterscheidungslehre nicht zurecht. Man schwankte zwischen einer moralistischen Verflachung, als sei das Exerzitienbuch ein Lehrbuch der Aszese und des Willenstrainings, und einer mystischen Spiritualisierung, als sei das »Finden des Willens Gottes« in der Konkretheit der Zeit nur zweitrangig. Louis Cognet hat in seiner leider unvollendet gebliebenen Geschichte »La spiritualité moderne« Züge dieser Entwicklung aufgezeigt.[9] Daß der Neuansatz jesuitischer Spiritualität bei P. Roothan im 19. Jahrhundert ein Tiefpunkt der Verkennung war, bezweifelt heute niemand.
Es wird sich zeigen (und es hat sich wohl schon gezeigt), ob Rahners Deutung des Ignatius als eines Heiligen der Moderne zurecht besteht. Bei der Beurteilung wird der »subjektive« Grundpfeiler der Exerzitien, die Unterscheidung der Geister, eine wichtige Rolle spielen. Mit ihr aber kommt das Individuelle, Personale zum Tragen und damit ein Anliegen, das die Neuzeit betrifft und das mit dem Begriffsmaterial mittelalterlicher und auch späterer Philosophie noch nicht zu greifen

war: Der Mensch kann nicht allein von einem allgemeingültigen Schema her begriffen und bewertet werden. Er bringt seine je individuelle Persönlichkeit in die Fragestellung hinein. Seit dem »individuum est ineffabile« des Nominalismus steht diese Frage an. Martin Luther hat sie mit seiner Frage »Quid ad me?« (»Was bedeutet das für mich?«) aufgegriffen. Der ignatianischen Unterscheidung der Geister gelingt es, das Anliegen in die Methodik einer Erfahrung einzubringen.
Sicher beruht ein Großteil der Wirkung der Exerzitien in der nachtridentinischen Reform auf dieser Methodik des »christlichen Individualismus«. Aber für ein theoretisches Einordnen mußte erst die »Rationalität« der Aufklärung überschritten sein, um dieser individuell-personalen Frage recht zu begegnen. Karl Rahners transzendentale Theologie hat einen Weg zum Verständnis dieses christlichen Individualismus geöffnet.

Die Leben-Jesu-Betrachtungen

Exerzitien, geistliche Übungen, gab es schon vor Ignatius von Loyola, und dies nicht nur als Bezeichnung für stilles, persönliches Gebet wie noch bei Bernhard von Clairvaux und Aelred von Rievaulx, sondern auch als Anleitung zur methodischen Übung.[10] Die Devotio Moderna hat in dieser Beziehung den Schritt in die moderne Zeit vorbereitet. Das berühmte »Exercitatorio de la vida espiritual« des Abtes von Montserrat, García Jiménez de Cisneros, von 1509 ist nur eine der vielen Exerzitienanleitungen, die schon vor Ignatius existierten. Ein Vergleich mit den Vorgängern bringt ein weiteres Spezifikum der ignatianischen Exerzitien ins Bewußtsein: die konsequente Ausrichtung der Meditation auf das Leben Jesu mit der Bereitschaft zu existentiellen Konsequenzen aus der Begegnung mit dem erhöhten Herrn in den Ereignissen seines Erdendaseins. Schon die Terminologie, die Ignatius zur Kennzeichnung der Übungen gebraucht, zeigt es. Während für die Meditationsübungen der Ersten Woche noch die Ausdrücke consideración und meditación mit ihren entsprechenden Ableitungen vorherrschen, wechselt die Terminologie für die Zweite bis Vierte Woche der Leben-Jesu-Betrachtungen zu contemplación.[11] Die Erste Woche mit ihrem Weg aus dem Unheil und sprechend mit dem Gekreuzigten ist also eher als Hinführung zum Eigentlichen zu sehen: Von Ignatius ist sie »für schlichtere oder nicht gebildete Leute« (EB 18b) gedacht. Die eigentlichen Exerzitien, die »contemplaciónes« beginnen mit dem Blick auf Jesus in der Zweiten und Dritten Woche.
Diese Ausrichtung auf das Leben Jesu in der ignatianischen »contemplación« erhält ihre besondere innere Form durch die Bereitschaft, der Person Jesu bestimmenden Einfluß auf das eigene Leben zu gewähren und sich für diese zu entscheiden, um schließlich in der Wahl konkret zu dem zu kommen, was hier und jetzt »seiner göttlichen Güte wohlgefälliger ist«. (EB 151) Durch dieses existentielle Moment hoben sich die Exerzitien des Ignatius von zeitlich vorausliegenden Anleitungen zu Exerzitien und zahlreichen anderen Gebets- und Meditations-Methoden ab. Auch spätere Nachbildungen der ignatianischen Exerzitien, die man je nach Ordenszugehörigkeit »augustinisch«, »norbertinisch« oder »benediktinisch« ausformte, verkannten diesen für Ignatius wesentlichen Zug.
In dem, was Ignatius für die »contemplación« an Stoff vorlegte, ging es ihm darum – wieder im Gegensatz zu den damals zahlreichen Erbauungsbüchern –, die Aufmerksamkeit auf

Lebensbaum. Weltweite Entfaltung des Jesuitenordens in Provinzen.

Ignatius schreibt die Exercitia Spiritualia (Geistliche Übungen). Papst Paul III. bestätigt sie am 1. Februar 1548. Zu Beginn 1551 wird die erste Fassung der Satzungen der Gesellschaft Jesu, die Ignatius verfaßt hat, den in Rom versammelten Patres zur Beratung vorgelegt.

das konkrete Geschehen, die »historia«, hinzulenken, wie es in den Abschnitten des Evangeliums selber dargeboten wird: Das Ereignis selber sollte, vermittelt durch den Text der Hl. Schrift, in der »contemplación« anschaulich werden! So läßt Ignatius, den Schrifttext illustrierend, die schwangere Maria auf einem »Esel« nach Betlehem kommen. (EB 111) Einzig bei den Betrachtungen von der Auferstehung Christi unseres Herrn verläßt er ein einziges Mal bewußt und in seinen Augen legitim den Bibeltext und läßt Christus, den Herrn, der »Jungfrau Maria« erscheinen. (EB 299) Wenn er für unseren Geschmack naiv kindliche Bilder entwickelt – etwa das von den drei göttlichen Personen, »die die ganze Fläche oder Rundung der ganzen Welt voller Menschen schauten« (EB 101) –, geschieht das, um ein für den Glaubenden offenkundiges und eindeutiges Heilsereignis in die »contemplación« einzubringen. In der exegetisch genauen Auslegung biblischer Stoffe ist ihm Martin Luther voraus. Aber in der Konzentration des Meditierens auf den Jesus der Hl. Schrift (so wie sie damals gelesen wurde) kommt er dem Reformator gleich, wenn er ihm nicht sogar voraus ist; denn Ignatius läßt theologische Raffinesse, Reflexion, die über die Wortgestalt der Bibel hinausreicht, beiseite und schaut auf den konkreten Jesus des christlichen Glaubens.
Wie sehr ihm dieser allein vor Augen stand, zeigt sich daran, daß die Exerzitien Pfingsten nicht mehr meditieren. »Pfingsten« geschieht ja in der Subjektivität des Meditierenden, in seiner Unterscheidung der Geister. Die sogenannten »Eck«-Betrachtungen[12]: vom Ruf des Königs, von den Zwei Bannern, den Drei Menschenklassen oder von der Liebe sind strukturelle Wegweiser, zeigen, mit welchem subjektiven Horizont man zur Bibel greifen soll; sie sind keine selbständigen Meditationsvorlagen, sondern setzen den christlichen Akzent. Man könnte das »Leben Jesu« ja auch atheistisch als menschliches Drama oder ästhetisch als Heldenepos betrachten. Wer das Ringen des Ignatius um den Namen Societas Jesu, Gesellschaft Jesu, für seine neu gegründete Gemeinschaft kennt, weiß, wie sehr Jesus bei ihm in der Mitte des Lebens stand.
Man kann wiederum fragen: Wie kam Ignatius zu dieser radikalen Jesus-Spiritualität? Sicher ist dabei seine Liebe zum Konkreten von Bedeutung. Geschichten aus dem »Bericht des Pilgers« dokumentieren es: das liebevolle Niederschreiben der »wichtigsten Stellen aus dem Leben Christi und aus den Heiligenleben« – »und zwar schrieb er die Worte Christi mit roter Tinte und die Unserer Lieben Frau mit blauer« (PB 11) – oder das risikoreiche, nochmalige Hingehen zum Ölberg, weil er »nicht genau hingeschaut habe, an welcher Stelle der rechte Fußabdruck und wo der linke war«. (PB 47) Bertolt Brechts berühmtes Wort »Die Wahrheit ist konkret!« könnte über dem Lebensweg des Ignatius stehen.
Geistesgeschichtlich paßt sich diese Spiritualität ein in die Zeit der Renaissance und des Humanismus, in der das symbolische, gradualistische Weltbild der Antike und des Mittelalters sich zum »Realismus« (von Naturforschung, von Welterklärung usw.) umgeformt hatte. Ignatius gelang es (was Teresa von Avila in Bezug auf die Mystik tat[13]), diesen »Realismus des Konkreten« in den Umgang der Gottesbegegnung einzubringen. Weder flüchtete er in eine abstrakte Gegenstandslosigkeit, was stets die Versuchung der Transzendenz-Erfahrung ist; noch verfiel er dem Positivismus des Konkreten und Realen, auf welchen Weg sich die damals entwickelnde Wissenschaft begab.
In der heutigen Zeit kann der ignatianische Ansatz Wege in die Zukunft öffnen. Denn die-

ser Positivismus der Wissenschaft hat sich totgelaufen und man sucht – wie z.B. in New Age[14] – neue Wege, das Übergreifend-Göttliche mit dem Realismus des menschlichen Lebens, mit Wissenschaft, sozialem Engagement usw. zu verbinden. Leicht ist einzusehen, wie sehr eine Umdeutung der Exerzitien in »Jesusferne« Wege der Selbst- oder Seins-Erfahrung sowohl dem ignatianischen Entwurf wie seiner Bedeutung für heute widersprechen.

Gott finden in allen Dingen

P. Nadal, ein enger Gefährte des Ignatius, berichtet: Dieser habe die Gnade erhalten, »daß er in allen Dingen, Handlungen und Gesprächen Gottes Gegenwart wahrnahm mit einem feinen Sinn für das Geistliche, ja diese Gegenwart schaute und so ›contemplativus in actione‹ (beschaulich mitten im Tun) war; er pflegte dies in das Wort zu kleiden: ›Wir sollen in allen Dingen Gott finden.‹«[15] Dieses Wort gilt als Spezifikum ignatianischer Spiritualität. Doch es war schon vor Ignatius ein Grundwort christlicher Spiritualität. Auch Martin Luther (»fast ignatianisch« nach A. M. Haas[16]) kennt es: »Das heißt selig sein: Gottes Willen und seine Ehre in allen Dingen wollen.« Ein Vergleich mit anderen Sichtweisen des »Gott finden in allen Dingen« soll die Eigenheit und die Modernität der ignatianischen Exerzitien noch einmal sichtbar machen.

Johannes Tauler, Mechthild von Magdeburg und viele weitere Autoren des Mittelalters sprechen ähnlich wie Ignatius. Für Meister Eckhart müßte das »Gott finden in allen Dingen«, gemessen an der Häufigkeit des Vorkommens, sogar wichtiger sein als für Ignatius. So lehrt Eckhart in den »Reden zur Unterweisung«[17]: »Ein solcher Mensch – der nur Gott im Sinne hat – trägt Gott in allen seinen Werken und an allen seinen Stätten. Alle Dinge werden ihm lauter Gott. Der Mensch soll Gott in allen Dingen ergreifen. Er muß lernen, die Dinge zu durchbrechen und seinen Gott darin zu ergreifen. Entweder muß er Gott in den Werken zu ergreifen und zu halten lernen, oder er muß alle Werke lassen. Und darum lernet gern von Gott in allen Dingen und folget ihm, so wird's recht mit euch; denn alle Dinge haben für die innerlichen Menschen eine inwendige göttliche Seinsweise. Der Mensch muß sich daran gewöhnen, in keinen Dingen das Seine zu suchen und zu ergreifen, vielmehr in allen Dingen Gott zu finden und zu erfassen.«

In seiner berühmten zweiten Predigt über Maria und Martha vertritt auch Eckhart, wie Dietmar Mieth[18] gezeigt hat, ein »Beschaulich mitten im Tun«. Diese Predigt korrigiert kritisierend, verbessernd und zugleich integrierend eine Spiritualität, wie sie im »Spiegel der einfachen und zu nichts gewordenen Seelen, die einzig im Wollen und Verlangen der Liebe ruhen«, vertreten wird. Dessen Autorin, Margareta Porete, wurde 1310 in Paris als Ketzerin verbrannt; Meister Eckhart muß das Buch, vielleicht auch die Autorin und ihr tragisches Schicksal gekannt haben; sicher aber ist ihm die dort zugrundeliegende Auffassung von »Gott in allen Dingen finden« nicht fremd. Margareta Porete schreibt[19]: »Die Seele« soll so vollkommen werden, daß sie »es mit der Welt beendet (hat); und die Welt hat ein Ende mit ihr gemacht und Abschied von ihr genommen. Und daher lebt sie in Gott und kann dort weder sündigen noch Laster haben. Sie ist versenkt und vergraben in Gott, daß weder Welt noch Fleisch, noch ihre Feinde sie belästigen können; denn diese können die Seele in ihren Werken nicht mehr finden. So also lebt diese

Seele in Ruhe und Frieden. Diese Seele hat keinen Willen mehr, und so kümmert sie sich nicht darum, ob Gott dieses oder jenes macht; aber sie erfüllt stets Seinen Willen. In der Tat, diese Seele ist befreit und zufrieden. Sie will nichts und will auch nicht nichts, wie immer man es hier nennen mag.« Es ist ein »Gott finden in allen Dingen«, weil einem Menschen, der eins geworden ist mit Gott, alle Dinge und auch er selbst vor der Seins-Unendlichkeit »Nichts« geworden sind. Ignatius selbst und auch seine Gefährten der spanischen Studienjahre wurden einer ähnlichen Haltung, der Haltung der Alumbrados, verdächtigt.

Meister Eckhart setzt sich von dieser Spiritualität ab; ob er dabei auf Margareta Porete selbst schaut, ist kaum zu entscheiden.[20] Das Lob, das Margareta der Maria von Bethanien spendet, weil sie anders als ihre Schwester Martha »kontemplativ« vor den Füßen Jesu sitzt, nimmt Eckhart auf und dreht es um: »Maria wurde zuerst einmal Martha, ehe sie die reife Maria wurde. Als die vor den Füßen des Herrn saß, war sie noch nicht die wirkliche Maria; nur dem Namen nach war sie es. Denn sie saß da noch in Wohlgefühl und Wonne und mußte erst noch in die Schule geschickt werden und das Leben lernen. Martha aber stand schon wesentlich dort.« Über das Gott-Finden in der Kontemplation hinaus gibt es ein höheres Gott-Finden in der Beschäftigung des Alltags, in allen Dingen. (Ignatius würde hinzufügen: »im Dienst des Herrn«, modern gesagt: »im Ergreifen des eigenen Charismas«.) Eckhart schreibt: »Martha stand so im Wesentlichen, daß ihr Tun sie nicht behinderte.« Für einen solchen Menschen gilt: »Was ihm auch dabei zustößt, das hindert die Seligkeit der Ewigkeit keineswegs; denn es betrifft ja nicht den obersten Wipfel, dort nämlich, wo er mit Gottes allergütigstem Willen vereint ist.«

Uns geht es nicht um die seltsame mittelalterliche Exegese und auch nicht um die Frage nach der Orthodoxie Eckharts[21] oder Margareta Poretes[22], sondern um die dahinterstehende Spiritualität. Eckhart kritisiert eine Spiritualität, die der Margareta Poretes entspricht, und die er in Maria versinnbildlicht sieht: »Nun aber sagen unsere biederen Leute, man müsse so vollkommen werden, daß uns keine Freude mehr bewegen könne und daß man unberührbar sei durch Freude und Leid. Sie haben unrecht. Und unsere biederen Leute wollen gar so weit kommen, daß das Anwesendsein sinnfälliger Dinge ihnen nichts mehr bedeute. Das gelingt ihnen nicht. Gewisse Leute aber wollten so weit kommen, daß sie des Wirkens ledig werden. Ich aber sage: das kann nicht sein.«

Dagegen setzt Eckhart das korrigierte Ideal: »Dahin muß man kommen, daß nämlich der besonnenere, Gott wohlgefällige Wille sich loslöst von allem natürlichen Wohlgefallen. Das besagt, wenn die Einsicht dahin kommt, dem Willen zu gebieten, sich abzukehren, daß dann der Wille spricht: Ich tue es gerne.« Dies ist möglich, wenn »der oberste Wipfel der Seele von keinem Wohlgefühl mehr herabgezogen werden kann, daß er in keinem Wohlgefühl versinkt, daß er souverän darübersteht.« Dann nämlich steht der Mensch »bei den Dingen und nicht in den Dingen. (Er) steh(t) ganz nahe bei ihnen; und besitz(t) diese doch so, als ob (er) selbst sich dort oben am Horizont der Ewigkeit befände.«

Das kontemplative Ideal der Alumbrados war: Unberührbar vom Auf und Ab der Zeiten in Gott verharren. Eckhart korrigiert dies: Mit dem »obersten Wipfel der Seele« so ganz und gar verankert sein in Gott, in ihm ruhen, daß man gerade deshalb dem Tun und Lassen, dem Schmerz und der Freude dieser Welt sich aus-

Sinnsprüche des heiligen Ignatius
(Fortsetzung von Seite 318)

Er pflegte zu sagen, es sei eine Tatsache, von unglaublichem Trost, sorgfältig bei sich zu erwägen, daß wir, sooft wir am göttlichen Mahl teilnehmen, nicht nur vom Fleisch Christi, des Herrn, sondern auch dem seiner Mutter Maria, der Gottesgebärerin, gesättigt und genährt werden.
Als er gefragt wurde, welche Würde und welcher Vorzug dem Gehorsam zukomme, sagte er: Wie den Menschen in ihrem Leben zwei Wege zur Seligkeit angeboten sind – der eine vielbegangen und allgemein (er besteht im Beachten der göttlichen Gebote), der zweite nur für die, die Christi Ratschläge mit ganzem Herzen aufnehmen (der Weg des Ordenslebens) –, so gibt es auch im Ordensleben zwei Arten des Gehorsams. Die eine davon ist unvollkommen, die andere, in der das wahre Wesen des Gehorsams sichtbar wird, ist vollkommen. Der unvollkommene Gehorsam ist schlechtsichtig; der vollkommene ist auf weise Art blind; jener behält sein Urteil über die befohlenen Dinge für sich; dieser hat kein eigenes Urteil; jener neigt einer Seite zu; dieser bewegt sich nach keiner Richtung stärker; jener gehorcht den Befehlen, auch wenn sein Urteil entgegensteht; dieser setzt das Urteil des Urteilenden, den Willen seiner Oberen an die Stelle seines Willens; und diese (zweite Art des Gehorsams), sagte er, ist Führerin und Lehrmeisterin aller Tugenden, die Tochter der Demut, die Amme der Liebe, die Begleiterin der Gerechtigkeit, die ständige Speise eines sorgenfreien Herzens.
Wenn er jemanden bei einer ihm übertragenen Aufgabe nachlässig und teilnahmslos vorfand, fragte er ihn, für wen er sich bei einem solchen Dienst Mühe gebe: für Gott oder für die Menschen? Wenn jener gesagt hatte, er diene gewiß Gott, sagte Ignatius: Also sollst du bestraft werden, denn einem, der sich mit menschlichen Angelegenheiten weniger genau beschäftigt, könnte man verzeihen, aber dem unsterblichen Gott nachlässig zu dienen, das kann man wohl in keiner Weise zulassen.
Er erklärte als guter »Geldwechsler«, die Liebe hänge mehr von den Werken als von den Worten ab und werde danach eingeschätzt.
Sehr oft, wenn er mit Gott im Gespräch war, sagte er aus innerstem Herzen: Was will ich, Herr, außer dir, oder was könnte ich wollen?
Er pflegte die Seinen wiederholt zu ermahnen, daß sie nichts beginnen sollten, ohne Gott um Rat zu fragen, und er fügte hinzu, niemals habe er gewagt, eine Arbeit von einigem Gewicht und einiger Bedeutung zu beginnen, ohne sich vorher an Gott zu wenden. Das war seine feierliche Beteuerung.
Er sagte allen, sie sollten jederzeit an das Leiden Christi denken und die Erinnerung daran niemals aufgeben, weil darin der wahre Trost besteht.

Worte des hl. Ignatius

Wir sollen nicht etwas sehen oder tun wollen, was man nicht vor Gott und seinen Geschöpfen tun kann; und so werden wir uns vorstellen, daß wir immer vor ihm sind.

Mit niemandem soll hartnäckig gestritten werden; sondern mit Geduld werden wir Gründe geben mit der Absicht, die Wahrheit zu erläutern und damit unser Nächster nicht im Irrtum verbleibt, nicht aber, um unserer Ansicht zum Sieg zu verhelfen.

Schieben wir niemals die guten Werke, so klein sie auch sein mögen, mit dem Gedanken auf, wir würden zu anderer Zeit andere größere tun. Denn es ist eine sehr gewöhnliche Versuchung des Feindes, uns immer die Vollkommenheit in die zukünftigen Dinge zu verlegen und uns zur Verachtung der gegenwärtigen zu verleiten.

setzen kann, ohne dadurch vom Leben in Gott, vom »Gott finden in allen Dingen« getrennt zu werden. Das »Verharren in Gott« wird von der Erfahrung, von »der Wonne« und »dem Wohlgefühl« abgelöst und in die Einheit des Wollens hineingelegt. »Der vernunfterhellte Wille besteht darin, daß man dem Wirken Jesu und der Heiligen nachfolgt, daß man in Gelassenheit Wort, Wandel und Wirken völlig auf ihn hinordnet. Und wenn dies alles getan ist, dann senkt Gott ein Neues in den Grund der Seele, nämlich einen ewigen Willen.«

Eckhart wie Porete gründen im letzten auf einer gleichen Ontologie: Bei-Gott-Sein, Gott finden heißt, die Seinseinheit mit Gott erlangen. Anders als Porete aber lehrt Eckhart, daß der Mensch in der (»transzendentalen«) Seinseinheit mit Gott auf der »kategorialen« Ebene in dieser Welt, in ihren Verpflichtungen und ihren Verantwortungen bleiben muß. Die Kraft, sich auf dieser »kategorialen« Ebene richtig zu entscheiden und so Gott als den letzten Grund von allem in allem zu finden, zieht der Mensch aus der »transzendentalen« Seins-(Willens-)Einheit mit Gott: »Eines wird zwei; zwei ist dort eines; Licht und Geist; im Horizont des ewigen Lichts sind diese beiden eines.« Das »Gott finden in allen Dingen« bei Meister Eckhart bedeutet: »bei den Dingen« stehen, aber »nicht in den Dingen«; denn in seiner Seelenmitte hat der Mensch die Einheit in Gott erreicht. Das Grundraster der »Einheit in Gott« bei Margareta Porete wird von Eckhart dahingehend korrigiert, daß diese dynamische Seinseinheit der Beschäftigung mit den Dingen nicht widersprechen darf.

Das Grundmuster ist bei Ignatius ein völlig anderes. Im dritten Teil der Satzungen, in dem es um die Ausbildung der Jesuiten geht, schreibt Ignatius in einer Terminologie, die dem »sonder warumbe« Eckharts nahesteht: »Alle sollen sich darum bemühen, ihre Absicht auf alle einzelnen Dinge gerade zu halten, indem sie in ihnen stets rein danach streben, der göttlichen Güte um ihrer selbst willen (= sonder warumbe) und wegen der so einzigartigen Liebe und Wohltaten zu dienen und zu gefallen. Und man ermahne sie häufig, in allen Dingen Gott unseren Herrn zu suchen, indem sie, so sehr es möglich ist, die Liebe zu allen Geschöpfen von sich entfernen, um sie auf deren Schöpfer zu richten und ihn in allen Dingen zu lieben.« (S 288)

Der Hintergrund für dieses »Gott in allen Dingen suchen« ist aber nicht eine noch so dynamische Einheit mit Gott, sondern die »Liebes-« und die »Dienst-Beziehung« zu Gott. Dieses »Muster« durchzieht alle Gotteserfahrung der Exerzitien. Es beginnt mit den »Eck«-Betrachtungen vom Ruf des Königs und von den Zwei Bannern, die zum »Dienst« auffordern, und gipfelt in der »Eck«-Betrachtung, um Liebe zu erlangen: »Die Liebe besteht in Mitteilung von beiden Seiten: nämlich darin, daß der Liebende dem Geliebten gibt und mitteilt, was er hat, oder von dem, was er hat oder kann; und genauso umgekehrt der Geliebte dem Liebenden. Wenn also der eine Wissen hat, es dem zu geben, der es nicht hat.« (EB 231)

Meister Eckhart hingegen will in seiner »intellektuellen Mystik«[23] selbst die Dualität der Liebe in eine höhere Einheit übersteigen: »Die Seele, die Gott liebt, die nimmt ihn unter der Hülle der Gutheit. Vernunft aber zieht Gott diese Hülle der Gutheit ab und nimmt ihn bloß, wo er entkleidet ist von Gutheit und von Sein und von allen Namen. Das aber ist die vollkommene Begegnung mit Gott.« Denn »die Zwei ist Wurzel und Ursprung aller Teilung. Alle Teilung ist aber als solche Übel, vom Übel und im Übel.« Der Grund der Gottes-Erfahrung reicht nach Eckhart über alle Dualität hinaus: »Liebe und Leid, das steht im Gegensatz, der hat im Sein keinen Bestand. Wenn die Seele in das Licht der Vernunft kommt, so weiß sie nichts vom Gegensatz. Was diesem entfällt, das fällt in Sterblichkeit und stirbt.« Und durch diesen Überstieg des innersten Seelengrundes in die Einheit mit Gott hin wird das »Gott finden in allen Dingen« möglich.

Bei Ignatius hingegen ist die Zweiheit der Begegnung, die Spannung der Liebe das Letzte. »Gott finden in allen Dingen« heißt: überall liebend im Willen Gottes stehen. So beschreibt P. Nadal das ignatianische Ideal: »Das Wirken der Liebe, die ganz eins ist mit Gott, das ist das vollendete Tun.«[24] Auch dort, wo sich P. Nadal, »der erste Fachmann ignatianischer Spiritualität«[25], ausdrücklich auf die Begegnung Jesu mit Maria und Martha bezieht, zeigt sich der Unterschied des ignatianischen zum eckhartschen Ideal: »So also muß unser Gebetsleben sein: daß es all unser Wirken leite, mehre, ihm innere Geistesfreude und Kraft gebe in unserem Herrn. Unser Arbeiten aber soll das Beten wachsen lassen, ihm Kraft und heilige Fröhlichkeit verleihen. Wenn so Martha und Maria eins sind und so sich helfen, dann wird nicht nur eine Seite des christlichen Lebens in uns Wirklichkeit werden, auch nicht nur die edlere, d.h. das beschauliche Leben, sondern Maria läßt all die Kümmernis und die Sorge um das Viele still werden, hilft der Martha und ist mit ihr vereint in unserem Herrn.«[26]

Philosophiegeschichtlich beurteilt, zeigt sich, daß der Ansatz einer spekulativen Seinsphilosophie abgelöst wurde durch ein eher nominalistisches Denken. Vom spirituellen Ansatz her gesehen aber muß man sagen: Auch das metaphysische Seins- und Einheits-Denken ist grundsätzlich durchbrochen auf eine dialogische Begegnungs-Sicht hin. Ignatius war sich gewiß, daß der Christ im Gegenüber zu Jesus – und in letzter Eindeutigkeit nur zu ihm – den ewigen, ihn persönlich ansprechenden und liebenden Willen Gottes findet. Dieser »für mich« (Ignatius ebenso wie Martin Luther) mensch-gewordenen Liebe Gottes sich stellen und ihr entsprechen heißt: »Gott in allen Dingen finden«. Dahin soll die Methode der Exerzitien führen – durch ihr meditierendes Schauen auf den konkreten Jesus der Bibel und deshalb in der Erfahrung, die dieses Schauen begleitet und die nach den Regeln zur Unterscheidung der Geister reflektiert und gelenkt wird.

Mit diesem personalen, dialogischen Paradigma und dessen methodischer Entfaltung in den Exerzitien hat Ignatius unserer Zeit Wichtiges zu sagen. Daß es den Kommentatoren der Exerzitien in den Jahrhunderten nach Ignatius nicht gelang, den ignatianischen Neuansatz auch spekulativ zu bewältigen, kann eine Geschichte des »personalen« Denkens deutlich machen. Und vielleicht (ich persönlich halte dafür) ist es tatsächlich die Genialität Karl Rahners, der es in dem oben zitierten Aufsatz gelang, eine Denkgrundlage zum spekulativen Begreifen des ignatianischen Ansatzes zu liefern. Doch darüber mögen spätere Zeiten urteilen.

Das Exerzitiengeschehen, das den Christen herausfordert zur persönlichen Begegnung mit und daher zur Entscheidung für Jesus, markiert – unabhängig davon, ob seine ontologische Einordnung in einer Metaphysik gelingt – einen Gebetsprozeß, der gerade in unserer Zeit wichtig, wenn nicht gar maßgeblich sein muß für ein bewußtes christliches Leben. Denn in Exerzitien geht es zentral um eine lebendige Beziehung zu Jesus Christus.

Zweifelsohne gibt es heute eine Renaissance der Exerzitien. Angestoßen wurde sie von der kritischen Ignatius-Forschung[27], von den französischen Jesuiten um die Zeitschrift »Christus«[28], durch Hugo Rahners wissende und einfühlende Ignatius-Auslegung[29] und manchen anderen Impulsen. Wie neu[30](!) dabei vieles war, zeigt schon die Tatsache, daß der fast vergessene Grundtypus der »Geistlichen Übungen«, die »Einzel-Exerzitien« in der Zeit nach dem Zweiten Weltkrieg wiederentdeckt und zu einer neuen Exerzitienkultur weiterentwikkelt wurde.

Es ist das von Ignatius beschriebene Ideal, wonach z. B. der, »der die Übungen gibt, ... sich ... weder zu der einen Seite wenden oder hinneigen noch zu der anderen, sondern in der Mitte stehend wie eine Waage unmittelbar den Schöpfer mit dem Geschöpf wirken lassen (soll) und das Geschöpf mit seinem Schöpfer und Herrn«. (EB 15) Im Idealfall soll »der, der die Übungen gibt«, (Ignatius kennt keinen Exerzitien-Meister[31]) den Stoff »nur in kurzer oder zusammenfassender Erläuterung« durchgehen, damit der Exerzitant selbst »mehr Geschmack und geistliche Freude« (EB 2) am Stoff finden kann. In dieser Öffnung der persönlichen »Erfahrung« auf Jesus Christus hin können die Bewegungen von »Trost« und »Untrost« sich abspielen, an denen eine »Unterscheidung der Geister« den Willen Gottes ablesen kann. Das ergibt den Idealtypus von Einzelexerzitien:

a) Es geht um *Jesus Christus.* Hugo Rahner schreibt dazu: »Wo immer also Ignatius in seinen Briefen, in seinem Tagebuch und in den Exerzitien von Gott als unserem ›Schöpfer und Herrn‹ spricht, denkt er an Jesus Christus, der allein dem Vater Ehrfurcht und Dienst erweisen kann.«[32]

Königin Catarina von Portugal (1507–1578), jüngste Schwester Kaiser Karls V.

Sieht man die steife Majestät und die von Alter und Regierungssorgen unschön gewordenen Züge der Königin Catarina von Portugal an, wie sie Antonio Moro darstellt, möchte man nicht glauben, daß diese Frau einmal jene bildhübsche Infantin war, die den Pagen Iñigo de Loyola entzückte und der er einst in ritterlicher Verehrung zugetan war. Die Ignatiusforschung ist mit guten Gründen der Ansicht, daß Catarina jene Herrin war, die nach dem Zeugnis des gealterten Ignatius im Bericht des Pilgers sein Herz in den Tagen des Krankenlagers auf Loyola in Besitz genommen hatte. Wahrscheinlich hat Iñigo de Loyola im Gefolge des Herzogs von Nájera am 13. März 1518 die Huldigung der Infantin miterlebt, die ihr die spanischen Granden entgegenbrachten; für diesen Tag wurde die elfjährige Catarina von ihrem Bruder Karl aus den düsteren Mauern des Palastes in Tordesillas »entführt«. Dort mußte sie ihre Kindheit und Jugend mit ihrer wahnsinnigen Mutter in einer trüben Atmosphäre zubringen. Es kann angenommen werden, daß Iñigo schon als Page mit dem Großschatzmeister Juan Velázquez de Cuéllar noch zu Lebzeiten König Ferdinands nach Tordesillas kam, wenn dieser seine geisteskranke Tochter Juana, die Mutter Catarinas, besuchte.

Die geglückte Sublimierung der Liebe des Ignatius zu Catarina war ein wichtiges Geschehen in seinem geistlichen Prozeß. Ähnliche Sublimierungsvorgänge erlebt je-

Catarina von Portugal (1507–1578)

der männliche Exerzitant, wenn er seine Beziehungswelt entschieden ordnet.
1524 wurde Catarina Johann III. von Portugal angetraut. Im April 1540 empfing Catarina Magister Simon Rodrigues, einen Gefährten des einstigen Pagen Iñigo, in Audienz. Wenige Monate später stellte sich Franz Xaver, der zukünftige Apostel Indiens, vor. Die einstige Herzensdame des Iñigo förderte die Gründung des Ignatius von Loyola in ihrem Hoheitsgebiet, so gut sie es vermochte. Sie erwarb sich um das Aufblühen der Gesellschaft Jesu in Portugal und im Fernen Osten große Verdienste. Der Ordensgeneral nahm seinerseits an den kleinen und großen Sorgen der portugiesischen Königin Anteil. Dennoch ist die Herzensdame des Ritters von Loyola eine der tragischsten Gestalten aus dem Hause Habsburg geworden. A. Falkner S.J.

b) Es braucht *Zeit und Übung*, um die »Gezeiten der Seele« auf den echten, aus dem »Seelengrund« emporsteigenden, statt nur emotional hochgeputschten Erfahrungswert abzuhorchen. Die klassische Exerzitienspanne von vier Wochen wird nicht nur durch die Praxis, sondern auch von der theoretischen Anthropologie (vgl. den Sinn der Mond-Monat-Phase) bestätigt. Ignatius schreibt weiterhin vor, daß man bei den »fünf Übungen oder Betrachtungen, die täglich gehalten werden sollen, eine Stunde lang verweilen soll«. (EB 12) Erst am Ende der Ezerzitien konzediert er: »Gemeinhin ist es in dieser vierten Woche angebrachter als in den drei anderen vergangenen, vier Übungen zu halten und nicht fünf.« (EB 227)
c) *Der Begleiter* ist – in den vollen, 30tägigen Exerzitien – unersetzlich; aber nicht als eine Art Guru[33], sondern in der dialogischen Grundhaltung des Ignatius; sie reicht vom Anleiter bei Meditations-Methoden und Kenner biblischer Exegese über den klugen psychologischen Beistand bis zum Gefährten, der vertraut ist mit den »verschiedenen Regungen ...«, die in der Seele verursacht werden« (EB 313) und wohl auch ein Stück „streitender Kirche« (EB 312)[34] vertritt. Seine Eigenfunktion ist für Ignatius so wichtig, daß er sie ausdrücklich – auch personell – von der sakramentalen Beichte trennen möchte.
d) Hugo Rahner[35] macht auf die wichtige Rolle aufmerksam, die *Theologie und Intellekt* im Erfahrungsprozeß der Exerzitien spielen müssen. Das gilt sowohl für den Umgang mit dem Exerzitienstoff (»die Mysterien, von denen das Exerzitienbuch spricht, theologisch tiefer zu durchdenken«) wie für den Erfahrungsprozeß selbst.
e) Aber Grundlage der Exerzitien bleibt die *Erfahrung*[36], die, wie es sich schon aus der dialogischen Religiosität des Ignatius ergibt, ihre Mitte hat in der *Entscheidung* für Gottes Willen. Was in der Ur- und Idealform der Exerzitien »Wahl« genannt wird (EB 169 ff.), muß in irgendeiner Weise (z. B. als vertieftes Ja zum eigenen Leben vor Gott) wichtig werden, wenn man bei verkürzten Formen von Exerzitien im ignatianischen Sinn sprechen will.

Exerzitien heute

Auf diesen beiden Säulen ruhen unabdingbar die Exerzitien: »Erfahrung« von Jesus; seine konkrete Gestalt wird in den biblischen Quellen dargeboten und in den täglichen Meditationen zur Erfahrung, also »internalisiert«; »Entscheidung« für den Willen Gottes, der in der Begegnung mit Jesus erfahren und im Gespräch mit dem Begleiter gefunden wird.
Darüber hinaus zeigt Ignatius eine Freiheit, die Erstaunen weckt. Es heißt z. B. zur *konkrete Gestalt des Meditierens:* »In die Betrachtung eintreten, bald kniend, bald auf der Erde ausgestreckt, bald auf dem Rücken mit dem Gesicht nach oben, bald sitzend, bald stehend, indem ich stets auf der Suche nach dem bin, was ich will. Wir werden auf zwei Dinge achten: Das erste ist: Wenn ich kniend das finde, was ich will, werde ich nicht weitergehen; und wenn ausgestreckt, ebenso usw. Das zweite: Bei dem Punkt, bei dem ich finde, was ich will, dort werde ich ruhig verweilen, ohne ängstliche Sorge zu haben, weiterzugehen, bis ich befriedigt bin.« (EB 76)
In heutige Sprache übersetzt: Wende die Weise des Meditierens an, die dich am sensibelsten für den Stoff macht, dich am dichtesten an die Begegnung mit Jesus heranführt. Ignatius hätte keine Schwierigkeiten gehabt, die sogenannten »östlichen« Meditationsmethoden – sei es Zen, sei es Yoga, sei es vom Tantrismus beeinflußte

– in die Exerzitien zu integrieren, wenn und insoweit sie den obigen Bedingungen entsprechen. In den drei Weisen des Betens (EB 238–260) gibt es schon selbst deutliche Hinweise in diese Richtung; dabei ist zu wissen, daß die christliche Tradition viele Entsprechungen zu den östlichen Methoden kennt. Sie sind – soweit gut und hilfreich – allgemein menschlich.

Die Beschreibung der geistlichen Übungen – »jede Weise, das Gewissen zu erforschen, sich zu besinnen, zu betrachten, mündlich und geistig zu beten, und anderer geistlicher Betätigung« (EB 1) –, regt heute dazu an, neue Meditationsweisen zu finden: Tanzen, Wandern, kreativ Darstellen, Spielen (Bibliodrama), Gespräch; wenn sie helfen: »den göttlichen Willen in der Einstellung des eigenen Lebens zum Heil der Seele zu suchen und zu finden« (EB 1), passen sie in die Exerzitien[37].

Ähnlich offen ist an die *biblische Vorlage* heranzugehen. P. Nadal berichtet: »Ignatius benutzte, bevor er die Exerzitien im Druck herausgab, auch andere Bücher und ließ sich von der Theologie in ihrer ganzen Breite beraten. So sollten ihm alle Bücher, alle Theologen und die ganze Heilige Schrift zur Bestätigung dienen für das, was er eigentlich nur aus geistlicher Erfahrung gelernt hatte.«[38] Heute stellt sich die Frage, ob die Darbietung der Meditationsthemen an den Erkenntnissen der modernen Exegese (daß z. B. die Evangelien keine unreflektierte Leben-Jesu-Darstellung sind) vorübergehen darf.

Entsprechendes gilt auch für die Anwendung der *»Regeln zur Unterscheidung der Geister«*. Die können heute nicht mehr ohne Dialog mit den Erkenntnissen der empirischen und analytischen Psychologie bestehen. Man bedenke z. B. notwendige Differenzierungen, die einer zentralen ignatianischen Aussage zu geben sind: »Allein Gott, unser Herr, vermag der Seele Tröstung zu geben ohne vorhergehende Ursache ... ohne jedes vorherige Verspüren oder Erkennen irgendeines Gegenstandes, durch den diese Tröstung käme mittels der eigenen Akte von Verstand und Wille.« (EB 330)[39] Hier muß das wie ein roter Faden die Exerzitien durchziehende ignatianische »mehr« – spanisch: »mas«, lateinisch« »magis« – interpretativ mit berücksichtigt werden, um Ignatius nicht fehl zu interpretieren: »... indem wir allein wünschen und wählen, was uns mehr zu dem Ziel hinführt, zu dem wir geschaffen sind.« (EB 23)

Auf dem Boden solcher neuen und alten Einsichten sind mannigfache Weisen von konkreten Exerzitien möglich. Klassisch und maßgebend werden stets die oben vorgestellten *Einzelexerzitien* bleiben, in denen ein einzelner, vom Exerzitien-Geber begleitet, sich still und meditativ über einige Zeit in die Gestalt Jesu hineinvertieft: »Er wird ... normalerweise um so mehr Nutzen ziehen, je mehr er sich von allen Freunden und Bekannten und von jeder irdischen Sorge absondert.« (EB 20) Doch auch *das lebendige Wort eines Begleiters* für eine größere Gruppe kann wichtig werden – wenn es Raum bereitet für die persönliche Meditation. Ignatius selbst hat in der berühmten Beratung der ersten Gefährten einen Weg über *die »gemeinsame Erfahrung« zur »gemeinsamen Entscheidung«* gezeigt. In dieses bunte Bild von Möglichkeiten gehören überdies die *vielfältigen Methoden zur* konkreten meditativen Erfahrung.

Wie wichtig solche Exerzitien für ein christliches Leben sind, zeigt sich nicht zuletzt daran, daß ignatianische Exerzitien mehr und mehr auch im evangelischen Raum beachtet werden[40].

Es bewahrheitet sich, was Hugo Rahner in ei-

nem dichten Artikel über die Exerzitien geschrieben hat:[41]
»Exerzitien haben ... die unaufgebbare Funktion der Erziehung zu jener Hochgesinnung der Liebe zu Christus in der ›Überforderung‹ der Großherzigkeit, ohne die es im Reiche dessen, der ›bis ans Ende geliebt hat‹, keinen Fortschritt gibt.« Im Blick auf Jesus Christus, den Sohn Marias, den gekreuzigten und auferstandenen Herrn, kommt Gottes Reich uns nahe. Mit ihm und in ihm und durch ihn breitet sich die Herrschaft Gottes aus.

Maria della Strada. Vor diesem Fresko aus dem 15. Jh. zelebrierte Ignatius von Loyola oft die heilige Messe.

Die Camarette, die Wohn- und Arbeitsräume des Ignatius von Loyola in Rom. Von hier aus leitete er die Gesellschaft Jesu und gab Exerzitien bis zu seinem Tod (1556).

Anmerkungen

[1] Die Ignatianische Logik der existentiellen Erkenntnis. Über einige theologische Probleme in den Wahlregeln der Exerzitien des heiligen Ignatius, in: F. Wulf (Hg.), Ignatius von Loyola. Seine geistliche Gestalt und sein Vermächtnis. 1556–1956. Würzburg 1956, 343–406, hier 345.347.

[2] Vgl. die Artikel »Transzendenz« und »Existentialehtik« in: K. Rahner/H. Vorgrimler, Kleines Theologisches Wörterbuch. Freiburg [16]1988, 418f bzw. 124.

[3] Dazu besonders K.H. Fischer, Der Mensch als Geheimnis. Die Anthropologie Karl Rahners, Freiburg [2]1974; ders., Gotteserfahrung, Mystagogie in der Theologie Karl Rahners und in der Theologie der Befreiung. Mainz 1986; H.D. Egan, »Der Fromme von Morgen wird ein Mystiker sein.« Mystik und die Theologie Karl Rahners, in: Wagnis Theologie. Erfahrungen mit der Theologie Karl Rahners. FS Karl Rahner. Hg. H. Vorgrimler. Freiburg 1979, 99–112; J. Sudbrack, Der Christ von morgen – ein Mystiker? Karl Rahners Wort als Mahnung, Aufgabe und Prophezeiung, in: W. Böhme u. J. Sudbrack (Hg.), Der Christ von morgen – ein Mystiker? Grundformen mystischer Existenz. Würzburg 1989, 1–38.

[4] Die wichtige Arbeit von M. Schneider, Unterscheidung der Geister. Die ignatianischen Exerzitien in der Deutung von E. Przywara, K. Rahner und G. Fessard. Innsbruck 1983, wird dem Ansatz Rahners nicht ganz gerecht; das konkrete Gegenüber Jesu innerhalb der Entscheidungssituation, das in den Exerzitien anhand der Leben-Jesu-Betrachtungen lebendig bleibt, hat bei Rahner seinen Ort in der Theologie des Todes, also der einmaligen Entscheidungssituation vor dem Unendlichen, in der Jesus am Kreuz sein Leben einsammelte. Sie ist für jeden Menschen »entscheidend«, kündigt sich aber schon während des Lebens immer wieder an und ist nur aus der Kraft des Todes Jesu (= Erlösung) zu bestehen.

[5] Freiheit und Erfahrung. Redaktionsgeschichtliche Untersuchungen über die Unterscheidung der Geister bei Ignatius von Loyola. Würzburg 1970, 53, Anm. 24.

[6] Vgl. die Texte des Diadochos von Photike (um 400–460) in: G. Ruhbach/J. Sudbrack (Hg.), Christliche Mystik. Texte aus zwei Jahrtausenden. München 1989, 83–90.

[7] Vgl. dazu Artikel »Discernement des Esprits« in: DSAM III, 1222–1291; G. Switek, »Discretio spirituum«. Ein Beitrag zur Geschichte der Spiritualität. In: Theologie und Philosophie 47 (1972) 36–76.

[8] Graz [2]1949. Die französische Übersetzung ist 1989 (!) neu aufgelegt worden.

[9] (= Histoire de la Spiritualité chretiénne. Hg. L. Bouyer u.a. III) I. L'essor: 1500–1650. Paris 1966, besonders: La crise spirituelle de la Compagnie de Jésus, 187–230 und La Compagnie de Jésus et la spiritualité française, 411–452.

[10] Vgl. den Artikel »Exercices Spirituels« in: DSAM IV, 1902–1949.

[11] Vgl. den Wortindex zur kritischen Ausgabe der Exerzitien in: MI *Ex*, 733–789 (Lexicon Textus Hispani autographi. Auctore I. Calveras). Schon an einer solchen simplen Beobachtung scheitern die Versuche, die Vier Wochen der Exerzitien in ein gradliniges oder in ein dialektisches Aufstiegsschema (Fessard) zu pressen.

[12] Man kann das Verhältnis der Leben-Jesu-Meditationen zu den »Eck«- und »Wahl«-Betrachtungen nach dem scholastischen Schema als »conscientia directa« (was direkt meditiert wird) und »concomitans« (was diese Meditation wie eine Grundhaltung begleitet) bestimmen. Im Gespräch mit dem Exerzitienbegleiter soll dem nachgegangen werden, was »concomitanter«, die direkte Begegnung mit Jesus »begleitend«, geschieht.

[13] Vgl. J. Sudbrack, Der Mensch im Überstieg. Teresas Gotteserfahrung in ökumenischer Besinnung, in: Der Weg zum Quell. Düsseldorf 1982, 52–89, 200f.

[14] Vgl. J. Sudbrack, Neue Religiosität. Herausforderung für Christen. Mainz [3]1990 und ders., Die vergessene Mystik und die Herausforderung des Christentums durch New Age. Würzburg [2]1990.

[15] Nach J. Stierli, Das Ignatianische Gebet. »Gott suchen in allen Dingen«, in: F. Wulf (s. Anm. 1) 150–182, hier 158.

[16] Gottleiden – Gottlieben. Zur volkssprachlichen Mystik im Mittelalter. Frankfurt 1989, 273.

[17] Zusammengezogen (wie auch die folgenden Zitate) nach: J. Sudbrack, Mystik. Selbsterfahrung, Kosmische Erfahrung, Gotteserfahrung. Mainz [2]1988. 154.

[18] Die Einheit von vita activa und vita contemplativa in den deutschen Predigten und Traktaten Meister Eckharts und bei Johannes Tauler. Regensburg 1969.

[19] Texte in: G. Ruhbach/J. Sudbrack (s. Anm. 6) 162. 165.

[20] Ebd. 183–190; dort auch die folgenden Eckhartzitate.

[21] Dazu: J. Sudbrack/W. Ligges, «Das wahre Wort der Ewigkeit wird in der Einsamkeit gesprochen». Würzburg 1989.

[22] Zu beachten wäre die wichtige Unterscheidung von L. Cognet zwischen einer Sprache, die Gefühle ausdrücken möchte, und einer Sprache, die sich um Seinswahrheiten bemüht. Eckharts Verdienst war es, für seine Zeit die »emotionale«, gefühlsbezogene Einheitssprache in ein tragfähiges ontologisches Sprechen zu übertragen. Otto Langer hat dies dargestellt: Mystische Erfahrung und spirituelle Theologie. Zu Meister Eckharts Auseinandersetzung mit der Frauenfrömmigkeit seiner Zeit, München 1987.

[23] Mit diesem Wort kennzeichnet der beste Eckhart-Forscher, A.M. Haas, die Eigenart eckhartscher Mystik. Die folgenden Zitate s. bei J. Sudbrack, Wege zur Gottesmystik. Einsiedeln 1980, 120.

[24] Nach J. Stierli (s. Anm. 15) 182.

[25] I. Iparraguirre, Historia de los Ejercicios des San Ignacio. Bd. 2. Rom 1955, 468.

[26] M *Nadal* IV, 674; in der Übersetzung von H. und K. Rahner in: Mitteilungen aus den dt. Provinzen 13 (1933–1935) 404. (Ich danke P. A. Falkner für den Hinweis.) Die Gleichsetzung des »personalen« Gegenüber mit »dinglicher« Gegenständlichkeit versperrt den Zugang zum Exerzitiengeschehen wie überhaupt zur christlichen Gotteserfahrung; ganz abgesehen davon, daß das Reden von »Gegenständlichkeit« und »Ungegenständlichkeit« auch terminologisch eine Frucht der aufklärerischen, rationalen Philosophie des 18. und 19. Jahrhunderts ist.

[27] Besonders P. de Leturia und I. Iparraguirre sind zu erwähnen.

[28] Gegründet 1954 von M. Giuliani.

29 Nach dem bleibend gültigen, in Deutschland leider vergessenen Erstentwurf (Anm. 8) besonders: Ignatius von Loyola als Mensch und Theologe, Freiburg 1964; Ignatius von Loyola, Briefwechsel mit Frauen, Freiburg 1956; und der zusammen mit L. v. Matt herausgegebene Bildband: Ignatius von Loyola, Würzburg 1955.

30 Bezeichnend ist, daß die wichtigste Exerzitien-Enzyklika von Papst Pius XI. »Mens Nostra« [AAS 21 (1929) 681–698] fast unbekannt geblieben ist.

31 Noch K. Rahner spricht in seiner Einleitung zur Exerzitien-Übersetzung von A. Haas aus dem Jahre ³1966 (Freiburg) vom Exerzitienmeister.

32 Zur Christologie der Exerzitien des heiligen Ignatius, in: Ignatius von Loyola als Mensch und Theologe (s. Anm. 29) 259.

33 Ramana Mahareshi, Sei, was du bist! (hg. von D. Godman, dem Bibliothekar des Ramana Mahareshi Ashrams), Bern 1990, 119. 126: »Der Guru ist sowohl außen wie auch innen. Von außen stößt er den Geist an, so daß er sich nach innen wendet. Von innen zieht er den Geist zum Selbst hin. Das ist die Gnade des Guru. Es besteht kein Unterschied zwischen Gott, dem Guru und dem Selbst... Ein spiritueller Mensch glaubt, daß Gott alldurchdringend ist, und er wählt Gott zu seinem Guru. Später bringt Gott ihn mit einem persönlichen Guru zusammen, und dieser Mensch erkennt ihn als alles in allem. Schließlich lernt dieser Mensch durch die Gnade des Meisters erkennen, daß sein Selbst die Wirklichkeit ist und nichts anderes. So findet er, daß das Selbst der Meister ist.«

34 In: Geistliche Führung. Zur Frage nach dem Meister, dem geistlichen Begleiter und Gottes Geist, Freiburg 1981, habe ich den Stufenbau geistlicher Führung analysiert. Für den inter-religiösen Vergleich sind zwei Sammelbände wichtig: Le Maître Spirituel, Paris 1980; Le maître spirituel dans les grande traditions d'occident et d'orient, Paris 1967. Die wohl beste Anleitung zur Praxis stammt von W. A. Barry und W. J. Connolly: The Practice of Spiritual Direction, New York 1982; französisch, Paris 1988.

35 Ignatius von Loyola als Mensch und Theologe (s. Anm. 29) 498.

36 Das Wort »Meditations«-Exerzitien ist tautologisch; ohne Meditation gibt es keine Exerzitien. Das Wort will eine ältere Zerrform von Exerzitien abwehren, in der der Exerzitant mit Vorträgen zugeschüttet wurde.

37 Zum Thema in weiterer Perspektive vgl. meinen Aufsatz: Die »Anwendung der Sinne« als Angelpunkt der Exerzitien, in: Ignatianisch. Eigenart und Methode der Gesellschaft Jesu. Hg. von M. Sievernich u. G. Switek. Freiburg 1990, 96–119.

38 Nach H. Rahner (s. Anm. 35).

39 Auch P. Knauer versucht in einer Anmerkung die Stelle hermeneutisch neu zu interpretieren.

40 Vgl. G. Wolff, Zeit für Gott. Evangelische Exerzitien. Stuttgart 1980 oder die praktische Hinführung der evangelischen Theologin K. Johne, Geistlicher Übungsweg für den Alltag. Ein Kursangebot. Berlin 1986.

41 Lexikon der Pädagogik I, Freiburg 1952, 1105–1107.

Der Ignatiusaltar über dem Grab des Ordensgründers in Il Gesù, Rom. Am 3. Dezember 1609 wurde Ignatius von Loyola durch Papst Paul V. seliggesprochen; am 12. März 1622 erfolgte die Heiligsprechung durch Papst Gregor XV.

Zeittafel

1474 *Regierungsantritt der Katholischen Könige Ferdinand von Aragón (gest. 1516) und Isabella von Kastilien (gest. 1504)*

1491 Iñigo López de Loyola auf Schloß Loyola geboren.

1492 *Entdeckung Amerikas durch Christoph Kolumbus.*

Rückeroberung Granadas und Ausweisung der Juden aus Spanien.

1502 *Ausweisung der Muslime aus Spanien: Herstellung der religiösen Einheit Spaniens.*

1506 Beginn der »Lehre« beim königlichen Großschatzmeister in Arévalo.

1507 *Cisneros wird Großinquisitor*

1512 *König Ferdinand von Aragón erobert Navarra: Herstellung der nationalen Einheit Spaniens.*

1515 Wegen eines »schweren Deliktes« in Azpeitia vor Gericht.

Teresa von Avila geboren.

1516 *Karl, Prinz der Niederlande, König Karl I. von Kastilien und Aragón.*

Konkordat zwischen König Franz I. (1515–1547) und Papst Leo X.: Beherrschender Einfluß des Königs auf die Kirche Frankreichs.

1517 Als »Ritter« im Dienst des Vizekönigs von Navarra.

Beginn der Reformation durch Martin Luther (1483–1546).

1518 *Beginn der Reformation in der Schweiz: Ulrich Zwingli (1484–1531).*

1519 *Kaiser Karl V.*

1521 Pfingstmontag: Verwundung bei der Verteidigung von Pamplona, Monate der Genesung in Loyola. Zeit der Bekehrung.

Reichstag zu Worms – Wormser Edikt: Über Luther wird die Reichsacht ausgesprochen.

1522 Ende Februar: Pilgerfahrt nach Jerusalem über Aránzazu, Najera, Montserrat.

Aufenthalt in Manresa.

1523 Fortsetzung der Pilgerreise über Barcelona, Gaëta, Rom, Venedig nach Jerusalem.

1524 Rückkehr über Venedig und Genua nach Barcelona: Lateinstudium; »den Seelen helfen«.

1526 Im März Beginn des Philosophiestudiums an der Artistenfakultät in Alcalá de Henares. Exerzitientätigkeit.

Im November erstes Verfahren der Inquisition gegen Iñigo und seine Gefährten.

1527 Zwei weitere gerichtliche Untersuchungen. Im Juli Übersiedlung an die Universität Salamanca: ca. 20 Tage Untersuchungshaft. Wechsel des Studienortes.

1528 Am 2. Februar Ankunft des Pilgers in Paris: Lateinstudium, Ausschau nach Gefährten. Exerzitientätigkeit.

1529 Im Oktober Beginn der Studien an der Artistenfakultät im Sankt–Barbara–Kolleg; Peter Faber und Franz Xaver als Zimmergenossen.

Belagerung Wiens durch die Türken.

1530 *Reichstag zu Augsburg. Confessio Augustana, von Philipp Melanchthon (1497–1560) verfaßt.*

1531 *Verteidigungsbündnis der protestantischen Stände gegen die Religionspolitik des Kaisers, der Schmalkaldische Bund.*

Ferdinand I., deutscher König. (1521/22 Erzherzog von Österreich, 1526 König von Böhmen und Ungarn)

1532 Bakkalaureat. Kontakte zu Simon Rodrigues.

1533 Lizenziatsexamen. Studium der Theologie. Laínez und Salmerón kommen nach Paris, Interesse an Ignatius.

1534 Magistergrad in Philosophie.
Dreißigtägige Einzelexerzitien für Faber, Laínez, Salmerón, Rodrigues, Bobadilla und Xaver.
15. August: Gelübdefeier der sieben Gefährten am Montmartre.
Suprematsakte Heinrichs VIII. (1509–1547): Der König macht sich zum Oberhaupt der englischen Kirche.

1535 Ignatius' Aufenthalt in Azpeitia. Besuch bei Verwandten der Gefährten. Von Valencia über Genua, Bologna nach Venedig.
Heinrich VIII. läßt seinen Kanzler Thomas More (1478) hinrichten.*

1536 *Franz I. von Frankreich schließt ein Bündnis mit Sulaymān II. (1520–1566), dem Prächtigen, gegen die Habsburger.*
Erasmus von Rotterdam (1466/9–1536)
Theologiestudium und Exerzitientätigkeit in Venedig.

1537 Die sechs Gefährten, außerdem Codure und Broët, treffen in Venedig ein. Alle warten auf die Pilgerreise nach Jerusalem.
24. Juni: Priesterweihe. Wochen der Buße und des Gebetes in der Nähe von Venedig.
Krieg der Republik Venedig gegen die Türken.
Ende des Jahres brechen Faber, Ignatius und Laínez nach Rom auf. Vision von La Storta. Die übrigen Gefährten verteilen sich auf Universitätsstädte in Oberitalien.

1538 In Rom gibt Ignatius Exerzitien.
Das Warten auf die Pilgerfahrt wird beendet; die übrigen Gefährten kommen nach Rom, kurz nach Ostern, und »helfen den Seelen«. Verleumdungen des Ignatius und seiner Gefährten. Gerichtliche Rehabilitierung. Angebot ihrer Dienste an Papst Paul III.
Sorge um die Hungernden und Kranken im schweren Winter 1538/39.

1539 »Beratung der ersten Gefährten«.
Erste Sendungen durch den Papst.
3. September: Approbation der »Formula Instituti«, des ersten Entwurfes des neuen Ordens, durch Paul III.

1540 Simon Rodrigues und Franz Xaver werden über Lissabon nach Indien gesandt.
Neue Gefährten werden zum Studium nach Paris geschickt.
27. September: Gründung der Gesellschaft Jesu mit der Bulle »Regimini militantis ecclesiae«.
Peter Faber verläßt Parma und begleitet Dr. Ortiz nach Deutschland und Spanien.

1541 *Reichstag und Religionsgespräche zu Regensburg.*
Gründung der Bruderschaft für Waisen.
Abfassung der »Ersten Satzungen«. Einstimmige Wahl des Ignatius zum Generaloberen. 22. April: Erste feierliche Profeß in Sankt Paul vor den Mauern.
Broët und Salmerón werden als päpstliche Nuntien nach Irland entsandt.
Erste Satzungen der Kollegien.
Reformation in Genf durch Johann Calvin (1509–1564).

1542 Vermittlung im Zwist zwischen Paul III. und Johann III. von Portugal.
Breve »Cupientes« zugunsten der Juden, die den katholischen Glauben annehmen.
Einsatz für die Armen bei Paul III. (Breve »Dudum per Nos«).

Reichstag zu Speyer.
Johannes vom Kreuz geboren.

1543 Gründung des Vereins »Santa Maria della Gratia« zur Unterstützung der Frauen, die im St.-Martha-Haus Aufnahme suchen würden.
Errichtung eines Kollegs für Katechumenen.
Baubeginn des ersten Profeßhauses, von dem die sogenannten Camarette bei Il Gesù in Rom noch erhalten sind.

1544 Gründung des Sankt-Martha-Hauses.
Arbeit an den Satzungen, beginnend mit den Fragen um die Armut.

1545 Brief an Philipp II. zur Klosterreform in Barcelona. Gespräche mit Paul III. in Montefiascone über die Einführung der Inquisition in Portugal.
29. November: Jerónimo Nadal wird in die Gesellschaft Jesu aufgenommen. Laínez und Salmerón werden als päpstliche Theologen für das Trienter Konzil bestellt.
Eröffnung des Trienter Konzils: 25 Sitzungen vom 13. Dezember 1545–4. Dezember 1563: unter Papst Paul III. (1534–1549) 11 Sitzungen (1545–1547): unter Papst Julius III. (1550–1555) 5 Sitzungen; unter Papst Pius IV. (1559–1565) 9 Sitzungen.

1546 Instruktion für die Gefährten beim Trienter Konzil.
Zulassung von zeitlichen Koadjutoren (Laienbrüder) und geistlichen (Patres ohne Gelübde des besonderen Gehorsams gegenüber dem Papst).
1. August: Auf dem Weg zum Trienter Konzil stirbt Peter Faber in Rom.
9. Oktober: Franz Borja wird in die Gesellschaft Jesu aufgenommen, ab 1565 Generaloberer der Gesellschaft Jesu.

1547 Juan de Polanco wird als Sekretär der Gesellschaft Jesu bestellt.
Gründung der (ersten) Universität der Gesellschaft Jesu in Gandía.
11. Juni: Brief an Prior Gerhard Kalckbrenner in Köln: geistliche Verbrüderung der beiden Orden.
Petrus Canisius wird von Ignatius in die Lebensweise der Gesellschaft Jesu eingeführt. Dank der Vorarbeiten Polancos stellt Ignatius 1547–1550 eine erste Fassung der Satzungen fertig.
Schlacht bei Mühlberg an der Elbe.

1548 1. Februar: Feierliche Profeß von Franz Borja. Paul III. approbiert die »Exercitia Spiritualia«.
Augsburger Interim.

1549 1. Februar: Die ersten Missionare werden nach Brasilien ausgesandt.
24. September: Jay, Salmerón und Canisius brechen nach Deutschland auf. Auf Geheiß des Ignatius schreibt Polanco die »Satzungen der Kollegien«.
Ende 1549 gab es 22 Jesuitenniederlassungen.

1550 Nadal errichtet das erste Noviziatshaus in Sizilien.
Julius III. bestätigt die Gesellschaft Jesu mit der Bulle »Exposcit debitum«. Kardinal de Guise und anderen wird die Absicht mitgeteilt, das Collegium Romanum zu gründen.
Die Fassung A der Satzungen ist abgeschlossen und wird zu Beginn 1551 den in Rom versammelten Vätern vorgelegt.
Unruhen in der portugiesischen Provinz: Simon Rodrigues wird seines Amtes enthoben.

1552 Beschwerden der Lehrer Roms gegen das Collegium Romanum.

Nadal erhält nach seiner feierlichen Profeß den Auftrag, die Satzungen in Sizilien einzuführen.
6. August: Jay stirbt in Wien.
Ignatius legt Nadal die Vorteile einer starken kaiserlichen Flotte dar, die gegen die Türken aufgestellt werden soll.
31. August: Mit der Bulle »Dum sollicita« wird das Collegium Germanicum gegründet.

1553 Brief über den Gehorsam an die Scholastiker in Coimbra.
Nadal reist als Kommissar nach Spanien und Portugal und promulgiert die Satzungen.
Wiederholt schwere und lange Krankheit des Ignatius.

1554 Franz Borja Generalkommissar für die portugiesische Provinz und die spanischen.
8. März: Feierlich wird die Erzbruderschaft vom Heiligen Grab errichtet. Ignatius wird bewilligt, Kollegien in Jerusalem, Konstantinopel und auf Zypern zu gründen.
Fortschritte der Arbeit des Canisius am Katechismus.
Unter der Aufsicht von Michelangelo Buonarrotti wird der Bau der Kirche in der Nähe des Profeßhauses begonnen.
1. November: Nadal wird zum Generalvikar gewählt.
Drückende Sorgen um den Unterhalt der beiden Kollegien in Rom.

1555 *Augsburger Religions– und Landfriede: »Cuius regio, eius religio«.*
Laínez und Salmerón theologische Berater des päpstlichen Legaten Kardinal Morone. Im Februar reist Nadal als Bevollmächtigter des Generaloberen nach Deutschland.
Mit dem Tod Julius' III. sind alle Hoffnungen auf eine feste Fundation der Kollegien in Rom zunichte geworden.
Ignatius ernennt drei Generalassistenten; Franz Borja wird als Generalkommissar für Spanien, Portugal und Indien bestätigt.
Angriffe der Pariser Sorbonne gegen die Gesellschaft Jesu.

1556 12. Februar: 12 Gefährten verlassen Rom in Richtung Prag.
Ende Mai 1556 waren 69 Niederlassungen gegründet (2 Profeßhäuser, 7 Noviziatshäuser, 57 Kollegien, 3 »Häuser«; an einigen Orten des Ostens arbeiteten Jesuiten ohne festen Wohnsitz), verteilt auf 11 Ordensprovinzen.
Gründungsjahre der Provinzen und Name des ersten Provinzials: 1. Portugal: 26. Oktober 1546. Simon Rodrigues. 2. Spanien: 1. September 1547. Antonio de Araoz. 3. Indien: 10. Oktober 1549. Franz Xaver. 4. Italien (ohne Rom): 5. Dezember 1551. Paschase Broët. 5. Sizilien: März 1553. Jerónimo Doménech. 6. Brasilien: 9. Juli 1553. Manuel de Nóbrega. Am 7. Januar 1554 wurde die spanische Provinz in drei Provinzen aufgeteilt: 7. Aragón: Francisco Estrada. 8. Bética: Miguel de Torres. 9. Castilea: Antonio de Araoz. 10. Frankreich: 1555. Paschase Broët. 11. Germania inferior: 1556 Bernard Olivier. 12. Germania superior: 7. Juni 1556. Petrus Canisius. 13. Äthiopien: 1553 geplant. Antonio de Quadros.
9. Juni: 18 Gefährten werden zur Gründung eines Kollegs nach Ingolstadt geschickt.
31. Juli: Am frühen Morgen stirbt Ignatius von Loyola in Rom.

Personen- und Ortsregister

Siglen

Die Abkürzungen beziehen sich vorwiegend auf die Edition der Quellen zu Ignatius von Loyola und zur Geschichte der Gesellschaft Jesu in der Reihe »Monumenta Historica Societatis Iesu« (= MHSI). Die Zahlen nach den Abkürzungen DCG, EB, MEM, PB und S bedeuten die übliche Gliederung der betreffenden Quellentexte in Abschnitte.
(Weitere Abkürzungen nach S. Schwertner, Internationales Abkürzungsverzeichnis für Theologie und Grenzgebiete [IATAG]. Berlin 1974.)

AHSI	Archivum Historicum Societatis Iesu. Rom 1932–.
ARSI	Acta Romana Societatis Iesu. Rom 1906–.
Chronicon S.I.	Vita Ignatii Loiolae et rerum Societatis Iesu historia. Auctore Ioanne Alphonso de Polanco S.I. Bd. I–VI. In: MHSI.
DCG (32)	Decreta Congregationis Generalis XXXII a restituta Societate XIII annis 1974–1975, in: ARSI 16 (1973–1976) 269–429. – Dt. Übers.: Dekrete der 32. Generalkongregation der Gesellschaft Jesu 1974/75. Übers. und hg. im Auftrag der Provinzialskonferenz der Deutschen Assistenz 1976.
DCG (33)	Decreta Congregationis Generalis XXXIII a restituta Societate XIV anno 1983, in: ARSI 18 (1980–1983) 1039–1092. – Dt. Übers.: Dekrete der 33. Generalkongregation der Gesellschaft Jesu 1983. Übers. auf der Grundlage des lateinischen Textes und hg. im Auftrag der Provinzialskonferenz der Dt. Assistenz der Gesellschaft Jesu 1984.
DSAM	Dictionaire de Spiritualité ascétique et mystique. Doctrine et Histoire. Hg. M. Viller u.a. Paris 1937–.
EB	Exercitia spiritualia Sancti Ignatii de Loyola. In: MHSI Monumenta Ignatiana. Series secunda. Bd. I. Rom 1969, 140–417. – Dt. Übersetzungen: Ignatius von Loyola. Die Exerzitien. Aus dem Spanischen übertr. von H.U.v. Balthasar. Einsiedeln [9]1986. – Ignatius von Loyola. Geistliche Übungen. Übertragung aus dem spanischen Urtext, Erklärung der 20 Anweisungen von A. Haas. Freiburg [8]1988.– Ignatius von Loyola, Geistliche Übungen und erläuternde Texte. Übers. u. erl. von P. Knauer. Graz [2]1983.
FD	Fontes documentales de S. Ignatio de Loyola. Documenta de S. Ignatii familia et patria, iuventute, primis sociis. Rom 1977. In: MHSI Monumenta Ignatiana. Series quarta: Scripta de S. Ignatio. Editio renovata.
FN	Fontes narrativi de S. Ignatio et de Societatis Iesu initiis. Bd. I–IV. Rom 1943–1965. In: MHSI Monumenta Ignatiana. Series quarta: Scripta de S. Ignatio. Editio renovata.
M *Bob.*	MHSI Bobadillae Monumenta. Nicolai Alphonsi de Bobadilla sacerdotis e Societate Iesu gesta et scripta. Madrid 1913.
MEM	Memoriale Petri Fabri. In: MHSI Fabri Monumenta. Beati Petri Fabri, primi sacerdotis e Societate Jesu epistolae, Memoriale et processus. Madrid 1914, 489–696. – Dt. Übers.: Peter Faber, Memoriale. Das geistliche Tagebuch des ersten Jesuiten in Deutschland. Nach den Manuskripten übers. und eingel. von P. Henrici. Einsiedeln [2]1989.
MHSI	Monumenta Historica Societatis Iesu. Madrid 1894–1931. Rom 1932–.
MHSI *Catalogi*	– Catalogi personarum et officiorum Provinciae Austriae S. I. Bd. I. (1551–1600). Rom 1978.
MHSI *Epp. Broëti*	– Epistolae PP. Paschasii Broëti, Claudii Jaji, Joannis Coduri et Simonis Rodericii Societatis Jesu. Madrid 1903.
MHSI *Epp. mixtae*	– Epistolae mixtae ex variis Europae locis ab anno 1537 ad 1556 scriptae. Bd. I–V. Madrid 1898 bis 1901.
MHSI *Litt. quadr.*	– Litterae quadrimestres ex universis praeter Indiam et Brasiliam locis, in quibus aliqui de Societate

	Jesu versabantur, Romam missae. Bd. I–VII. Madrid 1894–1931, Rom 1932.
MI *Const.*	MHSI Monumenta Ignatiana. Series tertia: Sancti Ignatii de Loyola Constitutiones Societatis Jesu. Bd. I–IV. Rom 1934–1948.
MI *Dir.*	MHSI Monumenta Ignatiana. Series secunda, nova editio. Bd. II. Directoria Exercitiorum Spiritualium. Rom 1955.
MI *Epp.*	MHSI Monumenta Ignatiana. Series prima: S. Ignatii Epistolae et Instructiones. Bd. I–XII. Madrid 1903–1911.
MI *Ex*	MHSI Monumenta Ignatiana. Series secunda, nova editio. Bd. I. Exercitia Spiritualia. Rom 1969.
M *Fabri*	MHSI Fabri Monumenta. Beati Petri Fabri, primi sacerdotis e Societate Jesu epistolae, Memoriale et processus. Madrid 1914.
M *Nadal*	MHSI Epistolae P. Hieronymi Nadal Societatis Jesu ab anno 1546 ad 1577. Bd. I–IV. Madrid 1898–1905. Bd. V. Rom 1962.
M *Paed.*	MHSI Monumenta paedagogica Societatis Iesu. Bd. I. (1540–1556). Rom 1965.
PB	Acta Patris Ignatii scripta a P. Lud. González de Cámara (1553/1555). In: FN I, 354–507. – Dt. Übers.: Ignatius von Loyola, Der Bericht des Pilgers. Übers. und erl. von B. Schneider. Freiburg ^{5}1987.
PCE	Beati Petri Canisii Societatis Iesu epistolae et acta. Collegit et adnotationibus illustravit. O. Braunsberger. I–VIII. Freiburg 1896–1923.
S	Sancti Ignatii de Loyola Constitutiones Societatis Iesu. In: MI *Const.* II (Textus hispanus). III (Textus latinus). – Dt. Übers.: Ignatius von Loyola. Satzungen der Gesellschaft Jesu. Übers. von P. Knauer. Als Mskr. gedr. Frankfurt am Main ^{3}1980.
TB	Ephemeris S. P. N. Ignatii 1544–1545. In: MI *Const.* I, 86–158. – Deutsche Übers.: Ignatius von Loyola, Das geistliche Tagebuch. Hg. von A. Haas u. P. Knauer. Freiburg 1961.

Textnachweis

Im folgenden finden sich die Quellen der Texte, die außer den im Inhaltsverzeichnis genannten in diesem Band enthalten sind. Nicht gesondert aufgeführt sind längere Zitate aus den »Geistlichen Übungen« und dem »Bericht des Pilgers« des Ignatius von Loyola.

96f: K. Rahner, Ms. Archiv GuL; ebenfalls in: K. Rahner, P. Imhof, Ignatius von Loyola. Freiburg 1978. – 97: R. Gelberg, in: Unsere Schule 1987, 2. Folge, Heft 37. Hg. vom Canisius-Kolleg, Berlin. – 134f: Brief des Ignatius an Mosen Verdolay, Venedig, 24. Juli 1537. Nach der Edition von B. Hernandez Montes [Manresa 56 (1984) 338–340] übers. von A. Falkner. – 157f: A. Falkner zu Juana de Aragón nach H. Rahner, Ignatius von Loyola. Briefwechsel mit Frauen. Freiburg 1956, 151–172. – 179: A. Falkner zu Margarita de Austria nach H. Rahner, Ignatius von Loyola. Briefwechsel mit Frauen. Freiburg 1956, 89–94, 96f. – 196f: Jerónimo Nadal, Die Vorangehensweise der Gesellschaft Jesu. M *Nadal* IV, 614–619; übers. von P. Knauer. – 226: A. Falkner zu Vittoria Colonna nach H. Rahner, Ignatius von Loyola. Briefwechsel mit Frauen. Freiburg 1956, 151–172 und P. Tacchi Venturi, Storia della Compagnia di Gesù in Italia. Rom 1910, 15, 334. – 241: A. Falkner zu Infantin Juana nach H. Rahner, Ignatius von Loyola. Briefwechsel mit Frauen. Freiburg 1956, XIX, 62–80. – 249: Jerónimo Nadal, Die Vorangehensweise der Gesellschaft Jesu. M *Nadal* IV, 614–619; übers. von P. Knauer. – 308: A. Falkner zu Leonor de' Medici nach H. Rahner, Ignatius von Loyola. Briefwechsel mit Frauen. Freiburg 1956, 110–115. – 313: A. Falkner zu Königin Maria von Ungarn und Böhmen nach H. Rahner, Ignatius von Loyola. Briefwechsel mit Frauen. Freiburg 1956, 40. 45. 49. – 318: Sinnsprüche des hl. Ignatius von Loyola, aus: Apophthegmata S. Ignatii... Antwerpen 1662 übers. von G. Leitner. – 337: Auszug aus dem Brief des hl. Franz Xaver an die Väter der Gesellschaft zu Rom, Cochin, 15. Januar 1544; dt. Übers. in: Die Briefe des Francisco de Xavier 1542–1552. Ausgew. u. übers. von E. v. Vitzthum. Leipzig 1939, 45–56, hier 50f. – 338: Ignatius von Loyola an König Ferdinand I., Rom 1551. Original im Haus-, Hof- und Staatsarchiv in Wien; ediert in MI *Epp.* III, 401f; übers. von A. Falkner. – 358: Ignatius an die Ordensstudenten in Coimbra, Rom, 7. Mai 1547. MI *Epp.* I, 495–510; übers. von P. Knauer. – 363: MI *Epp.* VIII, 79–81; übers. von Ph. Überbacher. – 366: Christushymnus des hl. Petrus Canisius; übers. von A. Falkner. – 374f: G. Schörghofer, in: Entschluß 45 (1990) 2. – 388. 390f: Ignatius an Isabel Roser, Rom, 19. Dezember 1538. MI *Epp.* I, 137–144; übers. von P. Knauer. – 396: Leo Wallner, Ignatius von Loyola: den Seelen helfen, in: L. Wallner, P. Karner, Ökumene zum Weitergeben. Innsbruck 1980, 56. – 432: E. Frick. Aus: GuL 6 (1986) 246f. – 459: Sinnsprüche des hl. Ignatius von Loyola, aus: Apophthegmata S. Ignatii... Antwerpen 1662; übers. von G. Leitner. – Worte des hl. Ignatius. Nach einer Zusammenstellung von P. Emonet. – 462f: A. Falkner zu Catarina von Portugal nach H. Rahner, Ignatius von Loyola. Briefwechsel mit Frauen, Freiburg 1956, XIX, 39, 54–61.

Bildverzeichnis

Abkürzungen:

ARSI = Archivum Romanum Societatis Iesu, Rom.
bpk = Bildarchiv, Preußischer Kulturbesitz, Berlin.
GNM = Germanisches Nationalmuseum, Nürnberg.
GuL = Geist und Leben, München.
IKM = Institut für Kommunikation und Medien, München.
ÖNB = Österreichische Nationalbibliothek, Wien.

Umschlagseite, gestaltet von E. Loew: J. Marneffe. Vera effigies Sancti Ignatii. Südbelgische Provinz der Gesellschaft Jesu, Brüssel.
Kapitel I (S. 17–S. 78): 20: IKM-Bildarchiv. Juan Gromberger, Sevilla 1535. * 20: Archiv GuL. Albrecht Dürer. Holzschnitt, 1519. * 21–23: Archiv GuL. * 25: Archiv GuL. Michelangelo Buonarroti. Sixtinische Kapelle, Rom. * 29: Archiv GuL. P. Brueg(h)el d. Ä., um 1525–1530. * 32: P. Imhof. Hauptportal der Universität in Salamanca. * 32: P. Imhof. Arévalo. * 33: IKM/Reichmann. Dominikanerkirche Santo Tomás, Avila. * 36: P. Imhof. Pfarrkirche in Azpeitia. * 36: R. Müller. Loyola. * 41: Archiv GuL. J. Joaquin Arazuri. Pamplona um 1513. * 45: Müller/Anzenhofer. S. Conca. Ignatius-Vita. Päpstliche Universität Salamanca. Gemälde um 1750. * 48f: Aus: Vinyoles, Omelia sobre lo psalm Miserere. Valencia. Nicolás Spindeler. 1499. * 52: IKM/Reichmann. Manresa. * 53: Archiv GuL. * 58: P. Imhof. Manresa. * 61: Abtei Montserrat. Lectionarium Sanctorale, Holzschnitt 1524. * 61: Archiv GuL. Einzelblatt einer Ignatius-Vita. Stich. * 67: GNM, Nürnberg. Einzelblatt * 68: Britisches Museum, London. Handschriften-Illustration, 16. Jh. * 69: Bibliothèque Nationale, Paris. Handschriften-Illustration, 15. Jh. * 73: Archiv GuL. Karte. * 76: P. Imhof. Relief auf Schloß Xavier, Navarra. * 77: IKM/Reichmann. Deckengemälde in der Kathedrale von Salamanca.
Kapitel II (S. 79–S. 198): 83: ARSI, Rom. *Epp. NN. 89*, n. 12., n. 19. * 87: ARSI, Rom. * 88: R. Müller. K. Baumeister, München 1881. * 94: ÖNB, Wien. Aus: S. Münster, Cosmographia ... Basel 1548. * 95: IKM-Bildarchiv. Computergrafik. * 96: IKM/ Reichmann. Wallfahrts-Basilika Arantzazu. * 99: Archiv GuL. Kolorierter Stich. * 100: GNM, Nürnberg. * 102: Archiv GuL. Stich. * 106: Archiv der Oberdeutschen Provinz SJ, München. Catalogus professionum votorum. * 110f: GNM, Nürnberg. * 114: B. Kuppler. Rom. * 114: P. Imhof. Sakristei der Basilika in Loyola. * 115: R. Müller. Außentür der Basilika in Loyola. * 115: IKM-Bildarchiv. Reduktionen in Paraguay. * 117: ARSI, Rom. *Cod. Ital. 59*, fol. 11. * 122f: GNM, Nürnberg. * 124: GNM, Nürnberg. Flugblatt. * 126f: GNM, Nürnberg. * 130: P. Imhof. Deckengemälde im Schloß Loyola * 131: Müller/Anzenhofer. S. Conca. Ignatius-Vita. Päpstliche Universität Salamanca. Gemälde um 1750. * 133: ARSI, Rom. *Epp. NN. 89*, n. 27. * 135: R. Müller. Ignatiusbrief. Noviziat der Gesellschaft Jesu, Salamanca. Ediert von B. Hernandez Montes in: Manresa 56 (1984) 321–343. * 137: ÖNB, Wien. Aus: S. Münster, Cosmographia ... Basel 1548. * 138f: Archiv GuL. Venedig. * 144: ÖNB, Wien. Aus: S. Münster, Cosmographia... Basel 1548. * 147: Müller/Anzenhofer. Kollegium St. Michael, Fribourg. * 151–155, 157: ÖNB, Wien. Aus: S. Münster, Cosmographia... Basel 1548. * 159: Photo R. M. N. Raphael, Jeanne d'Aragon. Musée du Louvre, Paris. * 165: Bayerische Staatsbibliothek, München. Aus: H. Nadal, Adnotationes et Meditationes in Evangelia. Antwerpen 1707. * 170f: Archiv GuL. Arias Montanus Benedictus (1527–1598). Antwerpen 1571. * 172: GNM, Nürnberg. * 178: bpk, Berlin 1990. Porträt von Antonius Mor. Staatliche Museen, Berlin. * 182: Bayerische Staatsbibliothek, München. Aus: H. Nadal, Adnotationes et Meditationes in Evangelia. Antwerpen 1707. Stich. * 186: Archiv GuL. H. Gerhard, Bronzefigur an der Fassade von St. Michael, München 1588. * 193: Archiv GuL. A. R. D. Thomas Wasowicz, Ex Meditatione de Incarnatione. Stich. * 196: P. Imhof. Universität, Alcalá de Henares.
Kapitel III (S. 199–S. 296): 202, 205: GNM, Nürnberg. * 206: Archiv für Kunst und Geschichte, Berlin. Nürnberg 17. Jh. Kupferstich. * 207: Bildarchiv der ÖNB, Wien Stich. * 208: GNM, Nürnberg. A. Dürer, 1526. * 209: Archiv für Kunst und Geschichte, Berlin. Holzschnitt nach dem Einblattholzschnitt von Hans Holbein d. J. 1535. * 210: bpk, Berlin 1990. Gemälde von Lucas Cranach d. Ä. Gemäldegalerie, Berlin-Dahlem. * 211: Stadtarchiv, Ingolstadt. Kupferstich. * 213: GNM, Nürnberg. Holzschnitt um 1558. * 214: R. Müller. Bronzebüste in San Estéban, Salamanca. * 215 li: Archiv GuL. H. Henneberger 1522. Klosterkirche Heilsbronn. Öl auf Holz. * 215 re: Herzog-Anton-Ulrich-Museum, Braunschweig. Lucas Cranach d. Ä., 1528. Öl auf Rotbuche. * 218: IKM/Reichmann. Porträt von Jacopino del Conte. Generalat der Gesellschaft Jesu, Rom. * 221: Müller/Schuch. Noviziat der Oberdeutschen Provinz SJ, Nürnberg. Kupferstich. * 222: Archiv GuL. Museo del Duomo, Trento. * 227: F. Lazzeri. Ritratto di Vittoria Colonna. Ente Casa Buonarroti, Firenze. * 232: ARSI, Rom. *Epp. NN. 89*, n. 15. * 233: ÖNB, Wien. Aus: S. Münster, Cosmographia... Basel 1548. * 235: Kunstsammlungen der Veste Coburg. Die Pilgerfahrt zur Kirche der »Schönen Maria«. Stich von Michael Ostendorfer. * 236f: ARSI, Rom. *Epp. NN. 89*, n. 4. * 240: Museo del Prado, Madrid. [Derechos reservados. Prohibida la reproduccion total o parcial.] Porträt von Antonio Moro. * 247: Museen der Stadt Regensburg. Miniatur. Deckfarben auf Pergament von Hans Mielich (1516–1573). * 254f: Museum der Stadt Ingolstadt. Hans Mielich, Holzschnitt, altkoloriert. * 256: Bildarchiv der ÖNB, Wien. Stich von Enea Vico. * 258: Museo del

Prado, Madrid. [Derechos reservados. Prohibida la reproduccion total o parcial.] Gemälde von Tiziano Veccellio. * 263: Bildarchiv der ÖNB, Wien. Radierung von C. Laudy, 1565. * 268: Nijmeegs Museum »Commanderie van Sint Jan«, Nimwegen. * 269: Nijmeegs Museum »Commanderie van Sint Jan«, Nimwegen. Triptychon um 1526. * 271: GNM, Nürnberg. Aus: Hartmann Schedel, Buch der Chroniken. Nürnberg 1493. Holzschnitt. * 276: Museum der Stadt Ingolstadt. Kolorierter Stich von Michael Wening. * 277: Bayerisches Hauptstaatsarchiv, München. * 278: Bildarchiv der ÖNB, Wien. * 279: Archiv GuL. * 281: Kunstverlag Rast. Gemälde von P. Wuilleret, 1635. Kollegiumskirche St. Michael, Fribourg. * 286: Archiv GuL. * 287: Archiv GuL. Tauler-Auswahl von Surius, Köln 1598. * 289: Rheinisches Bildarchiv, Köln. Öl auf Leinwand um 1455. Erzbischöfliches Priesterseminar, Köln. * 291: Archiv GuL. Aus: D. Dionysii Carthusiani, In Quatuor Evangelistas enarrationes, ... Köln 1533. * 293: Rheinisches Bildarchiv, Köln. Kölnisches Stadtmuseum. Typar des Stadtsiegels um 1268.
Kapitel IV (S. 297–S. 376): 301: IKM-Bildarchiv. Computergrafik. * 304: ÖNB, Wien. Aus: S. Münster, Cosmographia... Basel 1548. * 309: bpk, Berlin 1990. Gemälde von Agnolo Bronzino. Staatliche Museen, Berlin. * 312: Kunsthistorisches Museum, Wien. * 314: ÖNB, Wien. Aus: S. Münster, Cosmographia... Basel 1548. * 315: Bibliothèque centrale de l'Université de Leuven. * 321: ÖNB, Wien. Aus: S. Münster, Cosmographia... Basel 1548. * 323: IKM-Bildarchiv. Stich. * 324: Beitragsliste. Aus: F. Schroeder, Monumenta quae spectant primordia Collegii Germanici et Hungarici. Rom 1896. * 326: Müller/Schuch. Noviziat der Oberdeutschen Provinz SJ, Nürnberg. Stich von Rom, 16. Jh. * 332: Kunsthistorisches Museum, Wien. Bildnis in halber Figur nach Jan Vermeyen. * 333: Historisches Museum der Stadt Wien. Kolorierter Holzschnitt von Niklas Meldemann, Nürnberg 1530. * 336: IKM/Reichmann. Generalat der Gesellschaft Jesu, Rom. * 337: P. Imhof. Öl auf Kupfer. Privatbesitz. * 340f: Haus-, Hof- und Staatsarchiv, Wien. Habsburgische Familienkorrespondenz. * 346: Bonifaz Wolmuet. Aus: »Das alte Universitätsviertel in Wien 1345–1985«. * 351: Bischöfliche Zentralbibliothek, Regensburg. Holzschnitt. * 355: Bischöfliche Zentralbibliothek, Regensburg. Blatt. * 361: ÖNB, Wien. Aus: S. Münster, Cosmographia... Basel 1548. * 364: Bildarchiv der ÖNB, Wien. Stich. Exc. Th. Galle. * 366: Archiv der Oberdeutschen Provinz SJ, München. * 370: ÖNB, Wien. Aus: S. Münster, Cosmographia... Basel 1548. * 374f: R. Müller. Benediktinerabtei St. Stephan, Augsburg. Handkolorierte Stiche.
Kapitel V (S. 377–S. 470): 382f: R. Müller. Generalat der Gesellschaft Jesu, Rom. * 386: R. Müller. Loyola, Schloßportal. * 387: R. Müller. Kopfbüste. Generalat der Gesellschaft Jesu, Rom. * 389: ARSI, Rom. *Hist. Soc. 18,* n. XLVIII, f.104. * 391: Müller/Anzenhofer. S. Conca. Ignatius-Vita. Päpstliche Universität Salamanca. Gemälde um 1750. * 394: R. Müller. Generalat der Gesellschaft Jesu, Rom. * 399: R. Müller. Stich. * 402f: Archiv GuL. Vitae Patrum. Antwerpen 1628. * 404f: Archiv GuL. Aus: D. Hieronymi Stridoniensis epistolae selectae, & ... opera D. Petri Canisij Theologi... Parisiis 1558. * 406: IKM/Reichmann. Mosaik. * 411: Archiv GuL. Barcelona. * 412f: Semerkandin Korankommentar. Handschrift, 13. Jh. Privatbesitz. * 418f: Bibliothek der Phil.-Theol. Hochschule St. Georgen, Frankfurt am Main. Katholische Bibell, ... trewlich verteutscht... durch D. Johan Dietenberger. Köln 1564. * 420: P. Imhof. Friedhof von Schloß Xavier. * 421: P. Imhof. Eingangshalle in der Ermita del Stmo Christo de los Doctrinos in Alcalá de Henares. * 424: Archiv GuL. Gemälde von El Greco. Metropolitan Museum, New York * 426: Archiv der Oberdeutschen Provinz SJ, München. * 428: Bayerisches Hauptstaatsarchiv München. Siegel. * 434: Archiv GuL. Fassade von Jorge Oteiza in Arantzazu. * 438: R. Müller, Deckengemälde von Christoph Th. und Felix A. Scheffler, um 1756. Ehemalige Jesuitenkirche Landsberg. * 440f. 443: IKM-Bildarchiv, Computergrafik. * 446: Archiv GuL. Museu d'Art de Catalunya, Barcelona. Majestad Batlló. * 454: Archiv der Oberdeutschen Provinz SJ. München. Stich auf Leinen. * 455: Müller/Anzenhofer. S. Conca. Ignatius-Vita. Päpstliche Universität, Salamanca. Gemälde um 1750. * 463: Museo del Prado, Madrid. [Derechos reservados. Prohibida la reproduccion total o parcial.] Porträt von Antonio Moro (1519–1575). * 466: IKM/Reichmann. Fresko, 15. Jh. Rom. * 467: IKM/Reichmann. Camarette, Rom. – 470: IKM/Reichmann. Ignatiusaltar in Il Gesù. Rom.

Autorenlegende

Alphonso, Herbert, geb. 1930, Direktor des »Centrum Ignatianum Spiritualitatis« und Professor für geistliche Theologie an der Pontificia Università Gregoriana und am Pontificio Istituto »Regina Mundi« in Rom.

Batllori, Miquel, geb. 1909, Dr. phil., Dr. theol. h. c., Schriftsteller am Institutum Historicum S. I. und em. Professor der Pontificia Università Gregoriana in Rom, Mitglied der Real Academia de la Historia in Madrid.

Batlogg, Andreas, geb. 1962, Studium der Theologie, seit Oktober 1989 Studienassistent am Institut für Fundamentaltheologie an der Universität Innsbruck.

Begheyn, Paul, geb. 1944, Studium der Philosophie in Nijmegen und der Theologie in Amsterdam und Berkeley (USA), Redakteur der Zeitschriften »Cardoner«, »De Heraut«, »Numaga«, Veröffentlichungen aus dem Fachbereich Geschichte, Kirchengeschichte und Spiritualität.

Beirnaert, Louis, geb. 1906, Prof. der Theologie, Psychoanalytiker, † 1985.

Bertrand, Dominique, geb. 1931, Lic. theol. schol., Docteur ès lettres, Direktor des Instituts »Sources Chrétiennes« in Lyon.

Brenninkmeyer, Edgar, geb. 1955, Dipl. theol., Lizentiatsstudium an der Philosophisch-Theologischen Hochschule St. Georgen in Frankfurt am Main.

Decloux, Simon, geb. 1930, Dr. phil., Lic. theol., General- und Regionalassistent der Gesellschaft Jesu.

Endean, Philip, geb. 1954, Mag. theol., Mag. phil., Mag. der Anglistik, Doktoratsstudium in Oxford.

Falkner, Andreas, geb. 1934, Dr. theol., Mitarbeiter der Gruppe für Ignatianische Spiritualität in Frankfurt am Main (GIS).

Farrugia, Edward, geb. 1947, Ph. D., Dr. theol., Professor für östliche Dogmatik und Patrologie am Pontificio Istituto Orientale, Assistent Editor von Orientalia Christiana Periodica in Rom.

Frick, Eckhard, geb. 1955, Dr. med., M. A., derzeit ordensübliche Studien an der Hochschule für Philosophie in München.

García-Mateo, Rogelio, geb. 1944, Dr. phil., Dr. theol., Lehrbeauftragter für Religionsphilosophie und spanische und lateinamerikanische Geistesgeschichte an der Hochschule für Philosophie in München, Gastprofessor für Spiritualität an der Pontificia Università Gregoriana in Rom.

Gelberg, Robert, geb. 1929, Lic. theol., Direktor des Canisiuskollegs in Berlin.

Gerhartz, Johannes Günter, geb. 1926, Prof. Dr. iur. can., Generalsekretär der Gesellschaft Jesu.

Henrici, Peter, geb. 1928, Professor für Philosophiegeschichte an der Pontificia Università Gregoriana in Rom.

Imhof, Paul, geb. 1949, Dr. phil., Dr. theol., Chefredakteur von »Geist und Leben«, Lehrtätigkeit an der Universität Innsbruck, Mitarbeiter der Gruppe für Ignatianische Spiritualität in Frankfurt am Main (GIS).

Jürgens, Heinrich, geb. 1928, Lic. theol., Vorsitzender der Provinzialskonferenz der Zentraleuropäischen Assistenz der Gesellschaft Jesu, Frankfurt am Main.

Kiechle, Stefan, geb. 1960, Dipl. theol., Mitarbeit im Noviziat der Oberdeutschen Provinz in Nürnberg, Kaplan in einer Pfarrgemeinde.

Knauer, Peter, geb. 1935, Dr. theol., Professor für Fundamentaltheologie an der Philosophisch-Theologischen Hochschule St. Georgen in Frankfurt am Main.

Kolvenbach, Peter-Hans, geb. 1928, seit 1983 Generaloberer der Gesellschaft Jesu.

Lambert, Willi, geb. 1944, Dr. theol., Promotor GCL in Deutschland, Augsburg.

Leitner, Severin, geb. 1945, Dr. theol., Novizenmeister der österreichischen und der Schweizer Jesuitenprovinz.

Lohfink, Norbert, geb. 1928, Lic. phil., Lic. theol., Dr. in re biblica, o. Professor für die Exegese des Alten Testaments an der Philosophisch-Theologischen Hochschule St. Georgen in Frankfurt am Main.

Mertes, Klaus, geb. 1954, Dipl. theol., Studienrat für Religion, Latein und Musik in Hamburg.

O'Malley, John W., geb. 1927, Professor für Kirchengeschichte an der Weston School of Theology in Cambridge, MA (USA).

Rahner, Karl, geb. 1904, Dr. theol., Dr. h. c. mult., Konzilstheologe, Theologieprofessor, † 1984.

Ravier, André, geb. 1905, Dr. phil., Schriftsteller und Historiker der frühesten Geschichte der Gesellschaft Jesu, Chantilly.

Reites, James W., geb. 1937, Dr. theol., Professor für geistliche Theologie, Dekan der theologischen Fakultät an der Santa Clara University, Santa Clara (Kalifornien).

Roest Crollius, Arij Athanasius, geb. 1933, Dr. theol., Professor für Geschichte und Theologie der Religionen an der Pontificia Università Gregoriana in Rom.

Satura, Vladimir, geb. 1923, Dr. psych., em. Prof. für Psychologie an der Theologischen Fakultät der Universität Innsbruck.

Schatz, Klaus, geb. 1938, Dr. hist. eccl., o. Prof. für Kirchengeschichte an der Philosophisch-Theologischen Hochschule St. Georgen in Frankfurt am Main.

Schneider, Michael, geb. 1949, Dr. theol., Spiritual am Priesterseminar St. Georgen in Frankfurt am Main.

Scholz, Dieter B., geb. 1938, Lic. phil., Lic. theol., B. A. (Honoris) Afrikanische Sprachen, Soziologie, Seelsorger unter Flüchtlingen aus Mosambik in Zimbabwe.

Schörghofer, Gustav, geb. 1953, Lic. theol., Studium der Kunstgeschichte, Chefredakteur von »Entschluß«, Wien.

Sebott, Reinhold, geb. 1937, Dr. iur. can., Dr. theol., Lic. phil., Professor für Kirchenrecht an der Philosophisch-Theologischen Hochschule St. Georgen in Frankfurt am Main.

Steinmetz, Franz-Josef, geb. 1931, Lic. phil., Dr. theol., Spiritual am Collegium Germanicum et Hungaricum in Rom.

Stierli, Josef, geb. 1913, Lic. theol., Schriftsteller und Exerzitienbegleiter, Bad Schönbrunn.

Sudbrack, Josef, geb. 1925, Dr. theol., Dozent für Geistliche Theologie an der Theologischen Fakultät der Universität Innsbruck, Schriftsteller, ehem. Schriftleiter von »Geist und Leben«, München.

Switek, Günter, geb. 1933, Dr. theol., Professor für Theologie des geistlichen Lebens und Geschichte der Spiritualität an der Philosophisch-Theologischen Hochschule St. Georgen in Frankfurt am Main.

Überbacher, Philipp, geb. 1962, Diplomstudium der Theologie an der Philosophisch-Theologischen Hochschule St. Georgen in Frankfurt am Main.

Wallner, Leo, geb. 1931, Lic. theol., Kirchenrektor, Rundfunkjournalist, Wien.

Wrba, Johannes, geb. 1935, Lic. phil., Lic. theol., Leiter des Archivs der österreichischen Provinz der Gesellschaft Jesu in Wien.